地学系列教材

地理科学导论

（第二版）

白光润　高　峻　卢　松　主编

中国教育出版传媒集团

高等教育出版社·北京

内容提要

本书用一元地理科学观和方法论,阐述现代地理科学的基础理论、基本研究方法、最新研究成果和前沿学术思想。比较全面地反映了现代地理科学的学术地位、学术领域、社会影响和发展概貌。

本书分四大部分:第一部分为地球系统,介绍与地理科学有关的宇宙知识、地球的运动及其地理效应、地球表层的结构、物质循环和能量转换;第二部分为地理空间,介绍地理空间规律、区位理论、行为地理理论、区域理论、地缘理论;第三部分为人类活动与地理环境,介绍人地关系,经济、文化与环境的关系等方面的理论;第四部分为地理科学思想与方法,介绍地理学发展简史,地理科学方法论、地理科学体系以及地理科学的社会文化意义等。每一节附有讨论和推荐读物模块,书后附有术语索引。书中配有大量生动有趣的专栏,图表丰富多样,可读性很强。

图书在版编目(CIP)数据

地理科学导论 / 白光润,高峻,卢松主编 . -- 2 版
. -- 北京 : 高等教育出版社,2023.12
 ISBN 978 - 7 - 04 - 061404 - 6

Ⅰ. ①地… Ⅱ. ①白… ②高… ③卢… Ⅲ. ①地理学
-高等学校-教材 Ⅳ. ①K90

中国国家版本馆 CIP 数据核字(2023)第 224348 号

Dili Kexue Daolun

策划编辑	杨 博	责任编辑	杨 博	封面设计	张雨微	版式设计	杨 树
责任绘图	黄云燕	责任校对	窦丽娜	责任印制	朱 琦		

出版发行	高等教育出版社	网　　址	http://www.hep.edu.cn
社　　址	北京市西城区德外大街 4 号		http://www.hep.com.cn
邮政编码	100120	网上订购	http://www.hepmall.com.cn
印　　刷	天津鑫丰华印务有限公司		http://www.hepmall.com
开　　本	787 mm×1092 mm　1/16		http://www.hepmall.cn
印　　张	24.5	版　　次	2006 年 1 月第 1 版
字　　数	570 千字		2023 年 12 月第 2 版
购书热线	010 - 58581118	印　　次	2023 年 12 月第 1 次印刷
咨询电话	400 - 810 - 0598	定　　价	52.00 元

第二版前言

本书第一版于 2006 年 1 月出版，是普通高等教育"十五"国家级规划教材。本书出版后，受到高校地理界的欢迎，被诸多院校地理系及相关专业广泛选作本科新生的地理学入门教材，并被一些学校指定作为研究生入学考试的参考书。

本书第一版作者白光润先生不幸于 2018 年去世。这本书凝聚了老先生一辈子的学术追求和心血，也是他一生执着于地理科学理论探索和追寻统一地理学的智慧结晶，荣获上海市教学成果一等奖。该课程被评为上海市精品课程，并在中央电视台教育频道讲授。在众多的地理科学导论类书籍中，本书第一版表现出鲜明的特色，主要包括以下几个方面。① 框架的科学性。本书既秉承了地球科学、空间系统、环境系统等地理科学传统，注重提高学生的地理素养，在此基础上又考虑了一般学科入门教育的通例做法，重点介绍了地理科学思想与方法（如地理科学发展简史、研究对象等）。事实上这也是白光润先生在之前编写三本地理学导论以及多项国家自然科学基金理论探索的基础上得出的认识和体会。② 视角的前沿性。本书采取崭新的一元地理科学观和方法论，比较全面地反映现代地理科学的知识体系和学术影响，这一点在地理科学积极服务国内社会经济发展重大需求和国际全球战略，以及地理科学知识不断外溢过程中的今天尤为重要，充分体现地理科学综合性、统一地理学的特点。同时突出了信息技术革命对地理科学的深远影响，强调现代地理科学是高技术地理学，"将发展成为高技术特别是现代信息技术支撑下的新型科学"。③ 内容的可读性。本书在内容编排上颇费心思，在学生学习了地球系统、地理空间、人类活动和地理环境的相关内容之后，将地理科学思想和方法放在最后一个板块，这样既实现了和中学地理的有机衔接，又符合先形象后抽象、循序渐进的认知规律，有助于学生对地理科学整体性以及地理科学发展历史的总体把握和认识。同时书中配有大量生动有趣的专栏，图表丰富多彩，行文比较通俗易懂，便于学生理解，更具可读性。此外全书字里行间洋溢着作者对于地理科学事业的热爱、自信，以及诚挚的爱国主义情怀。

本书第一版距今已有 16 年的时间，这 16 年中地理科学也发生了重大的变化，尤其是在社会经济发展实践上地理科学发挥着越来越重要的作用，有人甚至称我们生活在"地理学家的时代"。为适应时代发展，本书第一版的一些内容（如相关数据、地理案例等）需要进行适当的修订补充。在白光润先生家属以及高等教育出版社的大力支持下，上海师范大学环境与地理科学学院成立了以高峻、卢松为核心的教材修订团队，修订团队拟定了修订原则和章目分工。修订原则和内容如下。

（1）保持原书结构体系与框架不变。

（2）鉴于原书内容的科学性、前沿性和可读性，原有内容基本上全部保留下来。对原书内容进行了细致的勘误,包括尽最大可能补充完善文献引用的出处、修改语法语句、统一前后用词用语等;对相关年代及引证材料数据进行修正,对某些知识进行更新(如太阳系九大行星到八大行星的认识)等;将第4章第6节题目修改为"新时代的地理科学",并在"五、中国现代地理学发展展望"中增加"未来地理科学的战略方向"等内容。

(3)在每章的开始部分增加"导课案例"和"内容提要",在每节的推荐读物中补充一些新的文献。

(4)采用最新资料及国内外地理科学发展新进展,增加相关内容,主要表现在四个方面:一是地理科学思想方面,如人类世、生态文明建设、人类命运共同体、人地关系地域系统理论等;二是涉及空间发展新格局方面,如中国主体功能区划、国土空间规划的"双评价"、区域协调发展的新格局、新型城镇化战略和乡村振兴战略、美丽中国建设、"一带一路"倡议等;三是突发的地理环境事件,如汶川大地震、东日本3·11大地震等;四是新的研究计划与突破,如未来地球计划、2030年可持续发展议程、冰冻圈科学、青藏高原史前文明演化、中国北斗导航定位系统、中国的探月工程、冻土研究与青藏铁路、中国生态系统观测研究网络等。这些新的内容主要以专栏和导课案例的形式予以增加。同时对少数专栏进行了更新和删除。

参加本次修订的编写人员分工如下:第1章、第2章第1节杜士强;第2章第2—5节李仙德;第3章第1、2节,第4章第5节高峻;第3章第3节、第4章(除第5节)卢松。全书由卢松统稿,高峻、卢松最后定稿。

修订工作得到了高等教育出版社的大力支持,特别是陈正雄、熊玲、杨博等编辑对本书修订的组织、编写、出版给予多方面的鼓励、指导和支持;朱凯、康伟婷、邵文迪等研究生参加了相关修订工作,在此一并表示诚挚的谢意!

由于白光润先生的离世以及编者自身能力所限,修订小组虽然竭尽全力,但是也无法完整无缺地发现和理解原书各种资料的来源出处和素材取舍的依据,因此本书修订中难免存在缺点甚至错误,我们真诚地欢迎读者予以谅解与包容,并给予批评、指正。

编者

2022年11月

纵观地理科学发展的历史,经历了两个辉煌的时期。其一是地理大发现之后的大拓荒时期。文艺复兴带来的思想解放和发现新土地的激情,强烈地激发人们对外部世界的探索热情,伴随着近代地理学的诞生,地理学迎来了第一个大发展时期,以英国皇家地理学会为代表,探险热、航海热、殖民热遍及欧洲和美洲的工业国家。第二次世界大战以后世界进入了相对稳定的和平发展时期,科学技术得到突飞猛进的发展。但是相对而言地理科学并没有取得突出的进步,有的国家(如美国)还出现"地理学危机"的状况。20世纪60年代以后,情况渐渐有了改观。这得益于两件事情:一是人口、资源、环境、空间问题越来越突出,迫使人们思考如何科学、合理地利用资源、环境和空间;二是遥感、地理信息系统、全球定位系统的出现,使地理学的方法、手段信息化、现代化、高技术化,技术的革命推动了理论的革命。地理科学又迎来了第二个辉煌时期,就是生态时代、信息时代、全球时代的地理科学时代。一些发达国家开始"重新发现地理学",可以预言,21世纪前半期,我们将看到第二个辉煌的全面发展。

我国许多老一辈地理学家,已经敏锐地预感到地理科学新时代的到来。早在20世纪80年代中期就提倡和呼吁加强地理科学的学科理论教育,倡导在高校地理专业开设"地理学引论""地理学导论""地理科学导论"等课程。20年来,我国出版了不少这方面的教材、著作,仅作者本人就先后写了《地理学引论》(东北师范大学出版社,1989)、《地理学导论》(高等教育出版社,1993)、《地理学导论》(东北师范大学出版社,1993)、《现代地理科学导论》(华东师范大学出版社,2003)等4部教材。20年的教材建设是对课程教材的体系不断深化的过程。最初是遵循一般学科入门教育的通例做法:介绍地理科学的研究对象、学科体系、研究方法、发展简史等。这样做虽然使学生增加了学科方面的一般知识,但并没有落实课程"提高学生地理素养"的初衷。后来,又从地理过程入手,如"地质过程""气候过程""水文过程""人口过程""经济过程""文化过程"等,这样做一下子门槛很高,学生学习困难,也与后续课程重复,把课程内容条条分割,不利于学生地理素养的提高和综合思维的形成。通过多年的实践,我们对教材的体系框架的认识渐渐地清晰起来。

本书由4个板块组成:第一个板块是"地球系统",讲述与地理过程有关的宇宙天文知识、地球整体性质及地球表层的基本知识,为地理学专业学习打下基础,也整合原来的"地球概论"课程。现代地理科学与通常的物理、化学、生物学不同,不是从分子、原子、细胞、基因等最小基本单位派生理论,而是从地球这个相对完整的物质体系的运动、演化、结构衍生理论,构建科学体系,所以结合地理学的需要学习"地球系统"十分必要。第二、三板块是地理学的两只眼睛,即从空间和环境角度观察世界,改变以前地理学通论开门两大块(自然地理学、人文地理学)的二元论思维。第四版块是"地理科学",重点介绍现代地理科学思想和研究方法。这样既使学生对地理科学的基本理论、方法有深入了解,加深了学生对地理科学的整体把握和认识,又不与后续学习内容重复,也整合和减少了课程门类。

这次新编的《地理科学导论》对以往教材内容进行了全面的修改,采取崭新的一元化的科学体系,尽可能地吸收近年来地理科学发展的最新成果,特别是方法论方面世界上最新的理论思维,也注意吸收 20 年来这方面学术同行的研究成果和相关教材的有益经验。特别是在介绍现代地理科学理论与实践时,不可能回避当代中国地理学家、地理工作者的理论、业绩和实践工作,在这方面我们不惜增加了一些篇幅,体现我国地理科学的发展风貌。我们的这一努力效果如何,还有待教学实践的检验,希望问世以后得到专家和读者的指正和批评。

编写过程中,得到高等教育出版社的大力支持,特别是徐丽萍编辑对本书给予多方面的鼓励和支持。上海师范大学柳英华、阎海红、蒋海兵、龙海波、蔡明等研究生帮助收集了不少资料,做了大量编写辅助工作,在这里一并表示衷心的感谢。

白光润

2005 年 8 月

目 录

重要外国人名附表

第 3 章

第 4 章

第 1 章

地球系统

导课案例

2020 年 9 月 15 日，北极剩余的最大冰架、位于格陵兰东北部 79N 冰川上的一大块冰断裂脱离，脱离面积约 110 km²。目前，这块冰已碎成许多较小的冰块。这条名为史帕特的冰川 2019 年已出现严重裂缝，2020 年夏天的高温，成为该冰川的致命一击。

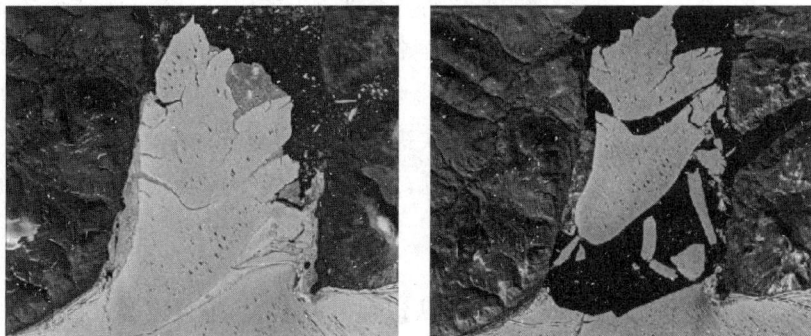

断裂前后的史帕特冰川

(路透社,2020)

这不是第一次出现两极地区大面积冰川融化事件。思韦茨冰川是南极最大、移动速度最快的两个冰川之一，位于南极洲的西部，冰川厚度达 4 km，面积超过 18 万 km²。卫星数据显示，自 20 世纪 80 年代以来，思韦茨冰川明显退缩，已经损失大约 5 950 亿 t 冰，融化的水量占全球海平面上升水量的 4%。假如它完全融化，将提升全球海平面 65 cm。因此，思韦茨冰川又被称为"末日冰川"。美国国家航空航天局等机构研究人员此前报告说，他们在位于西南极的思韦茨冰川底部发现一个巨型冰洞，面积约为纽约曼哈顿地区的 2/3，南极冰川融化及海平面上升的速率超出此前预期。科学家借助水下机器人拍摄到了该冰川的地基，温暖的海水流入冰川海底之间的孔隙，融化冰川底层。

同样，一份发表在《自然·地球科学》期刊上的研究指出，一股来自大西洋暖流的海水，约 1.6 km 宽，不断涌向 79N 冰川，加速冰川融化。2019 年 12 月《自然》发表的研究报告指出，现在格陵兰岛冰川融化速度是 1992 年的 7 倍；过去 20 年全球海平面上升水量的 25% 源自这里。

冰川融化已经引起了科学家的广泛关注。联合国政府间气候变化专门委员会（IPCC）在第五次评估报告中指出，海洋变暖在气候系统储存能量的增加中占主导地位，在过去 20 年中，格陵兰冰盖和南极冰盖的冰量一直在损失，全球范围内的冰川几乎都在继续退缩，北极海冰和北半球春季积雪范围在继续缩小。在关于对未来的预测中，IPCC 认为，在 21 世纪，全球海洋将持续变暖。热量将从海面输送到深海，并影响海洋环流。很可能的是，在 21 世纪随着全球平均表面温度上升，北极海冰覆盖将继续缩小、变薄，北半球春季积雪将减少。全球冰川体积将进一步减少。21 世纪全球平均海平面将持续上升。在所有典型浓度路径（RCP）情景下，由于海洋变暖及冰川和冰盖冰量损失的加速，海平面上升速率很可能超过 1971—2010 年间观测到的速率。

简而言之，IPCC 认为，冰川融化的趋势将持续整个 21 世纪，而这样的变化对整个地球上的生物都有无可避免的影响。例如，持续的海平面上升将会淹没部分沿海地区，而这些地区往往又分布着世界级的都市群。气候变化为什么发生？它受哪些自然因素和人为因素的影响？如何应对气候变化带来的挑战？将地球看作一个复杂的系统，将有助于理解这些问题，帮助我们作出科学的决策。

让我们一起通过本章探讨这些问题。

对我们人类故乡——地球的认识和研究，几乎是与人类社会文明同时开始的，早在公元前 5—前 4 世纪古希腊哲学家柏拉图（Plato）、亚里士多德（Aristotle）就对地球的球形形状做出了论述，公元前 2 世纪前古希腊地理学之父埃拉托色尼（Eratosthenes）就曾对地球周长做过相当准确的测量。中国古代也有《尚书·禹贡》《汉书·地理志》《水经注》《徐霞客游记》等大量地理著作，对地理过程、地表区域做过相当丰富的记录。到了近代，特别是 19 世纪以后，科学迅速发展、分化，地质学、地貌学、气象气候学、生物学各自从不同角度对地球系统过程进行了深入研究。但是近几十年来，这些学科对某一方面的研究某种程度上似乎走到了尽头，许多新的发现都依赖于对地球整体的认识，依赖于学科间的联系，依赖于更高层次上的观察分析。至少三个方面的发展迫使我们接受一个关于地球的新观念。

其一是由于研究地球的各个分支自然科学本身的成熟，人们发现单一学科自身的发展对地球整体研究、对学科间联系有强烈的依赖性，如大气科学研究离开对海洋水动力研究、离开对火山喷发扰动的研究、离开对人类活动影响的研究，是难以得出全面正确的结论的。

其二是空间技术的发展，使人类有能力瞬间、全面、反复观察地球整体及其运动，揭示了以前无法认识的地球整体规律，也使这方面国际间合作研究更现实。

其三是人类对地质作用的大大增强，在较短的时空尺度内甚至超过自然系统的影响程度。我们知道在几十万年、几百万年的时间尺度上地球的演变是超出我们所能控制的自然系统自身作用的结果，但是，对于几十年、几百年尺度内的地球演化，人类活动的作用是绝对不可忽视的，很多情况下甚至超过自然系统的作用，如温室效应、臭氧空洞、水土流失、草原退化等，人类作用占据主导地位。

地理学的研究对全球研究的依赖就更直接了,无论是对某一地理过程的研究,还是对某一区域的研究,都离不开对地球整体规律的认识。地理学不同于物理学、化学、生物学等学科,其基本研究单位不是分子、原子、细胞等,而是庞大的地球环境系统,它所包含的地球的结构、运动、演化及与宇宙环境的关系是支配地表地理过程的根本原因。因此认识地理科学必须从认识地球系统开始。

第 1 节　宇宙中的地球

什么是宇宙? 最简单的回答就是"所有""一切""天地万物",中国古代哲人早就对宇宙下过定义,战国时代的尸佼曾指出:"上下四方为宇,往来古今为宙",墨子也曾说:"宇,蒙东西南北;久(宙),合古今旦莫(暮)。""宇"者,空间也,即指东西南北,四面八方;"宙"者,时间也,即指古往今来,早午昏晚。

辩证唯物主义认为,世界的本质是物质的,物质可以转换不同的存在形式,但其本质上是永久存在、永久不灭的,宇宙是普遍永恒的物质世界。我们人类观察到的宇宙是有限的,它只是宇宙整体的一部分。随着科学技术的进步,人类观察到的宇宙在不断扩大。18 世纪以前人类认识宇宙的范围只限于太阳系,随后认识到太阳系以外还有千亿个恒星,它们组成了银河系,直径介于 10 万至 18 万光年。19 世纪人类又发现了河外星系,发现银河系在宇宙大家庭中只不过是相当渺小的一员。20 世纪 60 年代射电天文望远镜把探测距离猛增到 100 亿光年,后来又扩大到 150 亿光年,近来又可至 460 亿光年。人类可以不断扩大自己对物质世界的观察视野,不会停留于某一固定的边界上。

专栏

宇宙大爆炸学说

1948 年美国物理学家伽莫夫(George Gamow)最先提出宇宙大爆炸学说,经过半个世纪的研究,学说得到越来越多的天文学家、地球物理学家、理论物理学家的支持,成为当代科学的热点之一。它的主要内容可表述为:时间、空间和物质起始于 150 亿年以前的一次爆炸性事件。我们今天的宇宙在某种整体膨胀、徐徐冷却并不断稀释的状态中演变。

爆炸之初,宇宙是一个充满辐射的"地狱",它热得使任何原子或分子均不可能存在下去。数分钟后,它便冷却到足够形成最简单的氢原子核和氦原子核了。至数百万年之后,宇宙才冷却到足以形成第一个原子,不久又形成了简单的分子。然后,只是到了数十亿年之后才出现了一系列复杂的事件,使得物质凝聚成恒星和星系,此后又形成了稳定的行星环境。

大爆炸理论的最直接的观测证据是**红移**现象。在 20 世纪 20 年代,美国天文学家埃德温·哈勃(Edwin Powell Hubble)测量了 18 颗恒星(它们距地球的距离是已知的)发来的光,发现它们全部都存在着红移。当运动中的光源远离观测者时,其光谱的谱线相对于该光源静止时的同一谱线,有向红端(即长波长方向)位移的现象,称为光谱的红移。

哈勃得出结论,这些恒星一定相对于我们(观测者)在后退。因为根据多普勒效应,恒星一边后退一边发光而且光速(相对于观测者)是不变的话,我们收到光的波长就会长于原来的值。就如火车远去时的声音将变向低音,光将偏向红光[①]。哈勃认为,遥远星系的光波变长(红化)是宇宙正在膨胀的结果。宇宙学家所说的膨胀不是地球在膨胀,也不是太阳系、银河系在膨胀,而是指空间在膨胀,即整个宇宙的尺度在均匀地变大。我们可以将之想象成一个孩子在吹一个气球,气球的表面上的原子代表一个个星系,将气球吹胀起来,星系之间的空间增大了,但星系的大小并未改变。

卫星探测宇宙背景

宇宙大爆炸学说第二个观测证据是**微波背景辐射**。1965 年,两位美国科学家彭齐亚斯(Arno Allan Penzias)和威尔逊(Robert Woodrow Wilson)偶然地检测到弥漫在全天空的微波背景辐射。这种辐射以相同的强度从空间的各个方向射向地球。它的光谱线与达到某种热动平衡态的熔炉内的发光情况精确相符。对它的测量表明,它的有效温度大约比绝对零度(约等于 -273 ℃)高 3 开,可写为 3 K。只能将微波背景辐射解释为这是宇宙原初阶段(大爆炸阶段)的直接遗迹,把它看作宇宙诞生时灼热火焰的余晖,是大爆炸散落的、由于宇宙膨胀冷却所具有的残余辐射。最早提出宇宙微波背景辐射假说的科学家就意识到,如果宇宙起始于遥远过去的某种既热且密的状态,那就应当留下某种从这个爆发式开端散落的辐射。

最后一个支持宇宙大爆炸学说的观测证据是**宇宙演化至今的化学元素的丰度与理论计算值极为吻合**。宇宙大爆炸学说认为在大爆炸之初宇宙完全是一片辐射的海洋。在极为短暂的时间内,宇宙开始急剧膨胀。在 $10^{-33} \sim 10^{-6}$ s,电子、正电子、中微子和反中微子开始出现。从 $10^{-6} \sim 2$ s,出现中子、质子。这时,由于宇宙温度仍然很高,中子和质子还无法相互结合,而只能与电子、正电子、中微子和反中微子处于热平

---

① 有一个故事为多普勒效应做了有趣的阐述。一个司机因开车闯红灯被送上了法庭。他非常聪明,解释说因为汽车开得太快,红光在他眼里成了绿光。法官的物理学也学得不错,计算出要使红光由于多普勒效应变成绿色,那个司机必须把车开到 10 万 km/s 的速度。于是法官微笑着对司机说:"我接受你的论证,你在超速行驶!"

衡中,也就是说,中子与质子的数目大致相等。尽管它们的数目很少,但却是今天宇宙所有元素起源的"种子核"。随着温度的进一步下降(由 10^{11} K 降至 10^{10} K,只需 1 s),中子和质子聚合而产生某些最轻的元素的核的反应开始进行。质子(P)与中子(n)首先结合成氘核(^{2}H),由此形成的氘核又可与质子反应形成 ^{3}He(称为氦 3);两个 ^{3}He 核结合,形成氦核(^{4}He),形成氦核的活动延续了大约 3 min,并大约有 1/4 的物质的质量聚合成氦。当氦合成阶段结束,这个过程用完了所有可利用的中子,则氦的丰度达到最大值,余下的核子——没有聚合的质子——自然就成了氢原子核。以后,大约经过 70 万年,宇宙的温度才下降到终于可使在宇宙创生 3 min 后产生的轻核能够束缚住自由飞舞的电子,从而形成稳定的中性的原子(即氢原子和氦原子)。再以后便尽是我们所熟悉的物理知识可解释的过程与现象了。宇宙大爆炸学说预言今天的宇宙应当由大约 76% 的氢和 24% 的氦组成,这与对太阳和其他天体物质的观测结果吻合得相当好。

有的科学家认为宇宙有爆炸、膨胀,就会存在它的反过程,那就是收缩、坍塌、灭亡。即当宇宙膨胀到一定限度就静止下来,而后转向收缩、坍塌、灭亡,而且是原过程的逆向复制,即开始缓慢,逐渐加速,最后急速毁灭。还有的学者认为不是只有我们这个宇宙,可能有好多个宇宙诞生之后又消灭了。如果真是如此,或许也会有一些宇宙像我们的宇宙这样持续成长而存在至今,或是在我们的宇宙之前或之后。

宇宙大爆炸学说是对自伽利略(Galileo Galilei)、牛顿(Isaac Newton)之后,人们普遍接受的宇宙无限(在时间上)、无边(在空间上)观念的挑战。宇宙大爆炸学说后来得到的观测支持使当代大多数科学家接纳了它。当然,在一开始它也像所有的科学假设一样受到冷落,特别是关于大爆炸最初 3 min 的设想受到人们的奚落。1968 年在美国的一次关于宇宙学的讲座中,演讲人评估了宇宙大爆炸学说,他说:"一些理论学家已开出了宇宙化学成分的清单。这份清单的根据是大爆炸最初两分钟发生的核反应过程。"当时所有的听众哄堂大笑。在他们看来连《圣经》都没有胆量列出宇宙最初 3 min 所发生的事件的准确顺序。这些宇宙学家们比那些神学家们还会异想天开了。可是,在今天的科学领域,科学家们大都接受了这样的观点,因为如果不这样想像,就无法解释今天所面对的自然界中的"力"和物质景观。

宇宙大爆炸学说只是人类理性面对浩渺宇宙的一种猜测,很多科学家之所以接受这个猜测,是因为它比别的宇宙学理论更好地经受住了观测结果的检验,但观测证据并不能一劳永逸地证实这个猜测的绝对真理性。它还有很多难以解决的问题,如大爆炸以前宇宙是什么样子? 大爆炸的能源来自哪里? 最初 3 min 的想象有什么根据? 等等。而且大爆炸推测的根据还只限于我们所能观察到的宇宙。人类的经验总是局部的、有限的。我们只有保持开放的思维心态,采取宽容的态度,吸纳各种先进思想的合理成分才能揭开宇宙诞生之谜。

一、宇宙的构成

如上所述,宇宙是时间、空间都无限大的系统,人类对它的认识在不断地深化发展,但不可能完全彻底地认识它,谈到宇宙的构成,只能从我们现在认识到的宇宙谈起。

(一)总星系

目前人类通过最先进的射电望远镜[①]可以接收距我们 460 亿光年[②]天体发来的射电波,以这个半径所绘的大圆球,就是人类所能观测到的范围。总星系就是人类在这可观测到的宇宙空间中所包含的星系总体。至今所知,总星系的物质在运动和分布上都是均匀的,不存在任何特殊的方向和位置,也没有特殊的运动趋向,更没有核心和边缘之分。总星系中包含 10 亿个以上恒星系及巨量的星际物质。

(二)恒星系

恒星系是构成总星系的下一级系统。我们人类所在的恒星系是**银河系**,银河系以外的恒星系通称为河外星系。河外星系有 10 亿个以上恒星系,每个恒星系是由几十亿至几千亿颗恒星及星际物质组成。

恒星系按形状可分为椭圆星系、漩涡星系和不规则星系。河外星系离我们很远,近的十几万光年,远的则几亿、几十亿光年。最大的恒星系直径为 1 900 万光年,约 40 000 亿个太阳质量;最小的恒星系直径为 2 300 光年,约几百万个太阳质量。离银河系最近的有大、小麦哲伦星系和仙女座大星系。大麦哲伦星系离我们 16 万光年,小麦哲伦星系离我们 19 万光年,在南半球可以看到。仙女座大星系离我们 220 万光年,是北半球可见的最亮的河外星系。银河系直径约为 10 万光年,相当于 1 500 亿个太阳质量。可见,银河系只不过是总星系中非常普通的一个星系而已(图 1.1.1)。

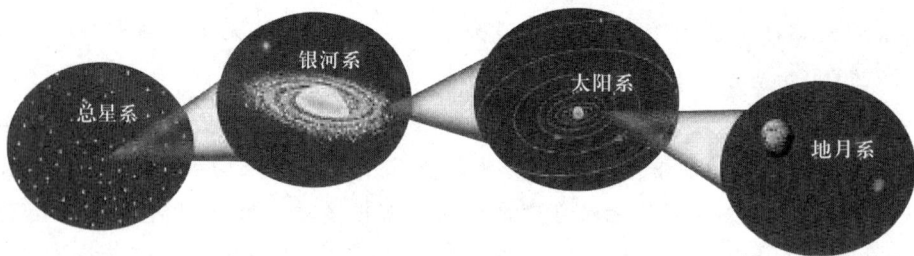

图 1.1.1　天体系统

---

① 射电望远镜:没有像光学望远镜那样用透明体制成的镜头,而是用抛物面天线接收天体发来的无线电波,然后通过接收器将天线传来的高频电信号放大、检波,再把高频信号变成仪表可测量记录的低频信号或直接照相的图形。

② 光年:测量天体距离的单位,光在真空中一年所走的距离约为 94 605 亿 km。

（三）类星体

类星体是河外星系中比星系小、比恒星大的天体。类星体发射较强的紫光和红外光,有的还放射较强的无线电波,是离我们最远(几亿光年、几十亿光年、一百多亿光年)、最古老的天体,人类对它还所知甚少。

（四）恒星

恒星是由炽热气体组成、能自己发光的天体。太阳就是恒星,除太阳以外,离我们最近的恒星也有 4.3 光年之遥,用最高倍数的望远镜观察也只是一个光点。人类肉眼能看到的恒星约 6 500 个,而能用望远镜观测到的恒星就不计其数了。恒星,从字面上讲,"恒"者,不动的意思,顾名思义,恒星者,不动之星也。这是古代人由于当时科技水平的限制,一直认为恒星是不动的,为了把它们与明显运动的行星相区别,故而称之为恒星。18 世纪以后人们发现,恒星并非是不运动的,它不仅在星际间不停地运动,而且有自转运动。只是由于它们离我们太远,其位置改变不易被发觉而已。经过长期观察,可以发现恒星之间的位置关系有很大变化(图1.1.2)。

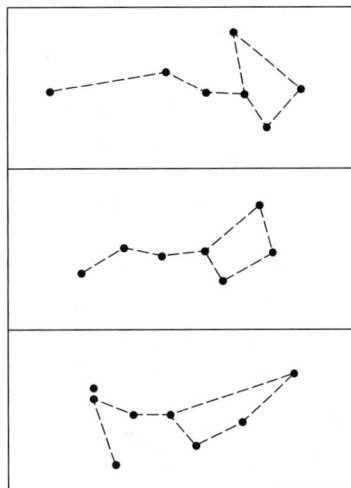

图 1.1.2　北斗的过去(上:10 万年前)、现在(中)和将来(下:10 万年后)
(金祖孟,2004)

为了便于识别恒星,国际上把全天球的恒星按其构成的几何形状划分为 88 个区域,每个区域为一个星座,并加以命名,如仙女座、白羊座、巨蟹座、天龙座、狮子座、人马座(图 1.1.3)等。

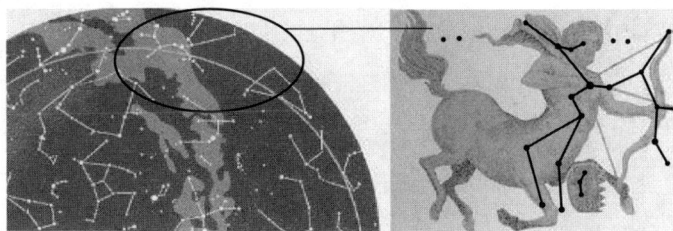

图 1.1.3　北天球上的"人马座"

恒星的亮度用星等来衡量,星等数越小,说明星越亮。人肉眼可见的最暗的为 6 等星,太阳是我们肉眼所见最亮的天体,其亮度达到 −26.7 等。

恒星的物理性质千差万别,直径从太阳的几万分之一以下到千倍以上,质量从太阳的 1/20 到 100 倍,密度从水的几千万分之一到亿万倍,光度从太阳的几百万分之一到几十万倍,表面温度从几百摄氏度到几万摄氏度,中心温度可达千万摄氏度,甚至上亿摄氏度。维持恒星温度的能源主要是热核反应。

恒星在宇宙空间中存在各种位置联系,靠得很近的恒星叫双星,约占恒星总数的 1/3,三五集聚的称为聚星,10 个以上的恒星群称之为**星团**。

在银河系中还有一些与太阳不同的特殊的恒星类型,如周期性以脉冲形式辐射电磁波的**脉冲星**(中子星);在短时间(几年、几日、几小时)亮度即发生明显起伏变化的**变星**;在很短时间(一两天内)亮度猛然增加(几千倍至几万倍)而后慢慢恢复的**新星**,亮度增加变幅达 17 个星等(增加千万倍至上亿倍)的**超新星**。

(五)行星

行星是指环绕恒星在椭圆轨道上运行的天体。太阳系有八大行星,即水星、金星、地球、火星、木星、土星、天王星、海王星。当然其他恒星也可能有行星。行星自己并不发光。太阳系中除八大行星以外还有许多**小行星**,绝大多数处于火星和木星轨道之间运行,它们数量很大,但质量很小,数十万颗小行星的总质量仅为地球质量的万分之四,直径超过 100 km 的小行星目前只发现 112 个。较有名的小行星有谷神星、智神星、灶神星、婚神星、大力神星等。

太阳系的行星运动遵守**万有引力定律和开普勒行星运动三大定律**。万有引力定律已是大家所熟知的,开普勒行星运动三大定律的第一定律是:所有行星运动轨道都是椭圆,太阳位于椭圆的焦点上(图 1.1.4),椭圆的偏心率 e 由下式求得:

$$e = \frac{c}{a} = \frac{\sqrt{a^2 - b^2}}{a}$$

式中:a 为长半轴;b 为短半轴;c 为半焦距。

第二定律是行星的向径(太阳中心和行星中心的连线)单位时间内扫过的面积相等(图 1.1.5),即行星绕日做不等速运动,近日点附近速度快,远日点附近速度慢。

第三定律是行星绕太阳运动的公转周期的平方与距太阳平均距离的立方成正比。即:

$$\frac{a^3}{T^2} = k$$

式中:T 为行星的公转周期;a 为行星与太阳的平均距离。

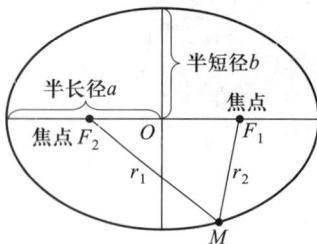

图 1.1.4 行星的椭圆轨道

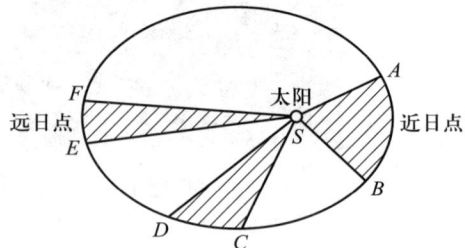

图 1.1.5 行星的向径在相等的时间内扫过相等的面积

万有引力定律和开普勒行星运动三大定律使人们预测海王星、冥王星的存在,并预测它们的质量和存在方位,创造了牛顿力学的辉煌。

专栏

冥王星与八大行星

太阳系的第八大行星海王星,在 1846 年被发现。天文学家利用天王星轨道摄动推测出海王星的存在与可能的位置。19 世纪末,天文学家根据对海王星的观察观测发现还有其他行星摄动天王星轨道。天文学界开始寻找"第九"行星。

1930 年,克莱德·汤博发现冥王星,并将其视为第九大行星。这个说法一直存在争议。20 世纪以来,人们对冥王星质量的估计值在逐步减小。1931 年,天文学家认为其质量与地球质量相仿,到 1976 年科学家首次计算出冥王星反照率,并据此推算其大小不会超过地球质量的 1‰。1978 年,冥卫一的发现使天文学家得以重新计算冥王星的质量,经过重新计算,冥王星的质量不足以解释天王星的轨道扰动。1993 年,迈尔斯·斯坦迪什重新计算海王星对天王星的引力作用,重新计算的结果中天王星的轨道并无异常。

此外,在冥王星附近发现的诸多天体显示冥王星是柯伊伯带的一部分,冥王星的行星地位也因此受到挑战。2005 年,海外天体阋神星被发现。据当时推测,该天体比冥王星大很多。因此,天文学界有人将此视为将冥王星划分为小行星的有力依据。

随着更多的天体被发现,符合当时行星定义的太阳系天体数量增多,促使国际天文学联合会(IAU)对行星进行新的定义。2006 年,IAU 列出三个条件:① 该天体的轨道必须围绕太阳运转。② 该天体必须有足够的质量通过自身引力成为球形。③ 该天体必须清理轨道附近的其他天体。冥王星的质量是其轨道上其他所有天体的质量之和的 7‰,因此无法满足第三个条件。因此,IAU 将冥王星认定为矮行星,编入小行星目录。至此,太阳系只有八大行星。

专栏

小 行 星

小行星是除八大行星以外绕太阳公转的很小的天体。多数聚集于火星和木星轨道之间,成为小行星带,公转周期多为 3.3~6 年。大的小行星形状为圆形,小的小行星形状不规则。1994 年的彗星撞击木星,形成木星表面大爆炸,使人们联想起 6 500 万年前,一直径 16 km 的小行星撞击地球,落到墨西哥尤卡坦半岛的事件。这次撞击引起火山喷发,大量火山灰长期散布大气中笼罩地面,导致气候条件恶化,生态系统被破坏,大批动植物死亡。一些科学家认为恐龙灭绝与这一天文事件有关。2004 年 5 月,科学家还发现澳大利亚西北部海岸附近的水下可能藏着一个直径约 200 km 的陨石坑遗址。他们推测,2.5 亿年前那次规模最大的物种绝灭可能也和陨星撞击地球有关。

虽然绝大多数的小行星都在火星和木星轨道之间绕太阳运行,但也有一些小行星并不那么规则,它们的轨道跨越火星,靠近地球,有些甚至穿入地球轨道以内,有可能撞向地球。能接近地球,或穿入地球轨道以内的小天体,统称"近地小天体",至今已发现 400 多颗。据估计,直径大于 1 km 的近地小天体有 2 000 颗之多,大多尚未发现。对地球有潜在威胁的近地小天体,已发现 108 颗。1908 年 6 月 30 日早晨,一颗直径 70 m 左右,由冰组成的小天体,以 60 km/s 左右的高速撞向地球,陨落在西伯利亚的通古斯地区,造成 1 000 km 以内的森林毁灭。1490 年 4 月 4 日(明弘治三年),中国甘肃庆阳地区遭小天体袭击,形成鹅蛋大小的陨石雨,"击死人以万数"。虽然像 6 500 万年前小行星撞击地球的事件,只有 1/50 000 的概率,但陨石、流星是经常发生的。1963 年天文观测发现流星数一时猛增,而这时的异常天气也显著增加,科学家普遍认为两者有密切关系。

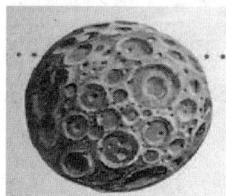

谷神星

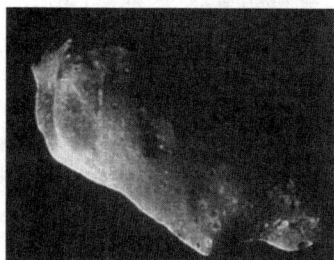

形状不规则的小行星

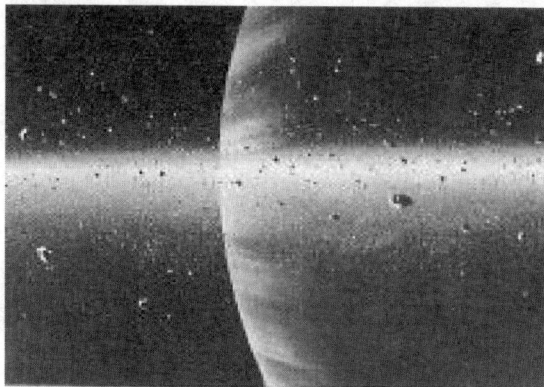

木星与火星之间的小行星带

　　1801 年加拿大天文学家皮亚齐(Giuseppe Piazzi)发现第一颗小行星命名为谷神星。以后世界各国陆续发现许多小行星。如智神星、灶神星、婚神星、大力神星等。中国已正式命名 42 颗中国发现的小行星,都以人名、地名等命名。如张衡(1802 号)、祖冲之(1888 号)、一行(1972 号)、郭守敬(2012 号)、沈括(2027 号)、中华(1125 号)、北京(2045 号)、江苏(2077 号)、南京(2078 号)、张(张钰哲)(2051 号)。1977 年还发现土星与天王星之间的小行星,1977UB,直径几百千米,1977AA 直径 1 km。对小行星的近距离探测从近几年开始,美国的伽利略号宇宙飞船 1992 年探测了"伽斯堡"小行星,1993 年探测了"艾达"小行星。1996 年美国"尼尔"号探测器探测了"爱神"小行星。1998 年美国"深空 1 号"接近 1992KD 小行星近达 10 km,进行近距离探测。2002 年日本"飞天"号宇宙探测器到"纳罗斯"小行星上成功取样。2013 年,车里雅宾斯克(Chelyabinsk)流星穿过了俄罗斯的上空,在离地仅 30 km 的上空爆炸。尽管没有直接碰撞,产生的相当于 444 000 t 炸药的能量仍然摧毁了 500 km 的建筑物。2020 年,中国科学院紫金山天文台发现一颗最新的近地小行星(2020 VA1),该小行星未对地球构成威胁。为防止小行星撞击地球,根据现代技术,最可能的办法是用火箭送去一颗核弹,在小行星附近爆炸,使其改变轨道;或发射多枚火箭将小行星推离撞向地球的轨道。

（六）卫星

卫星是围绕行星运行的天体。卫星本身也不发光，而依靠表面反射太阳的光。月球是人们所熟知的卫星。太阳系的行星除水星、金星尚未发现卫星外，其他行星都有自己的卫星，共有 65 颗，即地球 1 颗、火星 2 颗、木星 16 颗、土星 23 颗、天王星 15 颗、海王星 8 颗。人造卫星的发射是人类文明参与宇宙空间天体大家庭的天文行为，它为人类研究宇宙太空提供了方便条件。

（七）其他天体

除上述的天体外，宇宙还有大量其他天体。**彗星**，因其伸出长长的形如扫帚的彗尾，中国民间俗称扫帚星（图 1.1.6）。它属于太阳系内的一类小天体，质量很小，不超过地球质量的一千亿分之一，但体积庞大。一颗发展充分的彗星，包括明亮的彗头和长长的彗尾两部分。彗头又可细分为彗核、彗发和彗云。彗核直径一般只有几百米到几十千米，它集中了彗星总质量的 95% 以上，平均密度与水的密度相当。彗发的直径要比彗核大得多，一般可达几万千米甚至一百万千米，但其质量却非常小，彗发之外还有一个更大的、直径 100 万～1 000 万 km 的包层——彗云。几乎全是由氢原子组成的，又称为氢云。彗星最重要的形态特征是彗尾。它是由于彗发受太阳辐射压、太阳风[①]的作用，流向背太阳方向形成的。靠近太阳时，彗尾显著地变长变大，大彗星的彗尾长度可达上亿千米。当彗星远离太阳时，彗尾就逐渐缩短消失。具有椭圆轨道的彗星，绕太阳周而复始地旋转，称为"周期彗星"，而具有抛物线或双曲线轨道的彗星，它们走近太阳一次之后就一去不复返了，叫作"非周期彗星"。最有名的彗星莫过于哈雷彗星和海尔-波普彗星。彗星的运动轨迹如图 1.1.7 所示。

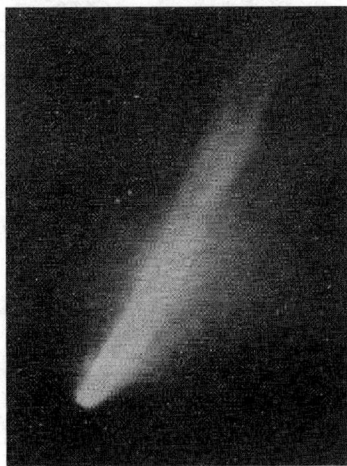

图 1.1.6　彗星

（中国大百科全书编辑委员会《天文学》

编辑委员会，1980）

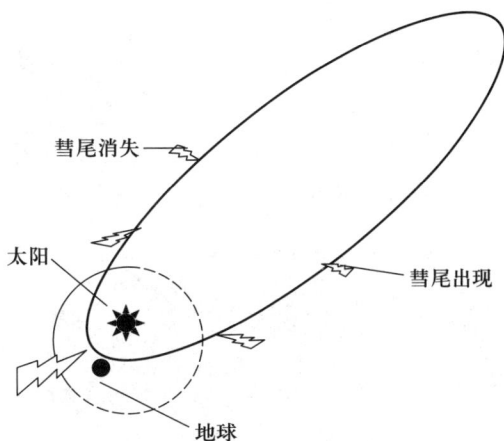

图 1.1.7　彗星及其运动轨道图

---

①　太阳风：太阳大气最外层日冕，因其离太阳表面较远，引力减小，高温下离子动能很大，产生的高速流出的热电离气体粒子流。

专栏

哈雷彗星与海尔-波普彗星

哈雷彗星是由英国天文学家埃德蒙·哈雷（Edmond Halley）首先确定其轨道而得名，是第一颗被证实的周期彗星。自转周期 53 h。公转平均周期 76 a，自有记载的第一次（公元前 1057 年）到最近一次（1986 年）已有 30 次回归记录，下次将于 2061 年出现。

海尔-波普彗星是 1995 年 7 月 22 日，美国两位学者海尔（Alan Hale）和波普（Thomas J. Bopp）在偶然的情况下发现的，其周期为 4 200 a，海尔-波普彗星是第一颗被广泛观测和研究的彗星，是 20 世纪观测到的最亮、最大的彗星。它的发现在 1995—1997年的三年间，激起了全世界科学家和天文爱好者极大的研究和观测热情。

流星是星际空间尘粒和固体块，当其运行接近地球时，受引力作用以 30～60 km/s 或更快的速度飞入大气层摩擦发光而得其名（图 1.1.8）。一般出现于距地表 80～120 km 高空处，据统计每昼夜约有 2 亿颗之多，但大多质量极小，往往不超过 1 g。较大的流星没有完全毁灭落到地面上就成为**陨石**。陨石又分主要由铁、镍组成的铁陨石（图 1.1.9）和主要由硅酸盐组成的石陨石，以及介于两者之间的石铁陨石。1976 年 3 月 8日 15 时在吉林市郊 500 km² 范围内下了世界罕见的陨石雨，收集陨石 100 多块，最重的达 1 770 kg，长 1.2 m，宽 1.0 m，高0.8 m，堪称世界最大最重的石陨石（图 1.1.10）。

图 1.1.8　流星

（中国大百科全书编辑委员会《天文学》编辑委员会，1980）

（八）星云及星际物质

除了以恒星形式出现的天体外，用望远镜还可以看到云雾状的气体和尘埃，这就是星云。一般来说，星云的温度是较低的，处于稀薄状态，甚至比实验室的真空还稀薄。星云按其形状可分为**行星状星云**和**弥漫状星云**。行星状星云呈正圆或扁圆形，中央有很热的恒星，密度

图 1.1.9　新疆铁陨石

（中国数字科技馆，2013）

图 1.1.10　吉林石陨石

（吉林市博物馆，2015）

比地球大气还低,直径从几个天文单位①到几光年,处于不断向外膨胀的状态。弥漫状星云形状不规则,没有明确界线,比行星状星云大得多,也稀薄得多。

星际物质是指充满星际空间,比弥漫状星云还稀薄几十倍以上(平均密度仅为每平方厘米1 个原子到 0.1 个原子)的物质,如星际气体、星际尘埃、各种各样的星际云、星际磁场、宇宙线等。

二、 地球在宇宙中的位置

(一)宇宙中的银河系

在晴朗的夜空里,可以看到一条白茫茫闪亮的光带呈现在天空中,这就是银河,我们的祖先自远古以来就发现了它,还以银河两边的牛郎星、织女星为题编绘了美丽动人的传说。

银河系是太阳系所在的恒星系,据摄影统计,银河系约有 1 500 亿颗恒星。整个星系呈扁圆盘状,主体宛如一个中间突起的铁饼(图 1.1.11),称之为**银盘**。直径约 8 万光年,中央突起的近似球形的部分叫**核球**,直径 1 万余光年,核球区域恒星高度密集,中心还有一个很小的更致密的区域,叫**银核**。银盘外围是一个范围更大近似于球状的系统,叫**银晕**,直径 10 万光年,物质密度比银盘低得多。银河系整体呈漩涡结构(图 1.1.12)。

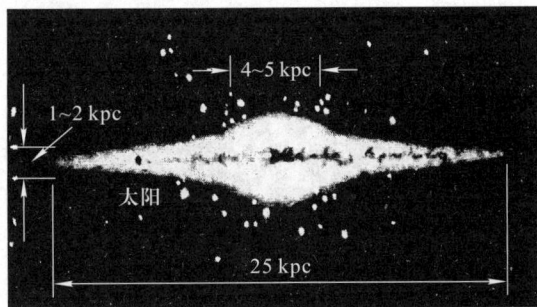

图 1.1.11 银河系剖面图
(徐宝荣、应振华,1983)

图 1.1.12 银河系平面图
(徐宝荣、应振华,1983)

银河系天体围绕银河系中心旋转,也就是说银河系有自转运动。银河系整体还朝着麒麟座(星座名)方向,以 214 km/s 的速度运动着,就像一个车轮,自身在不断旋转,同时轮子本身又不断前进。各个天体在银河系中旋转速度不一。银河系是我们人类置身的恒星系。银河系以外,还有河外星系,最近的也离我们十几万光年。总星系有 10 亿个以上恒星系,银河系只不过是其中极普通的一员。

---

① 天文单位(AU):日地平均距离,用以度量天体间距离的基本单位,1976 年国际天文学联合会确定其值为149 597 870 km,光通过这一距离需 8 min 18 s,1984 年采用。

（二）银河系中的太阳系

太阳系是由太阳、行星及其卫星、小行星、彗星、流星体和星际物质组成的天体系统。太阳系并不位于银河系的中心，而是在银盘中心平面即银道面附近，距银河系中心3.3万光年的地方（图1.1.11）。太阳附近银盘的厚度只有3 000余光年，向银河方向银盘厚度加厚，向边缘方向逐渐变薄。太阳与银河系其他一千几百亿个恒星一样，绕银河系中心运动，其速度为250 km/s，转一周要2.5亿年，称为一个**宇宙年**。如果地球年龄为46亿年的话，那么，此期间它已经随太阳绕银心转动18周了。太阳除了绕银心公转外还相对于邻近恒星运动，据观测太阳是向武仙座方向运动，武仙座离织女星不远，因此也可以理解太阳是向织女星方向运动。太阳的自转与地球自转方向相同，周期为25.38 d。对太阳在银河系的运动，可以这样形象地理解：太阳与邻近的恒星如同一群蜜蜂成群结队地向一个方向运动，即绕银心公转，但蜂群中的蜜蜂又相对运动，而蜜蜂自身又自己在转动。

在太阳系中，太阳是中心天体，它的质量是地球的33万倍，占太阳系总质量的99.87%，其强大的引力吸引其他天体绕它公转。太阳系有八大行星，它们分别是水星、金星、地球、火星、木星、土星、天王星和海王星（图1.1.13）。行星可分为三类：① **类地行星**。离太阳较近的水星、金星、地球和火星，它们的物理性质与地球接近，质量小、密度大、中心有铁核，金属元素比例高。② **巨行星**。木星和土星，质量大，密度小，主要由氢、氦、氖等元素组成。③ **远日行星**。离太阳远的行星，有天王星、海王星，质量和密度介于上述两者之间，主要由氮、碳、氧及其氢化物组成（图1.1.14）。

图1.1.13　八大行星示意图
(NASA,2009)

地球是太阳系八大行星之一，与其他行星相比它处于得天独厚的优越地位。从表1.1.1可以看出，地球距太阳远近适中，平均温度约为15 ℃，是生物适宜的生活范围。地球本身质量适中，密度较大，决定它的引力足以吸引较多的大气和水，使之不易散失，又不过分浓重，不至于引起过分的温室效应，既给动植物提供了生命活动的基地，又不至于束缚动物的运动和植

表 1.1.1　八大行星比较

天体物理数据	性质	水星	金星	地球	火星	木星	土星	天王星	海王星
	距日平均距离/天文单位	0.39	0.72	1.00	1.52	5.20	9.54	19.19	30.07
	公转周期	87.9 d	224.7 d	1 a	687 d	11.8 a	29.5 a	84.01 a	164.8 a
	轨道偏心率	0.206	0.07	0.016 7	0.093	0.048	0.055	0.05	0.009
	轨道与黄道交角/°	7	3.4	0.0	1.9	1.3	3.5	0.8	2.8
	轨道运行速度/(km·s^{-1})	47.98	35.05	29.79	24.1	13.1	9.64	6.81	5.43
	体积(地球=1)	0.056 2	0.92	1	0.15	1 316	745	65	57
	质量(地球=1)	0.058	0.81	1	0.108	318	95.18	14.63	17.22
	平均密度(水=1)	5.46	5.24	5.513	3.92	1.33	0.70	3.24	1.66
	表面重力(地球=1)	0.38	0.85	1	0.38	3.51	1.07	0.83	1.14
	脱离速度/(km·s^{-1})	4.3	10.2	11.2	5.1	60	35.6	21	23.6
	自转周期	58.64 d	243 d	23 h 56 min	24 h 37 min	9 h 50 min	10 h 14 min	(24±3) h	22 h

续表

性质		天体							
		水星	金星	地球	火星	木星	土星	天王星	海王星
环境	大气状况	极稀薄，含 He、H、O、C、Ar、Ne、Xe 等元素，气压小于 $2×10^{-9}$ hPa	低层大气中含 99% CO_2，另外含少量 N、Ar、CO、水蒸气等，气压为地球的 90 倍	含 N_2 (78.08%)、O_2 (20.95%)、Ar、CO_2 等，气压 1013.25 hPa，有液态水圈	CO_2 占 95%，N_2 占 3%，Ar 占 1%~2%，O_2+CO 合为 1%，气压为 7.5 hPa，是地球的 0.7%	含 H_2、He、NH_3、CH_4、H_2O 等，大气浓密	以 H_2 为主，含 CH_4 和其他气体	以 H_2 为主，相当于地球的 50 倍，含少量 CH_4	稠密的大气层以 H_2 为主，有 NH_3 云、CH_4 云、Ar 结晶云等气体
	地表温度/℃	−173~427	465~485	−80~60	−140~20	−150	−140	−211	−227
	概貌	空气稀薄、温差大、无水、缺氧	温度极高，几乎无季节和地区的区别	温度适中，四季昼夜分明，生物繁茂	冬夏昼夜温差大，无液态水，尚未发现生物	温度低，引力大	温度低	温度极低	温度极低，单位面积接受阳光为地球的 1/900
	主要制约因素	体积小、质量小、引力小、距太阳近	距太阳近，温室效应强烈	日地距离、质量、体积均适中	体积小、质量小、引力小	距太阳远、引力大	距太阳远	距太阳远	距太阳远

物的生长,还保护地面不致受流星的撞击。这些基础条件使地球表面在其进化过程中,渐渐形成氧气和水,供生物呼吸及为生命活动提供载体,保护其不受紫外线伤害。上述条件构成了生物和人类的适宜环境,为繁衍创造了良好条件。1968 年宇宙飞船从 36 000 km 高空拍下了第一张显示地球完整面貌的照片(图 1.1.15),从照片上可以看到一个被大气包裹的蓝色的星球。宇宙飞行员惊呼:"我看见了,地球,蓝色的珠玉!"这就是我们的地球。

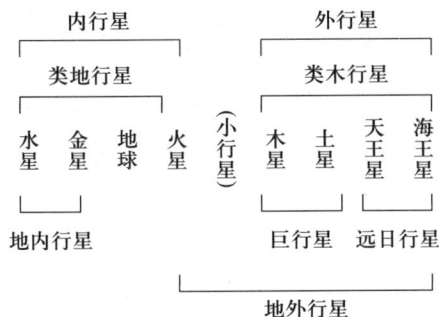

图 1.1.14 八大行星关系图

图 1.1.15 地球

专栏

只有一个地球

长期以来人们就试图寻找自己在天上的伙伴,几乎世界各国各民族都有关于天堂的传说,牛郎织女、嫦娥奔月这样的故事千百年来经久不息为人们所传颂。到了近代,人类经历了激动人心的地理大发现之后,把目标转向了太空,特别是第一颗人造卫星发射成功以后,这种愿望更加强烈了。人类的科技进入了太空时代,人类的遐想也进入了太空人、宇宙人的时代。把世界普遍出现的不明飞行物(飞碟、UFO)与太空人联系起来,把智利复活节岛上的巨石人也同太空人联系起来,把地球上出现的难以解释的特异现象与太空人联系起来,甚至有人怀疑传统的人类起源学说,认为人类根本不是地球上动物进化来的,而是太空人到地球繁衍来的。科幻小说、电影、孩子们玩的卡通都有大量关于太空人的浪漫描写。但是科学家是认真的,几十年来寻找地外文明、寻找地外生命的努力一直没有停止过。

1960 年美国科学家执行一项被称为"奥兹玛计划"的搜寻工作,他们用西弗吉尼亚州的绿岸国家射电天文台的一架口径为 26 m 的射电望远镜,对准离地球 10.8 光年的波江座 ε 星和 12.2 光年的鲸鱼座 τ 星,选用 21 cm 波长来监听它们发来的信号,因为这两颗星的各种物理特性都和太阳非常相似。可惜,累计 150 h 的监听过程中,没有获得任何有价值的信息。

1968 年苏联人用 21 cm 和 30 cm 波长来监听地球附近的 12 颗恒星,同样没有得到任何结果。

　　1972 年,美国的帕尔马等人执行第二期的"奥兹玛计划",有 7 个国家参加,对地球周围 80 光年之内 660 颗与太阳光谱型相类似的恒星进行监听,该计划执行了 3 个月,遗憾的是仍然没有接收到有用的信号。

　　1972 年 3 月,美国国家航空航天局发射的"先驱者 10 号""先驱者 11 号"飞向宇宙深处,这两艘飞船都带了一张经过特殊处理的铝板,铝板的右方画着一对裸体男女,向"外星人"显示我们地球人的形象,在这两人的背后是按人的比例缩小的"先驱者号"飞船的外形图,铝板的左上方用 14 个脉冲来标明太阳系在宇宙空间的相对位置,下方的 10 个圆圈是按比例缩小的太阳系,在表示地球的圆圈上还画出一艘小的飞船绕过木星飞向宇宙,从而表明"先驱者号"飞船的来历。最后在左上方有哑铃般的图案,表示宇宙间最丰富的物质——氢分子结构。

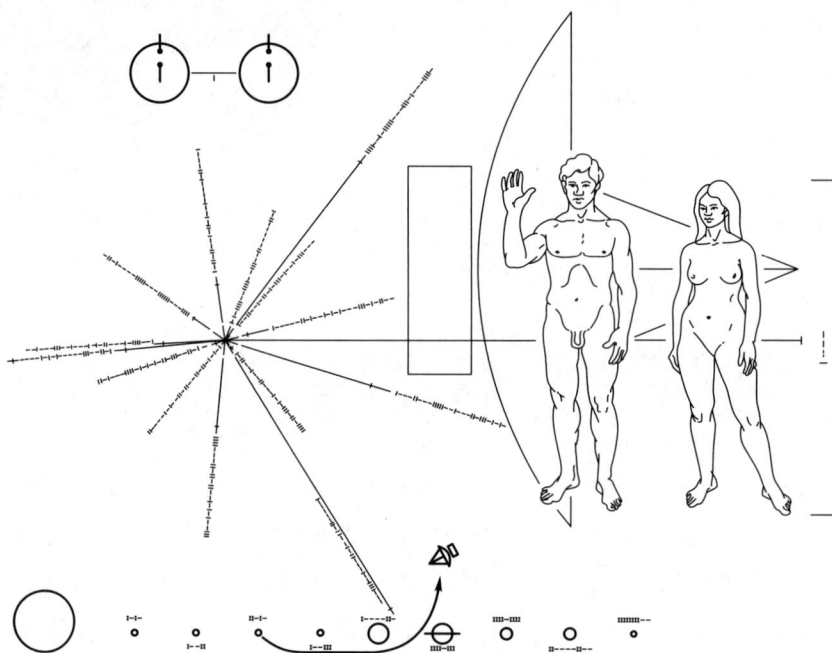

地球人的名片
(Sagan & Drake,1972)

　　1974 年 11 月 16 日,在美国康奈尔大学的直径为 305 m 的射电望远镜的镜盘换面典礼上,以波长 12.6 cm 的调频电磁波向银河系内的球状星团 M13 发出了第一份电讯,由于该星团有 30 万颗恒星,而且所发射的电磁波束又能将它们全部覆盖,因此大大提高了这一信息有可能被收到的机会,电讯用 1 679 个二进制信息数码组成,并连续地反复播发了 8 min,依然没有结果。

　　1977 年 8 月和 9 月,美国又相继发射了"旅行者 1 号"和"旅行者 2 号"飞船,它们担负着与地外文明世界联系的使命。飞船上携带了一套铜制的"地球之音"唱片,它记录了地球上各种有典型代表意义的信息,其中包括 115 幅照片和图表、60 种语言的问候语、35 种地球自然界的声音、27 种古典和现代音乐等。还有一段联合国秘书长的口述录音,以及一份美国卡特总统签署的电报,上述的这些信息,希望有朝一日落入"外星人"的手中,使他们对我们这个文明社会有概括的了解,并希望能建立某种联系。

20 世纪 80 年代初,美国国家科学院成立了一个专门委员会,并取名为"西替"(Search for Extra Terrestrial Intelligence,SETI)。

长生鸟(PHOENIX)计划　该计划由美国加利福尼亚州的"西替"研究会执行,工作内容是研究 200 光年之内的与太阳光谱型相似的 1 000 多颗比较老的恒星,希望采用世界上最大的射电望远镜来监听这些天体,在带通 1.2~1.3 kMHz 的范围内设有两亿个频道,每个频道有 0.7 Hz 的锐分辨率。1995 年 2 月至 6 月,长生鸟计划采用澳大利亚的 64 m 射电望远镜来监听北天球的 200 颗看不见的天体。1996 年 9 月将这一系统转移到美国西弗吉尼亚州的 43 m 国家射电天文台监听,同年又将这些设备转移到美国设在波多黎各的 305 m 射电望远镜上继续执行对这些天体的监听,"长生鸟"计划的科学家们还设想在加利福尼亚州建造一架 100 m^2 的"西替"专用射电望远镜。

比塔(BETA)计划　该计划得到美国行星协会和其他方面的支持,采用一架 26 m 的设在马萨诸塞州的射电望远镜,用 1 年时间将赤纬 $-30°~+60°$ 的天区扫描一次,自从 1995 年 10 月以后,扫描带宽改为 1.40~1.72 kMHz,分辨率 0.5 Hz,在这一频段,主要有水分子中的氢(H)和氢氧(OH)发射,该组织认为"外星人"如果要与我们联系,选择这一频段向我们发射讯息的可能性较大。

米塔(META)计划　该计划在 1985 年开始执行,阿根廷射电研究所(IAR)从"比塔"处复制了硬件,用到布宜诺斯艾利斯附近的 30 m 射电望远镜中,从 1990 年开始,用这一装置来监听南半球赤纬 $-10°~-90°$ 的天区,整个带通从 1.42~2.84 kMHz,采用 800 万个频道,每个频道的带宽为 0.05 Hz,这一带通中有宇宙中到处存在的 21 cm 氢谱线和它的第二谐波频率。

雪兰第普(SERENDIP)计划　由于上述计划在监听"外星人"的讯息时,射电望远镜的工作时间全部被占用,这是很可惜的,为了避免这个问题,加利福尼亚州大学于 1978 年提出这样的计划,即不影响射电望远镜工作的前提下,当望远镜在工作中指向任何方位时,监听"外星人"信息的工作同时进行。1997 年美国阿雷西博(Arecibo)天文台代替加利福尼亚州大学天文台的工作,观测赤纬 $+38°~-3°$ 之间的天区,在 1.4 kMHz 的频段,用 1.68 亿个频道,每个频道带宽为 0.6 Hz 的设备来监听"外星人"的讯息。

南雪兰第普(Southern SERENDIP)计划　在早些时候,澳大利亚的"西替"中心和澳大利亚的帕克斯(Parkes)天文台复制了雪兰第普的 420 万个频道,并于 1998 年 3 月开始进行监听,其中包含接收 21 cm 的氢线,另外两个 4 M 频道的方案也开始在澳大利亚的悉尼大学和意大利的博洛尼亚(Bologna)射电研究所研制。

在世界各地,特别是美国和日本等地的"西替"业余爱好者利用小型的天线和商业用的接收机来接收"外星人"的讯息。到目前为止,我们还未找到一个地外文明社会。在宇宙空间中出现原始生命的概率是极小的,据统计只有 $1/10^{4\,000}$ 的可能性。因此在太阳系的附近,文明社会可能很少,甚至只有一个,就是我们的地球,我们一定要珍惜它、爱护它,保护生态环境,保护我们的文明社会。但是在最近的几百年,特别是无线电技术发明的一百多年来,一方面先进技术突飞猛进,另一方面工业污染遍及全球,地球现在已经面临很多问题,例如:世界人口高速增长,粮食供应不足;能源消耗日益增加,能源已经逐渐枯竭;全世界森林面积不断减少,而沙漠化的面积不断扩大;由于温室效应的影响,天气变暖使两极的冰雪融化,海平面上升,陆地面积日益减少,还有含氟等有害气体的排放,使保护地球生灵的臭氧层受到破坏,南极上空已经出现空洞,太阳的紫外辐射直接到达地面,危及人和生物的安全;大规模杀伤武器对人类的威胁。估计还有许多我们想不到的问题,这些自身产生的问题相互交织在一起,在未取得调整之前,很可能一个偶然的机会就会使我们的文明社会自行毁灭,这些事实不能不使世人引起警惕。第 44 届联合国大会主席加尔巴(Joseph Nanven Garba)忧心忡忡地说:"要使各国政府能够认识到,如果地球上的生态平衡不能得以保持,生物系统不能得以保护,任何发展理论和发展计划都等于零。"

讨论

1. 为什么地理科学要重视地球系统研究?
2. 为什么到目前为止,只发现地球上有生命存在?
3. 在八大行星中,除地球以外,还有哪些行星的环境条件相对比较优越?
4. "只有一个地球"的口号在人类社会生活中有何重要意义?

推荐读物

1. 白光润.现代地理科学导论[M].上海:华东师大出版社,2003.
2. 白光润.当代科学热点[M].北京:科学出版社,2000.
3. 刘本培,蔡运龙.地球科学导论[M].北京:高等教育出版社,2000.
4. 金祖孟.地球概论[M].北京:高等教育出版社,1997.
5. 刘南威.自然地理学[M].3 版.北京:科学出版社,2014.
6. 苏宜.天文学新概论[M].5 版.北京:科学出版社,2019.

第 2 节　宇宙因素的地理效应

一、太阳的地理效应

地球是太阳系的行星之一,它的主要能源来自太阳,并在太阳的引力下公转运动,地球的地理过程与太阳的活动、地球绕太阳运动的变动都息息相关,很多情况下是"地上现象,天上原因"。

（一）太阳

1. 体积与质量

太阳是巨大的火球，其半径近 70 万 km(6.96×10^5 km)，约为地球半径的 109 倍。体积约为地球 130 万倍，约为太阳系所有行星体积总和的 600 倍。太阳的质量约为 2×10^{27} t，相当于地球质量的 33 万倍，形象地说，太阳如果是个大西瓜的话，那么地球就比小米粒还要小得多。太阳的质量是太阳系总质量的 99.86%，正是由于它具有如此巨大的质量，才产生强大的引力（太阳表面的引力相当于地球表面引力的 27.9 倍），因而能吸引八大行星环绕它旋转。

2. 太阳的构造

太阳内部是稠密的、高温高压的气体，外部是可见的稀薄的太阳外层气体。

太阳内部从里向外可分三个圈层。**中心核反应区**，温度高达 1 500 万 K[①]，是氢氦热聚变反应产能区。**辐射输能区**，即太阳中心核反应区向外输送能量的区域，以保持能量的平衡。**对流层**，稠密大气的最外层，厚约 15×10^4 km，通过对流作用向太阳外表输送能量。

太阳的稀薄外层大气又叫**太阳大气**，也从内向外分成不同的层圈。**光球**，肉眼所看到的光芒夺目的太阳表面，厚约 500 km。在强大的望远镜所摄制的光球照片上，可以发现光球更细的构造，光球表面不均匀，呈米粒状结构（半径约 1 000 km 的长圆形结构，突现突逝）。还有光斑和黑子。**色球**，光球上面的大气，厚度不一，平均约 2 000 km，平时由于光球的强烈光线的影响，看不见这层大气，日全食时，这层大气才呈玫瑰色显示出来，故称"色球"（图 1.2.1）。色球的温度随高度上升从底层的几千度升高到几万度。色球有突然爆发的现象，我们观察时可以发现特别明亮的斑点，叫耀斑。**日冕**，日冕是色球之上更为稀薄的太阳最外层大气，可伸展几倍太阳直径以外的地方。日冕的温度随高度剧增，最上部高达一二百万度，日全食时出现的一片银白色光辉，就是日冕的形象（图 1.2.2）。由于日冕离太阳远，引力小，温度高，能量大，因而形成脱离太阳引力向外高速度流出的高速度热电离气体粒子流，这就是**太阳风**。太阳风速度很快，5～6 天就可到达地球。

图 1.2.1　色球

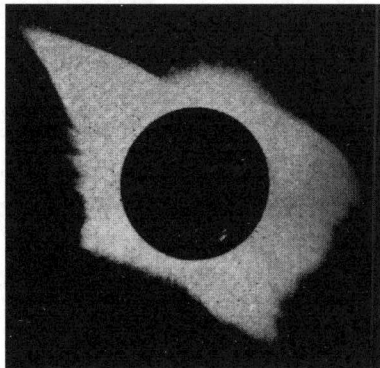

图 1.2.2　日冕

---

① K（开尔文）为热力学温度单位。如用 T 表示热力学温度，用 t 表示摄氏温度，则 $t = T - 273.15$。

总体上太阳从内向外分成性质不同的几个层圈,如图 1.2.3 所示,当然,我们人类对太阳所知甚少,大部分认识都是间接推测的,还有待于进一步深入研究。

3. 太阳的能量

太阳是整个太阳系的光和热的主要源泉。太阳能是太阳的热核反应产生的。太阳的总辐射能为 38.91×10^{25} J/s,太阳表面的辐射强度为 6.36×10^3 J/(cm² · s)。光球表面平均温度为 5 770 K,色球表面 10 万 K,日冕表面温度为 100 万～200 万 K,这样的高温环境下,物质只能是气态,其各种元素的原子失去全部或部分电子,呈粒子状态。太阳的能量是巨大的,假设太阳表面完全覆盖 12 m 厚的冰层,太阳 1 min 的辐射能就可以把它全部融化掉。

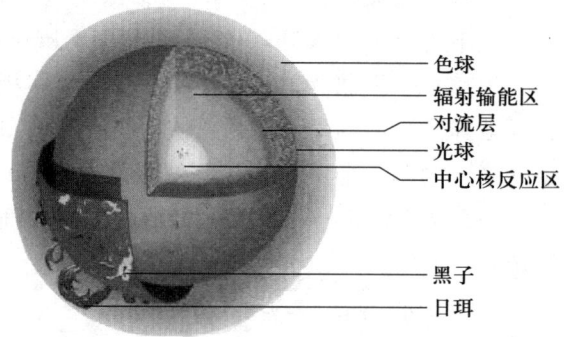

图 1.2.3 太阳的构造

太阳中心产生的巨大热核能量,除光球下有一薄层靠对流外,主要是靠辐射向外输送热量。太阳辐射是光量子的物质以电磁波的形式向外传播,电磁波依波长可分为 X 射线、紫外线、可见光、红外线、无线电波等(图 1.2.4),太阳辐射能量的分布,紫外线区占 7%,可见光区占 48%,红外线区占 45%。太阳辐射能量的绝大部分(99.9% 以上)在 0.15～4 μm 波段之间,与地球表面受热以后产生的红外长波辐射相比,习惯称之为"短波辐射"。

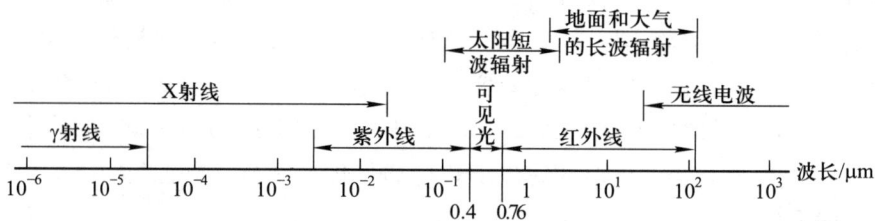

图 1.2.4 电磁波

4. 太阳活动

太阳活动是指太阳大气一切活动的总称。表现为黑子、光斑、耀斑、日珥(突出太阳外面的发光气团)、日冕瞬间变化现象,平均周期一般为 11 a,当活动强烈时,紫外线、X 射线、射电辐射、粒子辐射增强,对行星造成很大影响。

(二)太阳对地球地理过程的影响

1. 太阳能是地球表层的基本能源

地球表层的能量来自地球内部和地球外部的宇宙空间,前者是内生能,后者是外生能。太阳辐射能是外生能最基本最主要的部分。从一定意义上讲,太阳能就是地表外力过程和生命过程的发动机。

地球与太阳相距 14 960 000 km,太阳辐射只要 8.3 min 就可到达地球,地球所得的能量是 1.03×10^{19} J/min,只相当于太阳辐射总热能的二十二亿分之一,对太阳来说是微不足道的,但对地球来说却举足轻重。太阳每年给地球的热能,相当于 100 亿亿 kW·h 电力,是目前全世界总发电量的几十亿倍。

在没有大气的影响下,在日地平均距离处与太阳光垂直的方向上,地表单位面积每分钟接收的太阳辐射能(垂直照射),叫太阳常数。太阳常数为 1 357 W/m²,对地球来说,基本上是稳定的,但它也不是一成不变的,其变化影响气候过程,尤其对长期气候变迁是有影响的。美国学者辛普森(Simpson,1927,1938)、奥皮克(Opik,1953,1958)提出太阳辐射变化引起气候变迁的假说。该学说认为,太阳辐射增强使地球表面温度升高,大气环流增强,云量增加,温差减小,气候变暖,海洋性增强。还有的学者(施瓦西,Schwarzschild)提出太阳光度不断增大的假说,他认为地球历史 46 亿年来,太阳光度增加了 60%,每 8 000 万年增加 1%,因此,从总趋势上看,地球是在不断地变热。20 世纪 70 年代,阿勒(Alle)引用瑟(Sirs)、布朗(Braun)计算的结果认为,45 亿年间,太阳中心密度从 90 g/cm³ 上升到 160 g/cm³,辐射功率从 2.9×10^{23} kW 增加到 3.9×10^{23} kW,即太阳能量增加促使地球增温。

由于太阳增温地球,并由于地球的自转、公转造成昼夜、四季的温度变化,使地表岩石风化,不断地为地表物质迁移提供物质来源。由于地球的球形形状造成地表太阳能受热不均,从而产生大气环流和水循环,在流水和风的作用下侵蚀、搬运、堆积,雕刻和塑造了千姿百态的地貌形态。

太阳能是地球生命的源泉。太阳能通过绿色植物的光合作用将水、二氧化碳等无机物合成有机物,将太阳辐射能转化为生物能,哺育了地球上 30 多万种植物和 100 多万种动物。

2. 太阳活动对地球的气候过程、生物过程产生强烈影响

太阳活动对地球地理过程影响最强烈的是太阳黑子的活动。太阳黑子是太阳表面的强磁场区,强度高达几千高斯,温度却比太阳表面低 1 000 ℃ 以上,相对较暗,故称"黑子"(图 1.2.5)。黑子具有 11 年、22 年、80～90 年甚至更长的活动周期。

虽然各地报告不一,但太阳黑子与气候变化的相关性已引起科学家的广泛关注和认同。据统计,在赤道上,黑子多时,雨量大,大湖水面比黑子少的年份平均高出 1 m 左右。美国西部干燥地区树木年轮厚薄有明显的 11 年周期变化,反映气候的干湿与黑子的活动有明显的相关性(图 1.2.6)。中国地理学家竺可桢(1979)认为,从 2 世纪至 19 世纪的统计资料看,"凡是黑子记录多的世纪,也为我国严冬多的世纪"。

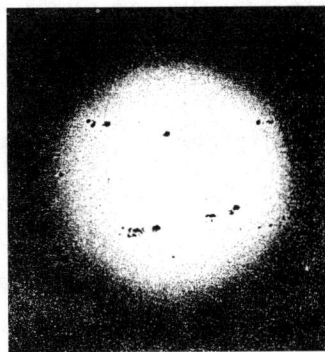

图 1.2.5　太阳黑子

地磁活动量与太阳黑子相对数基本是同步起伏的,大黑子群的出现、耀斑的爆发,强烈影响星际环境和地球环境。太阳黑子极大的年份往往引起磁爆和极光,甚至直接影响人类的生产和生活。由于磁场强度增强,紫外线、X 射线突然增强,使电离层受到干扰,离子浓度剧增,反射吸收无线电波,使短波通信中断。1982 年 6 月 14 日 14 时 20 分(北京时间),耀斑的出现使地球上短波通信中断几乎达 1 个小时之久。地面磁场增强还导致地面输电线路感应出较大

电流,造成过载或烧毁部件的事故,引起罗盘失灵,导航系统破坏,威胁航天、航海、航空的安全。

太阳黑子活动与地球上生物生长、人类疾病有关系,近年来发现大型的流行性感冒与太阳黑子活动有密切的相关关系。

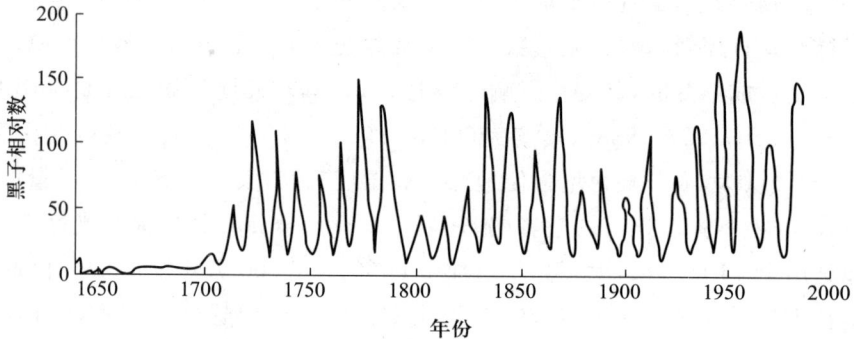

图 1.2.6　17 世纪以来太阳黑子的 11 年周期

二、 月球的地理效应

月球是地球的卫星,由于月球离地球很近,对地球影响十分显著。

（一）月球

月球绕地球公转,质量为地球的 1/81,半径为 1 738 km,是地球赤道半径的 27.25%。月球的体积是地球的 1/49。月球距地球 384.401×10^3 km,仅为日地距离的 1/390。月球绕地球公转的轨道称为白道,公转的周期是 27 d 7 h 43 min 12 s,月球自转周期与公转周期一致,故总是以同一面对着地球。

月球表面高低起伏,从地球看上去有些地方很明亮,有些地方则比较暗,过去人们曾猜测暗的地方是海,后来才知道,原来称为海的地方其实是广阔的平原,明亮的地方是高原。另外还有大量的环形山,估计是火山爆发或陨石撞击成的。由于月球表面的引力只有地球表面的 1/6,不足以吸引水和大气,月球是一片清晰的世界(图 1.2.7),由于没有大气和水的调节、缓冲、保护,月球的温差很大,月球赤道中午 127 ℃,晚上则低达 −183 ℃。近年来,科学家首次发现月球两极存在水冰,这将为人类未来在月球建立太空基地提供重要的物质条件。月球上没有生命,但是,月球也没有严酷到生命绝对不能存在的地步,1967 年 4 月一个探测器在月球软着陆成功,里面有一个摄像机带有地球上的细菌,两年多以后的 1969 年 11 月,探测器返回地球,经过培养这些细菌还是有生命的。

1969 年美国宇航员首次登月,实现人类的足迹第一次留在地球以外天体的梦想,人类亲身经历的考察也纠正了过去对月球的一些错误的猜测(图 1.2.8)。

图 1.2.7　月球正面照片
（中国大百科全书编辑委员会《天文学》
编辑委员会,1980)

1969—1972年美国阿波罗宇宙飞船 6 次航行共运送 12 名宇航员登月,由于没有大气和水的侵蚀,宇航员的脚印长久留存在月球上

图 1.2.8　登月

（二）月球对地球地理过程的影响

月球对地球地理过程的影响最重要的莫过于潮汐了。由于月球离地球最近,地球上的物质,受其引力影响,发生周期性起伏,即固体潮汐、海洋潮汐和大气潮汐,特别是海洋潮汐视觉上很明显。当然除月球外,太阳等其他天体的引力也有作用,但不如月球引力强。当月球引力与太阳引力结合起来,产生叠加效应,其作用就更加明显(图 1.2.9)。它们使地表水、海洋、和大气发生巨大涨落,引起固体地球弹性-塑性形变。月球绕地球公转时,月球离地球远近发生周期性变化,由于地球自转及其地轴的倾斜,这种周期性变化在地球各部分表现不同,使海水产生半日潮、全日潮、半月周期潮、月周期潮、年周期、多年周期的变化,大气各因素(气压、风场等)、地球磁场产生全日、半日、1/3 日、1/4 日等周期变化。可以说,月地引力是地表地理过程节奏性的重要因素。

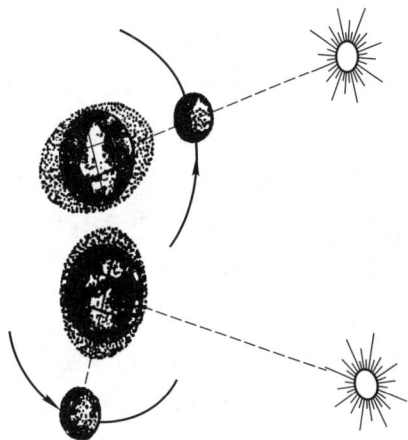

图 1.2.9　大潮(上)和小潮(下)示意图
(徐宝荣、应振华,1983)

潮汐作用对地理环境产生一系列影响,它加剧海岸侵蚀,顶托河口径流,也对沿岸生物产生很大影响。其巨大能量已经为人类所利用,潮汐发电已为许多国家所重视。

专栏

中国的探月工程

月球是地球的卫星,由于月球在天空中非常容易被观测,再加上规律性的月相变化,它自古以来就对人类文化如历法、艺术和神话等产生重大影响。而对月球的实际探测,则起源于冷战时期。1959 年,苏联的月球计划发射了第一艘登月的无人太空船;美国

NASA 的阿波罗计划是目前为止唯一实现的载人登月任务。1994 年,美国环月探测器发现月球可能存在水冰,引起广泛关注。20 世纪末至今,各航天国意识到月球探测的战略意义,纷纷提出探月计划并积极实施,掀起了第二波探月热潮。月球丰富的矿物资源,是地球稀缺资源的重要补充,比如可用于核反应发电的氦-3,是地球总储量的数十倍,有望成为人类未来重要的能源资源。月球特殊的自然环境,无大气,地质构造稳定,是基础科学实验、特殊生物制品、特种新型材料试验和生产的天然场所。同时月球也是对地观测、探索太空的有利观测点。

在第一波探月热潮中,美国采集了 385 kg 月球样本,获得了大量的原始探测数据。受限于当时国力,中国错过了第一波探月热潮,中国科学家仅能使用美国赠予 1 g 月球样本中的 0.5 g 进行研究,国内科学家渴望能够使用中国原始探测数据进行分析。

20 世纪 90 年代末原国防科学技术工业委员会组织专家论证,提出了"绕、落、回"三步走的无人月球探测规划。一期工程:2007 年实现绕月探测;二期工程:2013 年前后实现月面软着陆探测与巡视勘察;三期工程:2020 年前实现月面采样返回。2004 年,一期工程批准立项,中国深空探测拉开帷幕。2007 年 10 月 24 日,"嫦娥 1 号"在西昌卫星发射中心成功发射,在 200 km 环月轨道上绕月飞行,获取了中国首幅月面图像和 120 m 分辨率全月球立体影像图,以及月球表面 14 种元素含量和物质分布特点等大量科学探测数据,圆满完成"绕"月任务。2013 年 12 月 2 日,"嫦娥 3 号"探测器成功发射,13 d 后在月球西经 19.5°、北纬 44.1°的虹湾区精准着陆,着陆器与"玉兔号"月球车成功分离,并分别开展了月面巡视和就位探测,圆满完成"落"月任务。2020 年 11 月 24 日,"嫦娥 5 号"在海南文昌航天发射场发射升空,完成月球表面自动采样任务后,于 12 月 17 日在内蒙古四子王旗着陆场着陆。此次任务的实施,标志着中国具备了地月往返能力,实现了"绕、落、回"三步走规划完美收官,为中国未来月球与行星探测奠定了坚实基础。

地球因其特殊的位置,成为太阳系中唯一具有生命的宜居星球,人类文明于此诞生并一步步演化至今,始终拓展着对宇宙系统的探索热情。"站得高、看的远",深空探测将会为地理学带来新的机遇与挑战,从新的视角审视地球系统演化,引发对人类文明之于宇宙空间和宇宙空间之于人类发展的新思考。

三、 其他宇宙因素的地理效应

对地球而言,太阳系除了太阳、月球以外,还有其他七大行星以及众多的小行星、卫星、流星、彗星、宇宙线等,它们虽然不像太阳、月球那样经常地、显著地影响地球,其作用也是不可忽视的。

近地小天体的研究,近来引起了科学家很大关注。它们对地球有着潜在威胁。近地小天体撞击地球,会造成地球环境异常、气候变化,严重影响地球的生物界,产生灾难性的后果。据研究,星际物质、流星、彗星对地球的影响可达几十年、数百年以上。

宇宙线对地球也有较大影响。宇宙线是由来自地球以外的高能量($10^4 \sim 10^5$ eV)的质子、α 粒子、少量其他原子核、电子和 γ 光子等组成。宇宙线在大气中产生电离影响地球表层低电离层的电子密度及大气电导率,从而影响大气电场和电流,甚至对天气过程也产生影响。

总之,地球与广袤的宇宙是息息相通、密切相关的。地球表层的许多地理过程的发生源与变化节奏的制约机制并不在于地球表层,而与宇宙中其他星体有关,特别是对全球性地理现象、全球性灾害长周期的变化过程的研究,更应该注重对宇宙因素的研究。随着卫星遥感和航天技术的发展,许多地球表面的不解之谜,将在宇宙空间找到答案。"不识庐山真面目,只缘身在此山中",在低层次看上去纠缠不清的谜节,在高层次一下子就变得清晰起来。

讨论

1. 有人说:按现在科学水平,即使没有太阳辐射,人类靠水力发电和燃煤火力发电也可解决人类能源问题,这种说法对吗? 为什么?

2. 太阳辐射呈增大趋势, 是不是当前全球变暖的重要原因?

3. 举例解释"地上现象,天上原因"这句话。

推荐读物

1. 白光润.现代地理科学导论[M].上海:华东师大出版社,2003.
2. 白光润.当代科学热点[M].北京:科学出版社,2000.
3. 刘南威.自然地理学[M].3 版. 北京:科学出版社,2014.
4. 刘本培,蔡运龙.地球科学导论[M].北京:高等教育出版社,2001
5. 徐宝荣,应振华.地球概论教程[M].北京:高等教育出版社,1983.

第 3 节　地球的整体性质

地球表层是地球整体不可分割的有机组成部分,地球的整体性质和运动规律制约着地球表层的地理过程,因此认识地球表层地理过程的基本规律,必须从地球的整体性质出发,只有这样,才能高屋建瓴,把握全局。从地球系统科学原理出发,认识和解析地理过程,是地理认识论的关键所在。

一、 地球的形状、大小与质量

(一)地球的形状

关于地球的球形形状,早在公元前 5 世纪前,古希腊人就提出来了。这一观念在西方持续 2 000 多年,直到 17 世纪末牛顿(Isaac Newton)对这一学说有所修正。他根据自转离心力的原理,认为地球是一个椭球体,其后的实际测量证明了牛顿的论断,1979 年精确测量出地球的赤道半径是 6 378.137 km,极半径是 6 356.752 km,应该说,地球是相当近似于正球形的椭球。此后,根据许多不同倾角人造地球卫星轨道变化的观测数据,更为准确地描绘出地球的实际形状,即测量学所说的"梨形地球",其根据是,测量表明地球北极突出18.9 m,南极凹进 25.8 m,45°N 地区凹陷,45°S 地区隆起,宛如一只梨子(图 1.3.1)。这些只不过是精细测量的结果,实际上从 36 000 km 高度看地球,映入我们眼帘的就是一个相当规则的正球体,很难看出其中的细微差别(图1.1.15)。

其实,不仅地球是球形的,几乎较大的天体都是球形的,这是因为在三维空间里球形体积最大,引力总是力图将尽量多的物质吸收到引力中心周围的缘故。质量小的天体之所以形状不够规则是因为其质量太小,引力过小难以克服固体分子的内聚力。

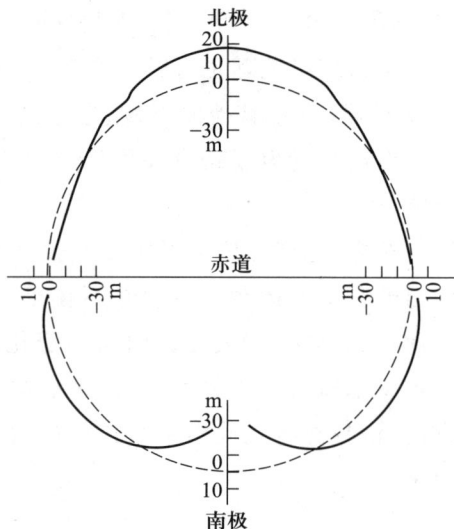

图 1.3.1　梨形地球

(金祖孟,2004)

专栏

人类对地球形状的探索、证实和感知

早在公元前 500 多年前,古希腊哲学家毕达哥拉斯(Pythagoras)就从哲学的观点论证地球是圆的,他认为球形是最完美的形状。而后,又一位古希腊哲学家柏拉图(Plato,前 427—前 347)又进一步论述了地球的圆形说,并创立了"地球中心说"。柏拉图之后,亚里士多德又从实证的角度,证明地球是圆的。他根据月食时地球的影子是圆的、人往北走时各种星辰地平高度增加等事实,判断地球是球形的。1492 年在德国的纽伦堡出现第一个地球仪。1519 年葡萄牙探险家麦哲伦(Magellan)首次环球旅行。从欧洲出大西洋,经印度洋进入太平洋,再进入大西洋回到欧洲,东行而西归,用行动证实大地为球形。他本人却死于那次旅行中。1526 年麦哲伦航线被划在地球仪上。1961 年苏联宇航员加加林(Gagarin)的首次环球飞行,让人类真实地感知大地的球形形状。1969 年人类在电视屏幕上目睹从月球上拍摄的地球(下图)。

（二）地球的大小与质量

人类相对于地球是非常渺小的，站在地球上认识地球的大小是极其困难的，但是在 2 000 多年前古代的人类就相对精确地认识到地球的大小。公元前 200 多年前古希腊学者埃拉托色尼测得地球的周长，误差不足 6/1 000。中国唐代的南宫说、一行进行了历史上最早的大规模弧度测量。到了近现代人类对地球的大小的认识越来越精确，1979 年国际大地测量学与地球物理学联合会公布当时最权威的地球大小的数据，2018 年国际天文联合会提供了最新修订的数据：

地球平均半径：6 371.008 km

地球赤道周长：40 030.2 km

地球的表面积：510 064 472 km²

另据现代测量推定，地球的质量为 5.972×10^{21} t，地球的体积约为 $1.083\ 2 \times 10^{12}$ km³。地球的平均密度为 5.513 g/cm³，表层密度低，向地心密度逐渐增大，变化幅度为 2.7 ～ 13.0 g/cm³。

二、　固体地球的圈层结构

在航天技术已经高度发展的今天，人类实现了向宇宙进军的辉煌，不仅登上了月球，甚至对太阳系以外的星体也进行了大量的观测和研究。但是对地下的研究却进行得十分艰难，目前人类钻探最深的记录也不过十几千米而已。对地球内部构造的信息只能通过间接的探测手段获得。通过地震波探测得知，地球的内部构造为地核、地幔、地壳三个部分。

（一）地核

从地心至距地表 2 900 km 的地方为地核。因地震波在该处的传播速度与在高压下铁中的传播速度相近，故推测可能是高压状态下铁、镍成分的物质。根据地震波传播速度的不同，地核又分内核和外核。外核深度为 2 900～5 100 km，地震波横波不能通过，推测为液体。内核从 5 100 km 到地心，地震横波又重新出现，故推测为固体。

（二）地幔

从 2 900 km 到莫霍洛维奇面（简称为莫霍面）为地幔。所谓莫霍面，又称"M -界面"，是南斯拉夫莫霍洛维奇 1909 年根据研究地震波所得资料而发现的地球内部物质界面，通过此面地震波的纵波和横波速度分别从 7.0 km/s 和 3.8 km/s 猛增至 8.1 km/s 和 4.7 km/s，这一不连续面被科学家普遍认同为地幔和地壳的界面。莫霍面深度不一，大陆处平均深度为 30～40 km，其中褶皱山地达 50～75 km，岛屿地区一般为 20～30 km，大洋则只有 5～10 km。多数地球科学家认为以 1 000 km 为界分为上地幔和下地幔两部分，上部以橄榄岩为主要成分，下部以金属氧化物、硫化物为主。还有的学者对地幔做了更具体的划分，认为地幔顶部是比较坚硬的岩石，连同上面的地壳统称为岩石圈，厚约 70 km，70～350 km 处由于地震波速度较低，判定那里的物质呈熔融状态，称软流层，350～2 900 km 为下地幔。不管怎么说，处在高温高压下的地幔中物质与地表物质的存在状态是不一样的,这从火山喷发出岩浆即可看得出来。

(三)地壳

地幔以上的部分称之为地壳。在大陆地区,地壳分上下两层,以康拉德不连续面(C界面)隔开,上部为花岗岩层,密度为 $2.6 \sim 2.7$ g/cm³,富含硅和铝,又称硅铝层。下部为玄武岩层,密度为 $2.8 \sim 3$ g/cm³,富含硅和镁,又称硅镁层。海洋地壳与大陆显著不同,地壳很薄,很多地方甚至缺失硅铝层。地壳表层受水、大气、生物及温度变化的作用和影响,形成土壤层、风化壳和沉积岩石层。

> **专栏**
>
> ### 大洋与大陆钻探计划
>
> 以美国为首,英、法、日、德、苏参加的深海钻探计划(DSDP),主要目标和任务是:通过对大陆边缘、大洋底盆地、海脊、岛弧和海沟等不同海域的钻探,调查研究陆架边缘的构造、海底沉积物的层序、沉积动力、沉积模式与成岩成矿作用;调查大洋盆地的形成、地球与海洋的起源、洋壳结构及其物质作用;调查中生代以来海洋古环境、古气候、古地磁的变化,板块构造、成矿作用和海底矿产资源的分布等。这项国际性计划从1968—1983年,1985年又由一艘规模更大、设备更先进的"决心"号继续实施,并命名为大洋钻探计划(ODP,1985—2003)。"决心"号钻探船可在水深8 200 m的海域进行钻探作业获取海底岩芯,它能为调查研究产生大陆/海洋的地质历史过程提供最先进的技术手段,所获地质记录还能提供全球气候和古海洋环境演变的信息,取得了重大成果。2003至2013年期间,在DSDP和ODP的科研成就和广泛的国际合作关系基础上,新一代的钻探计划——综合大洋钻探计划(Integrated Ocean Drilling Program,简称IODP 2003—2013)开始实施,并最终于2013年发展为目前正在进行的国际大洋发现计划(International Ocean Discovery Program,简称IODP 2013—2023)。
>
> 大陆科学钻探始于20世纪70年代。许多国家参与了这一计划。苏联制定了庞大的科学钻探计划,实施了近10孔的深孔(深4 km以上)和超深钻孔钻探(8 km以上),其中贝加尔湖的"克拉"钻孔深达12 262 m,是世界最深的钻孔。德国实施了世界闻名的KTB计划,钻深达9 101 m。美国已实施了十多项科学钻探项目。法国、加拿大等国也制定了大陆科学钻探计划,开展了浅孔钻探工作。1996年2月由德国、美国、中国发起的"国际大陆科学钻探计划"(ICDP)正式成立。中国作为ICDP组织的发起国之一自2001年正式启动大陆科学钻探以来已成功实施4项工程(其中3项为ICDP的框架工程并部分受助于ICDP),投入科研、技术、工程和管理人数近万,完成钻探工作量近40 000 m,而完钻井深5 158 m的科钻1井和完钻井深7 108 m的松科2井,相继成为我国地质钻探史上具有里程碑意义的标志性工作(朱永宜等,2018)。
>
> 大陆科学钻探对揭示板块运动机理、地球深层结构、地震发生原因、地下微生物、地质历史演变都具有重要科学意义,也是对钻探材料和技术的挑战,为我国钻探技术的进步提供探索发展的机会。

三、 地球的物理性质

（一）地球的重力

在地球上除赤道和极点外的任何地方,物体所受地球的万有引力都可分解为两个力:一个即平行于赤道面指向地轴的向心力,用以维持物体随地球进行的自转运动;另一个即垂直向下的重力。由于地球不是均质的非自转的正球体,而是一个旋转的椭圆体,不同纬度地面与地心之间的距离有差异,因而重力不同,但差异不大。赤道与两极的重力之比约为 189∶190,也就是说某物体在赤道重 189 N 的话,那么在两极就重 190 N。

（二）地磁

宇宙中的天体普遍具有磁性,地球也不例外。对地球的磁性,我们的祖先很早就发现了,早在公元前 11 世纪就懂得了利用指南针来定方向。地球磁场是一个偶极磁场,具有正极和负极即磁南极和磁北极。磁极与地理的两极并不重合,磁力线与地理经线的交角称之为**磁偏角**,利用指南针定向时必须进行磁偏角订正。地磁极相对于地极的位置是不断变化的,在最近 350 年间地磁极两极的纬度就变化了十几度,经度变化了几十度。在地质时代地磁极曾发生多次倒转。利用地质时代岩石的剩余磁性测定,推测地质时代海陆、环境变迁,是环境史研究的重要手段。太阳活动会在短时间内对地球磁场产生巨大干扰,使磁场强度剧增,这种现象称之为**磁爆**。地磁场的存在,对地球具有重要的保护意义。它可保护地球免遭太阳风高能粒子流对地球的侵害(图 1.3.2)。

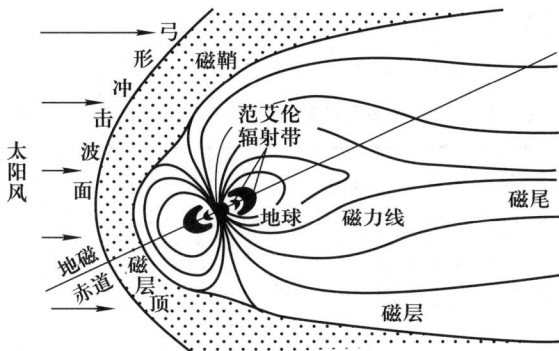

图 1.3.2　太阳风与地球磁层

(牛文元,1981)

（三）地热

地球内部的热能称之为地热。生活在地球表面上的人们从火山喷发、温泉、岩浆溢出等现象可以感受到地热的存在。地热的来源主要是由地下放射性衰变产生的热量,其次是地球转动能、重力分异能转化而来,也包括化学反应产生的热能和结晶热等。

如前一节所述,地球表面地理过程的主要能源来自太阳能,但是深入固体地球内部,太阳能的影响就大大削弱了。因为地壳是热的不良导体,太阳能昼夜变化影响的深度不过 1.5 m 左右,即这个深度以下的岩层没有日温变化。太阳能季节变化影响的深度也不过 20～30 m 左右,即这个深度以下,岩层地温无季节变化。可见,对地球内部来说,能量的主要来源不是太阳,而是地球本身。火山、地震、构造运动的能源都来源于地球热能。按平均值来说,从地表向地下每深入 33 m,温度上升 1 ℃,每摄氏度对应的深度叫**地热增温级**,火山活动区最小（0～20 m·℃$^{-1}$),构造活动区次之(20～30 m·℃$^{-1}$),构造稳定区最大(33～100 m·℃$^{-1}$)。当然,这只限定于一定的范围之内,地幔、地核的热力状况是相当复杂的。地热在地壳表层的梯度变化和分布差异对土壤形成、植被发育、气候过程有重要影响。

四、 地球的化学成分

对地球的化学成分研究,很早就引起科学家的兴趣。19 世纪末美国地球化学家克拉克(F. W. Clarke)对 16 km 厚的地壳做了 6 000 个岩石样品分析,计算出各种元素在地壳中的平均含量百分比,被称之为**克拉克值**,又称**地壳元素丰度**。以后费尔斯曼(A. E. Ферсман)、梅森(B. Mason)、林格伍德(A. E. Ringwood)等也做了大量工作,虽然他们的分析数据略有差异,但基本是接近的。

克拉克值又分重量克拉克值和原子克拉克值两种,重量克拉克值系指元素占地壳重量的百分比,原子克拉克值系指各元素所含原子数占地壳总原子数的百分比。按前者地壳主要元素的顺序是:氧、硅、铝、铁、钙、钠、镁、钾、氢;按后者其顺序是:氧、氢、硅、铝、钠、镁、钙、铁、钾。虽然地壳只占地球总质量的 5%,但它对人类生活的资源意义是十分巨大的。1966 年梅森推测地壳、地幔、地核以及整个地球的化学成分如表 1.3.1 所示。

表 1.3.1　地球整体及各圈层的化学成分(质量百分比)　　　　　单位:%

元素	地球	地壳	地幔	地核
氧	30	46	44	
铁	35	6	9.9	86
硅	15	28	23	
硫	1.9			7.4
镁	13	4	19	6
镍	2.4			
钙	1.1	2.4	1.7	
铝	1.1	8	1.6	
钠	0.57	2.1	0.84	
钾	0.11	2.3	0.11	
钴	0.13			0.40
铬	0.26		0.38	
其 他	<1	<1	<1	<1

从表 1.3.1 中可以看出，整个地球主要组成元素有氧、铁、硅和镁，地壳、地幔主要组成元素是氧、硅、铁、镁，地幔中铁、镁的比重更大一些。地核中则以铁为主掺杂一些硫和镁，很近似于铁陨石的成分。

五、　地球的运动

地球的运动有多种方式，从机械运动来说，最主要的是自转和公转，这些运动从短尺度来说，使地球产生昼夜、四季的节奏，影响大气、水的运动方向，从长尺度来说，甚至可以影响到环境变迁，认识地球运动是分析把握地理规律的重要前提。

（一）地球的自转

1. 地球自转的性质

"旭日东升""夕阳西下"是地球人的一种直观的感觉，几千年来人类一直认为自己居于宇宙的中心，日月星辰在围绕着地球周而复始地旋转。现在看来地球自转已是不争的事实，今天我们无须去论证或认定地球自转的事实和原因，而要更进一步了解自转更为具体的性质和特点。

地球自转是绕地轴自西向东旋转的。地轴与地球表面相交的两点为地球的南极和北极。地轴在地球内部的位置并非是一成不变的，有着微小的移动，这种变化称之为**极移**，据 1967 年至 1973 年观测，极移的范围仅 15 m 左右（图 1.3.3）。地轴在天空中的位置有周期性变化，这就是**地轴的进动**。为了理解这个问题，必须先说明几个概念：① **天球**：对于球心来说，球面上的点都是等距的，以人眼中无限远的天空为球面。② **天极**：天极就是地轴延长线与天球的交点。③ **黄道**：地球绕太阳公转轨道面无限延展与天球相交的大圆叫黄道。④ **黄轴**：黄道面的中心垂直线亦为黄轴。地轴以黄轴为轴做周期性圆锥形运动就是地轴的进动。进动的方向与地球自转相反，自东向西，速度为 $50''/a$，周期为 25 800 年。

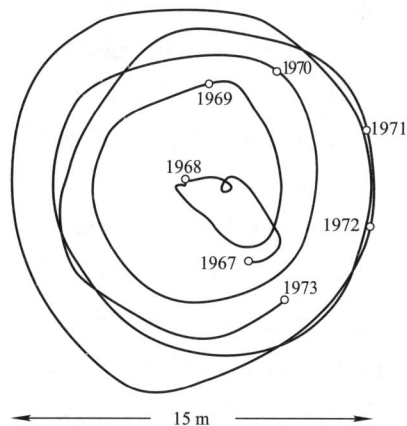

图 1.3.3　1967—1973 年的极移
（徐宝荣、应振华，1983）

黄道与天赤道（地球赤道面延展与天球相交的大圆）相交的二点为春分点和秋分点，黄道与天赤道相距最远的点为夏至点和冬至点。地轴的进动必然引起天轴（地轴无限延长与天球相交点的连线）、天赤道的变化，天球上的这 4 个点也必然在黄道上以 $50''/a$ 的速度西移，这就造成恒星年（地球公转 1 圈的时间）与回归年（太阳视圈中心两次经过春分点的时间）产生差异，这就是我国古人所说的岁差。

2. 地球自转的速度

地球自转的速度分为角速度和线速度两种。角速度是地球上某点绕轴转过的速度，除两极以外地球各地的角速度都是一样的，其速度为 $15''/s$。地球自转的线速度是指地球上某点单位时间所转过的距离。线速度随纬度增加而降低,赤道上为 465 m/s,纬度 30°处为 403 m/s,纬度 60°处为 233 m/s。极点的角速度和线速度都为 0。

地球自转的速度也不是一成不变的,由于太阳和月球的潮汐作用地球自转长期减慢,但减慢的速度很小,一天的长度每 100 年才增加千分之一秒。科学家根据珊瑚化石上日纹[①]推测:4 亿年前每年为 400 d,3 亿年前为 395 d,6 500 万年为 376 d,目前 365 d。另外地球自转还有春快秋慢的周年变化(振幅 20~25 ms)、太阳潮汐引起的半年变化(振幅 9 ms)、月球潮汐引起的一个月和半个月的变化(振幅 1 ms)。地球内部物质运动和强烈的太阳活动也影响地球自转的速度,但变化不规则。

3. 地球自转的周期

地球自转的周期是地球绕轴旋转 360°所需的时间。这个时间和天体绕地球的周日视运动时间是一致的。但由于参照点不同而有所不同,计量的自转周期有所不同。**恒星日**是恒星(或春分点)连续两次通过同一子午圈的时间,约 23 h 56 min 4 s。**太阳日**是太阳连续两次通过同一子午圈的时间,即 24 h。太阴日是月球连续两次通过同一子午圈的时间,平均为 24 h 52 min。这三种日中只有恒星日为真正的自转周期,人们日常使用的是太阳日。

4. 地球自转的地理效应

地球自转造成昼夜更替,深刻影响自然过程和人类生活。自转使同一地方太阳辐射能时间上发生周期性变化,同辐射有关的气温、湿度、蒸发、降水和风等自然要素也都随之具有日变化的节奏。由于周期短节奏快,地球接受太阳辐射能比较均匀,利于生物生活,地球的自然过程变化也频繁而生动。这种节奏直接影响生物的行为,许多生物特别是高级生物具有昼出夜伏的特征。人类行为的昼夜节奏影响到社会生活的各个方面。

由于地球的自转,按惯性规律保持原来运动方向的地表气流、水流,相对于处于自转状态的地球基面发生偏转(图 1.3.4),在北半球向顺时针方向转,在南半球向逆时针方向转。这种力叫地球自转偏向力(科里奥利力)。科里奥利力对大气运动、洋流、河流的运动产生重要影响。如果没有地球自转,地球的基本大气环流就是一种形式,即从赤道到极地的大环流(图 1.3.5)。正因为有了科里奥利力才形成现实的环流系统。气旋和反气旋的转动方向、河岸的不对称都与科里奥利力有关,洋流的方向也是盛行风向和科里奥利力共同作用的结果。科里奥利力的影响深入地理过程的各个方面,越来越引起科学家们的注意。例如 1985 年许世远等人发现,由于科里奥利力的作用使长江口水道不断南偏,出现北岸沙岛并岸、南岸平行淤长的长江三角洲特点(图 1.3.6)。地球自转产生天体的周日视运动,使不同经度上的人们处于早、午、晚、夜等不同时间感受状态,因而有世界时间的问题。更为具体的内容在"地理坐标与世界时间"中详述。

(二)**地球的公转**

地球公转的方向从黄北极向下看是与地球自转方向相同的,即自西向东逆时针方向。地球公转的轨道是很近于正圆的椭圆形。日地平均距离为149 597 870 km。近日点(每年1月经

---

① 日纹:珊瑚虫每天分泌的碳酸钙在躯壳上形成的细纹。

过）为 147 100 000 km，远日点（每年 7 月经过）为 152 100 000 km。偏心率为 0.016 7（半焦距与长半轴之比仅为 1/60）。

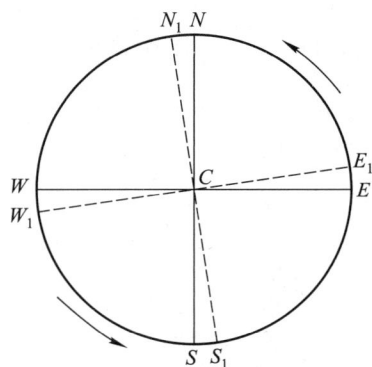

图 1.3.4　运动物体的偏转

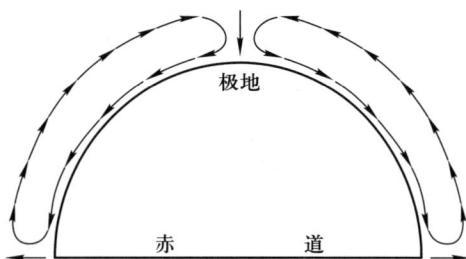

图 1.3.5　假设地球不自转时的环流

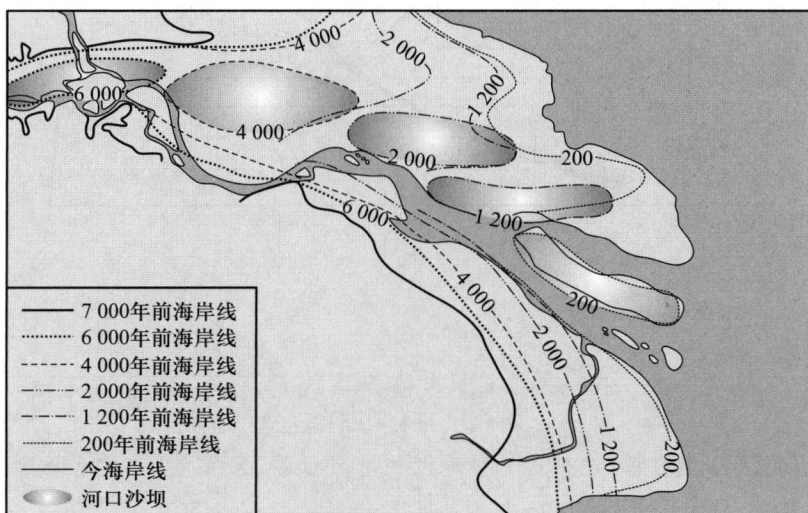

图 1.3.6　受地转偏向力影响的长江入海口地形

1. 地球公转的性质

地球绕太阳的运动称之为地球的公转运动。地球公转的发现和太阳中心说的确立是人类伟大的科学革命，是波兰伟大科学家哥白尼（Nicolaus Copernicus，1473—1543）对人类的巨大贡献。

实际上将地球公转称之为地球绕太阳的运动，是一种近似的说法。太阳的质量是地球的333 400 倍，两者共同的质量中心距太阳中心仅 450 km，相当于太阳半径的 6.4/1 000，理论上地球公转是地球绕日地共同质量中心的运动。

地球公转的周期为 1 年。太阳连续回归到同一恒星方向上的时间为恒星年，长度为365 d 6 h 13 min 53.2 s。这是地球绕太阳转 360° 的真正周期。回归年是太阳连续两次回归到春分点的时间，长度是 365 d 5 h 48 min 40.08 s。恒星年和回归年的差异，如前所述，是地轴进动造成的。

地球公转的速度根据开普勒定律,在近日点和远日点是不同的,其平均角速度为 $59'8''d^{-1}$,平均线速度为 29.8 km/s,由春分到秋分的夏半年日数为 186 d,由秋分到春分的冬半年为 179 d。

地球公转时地轴与黄道平面倾角为 66°33′,也就是说赤道面与黄道面交角为 23°27′ 即成为黄赤交角(图 1.3.7),它对地球气候四季的形成具有重要意义。

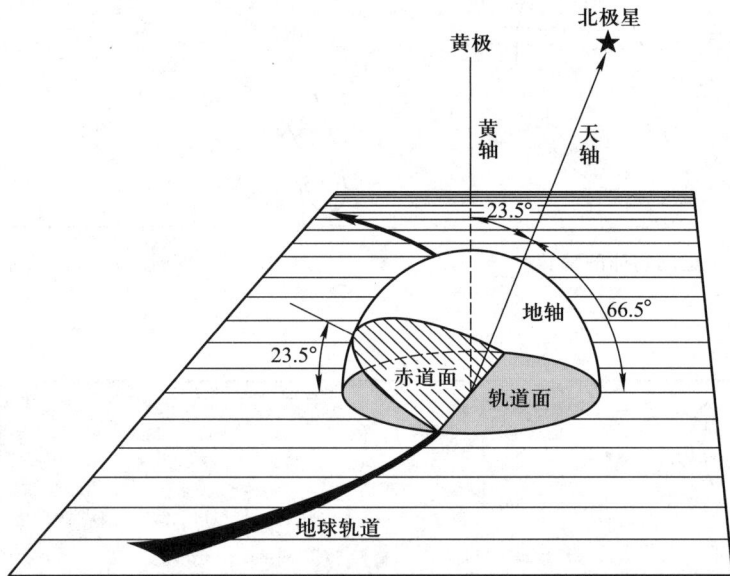

图 1.3.7　黄赤交角

(金祖孟,2004)

专栏

哥 白 尼

　　哥白尼,波兰天文学家,曾在波兰和意大利学习数学、天文学、法学和医学,获意大利费拉拉大学教会发的博士学位。后来参加政教活动。他在长期天文观测的基础上提出了完整的"日心说",著有《天体运行论》。他认为,是地球和其他行星环绕太阳公转,而不是相反。他把天球的周日运动归因于地球自转,而把太阳的周日运动归因于地球公转。他坚定地认为宇宙的中心不是地球,而是太阳。这一思想否定了在西方统治 1 000 多年的"地心说",激起了教会和封建神权势力的强烈攻击和残酷迫害,意大利哲学家布鲁诺(Giordano Bruno)因支持哥白尼的"日心说"而被教会异端裁判所关押 8 年后烧死在罗马。意大利物理学家伽利略因发表支持"日心说"的《关于两种世界体系的对话》而被罗马教廷"异端裁判所"判罪管制。但是真理的光辉是遮不住的,后来经开普勒的行星三大定律和牛顿万有引力定律的发现,以及大量天文观测事实的证实,"日心说"不断获得胜利和发展。尽管后来

科学的事实证明太阳也不是宇宙的中心,但这并不使"日心说"失去光辉,而正是"日心说"的发展。"日心说"是哥白尼最大的科学成就,是人类思想史上最光辉的亮点,是天文学一次伟大革命,是人类宇宙观的重大革新。"从此自然科学便开始从神学中解放出来""科学的发展从此便大踏步地前进"(中共中央马克思恩格斯列宁斯大林著作编译局,2009)。

2. 地球公转的地理效应

(1) 四季的形成　四季形成的根本原因是地轴的倾斜和保持这种倾斜沿公转轨道绕太阳平行移动(图 1.3.8)。如前所述,地球的近球形形状使各个纬度接受太阳辐射能量不同,因而造成地带性差异。但地球如果不自转、公转,就不会产生时间节奏变化。地球自转也只能产生昼夜节奏变化,如果地轴垂直于赤道平面,即使有公转运动也不会产生季节变化,地球的椭圆轨道使近日点和远日点受热不同,但是由于偏心率很小,这种差异也很小,全年全球接受太阳能总量差额的极值也不过 7‰ 而已。北半球通过远日点是 7 月份,正值夏季,根本感受不到这一差异。重要的是地轴与黄道面倾斜 66°33′(90°−23°27′),由于地轴始终保持这一倾角绕太阳公转,致使在夏至(6 月 22 日)太阳直射北回归线,北半球受热多,且受热时间长(昼长夜短),冬至(12 月 22 日)时太阳直射南回归线,北半球受热少,且受热时间短(昼短夜长),春秋分(3 月 21 日和 9 月 23 日)时太阳直射赤道,两半球之间受热均匀,处于冬与夏、夏与冬之间的过渡阶段,南半球的季节则正好与北半球相反(图 1.3.9)。正是由于地轴倾斜平移公转使太阳直射点跨越赤道在南北回归线之间移动,造成太阳高度①和昼夜长短的季节性变化,致使南北半球各自所得太阳热能差异巨大,就其对全球总量所占的百分数来说,差值高达 57‰,远远超过日地距离变化造成的差异。四季形成的原理是一个,但对四季的划分却有不同,我国的四季划分是春季从立春开始至立夏前一天;夏季从立夏开始至立秋的前一天;秋季从立秋开始至立冬的前一天;冬季从立冬开始至立春的前一天。西方的四季划分则以春分、夏至、秋分、冬至分别为春、夏、秋、冬四季的起点。

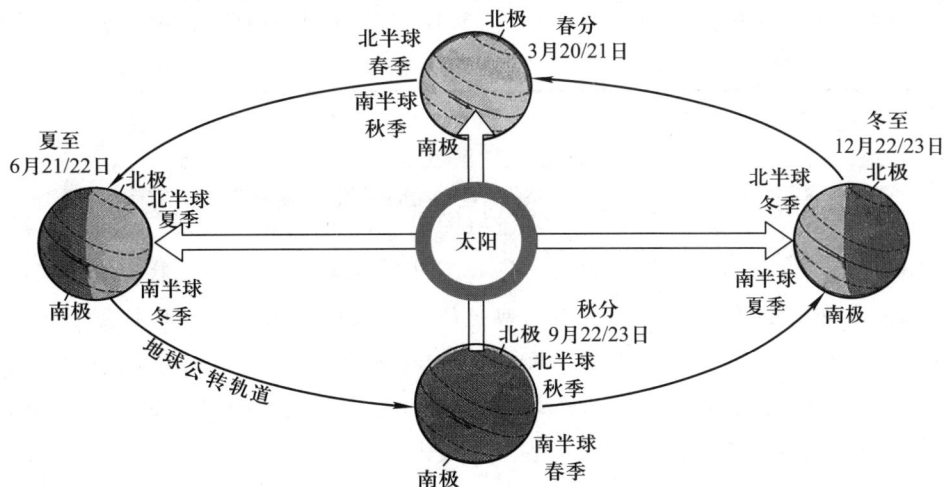

图 1.3.8　地球公转与四季

---

① 太阳高度:太阳对地平面的角距离。如 A 点为太阳直射点(太阳在天顶),那么 B 点的太阳高度则为 $90°-\overset{\frown}{AB}$。

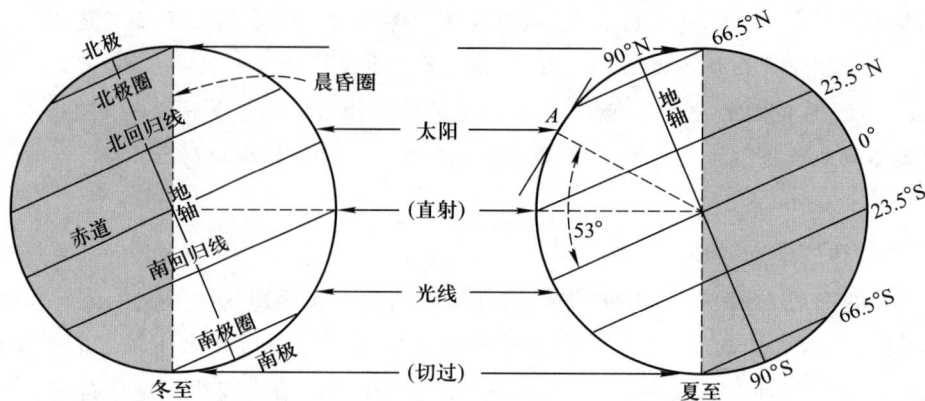

图 1.3.9　冬至与夏至

早在公元前 1400 年中国就记载了二十四节气(《吕氏春秋》)。它是把黄道按太阳黄经等分成 24 个弧段,每段 15°为一节气。这样就更精细地把地球公转的各时段与农事活动联系起来。各地都有与节气相配套的农事谚语。尽管不同年份节气的气候千变万化,千差万别,但由于造成节气的天文底蕴所决定,节气的基本物候特征保持稳定,因而对生产、生活,特别是农业生产起到很实际的指导作用(表 1.3.2)。

表 1.3.2　二十四节气

节气	黄经	日期	节气	黄经	日期	节气	黄经	日期	节气	黄经	日期
立春	315°	2 月 4(5)日	立夏	45°	5 月 5(6)日	立秋	135°	8 月 8(7)日	立冬	225°	11 月 7(8)日
雨水	330°	2 月 19 日	小满	60°	5 月 21(22)日	处暑	150°	8 月 23(24)日	小雪	240°	11 月 22(23)日
惊蛰	345°	3 月 6(5)日	芒种	75°	6 月 6(5)日	白露	165°	9 月 8(7)日	大雪	255°	12 月 7(8)日
春分	0°	3 月 21(20)日	夏至	90°	6 月 21(22)日	秋分	180°	9 月 22(23)日	冬至	270°	12 月 22 日
清明	15°	4 月 5(4)日	小暑	105°	7 月 7(8)日	寒露	195°	10 月 8(9)日	小寒	285°	1 月 6(5)日
谷雨	30°	4 月 20(21)日	大暑	120°	7 月 23 日	霜降	210°	10 月 23(24)日	大寒	300°	1 月 21(20)日

专栏

极昼与极夜

"极昼"又称"永昼",指极圈以内太阳终日不落的现象。当太阳直射北回归线时北极圈以内地区出现极昼现象;当太阳直射南回归线时南极圈以内地区出现极昼。极昼的时间因纬度不同而不同,极昼在极圈为一天,向两极逐渐加长,至极点每年达半年之久。极昼期间一日内太阳高度仍有高低和方位变化,太阳高度就是在中午也离地面很近,虽然照射时间长,但气温依然很低。

"极夜"又称"永夜",指极圈以内太阳终日不出的现象。当太阳直射北半球时南极圈以内地区出现极夜现象;当太阳直射南半球时北极圈以内地区出现极夜。极夜的时间因纬度不同而不同,极夜在极圈为一天,向两极逐渐加长,至极点每年达半年之久。生活在

午夜的阳光

（北极圈极昼期间太阳高度离地面很近，热量很有限）

北极圈附近的人们，如芬兰、瑞典、挪威、冰岛的北欧人，为躲避漫漫长夜，冬季里常常到热带地区旅游，享受灿烂的阳光。

（2）对长周期气候变迁的影响　通过对地质历史的气候变迁研究发现，在地球漫长的发展历史过程中有长周期的大的寒暖交替，即冰期和间冰期的交替变化，尤其是对最近地质时代——第四纪的研究，已经公认有多次冰期和间冰期的交替变化。在冰期气候寒冷干燥，大陆冰川向低纬广泛扩张，海面下降，间冰期气候温暖湿润，冰川退缩，海面上升。冰期、间冰期气候差异显著，平均气温相差几度至十几度，持续时间十几万到二十几万年。对这样巨大的气候波动的机制如何解释一直是科学家们热心探讨的问题。南斯拉夫科学家米兰科维奇（M. Milankovitch）通过对地球轨道偏心率、地轴倾斜、岁差等地球运动天文参数的变化，比较有力地解释了气候变迁的原因。我们知道，地球的偏心率（e）为 0.016 7，但这只是现在的值，事实上它并非是一成不变的，而是在 0.00～0.06 之间变动，周期为 96 600 年。e 值大时地球接受热量增加，反之则减少。地轴与黄道面的倾角（ε）也在变动，变幅为 21.8°～24.4°，周期 40 000 年，无疑倾角的大小影响到高低纬之间、冬夏之间的热量分配。地轴进动引起的岁差变动周期为 25 800 年，岁差影响到季节开始的时间，使季节长短发生变化。米兰科维奇综合了三者对气候的影响，按冬夏半球分别计算了南北半球每隔纬度 10°的辐射量，指出冰期使夏半年温度降低，冬半年提前来临，并增加积雪。第四纪的 4 次大冰期、冰期中的长冰期和短冰期，以及更多次的温暖期、寒冷期都可在其辐射曲线中分辨出来，尤其是他很好地解释了最后一次冰期和距今 5 000 年前后冰后期最温暖气候。当然米兰科维奇的学说还存在一些问题，但是，地球公转运动的变化与地球表面环境长时间尺度的变化有密切关系这一点是肯定的。随着科学的发展，人类对这个问题的认识会更深刻更全面。

六、　地理坐标与时间

地球是个球体，为了清楚准确地表示地球上任何一点的位置必须确定地球的坐标体系。

（一）地理坐标

1. 经线与纬线

经线又称子午线,如图1.3.10所示,通过两极与地表相交的大圆称之为经圈,经圈被南北极分成两个180°的半圈即是经线,经线的方向是南北指向。1884年国际子午线会议协商决定,通过英国伦敦近郊格林尼治天文台(旧址)埃里中星仪所在的经线为**本初子午线**。

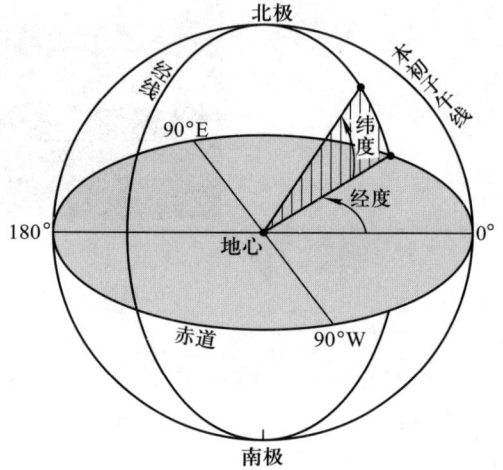

图1.3.10 地理坐标:纬度和经度

(金祖孟,1978)

通过地心与地轴垂直的平面与地球表面相交的大圆是赤道,这是地球最长的纬线。垂直于地轴与赤道平行的圆圈是纬线或纬圈。纬圈不是等长的,而是从赤道向两极越来越小。纬线的延伸方向为东西方向。

2. 经度与纬度

地球上某点的经度即为通过该点的子午线和本初子午线在赤道上所截取的弧段,或该点所在的子午线和本初子午面之间的夹角。如图1.3.11所示 B 点的经度即 $\angle AOB$。经度以本初子午线为基准,向东称为东经从0~180°,向西称为西经从0~180°,东经180°和西经180°经线重合。

地球上某点的地理纬度是指该点的铅直线与赤道平面的夹角,如图1.3.11的 φ。该点和地心连线与赤道平面夹角是该点的地心纬度,即图1.3.12的 φ'。因地球近于正圆故地心纬度与地理纬度差异很小(在地理纬度45°处最大,仅差11.5′,故一般都用地理纬度表示地理位置)。地球上有几条特殊的纬度线。一是赤道,是南北半球的分界线;二是南北回归线(南北纬23°26′),是太阳直射南北移动的极限位置;三是极圈,距南北极各23°26′的纬度圈,表示极地寒冷地区的界线。

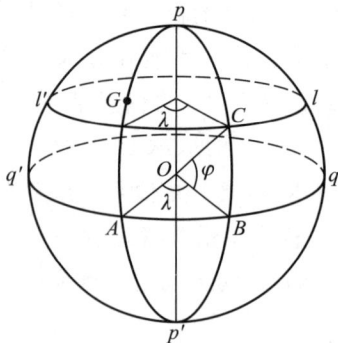

图1.3.11 地球上的基本点

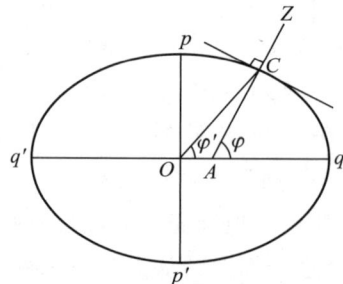

图1.3.12 地理纬度>地心纬度

（二）时区与国际日期变更线

1. 时区

在 19 世纪以前，人们使用各自的地方时尚可满足生产生活的需要，但是其后随着交通、通信的发展，区域间交往频繁，地方时就带来许多麻烦，例如东半球某地某人在中午 12 时给与之相对的西半球发电报，自以为对方也在当天中午收到，而实际上对方还在夜半酣睡状态。早晨 8 时乘飞机向西飞，7 个小时以后以为是到了下午 3 时，可下了飞机以后，那里的感觉却是正当晌午。解决这个问题，采取全世界统一的时间，不符合人们的生活习惯，比较好的方法是划分时区，使人们便于换算异地的时间。1884 年，在华盛顿举行的国际子午线会议规定，全世界按统一标准划分时区，实行分区计时制。以本初子午线为基准东西经度各 7.5° 为零时区，零时区向东向西每 15° 划分一个时区，共划分 24 个时区，每一个时区相差一小时。东 12 时区和西 12 时区都是半时区共用 180° 经线的时间。

时区的划分是理论上的为各国制定本国的标准时的参考基准。一般多以首都所在时区为国家的标准时。幅员大的国家（如俄罗斯）则以国内的行政区为界线划分时区。有的则采用半时区为标准时，有的比理论时区快 1 个小时，甚至有的国家不依 15° 或 7.5° 的整数倍作标准时。

专栏

时　辰

"日出而作，日落而息"这句古语十分形象地反映了人们的行为与时间的关系，也反映了人类时间观念与天体周日视运动的关系。明末思想家顾炎武在《日知录》中写道："自汉以下，历法渐密，于是以一日分为十二时，盖不知始于何人，而至今遵用不废。又云：'《左氏昭五年传》：卜楚丘曰，日之数十，故有十时，而杜元凯注，则以为十二时……然其日夜半者，即今之所谓子也；鸡鸣者，丑也；平旦者，寅也；日出者，卯也；食时者，辰也；隅中者，巳也；日中者，午也；日昳者，未也；晡时者，申也；日入者，酉也；黄昏者，戌也；人定者，亥也；一日分为十二，始见于此。'"在西方用时、分、秒计时，也和人的作息行为、天体的周日视运动有密切关系，0 点从午夜开始，正午为 12 点，早晨和黄昏因季节差异分别为上午和下午的 6、7、8 点左右。

---

2. 国际日期变更线

如一个自西向东做环球旅行的人，每天看到日出的时刻都要比前一天更早一些，为了使他的表与太阳保持一致，必须每天把表拨快一些：这样，当旅行完成，回到出发地点时，他赢得了整整一昼夜的时间。反之，当一个自东向西环绕地球的旅行者回到出发点时，他整整失掉了一昼夜时间。为了避免这种"错算"，1884 年国际子午线会议上，同时决定将在 180° 经线附近划出一条国际日期变更线（又称"日界线""国际改日线"）。由东向西越过这条线，日期增加一天；由西向东越过这条线，日期减少一天。为了避免在此线附近的国家或行政区内使用两个日期，此线除中间和南端沿 180° 经线外，其他地方是一条折线（图 1.3.13）。

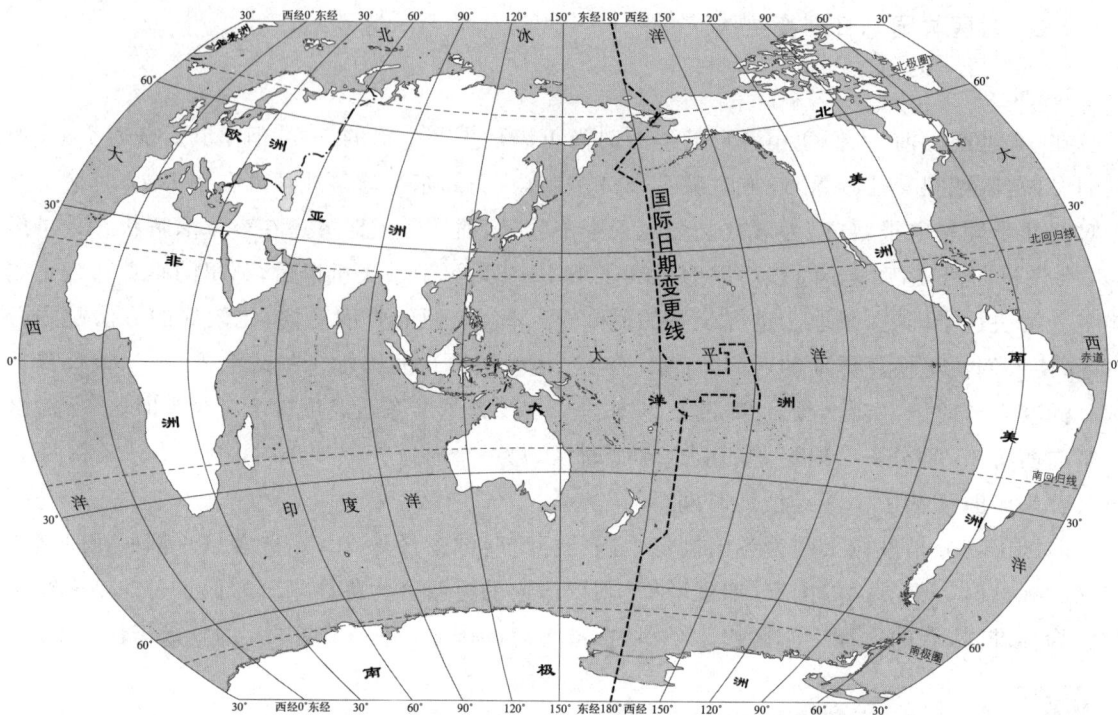

图 1.3.13 国际日期变更线

专栏

北 京 时 间

中国的标准时叫"北京时间",是 120°E 的时间(北京在东经 116°19′),即东 8 区的区时(不是北京的地方时)。按国家规定北京时间适用于全国,这样有利于全国各地区经济文化交流。按经度相差 1°地方时相差 4 min 计算,北京时间比上海慢 6 min,比乌鲁木齐快 2 h 10 min。地方时相差过大,作息时间就须做出调整,如乌鲁木齐早晨上班在北京时间 10 点左右,而午休则从北京时间 14 点开始。

七、 地球的演化

(一)地球系统演化过程

地球的形成演化时代分 4 个阶段,即天文时代、地质时代、生物时代和人类时代。

1. 天文时代

所谓天文时代就是地球作为天体的形成阶段。

关于太阳系和地球的起源,受到肯定和认同比较多的是星云说。这一学说是康德、拉普拉斯在 18 世纪提出来的,到 20 世纪 60 年代以后,由于宇航科学的发展,这一学说得到修正和充实。星云说认为,根据太阳和行星的物质组成相近,年龄差别不大,以及它们运动的共向性和共面性,推断太阳和太阳系的恒星都是太阳星云形成的。太阳星云中心部分收缩增温,达到热核反应条件后,太阳形成了一颗恒星。由于太阳的光热辐射,离太阳近的地方,氢元素和其他挥发性物质在辐射压力和太阳风的驱赶下,而纷纷逃掉,还有一部分物质为太阳强大引力所俘获,剩下的主要是硅、氧、镁、铁等较重的元素,所以类地行星质量小、密度大,而较远的行星由于原有气体物质得以保留,质量大,密度小。更远的行星因星云稀薄,组成物质少,质量小、引力小,氢元素也容易逃掉。地球是比较接近太阳的类地行星,它是由上述所说的较重物质形成的星云中的尘粒互相碰撞、吸引、合并形成星子,星子半径大到 1 km 即产生足够的引力,质量越来越大,经过 1 亿年左右在靠近太阳的区域,形成了 4 个质量小、密度大的行星,地球就是其中之一。

2. 地质时代

地质时代就是地球内部构造形成的阶段。

地球形成之初,各种物质混杂在一起,没有明显的分层现象。当积聚的物质体积足够大时,彼此撞击的动能和地球收缩的位能转化成热能,更重要的是放射性元素衰变释放的巨大热能,使地球内部增温,密度高而熔点低的铁、镍等物质熔融后在重力的作用下流向地心,密度低而熔点高的硅酸盐类物质熔融后上浮,地球逐渐分层形成地核、地幔和地壳。

迄今为止发现的地球上最古老的岩石约为 36 亿～38 亿年前的产物,30 亿年前的岩石在世界各大洲普遍发现,由此科学家推断原始地壳至少是在 40 亿年以前形成的。

地球上一些惰性气体的含量与宇宙丰度之比非常之小,据此有理由认为地球形成之时不会有像样的大气圈,大气圈是后来才形成的。地球原始大气是地球内部通过火山、温泉等喷发出来的气体形成的,其组成为 CO、CO_2、H_2O、N_2 等成分,构成原始的还原大气圈。

在大气圈形成的同时,海洋也形成了。它是由大气中的水蒸气凝结而成。海水形成后,溶解了大量的 CO_2,使大气中的 CO_2 逐渐减少。在现今的地球上发现了 30 亿年以上的沉积岩和夹在 30 亿年以前花岗岩中间的海成地层,这些都证明了在此之前海洋已经存在了,即产生了最初的水圈。

3. 生物时代

生物时代即地球上生物产生和进化的时代。

20 世纪 50 年代以来,一系列人工模拟实验表明,高能紫外线辐射下,还原大气圈的气体可以合成简单的有机化合物。早期的地表环境没有氧气更没有臭氧层,高能紫外线直射地表,所以可以判断:在强烈的紫外线照射下以及原始大气放电、火山喷发等能量的供应下,氨基酸、糖等简单有机物生成了。这些非生物合成的小分子,在原始海洋中汇聚起来,经过长期演化形成了原始生命。最早的原始生命是菌藻类,距今 34 亿年以前,依靠无氧发酵方式获得能量,以原始海洋中的有机分子为养料,是异养生物。到距今 27 亿年前蓝绿藻出现了,它能够在光合作用下把水和 CO_2 合成有机物并释放出游离态的氧,从此逐渐改变了大气的成分,为生命世界发展繁荣创造了条件。

游离氧的出现对地球演化具有重大意义。首先,它改变了地球表面的地球化学过程和岩石圈的成分,从缺氧还原态环境转化为富氧的氧化态环境。地表水和海水中还原态的低价铁氧化成高价铁,硫化物氧化为硫酸盐,还原性的 C 转化为 CO_2,增加海水中 HCO_3^-、

CO_3^{2-} 离子的浓度。18 亿～22 亿年前的沉积岩中带状铁夹层、稍后的陆相红层、前寒武纪[①]出现的巨厚硫酸钙沉积、大量石灰岩、白云岩的形成，都证明了氧气浓度的增加。其次，游离氧的出现对生物界的影响更是至关重要的，它促进了生命的进化。距今 10 亿～15 亿年，出现了真核细胞，出现有性繁殖和多细胞生物，使生物更多样化，水中的 HCO_3^-、CO_3^{2-} 等离子的出现，使生物能吸收更多的溶解性钙，石灰岩外壳生物大量出现，生物直接参加了地质大循环。随着大气氧浓度的增加，大气层中形成臭氧层，阻止紫外线向地面大量直接辐射，使原来躲进水下的生物得以上陆，约 4.2 亿年前生命从水体表层发展到陆地。石炭纪[②]时是地球植物空前繁盛时代，到古近纪和新近纪[③]以后迎来了哺乳动物和被子植物时代。特别是草本植物大量出现，尤其是营养丰富的禾本科、豆科植物的大量出现，为人类的发展提供了环境和物质基础。

4. 人类时代

人类时代即人类的产生和人类文明发展的时代。

大约距今二三百万年以前，人类开始出现在地球上。经过漫长的野蛮原始阶段，大约距今 10 000 年前，人类的社会文明在地球上渐渐出现了。漫长的农耕社会之后，距今 200 多年以前陆续进入了工业革命时代，从此以科学技术所表现的生产力深刻迅猛地推动地球进化的历史进程。人类对环境的影响是极为巨大的。他几乎重新设计了生物圈，他高居食物链的顶端，绝大多数的生物几乎都是围绕他的需要而生长的。他深刻改变了大气、水和土壤的成分。他将亿万年的太阳能地下储存在几百年内挥霍殆尽。他的地质作用已经可以和自然的地质作用相提并论。这是一个崭新的地质时代，人类和人类社会是地球进化的结果，人类和人类社会也表现出地球进化无与伦比的生命力。

（二）地球系统演化特征

1. 方向性

地球在其漫长发展历史过程中，不是随机地、无序地变化，而是从低级到高级、从简单到复杂不断进化发展的。就整个地球来说，从一开始死寂、单调的无机环境发展到生机勃勃的生物环境、丰富多彩的人类环境。从各个层圈来说，大气圈从无到有，从还原大气圈到含氧大气圈；水圈从含有 CO_2 的水演化为含有大量氧气的生命之水；岩石圈从裸岩发育成表层肥沃的土壤；生物圈从极简单的菌藻演化到智能的人类，无处不在发展进化之中。总的来看，虽然地球系统过程是充满变化、充满矛盾、曲折复杂的运动过程，但总趋势是从低级到高级、从简单到复杂进化发展的。

地球系统的发展进化是受环境条件制约的，同样是太阳系的行星唯独地球获得了突飞猛进的进步，原因在于它处于得天独厚的位置，具备促成其发展的外部条件。没有必要的外部条件，质的飞跃和进步是无法实现的。

---

① 前寒武纪：地质时期名，寒武纪（从距今 5.8 亿～6.2 亿年到距今 4.85 亿～5.15 亿年）以前的地质时期的总称。
② 石炭纪：地质时期名，从距今 3.2 亿～3.3 亿年到距今 2.65 亿～2.75 亿年。
③ 古近纪和新近纪：地质时期名，从距今 0.67 亿年到距今 0.25 亿年。

2. 非线性

地球系统是一个耗散结构,它不断地与外界进行能量和物质交换,在系统内部当变化达到一定阈值时,经过涨落,系统发生非平衡相变即突变,由原来无序的状态转变为在时间上、空间上、功能上有序的状态,这种有序的状态在不断与外界交换物质和能量中得以维持,随着物质、能量交换强度的增加,再产生新的涨落,超越新的阈值,进入更加有序的状态。这种非线性的特征突出表现为两个方面:

(1) 突变性　地球演化有渐变的过程,也有突变的过程,对于后者以前注意得不够。其实固体地球从无序的混杂的物质集合到有序的圈层结构、从无机世界到有机世界、从生物到人类都是质的飞跃,是非平衡的相变。就是在生物进化的进程中,也不都是匀速地渐变的。20 世纪 80 年代中国科学家在云南澄江发现大量寒武纪古生物化石群,证明了在距今 5.3 亿年的地球上,生命发生了一次大规模的演化事件(寒武纪生物大爆炸),多细胞动物突发性地在海洋中出现,而且迅速地发展出形体多样、构造复杂的类群。另外众所周知的石炭纪的植物大繁茂,成为地质时代最主要的聚煤期,侏罗纪[①]以来大型爬行动物的大繁盛到后来迅速灭绝,所有这些都说明地球演化并非是像以前人们想象那样循序渐进线性发展的。

专栏

寒武纪生物大爆发

地球上生命的起源虽然可以追溯到 35 亿年前,但在很长一段时间里,地球上的生命形式都只有微生物和细菌,一直维持到距今约 5.3 亿年前的寒武纪早期。在寒武纪,多细胞动物突发性地在海洋中出现,而且迅速发展出形体多样、构造复杂的类群。古生物学家们将之称为"寒武纪大爆发"。长期以来,寒武纪早期大量出现的离散骨片化石的亲缘关系是一直困扰着古生物学家的一个难题。中国科学家对澄江动物群的发现,为相关难题的解决提供了重要的线索,做出了重大贡献。

1984 年 7 月 1 日,当时在中国科学院南京地质古生物研究所工作、年仅 34 岁的侯先光在云南澄江帽天山采集标本时发现一种只在加拿大布尔吉斯页岩动物群出现过的古老节肢动物化石纳罗虫。这一重大的发现,使得他激动不已。随后又连续发现了多个不同类型的保存软体附肢的动物化石。

1985 年张文堂和侯先光发表了关于澄江动物群研究的第一篇论文。紧接着,侯先光和孙卫国又报道了关于节肢动物、水母状生物和蠕形生物在澄江的发现,引起国内古生物学界的重视。

1989 年侯先光等人发表了一系列的论文,报道了有关微网虫、高脚杯虫、啰哩山虫、火把虫、节肢动物类和海绵类生物的发现,在科学界造成一大震撼。《自然》1991 年 5 月 351 卷 6323 期刊登的封面照片——微网虫就是在这次挖掘中发现的。著名的古生物学家、德国的塞拉赫教授在其来信中表示"澄江动物群就像是来自天外的信息";美国哈佛大学古尔德教授在他的一书中表示,因为微网虫完整化石的发现和研究,使得人类科学研究的历史又向前跨越了一步。

---

①　侏罗纪:地质时期名,从距今 1.75 亿年到 0.65 亿年左右。

1991年冬，中科院南京地质古生物研究所陈均远等人，在美国地理学术期刊上发表论文，构思了第一幅寒武纪早期的水下生命景观图。此后，以中国科学家为主的国际合作计划展开，一些重要的研究成果相继在《自然》《科学》等国际性权威科学杂志上发表。引起全世界的广泛关注。1992年夏季连续有三块相当完整的奇虾类化石在澄江发现，纠正以前的错误，揭示了寒武纪早期大型捕食动物的存在。

1994年陈均远等人在《科学》期刊上发表了一篇报道，认为在寒武纪的早期，海洋的生态系统已经相当完整、具有金字塔式的能量传导系统。引起世界各大媒体的关注，包括美国《科学新闻周刊》的封面专题评述文章。这个发现为寒武纪大爆发注入一个新的科学内容，说明复杂生态系统的历史起点出现在寒武纪早期。

1995年美国的《科学新闻周刊》、《时代周刊》和《纽约时报》等著名媒体先后发表了大篇幅论评，美国《纽约时报》将澄江动物群的发现称为20世纪最惊人的科学发现之一。

1999年西北大学舒德干和陈均远两个科研小组先后分别在《自然》杂志上，报道来自同一个地点脊椎动物海口鱼和昆明鱼，引起了国际性的轰动，《自然》杂志发表了题为《逮住第一鱼》的评论，并指出"两条鱼的发现是学术界期盼已久的早寒武世脊椎动物"。

2003年258卷第一期的美国《形态学杂志》将海口虫化石作为彩封并以脊椎动物的起源作为封面的标题。

2003年1月，舒德干与英、法、日等国学者合作完成的又一项重要成果"早寒武世脊椎动物海口鱼的脊椎骨和头部构造"发表在英国《自然》杂志上，这标志着脊椎动物起源研究这一长期困扰学术界的难题取得了实质性的进展。

2004年2月20日，陈均远、侯先光和舒德干由于他们重要的科学贡献，获"国家自然科学奖一等奖"。

澄江动物群的一系列重要发现，具有重大的科学意义。它表明脊索动物和脊椎动物的祖先在寒武纪早期已经出现。脊索动物和脊椎动物在澄江动物群的存在，极大地突出了寒武纪大爆发的规模，确切证明了现代动物的许多门类在寒武纪大爆发时期已经出现，对传统的渐变的"进化论"提出重大挑战。

我们知道，自然选择学说是达尔文演化理论的核心，他一方面拒绝神秘化的超自然主义，坚守着唯物主义；另一方面，又不接受关于演化的大突变提法。他预言的演化模式，是一个不断多样化、不断扩增的演化过程。达尔文在给莱伊尔的信中写道："如果我的天择学必须借助于突变，那么我将弃之如粪土。"

澄江动物群所展示的演化模式与达尔文所预示的模式不同。澄江动物群是目前世界上所发现的唯一保存最好、动物类型最多、时代最古老的动物群，它使研究人员首次如实地看到了5.3亿年前地球上最古老的动物群真正面貌。它不但证实了大爆发式的演化事件在5.3亿年前确实曾经发生，最令人震撼的则是这一事件发生在短短数百万年期间，而在更老的地层却完全没有其祖先型的生物化石发现。它的意义远远超过生物进化史本身，对物质进化、社会发展的认识都具有普遍的启示意义。

（2）累进性　即不是匀速的而是越来越快,加速进行的。生物诞生后菌藻类经历了将近30 亿年的漫长岁月,直至 4.2 亿年前才出现陆生生物,而最高级的哺乳动物直到 0.65 亿年以前才开始出现,人类的历史仅有 200 万～300 万年,其中工业化时代只有 200 多年的历史。越往后期地球系统进化越迅速、越高级,是前期几十倍、几百倍甚至几千倍时间的发展程度所不能比拟的。

总之,复杂系统产生的新质和简单系统形成的旧质是不能同日而语的,不能否认在局部、短暂的时段,地球演化存在大量线性的、叠加的过程,但从整体过程看是非线性的。

专栏

人类社会进步的"马拉松"赛跑

瑞士著名哲学家艾赫尔别格在其《人和技术》中,非常形象地描述了人类社会进步累进加速的状况:

我们把人类的运动设想为 60 km 的马拉松赛跑,这个赛跑从某地开始,跑向我们某一个城市的中心为终点。

60 km 的大部分是沿着十分艰难的道路,要跑过小树林和真正的森林,对此我们是一点也不知道的,因为只是到最后,跑到 58～59 km 的地方,我们发现除原始工具外,还有作为最初文化特征的史前穴居时代的绘画,在最后 1 km 的地方,出现了越来越多的农业特征。

离终点 200 m,铺着石板的道路穿过罗马堡垒。

离终点 100 m,中世纪城市建筑围住我们赛跑运动员。

离终点还有 50 m,那里站着一个人,用智慧而敏锐的眼睛注视着这场赛跑——这就是列奥多·达·芬奇。

剩下只有 10 m 了! 运动员出现在火炬的光线和微弱的油灯光下。

但是,在最后 5 m 的一冲之下,发生了惊人的奇迹,光亮照耀着夜间的道路,没有役畜的板车疾驰而过,汽车轰鸣,摄影记者、电视记者的聚光灯使胜利的赛跑运动员头晕目眩。

---

3. 节律性

节律性是地球表层进化过程中的时间循环现象,它同物质循环一样也不是封闭的,而是发展的、开放的。犹如车轮周而复始的运动,但每一周都在新的起点上前进。也像人一样,每天的饮食起居、生命活动,看上去大同小异重复进行,但在背后,从幼年到青年、中年、老年,是按一定方向前进发展的。一切地理现象都是时间的函数,这里指的"时间循环"是前进的循环、发展的循环。

地理过程的节律性表现为两种形式。一种是周期性节律,即由地球自转和公转引起的某些地理过程的昼夜更替、季节更替现象,以及地月引力引起的周期性潮汐现象。另一种是旋回性节律。这是指每隔一定时间重复出现的地理现象,出现的间隔时间并不像周期性那么严格。例如地质历史上的造山运动、海侵海退,都是隔一定时间就交替重复出现,但每个旋回之间的间隔时间并不一致。

　　地理过程的节律性具有层次性(尺度表现),也就是说,高级节律包含低一级节律,低一级节律还包含更低一级节律。例如气候变化,地质时期地球至少发生三次大冰期,即震旦纪[①]冰期、石炭二叠纪[②]冰期和第四纪[③]冰期。每次冰期间隔2.5亿~3亿年,中间有温暖的间冰期,与此相对应,地球的极地赤道位置也发生多次重大变迁,生物景观带、海陆位置也发生多次根本性变迁。第四次冰期又分为4次冰期、3次间冰期和一个冰后期。相互间隔几十万年之久。冰期与间冰期之间沉积岩相、动植物区系发生很大变化,如我国华北就出现森林-草原,针叶林-阔叶林交替发生的现象,其温度变幅,冰期比现今低8~10℃。最后冰期退却后,距今10 000年左右的冰后期又有北方期、大西洋期、亚北方期、亚大西洋期等节律变化,其时间间隔2 000~3 000年,年均温相差5~7℃。在最后的亚大西洋期又有8—12世纪的温暖期(欧洲称海盗期)和13—17世纪的寒冷期(又称小冰期),在这个变动尺度下,高纬地区年均温相差2~4℃,中纬地区年均温相差1℃左右。20世纪中,二三十年代气候明显暖化,到40年代全球平均气温上升0.6℃,40年代以后全球气温再次下降,1965年北半球开始增温,1975年南半球开始增温。更详细一点说,还有更小时段的寒暖节奏变化。甚至年内、月内、日间都可觉察出寒暖交替变化。这种节律的层次性在其他地理过程也有类似表现,如图1.3.14所示,是一种不同层次复杂结构。

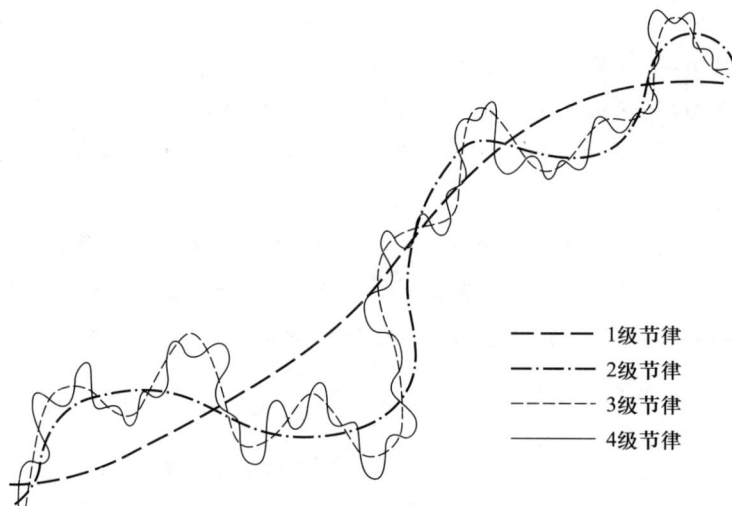

图1.3.14　不同尺度节律示意图

　　4. 稳定性

　　稳定性即指地球系统过程的自我调节能力、抗干扰能力。稳定性同进化发展是同步的,与系统的组织水平的提高也是同步的。地球系统的演化进步是通过组成要素的协同作用实现的,组织水平越高,协同作用越大越复杂,协同作用越大,进化也就越迅速,也就是前面讲过的

----

① 震旦纪:地质时期名,寒武纪以前的地质时期。
② 二叠纪:地质时期名,石炭纪以后的地质时期。
③ 第四纪:地质时期名,第三纪以后的地质时期,距今200万~300万年至今。

累进的发展进化思想。稳定性强既是整体进化的标志,也是整体进化的保证。越是组织水平高的系统其负反馈的机制越强,对部分的变化和系统外的干扰的调节、抗御能力越强,稳定性越好。当一种因素发生变化,与之相联系的因素也同时发生变化,相应的制约机制也随之派生出来。其结果总是与线性机制预测大相径庭。

如谈论最多的人口问题、能源问题并没有出现罗马俱乐部[①]所预言那样的人口危机、能源危机。就人口来说,预言者只看到经济发展使死亡率降低、出生率增长,而没有意识到随着经济发展,发达国家人口意识的改变,人口出现负增长的趋势,也没有意识到发展中国家人口增长自我抑制意识的迅速提高和科学技术的飞速发展。就能源问题来说,他没有看到由于石油危机对能源技术的提高、新能源开发、节约能源意识、能源价格的一系列刺激反馈作用。事实上,实践表明,除 1972 年和 2005 年一度出现石油涨价以外,并没有出现石油危机。

地球系统过程,具有强大的稳定性,既具有自组织性推进发展进化又具有稳定性维系整体的功能和协调关系,而且其组织层次越高其稳定性越强。无论是地质时代、生物时代还是人类时代,地球系统不管经历了怎样的沧海桑田变化,30 多亿年没有超出生物生存环境的幅度范围之外,200 多万年的变迁没有超出人类生存环境之外。至于每千年、每世纪的环境变化幅度就更小。关于未来预测的耸人听闻的"末日说""灾变说"总是得不到实践的检验,原因就在于地球系统这一高度进化的开放复杂巨系统自身有强大的调节能力有巨大的稳定性。所以,在认识地球系统时,不仅要重视它发展的方向性、突变性、累进性、节律性,也要重视它的稳定性,对未来保持清醒头脑,这与积极保护环境、建设环境,两者并不矛盾。研究和掌握地球系统过程稳定性的动态机理对保护和利用自然资源,合理发展经济具有重要意义。

(三)地球系统过程的时空尺度

时间和空间是物质的存在形式,离开时间、空间无法讨论物质和物质的运动,时空差距很大的事物也不能脱离时空条件,抽象地进行比较分析,这就是所谓的尺度问题。地球系统过程也是如此。比如近地表面的湍流过程和地幔对流过程,虽然都是地球系统过程,但两者绝对不能同日而语。植物的季节性生命周期与物种的寿命、地球生命的起源也绝对不能同日而语。以往不少地学问题争论不休,特别是环境预测问题上出现互相矛盾脱离实际的情况,症结之一就是不在一个时空尺度下讨论问题。例如我们前面谈到的气候变迁的问题,从亿万年的大时间尺度上看,现在处于第三次地质时代大冰期即第四纪大冰期之中,按过去两次大冰期推测,这次大冰期仅仅刚刚开始。但是从第四纪这 200 多万年的时间尺度看,我们又处于第四纪中第四次冰期的冰后期,即气候开始转暖的时期。而用冰后期 1 万年的时间尺度看,现在则处于第二次转暖的温暖期。再用更小的尺度看,在一百年、几十年、几年的时间尺度内,现实的气候又处于各不相同的变化趋势之中。显然用短期趋势去佐证或否定长期趋势,或用长期趋势去佐证或否定短期趋势,都是不科学的。

---

① 罗马俱乐部:世界性研究未来的学术团体,1968 年在罗马成立。1972 年发表《增长的极限》一书。预言如果人类按当时的人口增长率、能源消耗增长率持续下去,在我们(1972 年当时的人们)的下一代就会出现增长的极限,出现全面的社会崩溃。

地球系统过程的主要时间尺度大体可以划分以下 5 个层次[1](图 1.3.15)：

几百万年至几十亿年尺度：在这一尺度内，地球很快形成，核、幔、壳分异完成。生命演化、大气化学成分的演变也具有类似尺度。

几千年至几十万年尺度：冰期、间冰期交替，土壤发育，生物种类的分布，地球公转的周期变化。

几十年至几百年尺度：气候变化，大气化学成分的变化，地表干燥度或酸度的变化，陆地和海洋生物系统的变化，土壤侵蚀，水系变迁，人类对大气圈、水圈、生物圈的干扰。

几天至几个季度尺度：天气现象、洋流中的漩涡、极地海冰的季节消长，地面径流、风化、植物生长的年循环，地球自转的地理效应、月球的地理效应，生物地球化学过程，火山、地震活动等。

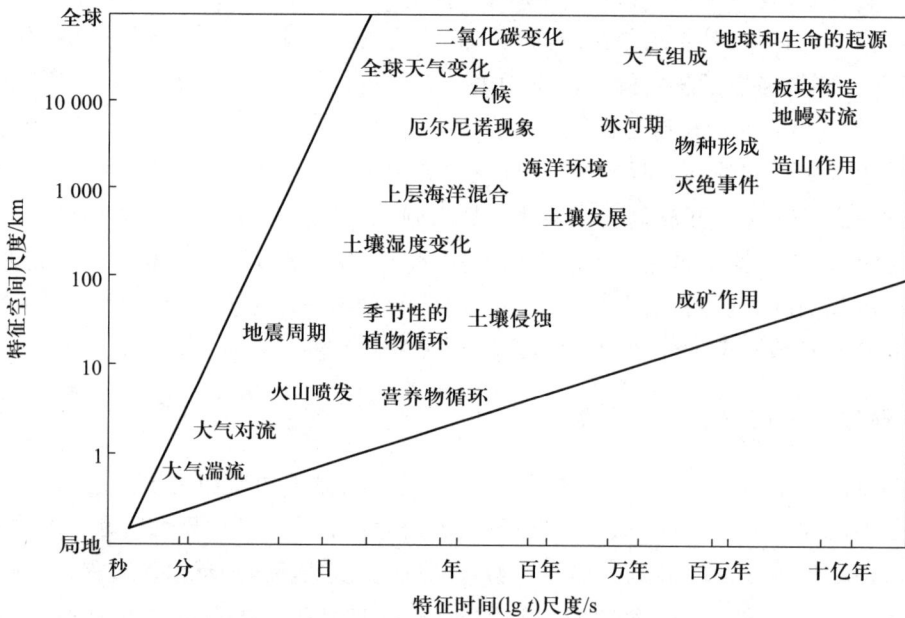

图 1.3.15　地球系统过程的时间空间尺度

专栏

地球系统科学

地球系统科学发轫于 20 世纪 80 年代，1987 年，布雷斯顿（F. P. Bretherton）在 *Earth Quest* 第一卷第 2 期上对地球系统科学做了简要说明。同年美国国家航空和宇航管理局地球系统科学委员会出版了以《地球系统科学》为题的报告（我国 1992 年由陈泮勤等翻译，地震出版社出版）。地球系统科学强调将地球的大气圈、水圈、岩石圈、生物圈作为一个互相联系的系统，研究作用于该系统内的物理的、化学的、生物的过程，着重探讨几十年至几百年的变化及其与人类活动的关系。注重高分辨率的人类历

---

[1]　美国国家航空和宇航管理局地球系统科学委员会.地球系统科学.陈泮勤,等译.北京:地震出版社,1992,作者做了修改和补充。

史时期的全球环境变化研究,注重航空、航天遥感手段,GPS、GIS 手段和其他空间观测、实验手段的应用,强调国际合作研究的重要性,提出制约、改变和适应全球变化的措施。这些见解得到国际上相应科学领域的赞同。1992 年出版了《地球系统科学百科全书》,1994 年挪威 *AMBIO*(《人类环境杂志》)第一期是"综合地球系统科学"专号,地球系统科学的研究计划得到普遍的支持,美国有 22 所大学开展地球系统科学教育。

讨论

1. 从地表到大气层顶部温度越来越低,这种说法对吗?

2. 自南向北流动的河流和自西向东流动的河流侵蚀的特点有何不同? 为什么?

3. 从中国到美国和从美国到中国的航空旅客如何调整时间? 为什么?

4. 地球自转在赤道与两极线速度有很大差异,但为什么低纬地带的人不感到时间过得慢,高纬地带的人也不感到时间过得快?

5. 对比地球自转与不自转、地轴垂直于黄道和倾斜于黄道,地球的地理过程有何不同。

6. 许多科学家和社会学家都预言,地球上的石油只能用几十年,煤也只能用几百年,大量的稀有金属只够用几年、几十年,人类按这样的速度发展下去总有一天要毁灭。 你怎么看这个问题?

7. 地球史家说,现在是地球第三次寒冷期;第四纪地质学家说,现在是气候转暖期;气候学家说,现在是本世纪温暖时期;气象学家说,这一两年气温偏低。 他们的说法为什么看上去互相矛盾?

推荐读物

1. 白光润.现代地理科学导论[M].上海:华东师范大学出版社,2003.
2. 刘南威.自然地理学[M].3 版.北京:科学出版社,2014.
3. 刘本培,蔡运龙.地球科学导论[M].北京:高等教育出版社,2000.
4. 金祖孟.地球概论[M].3 版.北京:高等教育出版社,1997.
5. 徐宝荣,应振华.地球概论教程[M].北京:高等教育出版社,1983.
6. 牛文元.自然地理新论[M].北京:科学出版社,1981.
7. 毕思文.地球系统科学导论[M].北京:科学出版社,2003.
8. 美国国家航空和宇航管理局地球系统科学委员会.地球系统科学[M].陈泮勤,马振华,王庚辰,译.北京:地震出版社,1992.
9. 刘南威,郭有立,张争胜.综合自然地理学[M].2 版.北京:科学出版社,2004.

第4节 地球表层系统

地球表层系统是指接近地球固体表面的岩石、土壤、植被、对流层大气、水体等构成的物质系统,这里充满生机和活力,是地理学的研究对象。

一、 地球表层的构造

地球表层是一个特殊的物质体系,一般认为它的空间范围,上至对流层顶下至沉积岩底部,是气态、液态、固态三相界面体系,是人类活动的直接环境,是内外力相互作用的场所,是有机与无机互相转化的场所。从其结构组成可分为如下几个层圈:

(一)岩石圈

岩石圈是地球外围的固体部分。由地壳和上地幔顶部坚硬的岩石组成。岩石圈分三个层圈,上层是沉积岩层,物质成分上与地壳没有区别,但存在方式上有很大区别,主要由砂岩、页岩、石灰岩等组成。其厚度约0~15 km。中层是硅铝层,它是由以硅、铝矿物为主的花岗岩类物质组成,其厚度,山地可达40 km,平原则10 km左右,海洋底部很薄,有些洋底甚至根本没有这一层。下层是硅镁层,它是由以硅、镁矿物为主的玄武岩类物质组成,存在于大陆大洋的底部,由于火山喷发等原因玄武岩也大量在地表的山地出露。在没有花岗岩的洋盆底部,玄武岩直接和海水接触。岩石圈的表面有几十米至几百米厚的风化壳,其上发育几十厘米至几米厚的薄薄的土壤层,它是生物和人类的生存基础。

(二)水圈

水圈是地球上水的各种存在形式覆盖的圈层。主要由海洋、河流、湖泊、沼泽、地下水、冰川、高山积雪等组成,水圈中的水通过三态相变循环运动、相互联系,形成一个特殊的圈层。

水圈总水量达1.39×10^9 km³,海洋占地球总面积的70.8%,占地球总水量的96.5%,如平铺地球表面平均水深可达2 640 m。

陆地水占总水量的3.5%,其中冰川占1.74%,为淡水总量的68.7%;地下水占总水量的1.7%,其他江、河、湖、沼的地表水仅占极小部分,但却对人类具有重要意义。

(三)大气圈

大气圈是在地球引力的作用下,包围地球的巨厚气态物质。主要成分是氮和氧,二者合一占99%,其中氮占78%,氧占21%,其他还有氩、二氧化碳、臭氧、水汽和一些固体杂质。大气圈质量的50%集中在6 km以下,75%集中在对流层,99.9%集中在50 km以下。大气圈依据其物理化学性质,相对分成若干性质不同的圈层,从下到上分别包括对流层、平流层、中间层、热成层(又称暖层)、电离层和外逸层(散逸层)。地球表层系统的大气圈则专指广义大气圈的对流层部分。对流层分最下层(摩擦层、行星边界层)、自由大气层、顶层(与平流层的过渡层)三个层次(图 1.4.1)。最下层由地面至1~2 km高度,水汽和固体尘埃多,受地面摩擦作用强烈,对流、湍流交换激烈,气象要素日变化强烈。自由大气层受地面影响小,摩擦作用可以忽略不计,云、降水等天气现象多出现在这一层。对流层顶层是与平流层的过渡层,厚度从数百米到 1~2 km,水汽含量少,温度在 0 ℃以下,几乎保持不变。有的学者(牛文元,1981)将摩擦层的下部(离地 50~100 m)与地温、水温年变化终止线(地下 25~30 m;水下 100 m)的范围称之为"近地面活动层",认为这里是太阳能活动影响最强烈的地方,固、液、气三态转换和相互作用最强烈的地方,主张这个范围是自然地理的研究对象。

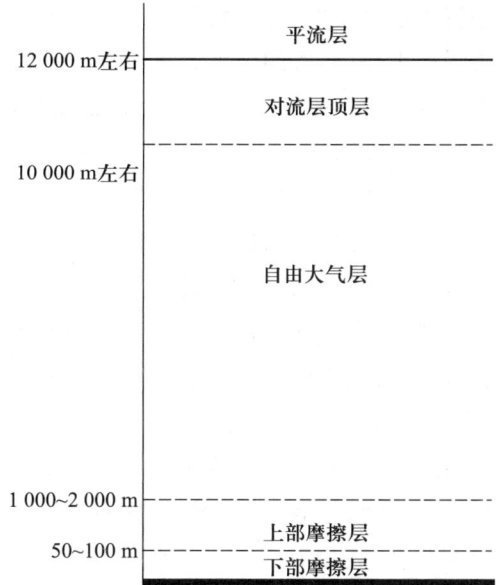

图 1.4.1　对流层层次结构

(四) 生物圈

生物圈是地球上所有生物及其生存环境的总和。

生物圈的概念是 1875 年奥地利地质学家修斯(E. Suess)首先提出来的,1925 年苏联科学家维尔纳茨基(В. И. Вернадский)开始发表一系列科学论著,论述生物圈的问题,大大发展了修斯的概念,到 1942 年形成了完整的思想体系。他认为:生物圈是进行着生命过程的地球表层外壳,包括平流层下层、整个对流层、土层、水层、岩石圈上层。这里存在着大量的生命形式,合称为生物圈。生物圈中有动物 150 多万种,植物 45 万种,微生物 4 万多种,植物的有机质总量占生物圈有机质总量的 90% 以上。从严格意义上说,生物圈是广大的,但其中绝大多数生物都集中生活在岩石圈、水圈、土壤圈和大气圈相互接触交融的地带,大致在地面、水面上下100~200 m 范围之内,与地球整体相比如同一层薄薄的膜,因而有人又称生物圈为"生物膜"。

(五) 智慧圈

智慧圈是指人类及人类的生存环境的总和。又称技术圈、人类圈。

智慧圈的概念是 1945 年维尔纳茨基继"生物圈"概念之后提出来的。他认为:"智慧圈是新的地质现象,在这里成为巨大的地质力量。它能够而且应该以自己的劳动和思想改造自己的生存领域,与过去比较是根本的改造。""智慧圈"这一概念提出以前,维尔纳茨基认为人类活动是地质史上的一个新的阶段,但用怎样的术语来表述它,尚没有准确用语,某些学者建议用"技术圈"这一词语概括,维尔纳茨基没有同意,他认为技术作用固然是巨大的,但不能反映人类活动的全部,充其量只有现阶段的特点。美国地质学家 D. L. 康特和舒克特(Charles Schuchert)建议使用"精神动物时代",苏联学者巴甫洛夫提出使用"人类时代",维尔纳茨基都觉得不妥,最后采用了法国数学家兼哲学家 E. 勒鲁瓦提议的"智慧圈"这一表达方式。维尔纳茨基还认为智慧圈将逐渐取代自然演化的生物圈。他认为当人类介入自然界以后,决定发展方向的将不是自发的自然力,而是人类的智慧和真正的知识。他指出:整个人类总共不过是地球物质的极少部分,人的强大力量不在于他的物质力量,而在于他的大脑的智慧,以及这种智慧指导下的劳动。维尔纳茨基认为智慧圈不仅是地球表层时间的发展阶段,也是空间的存在形式,它是随人类科技进步而不断扩大的动态概念。

维尔纳茨基提出"智慧圈"的概念以后,被科学界广泛认同,智慧圈概念的重大意义就在于,它对人类出现以后地球演化的质的飞跃做出了科学概括,将人类创造的环境作为地球表层的特殊的独立的部分来认识,承认人类的巨大地质作用。自人类出现以后,几乎全面地刷新了生物界,人类的地质过程深刻参与和渗透到自然过程之中,在较短的时间尺度内,达到甚至超过自然过程,现代地理科学的主要任务就是研究智慧圈空间结构、发展演化和它与其他层圈的关系。但是"智慧圈取代自然演化的生物圈"的观点是不能接受的,两者是相对共存、相对区别,相对独立又相互联系的圈层。

岩石圈、水圈、大气圈、生物圈、智慧圈的划分不是绝对的彼此隔绝的,而是彼此相互渗透紧密联系,我中有你你中有我的关系,而且,这些层圈也不仅限于地球表层范围,但在地球表层,这五个层圈是其基本的组成部分,它们的有机联系和相互作用构成了地球表层系统。

专栏

冰冻圈科学

地球上的冰冻圈

冰冻圈(cryosphere),是指地球表层连续分布且具一定厚度的负温圈层,圈内的水体一般处于冻结状态。其中,陆地冰冻圈覆盖了全球陆地面积的 $52\%\sim55\%$,包括了冰川、冰盖、积雪等。冰冻圈储存了地球淡水资源的 75%,其中冰川和冰盖约占全球淡水资源的 70%。

20 世纪 50 年代以来,全球变暖已导致冰冻圈面积缩小、冰盖和冰川的质量损失、积雪和北极海冰的范围和厚度减少,以及多年冻土的温度升高。冰冻圈发育的地带性特征,决定了它的变化首先会影响到世界经济最发达的中高纬地区的国家和经济体,对中纬度地区的影响亦不可低估,加上其变化对海洋的影响,使低纬地区和小岛国家也不可避免,"牵一发而动全身",从而波及全球。

冰冻圈科学

1972 年世界气象组织(WMO)在斯德哥尔摩联合国人类环境会议上,首次将"冰冻圈"这一独特自然环境综合体与大气圈、水圈、生物圈和岩石圈并列,明确了五大圈层之间的相互作用与反馈,奠定了气候系统的理论基础。2000 年,世界气候研究计划(WCRP)科学委员会决定设立"气候与冰冻圈计划"(CliC),确立了国际冰冻圈研究的 4 大领域:陆地冰冻圈与寒区水文气象、冰川(盖、帽)与海平面变化、海洋冰冻圈与高纬海洋-大气相互作用关系、冰冻圈与全球气候变化的联系。

中国冰冻圈研究始于 20 世纪 50 年代末,在中国科学院、中国气象局、国家海洋局及高校有关单位的共同努力下,在冰川、积雪、冻土、极地冰盖、冰缘地貌和区域气候模式等方面取得了很大进展。如中国科学家历时 23 年,于 2002 年全面完成了中国的冰川编目,是 4 个冰川发育大国中唯一按国际冰川编目规范完成冰川目录编制的国家。此外,青藏高原高分辨率冰芯记录研究、南极冰川学研究、中国冰冻圈演变综合评估、中国天山公路风吹雪研究等也取得了重大成果。

中国是中、低纬度地区冰冻圈最发育的国家,特别是青藏高原为亚洲水塔,其自身生态环境与社会经济可持续发展都深刻受冰冻圈变化的影响。冰冻圈科学对我国有着重要现实意义,直接影响着干旱区绿洲存亡、湖泊消涨、寒区生态演替、区域气候变化、山区灾害等,甚至国际关系。

二、 地球表层的能量转换与物质循环

（一）地球表层的能量转换

地球表层是一个生生不息的世界,火山、地震、地壳运动、沧海桑田变化,大气环流,河流、海洋的水体运动,生物、人类的生命活动都必须有能量支持。地球表层的能源主要来自三大方面。一是来自地球内部的热能,它是地球内部物质的放射性元素衰变产生的。它是火山、地震、地壳运动的能源,高低错落、千差万别的地貌的形成,就是以它为能源基础的。最新研究表明地球内部热能与大洋的海水运动也有重要关系。二是天体的引力能,这包括地球本身对表层物质的引力和其他天体(主要是月球)对地球表层物质的引力。地球表层发生的崩塌、滑坡、泥石流,河流的侵蚀、搬运作用,冰川运动,潮汐都与引力能有密切关系。三是太阳辐射能,它是水、空气运动,岩石风化,土壤形成和生命活动的基本能源。除上述三种主要能源外,严格一点说,还有其他一些能源,诸如陨石坠落的机械能、宇宙射线的辐射能等等,但它们并不起主要作用。这些能量在地球表层不是一成不变的,而是处于不断的转化运动之中。为了科学地认识地球表层的能量的转化运动,必须首先掌握能量的本质规律,揭示能量与环境系统的关系。

1. 太阳能在地球表层的转换

(1) 太阳能在无机界的转换　太阳辐射进入地球大气层以后,能量大量耗散,其中大约 50％ 被大气散射、反射、吸收掉,到达地面、水面仅一半左右。消耗掉的部分是这样分配的:30％ 被大气散射和云层反射掉。1％～3％ 的紫外线被原子氧和臭氧吸收,在离地 90 km 的高度以上,由于原子氧的吸收,出现大气明显的增温层,在离地 50 km 的高度上,由于臭氧吸收紫外线,形成又一个增温层。还有 17％～19％ 的太阳辐射被水汽、尘埃和云中的水滴吸收。到达地面、水面的 50％ 太阳辐射分布是不均匀的,如图 1.4.2 所示,太阳辐射的等值线基本是沿纬线呈带状延伸的,低纬高,向两极渐低。但最高值不在赤道,而在少云的南北回归高压带上,特别是大陆荒漠区。在大洋上等值线基本与纬线保持平行。在大陆上受气旋活动、季风环流等因素影响,太阳辐射的纬向平行分布态势遭到破坏,出现很大偏离。太阳能在地球表面分布的不均衡性,为太阳能的转换创造了极为有利的条件。

太阳光谱的波长范围是 $0.29～5.3\ \mu m$,主要集中在 $0.4～2.2\ \mu m$ 波段,故称 **短波辐射**。首先大气、水体和陆表对太阳辐射能的吸收,在大量耗散(反射、散射等)的同时,转化为热能。空

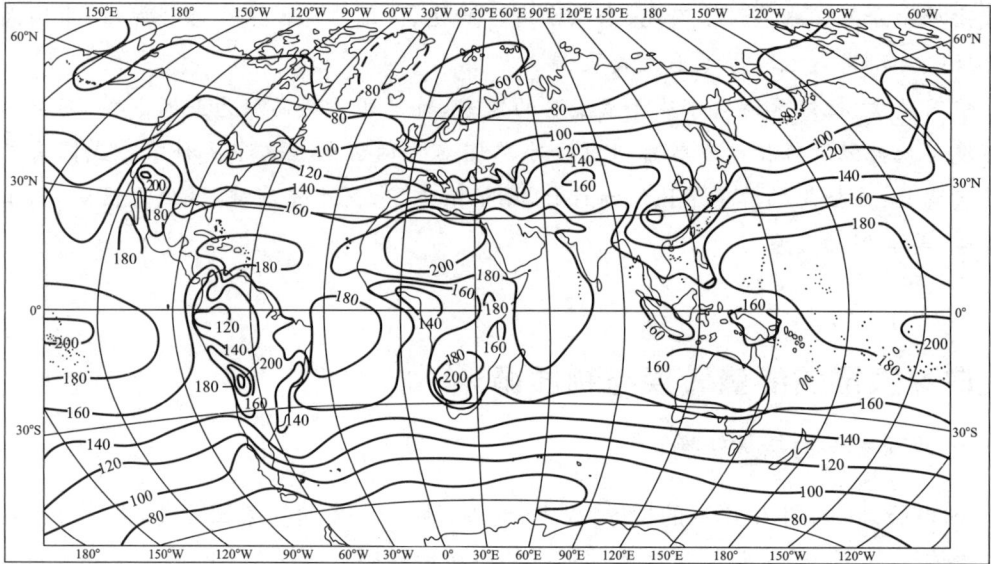

图 1.4.2 全球年太阳辐射($kcal \cdot cm^{-2} \cdot a^{-1}$)①等值线分布图

气、水体和陆面受热后,以热辐射的形式向环境辐射。热辐射的波长较长,其光谱范围属于人眼所看不见的红外线范围,如在常温下,地面辐射波长绝大部分(99%)在 4～40 μm,故称为**长波辐射**。大气的热量来源是借地面、水面的传导、交换和辐射而增热,直接吸收太阳辐射仅占极小部分。大气在垂直方向的热力梯度为每上升 100 m 平均降温 0.6 ℃,形成了植被、土壤及人类生活的地带性表现。

由于地球形状、地表物质组成不同、地表形态差异等原因,造成了不同的温度场,形成气压梯度,从而形成了不同规模和类型的大气环流,热能转变为空气运动的动能。从全球范围来讲,由于科里奥利力的作用,大气运动不可能从赤道直达极地,而是要不断地偏转,经过一定距离甚至偏转到与初始方向垂直的程度,这样一来,大气就无法从赤道直达极地,而在经线方向上形成三大环流系统,在地面上形成行星风系,即信风带、西风带和极地东风带(图 1.4.3)。在海陆之间也由于陆、海受热不均形成季风环流,进而形成季风气候和沿海向内陆的干湿差异。另外由于地形、城乡、大陆上水与陆的受热差异而形成各种地方性的局部环流,如山谷风(图 1.4.4)、城乡环流、湖岸风(图 1.4.5)等。太阳能也是水循环的动力。水体吸收太阳辐射以水汽的形式克服地球引力蒸发到大气之中,在大气环流的作用下,形成水循环,转化为水的动能,雕刻出各种各样的地貌形态,搬运大量风化碎屑物质。在海洋由于受热不均,形成不同的海水密度场,也导致洋流的运动。

在陆地,太阳能也是岩石风化和土壤发育的动力。由于季节、昼夜等温度的节奏变化促进了岩石的物理风化,这也是热能转化为动能的一种形式。另外由于温度的提高,岩石、土壤的化学活性增加,氧化-还原反应更为强烈,相当多的热能转化为地球化学过程的化学能。

---

① 1 kcal=4 180 J。

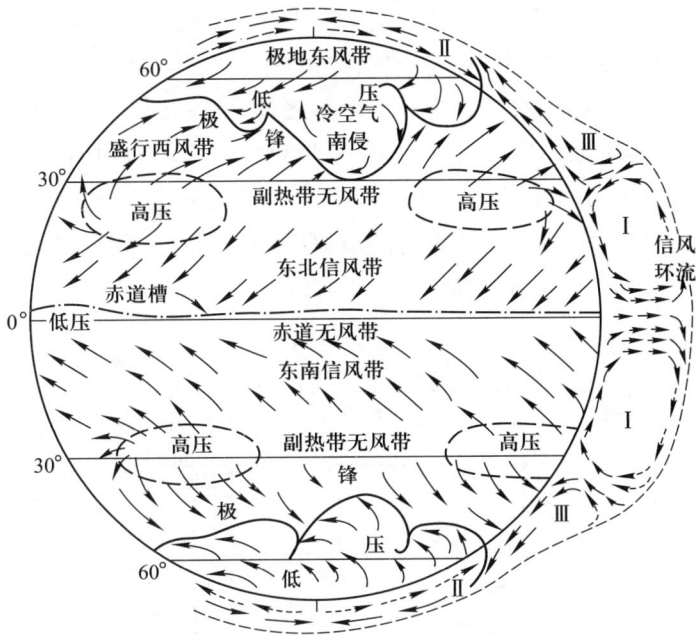

图 1.4.3　全球大气环流模式

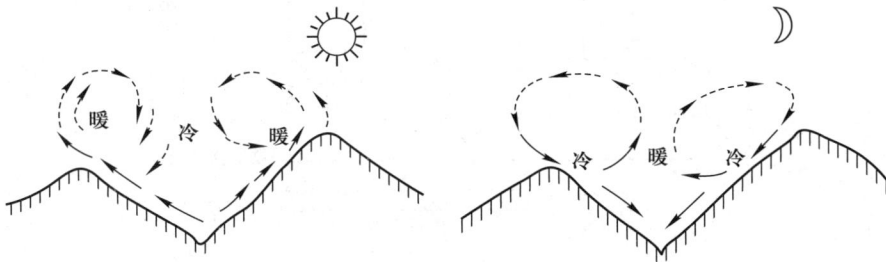

图 1.4.4　山风(右)与谷风(左)

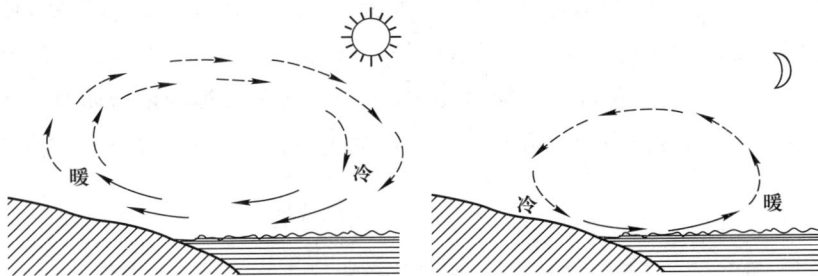

图 1.4.5　湖岸风

　　(2)太阳能在有机界的转换　在有机界太阳辐射能的转换是通过生态系统来实现的。首先通过绿色植物光合作用固定太阳能：

$$6H_2O + 6CO_2 \xrightarrow{\text{叶绿素}} C_6H_{12}O_6 + 6O_2 - 2\,867\ kJ$$

每合成 1 mol 葡萄糖要消耗 2 867 kJ 的热量,这些热量以化学潜能的形式储存在生物圈中。绿色植物固定太阳能以后,通过食物链逐级转化,每级转化都耗散大部分能量(通过呼吸、运动、生理代谢等),基本上按 1/10 定律进行。生物死亡后,其残体再由微生物分解为无机成分,还原于土壤,其中一部分再由植物吸收。在特殊的环境条件下(过度潮湿的热带雨林的多雨地带,温带、寒温带的湿润地带,亚热带的高山、高原等环境)一部分动植物残体不能被微生物全部分解,而形成化石燃料,存储于地下(图 1.4.6)。

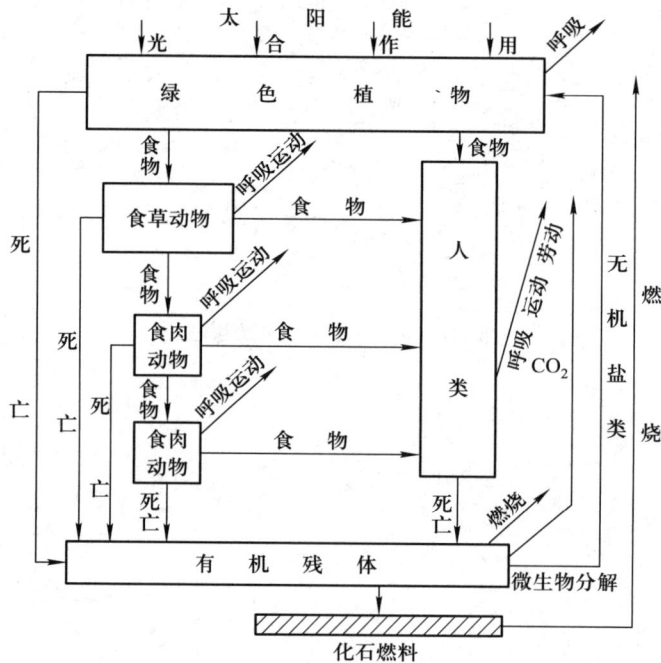

图 1.4.6 太阳能在有机界的转换

人类在太阳能转换中起着极其重要的作用。一方面人类通过遗传工程、生物技术、生产技术的改进,不断提高农作物的产量,以固定更多的太阳能。同时又操纵食物链,使固定的太阳能向利于人类繁衍发展的方向转化。人居食物链的顶端,食物链各营养级上的生物都是人类的食物来源,因而人类成为太阳能的主要消费者。另一方面,人类动用地质时代大自然存储在地下的太阳能,将化石燃料作为现代人类工业生产的主要能源,将这部分长期储存于地下的太阳能返回大气之中。

专栏

生态系统与 1/10 定律

生态系统概念是英国生态学家坦斯利(A. G. Tansley)1935 年提出的。他在《生态学》杂志上一篇论文中写道:"生态系统的基本概念是物理学上使用的'系统'整体,这个系统不仅包括有机复合体,而且也包括形成环境的物理复合体……我们不能把生物从其特定的形成物理系统的环境中分隔开来""这个系统是地球表面的基本单位,它们有各种大小和种类。"生态系统由生产者(绿色植物)、消费者(动物和人类)、分解者(微生物)、非生物环境(太阳辐射能、地球表层的无机营养成分和环境物质)组成。坦斯利的生态系统思想是人类认识生命与环境关系的重要进步,他的贡献被刻在他的墓碑上。继坦斯利之后,许多生态学家对生态系统理论进行了深入探讨和实验研究,1939 年奥古斯特·辛尼曼(August Thienemann)提出了营养级概念,1940 年利比希(Liebig)提出生态能量学,Brige 提出初级生产思想等等。其中最有影响的应推美国耶鲁大学的年轻学者林德曼(Lindeman),他研究了美国明尼苏达州泥炭湖中生物之间的营养关系,27 岁时(1942 年)发表了轰动世界的科学论文《生态系统中的营养动态状况——中国哲学》,根据中国谚语"大鱼吃小鱼、小鱼吃虾米、虾米吃籽泥"的哲理,经过观测、统计,总结了食物链上各营养级之间的能量转化关系,提出了 1/10 定律,生动地、定量地揭示了生态系统能量流动的本质,成为生态系统能量动态研究的奠基者。

2. 地球内部热能、引力能在地球表层的转换

地下热能是由地球组成物质的放射性元素衰变产生的。它是火山、地震、岩浆活动、地壳运动的能量来源。它形成地表的基本轮廓,决定海陆分布与地势起伏。地球内部的热能造成的地壳运动有突变和渐变。火山、地震是突变形式,在短时间内释放巨大能量,造成严重灾害,形成可以观察到的明显起伏。例如日本北海道的昭和新山就是在不到两年时间里人们眼看着拔地而起的 400 m 的高山。大多数情况下是渐变的形式,在亿万年地质时代里形成"沧海桑田"的变化,中国古代就有"东海三为桑田"之说,海底发现的陆生动物化石,高山上发现的海生生物化石,在现代地质考察中已是相当普遍的现象,它们都生动地记录了地球表层缓慢而巨大的地壳运动。根据现代技术查明,地壳运动的能源基本上是地表 14 km 以下花岗岩中产生的。地热除转化为地壳运动的动能外,也通过水体或陆地间接增温空气,对气候产生影响。最近在厄尔尼诺现象原因的研究中,有的科学家就认为东太平洋海水增温与海底的地热有关,海底热源通过海洋对流影响大洋水温,当海底火山所处位置有利于厄尔尼诺事件的形成和发展时,一个中等偏弱(喷发量仅 2.9 km³)的海底火山便可引发一次厄尔尼诺事件。

地球内部热能除转化为地壳运动、海水运动、大气运动的动能以外,还造成地表高低起伏,转化为潜在的势能,形成引力差异,在一定条件下转化为物质从高向低运动的动能。

引力能包括两个方面,即地球对地表物质的吸引和月球、太阳等天体对地表物质的吸引。前者以潜在的势能存在,它总是力图使地球上的物质处于稳定状态,在其他力的触发下,它释放出的能量是地表物质运动的能源之一,转化为滑坡、泥石流、冰川、河流、瀑布等运动的动能。后者引起地球的周期性弹性形变,其中以海洋潮汐最为明显,是又一种引力能转化为动能的形式。地球适度的引力能是地球进化和特殊地理过程的前提条件。正是由于适度的引力才使地球既能吸引适量的水和大气,又不过分浓重,既使动植物能稳定地生活又可以自由运动和生长,使流质和松散物质发生运动而又不脱离地表,形成千姿百态、生机勃勃的世界。

(二)地球表层的物质循环

地球表层的物质循环主要是通过岩石、大气、水的运动变化,以及生命的活动来实现的,尤

其是绿色植物的生命活动是有机物与无机物之间的转化中介,对化学元素在地球表层中循环起到极其重要的作用。

1. 地质大循环

地质大循环是岩石圈运动引起的海陆间物质循环变化过程和大洋底部物质与地幔物质间的循环变化过程。它超出了地球表层的范围,是宏观的物质循环。

20世纪60年代以前,将"地质大循环"仅仅理解为地壳运动引起的海陆间物质循环变化过程。认为:陆地表面的岩石,经过风化作用变成碎细物质,并释放出可溶性物质。这些碎细物质和可溶性物质经雨水冲刷和淋溶,随水流经江河注入海洋,形成各种沉积岩。经过漫长的地质年代,有的海底沉积岩由于地壳运动隆起抬升形成新的陆地,再经过风化、淋溶、搬运、沉积形成新的海底沉积岩,这样周而复始的过程称之为地质大循环。

20世纪60年代以后,根据大量发现的科学事实,形成了"板块运动学说",对地壳的结构和运动机制给予了新的解释。板块运动学说认为固体地球上层在垂直方向上,分为上部刚性的岩石圈和下部的塑性软流圈。上部的刚性岩石圈被一些活动的构造带——海岭、岛弧、平移断层割裂成若干板块。在大洋中脊裂谷处地幔物质不断上升、涌出的岩浆冷凝成新的洋底,导致洋底不断向两侧扩张,其速度为 $0.2\sim10$ cm/a。扩张到边缘,海陆两个板块相遇,海洋板块向陆地板块下俯冲,在大陆侧形成岛弧,海洋侧形成海沟。两个板块相撞处,地壳活动激烈,多火山、地震,如日本列岛—冲绳—台湾这一环太平洋岛弧火山带,就是亚洲板块与西太平洋板块相撞而成的。当海洋板块俯冲完后,大陆板块相遇,发生褶皱、断裂,形成线状山系,如喜马拉雅山脉就是印度板块与亚洲板块相撞而形成的。俯冲下的板块熔入地幔中,通过地幔对流,在大洋中脊又重新涌出,形成新的洋底。这样周而复始形成循环(图1.4.7),每周期1亿~2亿年。在板块运动的同时,岩性也发生周期性变化,出露地表的结晶岩、沉积岩,经风化、淋溶,被流水带入海底,形成沉积岩。海底沉积岩和从大洋中脊涌出冷凝的岩浆岩,或没入板块底部熔入地幔中,经地幔对流再重新涌出洋底,形成岩浆岩,或隆起、抬升在外力作用下又形成新的海底沉积岩。

地质大循环不但形成了各种岩石、矿物及其变化,还形成了各种地貌及其变化。

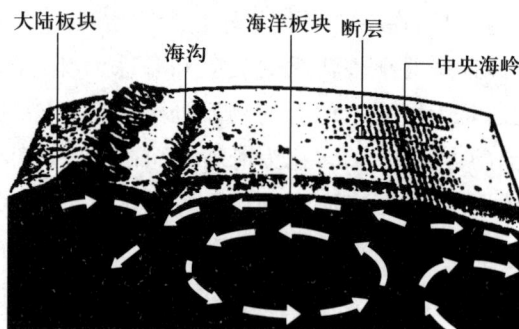

图1.4.7 板块运动

大 陆 漂 移

　　1858 年在巴黎出版一本名曰《揭开创造的神秘》的书,地理学家施奈德(Schneider)以其丰富的想象力发现地球各大陆似乎原来是连成一体的(下右图)。并用石炭纪时北美洲和欧洲植物化石几乎一致的事实作了说明。此后,德国地理学家魏格纳(A. Wegener)(下左图)发表论文,引证古生物化石的证据,系统地阐述了大陆移动的地质历史过程,提出了著名的大陆漂移学说。但是,在科学水平还较低的当时,只能作为一种假说存在,而且引起很多非议。现代科学的发展,板块构造学说有力地解释了大陆漂移说的基本构想是正确的。经科学家探测,在大洋中央没有一亿五千万年的沉积岩,大洋中央海岭两侧的地磁异常分布相近,并与大洋中央海岭走向平行,而且发现在大陆斜面各大洲有多处重合。

魏格纳

大陆复原重合情况

2. 大气循环

　　地球的球形表面,造成太阳辐射对地表的增温差异,辐射强的地方增温快,形成上升气流,构成低压区,地表附近的空气向这里运动,以补充这里上升的空气;在高空,上升的空气向外移动,至较冷的地方下沉,形成高压区,从而构成了大气循环。如"能量转换"一节所述,由于科里奥利力作用造成大气运动过程中方向不断偏转,从赤道到极地形成三个行星风系和三个大的经向环流。除此而外,也是由于热力造成的气压差异,在更小的时空尺度下还可以形成海陆间的季节性环流,山谷间、城乡间昼夜性局部环流。

　　大气环流的形势对全球性和区域性的气候变化影响重大。1998 年,东太平洋海水增温,厄尔尼诺现象发生,造成热带环流的西太平洋部分相对减弱,使南北气流交汇的雨带不能北上,长期滞留在长江中下游一带,造成中国 1998 年长江大洪水。不同时空尺度上的大气环流研究对认识地球表层的地理过程特别是气候过程有非常重要的意义。

　　大气循环造成了热量和水分空间分布的变化。

3. 水循环

地球上的水,在太阳能的作用下,不断从水面、陆面蒸发,或通过植物叶面蒸腾,化成水汽升到高空,被气流带到其他地方,在适当条件下,凝结、降落到地表,经汇集和下渗形成径流,注入海洋或湖泊,水的这种蒸发、输送、凝结、降落、径流的往复过程叫水循环。水循环又分为大循环(海洋—陆地—海洋)、陆地小循环(内流区)和海洋小循环(图 1.4.8)。水的循环运动是地表外力的主要动力,也是环境地球化学循环的主要载体,是生物化学反应过程的重要条件,对地球表层各种地理过程具有极其重要的意义。

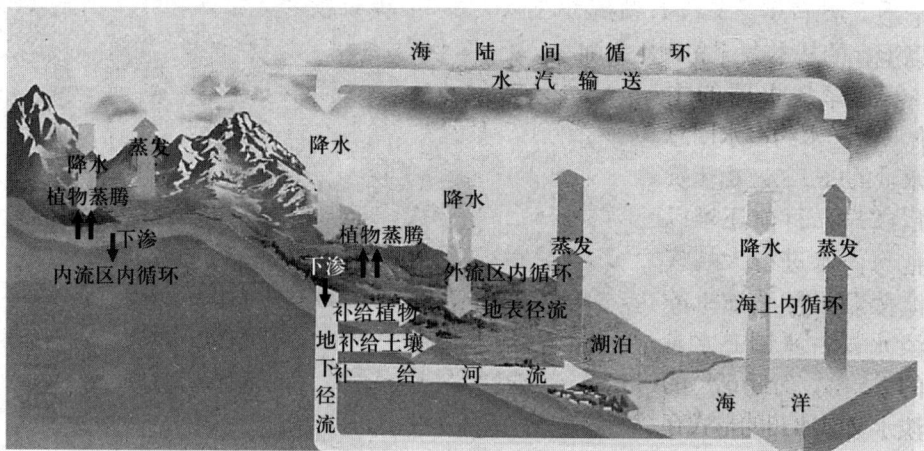

图 1.4.8　水循环示意图

4. 生物-非生物循环

生物-非生物循环主要是通过两个作用来实现的。其一是合成作用,即有机体通过生命活动从地理环境中吸收化学元素,合成生物体内复杂的有机化合物。合成作用有多种形式,最主要形式是绿色植物通过光合作用,利用太阳能将环境中的 CO_2 和 H_2O 合成糖类。除绿色植物外,有些细菌也可以通过光合作用和化能合成作用合成有机物。异养生物(动物、真菌和大部分细菌)利用绿色植物的光合作用产物合成自身有机体。其二是分解作用,即指环境中的微生物分解动植物死亡后留下的残体,形成 CO_2、H_2O 和简单的无机物,返回到环境中去(图 1.4.9)。

生物界内部一代一代的延续靠遗传子来实现,即个体—(繁殖)—遗传子—(生长)—个体,循环发展。没有遗传信息的沟通,无机物是不能转化为有机物的。

生物-非生物循环对地球表层中主要化学元素的循环具有重要意义。氧循环也是通过生物圈实现的,自然界的氧是光合作用产生的,在环境中经过含氧化合物的固定,再通过光合作用,将 H_2O 和 CO_2 再合成为糖类,同时释放出氧气。绿色植物的光合作用将无机物、H_2O 和 CO_2 合成有机物,再通过动植物呼吸、残体的分解、燃烧,又将有机物转变为无机物,完成全球氧元素的循环(图 1.4.9)。

氢循环也是在生物圈中实现的,即:水中的氢通过光合作用转化为糖类的氢,再通过微生物分解作用将糖类中的氢转化为水中的氢。

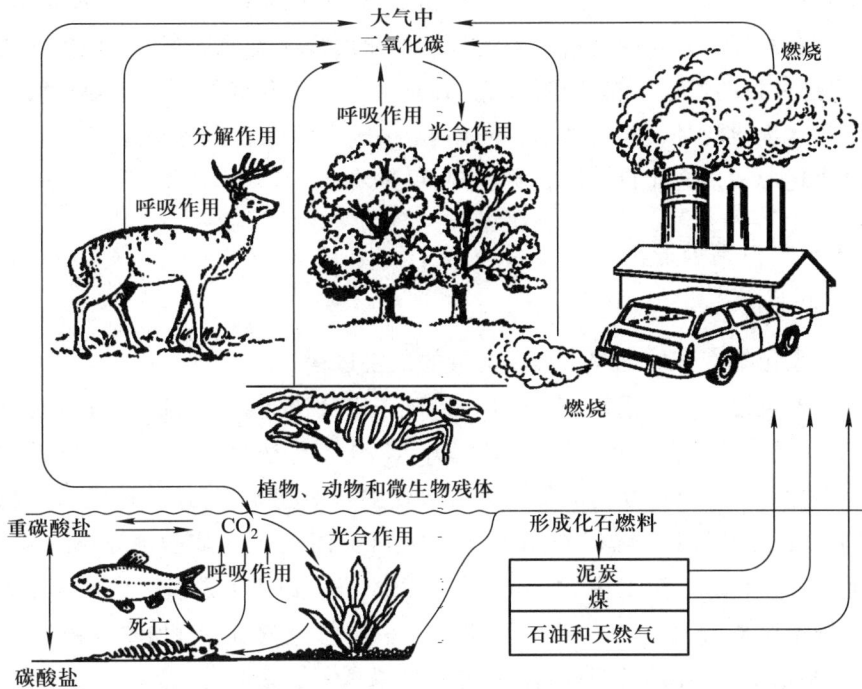

图 1.4.9　碳循环

（中国大百科全书编辑委员会《环境科学》编辑委员会，1992）

　　磷循环也是通过植物、动物、土壤中的生物化学过程来实现的。

　　总之，离开生物圈的中介作用，离开生物与非生物之间的转化，地球表层主要化学元素的循环是不可想象的，地球的物质进化也是不可想象的，生物-非生物循环是有生命以来的地理环境研究的最主要课题之一。

　　无论是地质大循环、大气循环、水循环还是生物-非生物循环都不是从原点到原点的封闭循环。它们都是在外部能量不断供应之下循环发展的进步体系，经历从简单到复杂、从低级到高级的进化过程。

三、 人类对地理环境的影响

　　人类的地理作用本质上区别于无机的地理过程和生物地理过程。首先人类具有意识性、目的性，人类有意识有目的地改造自然使之向有利于人类的方向发展。其次，人类的地理作用比任何其他地质过程都深刻，深入物质结构、基因工程的改变。

　　人类的地质作用强度非常巨大，达到与自然作用相匹比的程度，对现实地理环境演化发展的研究，如果忽视人类的作用是无法得出全面正确的结论的。

　　人类对地理环境的影响就是创造人工环境系统。人工环境系统即按着人类的目的需要而设计建设的环境系统，如人造森林、人工草场、农田、水产养殖、人造水系、人造地貌，等等。这些环境系统的产生和存在形式服从于人类的社会需要和人类的生产力水平，但它的演变与发展依然受制于自然规律,人类种植作物、饲养动物依然要遵从自然的生物生长规律,人工水系仍然与自然气候有密切关系,具有侵蚀、搬运和堆积作用。人类的目的与自然规律之间存在着尖锐的矛盾,当这一目的违反了自然规律就势必对自然产生破坏作用并遭到自然的惩罚。当这一目的符合自然规律就是人与自然的共同创造,由于人的能动作用和科学技术的投入(这也是自然的高级表现形式),会比自然演化更深刻、更进步。

(一)人类对岩石圈的影响

1. 人工地貌过程

人工地貌过程包括直接的地貌过程和间接的地貌过程。

直接的人工地貌过程包括采矿、建筑、挖掘河道、堆放废弃物、交通、工程建筑、围海、围湖岛、战争破坏等人类活动。据统计,人工水库库岸1970年已达到3.5万 km,世界铁路总长超过140万 km、公路超过2 000万 km,加之无可数计的城市建筑,仅这些造成的地貌形态变化已经可以和第四纪河流侵蚀、堆积作用相比。例如美国犹他州宾汉铜矿峡谷挖掘量已达33.55亿 t、面积达7.2 km²、深度达744 m,7倍于巴拿马运河土方总量。像这样宏大的露天采掘在世界发达国家比比皆是。全世界露天开采占采矿总量的65%,加拿大露天开采铁矿占96%,美国金属矿山84%为露天开采,露天采矿场采石场占全国总面积0.5%以上。堆积采掘出来的废弃物形成的矿渣山也是惊人的,有的足可以与自然山体相比(图1.4.10)。荷兰通过围海围湖造地增加国土面积1/4,日本神户的人工岛,其规模相当于一个小城市。香港的维多利亚湾,本来是低平的海湾,城市化以后,从山顶俯瞰下去,一大群人工水泥建筑物积聚在那里,高层建筑林立的水泥森林使本来呈平面形态的自然地貌立体化了,难以找到原始地貌的影子(图1.4.11)。

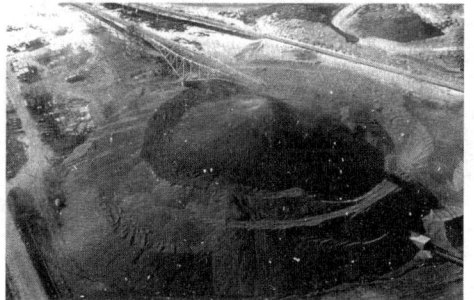

图1.4.10 澳大利亚矿渣山

图1.4.11 人工建筑物填充的香港维多利亚湾

(Simeon,2017)

间接的地貌过程包括许多方面,由于人类对植被的破坏加剧了地表的侵蚀,中国的黄土高原、美国的西南部都发生这类现象:由于森林大面积砍伐,侵蚀加剧,许多宽广的山谷和平原被沿着谷地的冲沟深深分割开来,弄得支离破碎。人类加剧侵蚀而冲刷下的沙土进入河流下游,加剧河流的沉积过程,使河床抬高、河流改道、水库淤积,入海处港湾泥沙增加。据美国学者吉尔伯特(Gilbert)统计,自从发现黄金以来,水力采矿而排入圣弗朗西斯科港湾泥沙就达 8.46×10^8 m^3。由于人类工业生产排放 SO_2 增加、碳酸根离子的增加加速了岩石的风化过程;人工堆积物与自然地层的不整合性往往触发重力地貌作用,造成塌方、滑坡;由于人类对植被破坏或建设,促进或制约沙丘活动,由于人类掏挖海滩加剧了海岸侵蚀。人类几乎参与了所有的地貌过程,经常地普遍地改善着地球的表面形态。

2. 人类沉积物的形成

人类通过工业生产制造出大量的水泥、砖、混凝土等人工岩石,它们也同自然界的岩石一样风化、破碎,被流水、风所搬运参与沉积岩的形成过程。人类的技术从岩石圈取得数以亿万吨级的纯金属,它们在生产和消耗过程中分散,最后在河流、水库、海洋中集中,形成新的人工矿物。人类活动留下的物质遗迹形成特殊的文化地层。这在中国历史悠久的文化发源地几乎随处可见。

3. 人类对土壤的影响

人类对土壤圈的影响既有破坏性的影响也有建设性的改造。

破坏性的影响最突出的是加剧土壤的侵蚀。土壤的形成是极其缓慢的自然过程,据研究测算,石灰岩每形成 25.4 mm 的土壤需要 1.25 万年,玄武岩、花岗岩每形成 25.4 mm 的土壤需要 $200 \sim 1\,000$ 年,疏松的沉积物(火山灰、页岩、沙丘、河流沉积物)每形成 25.4 mm 的土壤需要几十年。但是人类对土壤的破坏过程是非常迅速的,不合理的耕作和农业利用几年、十几年就可以把土壤层完全破坏掉,甚至一个季节、一个灾害过程就可以把土壤层毁于一旦。据统计,全世界天然原因造成的土壤侵蚀为 93×10^8 t/a,而由于砍伐森林、滥开草原、过度放牧、不合理的耕作及工程建设而造成的土壤侵蚀为 240×10^8 t/a,是自然侵蚀的2.6倍。美国每年土壤侵蚀为 10×10^8 t。中国仅黄河流域的土壤侵蚀就达每年 16×10^8 t,这些侵蚀掉的土壤装满列车可绕地球 35 周,一般地说土壤侵蚀的生态阈值为 1.8 t $\cdot$ hm^{-2} $\cdot$ a^{-1},而黄土高原的土壤侵蚀为 100 t $\cdot$ hm^{-2} $\cdot$ a^{-1},是正常界限值的 50 倍以上。

人类对土壤的破坏性影响还表现为对干旱区植被的破坏及所造成的荒漠化过程,据统计世界沙漠化土地面积以每年 $3.5\% \sim 5.0\%$ 的速度增长。由于不合理的灌溉、不合理利用地下水造成土壤盐渍化、沼泽化。据统计干旱地区由于过量使用地下水造成盐渍化土地的面积占世界陆地总面积的 $9\% \sim 10\%$。工业三废、农药、化肥的使用造成土壤污染、土壤结构的破坏。现代农业经济由于劳动力费用高,而无法促使农民将天然肥料送回田间,割断了土壤中养料经过动物(也包括人)的消化系统再回到土壤的自然循环过程,是土壤污染和结构恶化的根本原因。

人类对土壤的建设性改造是多方面的。这包括几千年来人类主动地向土壤增施肥料,改良土壤结构,改善土壤的温度、水分等环境条件等,人类经营下的土壤生产力比自然土壤生产力提高几倍甚至几十倍。尤其近年来对土壤的保护已引起了广泛的重视。当我们呼吁保护土壤的时候,绝不能忽视人类对土壤建设的功绩,从长时间尺度来看,人类的地质作用总的方向是促进土壤的进化和发展的,人类经营改造过的土壤与刀耕火种时代的自然土壤相比无疑是一种进步。

4. 触发地壳运动

人类的大型建筑活动、深井灌水、油田开采、过量抽取地下水都一定程度地引发地壳运动。

高坝引发地震已是不争的事实。在美国、印度、法国、希腊等国都发生过这类事件，据不完全统计，全世界多达40多次，最大的震级达6.4级。水坝越高发生地震的概率越大，超过90 m发生概率为10％，超过140 m发生概率为21％。

1942年美国洛杉矶陆军为处理化学废料，用加压泵进行深井灌水，至3 671 m的风化壳，一个月后引起地震，至1965年止，共发生3.5级地震2次、2.5级地震14次，震级范围在0.4～4.3级，震动次数1 500次，波及11 km远。在世界许多地方的石油钻井灌水施工中也发生过类似事件。

由于人类在地下采矿，抽取石油、地下水，水库渗水加速石灰岩溶解，永冻土化冻分裂等原因，促成或加速地面沉陷已成为世界普遍的环境问题。油气田开采引起地面沉落、断层和地震相当多。美国加利福尼亚石油开采后，1928年发现地面下沉，1940年下沉0.4 m，1945年下沉1.4 m，1951年下沉0.6 m，下沉最大的地方达10 m之多。沿海大城市由于过量抽取地下水而引起地基下沉，严重困扰城市的建设和发展，更是人所熟知。中国的上海、日本的东京都发生过这种现象。1960年东京只有35.2 km² 低于海平面的低洼地，到1974年扩大到67.6 km²，使150万人有遭受洪水淹没的危险。

人类活动引发地壳运动是20世纪后半叶才引起人们重视的现象，随着人类在建筑、采矿等与岩石圈有关的活动强度进一步加大，其引发地壳活动的后果也将加剧，潜在危险是难以估量的。

（二）人类对大气圈的影响

1. 改变大气成分

摩擦、蒸发、燃烧、排放废气，大大增加了大气中的CO_2、SO_2、N_2和固体颗粒及其他成分。人类活动增加的C相当于陆地植物呼吸放出的量的$1/18 \sim 1/10$，是河流CO_2中C的7倍、海洋生物中C的$1/2$。SO_2每年人为排放量达1.5×10^8 t之多，其中70％来自矿物燃烧。氮释放量每年达25×10^{12} mol，与陆地植物-土壤间氮素循环规模相当，与土壤微生物固定的氮素和河流中携带的氮素属同一数量级。人类耕作产生的土壤微粒、烟尘、灰尘、药剂粉末，使大气中固体微粒增加，1970年全世界达1.1×10^8 t之多。汽油燃烧产生的CO及铅、镉、镍等微量元素，也改变大气成分。核试验、超音速飞机排气放出的氮氧化合物、日常化学用品的使用等也使平流层增加大量人工化学成分。

大气成分改变导致大气理化性状的改变，进而产生一系列环境效应，主要表现为以下几个方面：

（1）温室效应　20世纪80年代中期，一批英、美科学家基于大量现代气象站的观测资料指出全球的变暖趋势，全球平均温度比20世纪初上升0.5 ℃，是过去600年最温暖的时期。全球山地冰川节节后退，阿尔卑斯山冰川面积1902—1944年减少1/4以上，意大利境内100～150条冰川中1925—1950年80％处于后退状态，我国西部山地冰川在1920—1950年也普遍后退，雪线上升。天山的雪线20世纪前半叶上升了40～50 m，冰舌后退100 m之多。海冰大量融化,一个世纪以来北半球海冰面积减少 10％以上,1973—1980 年南极海冰面积减少 2.50×10^6 km^2。

现在越来越多的科学家认为人类活动是气候变暖的主导原因,其中人类活动释放的温室气体所产生的温室效应使地球增温是最重要的方面。100 多年前,瑞典学者阿伦尼乌斯(Arrhenius,1896)就提出大气 CO_2 的温室效应问题。他指出大气中的 CO_2 可以透过太阳的短波辐射而吸收地表增热后发出的长波辐射,很像温室的效应,故称之为大气中的温室效应,具有这种效应的气体称之为温室气体。到 20 世纪 80 年代这个问题引起了广泛注意。根据对冰芯和树木年轮的研究,工业化以前相当长时间大气中的 CO_2 浓度大致稳定在(280 ± 10) $\mu mol/mol$ 的水平上,工业化初期上升也不高,进入 21 世纪以后骤然上升,达到 360 $\mu mol/mol$ 左右(图 1.4.12)。大气中的 C 同位素与陆地生物圈所释放的 C 同位素、化石燃料释放的 C 同位素在结构上有所不同,陆地生物圈所释放的 C 同位素[13]C 相对较少,化石燃料释放的 C 同位素不具有[13]C,分析证明近现代大气中[13]C 确实在减少,这证明了大气吸收了来自化石燃料和森林破坏所释放的碳。另外,现代大气中氯氟烃在不断地增加,这种物质是人类为了制冷而合成出来的,在 19 世纪以前大气中是根本不存在的。以上这些都为 21 世纪气候变暖的人为原因

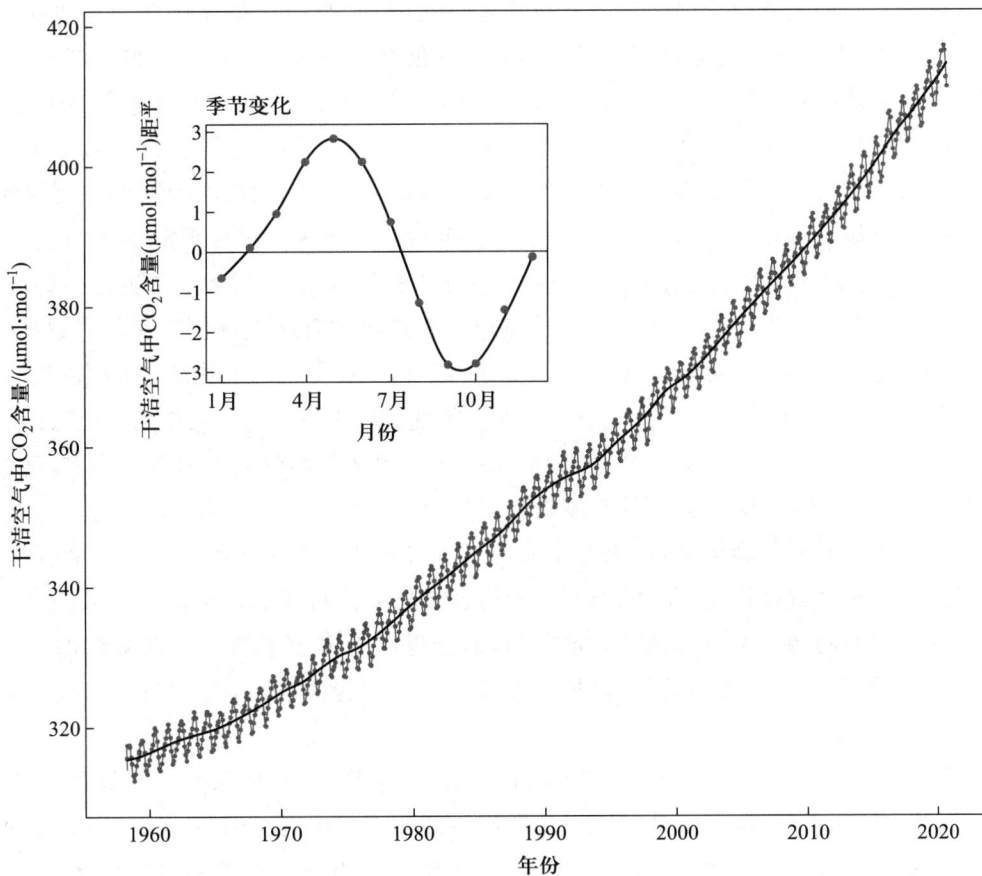

图 1.4.12　观测到的主要由人类活动引起的大气中的 CO_2 的增加

(Delorme,2020)

提供了确凿的证据。应当指出,温室气体除 CO_2 外还有甲烷(CH_4)、一氧化碳(CO)、一氧化二氮(N_2O)和氟利昂(CFCs)等,它们的增温潜力都几十倍甚至几千倍地大于 CO_2,虽然目前它们的绝对含量还远远小于 CO_2,但是按目前这样的增长率,未来几十年内它们所产生的总的温室效应将超过 CO_2 增温效应。人类对气温升高的影响还有其他方面的原因。人类大量使用煤、石油、天然气等矿物燃料,散发到大气之中,直接增热地表;开垦耕地,破坏森林使大气中的碳相对增加,这些碳与氧化合提高了大气中 CO_2 的浓度。

按现在温室气体增加的趋势预测,今后 100 年将增温 3.5 ℃ 左右,这对全球环境和社会经济生活的影响将是极其巨大的,甚至是始料不及的。温室效应最直接的结果是海面上升,它将给沿海地区造成一系列严重影响。沿岸的低地、滩涂、沿海平原将大片被淹没,下个世纪海面上升到什么程度,科学家们其说不一,根据政府间气候变化专门委员会(IPCC)的最新报告,海平面上升的最低和最高估计,分别为 43 cm 和 84 cm,这样的上升幅度非同小可,它将给沿海地区造成一系列严重影响。据测算只要海面上升 30 cm,渤海湾就将损失 10 000 km^2 的土地,天津市将有 44% 的土地被淹没。沿海城市的防洪防潮能力将大大降低,届时城市排污系统将完全失效,会使城市环境严重恶化。由于海平面上升,咸水入侵,地下水矿化度增加,引起土壤次生盐碱化。海平面上升也使沿岸良好的深水港远离陆地,难以发挥航运作用。地球上的生物量将大大增加,大气和水的运动变得更为活跃。陆地高纬地区的水热条件将得到改善,地带性植被将向高纬地带推进,地球上原来的大部分干旱、半干旱地区将变得更加高温干旱,低纬地带将更趋于高温。增温效应在提高产量的同时,农作物的品质可能下降,即粮食的蛋白质含量可能相应减少。另外气候变暖将使农作物病虫害增加,造成农药使用量增加,从而使农产品的品质降低。对能源的影响是双向的,一方面高纬寒冷地区将大大减少取暖供热的能源消耗,另一方面低纬温暖地区制冷的能源将大量增加。对于发达国家来说,后者更为突出一些,根据一些全球环流模式(GCM)测算,未来美国北方的发电需求量将略有减少,但是,南方的需求量将增加 30%。随着地球增温环境问题的突出,排放温室气体的工业将越来越受到政策和税收的压力,工业类型和结构将发生深刻的变化。全球变暖对人类的健康也将产生巨大影响。炎热酷暑向来就是对人类生命的极大威胁,最近几年中低纬地区、干旱地区受热浪袭击的报道很多,死亡几十人上百人已是司空见惯的事,全球平均温度提高幅度如果真的提高 6 倍(从 0.5 ℃ 至 3.5 ℃),极端温度出现的频率和时间都会增加,对人类生命的威胁将非常严重。气候变暖也将使疟疾、血吸虫病等寄生虫病和病毒性疾病、霍乱、痢疾等流行性传染病发病率和传播范围扩大。

目前全球变暖问题已不是单纯的学术问题,而是世界各国普遍重视共同协调的重要环境问题和社会问题,限制温室气体排放,保护全球环境已成为世界各国政府和科学家、社会学家的共识。

(2)臭氧层破坏 由于人类工业生产大量排放的氯氟烃类物质(像制冷剂氟利昂)进入平流层,在紫外线照射下,与臭氧化合,使臭氧减少,另外在平流层飞行的喷气飞机排放的一氧化氮废气与臭氧反应也使臭氧减少,臭氧层变薄,这些作用都引起地面紫外线辐射增加,使白内障和某些皮肤癌发病率升高。据观测,南极地区已形成 150 万 km^2 的臭氧空洞,严重威胁南美洲南部国家人民的健康(图 1.4.13)。

(3)酸雨 由于人类工业生产大量排放二氧化硫(SO_2)和氮氧化物(NO_x),通过气相或

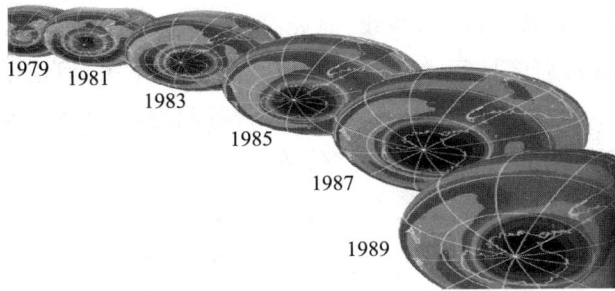

图 1.4.13　1979—1989 年南极臭氧空洞

液相反应,形成硫酸或硝酸、亚硝酸:

$$SO_2 + O_2 \longrightarrow SO_3 ; SO_2 + H_2O \longrightarrow H_2SO_3 ; SO_3 + H_2O \longrightarrow H_2SO_4$$

$$NO + O_2 \longrightarrow NO_2 ; NO_2 + H_2O \longrightarrow HNO_3 + HNO_2$$

降落地表以后形成 pH 很低(pH<5.6)的酸雨。酸雨危害很大,它使水生生物死亡、森林枯死、土壤污染、建筑物腐蚀损坏,也影响饮水者的健康。

2. 大气污染

由于人类生产和生活排放大量粉尘微粒、硫化物、氮化物、氧化物、卤化物、人造有机化合物,污染空气质量,危害人和生物的生存生长。特别是光化学反应(碳氢化物(HC)和氮氧化物(NO_x)在紫外线照射下发生的反应)产生的臭氧、氮氧化物、乙醛、过氧乙酰硝酸盐等污染物对人和其他生物危害很大。气候变暖还将使大气污染物的光化学反应速率增加,据 IPCC 研究报告,这些污染物与急性支气管炎、肺气肿、支气管哮喘、肺肿瘤均有关系。

3. 改变下垫面,形成局部环流和营造人工气候环境

人类通过改变下垫面影响大气运动形成局部环流,造成人类的气候过程。如城乡环流、水库库区环流等;人类通过建造城市,形成热岛效应;通过绿化,营造防护林带,建造人工生态系统,改造小尺度的气候环境。

(三)人类对水圈的影响

人类对水圈的改造是相当深刻和普遍的。古代人类文明的发源地多在干旱半干旱的大河流域,人类改造水圈的工作是人类生产斗争的主要内容,自有人类以来人类就与水患打交道,几千年的文明史几乎就是一部治水史。人类对水圈的影响主要体现在如下几个方面:

1. 改变地表水系,调节水量的空间分布

人类大范围、普遍地改造地表水系。中国古代就有大禹治水的故事,中国劳动人民开凿了都江堰、灵渠、大运河等通水工程。近代历史上的苏伊士运河、巴拿马运河都是人类改造自然的伟大壮举。20 世纪中期以后,跨区域现代调水工程在许多国家或地区之间开展起来,成为人类改造自然的长期的、大范围的国家行为和国际行为。其中已建成的有:巴基斯坦的"西水东调"工程,苏联的额尔齐斯河调水工程,美国加利福尼亚的"北水南调"工程,中国的"引滦入津"工程等。正在规划的有北美洲跨国调水工程(自阿拉斯加和加拿大西北部至加拿大中部、

美国西部、墨西哥北部)、俄罗斯的"北水南调"工程、中国的"南水北调"工程(东线:长江下游→
天津;中线:汉江的丹江口水库→北京;西线:通天河、雅砻江→黄河上游,图 1.4.14)等。这些
巨大的调水工程无疑对调剂区域间水需求起到巨大的战略作用,但也带来一系列生态问题。
如输水区发生泥沙沉积、自净能力降低、河口海水入侵等问题,入水区发生地下水位抬升、土壤
次生盐渍化以及长距离输水的大量漏水问题,等等。

图 1.4.14　南水北调路线

　　除了大规模的调水工程外,小规模的农田排灌网的建设已是十分普遍的人类生产行为。
在人口密集、农业生产发达的地区,小流域几乎都成了人工水网或人类已在很大程度上改造过
的水网。

　　2. 改变水循环,调节水量的时间分布

　　(1)影响蒸发过程　人类由于工业生产、投入化石燃料,地表热效应增加,而使地表水蒸
发加强。水库、水塘的修建,水田面积的增加或天然湿地、湖沼面积的减少,起到增加或减少蒸
发的作用。根据科学家研究,林地的蒸发蒸散作用比土壤大,因而人类对植被的改变,如砍伐
或种植森林对蒸发也起到很明显的制约作用。

　　(2)影响水汽输送　人类造成的温室效应提高地球表层的温度无疑从宏观上增加水汽的
输送强度和速度,另外,人类对下垫面的改变,如营造森林、建造城市会起到阻碍和抬升低空气
流的作用。这些都对水汽输送产生影响。

　　(3)影响降水过程　人类的工业生产向大气排放大量固体微粒,增加了大气中的凝结核,
从而使降水增加,产生城市"湿岛效应",另外,城市的热岛效应对其上部气流对流的增强、建
筑物对气流机械阻障,也促进城市降水的增加。据法国学者观测,巴黎从全年平均状态来看,
周一至周五的降水量比休息日多,市区降水量比郊区多。北京、上海(周淑贞,1994)、广州(沈
雪平,1989)、美国圣路易斯市的研究都证明城市降水大于郊区。尤其在大气环流弱的情况下
人类对降水过程的影响更为明显。

　　人类营造或砍伐森林间接地会对降水产生一定程度的影响。关于植被特别是森林对降水

的影响学术界看法不一,一般认为大面积的森林,蒸散作用强,并有阻障、抬升气流的作用,因而产生增加降水的效应。苏联瓦尔达依实验站观测证明,森林降水比旷地增加 5％,但也有的研究表明森林对降水无影响或影响甚微。

人工降水是人类的科学技术直接参与水循环的过程。随着经济发展和科学技术的提高,这种参与会越来越强烈。

(4) 影响径流过程　人类修建水库、水渠,截流径流调解水的余缺。人类截流的径流量约占全部径流量的 15％,约为 2 000 km³,其中非洲和北美洲特别明显,现今大约总径流量 20％是靠水库调节的。中国黄河自 1972 年以来 27 年间出现 20 次断流而且日趋恶化,进入 20 世纪 90 年代年年断流,1997 年断流 226 天,断流长度达 700 km,为历史之最,并首次出现汛期多次断流,1998 年甚至出现跨年度断流。其原因就是中上游水库截水过多。如素有"二黄河"之称的内蒙古磴口县的三盛公水利枢纽工程,1998 年 6 月中旬总干渠的流量为 421 m³/s,而闸门以下的黄河干流流量仅有 250 m³/s,取走的水远远大于干流中剩余的水。这样巨量的用水势必造成下游流量的大量减少。年径流量很少,黄河供水地区总引黄能力为 6 000 m³/s,仅下游引黄地区引水能力就达 4 000 m³/s,引水能力远远超过了黄河的可能供水能力。在降水变化大的地区,特别是季风地区通过全流域科学合理调节水循环,对均衡充分利用水资源具有重要意义。1999 年国家计划委员会和黄河水利委员会首次统一调水,同是干旱季节,黄河下游地区结束了多年持续的断流现象,旱情得到相当程度的缓解。据统计,大陆 11×10^4 km³ 的降水量中除去蒸散掉的 7×10^4 km³ 外,所剩 4×10^4 km³ 中的大部(2.8×10^4 km³)随暴雨洪水离去。近年来雨水的利用引起科学家们的重视。中国甘肃省实行的"121(100 m² 集水地,2 眼井,1 个庭院工程)雨水工程"被当地老百姓称为"救命工程""幸福工程"。许多城市也开展了雨水利用工作。

(5) 增加地表水分来源　人类通过溶化高山冰雪水、提取深层地下水、人工降水、海水淡化等方式增加参与陆地水循环的水量。与此同时也产生诸如土壤盐渍化、地基下陷等环境问题。

3. 水体污染

水体污染是人类对水圈的最大危害,主要有病原菌污染、富营养化、石油污染、放射性污染、重金属污染等。我国的太湖、滇池、淮河、渤海等水域水体污染十分突出,严重影响国民经济发展和人民的身体健康。水体污染也造成人和生物实际用水的缺乏,地处长江口的上海已成为水质型缺水的城市。

(四) 人类对生物圈的影响

在地球表层各圈层中,最脆弱的就是生物圈,而人类对生物圈的改变最大。

1. 森林面积缩小

原来地球上 2/3 陆地是森林,达 72×10^8 hm² 之多,而现在仅剩下 28×10^8 hm²,而且其中 34％是疏林。最早被破坏的森林是人类文明摇篮,如中国华北、北非、地中海、南亚等地区,而后是工业革命的欧洲、北美,现在破坏最严重的是南美洲亚马孙河流域、非洲刚果河流域的热带雨林,每年以($1 130 \sim 2 000$)$\times 10^4$ hm² 的速度递减。森林是地球之肺,它的大量减少使水土流失加剧、灾害频发、生物栖息地减少、干旱化、沙漠化更加突出,产生一系列生态问题。

2. 草原退化

由于不合理的垦殖、过度放牧等原因,草原沙化、盐碱化、退化十分严重。仅以中国为例,原有草原 2.13×10^8 hm^2,草坡 0.67×10^8 hm^2,仅北方就有 0.51×10^8 hm^2 发生了退化。

3. 生物多样性降低

首先,人类为了自身的利益,人工驯化改良了少数对自己有利的动植物,它们在人类培育保护下,遗传习性、生活习性发生变化,超大数量繁殖,成为支持人类生存的物质基础和食物来源。这些生物在数量上占压倒优势,在种类上却只占地球生物种数的几万分之一(植物)和几十万分之一(动物),最经常驯养和种植的仅有20多种动物和80多种植物,使本来丰富多彩的生物世界,变成极为单调的由人和人的伴生系列所充斥的世界。为了保护人和与人伴生的生物的生存和对毛皮、肉类、药材、娱乐等方面的需求,人类大量捕杀野生动物,加之生活环境的破坏,野生生物迅速减少和灭绝,尤其是工业革命以后,灭绝的速度超常地加快。近2 000年有110种兽类、139种鸟类灭绝。其中1/3是在近50年灭绝的,现在已濒临灭绝的就有25 000余种,19世纪时每千年灭绝1种,现在是1天灭绝1种,灭绝速度同人类增长速度一样呈指数增加。生物灭绝不仅失去了对于人类来说极其宝贵的遗传多样性,也造成生态系统的混乱,破坏了生态系统的多样性和稳定性。人类不能代替天敌去控制它们食物链上小型生物的生长,从而造成了这些生物的意外滋生,造成鼠害,植物病虫害,有害杂草、昆虫的蔓延,为此不得不使用大量的化学杀虫剂、除草剂,在毒杀有害生物同时,人和其他生物也同时受害,造成21世纪最突出的环境问题之一。

4. 改变生物基因

近年来基因工程成为高科技的重要组成部分,随着克隆羊的诞生,世界上刮起了基因风暴,基因工程的成功和广泛应用,无疑对医学、农学、畜牧学带来巨大的冲击,对提高人类健康水平、提高农作物产量具有重要意义,但是基因改变的环境后果、伦理后果,人类还难以把握,这方面必须慎重对待,否则会比人类对环境的化学影响更难以收拾。

5. 改造生态环境,提高生物数量

前面讲的大多是人对生物圈的消极影响,除此而外,还有积极方面的影响。那就是人类通过改良土壤、兴修水利、改良品种、投入能量、提高耕作技术、提高太阳能的利用效率等手段,改善作物生态环境和大幅度地提高生态系统的生物量。

人类对地理环境的作用可以概括为如下几个特点:

(1)人类作用规模巨大,很多方面达到与自然作用相匹比的程度。农业生产迁移的土壤达3 000 km^3,是全部流水携入海洋的岩石(15 km^3)的200倍。如前所述,人类造成的表土流失每年约 240×10^8 t,是自然作用的2.6倍,人类造成的风积物达到 10^4 t 的数量级,人类每年迁移的物质总量大约 1×10^8 km^3 之多。据美国麻省理工学院的研究报告《环境危机研究》(1969),现代地球上,至少在12种元素迁移中,人类活动强度等于或大于自然强度速率(表1.4.1),而且人为比率还以每年5%的速率递增。人类对生物圈、水圈、土壤圈的作用很多方面超过自然作用。

表 1.4.1 元素循环速率比较

元素	铁	氮	锰	铜	锌	镍	铅	磷	钼	银	汞	锡	锑
A/B	12.8	1.2	3.6	11.9	10.6	1.2	12.9	36.1	4.4	1.4	2.3	110.7	30.8

A：人为活动开采率；B：地质循环速率

（2）人类的地质作用引入新能量，制造新物质。人类启用了地质时期存储的太阳能，把大量化石燃料投入地球表层的地理过程之中。另外还增加了核能等新能源，转化大量自然能，提高太阳能的转化效率，这些能量大大提高了地理过程强度和速率。全世界每年开采煤 $398×10^8$ t、石油 $26×10^8$ t、铁矿石 $35×10^8$ t，采矿总量达 $200×10^8$ t，人类每年从矿石中提取数以亿吨计的纯金属。每天注册登记的化学物质近 1 000 种，人类活动释放到环境中的化学物质相当于火山和岩石风化所释放的 10～100 倍，人类改变了原有的地球化学循环，形成新的地球化学过程。这些新物质相当一部分不能进入自然循环，不少物质通过食物链富集于人体或残留于环境之中，造成难以解决的环境问题。

（3）人类的地质作用越来越深刻。在工业革命以前，人类对环境的破坏还只限于机械的物理的破坏，表现为对地球疏松表层的侵蚀、搬运和堆积，对空气、水体运动的影响。工业革命以来，人类对环境的破坏除物理作用外，更突出地表现为化学作用，合成大量人工化学物质，造成所谓污染问题，人类认识这个问题整整花费 200 年左右的时间，现在提倡"环境友好化学"，就是要从根本上解决这个问题。20 世纪后半叶以来，遗传工程、分子生物学迅速发展，人类对环境的影响进入了生物基因工程阶段，人类通过基因重组、克隆技术培育出大量转基因农牧产品，培育出自然界本来没有的具有特殊基因的生物，这对环境的影响将比化学作用更深刻，因而经过化学环境污染危害的人类应该更谨慎，更清醒，慎重处理科技发展特别是生物高科技发展与环境建设的关系。

专栏

人 类 世

"人类世"这个概念最早由诺贝尔化学奖得主、荷兰大气化学家保罗·克鲁岑（Paul Crutzen）于 2000 年提出。他认为，地球已告别 1.17 万年前开始的地质年代"全新世"，快速增长的人口和经济发展对全球环境造成巨大影响，人类活动对地球的改变足以开创一个新的地质年代。2002 年，《自然》杂志发表了他的文章《人类地理学》。在这篇文章中，保罗·克鲁岑正式提出"人类世"的概念，并对"人类世"一词给出了具体阐释："自 1784 年瓦特发明蒸汽机以来，人类的作用越来越成为一个重要的地质营力；全新世已经结束，当今的地球已进入一个人类主导的新的地球地质时代——人类世。"

"人类世"概念的核心在于，人类活动对地球的影响已经大大超过了自然变化的影响，尤其是自工业革命以来，人类在土地利用、建坝挖河、水资源利用等方面极大地改变了地球的面貌和环境。更为重要的是，人类活动改变了大气成分，化石燃料的巨量燃烧造成大气中温室气体浓度飙升，改变了气候变化的方式，地球的历史演变自此进入了全新的阶段。

2008 年,英国地质学家、莱斯特大学地质学教授扎拉斯维奇(Jan Zalasiewicz)和他的团队发表提案,论定地球已经进入"人类世"。2011 年 5 月,约 20 名诺贝尔奖得主向联合国提交《斯德哥尔摩备忘录》,建议将人类现在所处地质年代改为人类世。2016 年 8 月 29 日,第 35 届国际地质大会在南非召开,会议正式通过"人类纪""人类世"和"人类期"的概念。

为什么要划分"人类世"

保罗·克鲁岑认为,人类活动对地球的影响足以开创一个新的地质时代。从工业革命开始,人类活动的影响已经大大超过了自然变化的影响,并且这种影响在未来数万年依旧会持续。因此,有必要专门划分出一个地质历史时期,来看待人类对地球环境重大且持续的改变。

在过去的 300 年间,地球面貌发生了翻天覆地的变化。全球人口增长了 10 倍以上,保罗·克鲁岑在 2002 年发表文章的时候,全球人口为 60 亿左右,而到 2018 年初,全球人口已经飙升到了 74.4 亿以上。因为化石燃料燃烧引起大气中温室气体增加,2002 年,大气中的二氧化碳浓度达到 0.37‰,比工业革命前高 30%;到 2018 年中期,大气中的二氧化碳浓度达到 0.41‰以上,这比工业革命前高了 45%以上,比过去 80 万年中的任何时候都高,甚至是过去 300 万～500 万年以来的最高值。

"'人类'本身已经变成了一个地质过程",英国地质调查局的地质学家科林·沃特斯(Colin Waters)说,"塑造地球的主要地质力量——它不再是河流、冰或风了,而是人类。"

2008 年,英国地质学家扎拉斯维奇认为已正式进入了人类世。第四纪地层学小组委员会网站发布的文章指出,与"人类世"相关联的现象包括生物栖息地减少,全球气候变暖,混凝土、塑料等物质出现……这些变化将存留千年或更久,它们正在改变地球系统。

"人类世"始于何时

关于"人类世"的起始时间,科学界存在不同的观点,其中最早的日期是 1 万年前的农业革命。而保罗·克鲁岑把人类世的起始地质年代精确定为 1784 年,即从瓦特改良蒸汽机开始。

2016 年,《科学》杂志发表综述《人类世在功能上和地层上与全新世截然不同》,来自英国地质调查局的科林·沃特斯等人依据大量数据,提出人类世应该被认作是一个新的地质时间单位,其开始的时间应该为 20 世纪中期,即 1950 年左右,当时核能时代开始、人口膨胀、工业急剧发展、矿产和能源加快使用。人类活动给地球留下了无处不在而且持久的印记,与之前的全新世截然可分。

英国莱斯特大学考古学家、AWG 成员埃奇沃思(Matt Edgeworth)说:"地层证据压倒性地表明,这是一个跨越时间的人类世,它有多个起点,而不是一个单一的起点时间。"他认为,仅仅根据放射性核素信号来命名一个新的地质年代,"阻碍而不是促进了对人类参与的地球系统变化的科学理解"。

尽管围绕着人类世的概念还有很多学术争议,但是人类世的概念深刻影响了全球各界看待世界的方式。我国"黄土学之父"、已故著名地质学家刘东生指出:"人类世的提出是一个值得考虑的问题,因为它不仅是一个地质学分期的问题,同时还涉及人在自然界的地位的问题和人类认识自己的问题。"

讨论

1. 有人提出地球表层是同心圆状的层圈构造，即先是岩石圈，依次是水圈、生物圈、大气圈，这种看法对吗？

2. 生物圈与智慧圈有何区别？　智慧圈能最终代替生物圈吗？

3. 为什么火山多的地方，地震、温泉、地热也多？

4. 有人说人类对地理环境的行为是地理环境退化的表现，你怎样评价？

5. 有人说人的生活环境主要在陆地，尽量增加陆地面积扩大生存空间，是人类发展的必由之路。　你如何评价这一看法？

6. 有人提议建立"城市自然地理学"，有人提出反对，理由是自然地理是研究自然规律的，城市环境有人类参与，不属于自然地理的研究领域，你如何看待这个问题？

7. 有人设计这样一个高效能源利用系统：

饲料——→鸡——→鸡粪——→猪——→猪粪

作物←——人粪尿←——人类←——食品←——蚯蚓

你认为可行吗？　为什么？

8. 有人说保护生物最好的办法是将生物人工养起来，变野生生物圈为人工驯养生物圈，你认为这一看法对吗？　为什么？

推荐读物

1. 白光润.现代地理科学导论[M].上海:华东师范大学出版社,2003.

2. 刘南威.自然地理学[M].3 版. 北京:科学出版社,2014.

3. 刘本培,蔡运龙.地球科学导论[M].北京:高等教育出版社,2001.

4. 牛文元.自然地理新论[M].北京:科学出版社,1981.

5. 白光润.当代科学热点[M].北京:科学出版社,2000.

6. 余谋昌.关于人地关系的讨论[J].自然辩证法研究,1986(3):19-27.

7. 王建.现代自然地理学[M].北京:高等教育出版社,2001.

8. 王铮,夏海斌,吴静.普通地理学[M]. 北京:科学出版社,2010.

9. 王建. 现代自然地理学[M]. 2 版. 北京:高等教育出版社,2010.

10. 汪品先,田军,黄恩清,等.地球系统与演变[M].北京:科学出版社,2018.

第 2 章

地理空间

　　1854 年 8 月 31 日，英国伦敦苏活区（Soho）的宽街（Broad Street）附近暴发霍乱。三天内，就有三百多人不幸重度感染并相继死亡。不到一周的时间，这个地区的四分之三的富人们都争先恐后地逃走，穷人只能在绝望中祈祷。在这个非常时期，住在苏活广场第 5 街 54 号的约翰·斯诺并没有逃走，他决定留下来对社区进行深入调查，准备与肆无忌惮的病魔做一场殊死搏斗。

　　约翰·斯诺向政府要到了死亡者名单。他随后在瘟疫肆虐的街区，争分夺秒地询问病情，了解病人的日常活动情况。他用黑色的小短横来标识霍乱死亡病例，并在地图上标出了周围的每一个水泵和水井。可以明显地看出图中左上的宽街水井周围的死亡案例较多。这就是后来著名的"霍乱死亡地图"。

　　约翰·斯诺在事后写给《医疗时报和公报》的信中这样介绍："在地

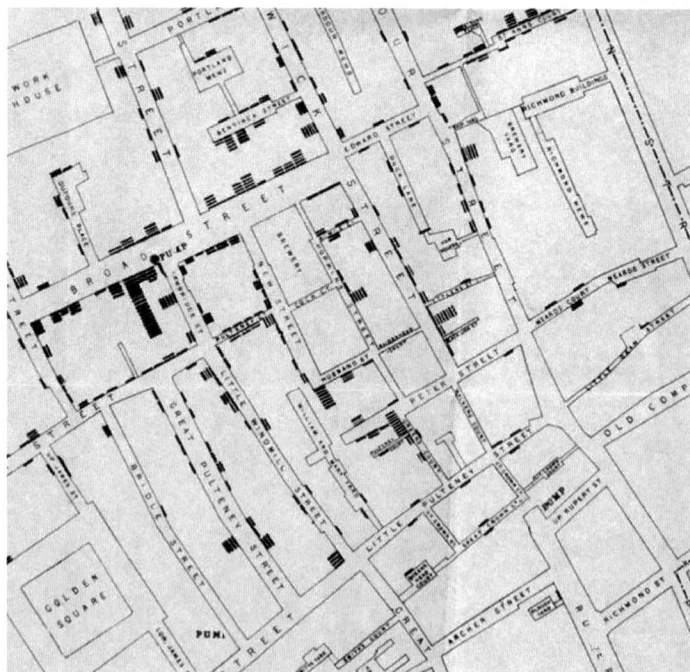

约翰·斯诺调查伦敦宽街霍乱时制作的地图

图中，我发现几乎全部的死亡案例均在宽街水泵的短半径中。有 61 名死者生前曾经饮用过宽街的水泵水。有十个案例是围绕另一个街区的水泵。而这些远离宽街水泵的案例中有五个死亡病人的家属告诉我，他们经常到宽街的水泵取水，而不是就近取水。调查结果证实，除了以上提到的水泵饮用问题导致的人群感染外，暂时没有发现其他导致霍乱流行的原因。9 月 7 日，我拜访了圣詹姆斯教区负责人，汇报了有关情况。"

根据约翰·斯诺的请求，9 月 8 日政府摘下了这个水井泵的手柄，禁止使用该水泵取水。很奇怪，这天以后，新的霍乱病患者几乎就没有出现了。那是不是水传播霍乱的理论就得到认可了呢？不是的。管理者仅向公众声明了水的危害，却拒绝了约翰·斯诺的水传播霍乱的理论。因为他们认为，接受约翰·斯诺的理论意味着否认原有认知。因此，水泵的手柄很快又被装上。直到亨利·怀特海德追查到最早的霍乱病例污水就倾倒在附近时，确认水泵被污染后，水泵才被彻底捣毁。

约翰·斯诺对霍乱事件的调查，是流行病学调查的发端，也是地理空间分析的先驱及其在防疫方面起作用的经典案例。虽然约翰·斯诺没有发现导致霍乱的病原体，但他创造性地使用地理空间分析方法查找到传染源，并以此证明了这种方法的巨大价值。

现代地理学观察分析问题从两个视角出发，一是空间视角，二是环境视角。空间视角是指地理科学对地理环境存在形式和地理过程的空间表现形式与规律的探讨。这种探讨又有不同的观察角度，形成不同的理论思想，如地域分异规律、区位理论、区域理论、行为地理理论、地缘理论等。

第 1 节　地域分异规律

地域分异规律是由地球的行星性质（大小、形状、运动）和地球表面性质（海陆分布、地壳运动）所决定的地球表层环境及其组成要素在空间分布上的变化规律。它主要受四个方面主导因素影响，一是地理纬度，它决定各地接受太阳辐射的差异；二是海陆分布，它决定水分输送的多寡和干湿变化；三是海拔高度，它对水分和辐射都有影响；四是地表的物质组成和地壳运动，它们主要影响地表的资源条件和土壤植被环境。

一、纬度地带性

纬度地带性就是地球表面环境要素和地理景观沿纬度方向有规律地递变的特征。纬度地带性是最重要的地理规律,是地理学最经典的基础理论之一。

(一) 纬度地带性的形成机制

由地球的球形形状加之太阳与地球之间的运动位置关系所共同决定,太阳高度角从低纬向高纬渐次降低,低纬地区接受的太阳辐射强烈,高纬地区接受的太阳辐射很微弱。如图2.1.1所示,在中低纬辐射收入大于支出,在高纬辐射支出大于收入。全球辐射等值线基本是沿纬线分布的,低纬高而高纬低。由于地轴的倾斜使太阳光不是始终直射赤道,而是每年在南北回归线之间移动,北半球夏季纬度间热量差异小,冬季差异大。南半球则反之(图 2.1.2)。

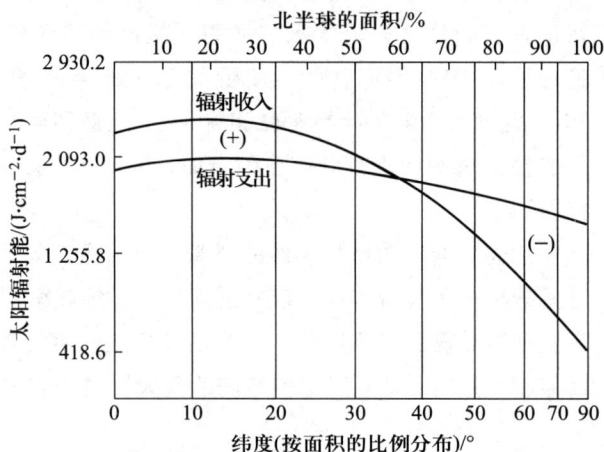

图 2.1.1　北半球辐射收支空间分布

(牛文元,1981)

太阳辐射能是地球表层一切地理过程的能量基础,它的沿纬度递次变化势必带来自然环境与人文环境相应的变化。

(二) 气候的纬度地带性

太阳辐射能是地球表面气候过程的能量基础,直接影响地表的温度、降水及其大气运动的纬度地带性差异。

最突出表现在温度上,如图 2.1.3 所示,温度从低纬向高纬递减(靠近赤道两侧等温线为25 ℃,向南和向北等温线间隔为 5 ℃)基本上是沿纬线延伸的。

温度的年变幅,即同一地的冬夏的温度差异也具有纬度地带性,低纬变幅小,随纬度增高变幅增大,两极变幅最大(图 2.1.4)。

温度的纬度地带性与科里奥利力相结合,形成气压带、行星风系和洋流沿纬线分布沿纬度更替的分布大势(图 2.1.5)。由于温度带、气压带、大气环流的纬度地带性影响,也造成降水沿纬度的差异分布(表 2.1.1)。在赤道带高温低压,以上升气流为主,造成全年大量降水,一般在1 000 mm 以上,有的地方超过2 000 mm;副热带以下沉气流为主,降水量大量减少,在内陆荒

6月22日(北半球夏至日)

3月21日
(北半球春分日)

9月23日
(北半球秋分日)

12月22日(北半球冬至日)

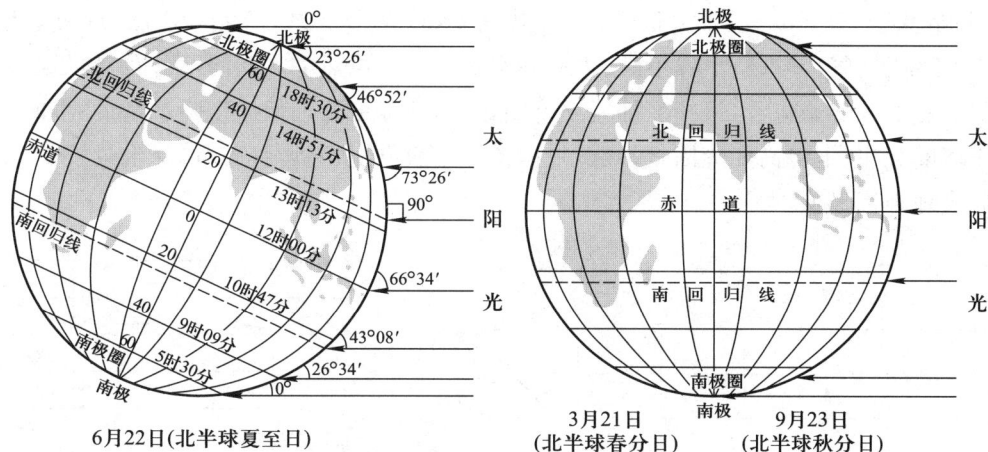

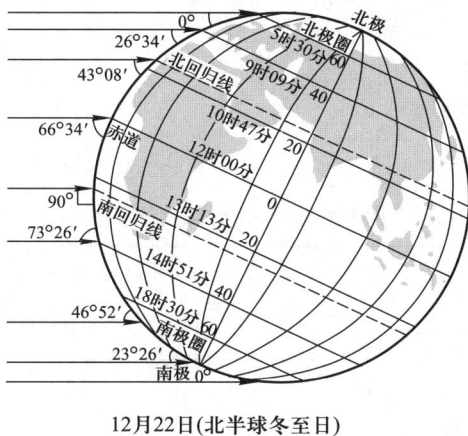

图 2.1.2 太阳辐射能沿纬度季节变化

图 2.1.3 年平均气温(℃)纬度地带性

漠地区甚至低于 100 mm;温带多低气压、上升气流,且夏季较强,降水量增加;近极地地区全年气温低于零度,气压较高,蒸发不旺,因而降水量较少。虽然降水受海陆分布、地形因素影响很大,但从总的平均趋势看,沿纬度的差异是明显的,即赤道附近低纬度降水量最大,回归线附近,由于海陆分布、地势高度等因素影响,带内差异很大,但从平均状态看,降水量较低,温带地区较高,极地地区最低。

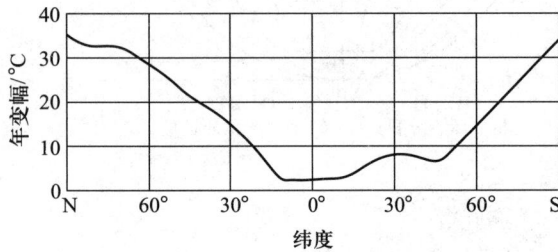

图 2.1.4　气温年变幅与纬度

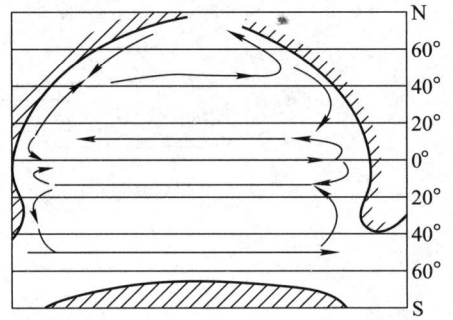

图 2.1.5　大洋表层洋流形成图

表 2.1.1　降水的纬度地带性

纬度	年降水量/mm		
	大洋	大陆	全球
80°N~90°N	112	113	113
70°N~80 N°	214	146	194
60°N~70°N	683	306	417
50°N~60°N	1 123	488	767
40°N~50°N	1 351	513	912
30°N~40°N	1 307	588	885
20°N~30°N	897	676	814
10°N~20°N	1 253	815	1 138
0°~10°N	1 992	1 405	1 858
0°~10°S	1 414	1 525	1 441
10°S~20°S	1 183	1 086	1 161
20°S~30°S	920	661	860
30°S~40°S	981	563	934
40°S~50°S	1 219	798	1 210

续表

纬度	年降水量/mm		
	大洋	大陆	全球
50°S~60°S	1 067	967	1 066
60°S~70°S	488	170	459
70°S~80°S	102	79	85
80°S~90°S	30	17	18

（三）自然生态系统的纬度地带性

由于受气候的纬度地带性所支配，环境中的土壤、生物等因子也必然随之发生变化，从而呈现基本上是沿纬线方向分布、沿纬度方向递变的景观带。

1. 陆地生态系统纬度地带性

陆地生态系统中赤道附近的热带雨林和极地附近的泰加林、冰原冰雪带，纬度地带性最为明显，翻开亚欧大陆地图可见，印度次大陆、中南半岛的南部和印度尼西亚群岛基本是连续的热带雨林地带，它们与南美洲的亚马孙河流域、刚果河流域的热带雨林大体处于同一纬度范围。西伯利亚北部是横跨亚欧大陆的寒带针叶林带即泰加林带，再向北则是连贯的冰原冻土带和冰雪终年覆盖的地带。其他自然生态系统由于受海陆分布、地形、洋流、季风等诸多因素影响，纬线方向的连续性受到分割，大陆东岸、西岸和大陆中心的纬度地带性有所不同，下面仅以亚洲东部（120°E以东）为例，说明陆地生态系统的纬度地带性。从赤道到极地自然生态环境的序列为热带雨林带，热带季雨林带，亚热带常绿阔叶林带，温带落叶阔叶林带，温带草原、森林草原，亚寒带针叶林带，寒带苔原带和极地冰雪带（图 2.1.6）。各地带净初级生产力如表 2.1.2 所示。

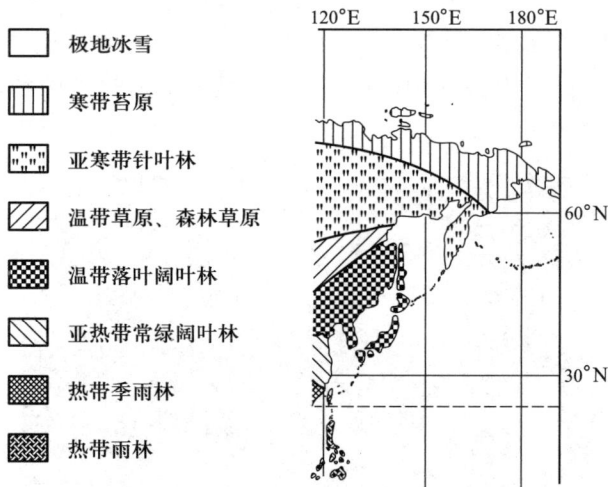

图 2.1.6　东亚陆地生态环境纬度地带性

（杨青山等，2004）

表 2.1.2 地球上各种生态系统净初级生产力和植物生物量(Smith,1977)

生态系统类型	单位面积平均植物生物量 /(kg·m⁻²)	净初级生产力 /(g·m⁻²·a⁻¹)
热带雨林	2 000	44
热带季雨林	1 500	36
亚热带常绿阔叶林	1 300	36
温带落叶阔叶林	1 200	30
亚寒带针叶林	800	30
苔原和高山草甸	144	0.67
冰、岩石、沙	3.3	0.02

(1) 热带雨林带 气温高,降水丰富。微生物活动分解强烈,土壤缺乏有机质。淋溶强烈,大量低价离子被淋失,矿物质养分缺乏。土壤中铁铝三氧化物和二氧化物(Fe_2O_3,Al_2O_3)富集,土壤呈砖红色,质地黏重。热带雨林结构层次复杂,生长繁茂,种类多,处在热带雨林北方边缘的中国西双版纳热带雨林树种多达1 000种以上,马来半岛的热带雨林树种则达 6 920种之多,盛产橡胶、棕榈、可可、金鸡纳树等经济树种。猿、象等哺乳动物和爬行类、两栖类、鸟类、昆虫动物种类数量繁多(图 2.1.7)。

图 2.1.7 热带雨林

(2) 热带季雨林带 气温高,年较差大,降水比雨林少,有明显干湿季。土壤为红壤和砖红壤。森林有季相变化,干季多数树种落叶,植物种类虽不及热带雨林,但仍相当繁多,多檀木、橡胶、咖啡等经济林(图 2.1.8)。

图 2.1.8 热带季雨林旱季

（3）亚热带常绿阔叶林带　夏季高温多雨，土壤为红壤、黄壤，肥力较热带雨林、热带季雨林土壤有所增强，生长常绿阔叶林，以樟、茶、竹等为主（图 2.1.9）。

图 2.1.9　亚热带茶园

（4）温带落叶阔叶林带　季风气候特征明显，夏湿热、冬干冷。由于植物残体所含灰分较多，使细菌分解有机质产生的腐殖酸在土壤表层中中和，抑制了酸性溶液对母质的破坏，土壤呈中性反应，同时有明显的黏化作用，产生较多次生矿物，土壤呈棕色。植被以栎属落叶树为主，此外还有槭、椴、桦、杨、胡桃等属。有些动物具有冬眠习性，如蝙蝠、獾、刺猬、熊等，鹿、熊、野猪是这一带的代表动物（图 2.1.10）。

图 2.1.10　温带落叶阔叶林

（5）亚寒带针叶林带　气候冷湿，地表枯枝落叶厚，土壤呈酸性。钙、镁、铁、铝离子相继下淋，表土残留晶质粉末状二氧化硅，形成灰化层。在地表积水地段，由于微生物分解缓慢，往往形成泥炭层。植被以落叶松、云杉、冷杉为主。动物主要是棕熊、貂、松鼠、麋等，冬眠习性较强（图 2.1.11）。

（6）寒带苔原带　气候严寒，冻土深厚，土壤有机质来源少，成土过程缓慢，有机质趋于泥炭化，矿物质趋于潜育化，土层薄，层次不明显，为浅蓝色冰沼土。植被种类、数量都很少，以苔藓、地衣、小灌木为主，生长期短，呈匍匐状、垫状。动物稀少，耐寒习性强，如驯鹿、白熊等（图 2.1.12）。

2. 海洋自然生态环境的纬度地带性

海洋表面均一，没有地形影响，其纬度地带性比陆地明显，除沿岸地带外，近于平行沿纬线延伸。在垂直方向上，纬度地带性主要在 200 m 水深范围内表现明显，体现在温度（表 2.1.3）、盐度和生物分异上。世界大洋可划分为北极带、亚北极带、北温带、热带、南温带、亚南极带和

图 2.1.11 亚寒带针叶林

图 2.1.12 寒带苔原

南极带七个纬度地带(图 2.1.13)。

表 2.1.3 各纬度表层海水平均温度

| 纬度 | 表层海水平均温度/℃ | | | | | |
| | 北半球 | | | 南半球 | | |
	大西洋	太平洋	印度洋	大西洋	太平洋	印度洋
0°～10°	26.6	27.0	27.9	25.2	26.0	27.4
10°～20°	25.8	27.3	27.2	23.1	25.9	25.9
20°～30°	24.1	22.8	26.1	21.1	22.8	22.5
30°～40°	20.4	20.1		16.8	17.4	17.0
40°～50°	13.4	12.6		8.6	12.4	8.7
50°～60°	8.7	8.2		1.8	5.4	1.6
60°～70°	5.6			−1.3	−0.17	−1.5
>70°				−1.7	−0.9	−1.7

(1)北极带 表层水温为 0 ℃左右,浮冰边缘以北为 0 ℃以下。盐度低。动植物区系最贫乏,生产率最低。仅在夏季在冰块边缘产生发育较丰富的浮游植物、浮游动物和其他动物的条件。主要动物有海豹、鲸、海象及其他冰雪动物,多鸟类,形成"鸟市"。

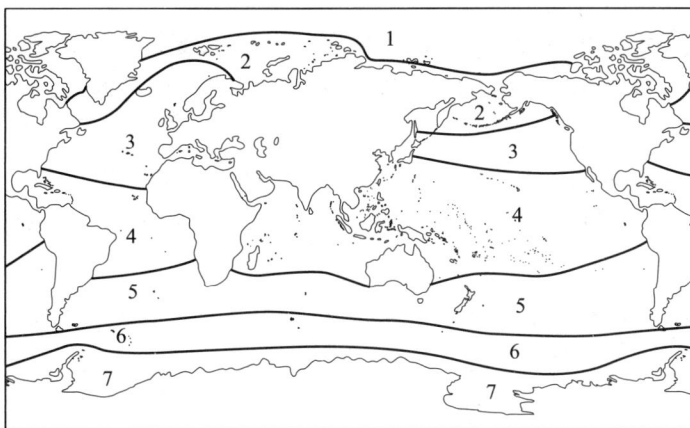

图 2.1.13　世界大洋底部自然地理带

（马尔科夫，1980）

1. 北极带；2. 亚北极带；3. 北温带；4. 热带；5. 南温带；6. 亚南极带；7. 南极带

（2）亚北极带　冬季水温在 0～10 ℃，夏季水温在 0～19 ℃。盐度较北极带增高。动植物较北极带丰富，生产率也较高，集中了最重要的经济渔区。北大西洋有鳕、鲱等经济鱼类，北太平洋则以鲑、沙丁鱼为最重要，另有海豹、海狗、海獭、鲸等哺乳动物和鸥等海鸟。

（3）北温带　水温一般在 5 ℃以上，夏季通常超过 20 ℃，年降水量超过 1 000 mm，盐度适中，生物丰富多样，经济鱼类多，提供世界捕鱼量的 2/3。

（4）热带　冬季水温皆在 10 ℃以上，夏季水温在 20 ℃以上。在南北纬20 ℃附近为盐度最高区。其中 10°N～18°N 至 0°～8°S，水温高、变幅小，年平均水温最高达 28 ℃。垂直交换强烈，生物种类、数量都很丰富。主要有鲨、抹香鲸、海牛等动物和热带鸟类。赤道带的两侧，受高压控制，垂直交换差，含氧量少，浮游生物和鱼类相对减少。

（5）南温带　比北温带稍冷，分布近于宽幅均匀条带。盐度、生物状况与北温带相近。

（6）亚南极带　与亚北极带和北极带相似，受西风漂流和南极冰盖影响，水温相应比亚北极带、北极带偏低。在亚南极带，南非沙丁鱼和秘鲁鳀鱼大量密集，形成主要渔场。

（7）南极带　水温比北极带低，南极带是鲸类主要分布区，靠近南极洲企鹅较多。

（四）人类生物学特性的纬度地带性

人类既有生物性的一面，又有社会性的一面。作为自然的人与地球上其他生物一样，具有纬度地带性的表现。自然对人类的影响包括两个方面：一是通过直接的环境因素，如气候、地形、重力、磁力、生物等因素影响人类的生理和身体特征。二是通过食物和食物链的关系间接影响人类。种族、民族没有优劣之分，但是由于环境条件、发展历史的制约，差异是客观存在的，我们不仅要承认这种差异，客观地对待它，而且要认真地研究。研究人的生物学特征的空间分异规律，在生产、医学、军事、商业文化上具有重要价值，如服装、鞋帽、眼镜业、公共场所设施、国防装备都要结合人体特征设计，野外作业、军事作战、出口食品、医疗设施都要考虑人的生理特征。

人对自然的适应有三个明显的特点。

不同种族、民族对同一环境都有相类似的反应,例如,凡是在北极地区长期居住的种族、民族都有骨骼肌肉发达、胸廓厚大的特征,凡是在热带长期居住的种族、民族皮肤颜色都不同程度地变深。

人类对环境的反应具有自然遗传性。人体机能、身体特征的变化在某种种族、民族内实现,造成稳定的特征,世代延续,不因后来的环境改变而立即改变。例如黑种人,其祖先在热带长期形成的身体特征,不因移居温带而发生改变。

人体对环境的适应具有补偿性反应。例如,在热带当人类身体生理发育削弱时,即体重减轻、肌肉减少时,血液中制造免疫体的 γ 球蛋白的含量就增加,这就是一种补偿技能。

1. 人种的纬度地带性

人种的分异并不是一出现人类就有的,也不是对环境的实时反应,而是长期适应的结果,属于上面所言的第二种情形,即自然遗传性。据人类学家研究,人种大约在 5 万年前甚至更早一些时间,从新人阶段就形成了。世界人种基本可分为黑种人、黄种人、白种人三大类。人种的形成正体现了纬度地带性:黑种人是热带人种,黄种人是温带人种,白种人是寒带、寒温带人种。其身体特征如图 2.1.14、表 2.1.4 所示,这些特征都是长期适应的结果,具有稳定性,即前述的自然遗传性特征。

图 2.1.14　世界人种

表 2.1.4　人种身体特征比较

身体特征	黑种人	黄种人	白种人
肤色	黑	黄	白
发色	黑	黑	黄
眼珠色	黑	黑	蓝
发断面	扁	圆	椭圆
发型	卷	直	波
嘴型	凸、宽	平	平、狭
嘴唇	厚	中	薄
鼻型	宽、扁	圆	狭、高
鼻孔	宽、大	圆	长

身体特征	黑种人	黄种人	白种人
眼型	大	小	中
头型	长	圆	中
体毛	中	少	多

引自胡兆量,1988

除世界范围内人的生物学特性有明显纬度地带性表现以外,在大的区域范围内,从南到北也有鲜明的分异,欧洲人基本是白种人,但南欧人和北欧人的身体特征有明显差异,中国的北方人和南方人身材体貌特征上有明显的差别(表 2.1.5)。

表 2.1.5　中国汉族人种的南北差异

	黑龙江	湖北	广东
身高/m	1.68	1.68	1.64
内眦褶/%	85	33.8	70.5
波状发/%	0.1	3.1	5.4
鼻宽/mm	37.5		40
头宽/mm	>155		<155
唇厚	薄		>10mm 占 40%
眼型	细长		圆大

引自胡兆量,1988

2. 人体地理适应类型的纬度地带性

人体地理适应类型是人对环境的有别于自然遗传性的适应特征,其中包括人对环境的补偿机能,即属于前面所讲的人类对自然适应的第一和第三个特征。苏联学者阿列克谢娃(Т. И. Алексеева)将人体地理适应类型分为 6 种,其中的热带、北极、温带、寒带(西伯利亚)4 个类型正体现了人类生物学特性的纬度地带性。

热带适应类型:营养类型属植物性、低热、低蛋白和多糖类型。身体结构属瘦长型,躯体短,下肢长,体表面积大,罗列尔指数(体重/身高)低,四肢长,体重轻,擅长跑、跳,鼻型短宽,γ球蛋白多、代谢低、胆固醇低、免疫力强。这些都是对高温环境的适应。

北极适应类型:营养类型属动物性、高热、高蛋白、高胆固醇和少糖类型。身体短胖,体重腰粗、臂大、上体粗大,罗列尔指数高。骨骼肌肉发达,体温调节能力强 ,肺呼吸能力强,代谢强度大。表现出适应寒带气候的身体特征和生理特征。

温带适应类型:属于热带和北极带之间的中间类型。身体粗度加大,罗列尔指数比热带人高,下肢短粗,代谢程度增强,短头型。

寒带适应类型(西伯利亚型):代谢程度高于温带居民,血中 γ 球蛋白增加,下肢更短,脂肪沉着。体现出适应低温的特征。

（五）纬度地带性对社会、经济、文化的影响

1. 对农业生产的影响

世界主要作物生长都受热量条件制约,具有鲜明的纬度地带性。人类粮食生产的主要地区是亚热带和温带,因而这些地区也就成了人类生存的主要分布地区。作物的地带性类型和熟制都与气温、积温有着密切关系。表 2.1.6 是中国东部季风区主要作物纬度地带性分布。作物的纬度地带性分布研究,对因地制宜进行农业生产,充分开发热量资源,具有重要意义。

表 2.1.6 中国东部季风区主要作物的纬度地带性

气候带	指标	参考指标	农业特征
温带	最冷月气温<0 ℃	低温平均值<－10 ℃	有"死冬"
1. 寒温带	>10 ℃积温 <1 700 ℃	>10 ℃日数<105 d	一季早熟作物,林业、狩猎为主
2. 中温带	>10 ℃积温 1 700~3 500 ℃	>10 ℃日数 106~180 d	一季一熟,春小麦为主,甜菜、亚麻
3. 暖温带	>10 ℃积温 3 500~4 500 ℃	>10 ℃日数 181~225 d	二年三熟,冬小麦为主,苹果、梨
亚热带	最冷月气温>0 ℃	低温平均值>－10 ℃	无"死冬"
1. 北亚热带	>10 ℃积温 4 500~5 300 ℃	>10 ℃日数 226~240 d	稻麦两熟,桑、竹
2. 中亚热带	>10 ℃积温 5 300~6 500 ℃	>10 ℃日数 241~285 d	双季稻,两年三熟,柑橘、油桐茶
3. 南亚热带	>10 ℃积温 6 500~8 000 ℃	>10 ℃日数 285~365 d	双季稻,一年三熟,龙眼、荔枝
热带	最冷月气温>15 ℃	低温平均值>5 ℃	喜温作物全年生长
1. 边缘热带	>10 ℃积温 >8 000~8 500 ℃	最冷月气温 15~18 ℃	双季稻,喜温作物一年三熟,椰子、咖啡、剑麻
2. 中热带	>10 ℃积温 >8 500 ℃	最冷月气温 >18 ℃	橡胶、椰子
3. 赤道热带	>10 ℃积温 >9 000 ℃	最冷月气温 >25 ℃	赤道热带作物

引自全国农业区划委员会《中国自然区划概要》编写组,1984

2. 对社会经济发展的影响

社会发展是人类阶级斗争、生产斗争矛盾运动的产物,受社会制度、生产关系的深刻制约,但是从大时间尺度和宏观分析,不能不承认地理环境,特别是纬度地带性,强烈地制约着社会

发展,人类社会最发达的地区集中在温带、亚热带,热带尚处于比较落后的状态,而冰雪严寒的极地地区,至今仍是文明的不毛之地。温带、亚热带具有优越的农业环境基础。工业革命以来,人类使用的主要能源——煤多集中于温带、寒温带(这里是地质时期主要的聚煤带,如英国中部、德国的鲁尔、中国的山西和东北等地),工业文明为主的社会绝大多数都集中在北温带。以后由于电力和石油能源的出现,人类对煤炭的依赖性减少,信息产业发展,亚热带的南方(中国南方、美国南方)经济开始迅速发展起来。世界最富有、人口最多的城市多集中在等温线 +10 ℃至 +16 ℃之间,如芝加哥、纽约、费城、伦敦、维也纳、敖德萨、北京、里斯本、罗马、伊斯坦布尔、大阪、京都、东京等。据日本学者木内藏信统计,1983 年世界 20 万以上人口的城市 72.6% 集中于温带范围。热带,特别是副热带高压带控制下的干燥热带是人类沉重的"十字架",正如泰戈尔(Rabindranath Tagore)所说:"我们生活在热带的淫威之下,为了起码的生存,每时每刻都要付出沉重的代价。"这里气候过分炎热,淋溶分解作用都很快,土壤贫瘠,蚊蝇、白蚁滋生,病毒病菌泛滥,身体代谢消耗大,劳动效率低下,暴雨、飓风等自然灾害频发,给居住在那里的人们带来沉重的负担。尼日利亚北部 90% 以上的雨水是以每小时 25 mm 以上的暴雨形式降落的,上沃尔特有一年全年水土流失的 90% 是在仅仅 6 个小时中发生的,孟加拉国几乎每年都受到飓风、水灾的严重侵袭。除澳大利亚、东南亚少数国家以外,世界不发达国家主要集中在这里。当然,热带地区落后与国际不合理经济秩序、数百年的殖民掠夺有重要关系,但炎热的气候不能不说是一种沉重的负担,是"南北问题"的环境原因。

3. 对文化的影响

纬度地带性对文化的影响相当长期稳定地存在于各民族文化之中。世界上凡是跨纬度较大的国家,如中国、美国、俄罗斯、巴西、印度、日本、智利、越南、朝鲜等国南北文化都有较大差异。中国汉民族文化的主要差异是南北差异,传统的建筑文化上,北方厚重高大,门窗院落多封闭,如北京的四合院、陕北的窑洞等,南方则单薄、细巧、开敞。一定程度上可以反映出"南巢北穴"的原始居住的痕迹。南方园林精巧纤细、玲珑剔透,北方园林则博大宏伟,雄壮浑厚。在饮食文化上也有明显差异,北方人由于天气寒冷而比较喜欢饮酒,全国人均啤酒销量最大的四个城市——哈尔滨、沈阳、大连、青岛——都在北方,白酒销量也是北方大于南方。北方人吃刺激性强的食物,喜欢吃比较咸的食品,而南方人特别是东南沿海一带的南方人则喜欢吃比较清淡的食品,故有"北咸南甜"之说,由作物的纬度地带性造成主食习惯不同,又有"北面南米"之说。在民间文艺、戏曲、歌曲、绘画上,南北也有明显不同的风格,北方多以粗犷、豪放而见称,而南方则以细腻温和为特点。北方的地方戏,如东北的二人转、河北梆子、豫剧、秦腔都有那么一股泼辣、奔放的气息,而南方的越剧、评弹却透着一股流水般柔畅,听完豫剧《花木兰》,再看越剧《梁祝》会明显感到是迥然不同的艺术风格。文化上的南北差异涉及方方面面,胡兆量(1998)对此做出了精彩的概括:

南米北面　南方人爱米食,北方人爱面食

南甜北咸　南方人口味偏甜,北方人口味偏咸

南柔北刚　南方的文艺柔和委婉,北方文艺刚直雄健,正所谓"杏花春雨江南,古道西风冀北""南曲如抽丝,北曲如轮枪"

南细北爽　南方人说话办事比较委婉,北方人说话办事比较直爽

南拳北腿　南北武术差异

南船北马　南方水上交通发达,北方以陆上交通为主

南敞北封　南方建筑多敞口,北方建筑多封闭

南轻北重　南方多轻工业,北方多重工业

南经北政　南方经济文化发达,北方军事政治发达

上述这些差异是统计意义上的、总体上、宏观上的差异,个体之间比较不是绝对的。文化上的南北差异是多方面原因造成的,其中历史文化传统的淀积非常重要,但这其中也可看出南北环境影响的痕迹。

尽管近现代以来由于南北文化交流频繁,这些差异日渐模糊,但总体特征依然是明显的,承认它、认识它,在社会文化建设中重视它的影响,是文化地理学的主要任务。

专栏

人类对纬度地带性的发现

早在古希腊时期,人类就发现纬度地带性规律。哲学家亚里士多德把地球分为一个热带、两个温带和两个寒带,即著名的五带说。但是当时古希腊学者对热带的环境状况认识并不确切,认为热带热得不可居住,欧洲人到南部的热带会变成黑人。这一思维曾经影响欧洲人1000多年。到15世纪初(1418年),葡萄牙亨利王子组织去非洲探险航行时,船员最恐惧的就是热带不可居住,怕到热带以后人会变黑,见到岸边的浪花以为是沸水而拒绝前进。

中国北宋科学家沈括在其著作《梦溪笔谈》中指出了气候的水平分布规律,认为南北植被差异是气候所致。他说:"岭峤微草凌冬不凋,并、汾乔木望秋先陨,诸越则桃李冬实,朔漠则桃李夏荣,此地气之不同也。"意思是说,南岭的小草冬天不凋而山西的大树秋则落叶,闽粤沿海桃李冬天可以结实,北方沙漠地区却只有夏天才可结果,这完全是地理气候的原因。

地理大发现以后,世界贸易和文化交流的加强使人类对世界各地的环境有了更清楚、更广泛、更实际的了解。1807年近代地理学的奠基人德国地理学家洪堡(Alexander von Humboldt)利用民办气象站的58个地点的平均气温值绘制了世界第一幅等温线图,相当正确地描绘了热量的纬度地带性。他指出了植被随纬度的有规律变化。到19世纪后半叶俄罗斯地理学家道库恰耶夫提出自然地带学说,用地带性的观点解释土壤的形成和分布,划分了土壤的地带性类型。进入20世纪地理学家对地带性的认识更为深入,对纬度地带性进行了更进一步的划分。热带进一步划分为热带雨林带、热带季风带,热带与温带之间又划分了亚热带,温带进一步划分为暖温带、中温带、寒温带,寒带进一步划分寒带和极地带。除此以外还有其他的划分方法。纬度地带性的科学认识,对人类因地制宜地生产和生活具有重要意义。

二、 海陆梯度地带性

海陆梯度地带性是指由于海陆相互作用引起地理环境从沿海向内陆有规律变化的特征。在学术界对海陆梯度地带性有不同的表达术语。有的学者称之为"经度地带性",这种表达并没有揭示出这一规律发生的根本原因,概括也不全面。因为海陆关系的差异并不只表现在经度方向上,例如印度洋沿岸海陆关系造成的环境分异就基本不按经度方向变化。之所以大部分海陆造成的差异表现在经度方向上,是因为世界的大块陆地除澳大利亚、南极洲以外,都是坐北朝南的倒三角形,狭长的南端使南北方向的海陆差异不明显的缘故。也有的学者称海陆梯度地带性为"干湿度地带性",这仅仅指出海陆梯度地带性表现的主要方面,并没有指出其形成的根本机制,从沿海到内陆,不仅降水、湿度逐渐减少,而且温度的年较差、日较差也在增大,气候的大陆性也不断增强,"干湿度地带性"这一术语没有概括出这方面特征。海陆位置关系造成的水汽输送差异和热容量差异是造成地理环境从沿海向内陆发生有规律变化的根本原因,所以本书中用"海陆梯度地带性"这一术语表述这一现象。

（一）海陆梯度地带性的形成机制

造成海陆梯度地带性的根本原因是海洋和陆地两大物质体系的差异引起的物质循环和能量转换。水的三相变化和水陆间热力差异造成海陆间气压和温度梯度,成为海陆间物质循环、能量交换的动力,从而造成从海洋到内陆水汽输送越来越少,气候越来越干燥。水的热容量远远大于相同体积的岩石和土壤(约为后者的 5 倍),可以产生垂直和水平运动,利于热量交换。水体透明,太阳辐射可以达到很深层次,而且,蒸发放热,凝结吸热,这些原因都促成水的热力过程与陆地急剧多变的状态相比显得调和平缓。从海洋到内陆,温度年较差越来越大,形成海洋性气候和大陆性气候。

海陆梯度地带性与风向关系密切,必须有长年或季节性的由海洋吹向陆地的风,以保证从海洋向陆地输送水汽,离开这一前提,海陆梯度地带性就无从谈起。如 30°N 以南至 30°S 以北的大陆西岸(除中间的赤道带以外),终年处于信风带和副热带高压控制下,风从大陆吹向海洋,沙漠直抵海边,从内陆到沿海,干湿变化呈相反趋势。

（二）气候的海陆梯度地带性

气候的海陆梯度地带性首先表现在降水上,其基本趋势是由沿海向内陆递减,这在季风气候的中国表现尤为明显,从表 2.1.7 和图 2.1.15 可以看出明显的递减趋势。其次在湿度变化上与降水具有相同的趋向。

另外从温度状况看,沿海季节、昼夜温度变化和缓,内陆则变化大,形成海洋性气候(湿润、温度差较小)和大陆性气候(干燥、温度差较大)两种不同的气候类型。

大陆性与海洋性的区别不只在于降水和温度的不同,也表现在降水与温度季相和年际变化的大小。一般而言,大陆性强的地区降水和温度的季相变化和年际变化较大,而海洋性强的区域则相反。并且,海陆分异规律不仅仅表现在陆地上,也反映在海洋上。不仅大陆受离海洋远近的影响,海洋同样也受到距离大陆远近的影响,距离越远影响越小。

表 2.1.7 中国 35°N～40°N 大陆从东到西气候要素状况

地点	青岛	济南	太原	银川	酒泉	若羌
东经	120°25′	116°56′	112°33′	106°13′	98°31′	88°13′
年降水量/mm	777.4	672.2	466.6	205.4	82.0	15.6
年平均相对湿度/%	74	59	59	59	46	38
年较差/℃	28	29.3	30.7	32.7	32.2	36.3

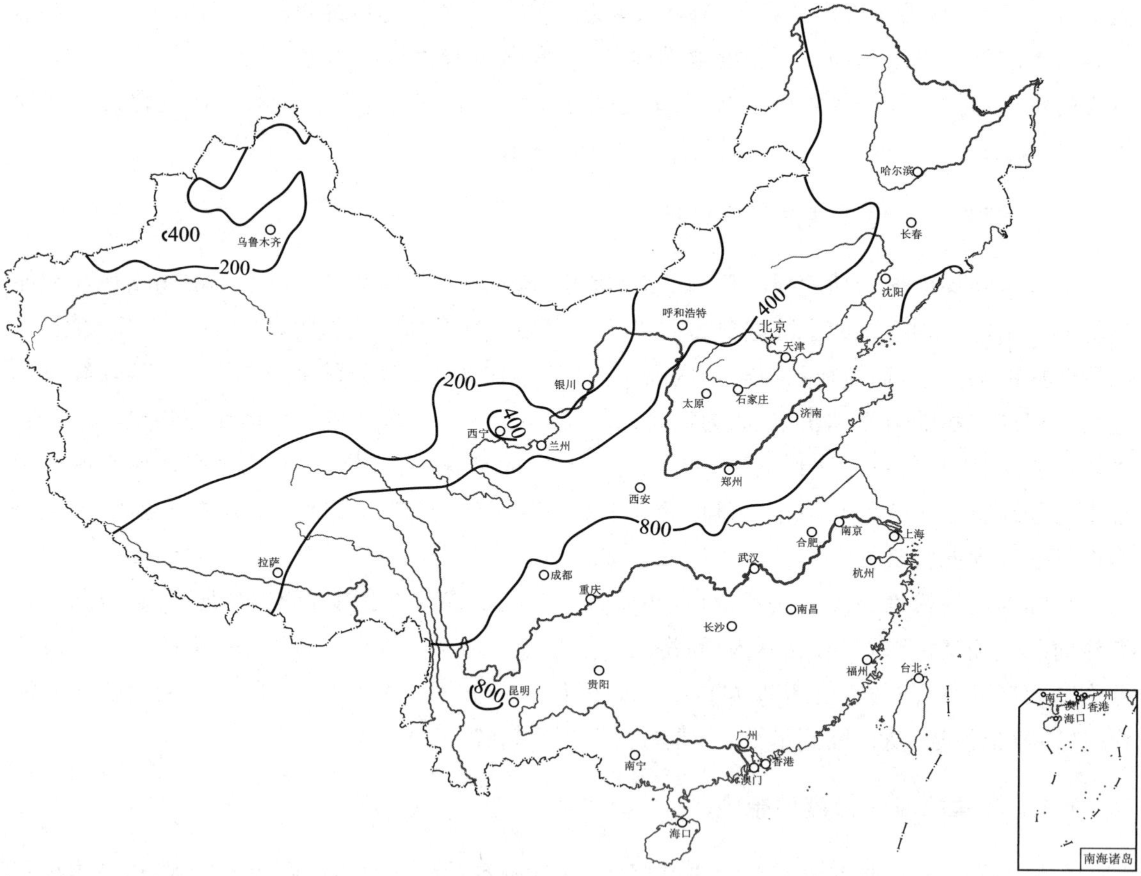

图 2.1.15 中国大陆年降水量与海陆距离的关系(1951—2019)

(国家气候中心,2019)

海陆梯度地带性区域性差异很大。在低纬和高纬地带,尤其是在赤道多雨气候、极地冰原气候范围内,冷暖的矛盾处于稳定状态支配地位,海洋性和大陆性对比不明显,东西岸气候差异也不大。在中纬地带陆地广阔,冷暖空气处于不断的矛盾转化状态,海洋性和大陆性对比显著,东西岸差异也较大(图 2.1.16)。海陆梯度地带性因行星风系、洋流的运动方向不同而表现不同。40°N 以北的大陆西岸,处于西风带,深受海洋气团影响,加之沿岸有暖洋流经过,气候温和湿润,属温带海洋型气候,而这一纬度的大陆东岸则相对寒冷干燥,除沿岸狭窄地带外,基本属于大陆性气候。40°N～30°N 的大陆西岸,冬季处于西风带湿润多雨,夏季受副热带高压和东北信风控制,炎热干燥,成地中海式气候。30°N 以南的大陆西岸终年处于信风带,风从大陆吹向海洋,沙漠直抵海边,属于热带干旱半干旱气候,在大陆东岸,风向和洋流分布与同纬度的大陆西岸呈明显对照,基本属于季风气候。

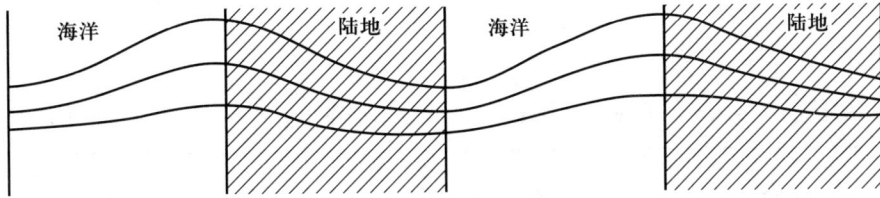

图 2.1.16　海陆位置对北半球中纬地带气温影响示意图

（三）自然生态系统的海陆梯度地带性

环境中的土壤、植被对水分反应十分敏感,由于水分的差异而使植物的生活型发生从木本到草本的改变,进而使景观发生巨大变化。苏联学者 M. H. 布德科和 A. A. 格里高里耶夫认为辐射干燥指数[①]与景观地带分异有密切关系,辐射干燥指数由小至大依次出现森林(0.35～1.1)、草原(1.1～2.3)、半荒漠(2.3～3.4)、荒漠(3.4 以上)景观(图 2.1.17、图 2.1.18)。其植被、土壤、生物量等景观要素的梯度变化如表 2.1.8 所示。

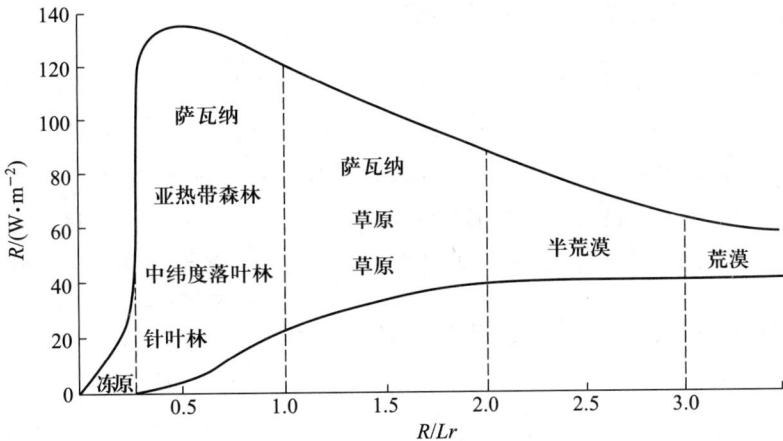

图 2.1.17　自然地带与热量、水分条件的关系

(布德科,1986)

---

① 辐射干燥指数 $= R/Lr$,其中 R 为年辐射平衡,L 为蒸发潜热,r 为总降水量。

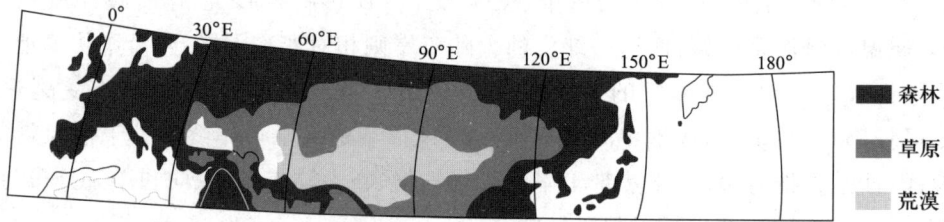

图 2.1.18 30°N～60°N 亚欧大陆自然生态环境的海陆梯度地带性

表 2.1.8 沿 40°N 从太平洋西岸至亚洲内陆自然生态系统海陆梯度地带性表现

地点	景观类型	植被	土壤	净初级生产力 /(g·m^{-2}·a^{-1})
东部沿海地区	温带常绿阔叶林	栎、槭、椴、桦、杨等组成的杂木林	棕色森林土、灰棕壤、褐色土	1 200
黄河河套地区	温带草原	丛生禾本科草类	栗钙土、淡栗钙土	500
新疆塔里木	温带荒漠	旱生耐盐碱小灌木	棕色荒漠土（表面有易溶性盐类和石膏聚积的结皮）	70

（四）人类生物学特性的海陆梯度地带性

离海较近的湿润森林地区居民的生物学特性主要表现在热量纬度带的分异上,其共同特征不明显,但干旱地区居民的生理特性和身体特征有明显特点。据 Т. И. 阿列克谢娃研究,干旱地区的居民产生适应干旱、温差大和强紫外线的适应类型。生理上,血液浓度高、基础代谢低,耐干旱,对温度变化适应性强。身体特征上,在干旱地区特别在沙漠地区,多肌肉数量少、身材高大、体重轻的"骨瘦如柴"型的人,身体表面积大,通过蒸发、散发与外界交换更多的热量。

（五）海陆梯度地带性对社会、经济、文化的影响

1. 对第一产业的影响

从沿海到内陆自然景观发生森林—草原—荒漠的更替,在社会生产中则表现为林业、农业、牧业的劳动地域生产分工。仅就中国来说,东西产业分工是十分明显的。在东部山地,如长白山、大小兴安岭是中国重要的林业基地,东部平原是中国最重要的粮食产区,辽东、山东等丘陵地带则是温带水果产区。中部内蒙古大草原和甘肃、宁夏的一部分地区是中国主要的牧业生产基地;在新疆则是绿洲农业,在这里开发地下水、冰雪溶水等大气降水以外的水资源,充分利用这里温差大、日照长的特殊光热资源,生产含糖量高的瓜果、高蛋白的优质小麦、长绒棉等高质量的农产品。西部内陆蕴涵着丰富的光温资源,只要解决缺水问题,农牧业生产有极大

的开发潜力。

2. 对社会经济发展的影响

海陆梯度地带性除了表现为农牧业分异外,还反映为社会经济发展水平和对外开放程度的梯度。人类的早期文明发源于草原和森林草原地区,除地中海文明以外,文明中心主要在内陆。中国的文明重心,在漫长的封建时代基本是在中原地区、关中平原、华北平原一带内陆地区,200 多年以前中国的上海还仅仅是一个县,周边沿海分布一些小渔村,沿海港口开埠都仅仅是近一百多年的事。到了近现代,随着航海事业的发展,各国封闭的经济壁垒打破了,全球经济联系加强,海洋的社会经济意义显得格外重要。沿海多为低地、平原,雨量充沛的自然条件得以较充分的利用,人口大量集聚,农业生产迅速发展,与此同时工业、商业、航运得到发展。世界许多国家都形成了沿海向内陆的经济社会发展的梯度格局。俄罗斯的里海、黑海、波罗的海沿岸的俄罗斯平原和远东太平洋沿岸是经济社会发达的地区,而内陆西伯利亚是经济社会发展相对落后的地区;美国的东西沿岸和南部沿海地区经济比较发达,而内陆地区也相对比较落后;巴西、澳大利亚、非洲、印度次大陆、中印半岛等都有类似的规律性特征。

根据 2011 年国家统计局发布的《东西中部和东北地区划分方法》,全国 31 个省级行政区(不含港、澳、台)被划分为东部、中部、西部和东北四大地区。东部包括:北京、天津、河北、上海、江苏、浙江、福建、山东、广东和海南。中部包括:山西、安徽、江西、河南、湖北和湖南。西部包括:内蒙古、广西、重庆、四川、贵州、云南、西藏、陕西、甘肃、青海、宁夏和新疆。东北包括:辽宁、吉林和黑龙江。四大地区之间,社会经济发展程度有较大的差异,以 2020 年国民经济总产值计算,东部地区占 52%,中部地区占 22%,西部地区占 21%,东北地区占 5%(图 2.1.19)。当然这种格局是多方面因素造成的,但主导条件是生产环境和开放程度的海陆梯度地带性。改革开放 40 多年的实践证明,通过东部沿海地区的快速发展,梯度转移技术、资金,带动中部和西部发展,使得综合国力得到迅速提高。21 世纪以来,随着西部大开发的深入,西部地区社会经济发展提速,这对保持稳定,促进民族团结具有重要意义。

3. 对文化的影响

海陆梯度地带性对文化的影响在幅员广大的国家和地区都有明显表现。美国的东西部文化差异是世界著名的,一提到西部电影、西部文学,人们就自然想到草原、牛仔,想到那侠盗相斗的传奇故事。中国的西部歌曲、文学、戏剧也都别具风格,人物的粗犷、豪爽、侠肝义胆的性格,美丽动听的西部民歌,以秦腔、川剧为代表的泼辣、热烈的西部戏曲,与东部沿海的委婉、细腻、兼容西洋文化的海派文化有着鲜明反差。干旱气候、广袤的原野环境下形成的牧业生产文化与湿润气候、水乡泽国的环境下形成的农耕文化有鲜明的差异。东西部文化的融合和交流是文化地理学研究的重要课题。

三、 垂直地带性

陆地最高的山峰海拔 8 848.86 m,海洋最深处为 11 034 m,相对高差近 20 000 m,在这样广阔的空间范围内,无论陆地和海洋地理环境都发生有规律的更迭变化,给自然界和社会生活带来深刻影响。

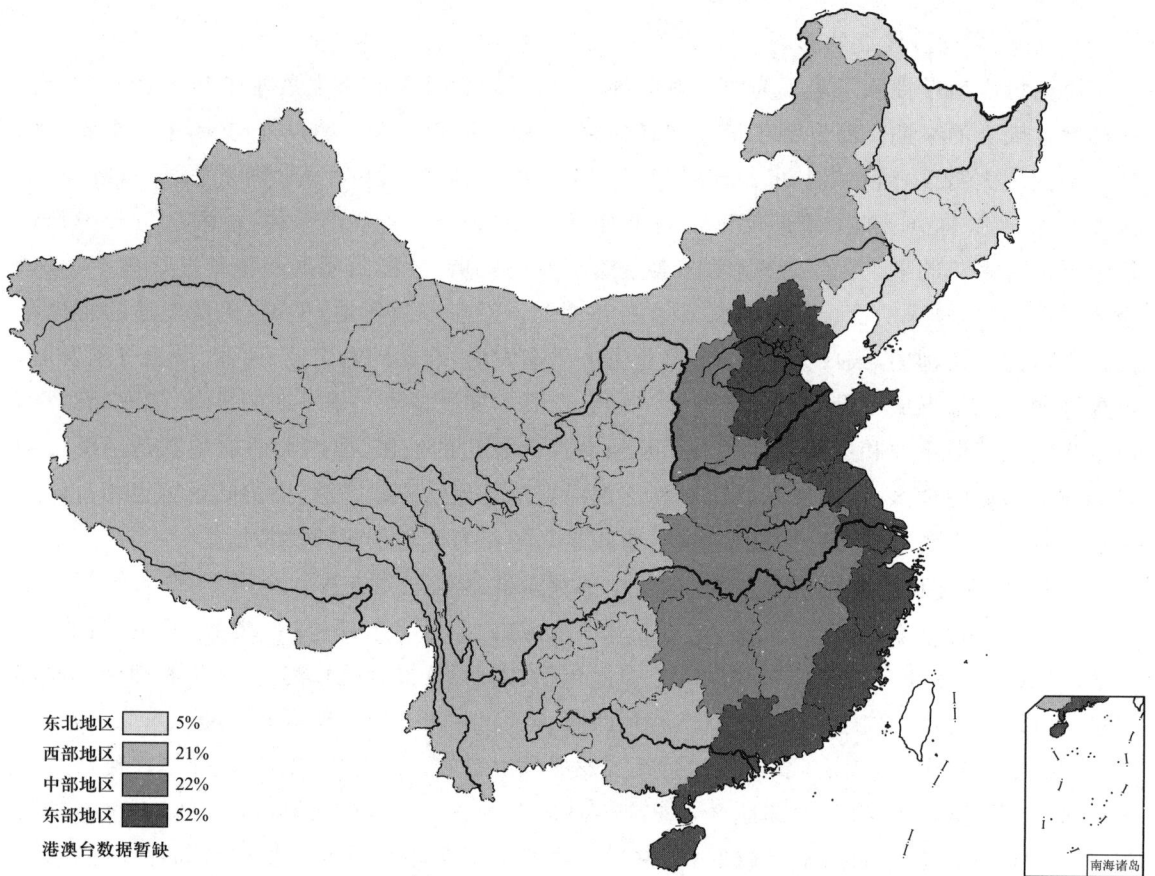

图 2.1.19　我国四大经济区国民经济产值占全国比重(2020)

(一) 垂直地带性的形成机制

在陆地上,主要是地面受热后长波热辐射随高度递减的程度和山体与同高度大气层热交换减弱的程度远远超过太阳直接短波辐射随高度递增的变化,使气温随高度递减,从而影响动植物的生长、土壤的形成和人类的生理变化,使自然景观发生类似纬度地带性的梯度变化,并影响到人类的生活及社会经济活动。太阳直接辐射随高度增强,主要是因为高空大气纯净,含固体微粒少、水汽少、云量少,发生散射少的缘故。

降水受多种因素制约,一方面由于温度降低,空气易于饱和,特别是坡面加强对流过程,当气团和锋面经过坡面时,空气抬升、冷却,易形成凝结条件,使降水增加。另一方面,海拔高度越高,空气越稀薄、越干燥,空气中水汽含量也随之减少,造成降水的不利条件。两种因素综合起来,就形成山地降水随高度变化的不同特征。

在海洋,由于水体受热和光照随深度递减而使海洋的理化环境和海洋生物发生梯度变化。

(二) 气候的垂直地带性

气候的垂直地带性主要表现为气温、气压、水分和辐射等气候因素随高度而有规律变化的特征。

气温的变化是最显著的,海拔高度越高,气温越低。在对流层内,平均每上升 100 m 约降低 0.6 ℃,这与地表水平方向每相差 1 纬度(约 110 km)温度相差 1 ℃的变幅相比,要高出 600 倍左右。由于越向高空空气越稀薄,热容量越小,日较差也随高度增加,夏日里高山顶上的日较差接近甚至超过地面的年较差。

气压随高度增加而降低,这也是高山地理环境的重要特征。大气上层空气密度减小,氧气含量也随之减少,构成了对人和生物生长的制约条件。

太阳直接的短波辐射随高度增加。在寒冷的高山上,登山队员虽然穿着厚的羽绒服但却要戴太阳镜,就是对强紫外线的一种适应措施。据测算,在大致相近的纬度上,位居四川盆地的成都的太阳辐射量尚不足青藏高原上的拉萨市的一半。

降水的垂直变化很复杂。它受多种因素制约。一般的规律是:山地在一定高度范围内降水随高度增加,到一定高度以后,降水又呈减少趋势,如喜马拉雅山脉,降水最大高度在 1 000～1 500 m,阿尔卑斯山脉年平均降水最大高度为 2 000 m 左右,长白山则从山下(海拔 500 m 左右)至山顶(海拔 2 700 m)降水一直呈增加趋势。也有的山地从山下向山顶递减,如珠穆朗玛峰的南坡。

一般地说,山区的气候与同地区平地比较,在一定的高度范围内是低温、潮湿、强辐射和缺氧。

(三) 自然生态系统的垂直地带性

气候和地貌等自然因素综合作用,促成了生命环境的整体随高度有规律的梯度变化,形成了自然生态系统的垂直地带性,表现为不同高度自然景观特征的差异。

1. 陆地自然生态系统的垂直地带性

热带非洲海拔 5 895 m 的乞力马扎罗山从热带雨林、季雨林、常绿林、阔叶林、针叶林、高山草甸到冰雪,几乎囊括了湿润地带的所有地带性景观。中国东北长白山地处温带,其基带为针阔混交林,向上依次为红松针叶林、云杉、冷杉林、高山苔原。而新疆的天山等山地,下部为温带荒漠,向上则因为湿度水分环境改善,出现针叶林、高山草甸和冰雪带。纬度带不同、山体高度不同、距海远近不同,造成不同地理位置垂直带谱的差异。图 2.1.20 和图 2.1.21 是大陆性干燥地区和海洋性湿润地区在不同纬度上的垂直地带性的表现模式。在图中不难看出在赤道热带其垂直带谱最丰富,越向两极越简单,雪线、景观带的高度在干燥地区即副热带高压带附近地区最高,热带次之,两极最低,呈鞍形分布。

林线 即垂直带谱中的森林上限,是重要的生态界线。这条界线以下发育以乔木为主的森林带,界线以上则发育灌丛、草甸(图 2.1.22),在海洋性气候或比较湿润的地区可发育高山苔原带。林线对环境临界条件变化的反应十分敏锐,其分布的高度主要取决于温度、降水和强风。

雪线是永久冰雪带的下界,受气温和降水的共同影响,气温高、气候干燥,雪线也随之升高,反之则雪线降低。雪线的高度变化是分析气候寒暖干湿变化的重要标志之一(图 2.1.23)。

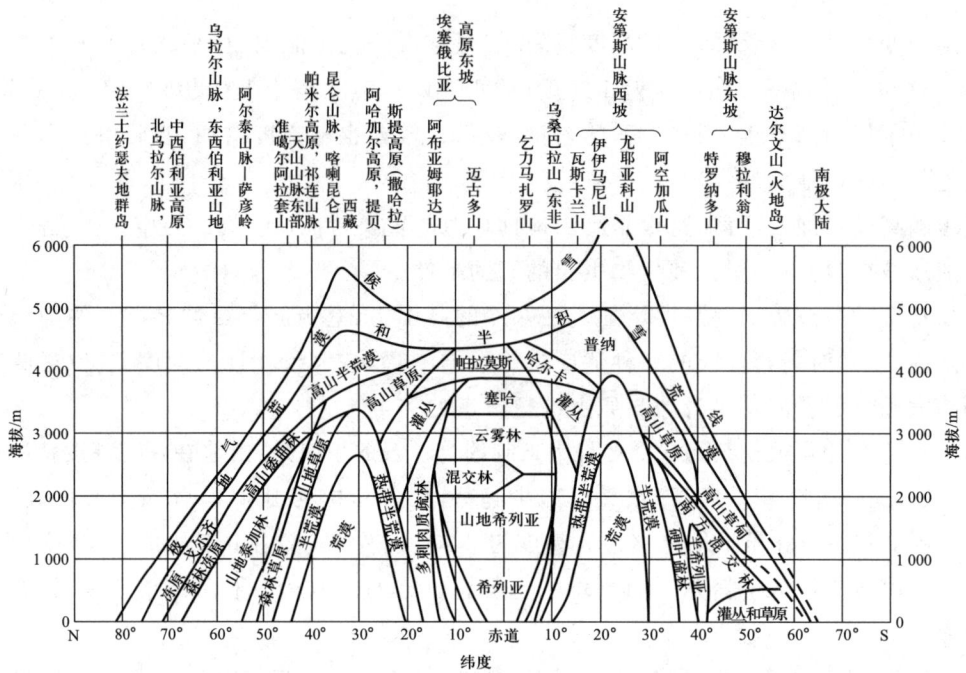

图 2.1.20 大陆性气候地区垂直地带性模式

(Рябчиков,1972)

图中"塞哈"(cexa)系指高山灌丛草地。"哈尔卡"(халка)系指南美洲秘鲁安第斯山脉内陆高原亚赤道
带的高山草原地带。"希列亚"(hylaea)系希腊语(音译)原意为雨林之意,在植被学上专指雨林边缘含
有大量灌木、草本的植被。"帕拉莫斯"(paramos)系南美洲赤道地方高山寒旱生植被。"普纳"(puna)
系南美洲热带地方高山寒冷旱生植被。"戈尔齐"(Голъцы)系山地苔原

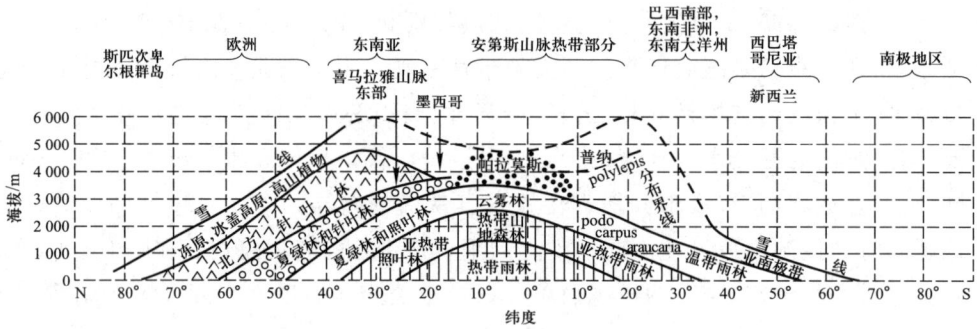

图 2.1.21 海洋性气候地区的垂直地带模式

(Troll,1948)

podo、carpus、araucaria 为南热带山地夏绿林各种类型,polylepis 为南热带高山丛林

自然生态系统的垂直地带性有明显的方向性,向阳坡和背阴坡,迎风坡和背风坡有很
大差异。如喜马拉雅山南坡向阳,热量充足,面对印度洋的西南气流,因而形成海洋性森林
型的垂直带谱,北坡则相反,背阴面面向西藏高原寒漠,形成大陆性草原荒漠型垂直带谱
(图 2.1.24)。

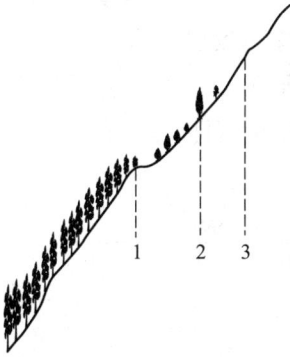

图 2.1.22 森林线与过渡带

1. 森林线（forest line/timberline），指郁
闭林的上界；2. 树线（tree-line），指生活
的孤立树生长的最高海拔；3. 树种线
（tree species line），指矮曲林的最上界

图 2.1.23 雪线

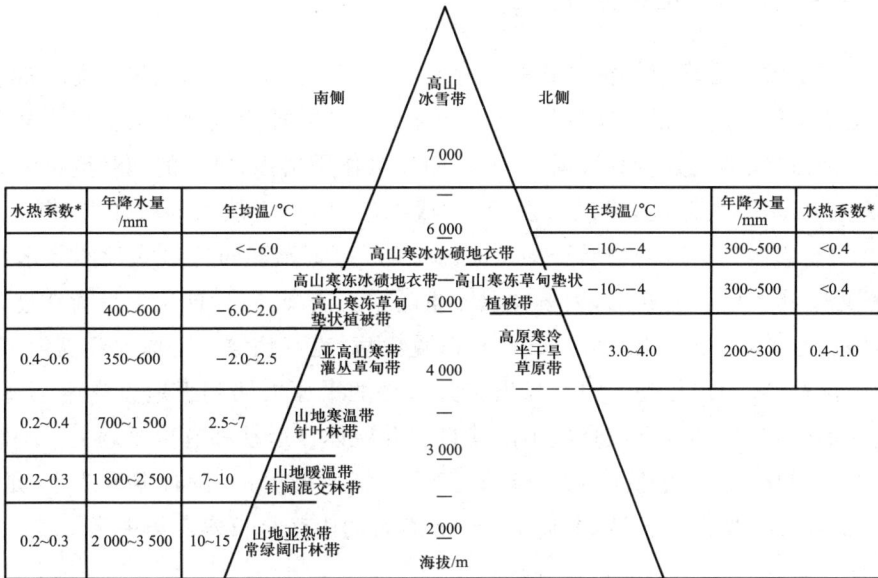

水热系数*	年降水量/mm	年均温/°C	南侧	高山冰雪带	北侧	年均温/°C	年降水量/mm	水热系数*
				7 000				
		<-6.0	高山寒冰冰碛地衣带	6 000		−10~−4	300~500	<0.4
		高山寒冻冰碛地衣带—高山寒冻草甸垫状植被带				−10~−4	300~500	<0.4
	400~600	−6.0~2.0	高山寒冻草甸垫状植被带	5 000	高原寒冷半干旱草原带	3.0~4.0	200~300	0.4~1.0
0.4~0.6	350~600	−2.0~2.5	亚高山寒带灌丛草甸带	4 000				
0.2~0.4	700~1 500	2.5~7	山地寒温带针叶林带	3 000				
0.2~0.3	1 800~2 500	7~10	山地暖温带针阔混交林带					
0.2~0.3	2 000~3 500	10~15	山地亚热带常绿阔叶林带	2 000 海拔/m				

*水热系数 $= \dfrac{0.16 \times \sum t}{r}$。式中 $\sum t$ 为日温≥5℃持续期间活动温度总和，r 为同期的降水量

图 2.1.24 珠穆朗玛峰垂直带

2. 海洋自然生态系统的垂直地带性

海洋水体在垂直方向上可划分为表面膜、**光亮层**、**浮游动物带**和底层四个部分。表面膜是大洋的最表层，这里的生物种群主要是漂浮生物、下浮游生物和水面生物。光亮层，又称生产层，以浮游植物和伴生的其他类群（浮游动物、自游生物）为代表，这里是光合作用的主要场所，是海洋生态系统中的生产者最集中的层次。浮游动物带是大洋的主体部分，占大部分水层，是

海洋生态系统中的消费者。底层是海洋生态系统的最底层,以少量的底栖动物为主(图2.1.25)。水温随深度增加而不均衡递减,在中低纬海域,大体可分为表层暖水对流层和深层冷水平流层两个层次。海水中的光照强度随深度增加而减弱,不同海域透明度差异巨大。大西洋中部的马尾藻海透明度最大,达 66.5 m,中国的南海达 20~30 m,而黄海只有 1~2 m。

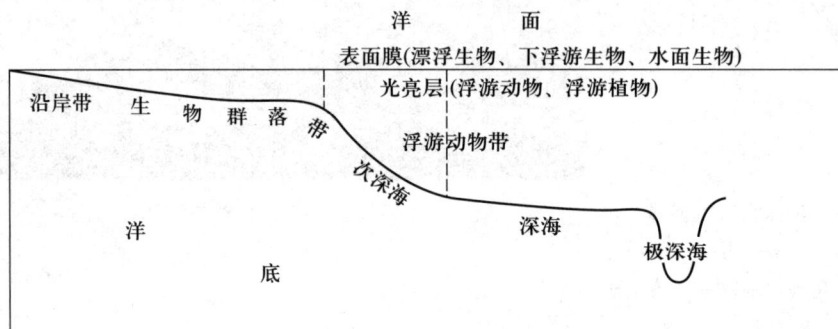

图 2.1.25　海洋水体的垂直地带性

(四)人类生物学特性的垂直地带性

高山地区主要的生态环境特征是缺氧、寒冷、生存空间狭窄、地球化学平衡时常遭到破坏。高山地区最主要的适应特征是对缺氧的适应,产生对缺氧的补偿机制。从生理化学上讲,高山地区的人血红蛋白、红细胞数量有所增加,血液的加氧作用增强、氧气的饱和度增强。胸廓、骨架发达,肺活量大,基础代谢高,山区人发育、性成熟较晚,由于缺氧导致胎儿、婴儿成活率较低,人口自然增长缓慢。山区的物质迁移是输出型的,物质元素的补给除天然降水外,没有其他补给,经常处于物质输出的状态,大量物质元素随水土流失掉,地球化学平衡常遭到破坏,很多地方病与山区有关,如甲状腺肿大、大骨节病、克山病、克汀病等。平原人到高山高原产生强烈不适反应。同样,高山居住的人或在高山长久居住的平原人回到平地也产生不适反应。这些生理适应性的研究对山区经济建设、国防建设和开展体育运动都有重要意义。一般地说,低山区缺氧状况不明显,空气较清新,负离子浓度高,病毒病菌少,又没有酷暑严寒,是较好的休养、旅游的生活环境。据人口统计,海拔 1 500 m 左右的山区是长寿者集中区。

(五)垂直地带性对社会、经济、文化的影响

1. 对第一产业的影响

垂直地带性反映在农业生产上,使作物种类、生长期、收获量都随高度发生梯度变化,造成了山区资源的多样性和生产的多样性。例如海拔 5 675 m 的墨西哥的奥里萨巴山,从山下至山顶依次为橡胶、香蕉、稻、咖啡、苹果、小麦、豆类、林场和高山牧场(图2.1.26)。因地制宜、因时制宜地进行农业生产是山区建设的重要原则。

山区种植粮食作物面积狭小,尤其在坡度陡海拔高的地方,发展林、木、副业更为适宜。山区的野生生物资源十分丰富,发展特产业十分有利。近些年来,高地蔬菜业发展迅速,利用垂直地带性种植与平地不同的蔬菜品种,调剂蔬菜的季节余缺,做到淡季不淡,增加蔬菜的供应

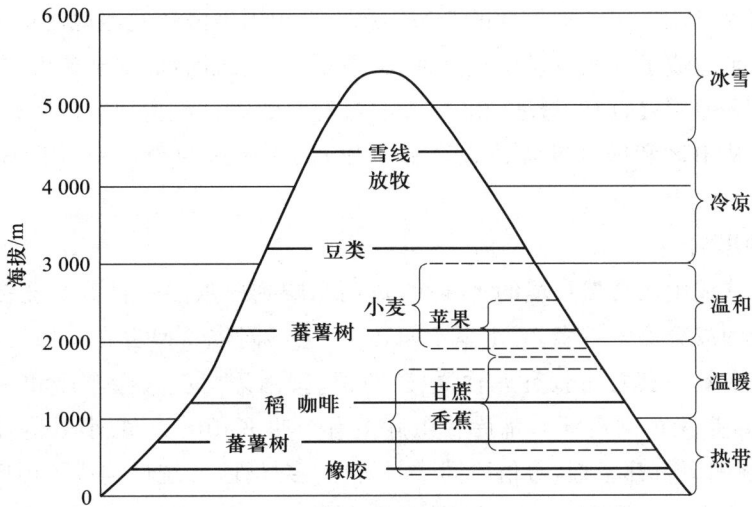

图 2.1.26　墨西哥奥里萨巴山土地利用

品种。另外,山区污染程度远远低于平地,也是发展生态农业的理想地方。山区形成与平原完全不同的生产格局。

2. 对社会经济发展的影响

人类的社会生活具有明显的垂直地带性。从统计规律看,人口密度、经济发达程度、文明的开放程度随着海拔高度的增加有明显的减弱趋势,因为它们都受高度给社会生产带来的困难程度所制约。生产形式、生活方式也因环境与资源随高度变化表现出不同的形式。从全世界范围看,人口的密度与高度成反比,占全球面积 1/4 的 200 m 以下地区分布着 1/2 以上的人口,占全球面积 1/8 以上的 2 000 m 以上的土地却仅分布 1.5% 的人口(表 2.1.9)。

表 2.1.9　高度、土地面积与人口

海拔/m	面积/10^6 km^2	土地面积占陆地比重/%	人口占全球比重/%	相对人口密度
2 000 以上	19.7	13.3	1.5	0.11
1 000～2 000	22.6	15.3	6.7	0.44
500～1 000	28.9	19.5	11.6	0.59
200～500	39.9	26.9	24.0	0.89
200 以下	37.0	25.0	56.2	2.25
全世界	148.1	100	100.0	1.00

引自胡兆量,1988

从具体地区看,除炎热的赤道热带以外,一般都是随高度增加人口急剧减少。工业革命以来,山区成了人口流失的主要地区。在经济高度发达的日本,山区人集团离村的现象相当严重,使山区铁路、医院、学校荒废,山村里只剩下年长者,极少留下的年轻男性,婚姻问题也成了大问题。山区的人口流失成了世界性的普遍问题。在中国经济较发达地区也同样面临这一情况。垂直地带性也造成了开发建设的艰巨性,交通不便、建筑困难、水土流失、空间狭小等促使山区经济发展比平原缓慢,加上滑坡、山崩、泥石流等自然灾害更增加了山区开发的困难,所以整体地、合理地、从山区和国家环境建设全局出发,加快山区建设已成为世界各国都关注的课题。

3. 对文化的影响

垂直地带性造成山区自然环境的多样性,进而影响到民族多样性和文化多样性。山区文化中原始的传统的成分保留较多。"十里不同音,百里不同俗",使古音古俗得以保存,方言杂多。如浙江省苍南县一县之内就有五种语言:瓯语、闽南语、蛮语、金乡语和一种少数民族语言。海拔 3 658 m 以上的阿富汗兴都库什山脉上有个叫 Kafirstan 的小聚落,居住不同人种、不同民族,邻村之间语言都不通,习俗不同。封闭性、多样性、传统性构成了山区文化的特点。

垂直地带性造成山区旅游资源丰富,特别是中国的佛教、道教等宗教名胜多处于大山、深谷较为原始的自然环境之中,历史文化名胜、古朴多样的民族文化与自然风光相结合,形成山区独特的文化景观。中国的西藏、黄土高原,欧洲的阿尔卑斯山脉等山地高原都形成独具特色的多样的文化景观。

山区的艺术具有独特的韵味,高腔是川剧的代表剧种,秦腔是陕西的代表剧种,它们的声音与高山、高原环境相适应,高亢嘹亮。这是他们经常隔山呼唤同伴、相互对歌的习惯影响到山区的语言和艺术的结果。特殊的生活空间造就了山区独特的文化艺术。

四、 非地带性

上述的纬度地带性、海陆梯度地带性、垂直地带性通称为三维地带性。它们的共同特征是:其一,从本质上说,它们都与太阳辐射能或太阳辐射能转换的能量的梯度变化有关。虽然表面看上去海陆梯度地带性是干湿梯度变化,但本质上是海陆受热差异与地转偏向力共同作用形成的。垂直地带性也是太阳辐射转化的地面长波辐射随高度减弱造成的。其二,在表现形态上,它们都是沿某一方向有规律的梯度变化,沿某一方向延伸条带状分布。其三,它们都是较大尺度时空范围的现象。在高差变化小、幅员比较小的范围,上述规律亦不明显或不占主导地位。如在平原小城市、村庄,其南北东西差异、台地与平地的差异亦不是三维地带性在起主要作用,而是与地方环流、小气候、中小地貌、地表物质组成等因素有关。

造成地球表层环境差异的不仅限于地带性因素,除此而外还有其他因素,这些地带性因素以外的因素,通称为非地带性因素。

地带性规律,其外在表现上是地球表层环境比较有规则的变化形式,其内在原因上是环境造成太阳辐射能或其转换的热能起主导作用。而非地带性其外在表现上不呈带状分布,其内在原因是地球内能起主导作用。在时空尺度上也不像地带性规律那样受到限制,既有大尺度的分异,也有小尺度的分异,如中国云贵高原大面积分布石灰岩地层构成当地环境特征的主要因素,应当说是大尺度的,而在一个很小的区域范围(如一个很小的地块)由于岩性不同,土地的耕性、自然肥力有很明显的差异这也是非地带性的差异。

（一）非地带性的形成机制

非地带性的根本原因是地壳运动和地表物质组成的差异。从"地质大循环"一节可知，地壳是由大小等级不同的板块构成的，板块之间碰撞形成山脉、海沟、岛弧，发生地震、火山，由于各种构造运动造成的地质历史上沧海桑田的变化，原来是海底的地层出露于高山高原上，原来是山地高原的地层掩埋于地下是极为常见的现象。地壳的物质组成不同、在不同地区的地壳和地壳组成物质的厚度不同及分布的不均匀性，造成土壤的成分、性质有很大差异，造成不同的地下水环境、地下热量环境。这就产生了三维地带性以外的千差万别、丰富多彩的环境特征。

1. 地壳物质组成引起的非地带性

地壳中的岩石是由火成岩（岩浆岩）、沉积岩、变质岩组成。火成岩是由高温液态矿物质凝固而成，它构成大部分地壳，由硅酸盐矿物组成，如石英岩、玄武岩、橄榄岩等。沉积岩是由成层堆积的疏松沉积物经固结而成的岩石。如砂岩、砾岩、页岩及生物化学类岩石。变质岩是火成岩或沉积岩在地壳运动时由于高温高压发生物理化学变化而形成的，如板岩、片岩、片麻岩等。

岩石的形成与地质构造、地理环境和构造运动有密切关系。岩浆岩形成与地质构造、母岩、围岩有关，深断裂带延伸到硅镁层，引起基性岩浆侵入，浅断裂带引起酸性岩浆岩侵入。沉积岩的形成与形成当时的地理环境和后来的构造运动有关。

如第 1 章所述，地壳中的化学元素数量不均等，分布不均匀，矿物成分相对集中形成矿床。深断裂带的基性岩浆侵入即形成铬、镍等矿，浅断裂带的酸性岩浆岩侵入，隆起带形成钠、钾、硅、镁、钙等矿，凹陷带即形成铜、铅、锌、锑、汞等矿。在外力作用下搬运堆积形成沙金、金刚石等矿物，在干旱的湖泊则形成钾盐、芒硝、石膏等矿物。生物岩（矿）形成受当时环境和地壳运动双重制约，泥炭、珊瑚的形成与现时环境关系更为密切，煤形成的当时环境具有地带性（植物大量生长、大量累积的环境），而经过地质变迁使这种地带性模糊混乱，具有非地带性色彩。

岩石矿物的分布的非地带性不仅造成资源的不均匀性也对环境产生直接影响。

首先，**岩石的化学性质**对环境产生深刻影响。岩石的矿物成分对环境有明显影响。例如在四川盆地广泛沉积的侏罗纪紫色砂页岩富含钾、磷等矿物，增加了土壤肥力，是当地农业发展的重要自然因素。岩石的化学性质直接制约土壤的酸碱性，如中国华北地区，石灰岩风化的山坡上，土壤呈碱性，多生长柏树，而花岗岩风化的土壤则呈酸性，多生长松树。石灰岩地带，由于在湿热环境下碳酸钙易溶于水，形成喀斯特地貌，既不保水也不持水，土壤形成缓慢，不利于生物生长发育。

其次，**岩石的物理形状**，如裂隙、孔隙、节理、层理对地貌、土壤的形成过程和土壤肥力有重要影响。石灰岩、石英岩、页岩构成节理不发达或节理水平，花岗岩、片麻岩、砂岩、砾岩多垂直节理。又如黄土垂直节理发达、结构松散，水土流失严重，形成千沟万壑的地貌形态，对农业生产造成不利影响。

专栏

北京郊区的"死山"与"活山"

北京郊区山地主要由花岗岩、石灰岩类组成,当地群众把山分为"活山"和"死山"两类。花岗岩山体易产生垂直裂缝,树根下扎深,水土流失轻,形成的土壤土层厚肥力高,保水保肥,被称为"活山",其上多种植柿、小麦、谷物等重要经济和粮食作物。而石灰岩山体多为水平层理,树根不易下扎,水土流失较重,土层薄,肥力低,透水性不好,可耕性差,既不保水也不保肥,农业产量很低,被称为"死山"。

2. 海陆分布的非地带性

在海陆梯度地带性一节中,我们谈到了距海远近对环境要素、自然景观、人文现象产生梯度变化的影响,除此以外,海陆分布自身具有非地带性的特点。全球海洋面积占71%,陆地面积占29%。其中2/3的陆地面积集中于北半球。

岛屿是大陆以外被海水环绕的陆地,岛屿分为大陆岛和海洋岛。大陆岛位于大陆附近,在地质构造上与邻近大陆有密切联系。海洋岛一般比大陆岛面积小,与大陆在地质构造上没有直接联系,分为火山岛和珊瑚岛两种。全世界岛屿总面积 1 000 万 km²,主要分布在三个地区,即从北太平洋阿留申群岛到南太平洋奥克兰群岛的弧形地带、北美北部北冰洋周围、中美洲加勒比海地区。

地球海陆分布格局是板块运动造成的,大洋中央的岛屿多为海底火山爆发造成。

3. 地表起伏的非地带性

在垂直地带性一节我们讲述了海拔高度对环境、景观和人文现象的梯度变化的影响,此外,地壳运动造成的地表起伏,高山、高原、盆地、平原、沟谷等不同地貌的配置是非地带性表现,对环境的影响也是一种非地带性的表现。中国的自然区划中,依据不同等级的地貌特征和环境条件,与纬度地带性指标一起,交错划分不同等级的自然区。

从非地带性角度全国划分为三大自然区,即东部季风区、西北干旱区和青藏高原区,更进一步又可细分为:东北长白-兴安山地、东北平原、华北平原、黄土高原、四川盆地、长江中下游平原、东南沿海丘陵、秦巴山地、柴达木盆地等。这些都是非地带性表现。坡向、坡度在比较小范围内造成的非地带性更是随处可见,向阳坡、背阴坡,迎风坡和背风坡,陡坡和缓坡自然环境差异明显,土地利用方式也不同(表2.1.10)。

表 2.1.10　不同坡度条件下合理土地利用方式

坡度级别	水土流失状况	合理土地利用方向和措施
平地(0°~3°)	水土流失轻微	不必采取工程措施即可农作
缓地(3°~15°)	除黄土地母质坡耕地外水土流失不严重	梯田农业或种水果木及牧草,其中3°~7°坡地可采用等高耕作技术,可机械化作业。7°以上需筑梯田,并不适合机械化作业

续表

坡度级别	水土流失状况	合理土地利用方向和措施
斜坡(15°~23°)	植被遭破坏时,水土流失严重	修筑梯田种果木或牧草,梯田狭窄,不适用犁
陡坡(23°~38°)	植被遭破坏时,水土流失非常严重	加强自然保护,以牧林业为主,不适应农牧业及果木经营
险坡(>38°)	水土流失特别严重,基岩裸露	天然封育及水源涵养林为主,不适用于农牧业和果木经营

引自王铮等,1993

大洋海底也是不平坦的,也同样有海岭、海山、海盆等海底地貌类型,它们同样也对海洋水环境、生物环境有着很重要的影响。

4. 火山、地震、地热、温泉的非地带性

当地球内部能量超过岩层所能承受的限度时,发生破裂、错动,引起震动,其震波传至地表,即为地震。火山活动是岩浆从地下喷发的过程。地震、火山都发生在地壳比较活跃的地带,现代地质科学研究证明,它们多发生在板块的边缘、板块与板块相接的地带(图 2.1.27)。地热、温泉也多发生于地壳活动带。这些地壳活动和地质现象虽然有一定的规律性,但从形态上它们不像地带性规律那样按一定方向梯度变化,从成因上,它们完全是地球内能造成的,与太阳能无关,因而都属于非地带性表现。地震是地球最严重的自然灾害,火山喷发对地表沉积物、土壤形成以及全球的气候产生巨大影响。地热、温泉对局部环境也产生明显影响,对植被、土壤的形成产生深刻影响。

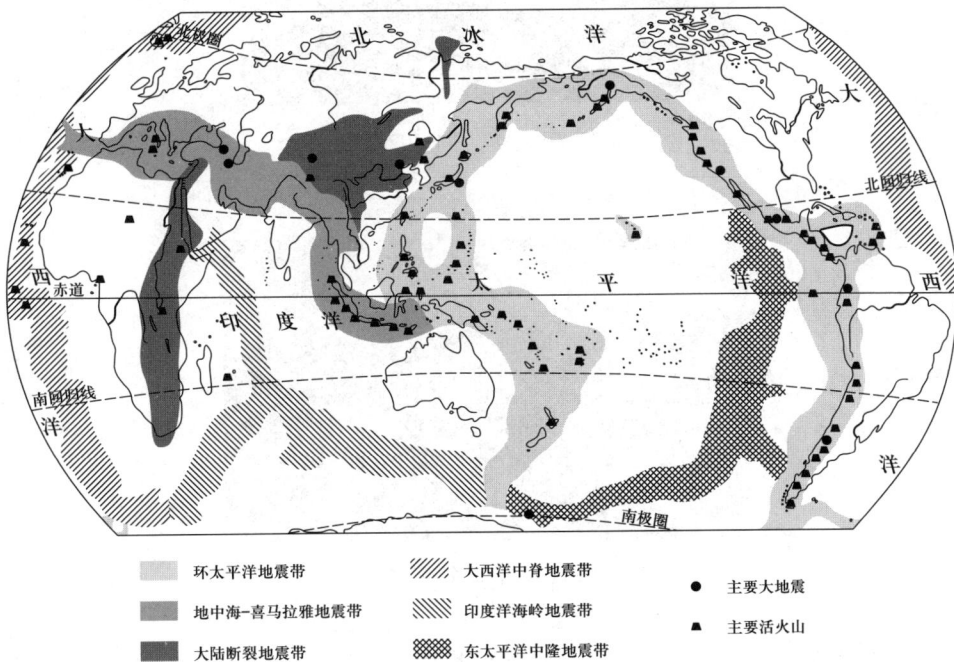

环太平洋地震带	大西洋中脊地震带	主要大地震
地中海-喜马拉雅地震带	印度洋海岭地震带	主要活火山
大陆断裂地震带	东太平洋中隆地震带	

图 2.1.27　世界地震分布

(二) 非地带性对社会、经济、文化的影响

非地带性对人类社会经济的影响主要表现为三个方面,即资源条件、环境条件和灾害性破坏。

资源条件表现为它为人类提供矿物资源、能源和建筑材料,直接影响到工业的布局和物质财富的增长。钢铁、冶金工业、石油、煤炭、建筑材料的生产布局对岩矿产地有强烈的依赖性。矿产资源、能源的丰富程度直接影响到国力和国民财富的增长。中东地区自然环境较差,人口的文化技术素质也不高,但由于石油出口,国民平均社会财富占有量甚至超过发达国家。矿产资源特别是能源的集中产地往往成为国际纷争的焦点,欧洲的鲁尔矿区曾经是德法争夺的战略要地,现在的中东也是几十年来国际势力争夺最激烈的地区。

环境条件主要表现为农业生产条件和旅游资源条件。岩性不同造成土壤母质的差异,从而影响到土壤的耕性、质地、肥力,进而影响到农业生产条件。我国贵州省广泛发育石灰岩地层,是造成贫困地区多的基本原因。另外山区、岛屿都是经济比较落后的地区,土地瘠薄、交通闭塞是重要原因。从另一方面讲,奇山、秀峰、石峰、石林、溶洞、火口湖、温泉又是宝贵的旅游资源,桂林山水(图 2.1.28)、路南石林(图 2.1.29)、张家界的砂岩地貌、五大连池、长白山天池都是不可多得的旅游资源。

图 2.1.28 桂林山水

图 2.1.29 路南石林

灾害性破坏主要是火山和地震,是造成破坏最大、最难以预测的自然灾害。1976 年中国

唐山大地震死亡 24.2 万人,94％民房被毁。死伤超过万人的大地震在 20 世纪就发生十余次,一次地震甚至可以毁掉一个城市。与地震派生的火灾、海啸,造成系列性灾害。火山的灾害性影响远远超过其自身,火山灰在大气层弥漫产生的阳伞效应,大的火山喷发使全球出现一年甚至几年的低温。火山喷发出的化学物质甚至改变大气的成分。多火山地震给国家和地区经济发展带来沉重的负担。日本、印尼、夏威夷、地中海国家、美国西海岸、智利,包括中国东北、华北、喜马拉雅山地带都受这类灾害的困扰,一次地震发生就对国家和地区的经济发展和人民生活造成沉重而长期的影响。除火山地震外,滑坡、泥石流等地质灾害也不容忽视,它们往往和气候灾害一起,给人类造成很大的危害。

专栏

地带性与非地带性

对地带性与非地带性的内涵,学术界理解并不一致。

有的学者(陈传康、景贵和、刘南威等)认为地带性专指纬度地带性,而海陆分布、海拔高度、地形对地理环境的影响都是非地带性。所谓非地带性是指"由于地球内能作用产生的海陆分布、地势起伏、构造活动等区域性分异"(刘南威等,1997)。在我国的综合自然区划、农业区域规划中基本是按这一理解,交替以地带性(即纬度地带性)、非地带性为主导因素划分各级自然区的。**持这种观点的学者的理论依据是道库恰耶夫的自然地带学说,认为地带性规律是地球的球形形状造成太阳能在地球表层有规律的差异分布,导致地表自然环境在不同纬度呈带状分布。**这是地球表层空间的基本规律。而海陆关系、海拔高度造成的自然环境的变化尽管也有一定的规律性,但本质上是地球内能造成的差异,因而属于非地带性。

还有的学者(胡兆量)及一些辞书(如中国科学院地理研究所编的《现代地理学辞典》)中认为,"完全受地球内力制约的地壳现象,不存在纬度地带性、海陆梯度地带性和垂直地带性,称非地带性"(胡兆量,2016)。显然非地带性并不包括海陆梯度地带性和垂直地带性,仅指三维地带性以外地理环境特征。持这种观点的学者认为海陆梯度地带性(或称经度地带性、干湿度地带性)、垂直地带性与纬度地带性同样,也是地球表层环境有规律的分布特征,是地球表层形态导致太阳能不均匀有规律分布形成的自然环境及其组成要素(气候、植被、土壤等)的空间特征。他们认为太阳能分布是造成地带性特征的共同机理,并不否认海陆分布、地表形态本身是非地带性现象。

也有的学者不硬性归类地带性、非地带性,而将地域分异规律分为:纬度地带性、干湿度分带性、垂直地带性、其他地域分异规律等(王建,2001)。

讨论

1. 用三维地带性分析上海、青藏高原、新疆的环境特征和农业生产条件。

2. 搜集我国各地区民居的资料,说明各地区、各民族民居与地理环境的关系。

3. 以秦岭—淮河为界谈谈中国东部季风区的自然环境、农业生产方式、地域文化有何不同，为什么？

4. 以太行山为界谈谈华北与西北自然环境、农业生产方式、地域文化有何不同，为什么？

5. 分析青藏高原与长江中下游平原自然环境、农业生产方式、地域文化有何不同，为什么？

6. 分析贵州地理环境的有利与不利因素。

7. 垂直地带性与纬度地带性有何区别与联系？

推荐读物

1. 刘南威，郭有立.综合自然地理学[M].2 版.北京：科学出版社，2004.

2. 胡兆量，陈宗兴，崔海亭.地理环境概述[M].3 版.北京：科学出版社，2016.

3. 潘树荣，伍光和，陈传康，等.自然地理学[M].2 版.北京：高等教育出版社，1985.

4. 景贵和.综合自然地理学[M].北京：高等教育出版社，1989.

5. В Б 索恰瓦.地理系统学说导论[M].李世玢，译.北京：商务印书馆，1991.

6. 蔡运龙.综合自然地理学[M].3 版.北京：高等教育出版社，2019.

第 2 节 区 位 理 论

区位理论是关于人类社会事物的空间位置及其结构关系的理论，最早见于经济学关于生产地选择的研究，以后范围扩大到各种社会事物的位置问题，最根本的特征是人类对某项事物位置、空间关系的选择或设计。这是它与环境空间的根本区别。

一、 区位与区位论

（一）区位的概念与特点

"区位"一词来源于德语 standort，意为"站立之地""位于……（地点）"。因此，日语译为"立地"，如"工业立地"可译为汉语"工业配置""工业布局"。1886 年，"standort"一词译成英语"location"。1937 年，区位论的首创者——德国农业经济学家杜能（Johann Heinrich von Thünen）的著作《孤立国同农业和国民经济的关系》首次译成中文，并开始运用"区位"一词。"区位"确切的汉语意义应为"分布的地区或地点"（陆大道，1988）。

"区位"有以下几个特点：① **空间性**，也就是事物的空间的位置意义，位置包括地理坐标位置(经度与纬度)、行政位置(在哪个国家、地区)、交通位置(水路、铁路、公路、航空)、环境位置(与山、河、海、平原等的位置关系),它回答"在什么地点"的问题。如上海位于中国长江中下游冲积平原、长江入海口和中国海岸线的中点,是长江黄金水道与京沪铁路交会点。② **结构性**,回答"与什么有关? 周边怎么样?"即区位也表示所布局的事物在空间上与其他事物之间的联系,表示事物与周边事物的关系,注重事物之间的空间距离及由此所带来的成本效益关系。如宝山钢铁有限公司地处上海,位于中国东部经济文化高度发达的地区,有广阔的市场腹地,临海便于从国外特别是利于从澳大利亚进口铁矿石。③ **环境性**,回答"环境条件如何"的问题,如上海地处亚热带长江中下游平原,温暖而湿润。在一个地区投资企业、建设项目,不仅要考虑这里的自然环境,如气候、水、地质基础、灾害威胁程度等,还要考虑这里的人文环境,如政治稳定程度、治安状况、经济发展程度、劳动力数量与素质、文化和民族背景、法制与文明程度,等等。区位的环境因素在现代区位研究中越来越受到重视。④ **文化性**,即区位是人类文化行为的结果,表示人类对事物空间的设计,与决定区位的人的知识、素质、经验、行为偏好有密切关系。自然事物没有区位的问题,不能谈南极的区位、珠穆朗玛峰的区位。

(二)区位论的产生与发展

区位论是关于人类活动空间场所选择及其空间相互关系的理论,于 19 世纪 20—30 年代开始出现。其标志是 1826 年杜能的著作《孤立国同农业和国民经济的关系》(第一卷)的出版。

继杜能之后,一些学者对工业区位论进行了探讨,其中最著名的是 20 世纪初(1909 年)德国学者韦伯(A. Weber)发表的《论工业区位》。杜能和韦伯时代的区位论称为"古典区位论",其特点是以节省运费实现成本最小为目标。

20 世纪上半叶区位论研究活跃起来,1924 年费特尔(F. A. Fetter)提出"贸易区边界理论",1929 年赖利(W. J. Reilly)提出"零售业引力模型",30—40 年代克里斯泰勒(W. Christaller)提出"中心地理论",帕兰德(Tord Palander)提出"商业区位",廖什(August Lösch)提出"市场区位理论",这一时期的区位理论统称为"近代区位论",其特点是,立足于区域或城市,着重空间结构分析,以利润最大为目标。

20 世纪 50—60 年代以后区位论进入了现代区位论研究时期。其突出特点是:研究领域更宽泛了,从宏观到微观,既有宏观的国民经济产业布局问题,也有零售商业具体选址问题,公司区位、企业集团的区位结构问题也提出来了。对区位的影响因素,不仅仅局限于距离、运费,更多还考虑环境因素、人文因素,特别是进入知识经济时代,对人们知识、技术、信息的作用更为重视,追求的目标也不仅限于经济,还注重社会和生态效益。

(三)现代区位理论的视角

1. 尺度观

古典区位论和近代区位论讨论问题不涉及空间尺度问题,只讨论企业、商家的合理位置问题,从不提及企业、商家的规模大小。发端于苏联的宏观国民经济布局理论,直接套用了古典区位论的一些原则,加上"国防原则""民族原则""均衡原则"等思想,也没有明确注意到宏观区位与微观区位的区别和联系。现代区位理论注意到这个问题。事实上任何事物都有其时间和空间属性,区位问题也不例外,区位大体上可以分为宏观、中观、微观三个尺度(图 2.2.1)。不同尺度的区位其主体、对象空间范围和影响因素、制约机制都有很大差异,因而研究方法也相应有所不同。

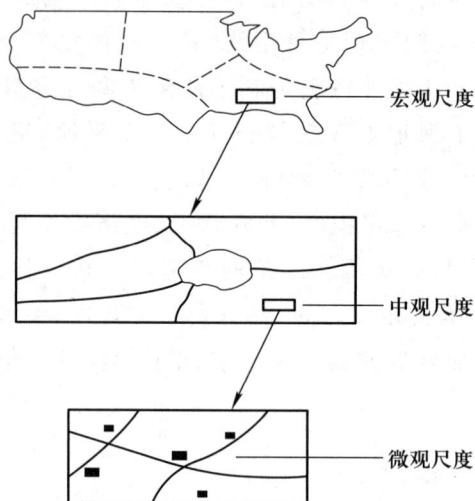

图 2.2.1　区位的空间尺度

(1) 宏观区位　宏观区位选择对象的空间范围是国家或具有相对独立经济实体的地区。区位选择的主体是跨国公司。宏观尺度的区位问题主要制约因素包括国家或地区的政治体制;经济政策特别是贸易政策;国际经济联系,在世界经济格局中的地位,所属区域经济集团;资源条件,特别是土地、矿产资源状况;经济社会发展水平;劳动力状况;文化背景等。

(2) 中观区位　中观区位选择对象的空间范围是城市和城市所辖的区域,区位选择的主体是国家的经济管理部门、企业集团。中观尺度的区位问题主要制约因素包括城市的位置,城市在国家中的地位、规模,城市的社会经济状况,城市与周边地区及其他城市的空间联系,城市基础设施,产业结构,城市地价水平,城市的环境状况,劳动力资源的潜力和劳动力价格、劳动力素质,城市的文化背景等。

(3) 微观区位　微观区位选择对象的空间范围是城市或城镇的街区;区位选择的主体是城市公共事业管理部门、企业、居民个人等。微观尺度的区位问题主要的制约因素包括城市规划制约,人文环境、生态环境,产业和事业关联,市内交通,街区地价,道路结构等。

(4) 不同尺度区位之间的联系　微观区位是事物的最后落脚点,任何区位都要落实到空间的具体地点,即某个国家或地区的某个城市的具体街区。宏观、中观区位是确定微观区位的背景框架依据。例如麦当劳要进驻中国,首先要考虑中国的投资环境是否可行,然后再考虑在哪些城市布点,最后决定具体的店面设在城市的什么地方。从宏观、中观区位来讲,可能只考虑企业或事业布局于哪个国家、哪个城市,布局多大数量,更具体在城市的哪个具体地方,这由下属企业去操作,下属企业的区位选择则不可能摆脱宏观、中观所确定的框架。

2. 时序观

古典和近代区位理论主要是静态的区位研究，没有注意到区位主体和所布局的对象区域的时间演化过程，在操作上往往脱离实际。以商业区位为例，一个商业区有它的形成过程。初期阶段一般是以经营日用品、低级品为主的小规模商业集群，而后才逐渐进一步集聚，形成以经营高级品、耐用品为主的商业中心。最后发展到更高级阶段，集聚过度会出现规模不经济现象，呈分散化、溢出化的倾向，其自身有发展的生命周期。大型商店、超市过早的进入，会造成门槛人数不足，效益下降；过晚进入，则会造成成本过高，市场狭窄。中国改革开放以后的新建城区，由于连锁经营没有及时跟进，造成商业网络末梢溃烂，外地民工和郊区农民无序经商，疏于管理，假冒伪劣商品充斥，市场秩序紊乱。而另一方面，一些大城市盲目建设商业大厦，造成供应过剩，基础设施浪费和大范围亏损。这都是没有审时度势，盲目投资造成的。

3. 行为观

现代区位论重视对人的研究，这主要表现为两个方面：一是对区位决策主体的行为的研究。这方面在许多文献中得到重视，那就是区位决策主体不是传统区位所理解的"经济人"而是现实的人，不可能设想他会完全无误地按经济规律办事，区位决策势必受决策主体自身的文化、民族、偏好等因素影响，其结果不会是经济上的最佳效果，而只能是次佳效果，实际决策区位的人只能是"满意人"而已。比如一位归侨要在国内建一个企业，按经济学相关法则和规律建在沿海最发达的城市可能是最有市场前景的，但他有繁荣家乡、荣归故里的偏好，就有可能选址在其家乡的某个城市。二是对消费或服务对象行为的研究。这方面研究甚至比前者更为重要。

如要使服务对象很容易发现，对其产生吸引力，就必须注重识别行为的研究。这是有经验的经营者最关心的。据日本学者对东京银座商业街的研究，临街的商店与不临街的商店，路线地价相差最高达 6 倍以上，可见这不是经营效果差异所致，根本原因是顾客很容易很自然进入和发现临街商家。另据美国克里夫兰测算，同一级土地级别内交叉路口的商店比一面向街商店的土地产出效益比高出 72%。在中国也可以很容易举出这方面的例证。由于收入的提高，发达国家包括比较富裕的发展中国家，购物行为已从"专注购买"转向"随机购买"，兴趣吸引、注意力吸引就显得更加重要。

现代商场兼有购物、娱乐、休闲等多重功能。人们去商店不仅仅是为了购物，而主要是为了寻求紧张的工作环境及烦庸的家庭环境以外的社会休闲环境。在选址上，满足顾客的体验行为，注重环境氛围也是重要方面。

对于区位的决策人也好，对于区位实体的服务对象也好，都有自尊的心理、自我价值实现的心理。一个世界顶级的大公司绝不会把自己的总部放在不知名的中小城市，也不会放在大城市的边缘，更有可能放在最有影响的中央商务区（CBD）地区，进驻上海的世界 500 强的商务办公机构在陆家嘴和外滩集聚，这除了经营方面的因素外，还有显示自身地位、身份方面的原因。对消费者而言，住在什么地方，在哪里买东西，接受什么服务，都与他们所处社会地位有关，炫耀心理、自尊心理在起作用。对高级品、耐用消费品的消费来说，距离因素作用变小，商店的规模、知名度，是否处于城市高档街区起主要作用。

4. 场势观

"场"和"势"是物理学的术语。场是物质存在的空间形式。势是场的差异和演变的量度。现代区位研究不同于古典区位论、近代区位论，不仅仅注重生产要素的空间距离关系，还特别重视区位选择的背景分析。关注所在地域的成本场势，即地价、地方税费等，重视其对经营成本的影响。关注经济场势，即所在空间的经济水平，居民收入、购买力，人流、物流强度，金融支持等。关注所在空间的社会文化状况，如种族、民族、劳动力素质，地方文化背景、治安环境等。关注所在空间的生态环境状况，即自然生态环境状况和环境质量。

5. 结构观

古典区位论和近代区位论对空间结构关系都给予高度重视。韦伯的工业区位论把集聚因子作为工业布局的重要因素，克里斯泰勒的中心地理论成为城市空间结构分析和商业服务业结构分析的经典理论。现代区位理论继承了这一传统思维，注重从城市空间结构、产业集群结构、公司内部结构、市场竞争结构角度进行区位分析，在结构关系的框架中认识和分析区位。最近学者更特别重视知识密集、信息密集对区位影响的研究。

二、 产业区位论

产业区位论又称经济区位论。它是生产厂家或经营商家为获取最大利润或为降低成本选择经济活动位置的理论。目标在于获取经济利益。

（一）农业区位论

1. 杜能圈

农业区位论是德国农业经济学家杜能所创。他根据在德国北部梅克伦堡平原长期经营农场的经验和观察，于 1826 年出版《孤立国同农业和国民经济的关系》，提出了农业区位论的理论模式。

杜能针对地域上自然和经济的复杂性，设定了一些基本假定条件：① 在一个大平原中央只有一个城市，它与周围农业地带组成一个孤立的地区。该地区内的气候、土壤条件相同，宜于植物、作物生长，而在这个平原之外是大片荒凉不能耕种的土地。② 这个中心城市是"孤立国"中唯一的农产品（除自身消费外）销售、消费中心，也是工矿产品的唯一提供者，完全排除了其他市场的竞争关系。③ "孤立国"既无河川、也无运河，城市和郊区（农业地带）之间只有陆上大道联系，马车是产品运输的唯一手段（当时火车尚在试验，汽车还未出现）。④ 农业劳动者的经营能力和技术条件一致。⑤ 市场的农产品价格、农业劳动者的工资、资本的利息固定不变。⑥ 运输费用与农产品的重量、生产地到消费地的距离成正比，运费由农业生产者负担。

根据上述假定条件，杜能认为，不同地方距中心城市距离远近所带来的运费差，就决定了不同地方农产品纯收益——区位地租（经济地租）的大小。纯收益成为生产地与市场之间距离的函数。一定地方生产的农产品应当是获得纯收益最高的那种农产品。随着与市场的距离增大，运费增加，该农产品的纯收益下降，到达一定距离后，它将让位于纯收益比它高的另一种农产品，相应地，土地利用类型也将随之改变。按照这样的方式，农业区位布局将形成以城市为中心,由内向外呈同心圆状分布的六个农业地带:第一圈——自由农业带,紧邻城市,生产易腐败的蔬菜、水果、鲜奶等鲜货。第二圈——林业带,主要生产木材,以解决该时代体积大而不宜远运的城市燃料问题和木料来源。第三、四、五圈都是集约程度逐渐降低的作物轮作区,分别是无休闲谷物轮作带、休闲轮作带和三圃轮作带。农民在第二圈也生产粮食,但主要为自己食用,而到了第三圈则主要作为商品到市场出售。第四圈为谷物、牧草和休闲地轮作。第五圈为1/3 休闲、1/3 燕麦、1/3 裸麦三圃轮作,是欧洲庄园时代的土地利用方式,即除林地、牧草地之外,将所有耕地分为东、西、南三圃,分别轮种冬谷、夏谷和休闲谷物。第六圈是粗放的畜牧业带。再外围是未耕的荒野。

　　显然,这种"孤立国"的农业地域结构是非常刻板和理想化的。杜能将这种孤立国模型与实际对照,对理想状态下的农业土地利用方式还进行过三种修正:第一种市中心城市附近有可航河流或小城市的出现,使土地利用形态沿河流分布(图 2.2.2 下半圆);第二种是由于单位面积产量变化(土质影响)对圈形结构的改变(图 2.2.3 右侧);第三种是市场谷价高低的影响(图2.2.3 左侧)。

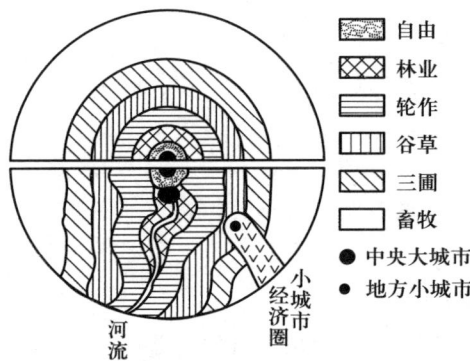

图 2.2.2　杜能圈
上为理想模式,下为小河流和小城市的修正模型

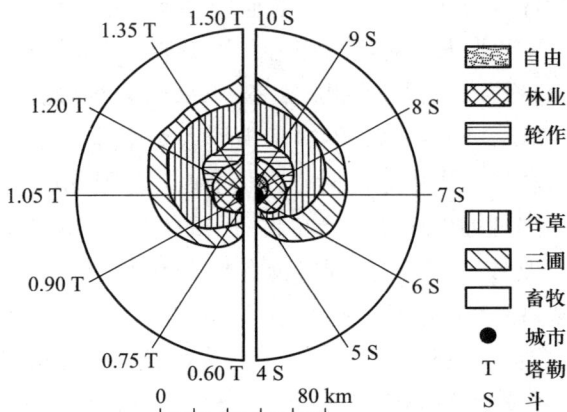

图 2.2.3　谷价和土质对孤立国模式的影响

杜能学说的意义在于阐明市场距离对于农业生产集约程度和农业土地利用类型的影响。指出：在相同的自然条件下，一个地区或国家的农业可以发展成完全不同的方向和结构，生产地到市场的距离是引起农业生产空间差异的主导因素，农业生产者所处位置的级差地租（区位地租、经济地租）为土地资源合理利用提供了一个重要的经济依据。其因距离引起的级差地租思想为后来认识城市土地利用空间分异提供了理论依据（图 2.2.4）。

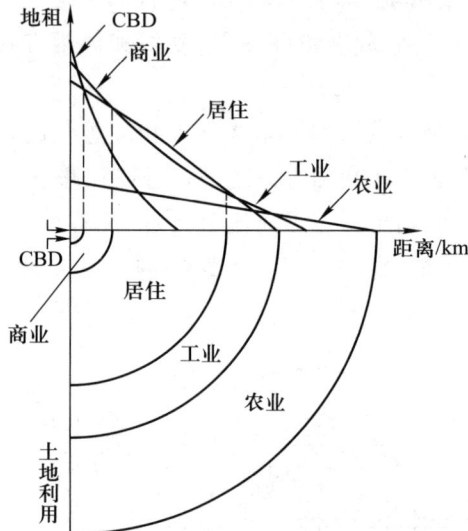

图 2.2.4　城市土地利用空间分异

2. 农业区位论的应用与实践

尽管杜能农业区位论是一种纯理论的探讨，但它是建立在实验和观察基础上的，反映了农业区位问题的本质，因而可以用其解释许多现实的土地利用。不少学者探索了杜能模式的应用方面，研究实例涉及世界、大洲、国家等宏观尺度，城市范围等中观尺度及农村聚落等微观尺度。

如劳尔（E. Laur）应用杜能原则，把全世界农业经营类型按集约程度划分为七大农业经营带，并以西北欧区域为世界农业集约化经营中心。乔纳森（Jonathan）1925 年发表的《欧洲的农业区域》综合欧洲的人口密度，各种农作物、家畜、水果的分布与农业景观，以西北欧为中心也划分出七大农业地带（图 2.2.5）。1979 年纳瓦佛等人对中非卢旺达丘陵地带的研究表明，在发展中国家存在着以农村聚落为中心的同心圆状土地利用形态（图 2.2.6）。

杜能模式在中国城市周围的农业分布仍在起一定的作用。20 世纪 80 年代初上海郊区的农业围绕城区形成四个农业带（表 2.2.1），同时拥有相应的经济结构和收入水平。北京郊区用地类型也具有圈层结构表现：近郊区——蔬菜、鲜奶、蛋品；远郊区内侧——粮食和生猪；远郊区外侧——粮食、鲜瓜果、林木；外围山区——林业、牧业、干果（杨吾扬、梁进社，1997）。洛阳市郊农业类型，明显地呈环带状分布，由市区沿洛河和伊河向南、西南的伏牛山地依次表现为近郊农业（蔬菜、鲜蛋）—耕作业果园—牧业耕作—果园林业—林牧业类型。北部因黄河的阻隔，农业地域类型环发生变形；东西横贯市区的陇海铁路，亦使类型环大为改观。

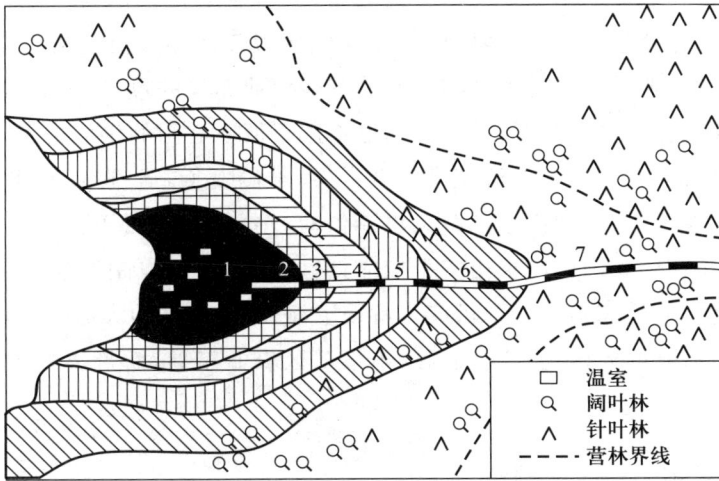

图 2.2.5 欧洲城市周围的农业地带

(李小建,2018)

1. 温室花卉;2. 园艺、水果、马铃薯、烟草;3. 奶酪、肉用牛羊饲料、亚麻;4. 普通农业;

5. 面包用谷物;6. 牧场;7. 森林

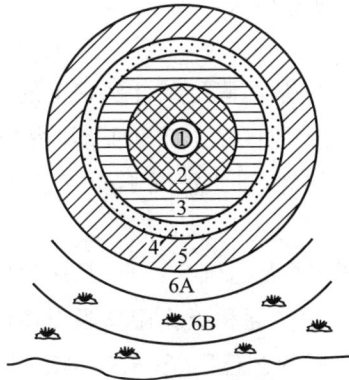

图 2.2.6 卢旺达村落周围的同心圆状土地利用形态

(李小建,2018)

1. 住宅区 2. 香蕉地 3. 内侧耕地 4. 咖啡种植地 5. 外侧耕地 6. 河谷耕地;A. 雨季种植 B. 旱季种植

表 2.2.1 20 世纪 80 年代初上海郊区的农业带

农业带	距市中心距离	农业类型
1	10 km	蔬菜、牛奶、花卉
2	10~20 km	蔬菜、牛奶、花卉
3	20~35 km	商品粮、棉花、季节性蔬菜
4	35 km 至市界	商品粮、棉花、渔业和奶牛

引自华熙成,1982

时代毕竟不同了,现代已不是杜能所处的马车时代,也不是以木材为能源的时期,交通运输迅猛发展,冷藏运输技术产生,杜能圈模式在现代城市郊区不会重复再现,但运输费用制约农业生产结构、制约农业类型布局的思想依然是现代农业布局的重要考虑因素。

现代化大农业与杜能时代有很大不同,它已不限于城乡之间的供应关系,市场是巨大的开放的、跨城市和地区的,例如荷兰的鲜花供应全世界,早晨发货,通过空运,下午就可摆到世界主要大城市居民的花瓶里;中国山东的蔬菜也能供应日本市场。由于城郊土地费用高昂和运输成本的降低,大城市的农副产品不再完全依靠郊区,新加坡的农副产品供应主要靠进口,香港也没有农副业基地而是靠内地专列供应。就是上海、北京这样的大城市,蔬菜、乳蛋、花卉也靠全国各地供应。这样的大市场不仅仅制约本市郊区农业布局,而且影响到大的地区甚至全国的农业布局。

(二) 工业区位论

工业区位论是研究工业企业区位的理论。早在 18—19 世纪就有一些古典经济学家研究过工业区位,其中最著名的是德国人龙哈德(W. Launhardt)。他于 1885 年发表的《国民经济的数学论证》用数学方法论证了工业区位,提出了著名的"重量三角形"和"价格漏斗"模型。1909 年,德国人韦伯发表的《工业区位论》使工业区位思想系统化,奠定了近代工业区位理论基础,因而他也被视为工业区位论的创建人。

1. 韦伯工业区位论

韦伯的理论前提也是建立在一些基本假定条件基础上的:① 分析对象是处在地质、地形、气候、民族、工人技艺都相同的国家或地区;② 已知原料、燃料供给地的地理分布;③ 已知产品的消费地和规模;④ 已知劳动供给地,供给情况不变,工资固定;⑤ 运费是重量和距离的函数,运输方式为火车。

在韦伯的工业区位论中,有两个重要的概念:一个是区位因子,另一个是原料指数。

区位因子是一个地点上对工业生产起积极作用和吸引作用的因素。韦伯的区位因子体系由三方面构成:① 发生作用范围不同的区位因子——一般区位因子和特殊因子。前者与所有工业生产有关,如运费、地租、劳动力费用等,后者与特定工业有关,如气候、地质条件等。② 空间作用性质不同的区位因子——区域性因子、集聚因子和分散因子。区域性因子是使工业企业向特定地点布局的因子,如矿产资源、水资源等;集聚因子是一定的生产活动集中在特定的场所带来的生产成本的降低的因素,如联合化与协作化、共享动力源泉等;分散因子是对工业过分集中而起抗衡作用的因子,如地价上升、环境污染、运费增加等。③ 种类和特性不同的因子——自然技术因子和社会文化因子。前者如自然资源与条件、劳动力技术水平,后者如居民的消费水平与习惯、利息的地区差异等。

韦伯的理论强调价格和成本因素,目的在于寻求最小费用的区位。为此,在众多的区位因子中,韦伯经过反复推导和筛选,确定了三个具有决定性作用的一般区位因子:运费、劳动费、集聚(分散)。他认为,运费对工业的基本定向起决定作用,运输指向形成地理空间中的基本工业区位格局,当劳动费用与运费结合形成最小费用时,则劳动费用对运输定向决定的基本工业区位格局产生第一次偏离,而集聚(分散)因子的影响则会对运输和劳动费指向所决定的工业区位格局产生第二次偏离。

运输指向：指工厂偏向运输费用最低的区位。韦伯在研究运费对工业区位的影响时，认为要使工业生产取得最低成本的效果，首先要寻求运费最低的地点。运费差异的产生，除了运输距离这个显而易见的因素外，另一个就是原材料的特性，而这往往对工业区位的选择具有决定性意义。为此，韦伯提出了**原料指数**这一重要概念。任何地方都存在的原料为**遍在原料**，而只有在特定场所才有的原料为**局地原料**，如铁矿石、煤炭、石油等。原料指数为：

$$原料指数(M_i) = \frac{局地原料重量(W_i)}{制成品重量(W_p)}$$

运输指向主要是使用这一指数判断工业区位指向，该指数的大小决定理论上的工厂的区位，根据最小费用原理：$M_i > 1$ 时，工厂区位在原料地；$M_i = 1$ 时，工厂区位在原料地、消费地均可（自由区位）；$M_i < 1$ 时，工厂区位在消费地。

为了推导运输费用最佳区位模型，韦伯按投入原料的种类和比例，设计了几何区位图形（图 2.2.7）。图中两种情形都各有一个角代表消费地，其余各点代表原料地。当原料地有两个时，形成区位三角形；原料地在两个以上的叫区位多边形。原料地和工厂连接的线段代表原料重量，工厂和市场连接的线段代表制成品的重量。从运输角度衡量，工厂的最佳区位是总运费最小的点，它可能在区位三角形、多边形的顶点、边线或内部某个点。

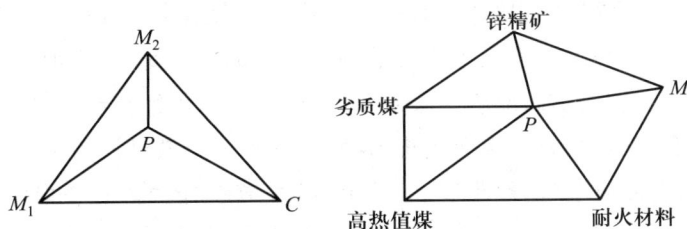

图 2.2.7　韦伯的区位几何图形

(陆大道，1988)

M 原料产地；P 工厂；C 市场

劳动力指向：韦伯认为，当劳动力费用在特定地区对工厂区位选择有利时，如果该地点带来的劳动力费用节约额比由最小运费点移动产生的运费增加额大时，劳动力指向就占了主导地位，工厂就有可能放弃运费最小地点，而移向廉价劳动力的地区。

集聚指向：集聚可以使企业集约地利用土地、能源和基础设施，可以节约企业间经济过程的费用。韦伯认为，如果集聚的节约额比运输或劳动力指向带来的生产节约额大时，便会产生集聚指向。一般而言，发生集聚指向可能性较大的区域是若干工厂相互邻近的区域。

以上对韦伯的工业区位论做了简单的介绍。可以看出，韦伯理论的中心思想就是区位因子决定生产场所，将生产吸引到生产费用最小地点，或者节约费用最大地点。尽管韦伯这一理论存在一些不足或缺陷，比如没有考虑到社会文化、消费、政府政策等因素对区位选择的影响等，但是，它对现实工业布局仍然有非常重要的指导意义。

2. 工业区位论的应用与发展

韦伯的工业区位论是经济区位论的重要基石之一，在现实中有较普遍的切实的应用价值。

从运费指向上看,按照韦伯的原料指数可将现实中的工业分为三种类型:

原料指数大于 1 的工业,如钢铁业、水泥业、造纸业、面粉业、葡萄酒业、制糖业和乳制品业。这些工业在现实中,大多是在接近原料产地布局。

原料指数小于 1 的工业,如啤酒制造业、清凉饮料制造业、酱油制造业等。以啤酒酿造业为例,生产 1 t 啤酒一般需要主原料水 10 t(包括清洗和冷却用水),大麦、啤酒花 0.03 t。尽管啤酒酿造用水对水质有一定要求,但水仍然可作为遍在原料,大麦和啤酒花则属局地原料。啤酒酿造的原料指数一般为 0.035,是典型的消费指向性工业。现实中,啤酒厂几乎都布局于城市或其周边的消费者集中的地区。

原料指数大致等于 1 的工业,如石油精炼工业、机械器材组装工业和医疗器械制造业。石油精制也是把原油精制后生产汽油、轻油、重油等石油产品。原油是局地原料,从原料到产品其重量几乎不发生变化。这样在理论上,其生产区位是自由型。实际上,从石油精制业的布局来看,既有在原油产地的(如波斯湾、墨西哥湾、中国的大庆和克拉玛依等),也有在消费地大城市的(如纽约、北京、上海等)。

从劳动费指向上看,纺织业和精密机械零件行业的区位是典型的劳动费指向性产业。在发达国家,纺织业及其他一些劳动密集型企业的区位基本上是由大城市向城市周边和农村地域发展,然后再向发展中国家转移。其原因是大城市劳动费用高,而城市周边和农村地域却有大量的廉价劳动力。但远离消费地(大城市)的工业布局会造成与最小费用地和工业集聚地的空间偏离,带来运费增加和不能享受集聚利益的费用增加。因此,一般地说向城市周边和农村地域分散的工业都是劳动成本高或者集聚利益要求不高,靠单纯劳动可进行生产的行业。

从集聚指向上看,工业由分散走向集聚,再由集聚趋于分散已成为工业空间运动的一个规律。在这个过程中,有的属于"偶然集聚"——由"运费指向"或"劳动费指向"带来在原料供给地或消费地的集聚。也有的属于"纯粹集聚"——为了得到同种行业的集聚利益,而在已经形成的区位空间(如消费地等)内集聚。例如,日本在第二次世界大战后,在"三湾一海"形成了高密度的重化学工业集聚带,其原因是这一集聚带接近日本国内消费地;再则,这些工业的原料几乎完全依靠进口,而大的港口无疑成为原料供给地。按照韦伯的理论,就是接近原料地,是原料运费最小化。这实际上就是由运费指向带来工业向消费地集聚和向原料供给地集聚的"偶然集聚"。20 世纪 70 年代以后,由于地价上涨和劳动费用的上升,造成生产费用的增加,这种集聚有所缓和,特别是京滨临海部工业的集聚出现停止,反映出分散因子削弱了集聚因子的作用。

一个世纪以来工业区位论有了很大发展。

20 世纪 30 年代末到 40 年代末,美国经济学家胡佛(E. M. Hoover)提出运输区位论。他提出了随距离变化呈递减趋势的途中运输费用和与距离无关的场站作业费用,区位选择要尽量避免原料和产品的多次中转,按照原料和产品的运输距离可以通过选择运输方式降低运输费用等。胡佛的运输区位论为以后出现的集装箱运输、零仓储运输提供了理论依据。

自 20 世纪 50 年代中期开始,区位研究逐渐把成本和需求两方面结合起来考虑,工业区位分析趋向现实。格林哈特(M. L. Greenhut)1956 年出版了《工厂区位的理论与实践》,对需求、费用和个人因素进行了深入细致的研究,在论述个人因素时,反映出舒适的环境和宜人的气候往往是厂商在两个经济基础相似的区位进行抉择时的决定性因素等思想,这表现出区位理论对环境因素和行为因素的重视。

区域科学的创始人艾萨德(Walter Isard),从 20 世纪 50 年代开始对工业区位论提出了大量的新观点,主张从"空间经济论"出发研究区位论,从区域综合分析中研究工业区位,在具体研究中采用了经济学家常用的比较成本分析与投入产出分析。

20 世纪 70 年代以来,由于以信息技术、新材料技术、生物技术为代表的高新技术产业的飞速发展,运输业的发展,环保意识的提高,对传统区位论提出一系列挑战。在工业区位研究中,运输因子的作用有所下降,知识集聚、信息集聚、产业集群效应的研究得到重视,环境影响、市场因素也成为现代区位研究的重要内容,以及当前区位研究的新趋向。

20 世纪 90 年代初,经济学家克鲁格曼提出的"中心-边缘"模式,即著名的"新经济地理"理论,用空间关系剖析经济过程"地方化"的原因,引起主流经济学界对经济地理学的重视。克鲁格曼的思想对经济地理来说并不是鲜明创新的思维,其用缩短距离、节约运费、降低成本来解释区域经济集聚过程,在主流经济学界是方法论上的突破,显示了以区位论为中心的空间经济思维对经济学的重要意义。

(三)市场区位论

1. 廖什市场区位论

廖什对区位论的主要贡献是用利润原则来说明区位选择。他认为大多数工业区位是选择在能够获得最大利润的市场区域。这和以韦伯为代表的追求单一企业最小费用地点为最佳区位的理论有明显的区别。廖什把每个企业放入大量企业存在的体系中,寻求经济区总体系统平衡,把生产区位和市场区位结合起来,将利润原则与产品的销售范围联系起来,并以利润原则来判明企业空间配置方向。

市场区及市场网是廖什理论的基本内容。廖什在均质平原的农业地域内,居民偏好相同、经济需求相同等假定条件下,采用了需求圆锥体作为分析工具,把产品的需求量和价格的反比关系与市场区联系起来。假如某个农场主生产啤酒,当有剩余产品时,便会产生啤酒销售的商业活动。离生产地越远,啤酒的运费就会增加越多,价格自然随之上升,需求量则随之减少,到某一地时,所付运费已高到不可能出售啤酒,需求量为零,也即啤酒生产的市场地域边界。如图2.2.8 所示,P 为生产地,啤酒的销售量为 PQ,PF 为啤酒最大销售距离,F 点的需求量为零,QF 为需求曲线。若以 PQ 为轴,以需求曲线 QF 旋转一周,就得到了廖什的需求圆锥体。以 P 为圆心,PF 为半径的圆形地域就是啤酒的销售市场。

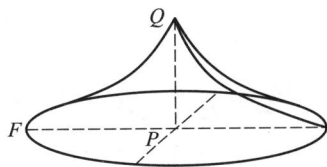
图 2.2.8　廖什的需求圆锥体
(陆大道,1988)

实际上,在啤酒厂有利可图的情况下,将会有多个同样的工厂出现,各自垄断一个市场区,随着生产规模的扩大,市场地域也得到扩大,以致圆形市场区相接、相交,竞争的结果最终使圆形市场区缩成六边形,从而组成六边形市场网络(图 2.2.9)。按照廖什的观点,工业区位主要由产品的销售范围大小(产品需求量)决定,工厂宜设在能获取利润的地点,任何厂商要想在竞争中求生存,必须以最大利润为原则,在竞争中降低运费,使得收入和费用之差达到最大,而竞争的均衡点正是最佳工业区位。区位空间达到均衡时,最佳的空间模型是正六边形。廖什的理论最适合分析销售广泛的生产区位,如面包厂、饮料厂等。

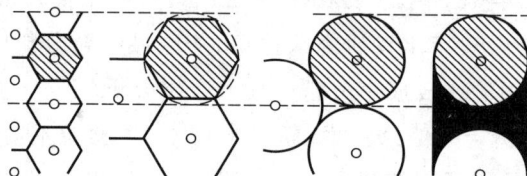

图 2.2.9　廖什的市场区组织发展过程

(陆大道,1988)

2. 帕兰德区位论

帕兰德的区位论从空间竞争分析商业的市场地域。帕兰德通过自己设计的市场模型,研究了两个生产相同产品企业的市场地域划分。某地的价格若等于生产地价格加上到消费地的运费,那么该地方价格在运费与距离成比例时将随着离生产地的距离增加。地方价格的高低呈漏斗状,漏斗的下端就是生产地。在所有的竞争地,其地方价格都呈漏斗状。在这些漏斗相交的地点,价格相等。这样,等竞争线可看作是两个漏斗相交部在平面上的投影(图 2.2.10)。

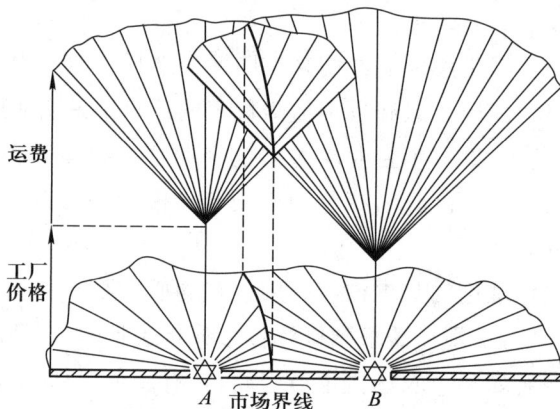

图 2.2.10　帕兰德区位的市场地域分割

廖什和帕兰德的区位更适合于商业选址,因为商店就是商品的集散中心,最大范围地占据市场是商业选址基本追求。离商店越远,顾客付出的购买成本越高,当达到一定高度,顾客就会放弃去该商店购物的愿望。这和离生产地越远,产品运费越多,成本越高,是一个道理。虽然他们最初是探求生产地区位,但后来更多地广泛应用于商业选址上。

图 2.2.11 为某地原有的两家超市,双方各供应一定的区域范围,各有自己的市场领域,彼此没有大的竞争。后来在两者之间开设了新的超市。新超市经营规模大,同类商品售价比两个旧超市都低,运输费用也比两个旧超市都低,这样就把原来旧超市的市场空间都夺去,旧超市市场空间仅限于 1 到 2 和 3 到 4 之间的近邻狭小地带。1 以外,2 到 3 之间和 4 以外的广大市场都被新超市所占有,旧超市面临倒闭危险。新建超市不是看旧超市剩下多少市场空间,而是着眼于自己的价格、服务水平及成本(包括运费)是否优于原来的超市,优于对方,就可以抢

占原来超市的市场空间,如果不优于对方,即使有剩余空间,也未必能占有。

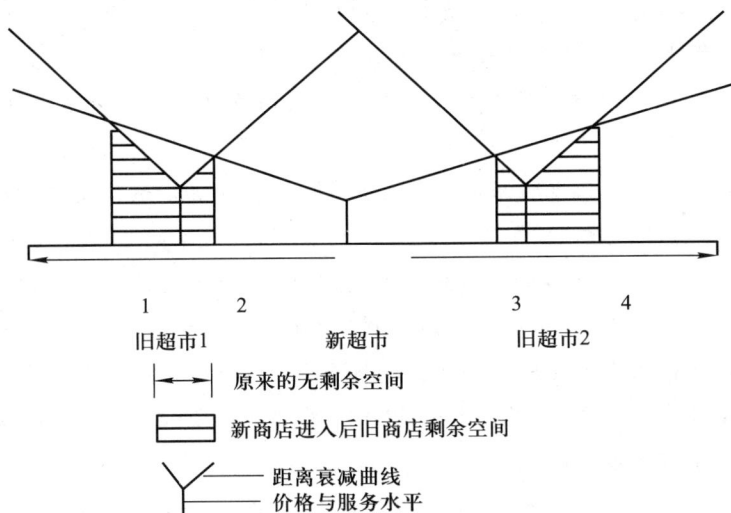

图 2.2.11 帕兰德区位应用案例

(四)知识经济时代产业区位论面临的挑战

在知识经济时代,衡量一个区域的社会经济发展水平,更为重要的依据是这个区域的知识储备、创新能力、科技水平、知识型产业的发展及其更新速度,决定和影响经济增长的要素主要是技术、信息、劳动者的观念与智力水平等知识型要素,而区域的资源占有、资金储备、人口数量等资源型要素的地位将会下降。在这种情况下,传统的经济区位论将会受到什么样的影响呢?

首先,在知识经济时代,随着高科技含量的知识密集型产业的发展和生产的国际化,产品制造模式将由原来那种大批量的标准化的刚性生产方式转变为小批量的柔性生产方式,生产活动的组织方式将由原来那种大规模集中的生产方式转变为规模适度的、在地域空间上分散的、国际化的生产方式,这些变化将使生产地域结构发生重大变化。

其次,在知识经济时代,随着信息传输技术的发展,产品生产、流通和销售方式的变化,以及网络化、信息化、虚拟化的经济活动的出现,将使原来影响产业布局的运输、集聚、市场、原料等区位要素的地位和重要性程度大大降低,而知识、技术、智力等知识型区位要素和重要性程度将大大提高。

再次,在知识经济时代,区域边界将日趋变得模糊,经济全球化趋势空前加强。因此,知识经济时代的到来,将使传统的经济区位论面临严峻的挑战,其理论基础、有效性和适用性将在一定程度上受到影响(徐建华,1999)。

最后,高新技术产业区位研究引起重视,特别是企业研发中心(R&D Center)的区位问题成为经济地理学的研究热点,一般认为,靠接大学、研究所等知识密集地区,环境优越、交通方便的大城市周边是高新技术比较理想的布局条件。

知识经济时代

20 世纪 70 年代以来,世界科技革命进入了高科技阶段,产生了微电子与信息、生物工程、航空航天、海洋、新材料、新能源开发等 6 大高科技群。伴随着这一新的科技革命,逐步形成了一系列知识密集型产业。进入 20 世纪 80 年代,以微电子为基础,以计算机、网络和通信技术为主体的信息技术的迅速发展,打破了以前知识传播在空间和时间方面的限制,使知识的创造、存贮、学习和使用方式发生了很大的变化,大大提高了知识商品化的能力及知识应用于生产和服务行业的速度,经济增长出现了根本性的转变——经济增长转向依赖于知识的生产、扩散和应用。到了 90 年代中期,以信息产业为代表的知识密集型产业更是获得了突飞猛进的发展。经济合作与发展组织(OECD)主要成员国知识密集型产业的经济产值已占 GDP 的 50% 以上。鉴于此,OECD 发表了《以知识为基础的经济》,正式提出了知识经济的概念。

知识经济建立在知识的生产、分配和使用(消费)之上。这里所说的知识是人类创造和积累的全部知识,其中最主要的是科学技术、管理和行为科学知识。知识经济不同于传统的以消耗大量原材料和能源为特征的经济,而是基于新的科技成果和人类知识精华的经济形态。它的悄然兴起是一场无声的革命,对人类社会经济活动的各个领域,对现有的生产方式、生活方式、思维方式等正在和即将产生重大影响。

公 司 区 位

随着经济发展,企业经营范围和规模不断扩大,多厂、多部门的企业集团逐渐取代单厂、单部门的企业,企业大型化、综合化、跨国化的趋势日益增强,公司内部的各部门、各生产单位、各经营单位之间的空间结构直接影响公司的发展。公司区位(公司地理)就是研究公司投资空间、结构空间的理论。如公司总部设在哪里? 分部设在哪里? 子公司设在哪里? 在空间上形成怎样的利于管理、利于生产、利于获取更大利润的网络结构等。

三、 非工业区位

非工业区位是指非工业生产活动的位置选择,如住宅区位、办公区位、学校区位、公共设施区位等。随着城市建设的发展和居民生活水平的提高,这方面的社会需求越来越强烈。现代地理学的区位研究对这方面研究也越来越重视。非工业区位,虽然也重视交通因子、距离因素,但更多地注重环境因子和行为因子、人文社会因子的作用。

(一) 住宅区位

住宅区位的选择主体是城市居民,当然居民的择居行为也会影响到开发商房地产开发的区位选择。

1. 住宅区位的影响因素

一是经济因素，即房屋的价格和居民的收入，这些因素驱动和制约不同收入阶层住宅在城市空间中的分异。二是交通因素，它决定居住的便利性，与上学、上班、就医、购物等有着密切关系。三是环境因素，它决定居住地的舒适性，即居住地的环境质量、生态条件，如污染程度、绿化程度、临水状况，等等。四是人文因素，即居住地的安全状况、文化氛围、民族和种族关系，以及居住者本人的年龄、职业、受教育程度、民族和种族背景，等等。

2. 行为理论

这方面比较成熟的理论主要有**过滤论**、**互换论**、**家庭生命周期理论**等。

过滤论是 20 世纪 20 年代美国学者伯吉斯（E. W. Burgess）在城市同心圆结构理论中提出来的。他认为城市住宅由中心向外围依次为工人住宅区、中产阶级住宅区和高收入阶层住宅区。这种住宅格局的出现是通过家庭搬迁的过滤机制实现的。也就是说，随着城市化的进展和城市地域向外拓展，最富裕的家庭迁到城市外围环境条件比较好的新住宅区，他们原来的住宅即让位给中等收入的家庭，而原来中等收入家庭的住宅就让位给更低收入的家庭。其结果是住宅不断向更低收入者过滤，富裕居民不断向更高级住宅过滤。这种理论在家用小汽车普及的西方发达国家城市郊区化过程中得到一定验证。中国发达沿海城市出现的城郊高级别墅住宅也一定程度体现这一趋向。但是对广大处于城市化初期的发展中国家却不合乎实际，对中国大多数城市来说，情况正好相反，城市中心房、地价高，集聚高收入阶层，而郊区则集聚低收入阶层。

互换论是 20 世纪 50 年代阿洛索（W. Alonso）提出的，后经墨斯（R. F. Muth）、伊文斯（A. W. Evans）发展完善。其主要思想是，在收入和其他商品消费一定的情况下，家庭住宅选择取决于交通费用与住宅费用之间的互换关系。即住宅费用离城市中心越远费用越低，而交通费用则离城市越远其费用越高，住宅宜选在综合费用最低的地方。这一思想一定程度揭示了居民择居行为的基本出发点，以及交通对城市住宅空间结构的影响。

家庭生命周期理论由罗西（Rossi）提出，他认为住宅的空间选择是由居民居住行为所决定的：单身时代，为了就业和工作、生活方便，主要是在市中心居住，住在面积很小的公寓或公司宿舍之中，结婚后在城市中心周边租房，有孩子后到城市边缘区更大住房，孩子独立到郊区高级住宅，退休到远郊别墅，年老后为医疗保健便利，又回到市中心。即无巢单身阶段—小巢小家庭阶段—中巢中年家庭阶段—大巢富裕老年阶段—离巢养老阶段。

（二）办公区位

办公区位包含两大类，一类是商务办公，就是企业的管理机构、服务机构。它们是企业的一部分，其区位选择服从于企业经营需要，其布局不同于实际生产单位，也不同于销售单位，有自身的特点。另一类就是城市或区域的公共管理机构。

这后一种区位选择的出发点不是盈利原则，而是考虑管理成本的最小化和公共利益的最大化。一般应布局在区域或城市的各级中心交通比较便利的地方，为降低管理成本和方便于服务管理对象，呈相对聚集的状态。

（三）学校区位

学校区位又称教育区位,中小学和大学有所不同。中小学分散布局于居民区中,以方便居民子女就近入学为目的的,往往选择在居住小区或居住区的中心地建立学校,国外的城市规划(如日本、德国、俄罗斯)不少就是以中小学为中心划分邻里单位、规划单位。

大学的区位,随着城市化的发展,由于地价杠杆的作用,郊区化趋势明显。另外,高校布局出现集聚化、规模化的趋势,众多大学集聚成大学区、大学城。

总之,大学区位,从宏观尺度上讲,依托于中心城市,便于吸引人才,进行文化技术交流和为社会经济服务。从中观尺度上讲,多位于城市郊区,便于学校的规模发展。但随着高等教育的普及,为方便市民就学,一些社区大学也在市区内逐渐兴起。从微观尺度上讲,周边交通通信条件、环境的舒适性、文化氛围也是大学选址的重要因素。

（四）公共设施区位

公共设施区位是指城市公益事业单位的位置选择和网络布局。如消防、煤气站、自来水站、治安、救护、医疗、公共文化设施等。它与产业区位的最大差别就是其公益性,即非营利性。这一问题在经济学、地理学、城市规划、区域科学、管理科学、应用数学等领域引起广泛关注。其选址的目标就是最小化原则和最大化原则。最小化原则就是指公共设施离服务对象的总距离最小化,最大限度接近服务对象。一般指总人口千米数最小,即在设施数固定的情况下,设施布局的位置要实现区内所有人距公共设施距离总和最小,或平均距离最小(总距离/总人口)。最大化原则就是实现在设施数固定的情况下设施网络覆盖的人口数量最大,覆盖和保护的财产价值最大。显然两个原则是统一的。

四、 中心地理论

中心地理论是关于城市等级-规模和城市职能、大小、空间结构的学说,是关于城市空间结构的理论。它是第一次世界大战后西欧工业化和城市化迅速发展的产物。1933 年,克里斯泰勒在其发表的《德国南部中心地原理》著作中,系统地阐明了中心地的数量、规模和分布模式,建立起了中心地理论。中心地理论虽然是在近代地理学时期提出的,但自提出以来,几十年一直没有多大影响,长期被地理学主流学派所忽视。直至 20 世纪 60 年代现代地理学理论革命、计量革命以后,才引起学术界的高度重视。它的理论思想不仅仅局限于城市结构,也适用于商业、管理、服务、科技文教等一切从中心向周边辐射的行业、事业。它的意义也不仅仅局限于地理学,在城市规划、区域规划及各行各业的服务管理网络设计等领域都发挥巨大作用,它是地理学对人类科技、文化的重要贡献。

（一）理论模式

克里斯泰勒假设研究的区域或国家是平原,并且不考虑其地理条件的差异,人口均匀分布,有统一的交通系统及便利程度,消费者都利用最近的中心地等。他把空间看成是同一密度的、均质的,利润原则起着完全的支配作用。

在此前提下,为了揭示城镇的等级、职能及在空间中的分布关系,克里斯泰勒提出了以下重要概念:① 中心地——相对于散布在一个区域中的居民点而言的中心居民点,它能够向居住在它周围地域(尤指农村地域)的居民提供各种货物和服务。② 中心货物和服务——在中心地内生产的货物与提供的服务,它们出售和服务的主要对象为其周围区域的居民。中心货物和服务亦可称之为中心地职能,它是分等级的,即较高(低)级别的中心地生产较高(低)级别的中心货物或提供较高(低)级别的服务。③ 中心性——对围绕的周围地区的相对重要性,或者说它起的中心职能作用的大小。④ 服务范围——中心地提供的每一种货物或服务的空间服务范围。其上限是消费者愿意去一个中心地得到货物或服务的最远距离,超过这一距离他便可能去另一个较近的中心地;下限是保持一项中心地职能经营所必需的最短距离,克里斯泰勒称之为"需求门槛距离"。

在上述假设条件下,中心地均匀地分布在平原上,同类中心地间的距离也相等,服务范围也是同一半径的圆形区域。这样,任何一个中心地都有 6 个同级中心地与之相邻接。它们以紧密相切的圆均匀分布。这样圆和圆之间出现空白区域得不到中心地提供的服务[图 2.2.12(a)]。两个中心地相互竞争,根据趋向最近中心地购物的原则,重叠区内的消费者将以重叠区的中心线为界分别为最近的中心地所吸引[图 2.2.12(b)],于是各个中心地彻底瓜分相切的部分进而形成无空白的六角形蜂窝状结构[图 2.2.12(c)]。各个六角形的结点是距离已有中心地最远的点,是接受服务最弱的点,因此,次一级中心地就在这里产生[图 2.2.12(d)]。以此类推,中心地可以分成若干等级[图 2.2.12(e)、图 2.2.13]。

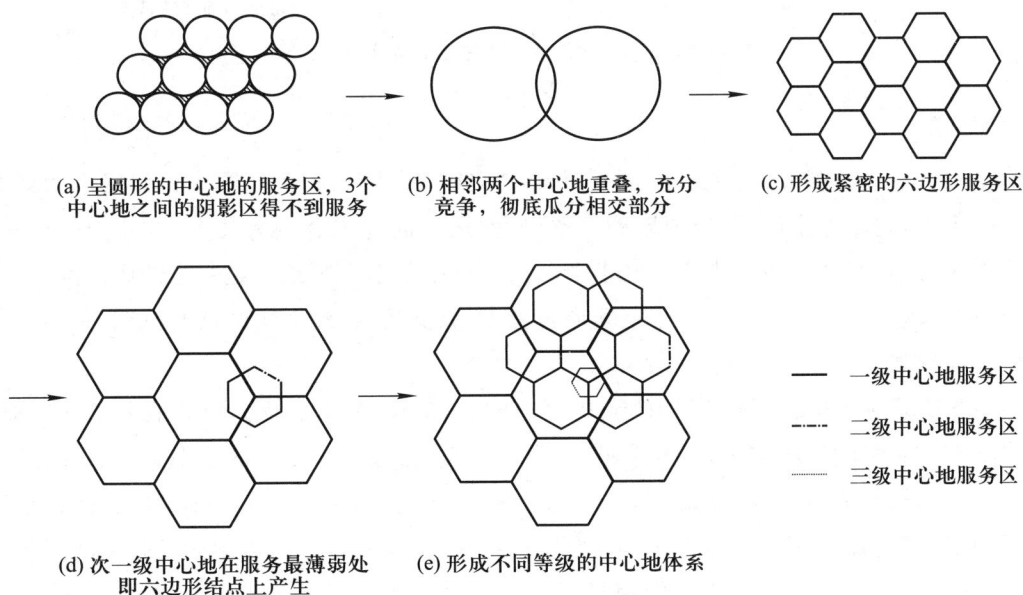

(a) 呈圆形的中心地的服务区,3个
中心地之间的阴影区得不到服务

(b) 相邻两个中心地重叠,充分
竞争,彻底瓜分相交部分

(c) 形成紧密的六边形服务区

(d) 次一级中心地在服务最薄弱处
即六边形结点上产生

(e) 形成不同等级的中心地体系

—— 一级中心地服务区
—·—·— 二级中心地服务区
·········· 三级中心地服务区

图 2.2.12　中心地模式的形成

中心地理论揭示了人类服务性事物的基本空间规律:具有中心地职能的机构位于服务管理对象的中心,当需求达到一定门槛时,就形成中心地;它们以等级地六角形镶嵌结构存在(图

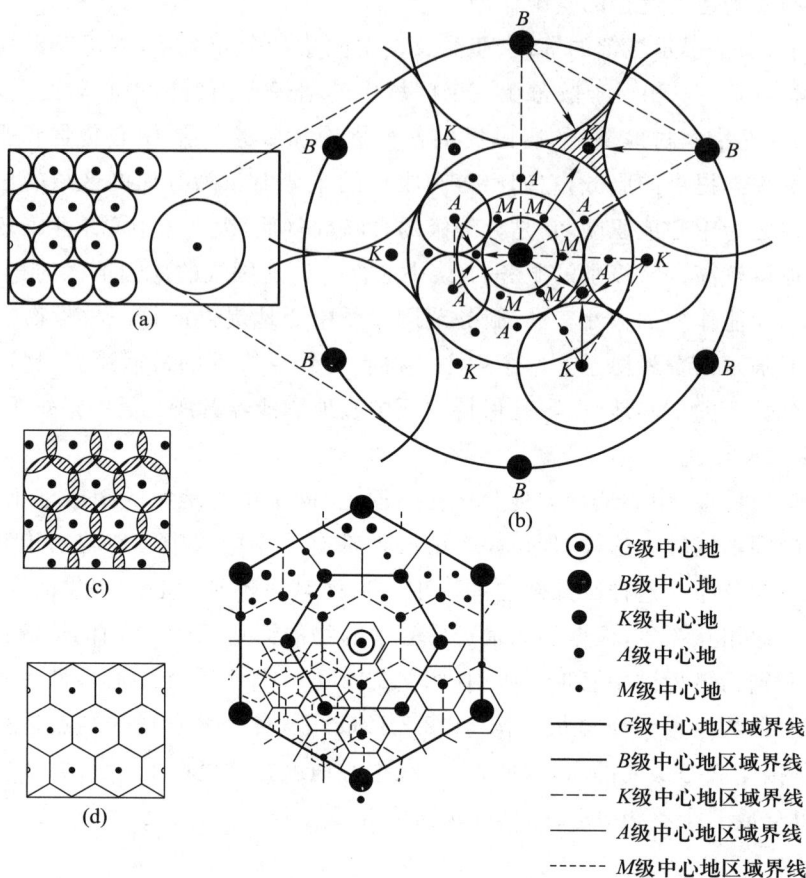

图 2.2.13 均衡状态下中心地空间模式

(克里斯泰勒,2002)

2.2.13)。高级中心地数量少,服务范围大,低级中心地数量多,服务范围小。如城市的商业中心只有一个,但它服务全市,甚至辐射到外省市,而区级商业中心则有几个、十几个,服务范围仅限于所在区域,而社区商业中心有几十个、几百个,服务范围则仅仅是周边的居民区。

克里斯泰勒认为,中心地的分布空间形态受市场、交通、行政因素的制约,形成不同的中心地系统空间模式。

(1) **市场原则** 在这一原则作用下,中心地的分布要以利于货物销售和服务方便为原则。高级中心地位于它的市场中央,有 6 个低一级的中心地分布在市场区的角上,这低一级的中心地有它自己的较小的市场区,其角上又有 6 个更低一级的中心地分布,以此类推,直到最低一级的中心地和市场区。高一级的市场区内有一个完整的低一级的六边形市场区和周围 6 个低一级市场区的各1/3。因此,1 个高级市场区是由 3 个低级市场区组成的,实际上也就是 1 个高级中心地共有 3 个低级中心地的服务量。而低级市场区又包含了 3 个更低一级市场区。这样,市场区等级系列按照 1,3,9,27,81,243,…排列,即低一级市场区的数量总是高一级市场区数量的 3 倍,克氏称之为 K =3 系统;相应地,由于每个中心地包括了低级中心地的所有职能,在一级中心地所属的 3 个低级市场区内,只需在原有的 1 个一级中心地之外再增加 2 个二级中心地即可满足 3 个二级市场区的需要。在 9 个三级市场区内,因已有了 1 个一级中心地、2 个二级中心地,因此,只增加 6 个三级中心地即可。这样,在 K＝3 的系统内,不同规模中心地出现 1,2,6,18,54,162,…的等级序列。可以看到,把一、二级中心地加起来,结合后面的各级中心地数量,也依次是 3 的倍数[图 2.2.14(a)]。

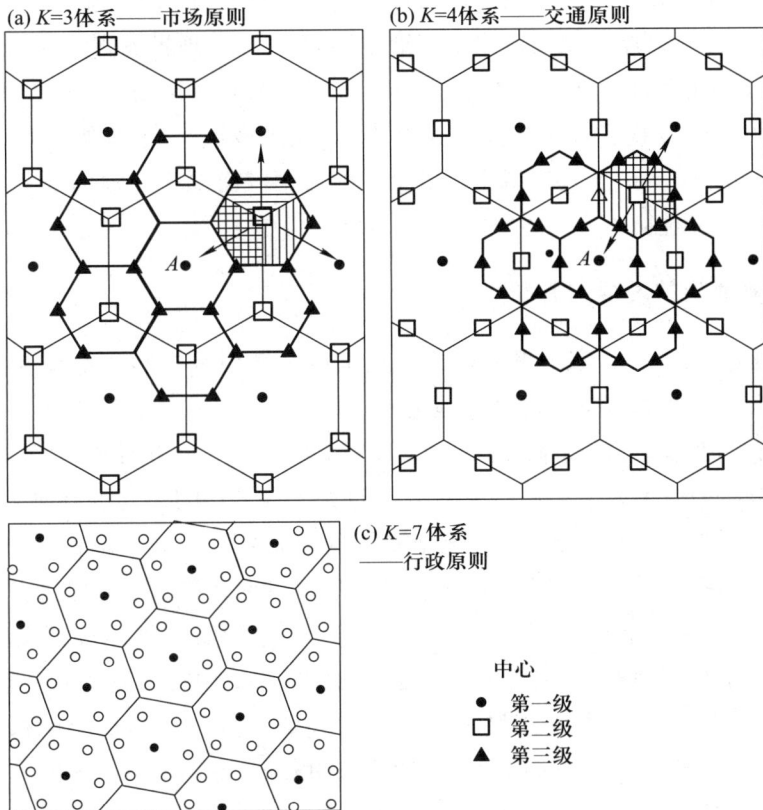

图 2.2.14 克里斯泰勒三原则下的中心地空间模式

市场原则比较适用于对商业布局的分析,因为它基本上是按理论模式分布的。

(2) **交通原则** 在交通原则制约下的中心地等级系统,各级中心地应该位于高一级中心地之间的交通线上。为此,克里斯泰勒调整了均衡状态下的中心地空间模式,将六边形的 6 个顶点的低级中心地都布局在六边形六条边的中点上,这样,任何一级中心地之间的交通线都可以把低一级中心地连接起来。同时,低级中心地的市场区被分成两部分,分属 2 个较高级的市场区内。而较高级中心地除包含 1 个低级中心地的完整市场区外,还包括 6 个低级市场区的一半,总共有 4 个低级市场区。因此,在交通原则支配下的中心地市场区等级就呈 1,4,16,64,256,…排列,形成 K＝4 系统。低级市场区的数量以 4 的倍数递增。相应地,在 K＝4 系统内,中心地数量的等级序列为 1,3,12,48,192,…[图 2.2.14(b)]。

交通原则更多地适用于对城市布局的分析,因为城市多按交通干线串珠状分布。

(3) **行政原则** 在行政管理上,一个中心地只能从属于一个高级中心地,而不能像 K＝3、K＝4 系统内,同时受到 2、3 个高级中心地的影响。为此,克里斯泰勒扩大了六边形的规模,以使 6 个低级中心地完全被置于 1 个高级中心地的行政管辖范围之内,从而形成 $K=7$ 系统。这样,市场区(行政区)的等级序列为:1,7,49,343,2 401,…[图 2.2.14(c)]。

行政原则更多地适用于对行政中心空间结构的分析,因为高级行政中心对低级行政中心的管辖是完全的,不可分割的。

以上三原则共同导致了城市等级体系的形成。克里斯泰勒认为,市场原则主要适用于开放、便于通行的地方;行政原则比较适用于自给性强、客观上与外界隔离的山间地域;交通原则更适用于新开发区、交通过境地带或线状分布的聚落。他的结论是:在三个原则的共同作用下,一个地区或国家应当形成如下的城市等级体系:A 级城市 1 个,B 级城市 2 个,C 级城市 6～12 个,D 级城市 42～54 个,E 级城市 118 个。他对德国南部中心地的研究成果显示,南德的中心地分为七级,并遵循 $K=3$ 的规律。

(二)中心地理论的发展与评价

1934 年,德国城市地理学家多里斯曾给予克里斯泰勒的著作和理论高度评价。然而,此后很长一段时间,大多数德国学者对他的理论不予理睬和承认。第二次世界大战后,中心地理论首先在北美洲、荷兰、瑞典得到承认。贝利(B. J. L. Berry)、哈格斯特朗(T. Hägerstrand)、哈里斯(C. D. Harris)等极力推崇克氏理论。20 世纪 50—60 年代,荷兰在须德海周围地区填海造陆,曾在数千平方千米范围内,按克里斯泰勒的模式规划建设了居民点和交通网。1960年,在瑞典隆德和斯德哥尔摩同时举办的国际城市地理讨论会和国际地理代表大会,对中心地学说给予了高度评价。20 世纪 60 年代后期,克氏 1933 年的著作被译成英文,此后该学说逆向传入德国,获得了很高的声誉,在德国许多地方的发展规划中得到应用。

在所有研究者中,美国学者贝利和加里森(W. L. Garrison)所做的贡献最为突出。20 世纪 50 年代末,贝利和加里森首次采用计量手段研究中心地,论述了中心地的等级性、商品供给的范围和中心地的成立过程,并且提出了"门槛人口",对中心地进行新的解释。所谓门槛人口就是某种中心职能在中心地布局能够得到正常利润的最低限度人口。通过一些实证研究,他们认为,一般门槛人口大的中心职能,供给的市场区范围也大,通常在较高等级的中心地布局;反之,则在低等级中心地布局。因此,中心职能的等级性可以反映中心地规模的等级性,通过中心职能的门槛人口就可以划分中心地的等级。他们还从动态角度分析了中心地规模扩大对中心职能布局的作用及中心地的布局过程,建立了更接近于现实的模型。指出随着中心地规模的扩大,中心职能数会增加,每个中心职能得到超额利润的可能性就会减少。同时,随着中心地的人口增加,市场区规模扩大,各中心职能因规模经济而扩大,最终趋于适当的规模。

20 世纪 40 年代以来,欧美一些学者对克里斯泰勒的中心地理论进行了大量的验证。英国学者斯梅尔斯(A. Smailes)在 1944 年广泛研究了英格兰和威尔士的 900 多个聚落,划分出了这些地区的城市等级体系。1953 年,布雷西(H. E. Bracey)和布拉什(J. E. Bruch)在美国威斯康星州和英格兰南部两个接近克氏理想景观条件,但人口密度和聚落历史不同的地区都发现了乡村服务中心存在着等级体系;1964 年,斯金纳(G. W. Skinner)发现中国成都平原的周期市场排列符合六边形市场区,并存在 $K=3$ 和 $K=4$ 两种类型。英国著名地理学家哈格特(P. Haggett),从巴西行政区划中 2 800 多个县级单位中,随机地选取了 100 个,分别统计每个县被几个县所包围。统计结果发现了有趣的邻接情况,最终获得每个县平均被 5.71 个县所邻接,十分接近于六边形理想极限 6 这个数字。丹麦的佩迪森统计了同一级行政管理区 553 个,最终发现每一个这样的行政单位平均被 5.81 个所邻接,与 6 这个理想极限值更为接近了一步。中国的牛文元(中国科学院可持续发展战略研究组,1999)在 1987 年到 1992 年期间,随机选择了中国 1 300 个县级单位,遍布于 26 个省和自治区,逐个对每个县所邻接的县数做了统计,最终结果表明:平均邻接一个县的数目为 5.841,比英国和丹麦的结果,都更接近于极限结果。所有这些都说明克里斯泰勒的六角形中心地结构理论是对人类社会地域结构规律的很了不起的发现。20 世纪 80—90 年代中国学者对中国的一些聚落也进行过研究和验证,如北京大学一些学者发现河北胜芳镇的农村聚落分布基本符合中心地理论结构。

克里斯泰勒的理论是 20 世纪 30 年代的德国南部地区产物,不可避免地存在着局限性、不足或者缺陷,但他提出的许多理论概念仍然具有普遍的意义。比如商业、服务业是城市的重要职能,城市的等级体系及其职能、规模差别、不同等级城市在数量和间距上的规律性等。他把逻辑演绎的思维方法引进地理学,研究空间法则和原理,使地理学的思维和研究方法发生了革命性的变化,极大地促进了地理学的理论研究和数学方法的应用。正因为如此,克里斯泰勒被尊为"理论地理学之父",他的中心地理论标志了现代城市地理学的形成。由于中心地与市场区之间的关系对区域结构的研究具有重要意义,按照中心地理论在区域规划中又可以比较合理地布局区域的公共设施和其他经济、社会职能,因此,中心地理论还成为区域经济学的理论基础之一。

(三) 中心地理论的应用

中心地理论在各国区域开发、国土开发与整治、城市体系规划等领域得到了广泛的应用。例如,联邦德国于 1965 年颁布了《联邦空间整治法》,其目标是实现全国各地区居民享受"同等的生活条件",被称为"等质量生活运动"。在这一法案中,规定了各级中心地的目标。1968 年,联邦德国还规定了中心地的一般划分标准。在 1975 年,根据以联邦德国全域的大空间发展为目标的《空间整治纲要》,围绕一个或数个高级中心地将全国划分为 38 个大空间,进一步落实上述空间整治目标。其手段是"点轴开发"。"点"就是中心地和开发重点,"轴"就是开发轴。联邦空间整治内阁会议还具体指出,在空间整治中的中心地是指具有中心地意义的市镇村,开发轴是连接中心地和聚落的结合轴。

日本也运用中心地理论进行区域规划。从 1969 年开始,除大城市圈外,日本在全国共设定 179 个地方生活圈。这些生活圈与行政、购物、医疗、通勤、上学等日常生活行为的大小和公共设备的配置相对应,由四个等级的圈域组成,各个圈域具有不同的中心城市,规划出应该整治的设施。1977 年和 1987 年,日本还进行了第三次和第四次全国综合开发计划,其定住圈构想与多级分散型国土形成构想的主要思路与上述思路基本一致。

迄今为止,中心地理论是研究城市和城市体系的最完善的理论体系,它为科学合理地规划区域内不同等级规模的城市及城市之间的空间关系提供了理论基础。中外学者在城市体系研究与实践领域中应用中心地理论极为广泛,文献众多。

在中国,区位论实践应用最多的也是中心地理论。这方面的研究主要分为两个方面:一是研究一定区域的城市体系。如东北师范大学地理学者对东北地区城市体系的研究,北京大学地理学者对华北、关中地区城市体系的研究。陈传康、邓忠泉(1993)基于中心地理论研究发现泰州在区域经济长期发展过程中成为长江中下游泰州经济区的中心城市,是江苏中部的经济"增长极",长期以来被扬州下辖,制约了其发展,呼吁确立泰州中心城市地位,恢复泰州作为区域中心的地位。1996 年,国务院批准设地级泰州市,行政区划调整促进了泰州经济发展,也证明了中心地理论在行政区划上有很高的应用价值。二是城市内部商业布局,最早有宁越敏关于上海市区商业中心区位的研究,以后此方面的研究涉及的城市有广州、兰州、长春、哈尔滨等。杨吾扬等应用中心地理论对北京零售商业和服务业进行的实验性研究,根据克里斯泰勒关于每级中心都覆盖着相应吸引范围的规则,将北京大城市区的未来商业中心和服务业中心分为四级,已初步经实践证明是成功的。

专栏

克里斯泰勒

克里斯泰勒(Walter Christaller),德国经济地理学家。1893 年 4 月 21 日生于贝尔内克(Berneck),1969 年 3 月 9 日卒于科尼斯坦因(Königstein)。他一生颠沛流离,35 岁前从未谋求到一个正式的教学或研究单位的职位。他曾师从韦伯学习经济学,1932 年获弗莱堡大学博士学位。1933 年在埃尔朗根大学执教时出版了《德国南部中心地原理》,提出了关于城市区位的中心地学说。论文发表后在德国地理学界、经济学界都无明显影响,甚至申请在国际地理联合会发表也遭到拒绝,就连 1947 年特罗尔评述第二次世界大战期间德国地理学时,对中心地理论都只字未提。20 世纪 60 年代,中心地理论的价值在现代地理学理论革命中被发现和认识,欧美地理学对它予以高度评价。此后,他获得德国总统紧急拨款等多种资助,美国地理学会授予他杰出成就奖,在斯德哥尔摩获安德斯·雷齐于斯金质奖章,在英国获皇家地理学会维多利亚奖,以及瑞典、德国多所大学荣誉博士称号。几十年的实践证明,中心地理论不仅促进了理论地理学的发展,而且对经济学、城市规划具有重大的理论指导意义,对城市规划、行政、经济、文化、教育、公共设施的布局与管理都产生广泛影响,是地理学对人类文化的杰出贡献。

五、 空间相互作用与空间扩散

人类活动在空间上是相互联系、相互影响的,由于空间存在不同的差异,造成不同场势,从而形成人流、物流、能量流、资金流、信息流等在空间上的移动和交换,这就是空间相互作用。这些空间相互作用形成了空间结构关系。除了空间相互作用外,在空间上还存在一种现象,那就是物质或信息通过自身运动或借助交通、通信、媒体进行的扩散现象，即所谓空间扩散。现代地理科学对这两方面的研究都获得了较大进展，取得了一定的理论成果。

（一）空间相互作用原理——引力模式（重力模型）

17 世纪牛顿（I. Newton）提出著名的万有引力定律，给物理学及许多自然科学学科的发展以划时代的推动。从 18 世纪开始，越来越多的学者借鉴物理学中已经建立起来的规律和定量方法研究社会问题。

最早建立引力模式的是赖利（W. J. Reilly），他于 1931 年根据牛顿万有引力的理论，提出了零售业引力法则：

$$\frac{T_a}{T_b} = \frac{P_a}{P_b} \left(\frac{D_b}{D_a} \right)^2$$

式中 T_a、T_b 为从一个中间城市被吸引到 a 城、b 城的贸易额，P_a、P_b 和 D_a、D_b 分别为 a、b 两城的人口和到那个中间城市的距离。这个规律的含义是，一个城市对周围地区的吸引力，与它的规模成正比，与它和周边城市距离的平方成反比。

普林斯顿大学的天文学家司徒瓦特（J. Q. Stewart），在 20 世纪 40 年代也发现一些社会现象与牛顿万有引力理论的相似性，并形成社会物理学派，建立了社会物理实验室。司徒瓦特提出以人口数 M 取代物理学的质量 m，就可以得到两城市间的人口引力和相互位能公式。如根据美国航空统计，城市间的客流量与城市人口多少成正比，与城市间距离平方成反比。即大城市间客流量大，比较近的城市间客流量大，距离近的大城市之间客流量最大。后来的学者根据社会现象的复杂性和内在的差异性，综合了他的公式，从而得到了一个表示两地相互作用的通用公式：

$$I_{ij} = k \frac{M_i M_j}{D_{ij}^b}$$

式中，I_{ij} 为两城市之间的引力，M_i、M_j 分别为两城市的人口，D_{ij} 为两城市之间的距离，k 是一个经验常数，b 是摩擦系数。这就是引力模式（重力模型）公式。它表示两城市（或经济点等）之间货流、业务流、人流的引力。

b 值不同，距离衰减程度差别很大，图 2.2.15 是美国 1967 年全国 9 大调查区之间 80 种物流中代表性物资 b 值与距离的关系。从图中可以看出，有些物资距离衰减很迅速，如乳制品、玻璃容器制品，表明这些物资适合于短距离运输；有些物资距离衰减却极微弱，如摄影器材，表明这些物资适合于长距离运输。b 值也有时间变化，如日本 46 个都道府县间人口移动，其 b 值 1960 年为 1.08，而 1980 年为 0.87，可见这期间地区间流动性趋于增加（杉浦芳夫，1989）。

随后一些区位论学者、地理学家、经济学家在万有引力公式的基础上，根据经验观察和统计分析，提出种种关于社会经济主体在空间中的相互关系、相互作用的假设和模式。

1960 年，艾萨德提出 j 城市的居民与有关几个城市（$i = 1, 2, \cdots, n$）的相互作用总潜力的 I_j 模式：

$$I_j = K \sum_{i=1}^{n} \frac{D_{ij}^b}{P_i}$$

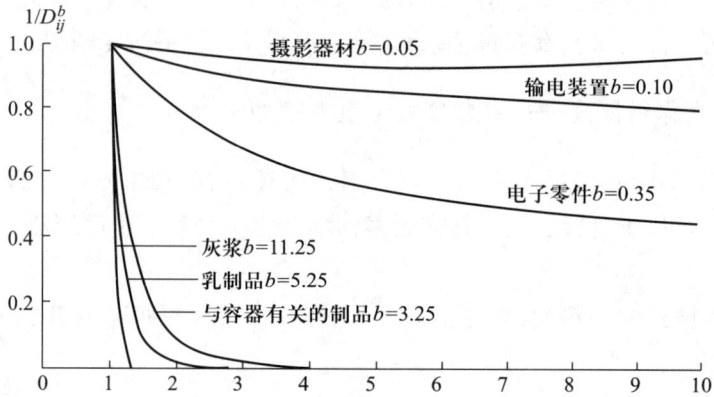

图 2.2.15　美国货物距离衰减

(杉浦芳夫,1989)

式中 D_{ij} 为城市 j 与城市 i 的距离,P_i 为城市 i 的人口数,K 为引力常数,b 为距离摩擦指数。对于两个区域相互作用的潜力即可达性,艾萨德提出如下公式:

$$I_{ij} = K \frac{W_i P_i^{a_i} \cdot W_j P_j^{a_j}}{D_{ij}}$$

式中 P_i、P_j 为区域 i、j 的人口数,W_i、W_j 和 a_i、a_j 分别为 P_i、P_j 的权重数和指数。

　　在实际研究和应用中,确定变量和系数较为困难,人口规模可以用人口数表示,也可以用其他指标代替。空间相互作用的结果必然形成一定的空间结构,引力模型和潜力模型理论方法的应用,在一定范围内可以使空间结构研究精细化,并由此概括出一些法则。这一理论和方法对经济地理学、城市地理学的理论研究和应用研究意义很大。通过对人口潜力、市场潜力等空间差异的分析,可为工业、农业、交通运输、城镇及商业中心的区位选择提供相当精确可靠的依据。

　　在重力模型基础上还可以进一步推导出**矢量模型**,用于揭示地理向量(在地理空间中按一定方向运动的事物)与地理相关因素差异的关系。以下是人口迁移的矢量模型(白光润、朱海森,1999):

$$F = m \frac{\Delta J h}{R^b}$$

式中 F 为人口移动的空间场势,m 为两地人口总量,R 为两地之间的距离,b 为摩擦系数,$\Delta J h$ 表示两地之间人均收入与环境舒适性的差异。上式表示两地间净人口移动的数量和方向。这种向量模型,提供了用于分析区域间人流、物流、资金流等的净流动趋向的强度的思维框架。

(二)空间扩散

　　瑞典学者哈格斯特朗于 1953 年在其论文《作为空间过程的创新扩散》中首次提出空间扩散问题。但直到 1959—1960 年,空间扩散的研究才逐步盛行,并被认为是 20 世纪人文地理学研究中两项最重大的贡献之一(另一个是克里斯泰勒的中心地理论)。

　　空间扩散有三种基本类型:① 传染扩散——现象从一个源生点向外渐进地、连续地在空间进行扩散的过程。这种扩散过程同传染病通过与病人接触传播开来近似。通常,当新事物刚出现时,只是为一小部分人所了解、掌握,然后通过人与人的相互接触,随着时间的流逝,越来越多的人了解掌握这项新事物。传染扩散的实例很多,如流行病传染、方言传播、生活习惯扩散,现代媒介产生之前的技术传播等,如图 2.2.16 和图 2.2.17 就是这种扩散类型。这种扩散过程一般呈 S 形曲线变化,即开始缓慢,然后速增,之后又减缓(图 2.2.18)。② 等级扩散——新事物在最初被接受时具有较高的"门槛",妨碍了它的迅速传播,只能采取逐级向下传

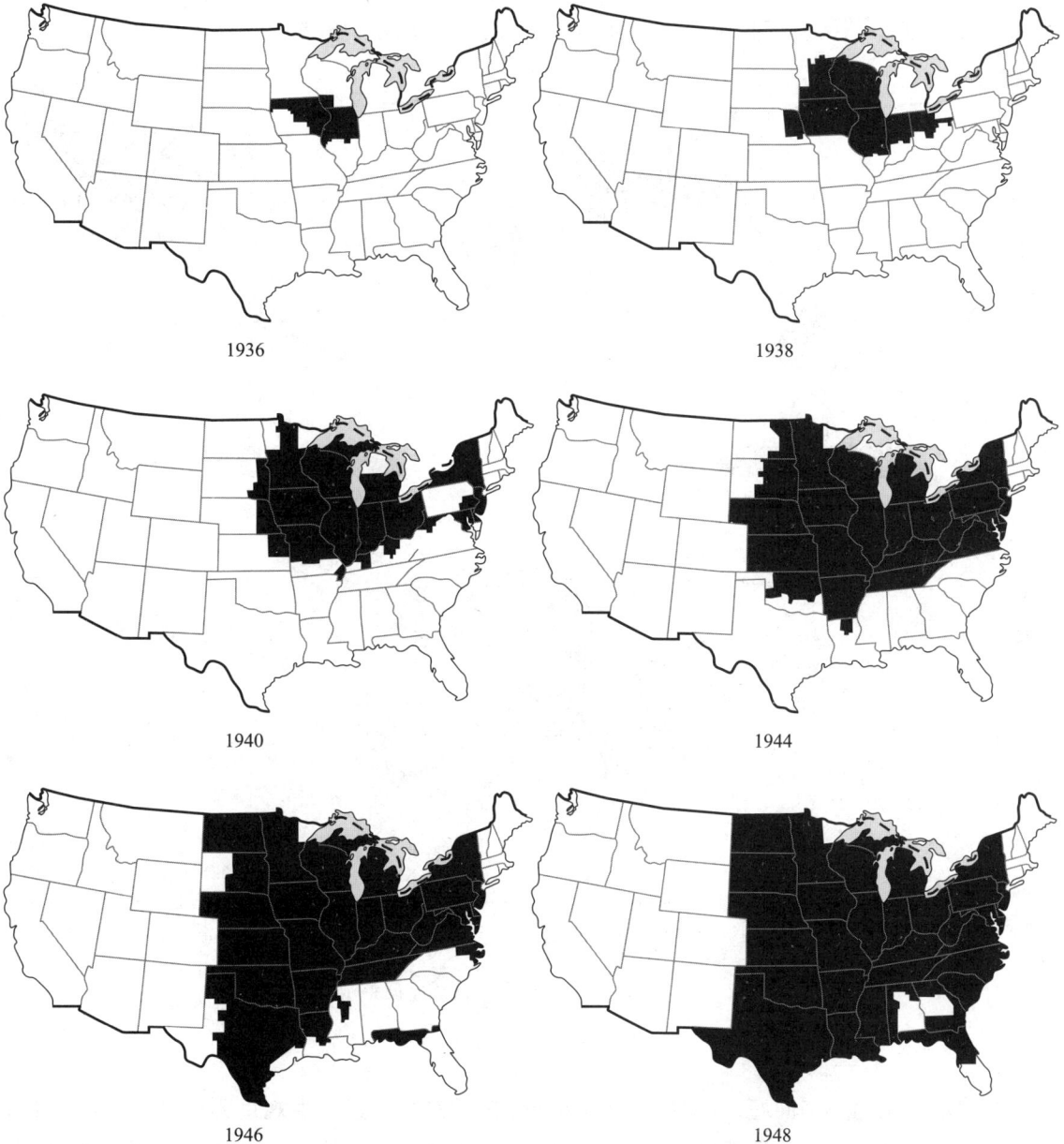

图 2.2.16　美国本土东部玉米带杂交玉米的普及过程

(杉浦芳夫,1989)

播的扩散过程。社会等级、个人收入水平、城市规模等级、人口素质等都可以是这种"门槛"。例如，价格昂贵的耐用消费品的扩散就与收入水平有关。新思想、新技术在城市中的传播也往往跳跃紧邻的小城市，在距离较远的同级城市中首先被接受，然后向次级城市扩散。时装扩散是典型的阶层扩散，世界流行时装往往先在巴黎或罗马发布，然后再到香港、上海、莫斯科等世界级大都市，之后到一般大中城市，最后到乡镇农村，逐级跳跃扩散。③ 移动扩散——在移动扩散中，不仅接收者的数量增加，而且发生了接收者的空间位移。典型的例子就是移民过程，本身接受扩散又发生位移向新居地扩散。欧洲文化传到美洲，在美洲传播、发展，就是典型的移动扩散。综上所述，空间扩散促进了文化传播，也有利于经济发展。

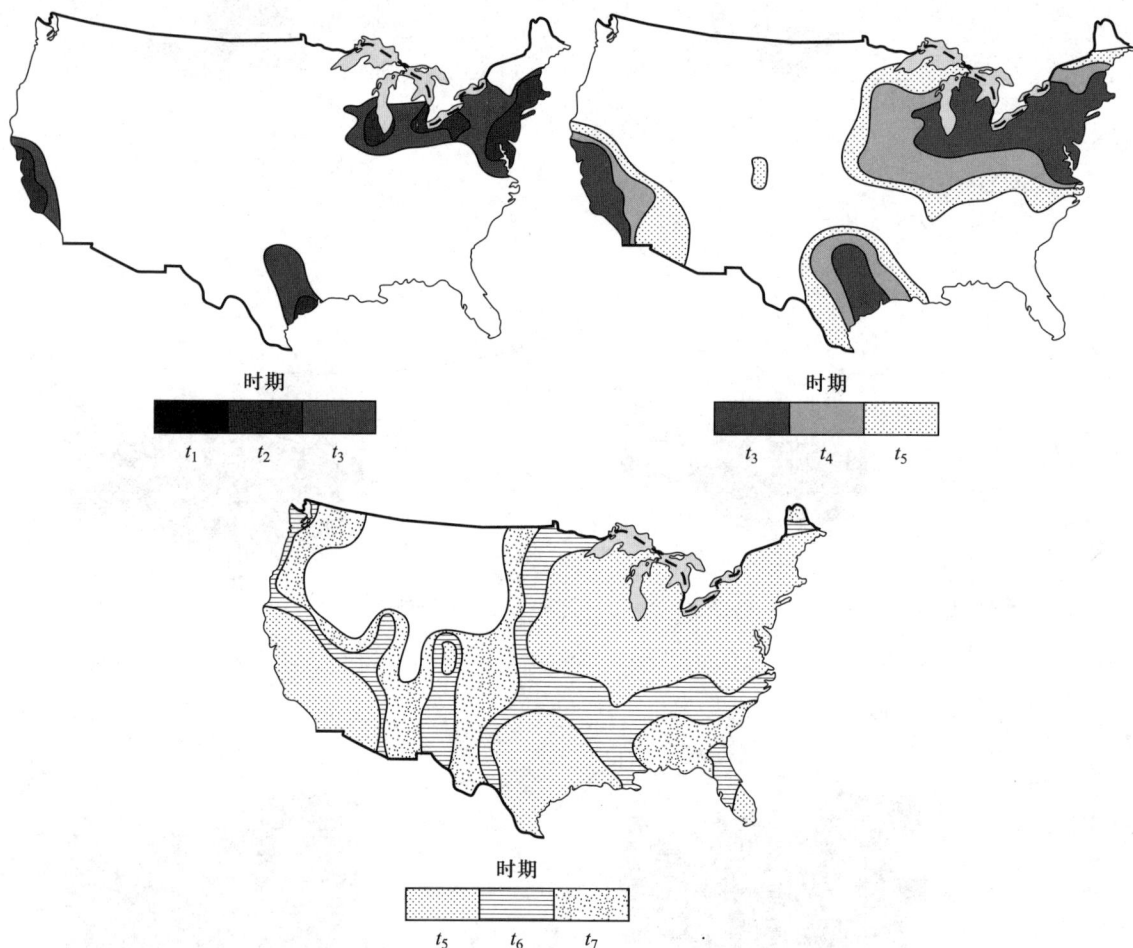

图 2.2.17　1977—1978 年美国本土流感空间扩散过程模拟

(杉浦芳夫，1989)

　　第二节讨论的空间问题，具有如下共同特点：它研究的对象是主观世界以外的人类事物，这是它区别于环境空间和以下要讲到的行为空间的关键点。它关心的核心问题是位置，这是与后边要讨论的区域空间的主要区别。它的视角更多地重视自然本底环境之上、主观世界以外的人类事物之间的距离结构关系。其研究的方法论是追求共性法则和规律，多采取数理分

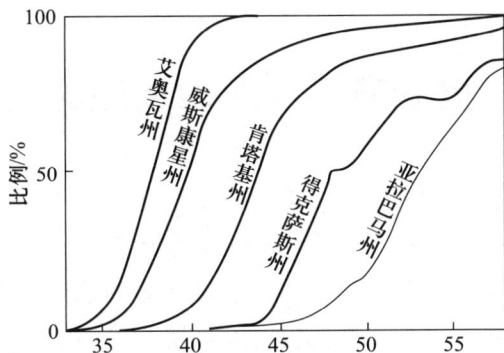

图 2.2.18　美国玉米杂交种采用的累积曲线

(杉浦芳夫,1989)

析、模型分析的方法。

讨论

1. 比较区位、位置、分布、布局等术语的含义。

2. 有人提出在全国普及小城镇然后再发展大中城市,这种做法对吗?

3. 中国改革开放以后麦当劳、肯德基等跨国餐饮业公司开始进驻中国市场,试分析一下,它们在布局其企业时,是怎样分析中国经济环境、怎样确定首选城市和怎样分析城市内部的区位条件。

4. 比较配置城市消防网络和城市大卖场选址有何不同。

5. 工厂的选址与商店的选址有何不同?

6. 知识经济时代对传统区位论有哪些挑战?　分析高新技术企业的区位特征。

推荐读物

1. 李小建.经济地理学[M].3 版.北京:高等教育出版社,2018.

2. 陆大道.区域发展及其空间结构[M].北京:科学出版社,1995.

3. 王铮.理论经济地理学[M].北京:科学出版社,2002.

4. 克里斯泰勒.德国南部中心地原理[M].常正文,王兴中,译.北京:商务印书馆,2002.

5. 尼茨坎普.区域与城市经济学手册:第 1 卷[M].安虎森,刘海军,程同顺,等译.北京:经济科学出版社,2001.

6. 米尔斯.区域与城市经济学手册:第 2 卷[M].郝寿义译.北京:经济科学出版社,2003.

7. 白光润.应用区位论[M].北京:科学出版社,2009.

8. 贺灿飞.演化经济地理研究[M].北京:经济科学出版社,2018.

第 3 节　行为地理理论

　　所谓行为,就是生物以其外部和内部活动为中介与周围环境的相互作用。人的行为既包括内在的心理活动,也包括外在的行动。人的行为有自然基础,更受社会制约,即受到群体规范、价值取向、文化传统、阶级、阶层地位、职业环境等多方面制约。也就是说人的行为既不是纯自然的生物学的,也不是纯经济的,而是自然的、经济的、文化的、社会的综合因素相互作用的结果。人类的行为具有主动性、选择性,个性十分鲜明。

　　传统的区位理论都假设从事经济活动的主体——人完全掌握了环境一切信息和知识,并且具有稳定、正确地选择所有事物的能力,即所谓的“经济人”。而在现实中,人类的自身知识及其对环境信息的把握是有限的,对地理环境的知觉与认知评价不可能尽善尽美。人们往往是一种在某种满足的情况下行动的“满意人”,在经济活动中,与其说是追求最佳空间区位,不如说更多情况下是在寻找一种相对满意的区位,表现在现实中的各种区位并不是传统区位理论上的最佳区位。行为目标不是最佳化,而是最大满足。满意人的概念比经济人的概念更现实。行为地理就是研究人类实际行为与环境空间关系的学问。所谓行为空间就是指人类的行为在空间上的表现。

一、环境认知

　　环境知觉是人们在对环境外观感觉的基础上对地理环境的整体认识和综合解释的过程。环境知觉是人类行为的基础,对环境知觉的程度影响着人类的决策和行为。

　　环境认知是在环境知觉的基础上人们对环境信息再现于大脑后的认识,是人们对地理环境识记(记忆的开始)再现的一种形态。当人们对以前识记的地理环境再度感知的时候,觉得熟悉,仍能认识,从而进一步分析思考后作出知觉判断。认知不仅包括对环境信息刺激的直接反应认识过程,也包括依靠间接环境信息刺激的更一般的认识过程。简单地讲就是对曾经知觉过的环境的记忆、再现、识别、感知、判断的过程,是在环境知觉基础上对环境的进一步的认识。

　　地理物象就是地理环境通过知觉、认知过程反映在人们头脑中的形象,是人们对周围地理环境通过直接或间接观察、体验或了解,并经过稳定性思维而得到的具体形象。它是知觉判断、地理优选及决策行为的形成基础。应当指出,由于人的主观意识的存在,这种地理物象与客观的地理环境不完全一致。地理物象具有以下两个基本特性:① 距离衰变的规律性。距离观察者越近的地理事物,观察者对其了解得越详细,其地理物象也就越清晰;反之,地理物象也就逐渐模糊。② 动态性。由于时间的流逝,地理环境与事物及其所反映的社会特征会发生变化,同时人们的思想意识、哲学观、文化知识、阅历也在发生变化,地理物象始终呈现出动态变化这一特征。一般认为,思想意识、哲学观的变化与环境信息变化的融合影响地理物象的范围和结构变化;文化知识和阅历的变化与环境信息变化的融合影响地理物象的内容变化。

环境认知体系是描写环境认知"方式"与"内容"的结构体系,是 1980 年英国学者格尔德(J. R. Gold)提出的(图 2.3.1)。格尔德认为,在人们的认知过程中,存在着一个"客观环境"和一个"行为环境",两种环境影响着决策和行为。从个人的地理物象中可以发现个人对地理环境的认识、评价和选择能力;从群体的地理物象中可以总结出人们对地理环境的评价,反映地理环境的特点及人们对地理环境的适应程度。一般情况下,在差异小的地理环境中有较相似经历的个人或群体,容易形成基本相同的地理物象,从而表现出相似的行为方式。但是,由于人们的年龄、性别、经历的不同,对同一地理环境也会产生不同的地理物象,进而产生不同的决策行为。人类外在行为是以地理物象为基础的。人们所做出的决策行为是人们对地理物象评价产生的结果。对地理物象的评价往往是从认知地图(mental map)分析入手。

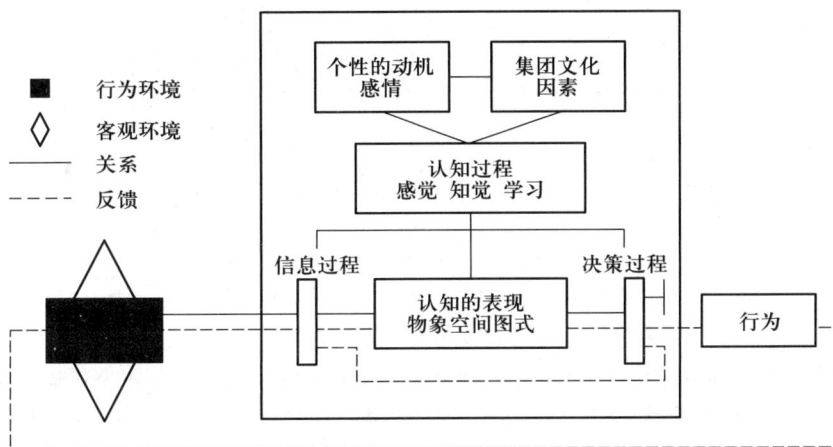

图 2.3.1　格尔德的环境认知体系

认知地图是以地理物象为基础,人的大脑通过环境信息刺激而产生的心理图像。也就是人心目中的空间形象,主观世界的空间。每个人大脑中产生的认知地图的复杂程度不一,但都是以各种道路、显著的地貌和地物、明显的区域组合等空间形状要素来表达的。图 2.3.2 是美国波士顿黑人儿童的手绘地图,从图中可以发现他对主要道路、边沿(海边、林缘等)、重要标志物(塔、明显标志)、常用公共设施、主要活动地点(家庭、学校、商店)、结节点(交叉口、车站)认知比较清楚,而且对身边、近处熟悉,远处模糊(如图中从市中心到儿童居住地的扇状地最详细,其他地方极为简单)。认知地图能够描绘出某一对象地域的自然环境、地域结构和社会结构的特征。在现实中,每一个人都会在自己的大脑中形成具有一定方向和距离的、不同空间类型的认知地图。

当人们将其认知地图简单地描绘出来,就形成了地理物象的空间图标,而这种图标也就具备了可解释性和可读性。地理学家将多人对某一地区的各种地理空间图式组合成这个区域的复杂的地理物象空间图标,就可以研究人们外在行为与地理环境之间的关系。实际上,由于生理-心理自然过程的作用,人们在其行为决策之前,都要对自己的认知地图进行评价。这种自然过程由评价-判断的表达和情感-偏好表达两部分组成,地理学家借助地理物象的空间图标,对这两部分及其空间行为的研究可用图 2.3.3 来表示。

图 2.3.2 美国波士顿黑人儿童手绘地图

(杉浦芳夫,1989)

1.伯卡大街;2 和 20.规划住宅建筑;3.史密斯路;4.小学;5.理发店;6.外教区人居住地;7.花店;8.面包店;9.药店;10.普里茨路;11.中心商业区;12 和 19.停车场;13.游戏机房;14.超市;15~17.仓库;18.道路

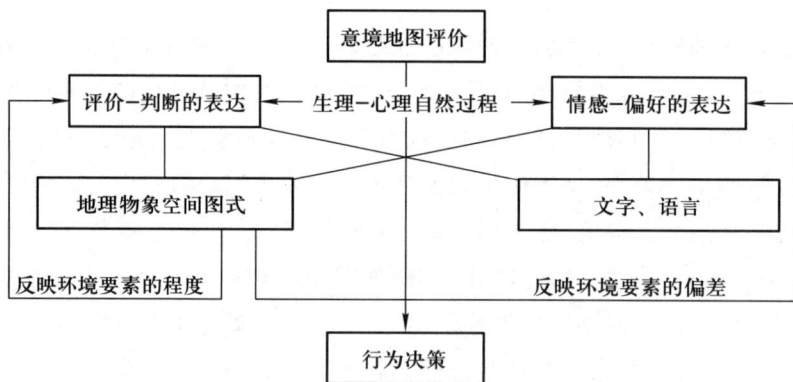

图 2.3.3 地理物象评价、行为决策及其地理研究

地理物象的空间图标是人们对地理物象进行知觉评价和认知的成果,对于指导人们日常活动和人类迁移的地理优选具有重要意义。通过对认知地图与实际环境空间关系的研究,发现鲜明敏感的地物、认知距离与实际距离的关系,寻求将认知地图恢复为实际地图的方法与途径,对环境设计意义重大。例如对新进入城市的人的认知地图、地理物象研究对建设城市标志体系具有重要意义。对旅游者的认知地图、地理物象研究对旅游路线、景区标示物的设计,具

有重要意义。参照认知地图的环境设计,可以使新进入环境者感到安全、愉悦、亲切,有利于创造良好的区域形象和商业机会。

地理物象的研究不仅有助于了解人识别、熟悉空间的规律和特点,也对塑造城市空间形象有启示意义,最近兴起的城市意象、旅游地意象研究,除了文化内容外,很多都与地理物象研究有关。

二、 行为矩阵

英国学者普雷德(Pred,1967)在《行为与区位》中指出,企业家选择工厂区位受一系列个人心理因素制约,并提出了一种根据人的行为方式进行区位选择的模式——行为矩阵。其核心思想是经济活动区位是从事经济活动的主体——人类的决策结果。区位决策是决策者在占有或多或少信息量的基础上,对信息判断与加工后决定的。这样,如何进行区位决策以及区位决策合理性就取决于在决策时对信息量的占有,以及决策者的信息利用能力。普雷德注重不完全信息和非最佳化行为对区位选择的作用。

行为矩阵由拥有信息水平和信息利用能力构成,各个决策者的位置均可以在这一矩阵中表示出来。如图 2.3.4 是芬兰北卡累里阿林业经营者的行为矩阵,越是接近右上方的信息量越大,信息的质量越高,处理信息能力越强,采取的区位选择行为越与最佳区位接近。右下侧信息少但利用能力强,其决策质量低于右上方,左上侧信息量虽大但信息处理能力差,属不成功利用者区,左下侧信息量少,质量差,处理能力也差,是完全不成功者区。从图中可见新加入者信息少、经验不足多位于左上侧,属不成功利用者。本地经营者也大多位于这一行列,因为他们对外界信息不灵通,能力也不高。兼业农家掌握的木材经营信息量不高,但他们为合同经营者,风险大、压力大,惯于精打细算,因而多处于右上方成功利用者区。木材专门企业家各范围皆有,但在右上侧居少,右下侧居多,他们内部信息不一定多,但经营能力较强属于较成功利用者。

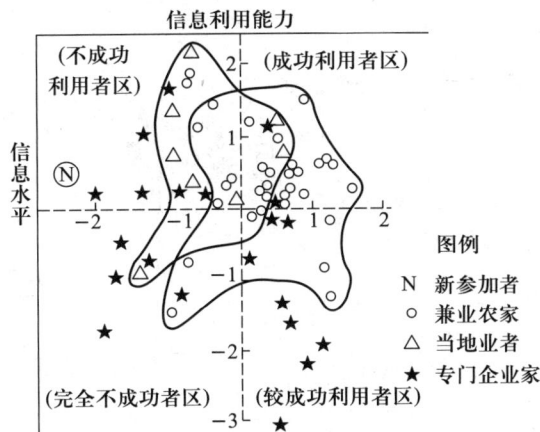

图 2.3.4　芬兰北部木材经营者行为矩阵

(杉浦芳夫,1989)

随着时间的推移,区位决策者不仅能够增加更多的知识、经验,而且模仿其他成功决策者的能力也会提高,可以反省或修正其初期进行区位决策时的错误,这样就使各决策者在行为矩阵中的位置从左下向右上移动,结果使行为矩阵在空间上的投影趋于合理。另外,在运输方式、新技术或新获得的知识、经验和技术的作用下,曾经是满意的区位或最佳的区位也会发生变化。此时,如果是负向影响,则有可能使决策者在行为矩阵中的位置发生逆转;反之,如果是知识增加和利用信息能力的提高等正向作用,将重新使决策者在行为矩阵中的位置向右上移动。

三、 空间偏好

人对空间环境的好恶直接影响人对环境认识的客观性。例如巴黎、夏威夷是人们心目中向往的城市和旅游胜地,在全世界以这两个地名命名的商家、街道、游览区不胜枚举,其原因就是利用消费者的行为偏好。日本京滨女子大学为吸引学生更名为"镰仓女子大学","京滨"给人以烟雾缭绕的工业区形象,而"镰仓"则给人以古都形象,符合女孩子的空间环境行为偏好。可见行为偏好在行为空间中具有重要意义。

空间偏好主要有两种表现。其一是**乡土偏好**,图 2.3.5(a)、图 2.3.5(b)分别是美国宾夕法

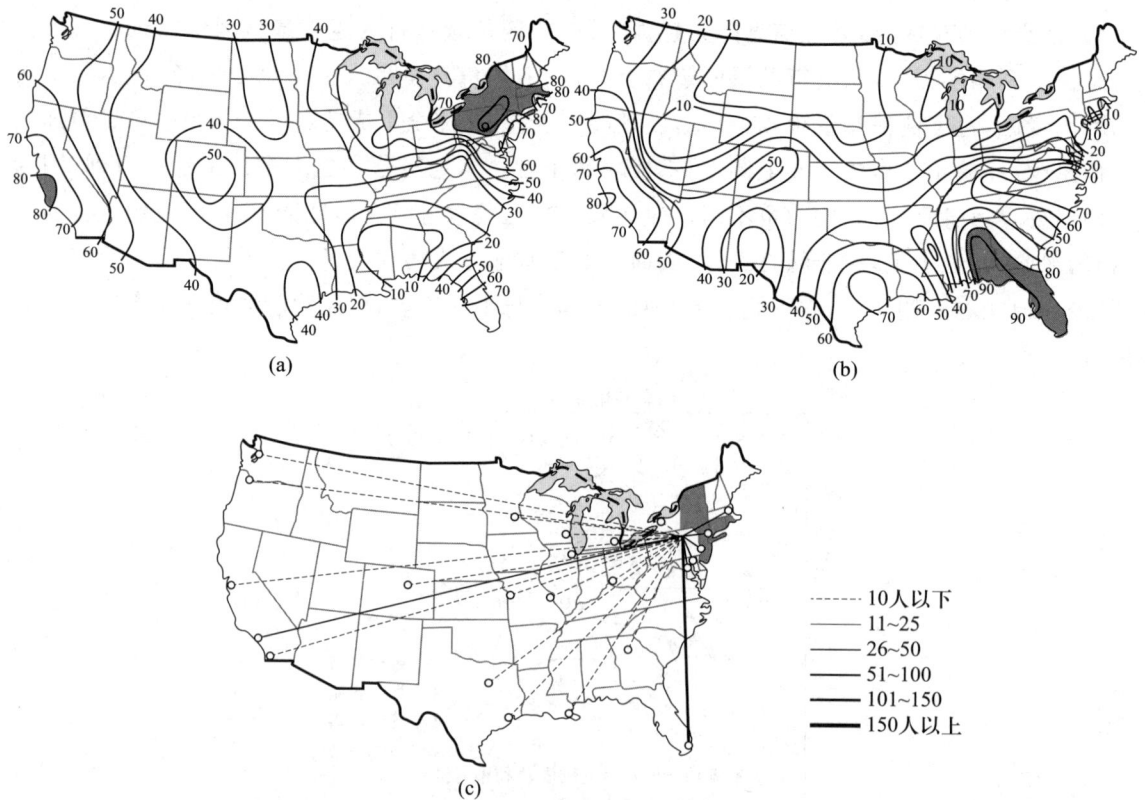

(a)

(b)

(c)

图 2.3.5　美国大学生对居住地的喜好程度与人口移动

(杉浦芳夫,1989)

人口移动以每万人计

尼亚州州立大学和亚拉巴马州大学学生对居住地的偏好地图。图 2.3.5(c)是宾夕法尼亚州向美国本土的人口移动图。从图 2.3.5 可以看出人们的居住偏好有四个特征：① 偏好家乡；② 追求环境条件好的地方；③ 追求经济条件好收入高的地区；④ 受历史传统影响，美国长期形成的南北对立对空间环境偏好产生一定影响。后三点具有必然性意义，而偏好家乡是很值得注意的普遍性特征。据美国著名人文主义地理学家段义孚研究，人类地缘亲和性在全世界都具有普遍意义，是爱国主义、民族主义的重要渊源。其二是**显示空间偏好**，这是指人对突出明显的空间构造的偏好。这与空间的规模、知名度、信誉、声望、引人注目程度等因素有关。图 2.3.6 是墨西哥阿瓜斯卡连特斯州食品购买行为的空间偏好无差别曲线，从图中可见，距中心地 3 km 以后，就近原则几乎不存在，中心地规模在起决定作用，商场越大越吸引顾客。显示空间偏好研究对商业布局、旅游规划、广告宣传都有重要意义。

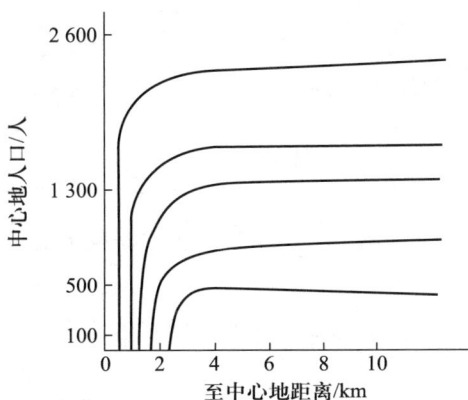

图 2.3.6　墨西哥阿瓜斯卡连特斯州食品购买空间喜好程度无差别曲线

(杉浦芳夫，1989)

四、时间地理学

时间地理学是瑞典学者哈格斯特朗 1973 年提出的。他认为地理过程除了空间维还有时间维，地理过程由三大系列组成，即空间尺度(国家、地区、城市等)、时间尺度(一生、年、季、月、日等)、对象主体尺度(组织、集团、个人等)。时间地理过程用二维坐标，以线段和菱形表示。如图 2.3.7 菱形表示家庭主妇上午 10 时至下午 6 时的活动是家→牙科医院→家→饮食店→百货店→家。图 2.3.8 是时间地理过程三维表示，平面表示空间过程，竖轴表示时间过程。时间地理学主要用于行为地理研究，如通过调整时间的办法解决空间行为方面的矛盾。平日上班的早晚高峰期，一年中的春运、夏运、5 月、10 月等时段人流集中于某些地点、地区之间，这些空间问题可以通过调整时间来解决。瑞典地理学家就利用调整公交班车的办法解决城市保育院分布不均的问题。

行为空间是研究人的主观世界对空间认识和行为的空间特征及实践应用。在美国、瑞典等国家已取得许多理论进展。如美国华人地理学家段义孚的行为地理研究获得国际地理联合会的奖赏，瑞典学者哈格斯特朗在这方面取得了世界地理学界公认的成果。中国的相关研究起步较晚,近年来,柴彦威、王德等学者结合中国实际采用 GPS 数据、手机信令大数据等对时空间行为开展了丰富的研究,取得了一系列成果。

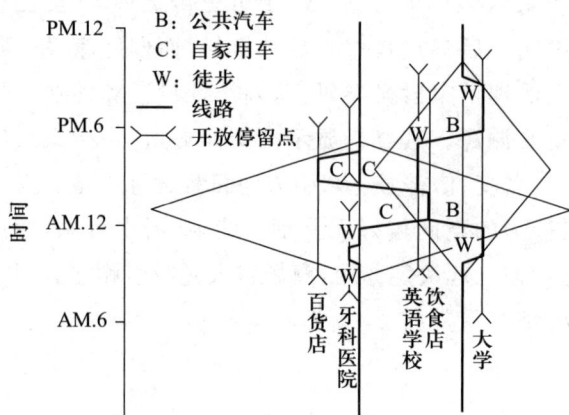

图 2.3.7　时间地理的二维表示

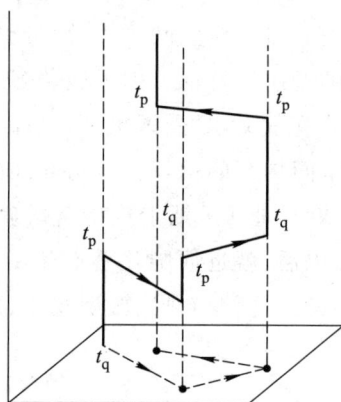

图 2.3.8　时间地理的三维表示

讨论

1. 比较教师、高年级学生和新生的校园认知地图,它们有何不同?为什么?

2. 为了让旅游者熟悉你所在的城市,在城市标志物的建设上宜怎样改进?

3. 你怎样评价行为空间研究?

推荐读物

1. 王恩涌,赵荣,张小林,等.人文地理学[M].北京:高等教育出版社,2000.

2. 张文奎.人文地理学概论[M].长春:东北师范大学出版社,1989.

3. 张文奎.行为地理学基本问题[M]//人文地理学论丛.北京:人民教育出版社,1986.

4. 柴彦威.时空间行为研究前沿[M].南京:东南大学出版社,2014.

5. 王德,朱玮.商业步行街空间结构与消费者行为研究——以上海南京东路为例[M].上海:同济大学出版社,2012.

6. 段义孚.恋地情结[M].志丞,等译.北京:商务印书馆,2019.

7. 段义孚.空间与地方[M].王志标,译.北京:中国人民大学出版社,2017.

第 4 节　区 域 理 论

一、 区域与区域研究

（一）区域的概念

区域是地理科学的关键术语。如何认识区域关系到对地理科学性质和地理科学的方法论的认识，关系到地理科学的发展。语汇上的区域是泛指的，即一定的空间范围。它可以是普遍意义上的，大到宇宙中某个星空，小到室内的一个办公角。它也可以是按着某一性质人为确定的，如农业区、工业区、商业区、居住区、社区、开发区等等。地学上的区域是地球的一个部分，是自然的一个空间范围。地理学上的区域是指具有一定特征的地域空间，有广义、狭义之分，广义的区域是地球表层的一个部分，可以是自然的也可以是社会经济的，如自然区划、经济区划所划分的各种区域。狭义的区域即指**人类社会经济的空间形式**。它虽然可能与自然条件的某些差异有关，但基本内涵是社会经济在空间上的差异。地理科学所指的区域即通常我们所说的"区域空间""区域发展"等术语中的"区域"，是指以上所言的狭义的区域含义。

区域的差异是客观的，也是多种多样的。对区域的划分，是人对区域差异的主观认识，或者是出于人管理、建设的需要，或者是文化淀积的结果，或者是政治历史的原因。比如为了发展经济一个国家划分多个经济区，为了社会管理划分不同的区域，这都是人提取了空间中的某些差异对区域进行的主观划分。有的区域在人们的认识中已经形成长期固定的认识，如加拿大的魁北克法语区、伊拉克北部的库尔德人居住区是文化长期积淀的结果。世界上划分许许多多的国家，国家内部又划分不同的行政区，这些都与政治和历史有关。

（二）区域的特征

区域空间系统不同于区位空间系统。它具有如下特征：① 区域空间是具体的，它不像区位空间那样只是抽象出生产要素的距离关系，如原料地、消费地、生产地的关系等。它是具体的实在的空间和环境，与当地自然本底环境、社会经济状况密切相关。② 区域是连续的，它不像区位空间那样，不是一个位置点，而是一个连续的面，区域空间研究着眼于区域内部的结构关系及与相邻区域的关系。③ 区域具有演化特征，随着社会发展生产力提高，区域有自身的发展演化过程，无论城市还是农村，与不同的社会形态和生产力发展阶段相对应有不同的区域形态结构。

区域术语的界定和认识关乎地理科学的发展，将区域泛化就等于把地理科学泛化、随意化，将使地理科学无规律可言，无共性可言，完全陷入具体事物具体分析的海洋，就会严重影响地理科学的理论建设。

（三）区域地理学、区域科学与区域经济学

区域地理学是地理学的传统主流的学科,它主要是概括和描述区域有别于其他区域的个性特征,为人类因地制宜地进行生产建设、管理规划提供科学依据。如通常讲的国家地理、区域地理、乡土地理,在实际工作中进行各种区划,都属于区域地理范畴。

区域科学是一门有关区域或空间系统的开发整治、管理的综合学科。它产生于 20 世纪 40 年代末,创始人是美国学者艾萨德。当时科学家们对低水平的区域经济分析很不满足,认为区域经济分析要认真考虑社会问题,要探求区域发展的机制,予以综合分析。于是美国于 1954 年成立了以区域经济学家为主,地理学家、社会学家、政治学家、工程学家、心理学家、法律学家参加的区域科学协会。1961 年欧洲区域科学协会成立,而后又成立法语分会、德语分会、北欧分会、波兰分会、匈牙利分会、北美分会、澳新分会、拉丁分会,以及加拿大、意大利、印度、日本、韩国、阿根廷等国家区域科学分会。1980 年召开了世界区域科学协会代表大会。1991 年中国成立区域科学协会。

区域科学发展尚未完全成熟,体系比较复杂。它是以"区域开发建设"的论题为中心的多学科研究系统,是一个比经济、社会、环境更大的综合科学体系。区域科学在城市系统和城市化问题、人口聚落和空间组织、经济发展与社会福利、经济发达和不发达国家或区域的发展政策及环境变化等方面做了大量的深入研究,提出了一个系统解决区域问题的理论、政策、方法、技术体系,有很强的应用性。在方法上,注重理论上、模式上、模型上的演绎和推理,它把经济学理论和地理学理论比较好地结合在区域分析上。

区域经济学是地理学与经济学之间的交叉学科。它主要研究地区经济发展和区域经济关系。近年来,区域经济学发展迅速,是经济学中发展最快的领域之一。振兴欠发达地区、协调区域间的经济社会发展,几乎是所有国家都遇到的问题。传统的主流的经济学困惑于抽象经济过程研究的"一点世界"之中,忽视经济过程的时间、空间分析,使其理论发展产生很大局限性。重视经济"地方化"问题,重视区域经济发展机制的研究已经成为主流经济学界的一种趋向。区域经济学的出现和发展填充了经济学与地理学之间的鸿沟,地理学的空间思维在解决人类社会和经济发展问题上越来越显示出它的作用。

现代地理科学的区域研究是综合上述三个方面的思想、理论与方法,建设侧重于区域空间分析的科学研究体系。

（四）区域研究的视角

1. 空间视角

一方面要借鉴区位空间的理论与方法,重视要素空间关系研究,另一方面要重视区域结构关系研究,即区域中的产业联系、贸易联系、中心与边缘的关系、区域间的分工、协作与竞争等。

2. 时间视角

由于生产力发展水平不同,社会组织程度不同,不同的区域处于不同的发展阶段,区域有着自身的演化发展规律。处于不同发展阶段的区域,其产业结构、社会结构都呈现不同的形式。区域发展不仅要因地而宜,更要因时而宜。变不发达为发达,就必须从不发达的实际出

发,采取与所处发展阶段相适应的对策和方法。

3. 社会视角

区域发展受控于社会组织,受到地方文化的强烈影响,区域的发展也必须是社会与经济的协调发展。因而区域研究不可能忽视对上层建筑的研究,不可能忽视对发展的主体——人的研究。

4. 环境视角

可持续发展理论的提出,给发展赋予鲜明的环境内涵。发展必须与环境协调,环境既是发展的目标,也是制约经济增长的因素。如能源生产受到环境的制约,很多工业品的生产也受到环境的制约,农产品产量的提高更受到环境的制约。各地区的环境条件不仅从资源条件、生产条件上影响到区域产业结构和发展水平,而且也从环境保护上强烈影响区域发展。因此环境与社会经济发展关系是现代地理学的区域研究的重要方面。

二、 区域发展理论

（一）发展与增长

经济增长是指有更多的产出。通俗一点说就是生产更多的产品,具体体现在国内生产总值（GDP）的总量和人均量的上升。**发展**比增长富有更丰富的内涵,它不仅指更多的产出,还指和以前相比产出的种类有所不同,产品生产和分配优化,所依赖的技术和体制发生进步或变革,环境得到改善。一个国家社会财富增加了,但产业结构没有优化和改善,很难说这个国家得到发展。如有的国家单纯依赖出口资源、输出劳动力获得经济增长,生产尚停留在初级阶段,其社会实质并没有真正得到发展,这种增长也是不会持久的。同样,虽然社会财富增加了,但如果富的越富,穷的越穷,分配严重不公,也不能说社会真正得到发展。如果支撑增长的技术体系没有进步,说明国家的生产能力没有提高,国家就不会得到实质性发展。经济增长的同时,社会必须进步,社会政治体制也同时发生进步或变革。试想,一个政治不民主,人们的尊严得不到保障的社会,也不能认为它得到了发展。近年来,经济学家非常重视增长与环境的关系,普遍认为,以牺牲环境的代价换来的经济增长,只能认为是一种倒退,而不是发展。

发展用一个简单的公式可以描述为:发展＝发达－不发达。就是变不发达或欠发达为发达的过程。世界上有两类国家,即发达国家和发展中国家。发展中国家普遍地不同程度地存在以下问题。

（1）大多数人生活水平低下　发展中国家的大多数人,无论是与国内少数富裕阶层相比,还是与发达国家的大多数人相比,生活水平都是低下的,表现在收入水平低,住房、健康、教育水平远低于发达国家。

（2）人口高增长、高赡养负担、低素质　发展中国家出生率高达 35‰～45‰,是发达国家（10‰～15‰）的 3 倍左右,15 岁以下儿童和 65 岁以上老人占人口 1/2 左右,赡养负担沉重（尽管发达国家老人比例高一些,但由于发展中国家儿童比例过高,总的赡养人口还是大大超过发达国家）。人口中相当大比例健康欠佳,营养不良,受教育程度低,文盲率高。

（3）社会分配不公，两极分化严重　从发展中国家总的情况看，占人口 20％的高收入阶层的收入是占人口 40％的下层人民的 5～10 倍。除社会主义制度下的发展中国家以外，这种现象尤为突出，有的甚至高达 20～30 倍。

（4）就业不足或大量失业　从全世界总的情况看，发展中国家城市失业率高达 10％～15％，15～24 岁青少年失业率高达 30％。农村剩余劳动力转移压力巨大，社会保障不健全。

（5）对农业生产和初级产品高度依赖　农村人口占总人口 80％，农业产值占 GDP 35％（发达国家仅为 8％），初级产品出口换汇在外汇收入中占 60％～75％，对发达国家市场依赖大。

（6）在国际竞争中处于受支配、依附的弱势地位　富国操纵国际贸易价格和市场规则的制定，操纵向穷国转移技术、外援和资本的权力，利用生活差距吸纳穷国人才，强行在发展中国家推行自身的体制、行为规范和价值观，伤害发展中国家的民族自尊，使发展中国家在国际竞争中处于弱势地位。

发达国家和发展中国家都面临发展问题。不可否认，发达国家也面临一系列社会和经济问题需要解决，甚至也需要向发展中国家借鉴和学习，将社会和经济提高到更高的水平。但通常讲的发展主要是指全方位地解决发展中国家或地区的上述问题，在继续发扬自身的经济、社会、文化的优秀传统的同时，发展经济，改革社会，缩小差距，达到发达水平。中国提出实现四个现代化的宏伟目标就是一个艰巨而伟大的发展过程。

关于一个国家或地区的发展研究，涉及政治、经济、社会等众多学科，地理科学的区域发展研究主要侧重于从空间角度对区域内部结构和区际关系的分析。

（二）经济发展过程的内在机理

1. 循环累积因果原理

循环累积因果原理是经济学家缪尔达尔（G. Myrdal）1944 年在研究美国黑人贫困问题时在《美国两难处境》一书中提出的。后来，又在《富国与穷国》（1957）、《亚洲的戏剧：一些国家贫困问题研究》（1968）两部著作中有所发展。他认为经济发展不仅仅是产出增长，应包括整个社会、经济、政治、文化、制度的发展，其中最主要由产出与收入、生产条件、生活水平、对待工作与生活的态度、制度、政策等 6 大因素组成，各种因素是互为联系、互为因果的。当一个因素发生变化，即所谓"起始变化"，就会影响另一些因素发生相应变化，产生"第二级强化运动"，再一次强化原来的因素，导致经济发展过程沿原来因素的发展方向发展，形成累积性循环。缪尔达尔还认为这种循环累积效果有正向和负向之分。例如发展中国家人均收入低下，导致人口素质不高，导致就业困难，导致劳动生产率低，导致生产发展滞缓，最后又强化了收入低下。缪尔达尔认为解决发展中国家问题，要从制度入手，通过改变收入分配制度上的不平等，增加穷人收入，进而增加消费、提高素质、提高劳动生产率，增加产出，进而增加穷人收入，实现正的循环累积效果。

1953 年纳克斯（R. Nurkse）提出"贫困恶性循环"的理论，他认为从供给方面讲，是"低收入—低储蓄—低资本—低生产率—低产出—低收入"的恶性循环。从需求方面看，是"低收入—低购买力—投资引诱不足—低资本—低生产率—低产出—低收入"的恶性循环。两个循环形成死圈,难以打破。即"穷国是因为它穷"。这实际是用循环累积因果原理给贫困做了注释。

循环累积因果原理虽然有很多不足、不完善的地方,但它至少对区域发展有如下启示:① 区域发展不是单一的经济过程,涉及社会、经济、制度、政策、文化等诸多方面,是个整体的过程。② 区域发展是一个连续的复杂的过程,虽然生产力发展是区域发展的基本动力,但解决这一问题并不一定只能从经济增长入手,制度的改变是重要方面。③ 区域发展并不是线性的,各个因素之间并不是均衡的,而是循环累积的结果。

2. 乘数原理与加速原理

"乘数"的概念最初是卡恩(R. F. Kahn,1931)提出来的,表示投资引起的就业总量的增加与这项投资直接产生的就业量之间的倍数比例关系。后来凯恩斯(J. M. Keynes,1936)又用它来表示投资增加引起收入增加的倍增关系。此后**乘数原理**专指经济增长中投资对收入增加的扩大作用。即投资量的增加可以带来数倍于投资增量的总收入的增加,就是一项新投资不仅直接增加收入,还可以通过消费需求的增长,间接增加收入。如旅游产业投资增加不仅带来旅游直接消费的增加,而且带来商业、服务业、交通等就业与消费的增加,进而间接增加国民收入。

加速原理是阿夫塔里昂(A. Aftalion,1913)和克拉克(J. M. Clark,1917)提出的。讲的是收入或消费量的变化导致投资的大幅度变动,投资的变动幅度大于收入变动幅度。产量或收入持续增长,投资也会跟着大幅增长;反之,产量或收入增长率减慢,投资增长率则会大幅度下降甚至停止。

乘数效应和加速效应在经济活动中是同时存在并相互作用的,它们是造成经济波动和周期性变化的原因。它们揭示了经济活动中存在的连锁反应和循环放大的机制。

循环累积因果原理和乘数原理与加速原理着眼的经济过程的分析,没有涉及空间尺度,因而它难以解释区域发展过程中空间结构的变化。

(三)劳动地域分工理论

1. 劳动地域分工理论的内涵

劳动地域分工是社会分工的空间表现形式,是不同社会生产部门在形成和分离的过程的同时,在一定地域上的组合,是各个地域依据各自的条件(自然、社会、经济等)与优势,着重发展有利的产业部门,并与其他地域进行产品交换(贸易),输出剩余产品,进口所需产品的现象。

最早提出这一理论的是亚当·斯密(Adam Smith,1776)。他认为每个国家都有生产某些特定产品的绝对有利的条件,如果每个国家都根据绝对有利的生产条件进行专业化生产,就可以使成本降低,通过产品交换,使有关国家都获利。这就是所谓的劳动地域分工**绝对利益理论**。它为国际贸易提供了理论基础。

但是,后来的研究发现,并不是所有国家都具有各自的绝对优势,这样一来,亚当·斯密的理论就无法解释落后国家和地区与发达国家和地区之间的贸易问题。为了揭示这个问题,大卫·李嘉图提出**比较利益理论**(Ricardo,1817)。他认为所有产品都处于绝对劣势的国家应在多种产品中选择劣势最小的产品进行生产;而所有产品都处于优势的国家应选择优势最大的产品进行生产,相互进行贸易。

大卫·李嘉图之后,赫克歇尔(E. Heckscher,1919)、俄林(Bertil Ohlin,1933)又提出了**要素禀赋学说**。他们认为各地生产要素禀赋不同,也就是说生产所需要的土地、资本、劳动力、技术在各个区域存在很大差异。不同产品生产需要不同的要素组合。各国的生产要素价格差异,形成各地的劳动地域分工和相互间的贸易。例如资本富裕的国家将生产大量使用资本的产品(资本密集型产品),而劳动力富裕的国家则生产劳动力密集型产品。

20 世纪 30 年代以后,劳动地域分工理论又有了新的发展。最突出表现为要素替代理论和技术差距理论。

要素替代理论认为,生产要素之间具有可替代性。如纺织品生产,既可以用劳动密集的方式进行生产,也可以用资本密集的方式进行生产。最终采取哪种生产方式,取决于总体上的成本、价格比较。如果投入巨大资本,购置高效能的生产设备,形成规模效应,使产品成本和价格低于一般劳动密集型方式生产的纺织品,在资本密集地带布局纺织厂就比在劳动力富裕地区布局纺织厂更好。

技术差距理论认为能产生大量创新并生产新产品的区域会获得在这些产品生产方面的优势。相对而言,其他地区存在需求滞后和仿造滞后,因而,由于技术的原因,最开始生产的地区具有较长时间的优势。20 世纪 60—70 年代日本的消费电子工业,80 年代以后美国的计算机产业都利用了这一优势,发展了本国经济。

总之,劳动地域分工的基本思想就是充分发挥区域的比较优势,突出区域的特色,各个地区都生产自身最具优势、其他区域需要的产品,从而实现经济增长的高效率。劳动地域分工的意义在于,能够使各地区充分发挥资源、要素、区位等方面的优势,进行专业化生产;合理利用资源,推动生产技术的提高和创新,提高产品质量和管理水平;有利于提高各地区、各个国家乃至全球经济的总体效益。

2. 产业结构优化

对于一个国家和地区来说,不可能只生产一种产品,甚至也不可能只有一个产业部门,劳动地域分工主要体现为合理地体现地区特色和优势的产业结构。

产业分类主要有三种:

(1)克拉克产业分类 又称**三次产业分类**,即将全部经济活动分为第一产业、第二产业和第三产业。第一产业包括种植业、畜牧业、渔业和林业。第二产业包括采矿业、制造业、建筑业等部门。第三产业包括商业、金融、运输、通信等服务业。发达国家第三产业比重较高,第二产业比重较低,而第一产业比重最低。发展中国家则反之。如 20 世纪 90 年代,美国的第一、第二、第三产业比重为 2%、26%、72%;印度的第一、第二、第三产业比重为 29%、25%、46%。产业结构升级是指产业结构中较低层次产业比重下降,较高层次产业比重上升的过程。中国 1980 年的第一、第二、第三产业比重是 30.1%、48.5%、21.4%,而到 2000 年变化为 16.4%、50.2%、33.4%。第一产业比重大幅下降,而第三产业比重大幅上升。上海产业结构改革开放以来也产生巨大变化,第三产业比重大幅上升,第一产业比重下降(图 2.4.1)。

(2)**产业功能分类** 依据其在区域经济中的作用和产业之间的关联,分为主导产业、关联产业和基础产业。**主导产业**是指在区域经济增长中处于主导和支配地位,起组织带动作用的

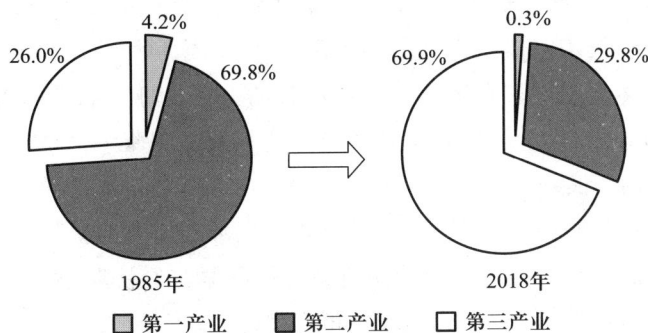

图 2.4.1　上海产业结构变化

产业。主导产业经济规模大,产品输出率高,与区域其他企业关联密切,带动其他部门发展。如汽车工业就是吉林省的主导产业之一,是该省主要输出工业品的制造行业,同时也带动一系列相关行业发展。**关联产业**是指直接与主导产业在产品投入产出、技术等方面有联系,与主导产业配套、协作的产业。如汽车工业配套行业就有钢铁、内燃机、橡胶、轴承、车厢、钣金、玻璃等行业。**基础产业**是指为区域社会经济发展和人民生活提供公共服务的产业。如交通、通信、商业等服务业,以及为当地服务的农业等。在产业功能分类中还有与上述分类有别的两种产业,即支柱产业和潜导产业。**支柱产业**是指在区域经济增长中总量大、比重高的产业。支柱产业可能与主导产业重合,但它有别于主导产业。因为有的支柱产业不一定具备主导产业的两个特点,虽然在本地所占经济比重大,但在贸易中、在同类产品中所占比重可能很小,与其他行业联系也不一定像主导产业那样密切,因而对区域经济发展带动也不大。**潜导产业**是指当前规模小,对区域经济发展贡献不大,但未来发展潜力大,前景好,代表未来方向的产业。

（3）**要素集约度产业分类**　根据产业对自然资源、资本、劳动力、技术等生产要素的依赖程度来划分。大体可分为**资源密集型产业**、**资本密集型产业**、**劳动力密集型产业**和**技术密集型产业**。

劳动地域分工主要体现在区域产业结构的调整和优化上。一方面要促进区域产业结构升级,增大第二产业、第三产业在区域经济中的比重,这样可以促进农村剩余劳动力的转化,增加就业,提高产品的附加值,增大区域的经济总量,促进社会经济全面发展。另一方面就是要使产业结构符合区域社会经济和自然条件,突出区域的优势和特点。劳动地域分工具体来说应遵循以下原则:

（1）**专门化与多样化相结合的原则**　劳动地域分工必须以专门化为龙头,主导产业体现区域的经济优势和特色,选择那些优势度高、关联度高、需求弹性大、生产率提高迅速、创新能力强的产业作为主导产业。对暂时处于潜导产业地位的产业,要积极扶植,创造条件使之尽早成为主导产业。大力支持和保护支柱产业,积极进行技术改造使其保持长久的生命力,有条件的尽可能转化为主导产业,充分发挥地区优势。同时专门化又必须与多样化相结合,注重基础产业的发展,综合发展地区经济。专门化不等于单一化,事实证明单一化的经济不利于国家经济独立,也容易被操纵国际贸易价格的国家或国际集团所制约。

（2）**生产要素比较优势原则**　即指在资金、劳动力、技术、原料、能源、环境条件等诸多方面,选择资源赋存的比较优势,结合区域生产要素的实际,确定劳动力密集型产业、资本密集型产业、资源密集型产业、技术密集型产业的结构和比例,充分利用地区自身生产要素禀赋优势。如中国中西部就宜更多地发展资源密集型产业和劳动力密集型产业。而东部沿海发达地区则应积极促进产业结构升级,大力发展技术密集型产业和资本密集型产业。

(3) **经济规模原则**　实现劳动地域分工必须集中投资,尤其是主导产业和支柱产业,必须形成规模,使之产生规模效应、乘数效应,更好地发挥区域经济优势。

(4) **地域联系原则**　劳动地域分工要建筑在区域间紧密经济联系之上。本区域的优势主要体现在对外区域的产品供应和服务上,没有市场保障,没有区域间(特别是邻近区域)的互补互惠关系,区域优势就难以发挥,劳动地域分工也不能很好体现。

(5) **产业区位原则**　优势的产业在空间上必须有优势的配置,要使生产地、原料地、燃料地、消费地布局合理,处于最佳区位环境之下。

3. 劳动地域分工的问题

在现实经济生活中,劳动地域分工存在两个问题。

一是**产业结构雷同**和**地方保护主义**。这在处于经济起飞阶段的发展中国家尤为突出,在中国表现更为明显。这是由多方面原因造成的,一是计划经济的痕迹依然存在,地方政府过度干预区域经济发展,力图建立自己完整的工业体系。大而全、小而全的“诸侯经济”比比皆是,重复建设、重复投资的现象相当严重,造成经济效率低,地区比较优势丧失。二是在市场经济初期,经济法制环境不健全,技术创新能力不够的环境下,对经济效益比较高的产业,盲目跟进、盲目模仿,区域产业结构出现千人一面的雷同化现象。如 20 世纪 80 年代中国各省区就引进几十条彩电生产线,汽车工业盈利较大,各省又出现汽车生产热潮,造成资源严重浪费。为本区域一己的经济利益,地区之间设置各种政策屏障,阻碍商品和生产要素的充分流通,保护落后,打击先进,影响技术进步和全国总体经济效益的提高。

二是**二元化现象**。所谓二元化现象,就是在劳动地域分工中的两极分化的不平等现象。

二元化在国际上表现在发达国家与发展中国家的关系上,即所谓“南北问题”(图 2.4.2)。由于发达国家控制着国际分工、国际贸易、国际金融、国际生产要素的流动,使发展中国家在国际经济关系中处于不利地位,从而造成不平等不合理的国际地域分工。一些发展中国家只能生产和出口原料、初级制成品及低附加值产品,畸形发展,成为发达国家某专项需求的生产地。使穷国越穷,富国越富。据统计,世界上最富有 20 个国家的人均收入等于最贫穷 20 个国家人均收入的 38 倍,世界极度贫困状态的最不发达国家的数量从 1970 年的 25 个增加到了 2000 年的 49 个,两极分化趋势日益明显。

二元化还表现在国家内部的发达地区与欠发达地区、核心区域与边缘区域之间。发达地区、核心区域在区位上处于优势,由于工资收入、生活条件、就业机会的因素吸引,欠发达地区、边缘地区的资金、技术、人才、劳动力大量在这里集聚,从而使欠发达地区、边缘地区处于竞争的劣势地位,地域分工上只能从事农牧业、资源型产业和初级加工业。如果不加以宏观干预,这种趋势会长久存在下去,并差距越来越大。国家提出新型城镇化战略和乡村振兴战略,推动形成优势互补,高质量发展的区域经济布局,其中很重要的内容就是要实行区域协调发展和城乡协调发展的战略,其根本目的就是要解决国内劳动地域分工的二元化问题。

图 2.4.2 南北问题

（四）产业集聚理论

1. 产业集聚的机制与效应

集聚是指生产要素和经济活动在空间上集中的过程。

集聚的机制是由空间区位指向和产业联系两个方面原因形成的。

区域空间本身,不论是在自然条件上,还是在交通、人口、土地、产业、技术等社会经济条件上都是有差异的。经济活动受这种差异影响,必然具有**区位指向性**,有的产业具有资源指向性,如钢铁、冶金、煤炭、石油、水力发电等产业趋向于在资源产地附近布局;有的产业具有生产要素指向性,如纺织业趋向于在劳动力资源丰富、劳动力价格便宜的地方布局;空间规模比较大的企业趋向于在地价比较便宜的城市郊区布局等。还有的产业具有市场、交通指向性,如商业主要集中于城市各级中心地,接近消费者,利用方便的交通集散商品。总之,区域的本底区位差异,往往是集聚的最初原因。

产业联系是集聚的另一个原因。产业联系分为生产联系和非生产联系。**生产联系**又分为产品生产的投入产出联系和提供产品与服务的联系。**投入产出联系**是生产链条上的联系,如采矿、冶炼、轧钢、机械制造之间就是这种联系,一个生产部门的产出是下一个生产部门的投入,这类企业集聚在一起,可以大大节约运费,降低运输成本。**提供产品和服务的联系**往往是一些专门化生产部门,它们为了向用户提供产品和服务,必须向市场集聚,向用户靠拢。如石油机械厂家与石油生产厂家、纺织机械厂与纺织厂,为提供产品和维修服务方便而集聚在一起。**非生产联系**是一种非物质联系,彼此之间并没有服务、生产和贸易往来,而是利用彼此空间上的接近的外部效果,共享基础设施,共享生产性服务业,共享顾客群体,共享信息,进行知识信息方面的交流。这种非生产联系越来越引起经济学家的关注。

集聚的效应主要体现在以下几个方面:

降低成本。这是集聚最直接最明显的效应。它可以降低生产成本,韦伯在工业区位论中就已注意到这个问题,由于集聚企业相互接近,缩短了原料、燃料、产品的运输距离,节约了运费,从而降低了成产成本。集聚也降低了社会生产成本,使水、电、燃气、交通等基础设施和土地资源得到充分集约的利用,从而发挥更大的效益。集聚降低了交易成本,公司之间在空间上有效率地组织在一起,形成产业网络,非物质联系的费用也大大降低。

产生规模经济效应。集聚形成规模经济,提高区域的竞争能力,促进专业化经济,使劳动分工专门化,有利于劳动生产率的提高和技术创新,创造新的生产力,产生规模经济报酬递增的效应。

带动区域经济发展。当产业达到一定规模集聚之后,通过产业联系,可以吸引更多的产业向中心集聚,从而诱发和带动区域经济发展。当集聚达到一定规模时会出现规模不经济现象,又会产生扩散效应,集聚中心产业向周边扩散,在外围产生新的次一级的集聚,带动周边经济发展。一般地说,集聚程度与辐射范围都是正相关的,集聚程度越高,其经济辐射的范围越广,带动影响的区域越大。

很显然,空间关系在经济活动中,起到极其重要的作用。形成成熟的等级网络、集聚体系的区域,如密集的城市群,在空间上是经济的,反之,生产要素之间、城市之间联系松散,距离遥远,分布分散的区域在空间上是不经济的。

2. 增长极理论

区域增长极理论是在法国经济学家佩鲁(Perroux)1955 年提出的一种抽象经济空间中的增长极概念的基础上发展起来的。后经赫希曼、布代维尔、汉森等学者进一步发展,受到区域经济学家、区域规划学者和决策者及地理学家的普遍重视。这一理论不仅被认为是区域发展分析的基础,而且被认为是促进区域经济发展的政策工具。

区域增长极理论认为,经济发展并非均衡地发生在地理空间上,而是以不同的强度在空间上呈点状分布,并按各种传播途径对整个区域经济发展产生不同的影响,这些点就是具有成长及空间集聚意义的增长极。增长极是否存在取决于有无能够带动城市和区域经济发展的产业部门,即所谓的发动型产业。一组发动型产业集聚在地理空间上的某一地区,则该地区通过极化和扩散过程,在规模经济和产业关联的作用下,逐渐形成增长极,以获得最高的经济效益和快速的经济发展。

佩鲁认为增长极有三个效应,一是**支配效应**,增长极经济单元处于支配地位,而另一些经济单元则处于被支配地位。这种"一个单元对另一个单元施加不可逆或部分不可逆的影响"就是支配效应。如汽车厂对橡胶轮胎厂、轴承厂、车身厂等汽车零配件加工厂就起到支配作用。二是**乘数效应**,即一个部门的发展通过投入产出关联,使其他部门产生连锁的系列的促发效应。比如大型钢铁基地的建设,影响到化工、机械、制造业,甚至交通、建筑、服务业的发展,可以吸引资金,创造巨大利润;新产业的建立刺激其他产业模仿、创新,强化竞争可以推动技术改造,提高经济效率。三是**极化-扩散效应**,增长极首先使地区经济极化形成集聚经济,而后通过一系列关联机制向周边扩散,带动周边经济发展。总之,增长极可以形成规模经济,充分利用外部环境,强化市场竞争,促进创新活动,带动区域经济发展。

佩鲁之后,许多经济学家丰富和发展了增长极理论,比较著名的有赫希曼(A.

Hirschman)的区域经济增长空间传递理论(亦称极化-涓滴效应学说)(1958)和费里德曼(J. R. Friedman,1966)的核心-边缘理论(1966)。

赫希曼认为,经济增长首先进行累积集中是必然的,而增长极的增长又会成为促进其地区经济增长的一种动力,从而实现区域经济增长的空间传递。在这种空间传递过程中,存在着**极化效应**(polarization effect)和**涓滴效应**(trickle down effect)。后者是增长极区域影响其他区域的经济发展的一种有利过程,而前者则相反。他确信,因增长极会产生集聚不经济致使累积集中不可能无限制地进行下去,这样,空间上的涓滴效应将会促进缩小区域之间的差异。同时,他还特别强调政府的干预作用来协调这两种效应的相互作用。

费里德曼通过实证研究,提出**核心-边缘说**,深刻地揭示了经济增长和空间结构之间的辩证关系,指出空间结构的演变是经济增长的一个功能,而经济增长本身又受到空间结构的制约。他认为,在若干区域之间会因多种原因,个别区域率先发展起来而成为"核心",其他地区则因发展缓慢而成为"边缘"。核心与边缘之间存在着不平等的发展关系。总体上,核心居于控制地位,而边缘在发展上则依赖于核心。核心对边缘之所以能够产生控制作用,是因为核心与边缘之间的贸易不平等,经济权力因素集中在核心,核心依靠这些方面的优势从边缘获取剩余价值。对边缘而言,核心对它们的发展产生压力和压抑。因此,边缘的自发性发展过程往往困难重重。更重要的是核心与边缘的这种关系还会因为推行有利于中心的经济和贸易政策,使边缘的资金、人口和劳动力向核心流动的趋势得以强化。他还进一步指出,核心的发展与创新发展有很大的关系。在核心,存在着对创新的潜在需求,使创新在中心不断地出现。创新增强了核心的发展能力和活力,并在向边缘的扩散中加强了核心的控制地位。他认为区域就是由规模不等的核心-边缘结构组合而成的。随着经济的发展,核心与边缘之间,各个核心-边缘结构之间,经济联系加强,发展水平差异缩小,逐步形成功能一体化的空间结构。

3. 新经济地理理论

新经济地理理论并不是经济地理的新理论,而是主流经济学界运用经济地理的空间分析解释经济地方化、区域化的一种理论。"新经济地理理论"是著名经济学家克鲁格曼(P. Krugman,2000)提出的,他认为产业趋向于在特定区位空间集中,而不同群体的不同相关活动又倾向于集聚不同地方,这样就形成空间产业集聚与区域专门化的现象。距离的运输成本和空间通信费用,决定了急剧的净收益增长是有限度的。又由于专业化劳动力集中、辅助性工业集聚和知识信息交流频繁,造成产业的地方化和区域化,从而解释了经济地方化和区域差异。他预言世界经济一体化实现以后,区域经济理论将全面替代国际贸易理论,坚信经济地理"作为经济学的重要领域的时代已经来临了"。1999 年费泽(Feser)和伯格曼(Bergman)又从外部经济、创新环境、合作竞争创新环境、合作竞争及路径依赖等方面阐述了集聚经济的优势,进一步丰富了克鲁格曼的理论。

(五)梯度推移理论

第二次世界大战以后,众多的发展中国家摆脱殖民统治,实现民族独立,面临着迅速实现工业化的道路的问题。开始他们也都像社会主义国家一样,谋求全面均衡发展,把国有化,实现社会公平、地区公平放在首位,推进经济发展,但是普遍的结果是发展速度缓慢,经济效率不高。为解决这个问题,许多经济学家、地理学家开始谋求新的发展思路。其中最具代表性的是梯度发展理论和点轴理论。

1. 梯度推移理论的基本出发点

立足于国家和整个大的地区的总体发展水平的提高,先集中力量发展重点地区,然后通过发展重点地区带动其他地区的发展,从不均衡发展出发最终实现均衡发展的目标,走的是一条倒"U"形的发展道路,如图 2.4.3 所示。日本、德国、美国等国都走过从不均衡到趋向均衡的发展道路(图 2.4.4)。日本从 1955 年起进行了三次国土整治,第一次实行据点开发,以资源开发为中心整治了本州、四国、九州的生产条件,综合开发北海道;第二次开发以工业开发为重点;第三次是综合开发,以调整地域差别为目标,解决"过密""过疏"的问题,"防止大城市的过度集中"。联邦德国在勃兰特(W. Brandt)时代,开展等质量生活运动,建设中小城市,分解大城市压力。美国也是先从发展东北部开始,而后开发西部,现在又向南方"阳光地带"发展。

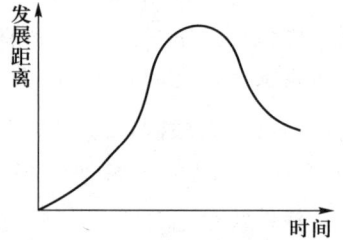

图 2.4.3　区域经济发展的倒"U"形结构

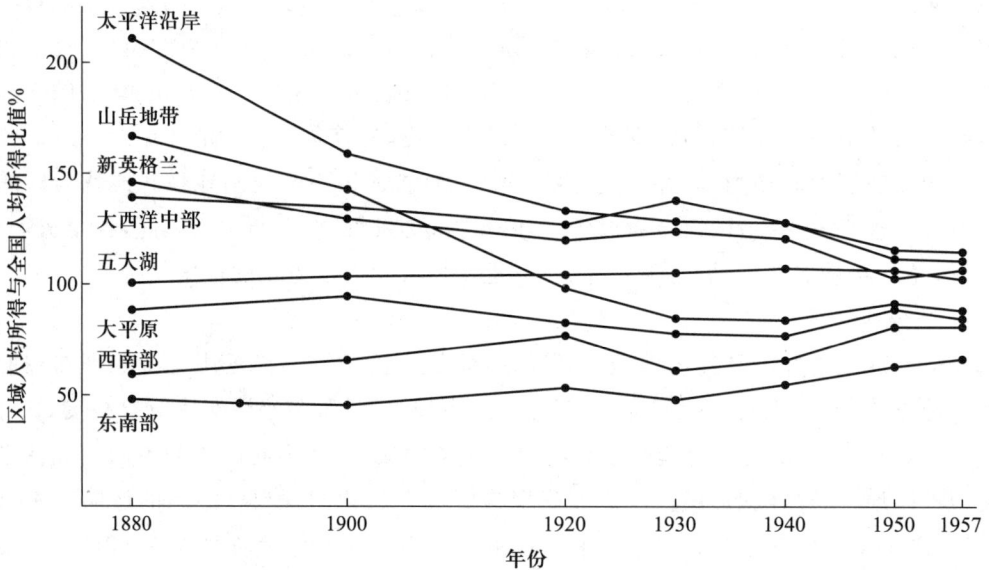

图 2.4.4　美国区域经济收敛曲线
(Smith,1977)

梯度推移理论的基本观点认为,无论是在世界范围内,还是在一国范围内,经济的发展总是不平衡的,客观上就形成了一种经济技术梯度差。有梯度就有空间推移。一个区域的经济兴衰取决于它的产业结构,进而取决于它的主导部门的先进程度。与产品周期相对应,可以把经济部门分为三类,即产品处于创新到成长阶段的兴旺部门,产品处于成长到成熟阶段的停滞部门,产品处于成熟到衰退阶段的衰退部门。因此,一个区域的主导部门是兴旺部门,那么这个地区就是高梯度地区。反之,如果主导部门是衰退部门,则这个区域就属于低梯度区域。生产力的空间推移,主要体现为两种形式:一是技术梯度推移,即从先进技术→中间技术→传统技术。首先要让有条件的高梯度地区引进掌握先进技术,先行一步。然后,逐步向处于二级、三级梯度的区域推进。与此同时,处于二、三级梯度的区域可先采用"中间技术"甚至"传统技术",再逐步过渡到先进技术。二是产业结构升级,即沿技术知识密集→资本密集→劳动力密集的方向推移。如劳动力密集型的纺织业中心 18 世纪在英国,19 世纪转移到欧美,明治维新后转到日本,20 世纪 60 年代转向亚洲"四小龙",70 年代转向新加坡、马来西亚、泰国、印度尼西亚、菲律宾,80 年代转向中国大陆沿海,90 年代转向中国大陆内地(图 2.4.5)。即随着经济的不断发展,推移的速度加快,区域差异逐步缩小,从而实现经济分布的相对均衡。

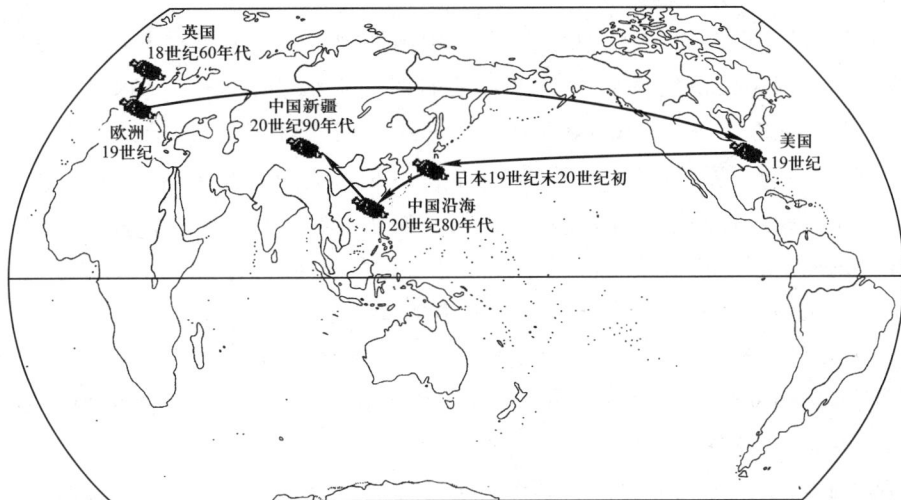

图 2.4.5　纺织业"候鸟"

2. 梯度推移理论的实践

中国的经济技术客观上存在着东、中、西三级梯度,区域发展应充分利用这种差异,扬长避短,将国家的有限财力优先投放到见效快的东部地区,逐步向西部地区推移。中国学者夏禹龙、冯之浚、何钟秀、陈栋生等人于 20 世纪 70 年代末率先提出"国内技术转移的梯度推移理论"。这种理论一经推出,便出现了梯度推移和反梯度推移的论战。反梯度推移论者主要是来自中国西部地区的理论家,认为处于低梯度的区域,也可以引进先进技术,实行跳跃式发展,然后向高梯度区域扩散技术,如果按照梯度推移,低梯度区域只能长期处于落后状态,区域之间的不平衡永远得不到解决。在这一论战中,梯度推移论最终还是赢得了决策层的支持,成为影响中国经济布局的主流,其理论主张在中华人民共和国 1986—1990 年的国民经济和社会发展计划(简称"七五"计划)的地区发展战略中得到了突出体现。由这一理论形成的倾斜发展战略,使中国沿海地区获得了快速发展,积累了强大的经济总量,保持了高速的经济增长。但是,进入 20 世纪 90 年代以后,经济发展并未出现梯度推移理论所预言的由东向西推移扩散的明显趋势,反而进一步扩大了东西部发展差距。从总体上看,梯度推移理论遇到了多方面的挑战,在实践中也暴露出种种缺陷。中国提出西部大开发和振兴东北老工业基地的战略,标志中国梯度发展战略出现重大调整,重视区域经济的协调发展。

（六）点轴发展理论

1. 点轴发展的理论基础

点轴发展理论的思想渊源是中心地理论、增长极理论及 20 世纪 70 年代中期以来在联邦德国区域规划中运用的发展轴概念。这种理论不仅强调"点"——城市或发展条件优越的区域的开发，而且还强调连接"点"与"点"之间的交通动脉——"轴"的开发。从应用领域上看，该理论可广泛应用于不同层面的发展战略中。

2. 点轴发展理论在中国的实践

点轴开发论于 20 世纪 80 年代中叶兴起，由中国地理学家陆大道提出。这一理论认为，点轴开发模式是中国国民经济空间组织的最有效的形式。20 世纪 50 年代中国划分沿海与内地，60—70 年代中期划分一二三线，80 年代划分东中西三大经济带，从国土开发、经济发展空间战略衡量，都有不同程度的局限。它们的基本特点是仅大块地划分，由于每块面积都很大，并不会对建设布局起具体的指导作用，也不能阐明如何实现从不平衡到较为平衡的区域发展。而点轴发展理论的空间结构模式则可以比较好地回答上述问题。点轴空间结构系统模式可以顺应生产力发展必须在空间上集聚成点、发挥集聚效果的客观要求，发挥各级中心城市的作用，实现生产力布局与现状基础设施之间的空间结合，有利于城市之间、区域之间的便捷的联系。随着区域开发和发展程度的提高和经济实力的加强，还可以提高发展主轴的等级，轴线也可以做空间上的延伸，这样就可以实现较为平衡的区域发展。

根据点轴理论，学术界和决策层先后推出了多种战略构想，如以沿海与沿江作为全国一级发展主轴，组成国土开发和区域发展的"T"字形结构的"T"型战略；在此基础上，又有学者提出了重点开发沿海、沿江、沿边三大轴线地带，使之逐步成为主导中国未来经济发展的增长轴。20 世纪 90 年代中国实行的沿海、沿边、沿江、沿路（主干交通线）开放和省级行政中心城市开放的全方位开放政策与上述思想是相符合的。

（七）区域协调发展理论

1. 区域协调发展的内涵

区域协调发展不是均衡发展，更不是平均发展。对一个国家来说，区域间的差异是由区域间的自然条件、区位、资源禀赋、生产要素结构差异及开发历史不同所决定的。各个区域的发展机遇、发展条件存在很大差异。这种差异既是客观的也是必然的。这就决定了各个区域的社会经济发展水平必然有很大差距，希图消灭这种差距，实现各个区域的均衡发展，是不现实和不可能的。在计划经济体制下，人们一厢情愿地追求区域均衡发展，无论是在社会主义的苏联还是改革开放前的中国这种努力都没有收到预期的效果。

新中国成立后的 30 年，中国基本接受苏联的理论，认为按照苏联经济的"发展趋势是全国所有地区都要成为或大或小的工业区"。按照苏联的生产配置理论，平衡原则是首位的、总揽全局的主导原则。当时中国理论界公认的生产布局原则是：① 平衡布局原则；② 综合发展区域经济；③ 工业尽可能地接近原料地、燃料地和消费地原则；④ 国防原则；⑤ 民族原则。这五条原则中除第三条具有区位意义外，其他都是围绕均衡发展理论展开的。当时的意识形态认为资本主义生产布局是在竞争和无政府状态下形成的,因而是不平衡和不合理的。社会主义的生产布局是在国民经济有计划按比例发展规律的作用下形成的,是科学合理的,拒绝接受甚至批判发达资本主义国家生产力布局中的有益经验。虽然列宁、斯大林时代对西伯利亚、远东的开发,中国在改变畸形的极不合理、极不均衡的半殖民地经济方面,都做出了很大的努力,对落后地区、少数民族地区经济发展起到了重要作用。但是,这种区域均衡发展理论在主客观上存在种种缺陷。首先,它忽视经济效率的提高和区域优势、区域特色的发挥,影响了整体国民经济水平的提高和经济发展速度。苏联和改革开放前的中国,经济发展缓慢与这种在布局上的失误有一定的关系。其次,新中国成立后的 30 年中,中国区域均衡发展战略的几次摇摆不定和调整表明,人为因素的干预在许多地方是有违于经济自身规律的,其结果产生了不可挽回的经济损失。三线建设造成的巨大浪费和沿海地区优势得不到发挥是中国经济发展的沉痛教训。

区域协调发展不是区域经济总量的接近,而是缩小人均收入差异,协调好区域关系。

由于区域之间,面积、人口规模相差很大,区域协调发展主要是缩小人均收入的差异,使之不要拉得过大。区域协调发展必须以人为本,着眼点放在缩小区域间人均生活水平的差距,特别要着眼于人均实际生活水平和生活质量差距的缩小。追求经济总量的接近是不现实的也是不合理的。区域协调发展另一个重要方面还要看区域关系是不是协调,各自区域的优势是不是得以发挥,不能以牺牲一些区域的代价去发展另一些区域,实行合理的公平的区域政策,建立有利于国民经济总体发展和区域协调发展的既良性竞争、又互利互补的新型区域关系。

2. 区域协调发展的意义

从经济上讲,区域协调发展有利于全国市场经济秩序的建立和完善,有利于消除区域经济发展的短期行为和地方保护主义等不正当竞争行为;有利于生产要素的充分流动和合理配置,使发达地区的资金、技术更多地流向欠发达地区,使欠发达地区资源、能源更多地支持发达地区的发展,双方的优势互补;减少欠发达地区的人才流失,减轻由于产品供应和需求不足、人才短缺、劳动力不足给欠发达地区经济发展带来的制约。

从社会意义上说,区域协调发展有利于民族团结、社会稳定和国家统一。一个区域差异巨大而又长期得不到解决的国家,民族凝聚力就无从谈起,地方主义、民族主义就会有滋生蔓延的土壤,不利于国家的长治久安,会从根本上瓦解国家经济发展的社会基础。

3. 区域协调发展的基本思路

促进区域间经济体制环境的统一,实现生产要素充分流动和优化配置。

观察世界上的发达国家,区域间的差异并不像发展中国家那么大。其根本原因就是市场经济体制完善,资金、劳动力、人才、资源、产品等要素得以充分流动,实现优化配置,比较容易实现接近平衡的状态。经济发达地区,收入水平高,因而吸引大批人涌进,人均占有的社会财富就会迅速降下来,而欠发达地区、农村人口容量相对减少,促使人均社会财富增加,区域间的差异相对缩小。在欧美发达国家农村地区、欠发达地区,一家人经营很大的牧场、林场或农场,少数人从事高度机械化的资源开采,其生活水平并不比城市、发达地区的人差。优越舒适的环境条件,使他们在心理上得到满足。发展中国家区域差异过大,从根本上说,是由于国家整体经济实力不强,就业不充分,剩余劳动力转化缓慢和区域间存在经济壁垒,要素流动不畅造成的。

为解决这个问题,必须建立和完善统一的经济体制环境。就中国来说,虽然全国的市场经济体制已经建立,但仍不同程度存在着带有地方保护主义色彩的地方法规和政策。有些法规、政策虽然制定了,但得不到有效的施行。

在中国还存在着户口壁障,城市里生活门槛过高,加之各种阻碍人才流动的地方政策,都影响劳动力和人才的流动和优化配置。农村土地流转,产业化速度缓慢,影响农业集约化、机械化的进程。资源价格市场化不充分和产品价格完全市场化的差异给资源产地造成经济损失,欠发达地区的生态补偿没有切实实现,也造成区域差异的扩大。必须解决尚存的各种各样的要素壁障,才能推进区域的协调发展。

科学合理地进行劳动地域分工。区域协调发展不能理解为欠发达地区对发达地区产业结构的追逐和模仿,而应体现自身的特色,发挥自身的优势。与发达地区产业结构趋同,只能把自己置于竞争的弱势地位。科学合理地进行劳动地域分工是区域协调发展的重要途径。

加强区域合作。发达地区要积极支援落后地区,相互之间建立良好的互补、互惠、互利的关系,积极开展区域合作。改革开放几十年来,欠发达地区大量的廉价劳动力,给发达地区创造了大量资本原始积累,欠发达地区指令性的、相对比较便宜的原料价格和生态环境的保护为发达地区经济发展提供了保障,支援欠发达地区应当是发达地区义不容辞的义务。

政府进行宏观调控,扶植和支持落后地区发展。国外的区域发展实践证明,放任自然,经济不会出现倒"U"形奇迹,而只能是差距越拉越大,特别是像中国这样国有经济还占相当大比例的国家更是如此。政府通过宏观调控手段,政策、投资向欠发达地区倾斜,是区域协调发展的重要的必需的措施。中国不失时机地进行西部大开发和振兴东北老工业基地,正体现了政府在区域协调发展中的重要作用。

增强国家经济的总体实力。国民经济总体水平的提高是区域协调发展的物质基础,是区域协调发展的前提条件。虽然中国改革开放之初实行梯度发展战略,一定程度拉大了东西部的差距,但是国家总体经济实力增强了,经济水平提高了,创造了大量就业机会,吸纳大量农村和欠发达地区的剩余劳动力,反过来推动了欠发达地区的经济社会发展,也有能力向西部投入大量资金,建设大量基础设施,资助和推进东北老工业基地的改造。因此,在兼顾公平的同时还要注重效率,提高国民经济的总体水平,这样才能使政府的宏观调控有力,劳动力转化迅速,产业结构升级加快,从而也加快了区域协调发展的进程。

专栏

中国区域协调发展的新格局

进入 21 世纪以来的第二个 10 年,中国现代化进入了新的历史阶段,发展的环境和条件发生了深刻而重大的变化。从外部看,世界处于百年未有之大变局,提升中国科技和产业全球竞争力的要求空前迫切,亟须培育形成带动全国高质量发展的新动力源,以更好应对国际上日趋激烈的国家综合实力竞争。从内部看,中国社会生产力水平不断提高,但发展不平衡的问题再次凸显,在东中西差距依然存在的情况下又出现了引人注目的南北经济分化问题,部分老工业基地和资源枯竭型地区转型发展也面临不少新的困难和挑战,亟须按照客观规律调整完善区域政策体系,推动形成优势互补、高质量发展的区域经济布局。

中国在新的实践中形成了党关于统筹区域协调发展的最新认识。这些新认识集中体现在习近平总书记 2019 年 8 月 26 日在中央财经委员会第五次会议上的重要讲话之中,他强调:"新形势下促进区域协调发展,总的思路是:按照客观经济规律调整完善区域政策体系,发挥各地区比较优势,促进各类要素合理流动和高效集聚,增强创新发展动力,加快构建高质量发展的动力系统,增强中心城市和城市群等经济发展优势区域的经济和人口承载能力,增强其他地区在保障粮食安全、生态安全、边疆安全等方面的功能,形成优势互补、高质量发展的区域经济布局。"

面对新的形势和挑战,以习近平同志为核心的党中央顺应新时代高质量发展要求,洞悉新时代区域发展的规律,抓住新的发展格局中的关键地域,先后部署实施了京津冀协同发展、长江经济带发展、粤港澳大湾区建设、长三角一体化发展、黄河流域生态保护和高质量发展国家战略。这五大重大国家战略涵盖了内地 24 个省级行政区和香港、澳门特别行政区,陆地面积 477 万 km²,约占全国的 49.7%,2018 年底常住人口 110 689 万人,占全国的 79.3%,2019 年前三季度地区生产总值 621 644 亿元,占全国的 84.9%。五大重大国家战略连南接北、承东启西,构建起了优势互补高质量发展的区域发展格局。

三、 区域演化理论

区域演化理论,又称区域发展阶段理论。它是人们对区域在社会经济增长过程中表现出的由简单到复杂、由落后到发达规律性的认识。主要表现为区域社会经济发展程度、产业结构的升级过程,社会组织形态的演变和空间地域结构演变等诸多方面。

(一)区域发展阶段理论

美国区域经济学家胡佛(E. M. Hoover)与费希尔(J. Fisher)1949 年撰文提出经济增长"标准阶段次序",认为区域经济发展经过自给自足阶段、乡村工业崛起阶段、农业生产结构转换阶段、工业化阶段和服务业输出阶段。美国学者罗斯托(W. Rostow,1960)提出区域或国家经济增长六阶段说。即传统社会阶段、为起飞创造前提条件阶段、起飞阶段、成熟阶段、高消费阶段和追求生活质量阶段。他以生产力发展水平为主线结合产业结构、消费结构、社会经济制度,阐述了区域社会经济发展的不同阶段。此外,比较著名的还有费里德曼区域发展模式、诺瑟姆(R. M. Northam)的城市化过程模式等。近年来,中国学者也提出一些关于区域演化的理论思想,如陈栋生(1993)提出的区域待开发、成长、成熟、衰退的四阶段说等。

以上理论主要是经济学家提出的,他们侧重于经济社会变化,而相对缺乏对区域空间结构演变的关注。区域演化的基本动力是生产力的发展,伴随着产业结构的升级,消费结构、社会结构的变化,在形态上表现为区域空间结构的演变。综合上述理论,结合工业革命至今的社会经济发展和区域空间结构演化的实际,从国家或大的区域发展层面上讲,区域发展大体可以分成以下几个阶段：

（1）**原始采集时代的区域**　这一阶段，人类除了使用简单工具外，与动物没有大的区别，从大自然中直接索取食物和其他生活资料。人类社会空间是近似于大自然的均质区域。人类的活动随机分散，以生存条件为依托小规模集聚，基本上是一元均质的区域。

（2）**农耕社会的区域**　人类社会空间在自然空间基础上发展，基本是均质的。资源未得到有效开发，生产技术落后，生产力水平十分低下，农业占绝对优势，处于自给型封闭状态。产业结构的主体是农业，人均国民收入很低。"作物＋村庄"是这个阶段的基本景观。城市仅仅是农副产品的集散地和行政中心，规模小而分散。

（3）**工业化预备阶段的区域**　区内社会变革和区际贸易交流促进生产发展，农业社会向工业社会过渡。因投资缺乏，只能在区位优势度大、资源条件好的点上加快资源开发，通过集聚和累积过程，单一的核心和边缘明显分离出来。出现单一核心城市或极少数大城市与广大农村乡镇并存的二元结构，空间结构处于不稳定状态。阶层分异、收入差别悬殊，社会矛盾突出。目前相当多的发展中国家处于这一阶段。

（4）**工业化起飞阶段的区域**　有较高的资本积累，建立了带动经济增长的主导部门，进行了一系列经济、政治和社会改革。经济处于高速增长的状态。农业劳动力大量转化，城市化速度加快。城乡二元结构鲜明。城市群初步形成，工业型城市和第三产业为主的城市并存，形成初步的等级序列城市体系。劳动地域分工趋于明显。

（5）**工业化大发展阶段的区域**　社会基础结构发展，工业内部分工细化，劳动地域分工鲜明，地域联合增强，大规模工业化。多核城市结构形成。出现城市群、城市连绵带，"等级城市序列＋专业化农业地带"是区域基本特色。劳动地域分工充分发展，区域内部实现经济一体化。

（6）**后工业化区域**　技术型高消费阶段与可持续发展阶段。科学技术高度发达，成为生产力发展和技术进步的支柱。生产增长大大超过人口增长，人的生活质量大为改善。空间回流和扩散效应在更大范围展开，城镇体系形成，等级结构明显，空间结构在更高层次上进入平衡状态。重视生活质量的提高，环境建设突出，逆城市化现象明显，中心城市发展成为商业、金融城市，区域内部网络化、组织化、集约化程度增强，"城市地域＋机械化、自动化、工厂化的高设施农业＋绿地原野"是这一阶段的基本景观。

（二）区域发展波动理论

不管区域处于怎样的发展阶段，其发展过程都不是线性的，而是曲折波动前进的。这是因为产品自身存在"生命周期"，即新产品开发—成熟阶段—标准化阶段—衰退阶段。生产技术也存在着创新—扩散—被新技术替代的周期过程。加之体制、政治、自然灾害等方面的原因，区域经济发展存在着短期和长期的波动周期，如在蒸汽机、电力为动力的时代，英格兰中部、德国鲁尔、美国东北部都曾有过辉煌，但到电子、生物、空间技术时代，这些老工业区都经历了衰退和再振兴的历程。波动是区域演化的动态特征。

区域发展波动的诸多原因中，最根本的原因是技术创新和扩散。新技术的出现带动新产业的迅猛发展，而原来旧技术支撑下的旧产业，不仅区位优势、产业优势丧失，而且成为发展新产业的束缚和包袱。技术创新的区域获得超额利润,技术扩散的区域,经济受到巨大推动,技术接受消化的区域则受益甚微。如计算机信息技术首先在美国开发,美国处于创新介绍时期,获取了巨大的超额利润,是全世界最大的赢家。而韩国、新加坡、中国香港、中国台湾等新兴的工业国家和地区则长期处于创新的扩散阶段、技术标准化阶段,大量生产、加工、组装,也大大促进了经济发展。而越南、老挝、缅甸及众多的欠发达国家则是接受它们的成熟技术,消化这些技术,这时产品已经不存在高额利润,老技术趋于被更新的技术替代的状态,经济失去了乘数效应,资本只能缓慢积累。Hidalgo 等(2007)创造性地提出了"产品空间"理论,认为产品空间决定了比较优势的演化,进而决定了国家的经济绩效。贺灿飞(2019)基于演化经济地理学理论的研究发现中国区域产品空间演化在一定程度上受制于现有能力、技术和知识积累,但区域性制度政策创新可以突破原有路径,为区域发展创造新的机会。显然,若实现区域旺盛发展,就必须始终保持技术、体制的创新活力。

(三)区域演化研究的意义

区域演化理论研究具有特别重要的意义。

(1) **发展先进的区域对后进的区域的发展和规划具有借鉴和预见意义**　区域演化无论在全球还是在一个国家内部都是不平衡的。如中国香港是以第三产业为主的城市,主要城市功能是金融、航运等服务业。而中国绝大部分大中城市,还是以制造业为主的城市,大量的中小城市还只是农产品的集散中心,承担着城市最初级的职能。区域的演化既具有多样性又具有共同性。很显然,各个区域由于自然和社会经济条件的不同,而有各自的特色发展历程。但与此同时,又有共同的规律性可循,如区域发展都表现为生产力的提高、产业结构的升级,社会分配趋于公平,消费结构趋于合理,城市化程度提高,生态环境趋于改善,生产集约化程度提高,地域结构网络化、组织化程度加强等。发达地区可以为后续发展地区提供实际的鲜活的可借鉴的经验,为后进区域的规划提供依据。如上海的发展规划就借鉴了香港发展经验。以往的地理学过分注重对区域特征差异的形态学研究,忽视对区域发展演化的时间维研究,这对地理学的理论建设十分不利。现代地理科学必须加强对区域发展演化机制的研究,只有这样地理科学才能增加科学性、预见性,从而更好更实际地为实践服务。

(2) **区域演化为区域关系、区域结构研究提供理论依据**　区域演化虽然具有共同性,但并不预示所有区域都要经过同一历程,有的区域由于其区位、社会经济条件,可能发展到高级阶段,而相当多的区域由于自身区位、社会经济条件的限制,只能停留在某一阶段。不平衡是区域空间结构最基本的特征。因此研究区域关系、区域结构必须重视区域演化在空间上的相互关系。区域演化的另一个重要特征就是先导的演化阶段对同一时间断面的处于后续发展阶段的区域具有拉动作用和牵制作用。一方面,它可能通过回流、扩散机制,通过政府政策、媒体宣传等影响,促使后进区域加速、跃动发展;另一方面它也可能由于不合理竞争,不合理"游戏规则"和过大的集聚效应,形成对生产要素的引力"黑洞",产生对后进地区发展的抑制作用,加剧区域的极化现象。因此重视区域演化过程、机制、特征的研究对科学合理地处理区域关系、调控和规划区域空间结构具有重要意义。

四、 经济全球化与区域经济集团化

（一）经济全球化

1. 经济全球化的理论依据

经济全球化是指人类经济活动和某一产品的生产过程、服务所涉及的地域范围不断向全世界扩展的过程。经济全球化是世界各国各地区之间经济联系日益紧密的一种客观现象。在经济全球化的背景下，一个生产企业的产品生产过程不再完全局限在一个主权国家以内完成，而是通过世界上不同国家和地区的联合完成的。产品的生产越来越有了广泛的国际意义。企业的跨国界服务对象占企业营销比重越来越大，具有愈来愈多的全球化特点。

经济全球化的理论根据来源于两个方面。

其一，世界性特征是资本运动发展的必然趋势。早在 170 多年前马克思就预言经济全球化的趋势："资产阶级，由于开拓了世界市场，使一切国家的生产和消费都成为世界性的了。……新的工业的建立已经成为一切文明民族的生命攸关的问题；这些工业所加工的，已经不是本地的原料，而是来自极其遥远的地区的原料；它们的产品不仅供本国消费，而且同时供世界各地消费。旧的、靠本国产品来满足的需要，被新的、要靠极其遥远的国家和地带的产品来满足的需要所代替了。过去那种地方的和民族的自给自足和闭关自守状态，被各民族的各方面的互相往来和各方面的互相依赖所代替了。物质的生产是如此，精神的生产也是如此（中共中央马克思恩格斯列宁斯大林著作编译局，2009）。"马克思认为经济的全球化是与资本"谋求利润的无休止运动"这一本性分不开的。

从地理学角度讲，经济全球化就是资本空间扩散的结果。中国地理学家吴传钧院士等指出，国际经济联系的基础是经济的空间扩散。在国际规模的尺度上，经济的空间扩散主要表现为产品、资本和技术从先进国家向落后国家流动、从工业化国家向发展中国家扩散。当国家经济不断发展，其经济活动必然从传统变为现代，从单一转为多元，从地方走向世界，它的经济发展战略也必然从内向转向外向，从封闭走向开放，从进口依赖转向出口指向。最后使得自身资源得到更为有效的利用，经济规模不断壮大，国际经济空间综合程度加深，与其他国家的经济相互依赖性增强，即世界经济全球化的发展。

其二，是自由贸易对经济发展的促进作用。经济全球化的理论渊源，可以追溯到古典经济学的亚当·斯密、大卫·李嘉图的贸易理论、比较优势理论，以及 20 世纪的赫克歇尔-俄林的资源禀赋理论。其基本思想是通过消除国际间的贸易壁垒，实现生产要素的自由流动，发挥各个国家或地区的比较优势，实现资源的最优化配置，最有效率的生产，从而提高经济效率，推动经济的快速发展和人民生活的提高。当生产和贸易的规模达到世界水平时，经济全球化的思维自然产生了。1950 年美国经济学家维纳（J. Viner）提出关税同盟理论等一体化理论。之后西陶斯基（T. Scitovsky）和德纽（J. F. Denian）提出一体化大市场理论，注重市场扩大所带来的规模效应，库柏、马赛尔和约翰逊等人提出一体化工业偏好理论，认为多数国家都有优先发展现代工业的偏好，通过组织关税同盟，可以扩大市场，增强同盟内部的交换能力，获取实现工业化的公共福利。日本经济学家小岛清（Kiyoshi Kojima）提出协议性分工理论，即一体化组织内部协议进行产业分工,彼此协议放弃一些利益,换取更大的利益。这些理论都具有现代贸易理论的重要特征,它们将规模经济理论充分地应用于关税同盟这个有限的市场之中。

在第二次世界大战以前,发达国家利用军事侵略、政治压迫,迫使发展中国家打开国门,进行以扩大产品市场、掠夺原料为目的的不平等贸易。发展中国家为了保护自己的民族工业,用关税壁垒尽可能地抵制外部经济侵略。当时的欧美列强之间,为了彼此竞争,也互设关税壁垒进行贸易大战。这种状况在一定程度上拖慢了全球经济发展的步伐。第二次世界大战以后,为了加强国家集团的竞争能力,欧美工业国家之间建立关税同盟,上述经济理论得以实践,进而发展到世界其他国家,随着两极世界的解体,形成了世界贸易组织,出现经济全球化的趋势。经济全球化最大的长处就是充分实现劳动地域分工,提高全球的整体经济效率,促进技术交流和经济合作。

2. 经济全球化的影响因素

技术进步推动下的生产力巨大发展。在农业文明时代,生产力发展水平低下,经济处于彼此封闭的狭小区域之中,很少有区际之间的贸易往来。工业革命以后,由于机械化、电气化的革命性变革,社会生产力有了飞速的发展,出现了跨国界的运送原料和销售商品。那个时候,经济的全球化还仅仅体现在商品、原料贸易的国际化,生产地还集中在发达国家。国际金融活动虽然开始出现,但规模还相当小。到 19 世纪下半叶,资本主义进入垄断阶段。出现了大型的企业集团和跨国公司,资本大大突破了国家的空间框架。规模化的大生产不仅要大量输出商品,还大量输出资本,多以信贷形式输出,直接投资并不多。劳动力的国际流动,表现为发展中国家的劳动力大量流入发达国家从事生产。第二次世界大战以后以电子和信息技术为中心的新技术革命,对人类社会发展的影响都远远超过了 18 世纪中叶和 19 世纪后期的两次产业革命,出现了投资全球化、生产全球化的新形势,资本流入发展中国家,直接利用当地的资源、土地、劳动力进行生产,实现了资本、资源、劳动力的全球优化配置。

和平的交流的国际政治环境。在 20 世纪 80 年代末、90 年代初,世界政治格局发生了深刻的变化,两极世界体系瓦解,意识形态对立弱化,以和平为主题的世界政治经济秩序得以巩固和强化,国家之间的经济协商机制逐步建立,为生产要素流动创造了良好的条件。此前,关税同盟和经济合作还限于以意识形态划分的政治集团内部,20 世纪 90 年代以后,这种状况有了根本改变。不同社会制度、不同意识形态的国家都参与到经济全球化进程中来。

交通、通信、信息技术的发展。交通运输技术、通信技术、信息技术的高速发展,使得世界不同地域之间的物资、人员、信息等的交流成本大为降低,例如,1964—1982 年间美国交通运输占美国进口商品成本的比重由 10% 下降到 4.5%,形成了陆、海、空立体的便捷的世界一体的交通网络,特别是航空和高速公路的发展,大大加强了空间上的经济联系,无线通信和广播、电视等大众媒体的发展,以及互联网、信息高速公路的出现,为资本、技术、人员、贸易在世界范围内的合理布局和信息交流,提供了技术保障。人与人、企业与企业的时间距离大大拉近,现代交通通信技术使地球各地的人们如同生活在一个城市一样方便,大大节约了发展经济的时间成本。

3. 经济全球化的主要表现

（1）**跨国公司的兴起和发展**　跨国公司就是在国际间进行生产、销售或其他经营活动的企业。最早可以追溯到 19 世纪末期，当时在一些发达的欧美国家，一些实力雄厚的大企业，在海外设立分支机构、子公司进行跨国经营。早期的跨国公司的海外经营活动，主要是从海外获取廉价原料，运回国内生产和在海外设立分支机构推销产品。也有一些诸如银行、保险等服务机构。第二次世界大战后，众多殖民地国家独立，许多发展中国家，为防止跨国公司损害其主权和民族经济利益，从投资范围、税收及金融贸易条件等方面对其加以限制，直至将其子公司国有化。20 世纪 70 年代以后，情况发生了根本性变化，不少发展中国家，改变态度，积极引进国外投资，促进了本国经济快速发展。跨国公司本身也发生了变化，许多公司直接在国外投资生产，甚至有的公司总部也设在国外。发展中国家开始经营跨国公司，将公司的分支机构设到国外（包括发达国家在内的本国以外区域）。跨国公司真正成为一种国际性、全球性的经济现象。据联合国跨国公司中心统计，1968 年全世界共有 7 276 家跨国公司，有分支机构、子公司27.3 万家，1988 年全球跨国公司增至 2 万余家，子公司达 100 万家，遍布世界 160 多个国家和地区。根据联合国贸发会议组织《世界投资报告 2017》的统计，目前全球有跨国公司 10 万家，子公司 86 万家。跨国公司促进了技术进步和技术交流，扩大了国际贸易，增进了各国经济政策的协调和融合，使国际金融市场增添了活力，加速了资本的国际化，大大推动了全球的经济发展。

（2）**世界贸易加速扩大、产业国际化长足进展**　从 1983 年到 1990 年，世界平均贸易增长9%，是同期国民生产总值增长率的 3 倍。1992 年世界贸易额占世界国民生产总值的 33%。而世界服务贸易（银行、保险、运输、通信、信息、技术、广告、旅游等）则超过了直接的商品贸易。国际金融活动更是急剧扩大，1989 年的世界资金流动额高达 102 亿美元，是当年贸易额的 20倍。1985—1990 年间，世界对外直接投资平均每年增长 30%，大大超过世界贸易的增长，海外生产和销售总额远远超过出口贸易总额。联合国贸发会议组织发布的《世界投资报告 2019》显示，2019 年全球外国直接投资流入流量达 15 398.8 亿美元，比上年增长 3.0%。资源利用全球化、生产全球化、消费全球化的大格局在世界范围形成。

> **专栏**
>
> ### 世界贸易组织（WTO）
>
> 　　1947 年 10 月在日内瓦，美国等 23 个国家召开会议，签订了《关税及贸易总协定》（GATT）。宗旨是"充分利用世界资源，扩大商品生产和交换，促进缔约国的经济发展，在互利互惠的基础上削减关税和其他贸易障碍，取消国际贸易中的差别对待。"关贸总协定"从成立起已进行 8 轮谈判，工业发达国家的关税已由第二次世界大战后初期的40% 下降到 5%，对促进国际贸易起了重要作用。但到 20 世纪 70 年代中期后，由于美国经济实力的相对下降，国际贸易集团化的发展，关贸总协定对各种非关税壁垒无能为力，致使它的作用受到挑战。从 1986 年起，经过 17 个参加方进行 7 年多的乌拉圭回合谈判，终于达成建立世界贸易组织的协定。
>
> 　　1995 年 1 月 1 日世界贸易组织（WTO）正式成立，成员包括 115 个国家和地区。世界贸易组织设总理事会，下设货物、知识产权、服务等理事会及其他结构，管理协议的执

行和解决争端。它要求成员国和地区一揽子接受《乌拉圭回合最终文件》，要求 6 年内将工业产品和农业产品的海关税平均降低 4％，主要工业国将某些产品的关税率减少 5％；服务性贸易首次纳入协定，金融服务（银行、保险等）和运航服务尚需谈判；知识产权保护及与贸易有关的专利、商标和版权的原则得到加强，并纳入关贸总协定之中；根据《多种纤维决定》，纺织品和服装的进出口配额在 2005 年之前分三步取消，有关反倾销措施的原则得到澄清，制裁措施 5 年后失效。

世界贸易组织与关贸总协定不同，它具有法律制度上的正式性，对所有成员都具有法律约束力，原则上所有成员必须履行《乌拉圭回合最终文件》。同时，它还建立一整套执行机构，定期对成员国的贸易政策、贸易体制进行有效的多边的监督。这就使各种地域性经贸集团的排他性受到限制，在投资和知识产权方面自由化加强，为跨国公司的经营活动开辟了更为广阔的空间。从总体看，关贸总协定是世界多边贸易的初级组织形式，而世界贸易组织是世界多边贸易的高级形式，它使国际上首次出现管辖全球的商业贸易、服务贸易、投资措施、知识产权与世界环保等规则的"世界经济联合国"。它对促进全球贸易的进一步开发和自由化，对 21 世纪世界经济贸易的全球化产生重大影响。

中国是关贸总协定的创始国之一，1948 年 5 月 21 日就成为正式缔约国。新中国成立后由于某些历史原因，中国中断了与关贸总协定的关系。在联合国大会恢复中国席位后，关贸总协定于 1971 年通过决定，取消了"台湾当局"的席位。1984 年 11 月，关贸总协定批准中国取得观察员资格，1986 年 7 月 11 日中国政府正式向关贸总协定提交了要求恢复缔约国地位的申请。1999 年中国通过与美国、欧盟等国家的单边和多边会谈并达成协议，2001 年 11 月中国正式加入世界贸易组织，多年来，中国严格执行和遵守 WTO 各种规定，成为其中经济发展最快、最活跃的一员，在世界经济舞台上发挥重要作用。

（3）**国际分工进一步发展，经济联系更为密切**　以往的分工主要体现为垂直分工，经济联系是单向的。即一些国家（主要是发达的工业国）主要从事生产，而另一些国家则主要提供原料和购买产品。一些国家是投资国、技术转让国，而另一些国家则是投资和技术的引进国。经济全球化则表现为这种垂直分工削弱，水平分工加强，各国的经济联系是双向的。在 20 世纪 50—60 年代美国几乎是世界唯一的对外投资国，而在 1987—1992 年期间，美国虽然对海外投资增长了 35％，但同期外国在美国的投资却增加了一倍多，两者绝对数额接近。以往大量输出技术的欧美、日本如今也大量引进外来技术。一些发展中国家，在一些领域也处于相对的优势地位。如印度的软件产业在世界就处于优势地位。各国之间互相依赖、互相融合，经济联系越来越密切。

（4）**国际经济组织对世界经济的调节、干预作用增强**　第二次世界大战以后，世界经济进入了共同性干预、协调时期；到 20 世纪 80 年代后期，苏联解体以后这种干预和调节就更具有全球性。这一时期，用来干预、协调各国行为的国际公约和准则不断确立，国际组织大量涌现，其中最重要的有国际货币基金组织（IMF）、世界银行（WB）、世界贸易组织（WTO）等，这些组织对经济全球化的发展起到了积极的促进作用。

国际货币基金组织和世界银行都是联合国的专门机构，它们从成员国汇集资金，并向成员国提供贷款,协调各国货币金融政策,以弥补国际收支逆差和稳定汇率,其成员国遍及世界各地。它们在墨西哥金融危机、东南亚金融危机和阿根廷金融危机中都发挥了一定作用。世界贸易组织对成员国具有法律约束力,成员国必须遵守共同制定的规则,本国法律、经济政策与之有冲突者必须修改,并设有仲裁、监督机构保证规则的执行。世贸组织在成员国的贸易中发挥着经常的有效的监督作用,为解决贸易纠纷搭建了平台,为世界经济一体化构筑了初步的组织和制度框架。世界贸易组织的建立和扩大大大促进了国际贸易,贸易自由化程度得到提高,通过"乌拉圭回合"谈判,发达国家进口关税下降到 4%,发展中国家进口关税下降到 15%,各国都不同程度作出开放本国市场的承诺,大大刺激了世界贸易的增长。1995 年世界贸易增长率达到世界生产增长率的两倍多。

4. 经济全球化的主要障碍

虽然经济全球化、世界经济一体化对促进全球经济发展有推进作用,但是由于当今世界存在着发达国家和发展中国家的差异,彼此发展程度存在着巨大差别,在经济全球化进程中,各自受益不同,甚至在某些情况下损失大于获益。这种差别成了经济全球化、一体化的巨大障碍。

发达国家是经济全球化、全球经济一体化的积极倡导者和鼓吹者,因为这样一来,它们可以打破发展中国家的贸易壁垒,凭借自身先进的生产技术和管理经验及国际影响,实现其在全球范围内高效配置资源和占领更大范围的市场。但是,经济全球化的实行也给发达国家带来巨大挑战。首先由于劳动力资源的全球配置,跨国公司为了利用发展中国家的廉价劳动力,将大量生产机构转移到发展中国家,这样发达国家的工人就会面临失业和收入下降的问题,引起发达国家工人的强烈不满。最近几年七国集团会议、世界贸易组织会议开会所引发的抗议浪潮一浪高过一浪,一些极端民族主义者利用这一社会心理,制造国家内政的不稳定。其次,由于生产、投资的世界化,一定程度上造成发达国家特别是地方税收的减少,影响到基础设施的建设和社会福利开支。20 世纪 60—70 年代的经济繁荣时期所形成的社会安全保障体系受到冲击,中产阶级的稳定富足的生活和弱势群体的生活保障都面临挑战。由于市场的国际化、世界化,发展中国家廉价的日常消费品、一般技术水平的工业品也必然大量进入发达国家市场,这对其本国工业也造成巨大冲击。

发展中国家更是面临两难的选择,一方面大多数发展中国家都不愿意被经济全球化和世界经济一体化的浪潮边缘化,因为在世界范围内的技术合作日益紧密,各国之间经济的相互依存程度大大加强的今天,在经济全球化的大潮之外将被日益加快的技术进步所淘汰,也无法享受世界性自由贸易的优惠,给本国的出口和经济发展设置了巨大障碍。但是他们又非常担心自身民族工业受到冲击,特别是刚刚起步的工业化,在与发达国家先进工业的平等的、无保护的竞争中,面临巨大压力和冲击。更为担心的还有与经济全球化与之俱来的西方文化的冲击和国家主权的安全,经济全球化不是孤立的,与之相伴的还有政治、社会、文化方面的影响。对待全球化,要么你根本不去理它,要么就要承受它全方位的影响,它不是单菜而是一份"套餐"。

说到底,跨国公司是经济全球化的最大赢家,无论是发展中国家还是发达国家的国家利益和内政都受到经济全球化的挑战。这种挑战主要是两者的巨大发展差距造成的。因此从目前来看,经济全球化、区域经济一体化势头相当迅猛,而全球经济一体化的进程还相当缓慢,每一轮的贸易谈判都非常艰难,尤其是近年来,逆全球化倾向日益明显,给全球经济发展带来了极大的不确定性。

共建"一带一路"倡议

2013 年 9 月 7 日,中国国家主席习近平在哈萨克斯坦纳扎尔巴耶夫大学作题为"弘扬人民友谊 共创美好未来"的演讲,提出共同建设"丝绸之路经济带"。2013 年 10 月 3 日,习近平主席在印度尼西亚国会发表题为"携手建设中国-东盟命运共同体"的演讲,提出共同建设"21 世纪海上丝绸之路"。"丝绸之路经济带"和"21 世纪海上丝绸之路",简称"一带一路"倡议。

2013 年以来,共建"一带一路"倡议以共商共建共享为原则,以和平合作、开放包容、互学互鉴、互利共赢的丝绸之路精神为指引,以政策沟通、设施联通、贸易畅通、资金融通、民心相通为重点,已经从理念转化为行动,从愿景转化为现实,从倡议转化为全球广受欢迎的公共产品。一批具有标志性的成果开始显现,参与各国得到了实实在在的好处,对共建"一带一路"倡议的认同感和参与度不断增强。共建"一带一路"倡议得到了越来越多国家和国际组织的积极响应,受到国际社会广泛关注。截至 2020 年底,已有 65 个国家和地区加入"一带一路"倡议,影响力日益扩大。

总体上,"一带一路"倡议可以简单地用"一个核心理念"(和平、合作、发展、共赢)、"五个合作重点"(政策沟通、设施联通、贸易畅通、资金融通、民心相通)、"三个共同体"(利益共同体、命运共同体、责任共同体)来表达。"一带一路"建设是新时期中国全方位对外开放的旗帜和主要载体,也是中国为推动经济全球化深入发展而提出的国际区域经济合作新模式,不仅将对中国社会经济发展与全面对外开放产生深远的历史影响,而且也会对沿线国家的经济发展产生积极的带动作用,并对国际经济格局变化产生推动作用。

(二)区域经济集团化

区域经济集团化的基本形式是区域经济一体化,是用来描述在国家之间建立区域化、集团化合作关系的一个基本概念。经济全球化和区域集团化是第二次世界大战后世界经济发展的重要趋向,自 20 世纪 60 年代以来一直是国际政治和国际经济理论的研究热点。

早在 20 世纪 50—60 年代,经济学界就以欧洲国家的集团化发展实践为主要实证基础提出区域经济一体化的一般概念。这个概念包括 4 个基本假设:① 主权国家是一体化的主体。② 国家一般都倾向于通过进行集团性的区域内部贸易来提高本国经济福利水平,伙伴国家都看重以区内贸易利益为主的集团利益。③ 参与一体化集团的伙伴国家在国家体制和经济发展阶段水平具有一定的相似性,共同构成具有一定排他性的利益集团。④ 一体化是一个有明确顺序的阶段性发展过程。在这些假设的基础上,区域经济集团化被定义为:伙伴国家之间逐步加强经济合作关系,结合成为范围更大的区域经济实体的过程。其主要发展阶段是:

阶段 1:自由贸易区,在区内伙伴国间取消一切贸易壁垒。

阶段 2:关税同盟,达成一致的对外关税,提高一致对外的整体竞争力。

阶段 3：共同市场，以劳动力和资本为主的生产要素在伙伴国之间可以自由流动。

阶段 4：经济联盟，伙伴国家的经济政策、市场规则、宏观经济和货币政策及收入分配等统一化。

阶段 5：货币联盟，伙伴国家之间使用统一的货币。

20 世纪 80 年代后期，冷战结束以后，世界经济的区域化、集团化以空前规模取得进展，国际关系发生了重大变化。地理的、民族的关系渐渐取代了意识形态的组织关系。由国家自身利益、地区集团利益与全球利益的权衡形成的利益权衡层次大大增加。意图用一种意识形态取代另一种意识形态的冷战思维大大削弱。目前较大的区域集团化组织有欧洲联盟、北美自由贸易区、亚太经济合作组织、东南亚国家联盟等。除此以外还有更小范围的区域集团化组织。这些组织中除欧洲联盟实现了区域经济一体化以外，其他还是比较松散的经济组织。近年来又出现一些新的动向。

（1）国家之间建立合作关系的起点出现多元的变化。经济同盟与政治的、国防的同盟分开。

（2）国际性经济合作的主体构成发生变化。国家不再是发展和建立跨国性经济合作关系的唯一主体，区域一体化过程已成为国家政府、跨国公司和国际组织等多种行为主体的多层动力过程。除国家政府之外，企业已经成为开展跨国经济活动的重要推动力和主体，同时，国际区域集团化过程突破了以国家为基本地域单元的传统权力层次和空间界限，许多国家的地方政府积极响应全球经济一体化的潮流，地理接近性和空间紧密性对构成区域合作伙伴关系的约束力趋于下降。

（3）差别较大的国家和地区之间也在致力于发展合作伙伴关系，发达国家和地区与发展中国家和地区在一起组成的集团在增加。

（4）驱动伙伴国家和地区开展国际经济合作的因素具有鲜明的时代特征和动态性。经济互补性被普遍认为是发达国家和发展中国家建立合作性经济关系的主要合理性依据，但是，二者的利益兴趣和争取自身利益的能力差别十分明显。发展中国家更注重经济与技术的合作。而发达国家则对发展中国家的资源和市场更感兴趣。

区域集团化又一个普遍值得注意的倾向，就是区域集团化很注意成员之间的经济互补性、文化的亲缘性和国家经济规模的接近性，对大国保持着警戒感。中国对区域集团化的政策是，立足自身，积极发展华人、华侨经济圈，充分利用民族亲缘关系发展经济，加强与周边国家及亚太国家的经济合作和经济联系，同时广泛与世界各地区发展经济合作和贸易往来，立足全球发展经济。在亚洲金融风暴中，与东亚其他国家、东南亚国家联盟国家相比，中国受到的损失相对较小，而且还支持受金融风暴打击的国家。这说明大国在区域经济集团化的浪潮中一只手举区域主义的旗帜，一只手举世界主义旗帜，是正确的策略抉择。

> **专栏**
> ···
>
> ### 世界主要区域集团
>
> **欧洲联盟（EU）**
>
> 欧洲联盟的前身是欧洲经济共同体（EEC，简称欧共体）。第二次世界大战后美苏两国的冷战和在欧洲对峙，使欧洲潜伏着不稳定和危机，西欧各国的领导人认识到如不进

行经济和政治合作,将会沦为超级大国的附庸。1957 年 3 月,法国、联邦德国、意大利、荷兰、比利时、卢森堡六国签订了《罗马条约》(《欧洲经济共同体条约》),1958 年正式成立欧洲共同体。1972 年 10 月欧共体召开成员国首脑会议,并将之作为最高决策机构,就重大问题进行协商合作。1973 年,英国、爱尔兰、丹麦参加该组织。20 世纪 80 年代以来希腊、西班牙、葡萄牙、奥地利、芬兰、瑞典相继加入欧共体。1993 年欧共体发展成为欧洲联盟(简称欧盟)。后又"东扩""南下",欧盟总部设在比利时首都布鲁塞尔,现有 24 个成员国,分别为法国、德国、意大利、荷兰、比利时、卢森堡、丹麦、爱尔兰、希腊、西班牙、葡萄牙、奥地利、芬兰、瑞典、波兰、匈牙利、捷克、斯洛伐克、爱沙尼亚、拉脱维亚、立陶宛、斯洛文尼亚、马耳他和塞浦路斯。

欧盟是一个一体化水平较高的国际联合组织,成员国都属于发达国家,私人垄断资本和国家垄断资本都高度发达,国家间的经济合作也异常密切。它首先要求实现商品、资本、劳动力和劳务的自由流动,实施共同的农业政策,建立关税同盟,取消对内关税,建立共同市场和自由贸易区,对外筑起关税壁垒,建立欧洲货币体系,成立欧洲中央银行,发行欧元,稳定成员国汇率,以抵制美元波动的影响,加速发展科学技术,实现规模经济效益,在加强经济一体化的同时,推进政治一体化。

目前,欧盟已步入一个新阶段,在经济一体化方面,它已完成了关税同盟与共同市场阶段,进入经济联盟的更高阶段——货币联盟阶段,以欧元取代各成员国货币。在政治一体化方面,1992 年的《马斯特里赫特条约》也取得了重大突破,形成了一个新的政治经济总体结构的欧盟,开始制定共同体的外交与安全政策。在地域方面,参加欧盟的国家已由最初的 6 国,发展到目前的 24 国。但是,当前欧盟内部存在不少矛盾,欧洲统一大市场还刚刚起步,商品和资本流动在制度方面还不完善,欧元启动后,货币问题也波澜起伏,矛盾重重。2021 年 1 月 1 日,英国正式脱离欧盟单一市场和关税同盟。

不过,欧盟是国际上经济一体化程度最高的体制性区域组织,欧洲统一大市场的建立,将大大推动区域内各国之间的经济合作与发展,对美、日等区域外的国家也将产生重要影响。

北美自由贸易协议(NAFTA)

伴随世界向多极化发展,特别是欧盟和亚太经济集团化组织的建立,美国也加快了建立区域经济圈的步伐。建立北美自由贸易区的设想,最早由美国总统里根提出,由继任总统布什谈判签署协议。1988 年 1 月美国和加拿大首先签订了自由贸易协议,为了把周边新兴工业国家墨西哥吸引进来,经过多次谈判,1992 年 12 月美、加、墨三国首脑签署协议,于 1994 年 1 月 1 日生效。

东南亚国家联盟(ASEAN)

东南亚国家联盟(简称东盟)是亚洲具有代表性的区域经济合作组织之一,它成立于1967 年,先后参加的国家有新加坡、马来西亚、泰国、菲律宾、印度尼西亚、文莱、越南、老挝、柬埔寨和缅甸。观察员国有巴布亚新几内亚、东帝汶。初期东盟的政治色彩浓厚,主要目标是维护自身的区域安全。

随着区域经济合作的不断加强,东盟国家先后签订了《特惠贸易协议》(1977)、《工业项目基本协议》(1981)、《工业合资事业基本协议》(1983)。进入 20 世纪 90 年代以来,东盟受世界经济一体化趋势的影响,加快了经济合作的步伐。1992 年在新加坡举行了第四次首脑会议,发表了《新加坡宣言》,决定创立"东盟自由贸易区"(AFTA),计划在 15 年内建成,在区域内实行共同的特惠关税。强调以友好为基础,与周边国家建立密切经济联系。

东盟属于南南合作性质,加盟各国地理毗连,文化历史相似,经济发展水平也相当,又经历了几十年的经济政治合作,《新加坡宣言》标志着东盟国家在经济一体化的道路上迈出了重要的一步,东盟是亚洲地区经济联合程度最高的一个组织,形成一体化的可能性最大。

东盟对话伙伴有美国、日本、欧盟、加拿大、澳大利亚、新西兰、韩国、印度、中国和俄罗斯。

中国与东盟有三种合作形式与发展方向:一是中国-东盟自由贸易区的构建;二是东盟与中日韩的合作对话(10+3);三是东盟分别与中日韩的合作对话(10+1)。

2004 年中国与东盟又签署了《中国-东盟货物贸易协议》和《争端解决机制协议》,东盟 10 国还承认了中国的完全市场经济地位,为中国与东盟国家进一步加强合作构筑了重要平台。

亚洲太平洋经济合作组织(APEC)

亚洲太平洋经济合作组织(简称亚太经合组织)成立于 1989 年,现有 21 个成员,即澳大利亚、文莱、加拿大、智利、中国、中国香港、中国台北、印度尼西亚、日本、韩国、马来西亚、墨西哥、新西兰、巴布亚新几内亚、秘鲁、菲律宾、俄罗斯、新加坡、泰国、美国和越南。此外,东南亚国家联盟(ASEAN)、太平洋经济合作理事会(PECC)和南太平洋论坛(SPF)是 APEC 的观察员,秘书处设在新加坡。

二战后,亚太地区成为世界经济中最有活力的地区之一,日本经济高速发展,并成为世界经济大国。亚洲"四小龙"和东盟各国也取得了惊人的成就。随着冷战的结束,中国和越南加速改革开放的步伐。以中国香港和中国台湾资本为中心,对中国内地沿海地区的投资,促进了中国经济的迅猛发展。20 世纪 80 年代后期,亚太地区各国之间的经济贸易日益发达,其贸易额占世界总贸易额的一半以上,形成了相互依存,分工合作的经济关系。另外,欧盟和北美自由贸易协议的竞争,也加速了这一地区不同类型和不同发展水平国家和地区经济合作的进程。

1989 年 11 月召开了亚洲太平洋经济合作组织第一次会议,确定该组织目标在于推进地区经济相互依存关系和加强多边型贸易体制。1990 年 7 月在新加坡召开的第二次会议上,发表了共同声明,正式确定在投资环境、贸易、技术转让、人才培养、能源开发、海洋资源保护、电子通信等 7 个领域优先发展项目。在 1991 年第三次会议上,又增加了渔业、运输、旅游三个项目。1994 年 11 月在印度尼西亚的茂物举行的第六次会议上,发表了著名的《茂物宣言》。18 个成员国一致同意在 2020 年前在整个太平洋地区实行"公开和自由贸易"。协议的具体内容是:要求美国和日本等发达国家在 2010 年前取消所有关税壁垒,发展中国家在 2020 年前取消贸易保护主义政策;亚洲太平洋地区是"世界经济增长中心",今后将以经济增长为凝聚力,克服区域内的多样性和矛盾对立,向着"开放的地方主义"这一远大目标前进。茂物会议为实现区域经济发展和自由贸易一体化迈出了一大步。

2001 年在上海召开了亚太经合组织首脑会议,发表了《领导人宣言》,通过了《上海共识》,提出促进可持续发展、支持多边贸易体制、进一步明确实现《茂物宣言》的目标和战略、加强合作执行机制等主张。

亚太经合组织的建立,推动了这一地区经济的发展,投资和贸易不断扩大。1994—1995 年发达国家对亚太发展中国家的投资由 799 亿美元增加到 970 亿美元,其中接受投资最多的国家是中国、印度尼西亚、马来西亚和泰国。1990—1995 年整个亚洲的进口以每年 10% 的速度增长,仅 5 年就增加了 60%。1995 年亚洲 10 个主要发展中国家和地区已成为全球商务活动第四个中心。同年亚洲 10 个主要国家和地区的外汇储备高达 5 920 亿美元。扣除日本的 1 830 亿美元,其余 7 个发展中国家和中国台湾、中国香港两个地区的外汇储备合计为 4 090 亿美元。中日韩外汇储备从 1997 年的 3 940 亿美元上升到 2008 年的 3.2 万亿美元和 2021 年的 5.3 万亿美元,亚洲成为世界上经济发展最快、外汇储备最多、投资最活跃的地区。这里的新兴工业国家已开始成为资本输出国,这不仅使亚太地区产业结构不同层次国家的互补优势得到充分发挥,也使这些国家加快了产业结构的升级和技术更新。

但是,亚太经合组织同欧盟和北美自由贸易协议比较,缺乏同构性,它包括的国家比较复杂,既有经济发达国家、新兴工业化国家,还有经济比较落后的发展中国家。不仅经济发展水平不同,而且社会制度、历史文化、语言、宗教信仰也千差万别,这就为达成统一协议造成困难。然而,在经济一体化浪潮推动下,各国越来越认识到经济和政治联合的重要性。同时,亚太经合组织和西方"契约型"组织不同,它创造了"协商型"的东亚模式,各国在协商的基础上求同存异。因此,它的发展前景是光明的。

讨论

1. 地理科学所讲的"区域"与一般意义上的"区域"含义有何不同?

2. 1949 年以来中国的区域发展战略经历了均衡发展、梯度发展和协调发展等三个阶段,结合当时的内外部社会经济环境,评价三个发展战略的利弊。

3. 你认为"全国各省级行政区都要建立自己完整的工业体系"的提法正确吗? 为什么?

4. 改革开放后全国各省引进了过百条彩电生产线,你如何评价这一现象?

5. 地方保护主义对区域经济发展有何影响?

6. 分析加入 WTO 对中国经济产生了怎样的影响。

7. 谈谈你对处理中国东西部关系的看法。

8. 中国东北地区工业基础雄厚、交通发达、城市化水平高,中华人民共和国成立初期为中国经济建设作出了重要贡献,被称为"共和国长子",可是改革开放以来发展相对落后,这是为什么? 怎样振兴东北?

推荐读物

1. 李小建.经济地理学[M].3 版.北京:高等教育出版社,2018.

2. 陆大道.区域发展及其空间结构[M].北京:科学出版社,1998.

3. 尼茨坎普.区域与城市经济学手册:第 1 卷[M].安虎森,刘海军,程同顺,等译.北京:经济科学出版社,2001.

4. 陆大道,薛凤旋.1997 中国区域发展报告[M].北京:商务印书馆,1997.

5. 崔功豪,魏清泉,刘科伟,等.区域分析与区域规划[M].3 版.北京:高等教育出版社,2018.

6. 丁四保,王荣成,李秀敏,等.区域经济学[M].北京:高等教育出版社,2003.

7. 陈才,等.区域经济地理学原理[M].北京:中国科学技术出版社,1991.

8. 方创琳.区域发展规划论[M].北京:科学出版社,2000.

9. 杨伯溆.全球化:起源、发展和影响[M].北京:人民教育出版社,2002.

10. 贺灿飞.演化经济地理研究[M].北京:经济科学出版社,2018.

11. 樊杰.中国主体功能区划方案[J].地理学报,2015,70(2):186-201.

12. Hidalgo C A, Klinger B, Barabasi A L, et al. The product space conditions the development of nations[J].Science,2007,317(5837):482-487.

13. 弗林特,泰勒.政治地理学[M].刘云刚,等译.北京:商务印书馆,2016.

第 5 节 地 缘 理 论

一、 地缘与地缘政治

"地缘"一词来自早先国内对西方"地缘政治学"(geopolitics)的译名,由于以 K.豪斯霍弗尔(K.Haushofer)为代表的德国地缘政治学派,用地理环境决定论、"国家有机体"及"生存空间"学说为德、意、日法西斯的侵略、扩张以及发动第二次世界大战出谋划策,提供理论依据,因此,"地缘政治学"背上了极坏的名声。在中国,这方面的研究曾一度被视为禁区。在术语上的使用,采用"地理政治学""地理政治论"等,以避免混同于德国的地缘政治学。

实际上,"地缘"一词是用来表达国际政治与地理空间、地理背景之间的相互关系的。这与西方学术界通常将"地缘政治学"界定为研究国际关系中的国家对外政策与行动及其与自然基础或地理背景之间的关系,是完全吻合的。事实上,1988 年,由地理学名词审定委员会审定出版的《地理学名词》,已将"地缘政治学"明确地规定为人文地理学的一个分支学科。作为一门科学,地缘政治学是客观存在的,其研究的核心——地缘政治战略,是每一个国家必需的。因此，为法西斯服务的"德国地缘政治学"作为一个学派，必定不能与地缘政治学这门科学混为一谈。

从"地缘政治学"的发展史来看，尽管早期的"地缘政治学"大多具有"国家有机体"和"生存空间"的理论烙印，为"对外扩张"的行为提供理论依据，但是，包括"地缘政治学"鼻祖拉采尔在内的早期地缘政治学家们，在学科研究对象和研究内容的观点、见解上基本是一致的，这就是世界整体的政治结构和国际空间的权力分配与转移。随着国际形势的发展，地缘政治学的具体研究内容和重点也在不断地发展和变化。从石油供应、战略矿产、农业潜力、险要的海上要道、猝不及防的前沿地带、日益减少的自然资源等地缘政治思维的地理诸要素，发展到世界贫困、自然资源、生态平衡，以及愈演愈烈的核恐怖与核扩散等，更加灵活地思考世界发展问题；从研究世界政治现象发展到研究世界经济、文化、民族、军事、技术、综合国力等及其对地缘政治格局和地缘政治思维的影响——研究的核心越来越集中在国家地缘战略方面，其目的是使自己的国家在复杂多变的国际权力控制与支配的世界现实中，处于更有利的地位。

综上所述，"地缘"的概念并非通常的"地理"概念，它是指在国际空间范围内用于表达国家之间、国家集团之间在政治、经济、文化、军事，乃至资源与环境等各个领域的相互关系、对外政策与地理背景之间的关系的一个特定概念。地缘政治专指国际政治战略与地理环境的关系。传统的地缘理论主要侧重于国家及国家集团之间的政治、军事战略关系，现代的地缘理论扩展到经济、环境、文化等诸多方面。

二、 近代地缘政治思想

（一）麦金德地缘政治思想

麦金德（H. J. Mackinder，图 2.5.1）是英国牛津大学地理学教授。1904 年首次出版的《历史的地理枢纽》是他政治地理学的代表作。其研究的出发点是政治组织的特定地域，指出在内陆自然生存的人类具有内陆的偏向，并认为欧亚大陆内陆东欧、中亚部分为枢纽地域（又称大陆腹地），其外侧为渐移地带，绘出了世界"力量的自然位置"图（图 2.5.2）。

他认为，当时内陆偏向强的民族是俄罗斯的斯拉夫民族，海洋偏向强的民族是以英国、美国为中心的盎格鲁-撒克逊族。这就是麦金德根据当时的沙俄的对外侵略而得出的陆权优势论。

1919 年，麦金德在《民主的理想与现实》中进一步指出，具有内陆偏向性格的东欧和中亚是枢纽地带。麦金

图 2.5.1　麦金德

德所谓的世界岛是指以欧亚大陆为中心，包括非洲和大洋洲陆地集中的部分，南北美洲等被称为世界岛的附属岛，世界岛的周边即为渐移地带。他把枢纽地域扩大为心脏地带，提出了有关世界战略形式的三句"名言"：谁统治了东欧谁就主宰了心脏地带；谁统治了心脏地带，谁就能

主宰世界岛;谁能统治世界岛,谁就能主宰全世界。

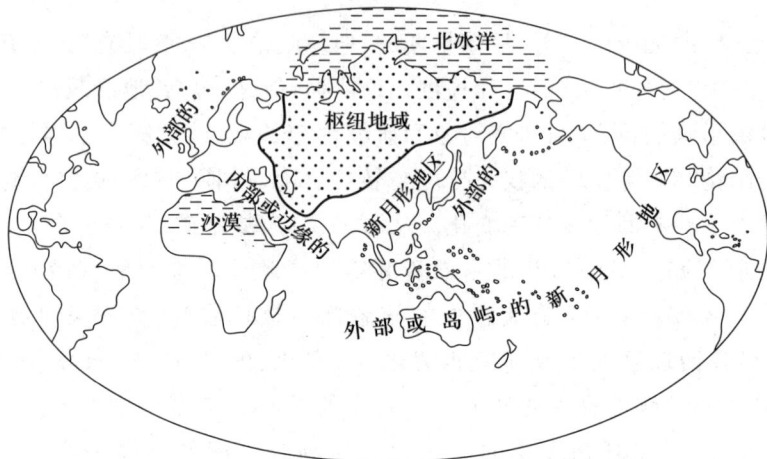

图 2.5.2　麦金德的力量的自然位置

(麦金德,1985)

麦金德的理论既受到地理界、政治界的称道,也遭到批评。早在 1904 年,英国皇家地理学会评论麦金德的著作时,曾任英国海军大臣的德艾默里就正确地批评了麦金德的思想,他指出"在大陆中心还是在岛屿上这个问题并不重要,哪个民族拥有工业的力量、发明的力量、科学的力量,他就能打败其他所有的民族"。

(二) 德国地缘政治思想

德国地理学家拉采尔(F. Ratzel)在其著作《人类地理学》中提出"国家有机体""生存空间"思想,他认为国家和生物一样,是一个人与土地的有机体,国家有与其相适应的"生存空间",国家之间存在着生存竞争,生长力强大的国家应当有与其相适应的广大的生存空间。

到 20 世纪 30 年代,德国法西斯御用学者豪斯霍弗尔,在拉采尔学说的基础上,向前跨进一大步,对麦金德的理论也推崇备至。他主编的《地缘政治学杂志》鼓吹"大日耳曼主义",提出德国为工厂,其他国家提供农业原料产地的大日耳曼空间经济说,宣扬日耳曼种族优越论,在理论上支持希特勒的种族主义和对外侵略扩张政策,战后受到了历史的审判。

(三) 美国地缘政治思想

近代美国地缘政治思想的代表人物是马汉和斯皮克曼。

马汉(A. T. Mahan,1840—1914)是海军军官,海洋历史学家,主张扩张海权的典型人物。地缘政治学中的很多海权理论都是马汉创建的。

马汉认为,强国的主要条件是控制海洋。英国统治世界就是因为拥有优良的海军基地,因此,它能够掌握优越的军事优势,称霸于海洋。美国继英国之后领导海洋霸权,进而控制全世界。马汉与麦金德相似,认为俄罗斯、中亚的广大陆地是重要势力中心,亚洲 30°N～40°N 的狭长地带是英国海军和俄国陆军力量介入的不安定地带。他认为,由海上运送兵力可阻止俄罗斯向亚洲扩展,这是一种包围俄罗斯的政策。包围俄罗斯就可以掌握中国,同时预言这是英、德、日、美等国的共同利益。马汉提出,美国只有以优势的海军力量从大洋中驱逐敌人,才能保卫美国的海岸线。否则,就是"海洋孤立主义"。必须打破这种孤立主义,才能发展海中、空中的各种兵器,才能时刻注意欧亚大陆的势力均衡。因此,马汉强调必须积极地向海洋扩张。

马汉在给地缘政治学发展提供海权制约理论的同时,也为推行强权政治理论提供了依据。他认为,战争与国家政策不是取决于社会经济制度,而海权则是决定一国民族命运的最主要因素。要成为一个强国,就必须要有强大又能出击的海军舰队,为此,要在全球重要地区占领殖民地,建立海军基地。这就是马汉根据英国依靠海军力量征服世界许多地区得出来的海权优势理论。

斯皮克曼(N. J. Spykman)是美国政治地理学家,耶鲁大学国际研究所主持人。他提倡地理学在外交政策上应该发挥重要作用。他提出只有边缘地带才是世界的振动地带和世界政治中心地带的论点。他认为,中国、西欧和广大落后国家为边缘地区,位于核心地区与海洋边缘之间,是陆权与海权之间的一个巨大的缓冲地区。他还认为,"要控制世界的命运,必须控制欧亚大陆;要控制欧亚大陆必须控制边缘地区"。他指出,苏联与英国、美国在支配边缘地带上有分歧,提醒英国和美国应积极控制边缘地带。斯皮克曼与豪斯霍弗尔一样认为武力是强国的基础,在强权政治方面与之相比更是有过之而无不及,他在《世界政治中的美国战略》中,公开宣传强权政治,露骨地为美国的侵略扩张政策辩护。

三、　二战后世界政治格局与国际战略思想的演变

(一) 两极对立的冷战时期

二战结束后,世界形成了以美国为首的资本主义阵营和以苏联为首的社会主义阵营两大对立阵营。两极对立主宰了当时的世界,甚至一个国家一个民族也一分为二,出现两个德国、两个朝鲜的特别局面。两极世界造成东、西方的对峙状态,这种既没有发生全面战争,但又相互对峙、对立的局面称之为"冷战"。突出表现为三个方面。

(1) 军事上相互对立,成立对抗性的区域性军事组织。1947 年,美国抛出"马歇尔计划",加强了对欧洲的援助,使西欧在经济上更加依赖美国。1948 年西欧几个国家签署的旨在"集体防务"的比利时、法兰西、卢森堡、荷兰和大不列颠及北爱尔兰联合王国间的条约,得到美国的支持。在此基础上,以美国为首,于 1949 年 3 月建立了北大西洋公约组织,形成北大西洋区域安全体系,一致对抗苏联。与此相对立,1955 年 11 月,以苏联为首,包括民主德国在内的东欧七国成立华沙条约组织。

(2) 在经济上,双方采取不同的经济体制,彼此贸易往来很少。以苏联为首的社会主义阵营,以公有制为基础,实行计划经济;以美国为首的西方资本主义阵营,以私有制为基础,实行市场经济。经济体制的不同导致两大集团之间贸易交往减少,生产分工局限于本区域之内,各自分别成立区域性经济组织:苏联、东欧社会主义国家和蒙古组成"经济互助委员会",西欧资本主义国家则建立"欧洲经济共同体"。

（3）意识形态上，东方世界选择了社会主义道路，以马列主义为指导思想；西方世界走的是资本主义道路，奉行的是西方文化的价值观。

这样，两大政治集团，彼此以对方为敌人，进行激烈的军备竞赛，虽然之间没有发生全面的军事冲突，但在政治、经济、军事、思想意识形态上都全面对立，这就是所谓的"冷战"时期。在 20 世纪 50 年代中期这种冷战形势达到了高潮。

（二）两极世界的危机

20 世纪 60 年代以后，尽管两极世界格局没有改变，但新出现的一些国际政治现象，特别是以下两个方面使两极世界逐步陷入危机：

首先，两极世界内部矛盾公开化。在西方世界，先是英国为争夺大国地位在生产核武器问题上与美国发生争执，接着法国改变了早期完全依赖美国的态度，1960 年戴高乐即开始改变过去和苏联完全对立的立场，联邦德国开始实行"新东方政策"，既保持同西方的合作，又与东方实现某种谅解。这样，西方世界开始分化，进入 20 世纪 70 年代，这种分化表现得更加明显。在东方世界，苏联把自己的政治经济模式强加于东欧各国，引起东欧各国与苏联矛盾加剧，先是苏联和南斯拉夫发生分歧，对南斯拉夫实行经济封锁，其后出现波兰事件和匈牙利事件，以至苏联入侵捷克斯洛伐克，与阿尔巴尼亚关系决裂。中苏两大社会主义大国关系破裂。苏联的民族主义、霸权主义引起其他社会主义国家和发展中国家的不满。中国作为世界一极的政治大国地位越来越突显出来。

其次，发展中国家的壮大。20 世纪 50 年代中期以后，广大发展中国家推行"不结盟"运动，坚持反对帝国主义、新老殖民主义、种族主义和霸权主义，呼吁发展中国家加强团结，建立国际政治经济新秩序，这对两极世界格局造成很大的威胁。

根据当时世界形势的变化，1974 年 2 月毛泽东提出关于"三个世界"的战略思想。指出美国、苏联两个超级大国是第一世界，亚洲、非洲、拉丁美洲及其他地区的被压迫民族和发展中国家构成第三世界，处于两者之间的发达国家是第二世界。主张广大第三世界国家，应团结第二世界反对美、苏两个超级大国的霸权主义。这一思想通过外交活动和各种媒体在世界进行了广泛宣传，成为一个时期中国外交政策的理论基础，对全世界反对霸权主义产生广泛影响。

（三）走向多极化的世界地缘政治格局

1. 两极政治格局的解体

20 世纪 80 年代末 90 年代初原来的社会主义国家发生了激烈的政治动荡，原来在苏联控制下的东欧社会主义国家发生巨变，从社会主义制度转向资本主义制度，苏联解体，原加盟共和国纷纷独立，也改变了原来的社会主义制度。苏联的解体是 20 世纪下半叶最重要的历史事件，正如苏联的成立一样，它从根本上改变了世界地缘政治的格局，彻底结束了二战以后形成的两极世界。

2. 美国企图建立单极世界体系的图谋与大多数国家力图建立多极化政治格局之间的矛盾与斗争

进入 20 世纪 90 年代，随着苏联的解体、华约解散，两极争霸不复存在，俄罗斯政治体制发生了根本变化,而且无论是经济力量还是军事力量都与昔日的苏联不能相提并论,超级大国的地位已不复存在。美国作为唯一的超级大国,极力图谋建立以它为主导的单极世界。苏联解体后世界地缘政治的种种现实,从北约东扩、"日美防卫合作指针"的修订、战区导弹防御体系的出笼到美国为首的北约对南斯拉夫的轰炸和两次出兵伊拉克,无不表明美国要把它的所谓"世界新秩序"强加给全世界。西方一些学者提出"文化冲突论",认为未来的世界是先进的西方文化与伊斯兰文化、中国文化的冲突的世界,制造文化沙文主义舆论。由于美国在巴勒斯坦和以色列的冲突中偏袒以色列,激化了阿拉伯国家的民族主义情绪。一些极端民族主义者利用这种情绪在世界各地煽动极端民族主义和恐怖主义,威胁许多国家的统一和稳定。当今美国的地缘政治战略基本上将世界进行三个划分:一是它的"冷战"时期的西方盟友,即西欧发达国家、澳大利亚、加拿大、日本等,尽管它们之间也有矛盾,但意识形态、价值观接近,通过北大西洋公约等国际条约形式形成军事政治同盟。二是广大发展中国家,也包括一些社会制度发生改变的原来的社会主义国家和实行改革开放的社会主义国家(美国称之为"转型国家"),这些国家是其争取、利用的对象,但对后者依然保留着"冷战"思维,如对中国、俄罗斯在许多方面依然采取遏制政策。三是所谓的"无赖国家",以"保护人权""反对恐怖主义""反对大规模杀伤武器扩散"为由,孤立、制裁、打击极少数国家,如伊朗、朝鲜、利比亚、古巴、萨达姆时代的伊拉克等。

尽管美国仍然是当今世界唯一的超级大国,但无论在军事上还是经济上,其超级大国的地位正在削弱,世界呈现出与美国相抗衡的欧盟、中国、日本、俄罗斯的"一超多强"的局面。

在军事方面,俄罗斯依然保持着与美国相当的强大的核力量,尽管经济相对落后,但依然是世界军事大国。同时,英、法也在努力扩大各自的核武库,中国也增强了保卫自己的核力量,常规作战能力更有很大加强。美国的军事霸主地位相对减弱。

在经济上,全球经济力量的多极化分配已成定势。二战后近50年的发展,日本、联邦德国和法国在经济上追赶上来。中国改革开放以来,经济增长速度最快,已成为世界上第二大经济体。经济实力对比变化,使各大国在国际政治中参与程度发生变化。一些学者认为,20世纪80年代以来,世界处于五极格局中,即美国、苏联(1991年以后的俄罗斯)、欧盟、日本和中国。

按照美国约翰·奥林战略研究所所长塞缪尔·亨廷顿教授关于世界格局的新见解,所谓多极世界是一个由若干实力相当的大国所组成、彼此既合作又竞争的国际体系。在这种世界格局中,离开这些大国的共同干预或它们之间的协商、对话和彼此让步、妥协,都是行不通的(文云朝,1999)。历史证明,单极世界不能给人类带来公正与和平,古罗马帝国对世界的统治,西班牙、荷兰、英国等殖民帝国的横行世界都是明证;两极世界亦然,美苏两个超级大国在亚非拉挑起了接连不断的战火与冲突。只有建立一种贯穿于国际事务之中的、真正多极的、相互制约的体系,才最有利于世界的稳定与和平,体现世界大多数人民的意志。美国以外的大国,都努力凸显自己在国际政治舞台的作用,尤其是中国、法国、德国、俄罗斯等国都极力推进世界多极化的进程。世界上有远见卓识的政治家们,也都极力主张建立一个多极化的世界。

"冷战"结束后,世界地缘政治形势发展表明,多极化是一种必然趋势,但是道路还比较漫长。尽管美国建立单极世界的图谋难以得逞，但是，目前基本得到认可的世界"多强"中，无论俄罗斯、法国、德国、英国，还是日本、中国，各自都不具备与美国相抗衡的实力。而且，从美国自 20 世纪 90 年代以来，以经济持续增长为标志的所谓"新经济"现象看，目前格局中的力量对比的消长，要达到决定性地向多极化倾斜，需要有一个漫长的过程。

对于目前的世界格局，"一超多强"是世界政治家们和国内外学者普遍认同的一种比较客观的说法。

四、 世界瞩目的边缘带与破碎带

边缘带专指大陆腹地周边沿海地区，是国际政治不稳定的地区。在冷战时期，边缘带是两大政治集团激烈争夺的地区。朝鲜战争、越南战争、柬埔寨战争都发生在东亚、东南亚的边缘地带。尽管冷战结束以后这里的形势大有缓和，成为世界经济发展的热点地区，但依然潜伏着危机。如朝鲜半岛的统一、中国台湾问题的解决，都受到大洋彼岸大国势力的牵制，地区纷争依然经常发生。

破碎带专指大国势力之间的小国和地区，也是国际政治的不稳定地区。处于破碎带的中东、东欧巴尔干地区，一直是世界不安定的地区，是大国势力斗争的焦点。这一地带的小国无法决定自己的命运，受到背后大国的支配、控制和各种宗教、民族、文化势力的制约。

巴尔干地区向来被称为世界的"火药库"和世界大战的"导火索"。21 世纪初巴尔干地区发生的波黑问题，包含着东正教、天主教、伊斯兰教及塞尔维亚人、阿尔巴尼亚人、克罗地亚人之间民族宗教的复杂矛盾，以及背后俄罗斯、北约之间的大国政治势力之间的矛盾。

中东地区，是世界能源储备最多的地区，也是基督教、伊斯兰教、犹太教的发源地，是阿拉伯民族、犹太人集聚地，一直是大国相互争夺的战略要地。

从一定意义上讲，边缘带、破碎带局势的缓和就是世界局势的缓和，那里的和平就是世界的和平。如何公正、合理而又现实地处理好大国政治集团的关系，保证那里各个国家和民族的利益是边缘带和破碎带和平的关键。边缘带、破碎带的研究是今后地缘政治学的重要课题之一。

专栏

东方和西方

在世界政治与文化研究中常有"东方"和"西方"的说法。这是以西欧文化为中心的文化史观对社会方位的称谓。它们将地中海视为世界的中央，地中海以东称为"东方"，以西称为"西方"，东方又按距地中海的远近，分为近东、中东和远东。如土耳其就成为"近东"，阿拉伯半岛、北非为中东，俄罗斯太平洋沿岸地区、中国的东部、日本、朝鲜半岛称为"远东"。西方则没有进一步的划分。

第二次世界大战以后，世界地缘政治格局形成以苏联为首的社会主义阵营和以美国为首的资本主义阵营两大集团，其地理分布与西方传统观念上的东方和西方基本上相符，因而在国际政治上又把以美国为首的资本主义阵营称为"西方"，以苏联为首的社会主义阵营称为"东方",故有"东西对抗""东风压倒西风"之说。

　　在经济上,国际社会通常又将发达的资本主义国家统称为"西方发达国家"。

五、 中国的地缘战略

　　中国几十年来的和平外交政策是清晰明确的。近年来国际政治学家、历史学家、地理学家对中国的地缘政治研究也日趋活跃,通过对中国多年来外交政策的分析,对学术界研究成果的概括,对中国地缘政策做如下探讨:

　　维护和平,反对侵略。促进世界和平,反对侵略战争是中国外交政策的宗旨。中国正在集中精力进行经济建设,一个和平的外部环境符合中国的国家利益,也符合世界人民求发展求进步的根本利益。中国向来主张通过和平协商、谈判的方式解决国际争端,对北爱尔兰、中东和平进程及朝鲜半岛、南亚次大陆的缓和中都采取支持的态度。

　　反对霸权,和平共处。反对任何旨在谋求全球霸权和地区霸权的以强凌弱、以大压小的霸权主义行径,倡导国家关系中"和平共处五项原则",反对"人权高于主权"侵略逻辑。中国尊重各国人民对本国政治制度的选择,不搞"革命输出",也坚决反对别国干涉中国内政,反对强权政治,反对超级大国和西方强国将自己的价值观、意识形态强加给弱国、小国。中国反对美国侵略越南、反对苏联出兵阿富汗、反对以色列对波斯湾阿拉伯国家领土的侵占,都表明了中国的这一正义立场。中国的社会主义制度决定,我们永远不称霸。

　　推进世界多极化进程。为了世界和平和世界均衡发展,中国积极推行多极化进程,反对美国妄图称霸世界的图谋,发展与俄罗斯、欧盟的友好关系,发挥联合国安理会常任理事国的作用,负起大国的责任,伸张正义,维护世界和平。

　　加强与第三世界国家的友好关系。作为最大发展中国家,中国积极发展与第三世界国家的友好关系,促进发展中国家的联合和团结。多年来中国对非洲国家的无私援助,东南亚金融危机期间,对这一地区国家的援助,都体现了这一战略思想。

　　发展与发达国家的友好关系。坚持改革开放的国策,积极加强与发达国家的友好关系是中国改革开放以来外交政策的明显变化。与包括美国在内的发达国家加强经济技术合作,对促进中国的经济建设和社会进步具有重要意义。

　　维护周边地区的和平与稳定。中国不仅要保护国家的主权和领土完整,也保护中国在海外的利益空间,保护华侨、中资企业的正当利益。中国既要积极发展与周边国家的友好关系,也要对有害于中国安全的事态予以关注和影响,积极维护周边地区的和平和稳定。

　　既重视全球战略又发展区域合作。作为世界大国,中国始终站在全球的战略高度去处理国际关系,发挥作为联合国安理会常任理事国的重要作用,主持公道,伸张正义,维护世界和平与稳定,反对任何形式的恐怖主义和霸权主义。同时,中国又特别重视区域地缘关系,积极发展与其他东亚、东南亚、中亚邻国的关系。中国积极参与东盟的对话和合作,参与亚洲太平洋经济合作组织,与俄罗斯、中亚国家成立"上海合作组织",加强与东北亚国家和南亚国家的友好关系,都体现了这一地缘战略思想。

地缘政治研究在中国长期作为学术禁区,几乎无人问津。但是,世界其他国家特别是一些政治大国从来没有停止过这方面的研究。历史上许多国际政治专家就是地理学家,如美国的索尔、鲍曼、哈特向都参与过国家外交政策制定和领土勘定工作,英国的麦金德本人就是决策层的大政治家,俄罗斯、欧美的其他国家也都有大量地理学家参与国际政治研究。地理空间关系对国家对外战略和政策产生深刻的影响,离开地理空间关系,开展抽象的利益关系分析是不科学、不全面的,这已是不争的事实。科学的地缘政治研究是中国今后地理科学亟待赶上的重要研究领域。

专栏

人类命运共同体

2012 年 11 月党的十八大明确提出要倡导"人类命运共同体"意识。人类命运共同体是一种价值观,是中国在把握世界发展潮流、推动人类命运走向上展现出的深邃智慧。习近平总书记说:"人类命运共同体,顾名思义,就是每个民族、每个国家的前途命运都紧紧联系在一起,应该风雨同舟,荣辱与共,努力把我们生于斯、长于斯的这个星球建成一个和睦的大家庭,把世界各国人民对美好生活的向往变成现实。"构建人类命运共同体思想的丰富内涵,可以从政治、安全、经济、文化、生态五个方面来理解:

政治上,要相互尊重、平等协商,坚决摒弃冷战思维和强权政治,走对话而不对抗、结伴而不结盟的国与国交往新路。安全上,要坚持以对话解决争端、以协商化解分歧,统筹应对传统和非传统安全威胁,反对一切形式的恐怖主义。经济上,要同舟共济,促进贸易和投资自由化便利化,推动经济全球化朝着更加开放、包容、普惠、平衡、共赢的方向发展。文化上,要尊重世界文明多样性,以文明交流超越文明隔阂、文明互鉴超越文明优越。生态上,要坚持环境友好,合作应对气候变化,保护好人类赖以生存的地球家园。

构建人类命运共同体、实现共赢共享的意识贯穿了中国外交理念的方方面面:互信、互利、平等、协商、尊重多样文明、谋求共同发展的"上海精神",和平合作、开放包容、互学互鉴、互利共赢的丝路精神,共同、综合、合作、可持续的亚洲安全观……人类命运共同体这一超越民族国家和意识形态的"全球观",表达了中国追求和平发展的愿望,体现了中国与各国合作共赢的理念。

讨论

1. 地缘与区位、区域有何不同?

2. 评述"陆心说"和"边缘中心说"。

3. 分析中国"和平崛起"的国际环境和战略对策。

4. "应当有自己的利益空间"这种看法对吗? 如果有,它的含义是什么?

推荐读物

1. 杰弗里·帕克.二十世纪的西方地理政治思想[M].李亦鸣,译.北京:解放军出版社,1992.

2. 张文奎,刘继生,闫越.政治地理学[M].南京:江苏教育出版社,1991.

3. 王恩涌.文化地理学导论[M].北京:高等教育出版社,1989.

4. 鲍觉民.政治地理学研究的若干问题[M]//李旭旦.人文地理学论丛.北京:人民教育出版社,1986.

5. 沈伟烈.军事地理学研究对象、内容和任务[M]//李旭旦.人文地理学论丛.北京:人民教育出版社,1986.

6. 沈伟烈,陆俊元.中国国家安全地理[M].北京:时事出版社,2001.

7. 科林·弗林特,皮特·泰勒.政治地理学[M].刘云刚,等,译.北京:商务印书馆,2016.

第 3 章

人类活动与地理环境

导课案例

中国国土上，有一条看不见的线，北起黑龙江黑河，一路向着西南延伸，直至云南腾冲。 1935 年，国立中央大学（现南京大学）地理系主任胡焕庸通过数万个数据，一点一点在地图上摸索出这条线。 那时他是从人口的角度看这条线的——线的西北侧，是"大漠长河孤烟"，占陆地面积的 64%，却仅有 4% 的人口；而线的另一侧，是"小桥流水人家"，仅有国土面积的 36%，却聚集着 96% 的人口。 那是一条清晰的、几乎骤然就从熙熙攘攘变得人烟稀少的分界线。

这条线如今被称为"胡焕庸线"。 胡焕庸线不仅仅是一条人口地理分界线，也是一条综合的生态环境界线，充分体现了地理学的综合性、区域差异和空间格局研究的特色，胡焕庸线被赋予更为广泛的内涵，其影响超出了人文地理学甚至是地理学的范围。 在 2009 年地理学界评选的"中国地理百年大发现"中，它仅次于"珠峰测量"，名列次席。

不过，更令人唏嘘的，要算这条线的"岿然不动"。 1935 年著名的胡焕庸线被提出至现在，已经过去了 80 多年。 这期间，中国的人口总量增加了一倍多，经济总量的增加更是不可比拟。 但是，胡焕庸线两侧总人口、经济总值的比例始终没有发生明显的变化。 以该线东南半壁、西北半壁分别占 43% 和 56.4% 的陆地面积（暂不包括港、澳、台），它们的人口和经济总值比例始终保持 94∶6 的大数特征。

现在地理学家倾向于从气候的角度理解胡焕庸线的存在。 在北方，年降雨量 400 mm 等值线与胡焕庸线在许多地方重合，也就是说，这条线的一边是半干旱区，另一边则是湿润区。 而从甘肃天水至云南腾冲，这条线几乎一路沿着青藏高原的南缘而下，一边是高原，一边是平原。 中国科学院科技政策与管理科学研究所王铮通过古代降水的变化，确定胡焕庸线大约是在 1240 年代形成。 那几十年，恰逢气候突变，温度骤降，西北不复汉唐时的温暖湿润，转而朝着现代气候特点发展。 各种旱涝灾害的发生，亦在这一气候突变之后，与胡焕庸线的走向越来越吻合。

胡焕庸线曾受到美国政府的重视，于第二次世界大战期间译成英文，供当时军民利用与参考。 随着时间的推移，人们逐渐发现，这条人口分割线与气象上的降雨线、地貌区域分割线、文化转换的分割线以及民族界线均存在某种程度的重合。《中国国家地理》杂志社执行总编单之蔷将胡焕庸线看作是中国景观的一个分界线。 由景观联系到历史文化，似乎可以发现，这条线也是中原王朝直接影响力和中央控制疆域的边界线，是汉民族和其他民族之间战争与和平的生命线。

　　可以说，胡焕庸线是在现有中国时空尺度基础上得出的人文－自然系统地域分异规律，是人类活动与地理环境之间相互作用的空间表现。

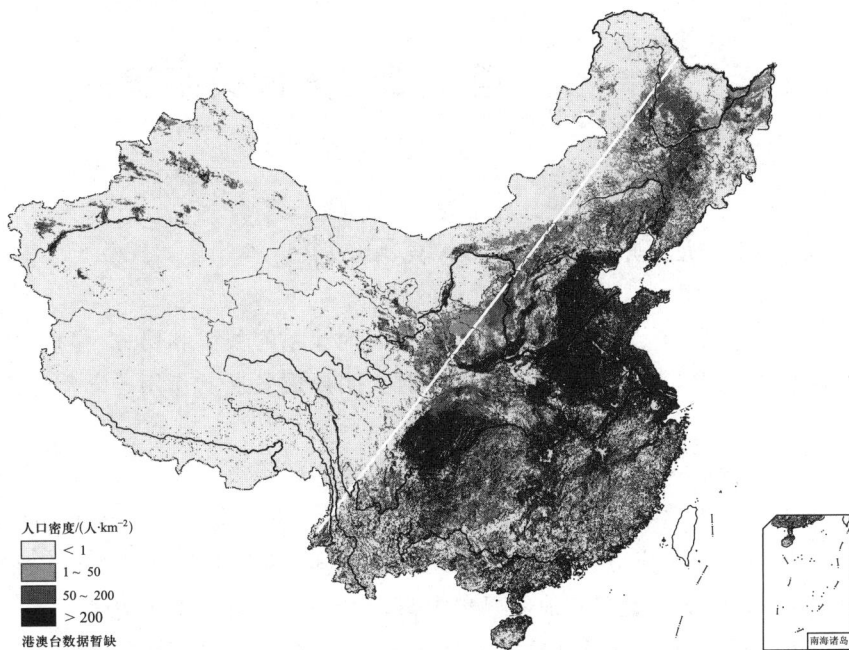

人口密度/(人·km⁻²)
　□　< 1
　□　1～ 50
　□　50～ 200
　■　> 200
港澳台数据暂缺

胡焕庸线（白线）

（王铮等，2019）

　　上章阐述了地球表层的空间系统，这是地理学观察问题的传统视角，即从空间角度把握不同尺度不同类事物的空间结构和分异规律。除此之外，地理学还有另外一个视角，那就是人类社会与环境之间的关系，即环境视角或生态视角。从地理学诞生起，人们就注意到人与环境的关系，这一主题可以说是地理学的永恒主题，从古希腊的亚里士多德（Aristotle）到近代地理学的创始人洪堡（A. von Humboldt）、李特尔（C. Ritter），再到现代地理学家们，都十分重视这个问题。早在 20 世纪 20 年代，美国地理学家巴罗斯（H. H. Barrows）就提出，"地理学就是人类生态学"，比较深刻地指出地理学这个研究侧面。1990 年代在中国的地理科学大讨论中，地理学家吴传钧提出"人地关系地域系统"的思想，高度概括了地理学，特别是人文地理学的研究对象。20 世纪后半叶，环境问题不仅仅限于哲学的范畴，也冲出了地理学的范畴，成为全人类、全世界关注的社会问题，地理学的环境侧面研究就更为重要了。

　　地理学研究环境问题，不完全等同于生态科学和环境科学。生态科学主要是研究生物与环境的关系。从现代大生态学的观点，生态科学也包括人类社会、经济与环境的关系，但侧重点还是前者，而且注重于生态过程的研究。环境科学包括两个方面，其一是环境污染治理的研究,即工业三废(废水、废气、废渣)处理,生活消费污染处理及污染产生的环境问题的整治、管理等。其二是自然环境的保护和整治,如水土流失、野生动植物保护、干旱化、沙漠化防治等。地理学的生态、环境视角研究侧重于人类社会与环境的关系,侧重于人类社会与自然环境整体关系的研究,更关心全球和地域水平上的人地关系研究。

　　总之,地理生态是指地球表层环境与人类及人类社会的相互关系,它与空间视角一起成为现代地理学观察世界的两个重要方面。

第 1 节　人地关系理论

一、第一思潮：文明与环境关系论

　　在地理学、哲学、社会学中,人类对人地关系的关心和研究,早期更多地集中于社会文明与环境的关系上,主要围绕着地理环境对文明形成发展的作用这个问题。

(一)地理环境决定论

　　古希腊哲学家亚里士多德在其《政治学》一书中写道:"欧洲寒冷国家的居民很勇敢,但他们比其他国家人获得更长时间的自由,由于其政治组织不够,因而不能统治邻国人民。亚洲人民却正相反(亚洲温暖),他们思想丰富,技术先进,可是由于勇气不足,而习惯于服从和接受奴役。"他把当时亚洲和欧洲的文明特点用气候寒暖加以解释。

　　18 世纪初,法国社会学家孟德斯鸠(Montesquieu)在人类和环境关系的探索上,已不是一般的对比研究,而是几乎深入实验科学的水平。他在《论法的精神》一书中写道:"我观察过羊舌头的外表组织,用肉眼去看,有一个地方就像是被乳头状细粒所覆盖。我用显微镜在这些乳头状的细粒上面,辨识出一些细毛,或是一种毛茸:在乳头状的细粒之间有金字塔形的东西,顶端就像毛笔。这些金字塔很可能就是味觉器官。我让人把这个舌头的一半加以冷冻,并用肉眼观察,我发现乳头状的细粒大量减少;其中有几行甚至缩入它们的细膜内。我再用显微镜检查它们的组织,却看不见那些金字塔形的东西了。当冰冻消退,用肉眼看,乳头状细粒又逐渐隆起;用显微镜看,小粟粒腺又开始出现了。"

　　"这个观察证实了我所说的话。我说在寒冷国家,神经腺比较不扩张,较深地缩进它们的细膜内,感受不到外界的动作,所以它们的感觉就不那样灵敏。"

　　"在寒冷的国家,人们对快乐的感觉性很低;在温暖的国家,人们对快乐的感觉性多一些;在炎热的国家,人们对快乐的感觉性极为敏锐。气候是用纬度加以区别的,所以,我们多少也可以用感受性程度加以区别。我曾经在英国、意大利观看一些歌剧,剧本相同,演员也相同,但是同样的音乐在两个国家却产生极不同的效果:一个国家是冷冷淡淡的,一个国家的观众则非常激动,令人不可思议。"

　　孟德斯鸠用气候寒暖造成人的感受性差异来解释欧洲人强悍,得以保持自由地位,亚洲人感受性强,忍耐力差,自然就懦弱,陷入奴隶地位;欧洲文明比亚洲先进是因为欧洲的气候复杂多样,但无极端,亚洲不是太热就是太冷,没有温和的气候。

近代地理学的奠基人、德国地理学家李特尔的地理思想也非常重视文明与环境的关系。他指出:"均质的陆地文化发展很慢,非洲就是个例子。欧洲正相反,与面积相比海岸线特别长,具有无数港湾,适于文化广泛接收和扩散;亚洲居中,因为虽然总的看地势是均质的,但海岸线很不规则。"

这一时期人们的地理知识、社会文明知识还相当肤浅,关于地理环境影响社会文明的机制尚不清楚,认识上是表面的、零碎的,往往是仅从某一自然要素和社会文明的某一方面的相关关系去看问题,没有形成系统的理论和思想。那个时期环境系统对人类来说还是个黑箱,人们仅仅从输入和输出之间的对应关系、自然现象与社会现象在某一时段的关联度上,去分析问题,静态地、表面地看问题,越过了系统内部许多环节和过程去分析文明和环境的关系。

尽管今天看起来这些看法是可笑的、机械的、牵强的,但在当时神学长期统治、受唯心主义桎梏的欧洲,已是难能可贵。这种从环境中寻求社会文明发展的原因,比起古希腊的宗教思想和中世纪上帝创造一切的传统思想,无疑是很大的进步,是朴素的地理唯物主义表现。

地理环境决定论在地理学发展中,一直有地理学家在不断地探索和研究。在近、现代地理学中依然有学者坚持这一思维定式。19 世纪末到 20 世纪初,美国学者森普尔(E. Semple)在所著《地理环境的影响》一书中这样写道:"人是地表的产物,是地球的子女,不仅生于地球,而且大地养育了人类,给人以工作,决定人的思想,让人类面对困难,锻炼机体,增强智慧,如航海、灌溉等各种问题。同时又暗示解决这些问题的办法,大地与人类之间的关系不仅深入骨肉,而且浸透到精神之中(Semple,1911)。"森普尔认为人类历史上重大事件是特定自然环境造成的。

另一位美国地理学家亨廷顿(E. Huntington)发表了《亚洲的脉搏》《文明与气候》等著作,提出了人类文化只能在具有刺激性气候的地区才能发展的假说。

到了现代,二战以后,地理环境决定论又有新的发展。美国的泰勒(G.Taylor)提出"基本框架"论,他说:"过去的沙漠如今还是沙漠,这可以证明人类总是力图利用好的地方,这正是自然决定人的意向","在大城市里虽然交通警察可以决定车停车走,走快走慢,但总不能让车离开交通路线。人类社会也像这种情况,人们可以在环境面前机动地选择,但无法逾越环境所规定的基本框架。"

(二)对地理环境决定论的驳论

1. 可能论(或然论)

在近代地理学中,除德国、美国等国的一些地理学家形成地理环境决定论的思想流派以外,与此同时,也有相当多的地理学家不同意这一看法,提出对人地关系认识的另外的看法。这其中最有代表性的是法国地理学界提出的可能论(也称或然论),影响相当深远。

法国地理学家维达尔・白兰士(Vidal de la Blache)认为:"世界无必然,到处存在或然,人类是机遇的主人。"他的学生白吕纳(J. Brunhes)进一步指出:"自然是固定的,人文是无定的,两者之间随时间而变化。"也就是说,自然提供可能性,人类具有主观能动性,在自然面前可以做出自己的选择。总结起来,可能论的思想可以做出如下概括:环境的决定性不是绝对的、必然的,最后的结果要看人的选择。原因有以下三个方面:首先,环境本身是变化的,例如,同样的地域,有时风调雨顺,给人类带来利益;有时又会出现旱涝灾害,给人们制造困难;个别时候甚至出现火山、地震等突然情况,给人类带来灾难。其次,技术发展给人类创造出许多新的可能性,如以前大海是交通的障碍,而今航海技术的发展为人类带来很大的利益。最后,人类的要求本身也在改变,现在不喜欢的环境,不能保证人类永远不喜欢,将来甚至有可能成为满足人类欲望的条件。如在 19 世纪令人恐惧的大峡谷、荒原、沙漠,今天很多都成为旅游胜地。

到了 20 世纪,可能论的思想有了进一步的发展,产生了所谓"概然论"的思想,美国学者斯佩特(O. H. K. Spate)认为:可能性可以有很多,某种可能性比其他可能性更容易成为人的行为企图,这要由人类可能采取的各种行为的概率来决定。这一理论通过三段式推演:其一,人可以选择自然提供的可能;其二,可以选择的可能不具有同样的概率;其三,选择的概率决定了群体的行为方式。比如一年之春,一个地区的农民要做出种植计划的决策,这其中有多种选择:高收益高风险型、低收益低风险型和折中型等,这个地区人们的基本行为决策取决于人们的选择概率。

2. 非决定论、生产关系决定论

非决定论认为,地理环境对社会文明不起决定作用,认为人文现象与自然现象是无关或基本无关的,各有各的规律。这与 19 世纪以来科学分化的潮流相一致,与地理学科理论中的二元论有联系。在近代地理学中,非决定论与地理环境决定论、可能论同时存在。德国地理学家佩舍尔(O. Peschel)等自然地理学家,主张地理学摈弃人文方向,否认自然与人文之间有因果联系。

生产关系决定论认为,人类社会的发展从根本上说不决定于自然环境,而是取决于社会制度、生产关系。这一思想发端于 20 世纪 30 年代苏联展开的对地理环境决定论的批判运动。它影响到包括苏联在内的许多社会主义国家地理学的发展。斯大林(Stalin)在《论辩证唯物主义和历史唯物主义》一文中这样写道:"地理环境无疑是社会发展的经常的和必要的条件之一,它当然影响到社会的发展——加速或者延缓社会发展进程。但是它的影响并不是决定的影响,因为社会的变化和发展比地理环境的变化和发展快得不可比拟。欧洲在三千年内已经更换过三种不同的社会制度:原始公社制度、奴隶占有制度、封建制度;而在欧洲东部,即在苏联,甚至更换了四种社会制度。可是,在同一时期内,欧洲的地理条件不是完全没有变化,便是变化极小,连地理学也不愿提到它,这是很明显的。地理环境的稍微重大一些的变化都需要几百万年,而人们的社会制度的变化,甚至是极其重大的变化,只需要几百年或一两千年也就够了。"

"由此应该得出结论:地理环境不可能成为社会发展的主要的原因、决定的原因,因为在几万年间几乎保持不变的现象,决不能成为在几百年间就发生根本变化的现象发展的主要原因。"

这种不变的东西不能影响变化的东西的推理,显然有些牵强。举一个最为简单的例子,一壶火上的水,水下火的温度始终未变,可水却从冷水变为热水,进而变为蒸汽,这难道不是火的作用吗? 寒冷的极地可能几千年保持处女地的状态,但是资源丰富、气候温和的地方,社会发展和演变却极为迅速。由当时苏联的社会体制所决定,尽管斯大林也承认"地理环境无疑是社会发展的经常的和必要的条件之一,它当然影响到社会的发展",但在实际工作中却把研究人地关系、强调地理环境重要性的学者,都视为宣扬资产阶级地理环境决定论的毒草。实质上,是生产关系决定论在过分强调社会制度的作用。由于不敢触动这一敏感的神经,苏联的地理学一直处于二元分离状态,只有极少发生联系的自然地理学、经济地理学,而根本不存在人文地理学。

生产关系决定论对中国地理学影响极深,中国学术界过分强调生产关系的反作用,似乎生产关系改变了,不管怎样的自然条件,都可以创造出人间奇迹来。探讨环境对人类文化思想的影响作用,在当时看来不仅没有实际意义,而且会被认为是在宣扬资产阶级学术思想。因而,从中华人民共和国成立后直至改革开放前,近 30 年间,除经济地理学以外,中国人文地理学其他领域的研究几乎是一片空白,这种地理虚无主义的表现,使当时的地理学与世界性的重视环境、重视社会文化研究的潮流很不合拍,从而明显地落后于人。片面地批判地理环境决定论,造成思想混乱,甚至成为 20 世纪后半叶人类破坏自然环境的深层次的思想根源。

上述讨论的范畴无论是正论还是驳论,都出于环境与人类文明关系这一基本点,因此称之为文明与环境关系论。

二、　第二思潮: 进化与环境关系论

1859 年达尔文(Darwin)的《物种起源》一书正式出版,进化论的思想几乎冲击了整个思想界,在哲学界出现了以赫伯特·斯宾塞(H. Spencer)为代表的"普遍进化论"和"社会有机体"的思潮,影响相当深远。在生物学界出现了麦肯奇(Mckenzie)、帕克(Park)等人运用生物生态学思想研究城市、研究人类社会的思潮。在地理学界则出现了以拉采尔(F. Ratzel)为代表的地理社会达尔文思潮。这些思想在地理学界产生很大震动,促进地理学家重新审视人类社会与环境的关系,围绕社会进化与环境关系展开新的思索。

(一) 拉采尔的"国家有机体""生存空间"思想

拉采尔是德国慕尼黑工艺学院和莱比锡大学地理学教授。拉采尔曾学习动物学、解剖学,后转向地理学。他所处的时代正是达尔文进化论风行的时代,这对他的思想影响很深。1874—1875 年是他学术思想萌发时期,他去美国、墨西哥考察。他考察了美国中西部和西南部的移居到当地的印第安人、非洲人、中国人、日耳曼人等的文明成就,对日耳曼人在文明建设上的贡献印象最佳。在他的思想中形成了进取型、扩张型和退缩型人类集团的地理类型概念。1882 年他出版了《人类地理学》一书,书中探索了各种自然特征对历史发展的影响,论述了地理环境对居民的分布、迁移及对人类个体和人类社会的文化影响。书中强调环境的决定作用,将达尔文进化论移植到人类社会。1897 年拉采尔又出版了《政治地理学》一书,提出"生存空间"和"国家有机体"学说。他在 1896—1900 年间发表的几篇论著中详尽地阐述了国家有机体、生存空间学说。

拉采尔认为"每个国家都是人类的一部分,地球的一部分","属于土地的有机体",一个国家同简单的有机体一样,经过生长、衰老和死亡的过程,国家之间也像生物体一样,相互竞争,适者生存。所谓"国家有机体"就是"活的有机体在其范围内发展的地理区域"。强大的国家,为了生存必须要有生长空间,国家的扩张正是生长力的表现。他说:"地理扩张,更加如此的政治扩张,是运动中所有物体的所有特性:交替前进扩张和倒退退缩。这种运动的目的是为了建立国家而征服空间,不管这种征服是由流动的牧人还是由定居的农民干的。"

拉采尔的《政治地理学》对地缘政治学的影响巨大。他指出,"国家就是一群人和土地"的有机体。他将国家比作人体,认为边疆部分是其末端器官;生长的地域为其四肢;公路、铁路、水道是循环系统;首都是头脑、心脏和肺。这样,国家就是一个空间性的有机体,是具有生命的物体,在不断增长;他认为,国家疆域不断变动,反映了侵略国家的扩展力量,并认为边境是国家成长的障碍,所以导致战争。

拉采尔认为,空间有机体的国家总是想要达到它的自然界线。如果没有强大的邻国给予有效的反对,它就要超过这些界线。因此,"生存空间""国家有机体""边疆变动论"等成为早期地缘政治学的重要理论。

(二)对拉采尔"国家有机体""生存空间"学说的评述

公允地说,拉采尔并没有赞成过民族优劣之说,在他的著作中也注意到人的主观能动性问题,但他的"生存空间""国家有机体"之说离侵略合理、种族主义只差一步之遥。他的思想给德国人带来了盲目的优越感,从而在两次世界大战中饱尝了这种盲目信念酿成的苦果。特别是第二次世界大战期间,法西斯学者豪斯霍弗尔从"国家有机体""生存空间"向外跨出了一大步,1942年他发表《太平洋地缘政治学》一书,利用拉采尔的学说宣扬民族优劣的邪说,为希特勒(Adolf Hitler)称霸世界的野心服务,其结果是自己受到了历史的审判,也使社会达尔文地理观走到了尽头。

根据人类学的研究,各种人种都是同源的,从根本上说并无优劣之分。当然由于历史传统、资源环境等方面的原因,各民族的文明程度、发展程度是有差别的,但这绝不能构成民族优劣论的理由,因为这些并不是根本的内在的原因。从价值观上讲,种族主义与人道主义、人类平等主义、普遍人权这些人类公认的价值体系是背道而驰的,既不符合事实,也不得人心。国家之间当然存在着竞争,但这种竞争与生物间的竞争完全不同,必须在公认的国际准则下有序地进行政治、经济、文化竞争,而不是弱肉强食地武力侵略和领土扩展。国家不是有机体,它是这个国家的民族与资源、环境相结合的政治主权单位,一个国家的边界、领土是神圣不可侵犯的,不能随国家的强大或弱小而随意改变。比竞争更重要的还有国家间、民族间的合作、支援和协作。作为一个国家,当然应当有它的"利益空间"和"安全空间",国家有责任通过外交、贸易、国际协作等方式维护国家周边地区和关系地区的安全、稳定并维护自己的正当利益,这与武装侵略、干涉内政、霸权主义的性质完全不同。

专栏

拉 采 尔

拉采尔,德国人文地理学家。1868 年毕业于海德堡大学,学习地质学和动物学,做过记者,到过欧洲、美洲旅行,1886 年任莱比锡大学地理教授。一生致力于人类迁移、文化借鉴和人地关系研究,是近代人文地理学奠基人之一。著有《人类地理学》《政治地理学》《民族学》《德国:乡土地理导论》《地球与生命:比较地理学》等著作,其中《人类地理学》是其代表作。

拉采尔主要学术思想是地理达尔文主义。他认为人是地理环境的产物,但同时认为,由于有人类因素,环境控制是有限的,并把位置、空间和界线作为支配人类分布和迁移的三组地理因素。提出"国家有机体说"和"生存空间说"。

拉采尔

另外拉采尔在城市、交通、港口的地理意义及其在国家政治经济中的作用方面也做出贡献,第一个系统说明了文化景观的概念,是近代地理学史上最有影响的地理学家之一。

三、 第三思潮: 发展与环境关系论

(一) 时代背景

第二次世界大战以后,从全世界角度讲,虽然断断续续地发生一些局部战争,但总的看世界度过了几十年的相对和平发展时期,无论是发达国家还是发展中国家,经济都有不同程度的发展。这一时期的经济成就使人类冲昏了头脑,过高地看重自己的力量,产生了对自然的"主宰论""改造论"思想。在西方,"专家治国论"是这种思想的突出代表。这种思想认为:"可以用技术力量代替生物圈,只要人愿意,可以复制环境的任何过程。"这导致技术对环境的严重破坏,产生了一系列污染问题。在东方,过分强调人的社会力量,大搞人海战术、盲目破坏自然。正如后来学者批评的那样:"'人类主宰自然'这种狂热是欧洲科学思想最有破坏性的特点之一"([英]李约瑟(Joseph Needham));"'控制自然'这个词是个妄自尊大的想象中产物,是当代生物学和哲学还处于低级幼稚阶段的产物"([美]R.卡逊(Rachel Carson))。

20 世纪 60 年代以后,人类从一系列教训中检讨自己对自然的态度。1962 年美国海洋生物学家 R.卡逊的《寂静的春天》一书问世,书中描述了杀虫剂污染带来的严重危害,揭示了污染对生态系统的影响。1972 年以美国麻省理工学院教授梅多斯(D.Meadows)为首的研究组发表罗马俱乐部专题报告《增长的极限》,预言人类按当时的速度继续增长下去,将由于资源衰竭、环境污染、人口爆炸、食物短缺而在下一代人中发生社会崩溃,主张停止经济增长。这一报告震动了整个西方世界,触发了 70 年代最重要的社会运动——生态运动(环境运动)。

随之一系列世界性著作问世,如《只有一个地球》(1972)、《生存的蓝图》(1972)、《超越浪费的时代》(1978)等,全世界著名的科学家、社会活动家都以极大忧虑关切全球性环境问题。与此同时,联合国教科文组织设立了国际间合作研究地球生态系统的综合性计划——人与生物圈计划(MAB)。1972 年在瑞典召开了联合国人类环境会议,并发表了宣言。各国政府纷纷成立专门管理环境的政府部门,一些国家还出现生态党,国际间出现了政府以外的保护环境的绿色和平组织。

这一时期,环境问题已不仅仅是哲学家、地理学家书斋里、学会上讨论的话题,而成为整个人类社会都关注的社会问题。观察问题的视角和重点也不再是文明程度、文明特征与环境类型之间的因果关系。社会达尔文主义也很少有人问津。人类把环境作为社会发展的物质基础来认识,形成发展与环境关系论的思潮。这一时期关于人地关系的思想,已越出哲学、人类学、生物学、地理学的范围,扩展到了社会学、伦理学、政治、法学,乃至技术科学的范围,从而更为广泛、更为具体地认识和处理人与自然的关系。

(二) 共生理论

人与自然共生的理论思想,见诸许多科学著作之中。

苏联学者马克西莫夫(Maksimov)认为:"人过去改造、现在仍将改造自然,但是技术圈不应当去毁坏,而应当去遵循生物圈的组织原则,补充生物圈,并作为统一的运动体系中的组成部分与之相互作用。形成了这种技术圈和生物圈的共生现象,就可以说是一种本质上崭新的全球现象,同时也是科学技术进步的新阶段(北京师范大学外国问题研究所,1975)。"

英国学者 R. J. 本奈特(R. J. Bannet)和 R. J. 乔利(R. J. Chorley)指出:"由于长时间、大范围的环境干涉策略的无能,促使人们通过'共生'来控制人类—环境系统(李哈滨,1988)。"

美国未来学家 A.托夫勒(A.Toffler)在他的《第三次浪潮》一书中说:"征服自然的战役已经到了一个转折点,生物圈不容许工业化再继续侵袭了。"指出:在过去的 10 年间,由于地球生物圈发生了根本性的潜在的危险的变化,它迫使我们重新去考虑关于人对自然的依赖问题。结果非但没有使我们相信人们与大自然处于血淋淋的斗争之中,反而使我们产生了一种新的观点——强调人与自然的和睦共处,可以改变以往的对抗状况。

美国经济学家鲍尔丁(Kenneth E. Boulding)提出"宇宙飞船经济论",非常形象地比喻人与环境的同舟共济的相互依赖关系。

共生思想包括两个方面的含义:其一是保护环境、维护生态平衡的思想。即人对环境的干扰和影响不能超出环境容许的范围,人类必须克制自己,对自然施加保护,对野生动植物施加保护。其二是建设环境的思想。人与环境不仅要共生,而且要共荣,人与自然必须共同发展建设。并非原始的自然是最合理最理想的,人类应该按照自然规律,发挥人的主观能动性,将环境建设得更有利于人类生存发展,更有利于自然的发展和演化。自然界中生存最久的生物并不是最强壮的生物,而是最能与其他生物共生,与环境协同进化的生物。人类也是大自然的物种之一,共生思维是人类稳定持久地发展进步的正确路线,是人处理与自然关系的科学策略。

（三）环境容量思想

环境容量就是生态平衡的阈值，有广义狭义之分。广义的环境容量是指环境对人类影响的承受限度。它在不同领域有不同的说法，如资源承载力、土地承载力、草原载畜量、城市适度人口等。狭义的环境容量是专指在人类健康与自然生态不致受损害的前提下，某一环境所能容纳污染物的最大负荷量。

环境容量思想由来已久，经济学中的人口理论实质上就是讨论环境对人口的容量问题。早在 20 世纪初澳大利亚规划移民的时候，地理学家泰勒就从环境容纳人口限度的角度，对过量移民计划提出坚决的反对意见。他遭到排挤和迫害，不得不移居国外。当他晚年回国时，人们像欢迎英雄一样欢迎他，表现出社会和民众对他正确思想的高度评价。同样中国对马寅初《人口论》思想的接受也经历了类似的曲折过程。

到 20 世纪后半叶关于环境容量的研究更为具体化了。联合国教科文组织对资源承载能力作出了具体的定义："一个国家或者地区的资源承载能力是指在可以预见的时期内，利用本地的能源和其他自然资源，以及智力、技术等，在保证与其社会文化准则相符的物质生活水平下能够持续供养的人口数量。"从这个定义不难看出，这是个历史的、动态的、发展的概念。它有时间限制，是一定历史时期的产物；它又是一定经济、技术、文化背景下的产物；环境容纳的对象物要求的水平也在变化，即生活水平、健康水平等在不同地区、不同时期要求也不同。

环境容量具有重要意义，这表明人类在环境面前正视了自己能力的有限性，承认了生态平衡的现实性。在迷信技术、迷信主观能动性的年代，人类一味强调对自然的改造，坚信人定胜天。那时在自然面前退缩是不可思议的。而今人类能够自觉地感悟到这一点，无疑是人类思想的巨大进步，这是一种文明的表现。它既产生巨大的生态效益，也产生巨大的经济效益。大到地球能养活多少人口，一个国家应有多大的人口规模，小到一座城市的适度人口规模、一片土地的承载力、一片草原的载畜量，空气、水体、土壤保证安全前提下承受污染物的最大限度等。这些对科学地合理地发展社会经济，进行环境建设，都具有重要意义。以前在生态环境脆弱的地区，为了改变那里的落后面貌，一味强调战天斗地、改天换地，大量派人、大量地投入物力财力，其结果要么得不偿失，要么破坏自然平衡，造成难以恢复或不可恢复的严重后果。20 世纪 30 年代美国滥垦西部草原，造成土壤严重风蚀，发生黑风暴事件。最严重的时候，1934 年 5 月 9 日至 11 日卷走三亿多吨土壤，毁坏了数百万公顷良田。50 年代苏联也发生了黑风暴事件，滥垦西伯利亚草原 4 000 万 hm^2，虽获得几年收成，但之后遭到严重风蚀，2 000 万 hm^2 受害，400 万 hm^2 土地颗粒无收，草原退化到难以恢复的程度。而今人类不是再硬性地改造自然，而是把握自然的承受限度，自觉地调整自己的行为。中国甘肃西部和广东山区的"移民脱贫"，就是将生态脆弱地区的居民移到经济相对比较发达、资源条件比较好的地区，收到了很好的效果，不仅使数千万居民在短时间迅速摆脱贫困，而且使自然得以休养生息，使生态环境得到恢复和重建。

专栏

马寅初和《新人口论》

马寅初(1882—1982)浙江嵊县(现嵊州市)人,中国著名经济学家、人口学家。早年留学美国,获经济学博士学位。1915年回国,先后在多所高等学校任教,曾任北京大学经济系主任、教务长,重庆大学商学院院长。其间发表文章、讲演,激烈批评国民党反动政策。新中国成立后,任中央人民政府委员、政务院(国务院)财政经济委员会副主任,北京大学校长等职。20世纪50年代初,他开始注意和研究中国人口增长问题,于1957年前后发表了《新人口论》。他首先指出人口问题的严重性:"人多固然是一个极大的资源,但也是一个极大的负担。"他认为中国人口问题的性质是"人口压迫生产力"类型。强调人口质量低的国情,提出解决我国人口问题的根本途径是:"必须发展生产""控制人口""提高人口质量"。1958年马寅初的这些正确思想遭到错误批判,并被迫辞去北大校长职务。1979年9月,中共中央为马寅初平反,之后他出任北京大学名誉校长和中国人口学会名誉会长。1981年在北京召开的亚洲议员人口会议向他赠发了表彰信。

马寅初虽然没有直接提出"人口容量""环境容量"的科学术语,但他是最早注意到中国人口对经济社会发展影响的人,如果他的主张当时得以实现,中国的社会经济发展就有可能不会较长时间背负沉重的人口压力。

专栏

复活节岛之谜

复活节岛是太平洋上一个偏僻、荒凉、与世隔绝的小岛。面积不足400 km²,距最近大陆有3 000 km之遥,距最近人聚岛屿2 000 km。岛上有600多尊高6 m的神秘雕像,1722年荷兰人罗格温(Rogeveen)发现它时,岛上只有3 000人生活在破烂的草棚山洞里。这样巨大的雕像是怎样建成的呢?岛上贫穷落后的人们既无力量又无技

复活节岛神像

术,建造这些巨大的雕像显然是不可能的,连岛上的人都不知道这些雕像从何而来。于是有了种种猜测,有人认为是太空人的杰作,有人认为是沉没大陆的最后遗存。

经考古学家考证,岛上曾有过辉煌的人类文明。公元前5世纪,波利尼西亚人迁至复活节岛。沉积层中的划分分析表明,当时岛上土壤肥沃,水草丰美,气候适宜,波利尼

西亚人在这里发展了农业。后来出现了造神运动,建造、运输雕像耗去岛上大量木材(滚木运石),16 世纪雕像建至 600 多尊,森林消耗殆尽,水土流失严重,农业衰退,渔业因缺木船而无法开展。1877 年智利接管该岛时,岛上只剩下几个人。复活节岛上的人由于自己破坏环境而走上绝路,一度繁荣的人类文明在这里消失。

这可以说是在一个相对封闭的岛上为人类做的实验,过度开发的行为会导致人类自身的毁灭! 在茫茫的宇宙中,地球不就像一个复活节岛吗?

(四) 人与自然共同创造

苏联地理学家 B. Б. 索恰瓦(B. Б. Coyaba)提出"人与自然共同创造的思想"。他认为:"所谓共同创造,是指人们所实现的旨在发展潜在自然力、活化自然过程、增大地理系统生产力,以及增大人们有效利用地球空间能量条件系数的措施系统。人与自然共同创造的基础,是利用自然界所固有的趋势和自然界的整体(而非局部)状况,并使之最优化。它应当排除引起危机的各种联系的产生和形成(索恰瓦,1991)。"

就自然系统自身来说,现实的景观表现是各种自然因素相互作用、相对平衡的自然表现。这种自然景观的背后潜伏着两种倾向,一种是自然景观破坏、退化的危机倾向。这种倾向往往是自然系统某些接近生态阈值的脆弱因子被破坏造成的,如在干旱地区,土壤很薄,在地表植被的维护下保持着脆弱的平衡,一旦土层破坏,整个自然系统的平衡就遭到破坏,草原将退化为荒漠。另一种是自然系统的进化发展的潜力倾向,自然系统中某些因素孕育着发展进化的潜力,只是由于某些因素的限制,这种潜力没有充分发挥,例如,在干旱地区光合潜力很大,只是由于水分等因子的限制而没有发挥出来,一旦水分条件得以改变,草原生态系统可以演化发展为森林生态系统。

人类面对自然系统存在着几种不同的对策。

一是引发危机倾向。即破坏自然平衡,遭到自然的报复,如滥开森林和草原、超载过牧、围湖造田、不合理灌溉引起土壤盐渍化、滥用杀虫剂引起有害生物滋生、深井灌溉触发地震等都属于这种情况。

二是硬性改造。即人类不管自然系统本身的演化倾向,按着人的主观目的,硬性改变自然系统为人工系统。如按照人的意愿迫使环境改变原来的面貌,形成人造景观:填平湿地修筑机场,用沥青、混凝土固化地面进行建筑,利用人工能源建造温室等。这样的做法将自然系统潜在的两个方面的倾向都截止了,完全无视自然潜力。投入大量的能量和物质,往往带来负面的生态效果,如城市街道的沥青路面使地表水渗透性大大减弱,加剧水患灾害等。当然这种硬性改造的利弊是相对而言的,任何人工工程都是在一定程度上利用自然系统某些特征和利处为人类服务。

上述两种情况是人为景观大量常见的情况,都是人类在按事先考虑好的方向为自己造福的意图下影响自然的结果。而其结果,不是破坏自然使之退化招致报复,就是事倍功半,投入的力量与收到的效益大不相称。

三是原封不动地保护。这是近年来生态主义者最热心的主张。但是应当指出,自然保护固然十分重要,但它并不是人类对待自然的最优化策略。因为自然生态系统并不是生产力最高的也不是最优化的,完全靠自然生态系统不要说保证人类未来发展,就是养活现有地球上七十多亿人口也无法做到。自然生态系统在外界条件发生变化时,或者表现出危机倾向、自我退化倾向,或者表现出进化发展倾向。前一种倾向在人的参与下可以得到遏止,如营造防护林防止土壤沙化、抢救濒临灭绝的野生动物等。后一种倾向,处于完全自然状态,虽有进化发展,但极其缓慢。

四是发掘自然潜力,制止危机倾向,使自然景观在原有基础上提高到最优化的水平,即人与自然共同创造。这样的例子很多。20 世纪 50 年代的冷战时期,橡胶是战略物资,汽车轮胎、军鞋都离不开它,可以说没有橡胶,部队就很难运动起来。一些国家严密地封锁中国,控制橡胶生产国,对中国实行橡胶禁运。中国地理学家任美锷,在中国热带北部、亚热带南部划分出准热带,将橡胶宜林地的界线推至 25°N、海拔 900~1 000 m,在自然状态下不生长或零星生长橡胶的环境中,找出在人工栽培下可能生长橡胶的环境空间,实现了橡胶大面积扩植,使中国成为橡胶生产大国。俄罗斯地理学家克拉斯诺夫(Krasnov)提出将亚热带植物引入外高加索科尔希达及其邻近地区的自然结构中,用以代替原有的自然生长植被,至今这些植被在人的培育下仍很好地生长,从而开发了这一地区潜在的亚热带植被可利用的环境条件。再如,通过改善农业生产条件,采用先进生产技术,使晚熟高产优质作物种植带北移,在地下水条件好的地方通过工程措施变水田为旱田,在热量条件好的地方通过改善水分条件种植优质的含糖量高的瓜果,这些都是人类与自然共同创造的例证。

人与自然共同创造必须在正确的地理预测基础上进行。即必须查明自然系统的演化发展方向和它对人类影响的反作用的性质和程度,使人类的改造利用方向和自然自身的进化发展方向具有同向性,使自然潜力借助于技术圈的作用得以充分发挥。自然景观是其组成因素相互作用的自然、自发表现,但往往并不是唯一的表现,更不是绝对化的最优化表现。就生物群落来说,现实的自然植被可以生长,对人类有益的人工植被,只要是符合环境条件也可以生长,或者经过人类增加能源、物质、技术措施,还可以培植出比自然植被生产力更高的、更充分利用环境条件的植被。人工林比天然林生产力提高,人工栽培的作物、培育的野生动物比自然生物群落生产力更高,正是这个道理。

人与自然共同创造必须着眼于自然潜力长期稳定的发挥。很多自然系统都是潜力与潜伏的生态危机倾向并存,如开垦森林、草原,在短的时间尺度上,似乎充分地利用了潜在的自然肥力,可获取明显的收益,但从长期和大的环境角度看,引发的生态危机大于暂时的效应,最终导致环境破坏和人类长远利益的损失。

人与自然共同创造中,技术圈应着眼于那些易于改变的因素和可塑性强的环境。例如对太阳辐射,人类企图大范围干预是很困难的。而对于水分条件就比较容易改变。那些稍加改变即可引起环境整体变化的关键性因素,是技术圈干预的主要对象。生态交错带是自然潜力丰富的地方,因而也是人与自然共同创造最易于奏效的地方。

人与自然共同创造必须着眼于自然界整体,不可取一时局部之利而不及其他。如砍伐森林,人类虽然获得了木材资源,但却破坏了森林的水土环境,使森林生态系统整体退化;过度抽取地下水,造成地面塌陷,土壤盐渍化,引发全面的环境危机。这些都和人与自然共同创造的思想背道而驰。

　　人与自然共同创造当然不是人类对自然的唯一措施，为了人类更大利益，并不排除在局部条件下对自然进行有限的人工改造，也不排除对自然环境必要的保护。但是，人与自然共同创造是处理人与自然关系的先进的优化的措施，是人类与自然共生的积极的主导方向。自然本身的发展进化是缓慢的，而且由于外部条件的改变还存在自然退化的方面，只有技术圈的积极干预才能加速其发展进化速度，尽可能地制止退化，保证环境朝着有利于人类的方向，朝着提高生产力和自我调节能力的方向发展。而且，自然潜力毕竟是潜力，如没有外在环境条件的变化、没有人类的干预，不可能自发地表现出来。随着技术圈的发展，人与自然共同创造将越来越强烈、越来越高级，这也是地球表面进化的表现。实际上，虽然在索恰瓦以前没有明确提出人与自然共同创造的理论，但在相当多的人类改造自然活动中都体现了人与自然共同创造的思维。今后的问题是更自觉地、更大范围地运用这一理论，使技术圈与生物圈更科学地结合起来，建设稳定和谐而且高效的环境系统。

专栏

生态文明建设思想

　　生态文明思想的发展从 18 世纪以来有近 300 年的历史。唐纳德·沃斯特（Donald Worster）撰写了《自然的经济体系》对欧美近三个世纪以来的生态思想加以串联，深度阐述了生态思想对人认识世界的重要意义，关注自然与人之间的关系。从自然具有内在价值的深层生态学出发，反对以人为中心，只注重人类，漠视自然，通过叙写环境史，凸显了在历史上人与自然的关系，以及人在影响自然环境的过程中自然环境如何反过来影响人。生态学意识的萌生就在这种人与自然相互依存的关系中。纵观生态学思想的发展，生态学的建立离不开环境保护意识的出现，最初的生态学思想通常是被博物学家萌生的环保意识逐步建立形成的理论体系。

　　习近平的生态文明思想，以"绿水青山就是金山银山"为基本内核，深入阐明了"绿水青山"与"金山银山"的辩证统一，形成以公平分享为价值取向，以宜居环境为民生情怀，以山水林田湖草为系统思想，以人类命运共同体为责任担当，以目标责任为主要抓手，以生态文明制度为根本保障的生态文明体系。新时代推进生态文明建设，必须坚持好以下原则：

　　一是坚持人与自然和谐共生。人与自然是生命共同体。在整个发展过程中，都要坚持节约优先、保护优先、自然恢复为主的方针，不能只讲索取不讲投入，不能只讲发展不讲保护，不能只讲利用不讲修复，要像保护眼睛一样保护生态环境，像对待生命一样对待生态环境。

　　二是绿水青山就是金山银山。绿水青山既是自然财富、生态财富，又是社会财富、经济财富。保护生态环境就必须贯彻创新、协调、绿色、开放、共享的发展理念，加快形成节约资源和保护环境的空间格局、产业结构、生产方式、生活方式，把经济活动、人的行为限制在自然资源和生态环境能够承受的限度内，给自然生态留下休养生息的时间和空间。要加快划定并严守生态保护红线、环境质量底线、资源利用上线三条红线。

三是良好生态环境是最普惠的民生福祉。环境就是民生,青山就是美丽,蓝天也是幸福。发展经济是为了民生,保护生态环境同样也是为了民生。生态文明是人民群众共同参与共同建设共同享有的事业,要把建设美丽中国转化为全体人民自觉行动。要增强全民节约意识、环保意识、生态意识,培育生态道德和行为准则,开展全民绿色行动,动员全社会都以实际行动减少能源资源消耗和污染排放,为生态环境保护作出贡献。

四是山水林田湖草是生命共同体。生态是统一的自然系统,是相互依存、紧密联系的有机链条。人的命脉在田,田的命脉在水,水的命脉在山,山的命脉在土,土的命脉在林和草,这个生命共同体是人类生存发展的物质基础。要深入实施山水林田湖草一体化生态保护和修复,开展大规模国土绿化行动,加快水土流失和荒漠化石漠化综合治理。推动长江经济带发展,要共抓大保护,不搞大开发,坚持生态优先、绿色发展,涉及长江的一切经济活动都要以不破坏生态环境为前提。

五是用最严格制度最严密法治保护生态环境。保护生态环境必须依靠制度、依靠法治。要加快制度创新,增加制度供给,完善制度配套,强化制度执行,让制度成为刚性的约束和不可触碰的高压线。要严格用制度管权治吏、护蓝增绿,有权必有责、有责必担当、失责必追究,保证党中央关于生态文明建设决策部署落地生根见效。

六是共谋全球生态文明建设。生态文明建设关乎人类未来,建设绿色家园是人类的共同梦想,保护生态环境、应对气候变化需要世界各国同舟共济、共同努力,任何一国都无法置身事外、独善其身。中国已成为全球生态文明建设的重要参与者、贡献者、引领者,主张加快构筑尊崇自然、绿色发展的生态体系,共建清洁美丽的世界。要深度参与全球环境治理,增强中国在全球环境治理体系中的话语权和影响力,积极引导国际秩序变革方向,形成世界环境保护和可持续发展的解决方案。要坚持环境友好,引导应对气候变化国际合作。要推进"一带一路"建设,让生态文明的理念和实践造福沿线各国人民。

专栏

美 丽 中 国

美丽中国是指在特定时期内,将国家经济建设、社会建设和生态建设落实到具有不同主体功能的国土空间上,实现生态环境有效保护、自然资源永续利用、经济社会绿色发展、人与自然和谐共处的可持续发展目标,形成天蓝地绿、山清水秀、强大富裕、人地和谐的可持续发展强国。2018 年 5 月 18 日中国国家主席习近平在全国生态环境保护大会上进一步提出了美丽中国建设的"时间表"和"路线图","确保到 2035 年,生态环境质量实现根本好转,人与自然和谐共生,美丽中国目标基本实现","到本世纪中叶,人与自然和谐共生,生态环境领域国家治理体系和治理能力现代化全面实现,建成美丽中国"。美丽中国建设目标和具体指标与《2030 年可持续发展议程》提出的 17 个可持续发展目标、169个具体目标和 300 多个技术指标基本一致,涵盖了"天蓝、地绿、水清、人和"等各个维度。建设美丽中国是落实联合国 2030 年可持续发展目标的中国实践和国家样板,是中国生态文明体制改革创新的战略举措与高质量绿色发展的成果检验,是推进人与自然和谐发展,守住"绿水青山"赢得"金山银山"的重要手段,是国家基本实现现代化和实现两个一百年奋斗目标的中国梦的现实选择,也是贯彻落实美丽中国建设路线图和时间表的具体行动。

地理学是研究地球表层自然环境与人类活动之间相互作用及其空间分异规律的科学,研究的最终目标就是推动人与自然和谐发展,这一目标也正是美丽中国建设的最终目标。地理学的综合性和区域性特点决定了中国地理学家责无旁贷地率先成为美丽中国建设的先行者和实践者。2019 年中国科学院正式启动 A 类战略性先导科技专项"美丽中国生态文明建设科技工程"(简称"美丽中国"专项),专项将贯彻落实党的十九大关于美丽中国的战略部署,为建设美丽中国提供蓝图与实施途径。该专项由中国科学院地理科学与资源研究所承担,率先开展了美丽中国建设的理论与方法研究探索,提出了美丽中国建设的基本内涵、理论基础与评估方案,构建了美丽中国建设评估指标体系,分析了美丽中国与国土空间管制、国土空间规划、城市规划的关系,以及美丽中国与生态文明建设战略等。这些研究均为美丽中国建设提供了重要参考。

讨论

1. 为什么说地理环境决定论对唯心主义桎梏下的欧洲来说是一种进步?

2. 为什么不能将达尔文思想应用于人类社会?

3. 举出人与自然共同创造的实例。

4. 为什么说承认人在自然面前的限度是文明进步的表现?

推荐读物

1. 黄鼎成,王毅,康晓光.人与自然关系导论[M].武汉:湖北科学技术出版社,1997.

2. 金其铭,杨山,杨雷.人地关系论[M].南京:江苏教育出版社,1993.

3. 赵荣,王恩涌,张小林,等.人文地理学[M].2 版.北京:高等教育出版社,2006.

4. 毛志锋.人类文明与可持续发展[M].北京:新华出版社,2004.

5. 索恰瓦.地理系统学说导论[M].李世玢,译.北京:商务印书馆,1991.

6. 余谋昌.关于人地关系的讨论[J].自然辩证法研究,1986(03):19-27.

7. 雍际春.人地关系与生态文明研究[M].北京:中国社会科学出版社,2009.

第 2 节　可持续发展理论

上一节阐述了人类对于"人类与环境关系"问题的不同认识,本节专门探讨把环境作为人类社会发展的物质基础,人类所应当采取的社会经济发展战略。

一、 发展与环境关系的大讨论

如上节所述,20 世纪 70 年代初,以罗马俱乐部报告为开端,开始了全球性的发展与环境关系大讨论。这一讨论中有三个思想流派。第一个是悲观派,认为人类应停止或减缓增长,以挽救环境危机。第二个是乐观派,认为不应对环境问题夸大其词,环境问题应在发展中解决,主张持续增长。第三个流派认为发展的主要障碍不是自然限制,而是国际经济秩序的不合理,是站在第三世界立场上的发展观。经过长期的争论、交流、融合,全人类逐渐达成共识,到 20 世纪 90 年代初形成大多数国家公认的发展观——可持续发展理论。

(一) 停止和减缓增长理论

1. 零增长理论

1968 年 4 月,在意大利经济和工程顾问公司经理、菲亚特汽车公司负责人佩切伊(Aurelio Peccei)博士和英国科学家亚历山大·金(Alexander King)倡议下,在罗马林赛科学院召开了意大利、联邦德国、美国、瑞士、日本等 10 多个国家、30 多位学者、专家、企业家出席的国际学术会议,讨论全球性的环境问题和人类的前途命运,并成立了民间学术团体——罗马俱乐部。其所撰写的报告曾作为联合国大会文件发给各国代表、联合国各组织机构。其中最有影响的是 1972 年发表的《增长的极限》报告。

梅多斯在报告中认为:在世界自然、经济和社会关系都不发生重要变化的前提下,经济增长由 5 个因素决定,即人口增长、粮食供应、资本投资、环境污染和能源消耗,它们都按指数增长。他按 20 世纪 70 年代当时的增长率作了比较保守的预计,认为到 2003 年人口将达到 72 个亿,除铁和煤尚可使用较长时间外,一般金属矿藏只够用 50 年,石油够用 200 年,不可更新矿藏在短时间即可消耗殆尽。污染的总量将累积到惊人的程度。粮食单产即使增长 7 倍,但由于土地、水资源短缺及污染加剧、人口剧增,前景悲观。梅多斯预测,到 2100 年之前将发生突然的无法控制的崩溃,他为人类描绘了一幅世界末日的模式(图 3.2.1)。梅多斯主张必须停止人口和资本增长,以避免人类的危局,应转向生活和文化领域的发展。

2. 增长价值怀疑论

美国经济学家米香(Mishan)认为即使增长可能,也不可取,对增长的价值表示怀疑。他认为,增长仅仅带来物质享受的增加,却要付出高昂的社会文化代价,它使人们失去许多美好的享受,如失去无忧无虑的闲暇、田园生活、清新的空气、优美的环境及文化享受等。增长只能解决绝对贫困问题,使各阶层收入相对过去有所提高,但不能解决相对贫困问题,各阶层收入差距拉大了。增长也不能给人类带来幸福和公平,物质产品的增长并不等于幸福增加。

3. 理想稳态经济

英国生态学家哥尔德史密斯(Edward Goldsmith)与美国的福莱依(Fulai)1972 年出版了《生存的蓝图》一书,译成 16 国文字,在西方国家产生了较大影响。书中提出生态需求概念,即开采资源的需求和废物返回环境的需求之总和是生态需求。认为人口增加 1 倍,生态需求将增加 5 倍,这样下去,在我们子女的一生中,人类的生存基础就要崩溃。作者试图创造一个生

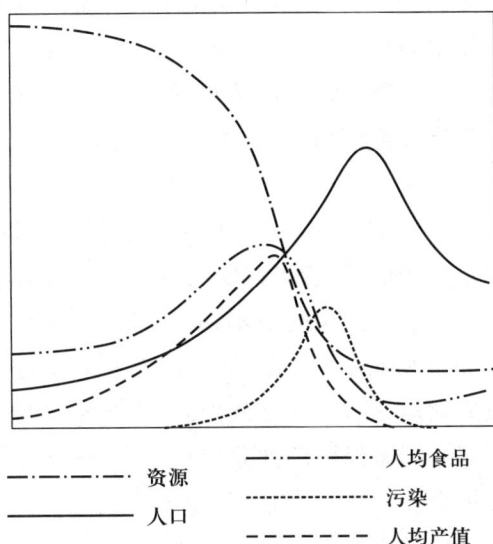

图 3.2.1　增长的极限

(梅多斯,1972)

态破坏最小、物质能量保存最大的重休养生息的非消耗的流动经济,即理想稳态流动经济。设想这种经济形式,为人们提供保持稳定的较高的生活水平;用环境的舒适、悠闲来补偿物质商品的再需要,唤起人们的人道主义、集体主义精神,消除竞争欲望造成的精神堕落,从而描绘出一幅理想的生存蓝图。

4. 非工业化经济

非工业化经济的代表人物是美国著名的未来学家托夫勒,著有在全球产生影响的《第三次浪潮》《预测的前提》等著作。

托夫勒认为人类社会经历了三次浪潮,第一次浪潮是农业革命,第二次浪潮是工业革命,第三次浪潮是新技术革命。工业化时代已经过时,人类将进入信息时代、后工业或非工业化时代。他主张用清洁能源代替化石燃料,合理利用资源,节制生育、保护环境。他认为依靠消耗资源和简单劳动力的工业化时代已经过去,一个新技术革命时代已经来临。他的思想和著作在全世界产生强烈反响。20 世纪 90 年代发达国家和新兴发展中国家,都普遍感受到了知识经济时代、信息时代的到来,近年来,移动互联网、大数据、云计算、物联网、人工智能等新技术迅速发展,这在一定程度上证明了托夫勒的正确性。

5. 小型经济论

小型经济论的代表人物是英国的土壤学家和经济学家 E.F.舒马赫(E.F.Schumacher),1973 年撰写了《小的是美好的》一书。

舒马赫主张发展中国家应发展小型经济,实行中间技术。所谓小型经济就是经济规模小型化、分散化,发展地方经济和农村经济;所谓中间技术就是中等技术。他认为这是发展中国家应走的一条现实的美好的道路。

他指出发展中国家搞大规模的高技术的现代企业有诸多弊端:① 势必刺激消费过快增

长,引起通货膨胀,造成不可更新资源的短缺,使储量小的分散的资源得不到充分利用。② 势必加剧环境污染,加剧失业,制造贫困,使少数大城市畸形发展,破坏农村经济结构。③ 势必使人成为机械的简单工具,工作单调、枯燥,使传统的生产工艺、技艺消失,造成"生产无情主义"。而且生产建设周期长,发展速度不稳,易形成对发达国家的依赖,造成"非有意的殖民主义"。

相比之下,小型经济对发展中国家来说意义重大。小型经济可以充分利用资源,减少污染。小型经济是大多数人大量生产的形式,可以解决失业、贫困,缩小城乡差别,与大规模经济的少数人大量生产不同。小型经济采用中间技术,利于调动人手和脑的积极性、创造性,可以保护个性,尊重人格,发挥人的主观能动性,是"生产有情主义"。小型经济有自由、有效率、有创造性,"船小好调头",建设周期短,投资少,见效快,可以灵活适应市场经济的变化和技术进步,不易造成对发达国家的依赖,利于经济的独立和持续稳定发展。

中国 20 世纪 80 年代乡镇企业的异军突起,劳动力密集型企业的大力发展,农村工业、地方工业、小城镇的兴起,充分显示了小型经济论的魅力。但是随着国企改革的深化,外资企业的大量进入,私营企业的兴起,乡镇企业、小型地方企业原来的土地优势、劳动力优势、经营体制灵活的优势渐渐失去,而加工程度低、生产效率低、竞争能力差等劣势突显出来。大量乡镇企业破产倒闭,成为改革深化的重灾区。当然这并不能说明小型经济已成为明日黄花,而是说明小的不是绝对美好的,特别是对于中国这样的发展中大国来说,要合理处理大、中、小企业的结构关系,从某种意义上说"大中有小"或"大小结合"才是美好的。小型经济的优势和魅力是客观存在的,就是在发达国家,从企业个数而言,中小企业依然占绝大多数,尤其对于广大农村、对于边远落后地区,小型经济更能显现其魅力。

(二)持续增长经济理论

持续增长经济理论在发展与环境关系上持乐观态度,该理论的基本观点是主张经济要持续增长,环境问题不是阻碍经济发展的主要因素,环境问题只有在经济发展中才能得以解决。

1. 凯恩斯持续增长理论

凯恩斯(J. M. Keynes)是英国经济学家,剑桥大学教授,《经济学杂志》主编,是西方最有影响的经济学家之一。凯恩斯及其后继者形成了西方经济学的主要流派。凯恩斯主义为二战后西方国家减少失业、避免经济萧条,作出了不少理论贡献。持续增长理论是凯恩斯主义对环境与发展关系的基本看法。

凯恩斯主义认为:① 持续增长是人类幸福的先决条件。正是由于经济增长,人类才享受到诸如汽车、飞机、电话、电视等现代技术文明给千家万户带来的舒适和便利,也使工作时间和劳动强度大大缩短和减轻,使人的寿命大大增长。发展中国家要摆脱贫困,唯一的出路就是经济增长。② 增长符合人类的天性,可解决人类最基本的问题——不足,可以发掘人类的创造性和聪明才智。追求就是动力,抑制这种天性是不可能和不现实的。③ 增长促进环境问题的解决。一方面,经济增长有助于环境意识的提高。对那些吃、穿、住尚没有着落的人来说,谈环境问题是一种奢侈,只要世界上还有 1/4~1/3 的人口还没有解决生活必需品问题,那么改善环境的主张就得不到群众的支持。人们只有在达到一定物质生活水平的前提下,才可能理解环境问题。另一方面,经济增长为改善环境提供财力、物力和技术支持。没有生产技术的发展就没有环境技术的发展,除尘技术、净化技术都是从生产技术中移植过来的。

凯恩斯主义关于经济增长与环境保护关系的论述,闪烁了辩证法的光辉,但他对经济增长与环境保护对立的一面没有给予足够的重视。

2. 大过渡经济理论

大过渡经济理论的代表人物是美国未来学家赫尔曼·卡恩(Herman Kahn),代表性论著有《第四次浪潮》《后工业社会》《今后二百年》《世界经济的发展——令人兴奋的 1978—2000 年》等。

首先,大过渡经济理论认为人类的经济增长远远没有走到尽头,世界发展有可能使二三百亿人口过上富裕的生活,面临广泛的发展前景。1800—2200 年这 400 年是工业革命向后工业社会的大过渡时期,是人类从贫困向富裕的伟大变革时期。预测今后 200 年世界大部分地区的经济将持续发展,经济技术将有更大的进步。总的来说,对全世界来讲发展比停止增长更安全,世界处在大变革的过渡时代。

其次,大过渡经济理论认为现在的发展中国家面临前所未有的发展机遇。发展中国家可以利用发达国家正处在新技术周期代替旧技术周期的经济结构调整时期的有利时机,获得发达国家的技术,替代其产业结构,如纺织、机械制造等,还可以与发达国家处于同一起跑线,直接发展高新技术产业。发达国家与发展中国家的巨大差距,本身就是一种强大的动力,会刺激穷国迅速富裕起来。发展中国家可利用发达国家的资金、市场、技术、管理经验,省去了摸索、失败所消耗的时间。发展中国家还可以通过劳务输出,发展旅游,利用较为廉价的土地、劳动力吸引外来资本,增加资本原始积累,增加在国际市场上的竞争能力,还可以获得发达国家一定程度的外援。预计发展中国家的发展速度要比原来的发达国家从零开始的发展速度快得多。

另外,大过渡经济理论认为,世界是"增长的馅饼",而不是"固定的馅饼",人不仅有消费的一面,还有生产的一面。社会财富随人口增加和科技进步而增加。快速增长可迅速提高人民的生活水平,增强人们的环境意识和环境保护能力。贫困是国际间战争和国内阶级斗争的根源,经济发展消灭绝对贫困,从而消灭了国际战争和国内阶级斗争,使世界保持长久的稳定、和平。

大过渡经济理论对人类前途充满乐观,对发展中国家的发展动力、有利因素和发展前景的分析令人鼓舞,但对人类与环境资源的尖锐矛盾没有很好正视。

(三) 新发展理论

新发展理论不同于前两种理论,它是以"人-社会"为中心的发展模式,是以"经济-社会-政治-技术"为前提的发展战略,注重的不仅仅是经济与环境的关系,而且更着眼于国际间经济政治关系,是站在第三世界国家立场上的经济发展观。

新发展理论的代表著作是阿根廷巴里洛克基金会报告书《是灾难还是一个新的社会》、法国弗朗索瓦·佩鲁(Fransois Perroux)的《新发展观》。

新发展理论认为,从根本上说,发展的问题不是自然限度问题,而是社会政治问题,即国内的阶级压迫和国际间不合理的经济秩序。如发展中国家内部贫富差异悬殊,阶级压迫严重,政治不民主;发达国家对发展中国家的经济剥削,转嫁生态危机;发展中国家人才外流,资源外流;少数发达国家控制国际贸易价格;等等。停止的观点首先对第三世界国家不利,环境、资源、人口问题,虽然第三世界表现突出,但原因不完全在于第三世界国家人与环境的矛盾,主要原因在于人类社会本身的不合理的社会关系和国际关系,即主要应调整人与人之间的关系,而不单单是人与自然的关系。

新发展理论认为,发展中国家不能再走发达国家先污染后治理,浪费性消费的老路,必须走一条新的发展道路。这条新的发展道路应当以文化价值决定发展的基础。即发展不仅仅看社会财富增加多少,更要看人民公平程度、社会地位的改善程度,以及与民族传统相一致的精神需要方面的满足程度,发展的战略是整体的、综合的、内生的。预测发展也不应用趋势预测法,而应采用规范预测法,即不应用现在的增长率预测未来,而应以人的基本物质需要为目标来预测未来。

二、 可持续发展理论的基本内涵

（一）可持续发展理论的由来

20 世纪 70 年代以来的全球性关于发展与环境关系的大讨论引起世界各国和国际组织的更深层次的思考,如何既保护环境又持续增长,成为全人类重视的话题。

1981 年美国农业科学家、世界观察所所长莱斯特·布朗(Lester R. Brown)发表了《建设一个持续发展的社会》的名著,强调控制人口、保护环境、开发可再生资源的持续发展三大途径。

之后,联合国成立了由当时联邦德国总理 W. 勃兰特(W. Brandt)、瑞典首相 O. 帕尔梅(O. Palme)和挪威首相 M.布伦特兰(M. Brundtland)夫人为首的三个高级委员会,研究人类社会发展与环境关系的战略性问题。他们分别发表了《共同的安全》(1982)、《共同的危机》(1983)和《我们共同的未来》(1987)三个纲领性文件。三个文件一致认为世界各国必须实施可持续发展战略。

《我们共同的未来》是布伦特兰夫人在卸任首相后,在全球各地调查 900 天写成的。她在报告中明确提出"可持续发展"思想。1987 年联合国世界环境与发展委员会(WCED)就以"我们共同的未来"为题发表报告,得到出席会议国家的普遍认同,标志可持续发展理论的最终形成。1992 年 6 月在巴西里约热内卢召开的联合国环境与发展大会上通过了《21 世纪议程》和《里约环境与发展宣言》,将可持续发展理论作为全球人类共同的发展战略。2002 年,在约翰内斯堡召开的联合国可持续发展首脑会议通过了《可持续发展问题世界首脑会议执行计划》《约翰内斯堡可持续发展承诺》等文件,进一步对可持续发展战略的实施行动作出了要求和规范。1994 年中国制定和公布了中国的可持续发展战略——《中国 21 世纪议程》,1996 年全世界已有 150 多个国家设立了负责制定和实施可持续发展战略的国家级委员会或协调机构,1997 年召开的特别联合国大会上,有 100 多个国家提交了关于实施 21 世纪议程的国家报告。2015 年 9 月联合国第 70 届大会第 4 次全体会议(即联合国发展峰会)通过了具有里程碑意义的《2030 年可持续发展议程》,呼吁各国采取行动,为今后 15 年实现 17 项可持续发展目标而努力。这一切表明可持续发展已成为全人类的战略思想。

(二) 可持续发展理论的认识属性

布伦特兰夫人的可持续发展理论发表以后,各个领域对其有各自的理解和认识。

1. 自然属性

国际生态学会认为可持续发展就是保护和发展环境系统生产与更新能力的人类行为。

2. 社会属性

联合国环境规划署(UNEP)、世界自然基金会(WWF)、世界自然保护同盟(IUCN)认为,可持续发展就是在不超出生态系统容量的情况下改善人类生活品质。IUCN还对这一理解作出更为具体的解释:① 发展保护一体化;② 满足人类基本需求;③ 社会均等和社会公平;④ 社会自决与文化多样性;⑤ 生态完整性。

3. 经济属性

世界银行认为可持续发展是保持环境和生态稳定的前提下使净产值最大,使人均财富不断增长的发展。

4. 科技属性

国际科学组织认为,可持续发展是极少产生污染和废料的工业技术系统。环境问题不是工业化的后果,而是技术水平差造成的,要发展有利于保护环境的工业技术,即环境友好技术。

可持续发展的内涵极为丰富,它不局限于经济增长与环境的关系,还涉及社会公平、技术进步等诸多方面。

(三) 可持续发展理论的基本原则

1. 公平原则(justice)

体现在四个层面上。① 当代人之间的公平,要满足人类的普遍需求而不是只满足少数人的需求。20 世纪 80 年代在贫困线以下的世界人口为 7 亿,1992 年达 9 亿,1995 年增至 12 亿~13 亿,这种在制造财富的同时制造贫困的现象不能继续,消除贫困是可持续发展的重要内容。② 代际之间的公平,即"满足今世后代在发展与环境方面的需求"[1],保证后世人的发展权利。③ 资源利用和环境利益的公平。地球资源是人类共有的,目前世界上发达国家利用资金和技术获取发展中国家应利用的资源很不公平。世界上 26% 的国家消耗世界 80% 以上的资源,美国自己大量的油田不开采,而在世界各地合作开采或购买石油;日本国内一棵树也不砍,却是世界最大的木材消费国。上述状况得到改善才能实现可持续发展。《里约环境与发展宣言》指出:"受压迫、统治和占领的人民,其环境自然资源应予保护"[2]。发达国家应负有更多的保护环境的责任,应尽力援助贫穷国家和受灾国家。④ 文化传统、价值观念的多样性得到尊重。发展绝不是一种价值观念取代另一种价值观念的过程,应充分尊重各国人民的文化

[1]　《里约环境与发展宣言》原则 3。
[2]　《里约环境与发展宣言》原则 23。

传统,"应承认和适当支持他们(土著居民及其他社区和其他地方社区的居民)的文化特点和利益,并使他们能有效地参加实现持久的发展①"。

2. 持续性原则(sustainability)

发展必须在环境所容许的范围之内进行,不能超出环境的承载能力,使发展能持续进行下去。这是可持续发展理论的主旨。

3. 需求原则(need)

发展的根本目的是满足需求,而不是单纯的物质增长。需求是多方面的,包括物质方面的需求和精神方面的需求。可持续发展理论区别于悲观论就在于它承认人的需求,并努力去满足人类的合理需求。

4. 和谐原则(harmony)

和谐原则包括两个方面:一是发展与自然协调,这包括采取适当的人口政策,节约地使用资源,保护环境。二是人与人之间在发展中的协调,在治理环境上要实现全球统一行动,在经济社会发展上也要实现全球统一行动。《21 世纪议程》中指出:"任何一个国家都不可能光靠自己的力量取得成功。"联合国环境与发展大会秘书长在《21 世纪议程》序言中指出:"联合在一起我们就可以成功。全球携手,求得持续发展。"

5. 高效率原则(high efficiency)

可持续发展不是停止发展、减缓发展,而是尽可能地提高效率,在保护环境的前提下高效率地发展。

6. 质量升级原则(quality promotion)

可持续发展要提高经济增长的质量,要实现资源消耗最小、环境污染最小、整体效益最好的经济增长;不是消极地保护环境,而是要建设环境,提高环境质量,使原有的环境更好,提高人类的生存环境水平。

(四)可持续发展理论的本质特征

可持续发展最本质的特征是鼓励发展,这是可持续发展理论的主题词。

发展是必然的。追求和进步是人类的本性,也是事物发展的必然,是不可遏制和无法遏制的。发展为人类提供物质基础,现代文明人类的生活主要依赖于社会生产所创造的衣、食、住、行等诸方面的产品和设施,依赖于人类通过社会劳动所创造的环境,没有社会生产的发展就无法满足人类日益增长的物质生活和精神生活的需要。停止的观点首先对发展中国家不利,世界上 2/3 以上的国家还是发展中国家,社会发展、经济增长是它们面临的最迫切、最重要的课题。"发展是硬道理",摆脱贫困,改善环境,实现社会进步都要通过发展来解决。停止的观点、永续循环的观点、试图将发展固定在历史轨迹的某一点上的想法,都是不合理也是不可能的。

发展是全面的。发展不仅仅是生产的增长、经济的增长,还包括生活质量的改善、环境建设、文化水平提高、社会进步等诸多方面。

---

① 《里约环境与发展宣言》原则 22。

　　发展是可能的。 不能用现今的人口增长率、经济增长率、资源消耗率和环境污染增加率来预测未来。应当看到科学技术的巨大潜力和突变性的巨大作用。罗马俱乐部报告以后 20 多年里，人类的科学技术有了巨大进步，绿色革命大大提高了粮食和农产品的产量，能源技术、材料科学、生物技术、信息技术、环境技术的进步，增加了人类的生产能力，提高了人类对资源的利用程度，对环境的治理程度，很大程度上缓解了人类与自然的紧张关系。不仅要看到资源的有限性更要看到资源的弹性，看到资源的潜力。

　　世界上不可更新资源虽然有限，但资源紧张的压力产生一系列反馈效应，使价值杠杆更有效地发挥调节作用，促进相关科学技术进步。人类合成新材料的种类和数量大幅度增加；替代品的出现缓解了人类对木材、金属、植物纤维的依赖；低品位矿藏的开发利用，实际上增加了资源的后备储量；核能、太阳能、生物能及其他非化石燃料能源的利用开发，海洋石油的开发，能源利用率的提高，都大大缓解了能源的紧张。

　　自 1972 年石油危机以后，世界上再没有出现全球性能源危机。随着生产的增长伴随污染增长，资源、能源消耗增长并不具有必然性。1997 年以布伦特兰夫人为首的"欧洲 10 名人俱乐部"语出惊人，提出一个宏伟设想，"在几代人的时间里，在不增加物质和能量消耗的前提下，国民生产总值（GNP）提高 5～10 倍"。乍看起来，似乎是痴人说梦，但实践证明这一理想是可能达到的。从图 3.2.2 可以看出，自 20 世纪 70 年代石油危机以后，法、德、日、英等国单位产值的能耗都在直线下降。中国 1978—1995 年，每亿元产值能耗也下降一半多。1995—2005 年的 10 年间，中国平均每千瓦时电的耗煤量从 414 g 降低到 380 g。荷兰、瑞典等国 1970 年就达到了用水零增长，转而出现生产倍增，用水负增长的局面。日本、美国等国也于 1980 年左右实现用水零增长和负增长。中国虽然还没有达到这一目标，但在有些大城市出现用水零增长、负增长的情况，如北京每万元取水量从 1979 年起不到 10 年即下降一半多，平均以每年 - 10％的速率下降。欧盟宣布 2005 年实现汽车尾气零排放，美国总统可持续发展委员会主席安德森提出到 2050 年实现主要工业化生产的全封闭循环，把环境污染的危害降到零。此外，应当看到人类在与环境关系上自我意识自我约束的进步。罗马俱乐部报告以后 20 多年里，全球人口增长速度放慢（2003 年世界人口刚刚超过 60 亿，远没有达到罗马俱乐部预测的 72 亿），节制生育、控制人口的政策在中国等人口大国得到成功。由于人类人口意识的进步和计划生育科学技术的进步，人类完全有可能将自己的数量控制到一定水平，污染排放、资源消耗的零增长、负增长，相对稳定人口数量、不断发展的生产力和科技进步，为人类发展展现了美好前景。

　　可持续发展的另一个本质特征是人类与自然环境的和谐，即和谐原则和持续原则。这主要表现为人类的社会经济发展必须保护和建设生态环境，全人类都有义务保护全球生态系统，即防止水土流失、森林破坏、草原退化，防止大气环境、水环境的恶化，保护生物的多样性，保护生态系统的稳定。农牧业生产必须建立在合理的土地承载能力的基础上，工业生产必须建筑在资源可能和环境对废弃物容纳能力的基础上，城市人口也必须建筑在环境条件可能和城市产业基础之上。必须深刻改变人类的价值观念，形成一整套有利于环境保护的伦理道德、法律法规、管理规范、经济核算方式和环境友好技术系统。

　　可持续发展再一个本质的特征是人与人之间的公平与和谐。在社会发展问题上，不仅要

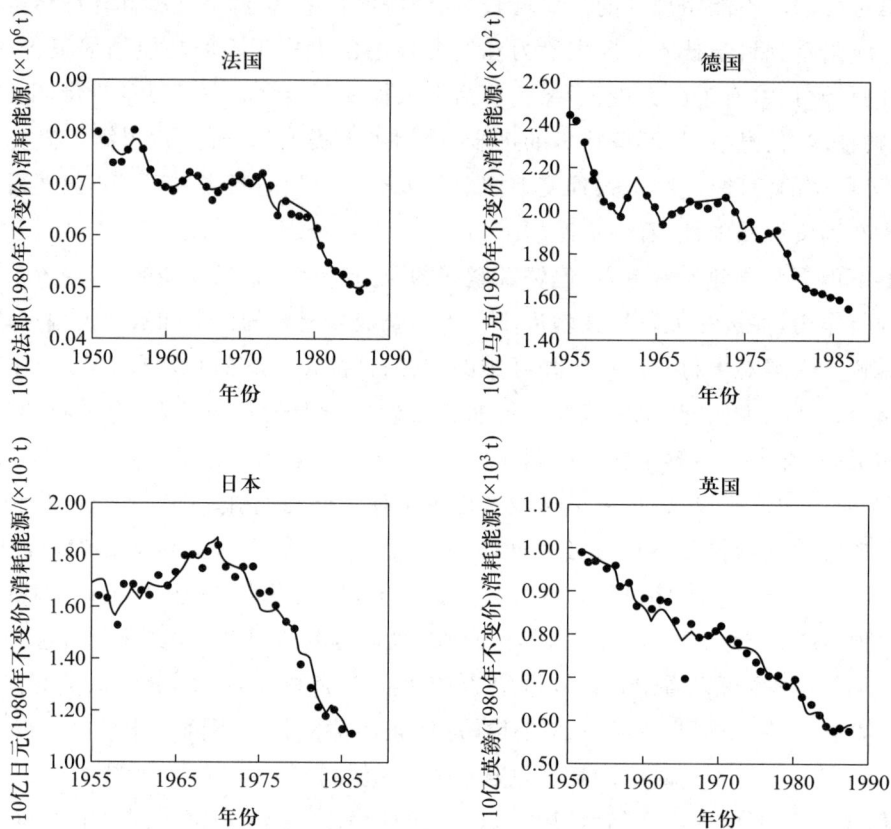

图 3.2.2 法、德、日、英能源消费趋势图

消灭绝对贫困,也要减少并尽力消除相对贫困,促进社会公平,促进落后地区发展,承认和尊重土著民族的文化和利益,促进合作、和平,防止战争,保护和提高妇女和儿童地位和权益,"要在各国、在社会各个关键阶层和在人民之间开辟新的合作层面,从而建立一种新的、公平的全球伙伴关系的目标。[①]"

发展中国家、土著民族、后代人都享有发展的权力,国际社会应制止少数发达国家对国际贸易的控制和垄断,促进建立开放的公平的国际经济秩序,促进科学技术交流,促进全社会、全人类共同繁荣。在处理环境问题上,全球所有国家对保护资源和环境负有"共同的又有差别的责任"。发达国家由于它们的社会生产对全球环境所造成的压力和它们对全球资源的大量使用,它们应对全球环境保护和建设负有更多的责任,应在全球环境建设中投入更多的资金和技术,应在援助贫穷国家和受灾国家方面作出更大的贡献。世界各国都负有不使环境危害殃及域外的责任,都应有效地阻止将环境危机转嫁他国的行为,都应尽力援助受灾国家,都应在保护全球环境活动中合作、协商、共同行动,在维护全球环境安全中负有共同的责任。要防止破坏性开发和浪费性消费行为,节约使用不可更新资源,使可更新资源保持再生能力,给后代人的发展留有余地。

---

① 《里约环境与发展宣言》,1992。

专栏

循 环 经 济

"循环经济"是人类处理环境问题更成熟、更科学、更高级的社会经济发展模式。人类最初的环境对策是"末端治理",即发现污染后加以治理;其后是"同时治理"即在生产一开始就同时建设环保设施,生产与治理同步。"循环经济"则是在生产过程中就解决环境问题,尽量减少资源消耗,尽量减少废弃物,经过多次循环利用,使资源最大限度地转换为产品。

循环经济的特点是摆脱"大量生产、大量消费、大量废弃"的社会经济模式,建设在生产、流通、消费过程中有效利用、循环利用的社会经济模式。构建"资源—产品—再生资源"的流程,将经济活动对自然的影响降低到最小程度;实行"减量化—再利用—资源化",预防和减少废弃物的产生,尽可能多次、多种方式地使用物品,避免物品过早地、过多地成为垃圾。

循环经济不仅仅是生产过程,而且要有社会保证。美国、德国、日本等发达国家,通过政府立法、企业尽责和公众意识的提高,来实现循环经济发展之路。这些国家通过制定法律,加强和促进对纸、玻璃制品、塑料制品、各种金属制品的回收利用。美国的垃圾回收率达 30%,政府用纸 60% 是再生纸。如北卡罗来纳州每年垃圾处理就能够创造 10 亿美元的财富,杜邦化学公司由于放弃使用有害化学物质,使生产造成的废弃塑料减少 25%,空气污染物排放量减少了 70%(1994)。德国一直为推行"零污染"的经济计划而努力,一整套的法律约束使垃圾生产趋近于"零",变成一个"无垃圾社会"。日本的垃圾回收率达 40%,多家垃圾处理中心,将东京每天产生的 30 万 t 垃圾变废为宝。如将废塑料瓶经过处理,从中抽出纤维,与绵混合制成纺织品。从回收、分类、处理到再利用,全是机器流水线工作。无法处理的废弃物送到垃圾发电厂,利用燃烧的热能发电。

借鉴各国的经验,中国已经出台了《中华人民共和国固体废物污染环境防治法》,2002 年出台了《中华人民共和国清洁生产促进法》,2008 年出台《中华人民共和国循环经济促进法》等法律法规,并在一些城市和产业进行技术改造并采用环境管理的新举措,进行循环经济的试验。

三、 现代地理学对可持续发展的研究

可持续发展包括政治、经济、伦理、法律、管理、环境、生态、科学、技术等诸多方面,与许多学科发生密切的关系,是一项庞大的系统工程。可持续发展理论的提出,给以研究人地关系为主旨的现代地理科学提供了新的发展机遇和舞台,也对地理学的传统理论和方法提出了挑战。20 多年来,地理工作者围绕这一社会热点开展了大量的研究工作,作出了独特的贡献。

(一) 自然环境的保护和建设的研究

自然环境是可持续发展的空间载体和物质基础,保护自然环境、建设自然环境是可持续发展的重要方面。地理工作者在这方面有悠久的研究传统,可持续发展理论提出后,从新的视角和理论框架下做了大量新的深入的研究。

从世界范围来看,世界各国的地理工作者积极参与了"人与生物圈计划"(MAB)研究,参与对两极、湿地、干旱地区、高寒地区、山地、森林保护区等人类扰动破坏小的自然环境的研究,重视人类扰动下自然环境演变趋势和规律的研究,边际土地的环境研究和城市生态环境研究都取得深入进展。

从中国的情况看,中国地理工作者在西北干旱地区的治沙研究,青藏高原高寒地带研究都取得了世界瞩目的先进的研究成果。在重大环境建设改造工程中,如南水北调工程的选线调查,地理工作者都发挥了重要作用。早在 20 世纪 80 年代中国就开展小流域治理工程、国土整治工程,到 90 年代更加深入广泛地开展起来。近年来国家重点资助对中国生态脆弱地带的研究和对全球变化响应的研究,如华北平原综合治理、黄土高原开发整治、南方山地开发整治、辽南湿地整治、中国农业地带对温暖化响应等,都是环境的保护、开发、整治、建设相结合的综合项目,对中国可持续发展的环境和物质基础的保护和建设进行了理论探讨和实践研究。

(二)环境生产潜力与土地承载力的研究

光、热、水都是农业生产的重要条件,但是这些条件对人类科技能力、生产能力的可塑性是不同的,土地光合潜力、光温潜力的研究为人类通过改善热量、水分条件来发掘农业生产潜力提供科学依据。

土地承载力研究包括许多方面,如农地的土地承载力研究,草原的载畜量研究,城市的适度人口研究等,这些研究都为不同类型地区的可持续发展提供科学依据。它们不仅与基本的生态条件有关,也与对环境稳定起关键作用的阈值性条件有关,对合理充分利用环境条件具有重要意义。如前面叙述的那样,中国开展扶贫工程以来,在生态脆弱地区大搞生态农业、生态林业、种草种树、治山治坡、治穷致富,迁出大量居民,让自然休养生息,使落后地区迅速走向富裕,使区域规划具有生态的合理性,减少主观盲目性。

> **专栏**
>
> #### 国土空间规划的"双评价"
>
> 2019 年中共中央、国务院正式印发《关于建立国土空间规划体系并监督实施的若干意见》,明确提出国土空间规划应建立在资源环境承载能力和国土空间开发适宜性评价的基础上(即"双评价")。资源环境承载能力是指国土空间能够承载人类生活生产活动的自然资源上限、环境容量极限和生态服务功能量底线。资源环境承载能力评价是对自然资源和生态环境本底条件的综合评价,反映国土空间在城镇开发、农业生产、生态保护功能指向下的承载能力等级,是开展国土空间开发适宜性评价的必要前提。国土空间开发适宜性是指国土空间对城镇开发、农业生产、生态保护等不同开发利用方式的适宜程度。国土空间开发适宜性评价是以资源环境承载能力为前提,对国土空间开发和保护适宜程度的综合评价,是合理划定城镇、农业、生态空间及生态保护红线、永久基本农田、城镇开发边界(简称"三区三线")的重要依据,也是测度国土开发强度阈值范围、制定综合

管控措施的科学参考。

1. 评价原则

(1) 尊重自然规律性。评价应体现尊重自然、顺应自然、保护自然的生态文明理念,充分考虑资源环境的客观约束,始终坚守自然资源供给上限和生态环境安全的基本底线,把区域生态安全、环境安全、粮食安全等放在优先位置。

(2) 突出评价针对性。评价应根据城镇开发、农业生产、生态保护不同功能指向和承载对象,遴选差异化评价指标,设置能够凸显地理区位特征、资源环境禀赋等区域差异的关键参数,因地制宜地确定指标算法和分级阈值。

(3) 把握评价整体性。评价应系统考虑区域资源环境构成要素,统筹把握自然生态整体性和系统性,设计统一完整的指标体系,综合集成反映要素间相互作用关系,客观全面地评价资源环境本底状况,制定与之相适应的开发利用方式。

(4) 注重评价操作性。评价应将定量评价与定性判定相结合,合理利用评价技术提供的弹性空间,并与部门工作基础充分衔接,确保评价数据可获取、评价方法可操作、评价结果可检验。

2. 技术流程

严格遵循评价原则,围绕城镇开发、农业生产、生态保护要求,构建差异化评价指标体系,以定量方法为主,以定性方法为辅,全面摸清并分析国土空间本底条件,评价过程中应确保数据可靠、运算准确、操作规范及统筹协调,为科学划定"三区三线"奠定坚实基础。

技术流程包括五步。

第一步:资源环境要素单项评价。按照评价对象和尺度差异遴选评价指标,从土地资源、水资源、环境、生态、灾害及滨海地区的海洋等自然要素,分别开展资源环境要素单项评价。

第二步:资源环境承载能力集成评价。根据资源环境要素单项评价结果,集成评价城镇开发、农业生产、生态保护不同功能指向下的资源环境承载能力(生态保护)等级,综合反映国土空间自然本底条件对人类生活生产活动的支撑能力。

第三步:生态保护优先序综合评价。根据生态保护等级评价结果,将保护等级高、较高值区作为生态保护优先区的备选区,将较高、中等和较低值区作为次优先区的备选区,将低值区作为一般区的备选区,结合生态斑块密度、生态系统完整性及生态服务导向等评价,从备选区中进一步识别并划分生态保护优先区、次优先区和一般区。

第四步:农业生产适宜性综合评价。根据农业承载能力等级评价结果,将承载能力等级高、较高值区作为农业生产适宜区的备选区,将较高、中等和较低值区作为一般适宜区的备选区,将低值区作为不适宜区的备选区,结合田块连片度、耕作便捷度等评价,从备选区中进一步识别并划分农业生产适宜区、一般适宜区和不适宜区。

第五步:城镇开发适宜性综合评价。根据城镇承载能力等级评价结果,将承载能力等级高、较高值区作为城镇开发适宜区的备选区,将较高、中等和较低值区作为一般适宜区的备选区,将低值区作为不适宜区的备选区,结合斑块集中度、交通优势度、战略区位等评价,进一步识别并划分城镇开发适宜区、一般适宜区和不适宜区。

（三）区域可持续发展的研究

区域可持续发展研究是现代地理学对可持续发展研究最多、关注最多的领域。布伦特兰夫人的可持续发展理论的中心议题是强调发展的可持续性，即强调代际关系的公平，这实际上也反映了在发展过程中人与环境的协调共生关系，因为只有发展的基础不受到破坏，即资源、环境不受到破坏，不可更新资源不致消耗殆尽，可更新资源依然保持循环再生的能力，后世人的发展权利才能得以保证。可持续发展理论还有一个重要的原则，那就是公平原则，强调在发展中，发达国家与发展中国家、国家内部各阶层之间、各民族之间的公平，尽管这其中也一定程度反映了区域关系，但总的还是讲的是人与人的关系，人类集团之间的关系，对发展在空间上的协调未能给予充分的注意。对于这一点地理学家很早就注意到了。1993 年牛文元向世界环境与发展委员会（WCED）提出对可持续发展定义空间尺度的补充，即"满足特定区域需要而不削弱其他区域满足其需要的能力"。中国学者杨开忠、曹利军（1998）、牛文元等很多学者指出可持续发展理论空间表述上的缺欠。牛文元甚至认为这是"可持续发展公理的破缺"。这方面的例子多得不胜枚举，试想，同在一个流域如果上游截断了水源，下游地区的农业生产就无从谈起；上游砍伐森林就会加剧下游的水土流失和洪患；一个地区向水体天空释放污染物就会殃及相邻地区；一个地区城市化、工业化速度加快就会使边远地区出现集团离村、妇老农业的现象。空间关系是可持续发展理论不容忽视的侧面。这个侧面正是地理学研究的优势所在。

区域可持续发展包括两个方面，即区域内部可持续发展相关的理论研究和区域间关系的可持续发展相关的理论研究。

1. 区域内部可持续发展相关的理论研究

区域内部可持续发展相关的理论研究包括以下几个方面。

（1）区域发展的动力、机制、过程、演化趋向的研究　把区域看成人地关系的开放的、非线性的、远离平衡态的耗散结构系统，研究它的自组织过程的机制和演变过程，稳定性、进化升级与阈值的关系。

（2）区域可持续发展的测度、诊断、评价指标体系研究　研究区域发展的社会、经济、环境等方面的综合指标体系（图 3.2.3），用于衡量区域可持续发展的水平和能力。这方面的研究很多，今后的趋向是如何科学化、标准化、可操作化的问题。

（3）区域可持续发展的目标体系和调控对策研究　根据区域的实际设计区域发展人口规模、经济规模、增长速度、产业结构优化，生活质量、教育科技发展水平，社会保障体系、社会分配调整、环境治理与建设等发展与调整目标，以及调控和优化发展的对策。即产业诱导手段，如对重点产业的投资倾斜，基础设施建设倾斜等等；政策手段，如人口政策、金融信贷政策、价格税收政策、资源环境政策、社会福利政策等；地方立法手段，如制定适合地方社会经济发展与环境建设的法规，对区域可持续发展的企业和个人行为进行规范。作为区域可持续发展的宏观管理者，主动地科学地进行调控具有十分重要的意义，无论是马克思主义经济学还是西方凯恩斯经济学都重视政府的宏观干预。图 3.2.4 是中国和丹麦人口变化比较，丹麦的人口增长率从 3.0% 降到 1.0% 用了整整 250 年，而中国从超过 4.0% 降到 1.0%，仅用了不到 40 年的

总体层	系统层	状态层	变量(要素)层

中国可持续发展指标体系框架：

中国可持续发展总体能力

- **生存支持系统**
  - 生存资源禀赋：耕地资源指数　水土匹配指数　农业水资源指数　气候资源指数　生物资源指数　农环质量指数
  - 农业投入水平：物能投入指数　劳资投入指数
  - 资源转化效率：生物转化效率指数　经济转化效率指数
  - 生存持续能力：农业稳定指数　农业持续指数　农业分配指数

- **发展支持系统**
  - 区域发展成本：自然成本指数　经济成本指数　社会成本指数
  - 区域发展水平：生产能力指数　资本形成指数　市场表现指数　发展速度指数
  - 区域发展潜力：竞争力指数　集约化指数

- **环境支持系统**
  - 区域环境水平：排放密度指数　人均负荷指数　大气污染指数
  - 区域生态水平：水土流失指数　气候变异指数　地理脆弱指数
  - 区域抗逆水平：区域治理指数　地表保护指数

- **社会支持系统**
  - 社会文明程度：人文发展指数　社会结构指数
  - 社会安全状况：生活质量指数　社会公平指数　社会稳定指数　社会保障指数
  - 社会进步动力：创造能力指数　社会效能指数

- **智力支持系统**
  - 区域教育能力：教育投入指数　教育规模指数　教育质量指数
  - 区域科技能力：科技资源指数　科技产出指数　科技贡献指数
  - 区域管理能力：政府效率指数　经社调控指数　环境管理指数

（以上所有变量(要素)层指标构成：要素群）

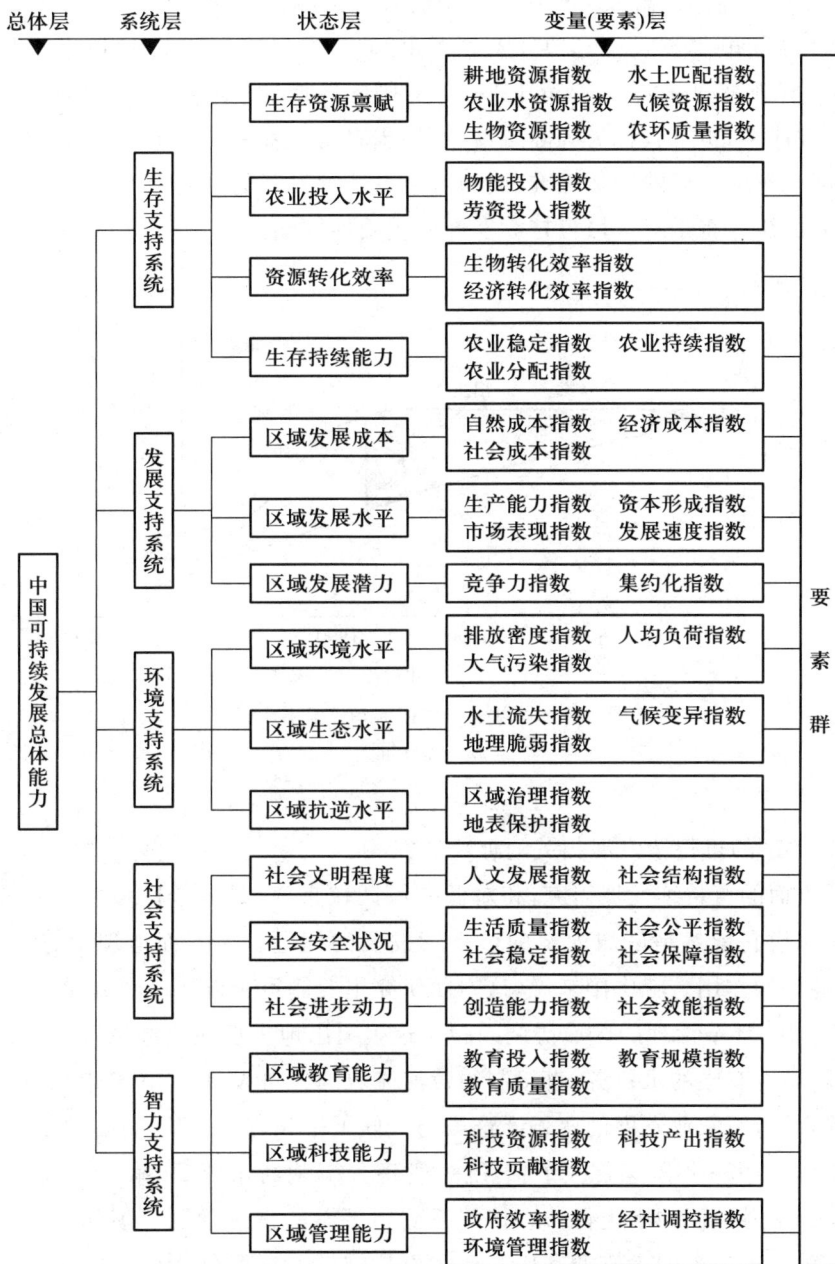

图 3.2.3　中国可持续发展指标体系总体框架设计

（中国科学院可持续发展研究组，1999）

时间，可以看出政府宏观调控的巨大威力。

　　（4）区域可持续发展产业结构研究　在区域范围内实现资源减量化、废弃物资源化，构筑循环经济产业链和产业结构。将前端产业链的废弃物变为后端产业链的原料，在区域范围内充分利用资源，实现无废料生产。近年来不少地区实行"绿色招商"，就是为了延伸产品的深加工和废料的再资源化。

（5）区域环境管理体系研究　即区域环境管理的国际标准化研究。1993 年 6 月国际标准化组织（ISO）和国际电工委员会（IEC）成立了 ISO/TC 207"环境管理"技术委员会，制定了 ISO 14000 环境管理系列标准，这是继 ISO 9000（国际质量管理体系）之后，以企业生产现场为对象的绿色管理体系，被有人称为国际贸易的"绿卡""绿色壁垒"。进一步的趋向是从企业推向区域，建立区域环境管理的国际标准，成为区域可持续发展的重要的、可操作的、可对比的标准，这方面研究的深入将是对区域可持续发展的实质性推动。

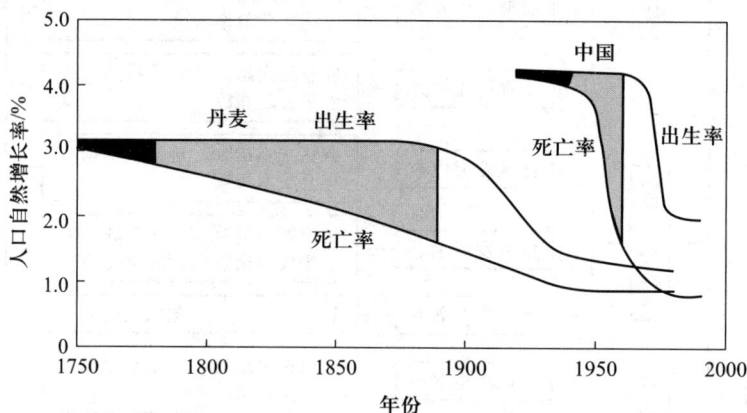

图 3.2.4　丹麦与中国人口变化比较图
(Goudie,1994)

2. 区域间关系的可持续发展相关的理论研究

区域关系方面的可持续发展研究，相对低一级区域来说，是一个区域发展协调问题，但相对高一级区域来说它依然是区域内部的可持续发展的问题。这方面地理学有悠久的研究传统，起到不可替代的作用。就中国来说，这方面研究主要侧重于以下三个方面：

（1）资源利用、环境治理的区域协调问题　这很突出地表现在流域经济上，如黄河水资源利用问题，如何调配有限的水资源，直接制约黄河流域的经济发展。20 多年来黄河频频断流，下游缺水严重，成为工农业发展的瓶颈。这虽与气候干旱化有关，但更重要的是区域间水资源利用分配不合理。1999 年国家首次干预，统一管理分配黄河水资源，第一次改变了黄河断流状况。另外长江上游地区的水土保持直接关系到中下游的洪患问题。国际间的河流，如湄公河、尼罗河、莱茵河等河流的水资源利用和环境保护都涉及国际性大区域的可持续发展问题。再如，地下水资源、石油资源、大气污染、水污染也都涉及区域可持续发展问题。

（2）区域间劳动地域分工问题　40 多年的改革开放，地方发展经济的积极性很高，虽然取得了很大成绩，但问题也越来越突出，产业结构雷同、重复建设、地方保护主义盛行等所谓"诸侯经济"的现象相当突出，区域间的无形的贸易壁垒、低水平、低效率、小规模的重复，无序的竞争，造成资源浪费、环境破坏，阻碍经济均衡协调发展。发展的空间协调与时间上的协调具有同等重要意义。

（3）区域差异问题　改革开放 40 多年来，东西差距、南北差距都明显拉大，带来的一系列问题直接影响到民族关系和社会稳定。如何处理好公平和效率的关系是全国人民最关心、地理工作者研究最多的问题,是多民族大国普遍面临的问题,从更广泛的意义上说,也是全球可持续发展的重大课题。

　　中国的区域可持续发展研究近几年来有了实质性进展,其中地理工作者起到了主干作用。中国科学院出版了《中国可持续发展战略报告》,对全国的可持续发展进行了深入调查研究。具体区域的可持续发展规划研究也得到深入进展。如对北京(王华东)、山东(毛汉英)、乌鲁木齐(海热提·涂尔逊)、常州(曹利军)、云南陆良(王铮等)等不同等级区域的可持续发展做了评价、规划、设计等不同角度的研究。

专栏

联合国 2030 年可持续发展议程

　　可持续发展是当今国际社会普遍关注的热点之一,应对气候变化和促进可持续发展相辅相成。1997 年在日本京都举行的《联合国气候变化框架公约》缔约方第三次大会上,通过了旨在限制发达国家温室气体排放量以抑制全球变暖,具有法律约束力的《京都议定书》,首次为发达国家设立强制减排目标,也是人类历史上首个具有法律约束力的减排文件。2009 年 12 月 7 日—18 日,192 个国家的环境部长和其他官员们在丹麦首都哥本哈根召开联合国气候会议,这是继《京都议定书》后又一具有划时代意义的全球气候协议书,毫无疑问,对地球今后的气候变化走向产生决定性的影响,这是一次被喻为"拯救人类的最后一次机会"的会议。

　　2015 年联合国 193 个会员国召开联合国第七十届会议,通过《2030 年可持续发展议程》,涵盖经济、社会、环境三大维度的 17 个可持续发展目标和 169 个具体目标,重在消除贫困饥饿、推动社会进步、保护自然环境,为人类社会描绘了美好未来。

　　这 17 个可持续发展目标分别是:在全世界消除一切形式的贫困;消除饥饿,实现粮食安全,改善营养状况和促进可持续农业;确保健康的生活方式,促进各年龄段人群的福祉;确保包容和公平的优质教育,让全民终身享有学习机会;实现性别平等,增强所有妇女和女童的权能;为所有人提供水和环境卫生并对其进行可持续管理;确保人人获得负担得起的、可靠和可持续的现代能源;促进持久、包容和可持续的经济增长,促进充分的生产性就业和人人获得体面工作;建造具备抵御灾害能力的基础设施,促进具有包容性的可持续工业化,推动创新;减少国家内部和国家之间的不平等;建设包容、安全、有抵御灾害能力和可持续的城市和人类住区;采用可持续的消费和生产模式;采取紧急行动应对气候变化及其影响;保护和可持续利用海洋和海洋资源以促进可持续发展;保护、恢复和促进可持续利用陆地生态系统,可持续管理森林,防治荒漠化,制止和扭转土地退化,遏制生物多样性的丧失;创建和平、包容的社会以促进可持续发展,让所有人都能诉诸司法,在各级建立有效、负责和包容的机构;加强执行手段,重振可持续发展全球伙伴关系。

　　联合国可持续发展目标旨在从 2015 年到 2030 年以综合方式努力解决社会、经济和环境 3 个维度的发展问题,从而走上可持续发展道路。地理科学是自然科学与人文科学的交叉,具有综合性、交叉性和区域性的特点,是实现可持续发展的基础学科。可持续发展目标的提出,为当代地理科学提供了重要发展机遇。地理学家从全球尺度来研究联合国可持续发展目标,提出"分类-统筹-协作"的方法,全面推进可持续发展目标的实现。由于可持续发展目标之间的关系十分复杂,参与的国家和区域存在巨大差异,而实现可持续发展目标又迫在眉睫,研究者需要对目标、国家和区域及尺度进行分类,统筹其与现有政策、域内外及局部整体的关系,避免矛盾、增加协同。可通过加强经济协作建立联系网络、增加科技协作共同推进目标进展、增加文化协作提高交流和沟通程度,在经济、科技和文化方面通过多方共同协作推进整体实现可持续发展目标。

面向联合国可持续发展目标要求,新时代地理学家肩负着新的历史使命,有必要对地理过程耦合的动力机制加大研究,以便为国家决策提供支持。主要聚焦以下 5 个方面的研究。

一是水、土、气、生多要素过程集成研究。新时代地理学家要重视水-土-气相互作用过程及其生态效应的研究,关注气候变化和人类活动影响下的生物地球化学过程及环境效应,探索全球变化的区域响应与反馈。

二是生态系统结构-功能-服务级联研究。新时代地理学家要关注生态系统结构功能稳态转化与环境效应,探索生态系统服务维持机制及其与人类福祉的关系,维护生态系统服务与区域生态安全。

三是自然-社会系统互馈过程机理研究。新时代地理学家要关注社会-生态系统的弹性、脆弱性和承载边界,探索自然和人文因素耦合影响及双向反馈机制,阐明自然-社会系统结构功能匹配与近远程效应。

四是可持续发展集成模型与决策支持系统研究。新时代地理学家要重点关注可持续发展数据的同化,加深可持续发展大数据关联分析方法与机器学习,建成可持续发展集成模型与决策支持系统。

五是区域可持续发展机理与途径研究。新时代地理学家要重点关注区域水土资源利用与环境质量协同演化问题,明确区域可持续发展目标的关联关系,探明区域可持续发展途径与政策实现。

中国高度重视落实 2030 年可持续发展议程,率先发布落实 2030 年议程的国别方案及进展报告,将落实工作同《国民经济和社会发展第十三个五年规划》等中长期发展战略有机结合,并于 2017 年和 2019 年分别发布了《中国落实 2030 年可持续发展议程进展报告》,披露了中国全面落实 2030 年议程取得的进展,对下步工作提出规划和目标,并分享中国落实 2030 年议程经典案例。在服务国内重大需求和国际全球战略过程中,地理科学成为可持续发展的基础性学科。推动可持续发展是地理科学的历史任务,深入刻画地理过程耦合的动力机制,揭示自然—社会系统互馈过程机理,探明区域可持续发展途径与政策,将更加有效地实现地理学服务于科学决策的价值。

讨论

1. 有人说"环境问题纯属杞人忧天,车到山前必有路,船到桥头自然直,人类是大自然的主人,到时候人类自有办法",你怎样评述这一观点?

2. 你怎样看待人类的资源、能源和环境前景?

3. 区域可持续发展的主要着眼点是什么?

4. 评述"乐观派"、"悲观派"和"新发展理论"的积极意义和不足。

5. 资源弹性与资源的有限性矛盾吗? 为什么?

推荐读物

1. 牛文元.可持续发展导论[M].北京:科学出版社,1994.

2. 中国科学院可持续发展战略研究组.中国可持续发展战略报告[M].北京:科学出版社,1999.

3. 舒马赫.小的是美好的[M].虞鸣钧,郑关林,译.北京:商务印书馆,1984.

4. 德内拉·梅多斯,乔根·兰德斯,丹尼斯·梅多斯,等.增长的极限[M].李涛,王智勇,译.北京:机械工业出版社,2006.

5. 周海林.可持续发展原理[M].北京:商务印书馆,2004.

6. 世界环境与发展委员会.我们共同的未来[M].北京:世界知识出版社,1987.

7. 晏磊.可持续发展基础[M].北京:华夏出版社,1997.

8. 毛志锋.人类文明与可持续发展[M].北京:新华出版社,2004.

9. 沃德,杜博斯.只有一个地球[M].《国外公害丛书》编委会,译.长春:吉林人民出版社,1997.

10. 美国国家科学院国家研究理事会.理解正在变化的星球:地理科学的战略方向[M].刘毅,刘卫东,等译.北京:科学出版社,2011.

第 3 节 文化生态理论

正如第一节所讲的那样,文化、文明与环境的关系早在远古的时代就被人们所注意到了。古代的东方文明亦有气候、山川决定社会、人生之说,风土论在东亚、南亚各国都有不同形式的表现,尤其是农业民族尤为突出。在西方,地理环境决定论盛行一时,甚至达到左右国家政策的程度。20 世纪后半叶,这方面的研究处于比较低迷的状态,一是由于科学技术的进步,风土论的伪科学本质越来越为人们所认识,二是被法西斯所利用的种族主义思潮不得人心,声名狼藉。社会主义国家对文化和环境关系的研究普遍采取批判态度或地理虚无主义态度,西方资本主义国家这方面研究进展也很缓慢。但是,随着两极体系的瓦解,意识形态的淡化,民族问题、地区问题越来越突出。随着经济的发展、人们生活水平的提高,文化传统、民族关系对经济发展影响突出，旅游事业、文化交流越来越发展，因此，对文化与环境关系研究的需求越来越大，文化生态、文化地理呈复兴态势。

一、导言

（一）文化与文明

什么是文化？不同学者有不同的理解。"文化"一词在社会学、人类学、政治学、地理学各个领域，以及新闻媒介中广泛使用。美国学者 A. L. 克罗伯（A. L. Kroeber）和 C. 克拉克洪（C. Kluckhohn）于20世纪初曾对世界各国的文化定义进行收集，竟达150余种（克罗伯、克拉克洪，1952）。广义的文化是指人类所创造的物质财富和精神财富的总和，狭义的文化仅指社会意识形态。在众多文化定义中，以被称为"人类学之父"的泰勒（E. B. Tylor）的定义为学术界和辞书所广泛认同。他在1871年出版的代表作《原始文化》第2卷中写道："文化或者文明，就是知识、信仰、艺术、道德、法律、习俗等，人类作为社会成员所获得的全部能力和习性的复合体。"很显然这是指人类自身而言的。

从根本上说，文化就是人化、非自然化，是人对自然的改变。广义的文化是指人类对自身（主观世界）和外部物质世界（客观世界）的改变；而狭义的文化则是专指人对自身（自然人）的改变。

更为广泛地说，文化可分三个层次，即物质文化、精神文化和行为文化。物质文化即人类所创造的一切物质产品，如建筑、制造品、艺术品等等。精神文化是人类的思想、意识、传统、知识、技术等。行为文化是精神文化的外在表现，体现在法律、制度等规范的行为准则和习惯的约定俗成的行为方式，如饮食文化、服饰文化等等。精神文化是核心，物质文化是精神文化的物化，行为文化是精神文化的外在表现。

文明的定义有很多，而且往往与文化混同。准确地说，文明是指人类社会的进步的程度、状态，与野蛮、原始相对而言；文化表示人类的成就、人类的创造物，是与自然相对而言，指人类在自然基础上的创造、建设。虽然价值观念、宗教、习俗、语言、文字、艺术等都是人类创造的精神财富，但不同的民族、不同的国家、不同的阶级之间有很大差别，这些差别主要是性质上的差别、表现形式上的差别，是横向上的差异。文化的多样性和自然的多样性、生态的多样性同样重要，文明则有所不同，它主要表现为人类及人类社会的进步程度。文明的区别主要是发展水平上的差距，而不是性质和表现形式上的区别，是纵向上的差异。这里是从严格意义上来分析两者的区别，实际上两者的联系密切，正如泰勒定义中所指出的，在社会生活中经常混用。

本教材中讨论的文化生态问题，没有把文化、文明严格区分。但侧重点是讨论环境与文化、文明的形成、类型分异、发展整合的关系，而不是讨论人类进步程度与环境的关系，因为在本章第1节中的"文明与环境关系论"中已经一定程度上讨论过了。

（二）文化区、文化景观与文化生态

1. 文化区

文化区是指某种文化特征或具有文化特征的人的群体在空间上的分布，其类别可大致分为三类：

形式文化区（formal culture regions）。是指某种文化现象，或某些具有相互联系的文化现象在空间分布上具有集中的核心区与模糊的边界区的文化区。这种文化区是该文化现象在自然状态下，不受外部的某种作用而形成的。形式文化区的特征是具有一个文化特征表现典型的核心区，文化特征相对一致而又逐渐弱化的外围区及边界较为模糊的过渡带。核心区位置大体位于该文化区的中部或接近几何中心，在其周围随着距离的增加文化的典型性逐渐减弱，即外围区。外围区进一步向外在边缘开始出现另一种文化，两种文化相交织，该地带即为过渡带。

功能文化区（functional culture regions）。与形式文化区的形成方式不同，该文化区不是在自然状态下形成，而是其文化特征受到政治、经济或社会某种功能影响，其内部彼此之间有一种相互联系从而确定其分布范围的文化区。一个国家、一个城市、一个农场等都是典型的功能文化区。功能文化区都有中心，它是对该区内某种功能起着协调和指导作用的所在地，如国家的首都、城市的市政府，这种功能中心位置明确，但并不一定位居分布区的几何中心。功能文化区的边界不存在交错的过渡带，而是由明确该功能中心的范围所划定的确切界限。虽然与形式文化区相区别，但两者在某些情况下是相互重叠的，例如，日语只在日本使用，因此日本作为国家的政治功能文化区与作为语言的形式文化区就是完全一致的。

乡土文化区（vernacular culture regions）。是居住于某一地区的居民的思想感情上有一种共同的区域自我意识。这种自我意识除在感情上的反映以外，有的还有一种符号作为标志。区别于功能文化区，该文化区既无功能中心，也无明确边界线；与形式文化区相比则缺少了文化特性上的一致性。

2. 文化景观

美国人类学家 A. 克罗伯和克莱德·克鲁霍恩认为："文化包括各种外显或内隐的行为模式，它们借助符号之使用而被学到或传授，而且构成人类出色的成就，包括体现于人工制品的成就。"外显的部分就是物质文化和行为文化，而内隐的部分就是人类的精神文化，即文化的价值体系和技术体系。文化的内隐部分也不是看不见摸不着的东西，它可以借文化的符号系统（语言、文字）表达它的内涵，也可以通过物质文化物化表现出来，还可以通过行为文化体现出来。

文化景观就是文化的外显部分的地域形象。也就是研究物质文化和行为文化的地域形象。文化景观是文化地理学的重要研究内容。它研究区域的整体的综合的文化景观，以此区别于建筑、园林等研究单体、个类景观的学科，它研究的是地域的物质文化和行为文化的整体特征、形成原因和演化过程，研究其与自然环境的关系，与精神文化的关系，以此与哲学、文学、法学、艺术等专门研究精神文化的学科相区别。

"文化景观论"是德国地理学家 O. 施吕特尔（Otto Schlüter）提出的，他在 1906 年提出文

化景观与自然景观的区别,并要求把文化景观当作从自然景观演化来的现象进行研究。美国地理学家 C. O. 索尔(C. O. Sauer)1925 年发表了《景观的形态》一文,把文化景观定义为由于人类活动添加在自然景观上的形态,认为人文地理学的核心是解释文化景观。他研究了沙漠地区、热带地区的景观,以及印第安人的人文地理和东南亚、美洲等地的农业地理,创立了美国地理的景观学派。从自然景观到文化景观的演化过程和规律一直是人文地理学重要的研究内容。

3. 文化生态

文化生态就是文化-环境系统,文化生态学就是研究文化与环境相互影响、相互作用的学科。这里讲的文化不包括人的生物学特性,不同于一般意义上讲的人类生态学,不研究无文化的原始人与环境的关系,也不研究现实人生理习性与环境的关系。一般地说,环境包括自然环境、经济环境和社会环境。

经济环境、社会环境是人类创造的环境,包括在广义的文化环境之中。这里讲的环境是专指自然环境,不包括经济环境、社会环境。

(三) 人类文化的主要形式要素

人类文化的符号系统是语言和文字,文化的人群载体是种族、民族,精神文化的载体是多方面的如政治制度、宗教、法律、习俗、艺术等等,但这其中比较稳定的是宗教,虽然它只涉及相当部分人群,但影响到社会生活各个方面。政治制度、法律虽然对社会生活起到强有力影响作用,但变化比较迅速,与现实生活关系密切。习俗和艺术则在种族、民族和宗教中一定程度地体现出来。为了后续学习方便,本节把种族、民族、宗教、语言作为人类文化主要形式要素重点加以介绍。

1. 种族

种族是以人的体质、形态上的某些共同遗传特征,如肤色、眼色、发色、发型、身长、面型、头型、鼻型、血型等为划分标志,属于人类学和生物学范畴。在人类学上最流行的分类是把人种分为三种。

蒙古利亚人种(Mongoloid)。又称黄种人和亚美人种,起源于中亚和东亚的干旱草原和半荒漠地区,其中包括居住于中亚、东亚、北亚的大陆人种,太平洋人种,北极圈的因纽特人种和美洲的印第安人种。该人种在三大人种中人数最多,主要分布于中国、朝鲜、日本及西伯利亚、中南半岛、美洲。

尼格罗人种(Negroid)。即黑色人种和赤道人种,起源于非洲,其中包括西非的森林尼格罗人种,中非班图人种,南非布须曼人种等。该人种分布于撒哈拉沙漠以南的非洲大陆及加勒比海诸岛和美国等地。

欧罗巴人种(Europeoid)。又名白色人种或高加索人种,起源于欧、亚、非相连接地区,包括北欧的波罗的海人种,东北欧的北海-波罗的海人种,南欧的印度-地中海人种,西亚的巴尔干-高加索人种,中欧人种。该人种分布于全部欧洲、亚洲的西伯利亚、西南亚、北非、印度及澳大利亚和美洲。

人种的分异是对自然环境长期适应的结果,其体态特征在"自然环境的纬度地带性"一节已经阐述,此不再赘述。

对人种的分类学术界看法并不一致,有的学者还把澳大利亚人种列为第四大人种,因其体态特征与尼格罗人相近,故称为尼格罗-澳大利亚人种。

种族是自然的产物,不是文化的产物,但是对种的认识、种族政策、种族关系与人类的价值观念有密切的关系,这些依然属于文化范畴。

2. 民族

民族和种族不同,种族属于生物学范畴,是在人类历史的早期形成的;而民族则属于历史学范畴。划分种族是以体质上的某些共同的遗传和生理为特征,而民族则是以语言、地域、经济生活和心理素质为特征。也可以说,前者是先天的因素,后者是后天的因素。民族是由不同的部落混合形成的,不是纯血统的人群。

以上是一般意义上的民族划分。此外还有更广泛意义上的民族划分,如在一个历史悠久的文明国家或地区,各民族长期形成的民族共同体也称之为民族,如中华民族、印度民族、阿拉伯民族等等。

有人在习惯上把民族一词用以指一个国家的国民整体,如中华民族、美国民族等。这是民族的更广泛的界定。

根据联合国 2010 年公布的有关资料统计,世界上约有民族 2 500 个,分布在 200 多个国家和地区。人口上亿的民族有汉族、印度斯坦族等(表 3.3.1)。

表 3.3.1　世界人口上亿的民族统计

民族	人数/10^8 人
汉族人	11.5
印度斯坦人	2.1
美利坚人	1.85
孟加拉人	1.65
俄罗斯人	1.45
巴西人	1.3
日本人	1.2

3. 宗教

宗教是一种重要的文化现象和社会意识形态。它相信在现实世界以外还存在着超自然、超人的神秘境界和力量,主宰着自然和社会,因而对之敬畏和崇拜。这种信仰使人与宇宙力量之间取得精神上的协调与平衡。由于长期的历史的发展,宗教已在人们,特别是在宗教信仰者中间的精神与习俗的生活中产生精神和心理作用。根据美国皮尤研究中心的数据,2010 年世界上信仰各种宗教的人数约有 58 亿,占世界总人口的 84%。所以,宗教在世界政治、经济、社会和文化的各个方面有着强烈的影响,地域文化景观也存在着鲜明的宗教色彩。当前世界上影响最大的有三大宗教,即基督教、伊斯兰教和佛教。

(1) **基督教** 以《旧约全书》和《新约全书》为基本经典,称为《圣经》。其教义是信奉主宰天地、创造万物,"无所不在、无所不能、全善、全智、全爱"的神(或称上帝、天主,创世说)。上帝所创造的人类始祖亚当、夏娃不听上帝命令偷吃伊甸园中的果子,犯了罪。因此,后世的人一出生就有罪(即原罪)。人们只有信奉为人赎罪的救世主耶稣,才能求得死后永生(原罪说)。人来到这个世界,只有相信神,并一切顺从其安排,死后其灵魂才能升入天堂,否则就要受到末日审判,被抛入地狱(天堂地狱说)。基督教是世界上信仰人数最多的宗教,信徒遍布150多个国家和地区。

基督教分为三个主要教派:罗马教皇所控制的罗马教会,称为天主教;改革后的基督教,称为新教或耶稣教;以君士坦丁堡为中心的希腊正教会,或称东正教会。天主教主要分布在意大利、西班牙、葡萄牙、法国、比利时、奥地利、波兰、拉丁美洲各国与北美洲加拿大的魁北克省,亚洲的菲律宾,非洲的加蓬、布隆迪等。2010年全世界的基督教信徒大约有11亿,在世界各宗教人数中居首位。新教主要分布在丹麦、瑞典、挪威、芬兰、荷兰、英国、德国、美国、加拿大、南非、澳大利亚、新西兰。据统计,现有教徒约8亿。东正教主要分布在俄罗斯、罗马尼亚、保加利亚、希腊、芬兰等国,信徒约有2.6亿人。

(2) **伊斯兰教** 世界第二大宗教,其教徒人数将近16亿。"伊斯兰"是顺从的意思。其教徒称为"穆斯林"。《古兰经》是伊斯兰教的基本经典。伊斯兰教信奉独一的,能创造万物、主宰一切、无所不在,永恒的真主(安拉),穆罕默德(Muhammad)是安拉所派的"使者",专门传达神的意旨,人们应当无条件地服从其使者。伊斯兰教认为今世是短暂的,而后世是永久的。到了"世界末日"时,所有死去的人的灵魂要接受安拉的"末日审判",根据今世的善恶表现来进行奖惩,信徒今世行善,死后可以进天堂。该教分逊尼派和什叶派两大派别,主要集中在西亚、北非、南亚次大陆和东南亚各地。

(3) **佛教** 在世界三大宗教中人数较少,只有5亿,分布在东亚与东南亚地区。佛教于公元前6—前5世纪由迦毗罗卫国的一位王子创造,他后被尊称为释迦牟尼(Sākyamuni)。该教宣传"因果报应""生死轮回"主张禁欲修行。佛教思想主要可分大乘佛教和小乘佛教两大派别。

除了以上讲的世界三大宗教外,还有民族宗教、原始宗教等形式。民族宗教主要有印度教、犹太教、道教(中国)、神道教(日本)、耆那教(印度)、锡克教(印度)等。原始宗教是宗教的原始早期形态,多在国家社会文明产生之前的氏族、部落中形成,表现为对大自然(日、月、风、雨、雷、电、河流、山川、动植物)的崇拜(如中国民间对山神、河神、海神、天神、土地的崇拜)和对鬼魂、祖先、肉体的崇拜等。

4. 语言

语言是文化的载体和符号系统,语言既是同代人文化交流的工具又是不同代人之间的文化遗传工具。可以说没有语言也就不可能有文化,语言是保持生活方式的一个重要手段,几乎每个文化集团都有自己独特的语言。所以,很多学者常常用语言去鉴别不同的文化。语言是在自己特定的环境中为了生活的需要而产生的,所以各种语言所在的环境必然会在该语言上打上烙印。

世界上的语言有2 500~3 000种,根据语音、语法和词汇的不同及起源关系,可以把世界上的语言分为七大语系:

（1）印欧语系　下分① 日耳曼语组（英语、德语、瑞典语、丹麦语、挪威语、冰岛语）。② 罗曼语组或称拉丁语组（西班牙语、法语、葡萄牙语、意大利语、罗马尼亚语）。③ 斯拉夫语组（俄语、波兰语、捷克语、保加利亚语、塞尔维亚语、克罗地亚语、斯洛文尼亚语、马其顿语）。④ 印度-伊朗语组（孟加拉语、印地语、巴基斯坦语、伊朗语）。⑤ 其他语种（阿尔巴尼亚语、亚美尼亚语、凯尔特语、希腊语）。

（2）汉-藏语系　包括汉语、藏语、缅语、苗语、瑶语、壮语、侗语、泰语，以及汉-藏语系边缘的日语、朝鲜语和越语。

（3）闪-含语系　包括阿拉伯语、希伯来语、安哈拉语等。

（4）乌拉尔-阿尔泰语系　包括土耳其语、阿塞拜疆语、土库曼语、乌兹别克语、吉尔吉斯语、哈萨克语、维吾尔语、满语、蒙古语、雅库特语等。

（5）非洲语言　非洲语言近千种，大多数没有文字，分三个语系，即尼日利亚-刚果语系、科依桑语系（非洲西南部）、尼罗-撒哈拉语系。

（6）马来-玻利尼西亚语系　主要分布在太平洋、印度洋岛屿，包括马尔加什语、印度尼西亚语、马来语、他加禄语（菲律宾）、高山族语（中国台湾）、夏威夷语、毛利语（新西兰）、密克罗尼西亚语、美拉尼西亚语族和波利尼西亚语族的许多语言。

（7）其他语系　除去上述各语系外，还有一些其他语系或语言集团：如美洲印第安人语言、巴布亚语言（新几内亚岛）、爱斯基摩语、澳大利亚土著人语言等。

语言（包括方言）与文化的形成和传播有密切关系。语言是文化研究的重要对象。世界上使用人数最多的语言有汉语、英语、俄语、阿拉伯语、法语、西班牙语、葡萄牙语、日语、意大利语等。随着社会文化交流的增强，世界使用英语的人数越来越多，学习汉语的人数也在增加。其他大语种也会得以延续和发展，但少数人使用的语言的传播和延续面临困难，这是世界文化发展与保护所面临的严峻课题。

（四）文化价值观

所谓文化价值观就是对文化的看法、评价。这个问题对地理学研究，特别是人文地理学研究至关重要。近代地理学创始人洪堡，广泛游历了欧亚和美洲大陆。虽然洪堡出身德国贵族，但他的人类主义、民主主义的价值观，决定了他一直认为的"一切种族都有一个共同渊源，没有哪一个种族应该比其他种族卑劣些，所有种族不管个人或集团，都同等向往自由"。这些光辉思想对近代地理学的发展产生重要影响，为后世人所称道，有如"巍巍高山"，成为近代文明和近代地理学的宝贵的精神财富。洪堡以后的拉采尔、豪斯霍弗尔，同样是德国地理学家却与之不同。拉采尔虽然没有直接宣扬种族主义，但其"生存空间论"和"国家有机体论"的理论依据是民族差别。拉采尔在考察美洲时，用民族优越感的有色眼镜观察世界，"发现"同是新大陆的农场，德国人经营得最好，因而就片面认为日耳曼人是世界最优秀的民族，说到底他的"生存空间论"和"国家有机体论"就是认为德国日耳曼民族国家是最有生命力的"国家有机体"，应当有最广阔的"生存空间"。到豪斯霍弗尔，种族主义、民族主义的文化价值观，更加赤裸裸地表现出来，直接为法西斯纳粹政权服务。后世对拉采尔的评论为有功有过，肯定他许多有价值的学术贡献，也指出他的"生存空间论"和"国家有机体论"的学术遗产，与种族主义只差一步之遥,给德国地理学造成严重危害。而豪斯霍弗尔则受到历史的审判,为一切热爱和平、平等的人民所不齿。可见正确的、科学的文化价值观,对地理学,特别是文化地理学的研究是何等重要。

各民族的文化有差别、有特点,但在本质上没有优劣之分,没有哪个民族的文化天然就是优秀的,也没有哪个民族的文化天然就是低劣的。从生理上说,人类虽然肤色不同,习惯、观念不同,但同属一个种群,彼此可以通婚,没有血缘上的障碍。人类基因组测定表明,种族之间、民族之间差异很小,甚至低于个体之间的差异。身体形态的差异是长期自然适应的结果,环境的多样性造就了人种、民族、各地域居住的人的形态上的多样性,这种多样性不是优与劣的差异。

各民族文化在历史上都曾有过辉煌。中国文化在汉唐时代曾经是世界上最优秀的文化,古巴比伦文化、古希腊文化、古印度文化、古伊斯兰文化甚至古印第安文化、玛雅文化,都曾在历史上创造过辉煌。各民族都有自己的优秀的思想家、科学家、文学家,各民族也都有犯罪、腐败等丑恶现象。

各民族、种族在某一时间段内发展存在着差异,这也是客观存在的和必须承认的,但这种差异不是与生俱来的,是所处地理环境和开发历史及社会变革、社会制度等后天因素造成的。这种差异不是固定不变的,是可以改变的。

各民族文化既有差异性又有共同性。文化,特别是精神文化,有强烈的阶级性,正如鲁迅先生所说,贾府的焦大与林妹妹的爱恨标准是不一样的,人的社会存在决定人的意识。甚至各个阶级不同阶层的价值观念都会打上其阶级地位、社会存在的烙印。但是,不能把文化的阶级性绝对化。应当承认文化除了阶级性的差异、民族性差异、地域性差异以外,不同种族、民族、阶级、阶层还有共同的或接近的价值观念、行为模式、思维方式。资本主义文明、封建主义文明中有值得借鉴继承的东西。哪个社会都要制止和惩治刑事犯罪,打击毒品、色情,文学艺术都要追求真、善、美。在文化艺术的形式、表现手法,审美观念,企业的管理经验,环境意识,系统思维等许多方面,人类各集团之间都有共同之处,否则,文化交流、文化继承就无从谈起,文化生态、文化地理研究也容易走偏方向。

先进文化的形成是各民族、各地域文化交流、整合的过程,不是一种文化代替另一种文化或一种文化代替多种文化的过程,是人们在文化交流中,对文化中优秀的成分、适宜的成分发现、选择、整合、创造的过程。

专栏

“客观科学”与“不便公开学问”

种族、民族、地域人群之间先天差异与文化差异到底有什么联系? 这一直是学者们非常感兴趣的问题。有的人试图建立一个“客观的”专门研究种族、民族、地方人群之间区别的学科。有的西方学者专心测量各种族人的脑量大小、身体某些特征的差异,从中得出种族聪明程度的“依据”。这种看上去似乎不偏不倚的、以事实为依据的“客观研究”,明显地根植于从事科学工作的白人的利益和盲目的民族优越感之中,他们只研究那些对他们有利的问题,其目的就是要证明白种人和其他有色人种来源于不同的物种,为白种人优越论寻找科学依据。

　　还有一些人,他们顽固地认为种族、民族实际上就是有优劣之分,只是因为避免刺激劣等民族的自尊心而不便公开谈论而已。这种骨子里的"学问",如果自身是"劣等民族"则必然产生崇洋媚外的思想,如果自身是"优等民族"则必然产生盲目的民族优越感和对其他民族的歧视感,也就会产生口头上的"民族平等",实际上的民族歧视,一些民族沙文主义行为的背后,就是那些领导者或领导集团意识形态深处的这种"不便公开学问"在作怪。

　　科学的文化价值观与这种"客观科学"和"不便公开学问"是完全背道而驰的,必须是彻底的不折不扣的辩证唯物史观。

二、 文化生态学的重要研究问题

(一) 文明起源与环境

　　人类的产生可以追溯到 200 万~300 万年以前,与第四纪冰期是近于同步的,换句话说,人类产生于地球历史上比较严酷的时代。在现今的陆地环境中,除两极和其他极其严酷的环境外,较普遍地发现了原始人类遗迹的化石,但都没有大规模集中,也没有表现出生产力较高的文化特征,可以说,从大的区域范围来说,人类较为分散,与动物混杂生息。大约 10 000 年前出现了农耕文化,经过三四千年的过渡时期,距今 7 000~6 000 年以前,也就是冰后期温暖期以来,人类的社会文明才开始渐渐产生。人类古代社会文明发源地主要分布在这样几个地区:巴比伦文化在西亚的幼发拉底河和底格里斯河流域、古埃及文化在北非尼罗河中下游、印度文化在南亚印度河流域、中国文化在东亚黄河流域、古希腊文化在地中海东北岸、玛雅文化在中美洲等。这些早期文明的主要发源地分布在:萨瓦纳、热带森林草原、温带草原、夏干性地中海硬叶常绿林等生态地理带之中,用今天人类的环境评价眼光看,上述环境并不是最理想、最佳的生态环境,甚至可以说是比较恶劣的环境条件。但是,人类文明产生之初为什么首先在这样环境中造成生产力较大集中和社会经济文化的最初繁荣呢? 这需要从地理学角度研究人类文明史发展的自然物质基础。

　　1. 草原、森林是人类早期文明时期最容易开发的环境

　　进入冰后期以后,地球环境发生了明显变化,从更新世至全新世的过渡时期(13 000~8 000 年前),亚欧大陆、南美洲大陆、澳大利亚及新几内亚等地,大型哺乳动物几乎灭绝,代之以小型森林动物和小型草原动物。这是由多方面原因引起的:一方面由于气候转暖、植物繁茂、森林植被扩大,大型食草动物让位给小型森林动物,而存留下的食草动物中,由于温度升高气候干燥,特别是在中纬地带,一年生草本植物突然变异进化,食草来源丰富,诸如山羊等草原小型哺乳动物有所增加,成为后来被人类驯养的家畜。另一方面也与人类的增殖、狩猎技术的提高有密切关系,即所谓"枪的文化""弓的文化",也造成了大型哺乳动物的减少。这种变化不仅从动物化石中看得出来,也可从那个时期人类遗迹的狩猎工具的小型化、弓矢化得到证实(上野登,1985)。在这种自然背景下,人类要规模生存和发展自己,要获得更多的食物来源,在

森林这个天地里是困难的,因为当时铁器还没有使用,用落后的生产工具砍伐森林、开垦农田、开辟大面积居住环境、建设道路和城郭等社会设施都是有困难的,难以形成大规模聚集的社会环境,所以自然而然地向草原、森林草原开拓发展。

2. 谷物文化是人类早期物质文明的基础

人类栽培的作物绝大多数都是一年生植物,特别是粮食作物,多是一年生禾本科植物。根据达尔文(1868)、孔多勤(1883)、瓦维洛夫(1926)、达林顿(1963)、默多克(1959)、中尾佐助(1966)、哈伦(1975)等世界各国科学家长时间的研究认为,谷物文化(杂谷、麦、稻、玉米等作物的农耕文化)的分布地都在具有干湿二期自然节奏的草原、森林草原或地中海气候环境之中。

谷物文化是古代文明发源地的基本农耕文化类型,它对人类社会文明的产生与发展具有重要意义。

其一,谷物文化是人类智力、生产力发展到一定阶段的产物。据我们现在的观察,灵长类的猴、猿都没有吃野生谷穗的习性,人类能够想到取其穗而食之,不能不说是个很了不起的发现,在漫长的采集阶段是做不到的。现今发现的野生禾本科杂草多为多年生植物且几乎都有脱粒或半脱粒的性质,而有别于它们的一年生固粒禾本科植物,是需要人类长期筛选培育才可以实现的。谷类作物不像根栽作物那样掘地而种或通过块根块茎营养繁殖,由于禾本科的杂草与栽培作物亲缘很近,共生习性强,谷类作物需要条播、犁耕和除草管理,这就要求生产工具必须是比根栽文化先进,这也是谷物文化都是在铁器出现之后大规模发展的原因。在食用上,根栽文化最初的食用方法很难说是一种文化的表现,因为靠人体所曾有过的原始的动物习性就可以做到,如芋头、香蕉那样,直接拿来就可吃。谷类则必须用一定的容器煮食,其中小麦就更为复杂一些,要制成粉方可食用,这需要思考、劳动、再创造。谷物文化只能是生产力发展到一定水平之后的产物,是人类文明进步的标志。

其二,谷物文化也促进人类文明的发展。谷类有别于其他食物最大特点是便于储藏,便于运输。随着人类生产力和社会文明的发展,人类相对集中从事社会活动的机会也增加,诸如长期的战争,远距离的运输,大型的土木工程等等,没有充分的物质保证,没有食物贮存和集中是办不到的。特别是温带地区人类要度过冬天,没有粮食储备对众多的人来说也是不可想象的。所以在人类历史上从早期文明之初直至产业革命之前,粮食生产一直是主要的基本的生产部门,以至最初的交换媒介都用粮食,粮食也成为最早奴隶制国家的财富标志。

3. 大河环境是古代文明形成的重要条件

如前所述,古代文明产生的环境都是比较干旱的气候条件,水在这里成为文明发展的重要因素。人类最初的文明就表现为对陆地水的利用和改造。巴比伦王朝产生于西亚的幼发拉底河和底格里斯河流域,世界四大文明古国中埃及、印度、中国,几乎都发育于大河流域,只有古希腊产生于地中海沿岸,但那里也是河网密集的。大河一方面供给大量冲积土,另一方面提供灌溉之便,可以说,大河既向人类提供了生存物质也培育了人类的智慧。

> **专栏**
>
> ### 青藏高原史前文明演化
>
> 有着"世界第三极"之称的青藏高原平均海拔 4 000 多米,面积超 500 万 km²。作为世界上平均海拔最高、面积最大的高原,青藏高原的形成和隆升对众多生物,特别是灵长类的演化产生了重大影响。其常年寒冷的温度、稀薄的空气、匮乏的资源等对该地区人类生存构成了巨大挑战,青藏高原史前文明演化过程及其机制问题日益受到考古学、遗传学、生物学、地理学等多学科关注,研究成果不断涌现。
>
> 早年相关工作表明人类在末次冰期首次到达青藏高原(Moore 等,1998;Yi 等,2010),位于青海湖盆地南部的江西沟 1 号和黑马河 1 号是青藏高原上最早的旧石器时代遗址,通过 AMS 碳 14 测年法及光释光测年法(OSL)得出其年龄为距今 1.5 万年至 1.2 万年(Madsen 等,2006),即人类活动出现在青藏高原的最早时间为距今 1.5 万年。遗址中发现的石器与华北旧石器文化具有一致性,由此推断出这是中国北方旧石器时代晚期扩张的结果,青藏高原早期人群可能主要来源于中国北方(Yuan 等,2007)。中全新世早期,新石器文化在中国黄土高原和华北平原产生、发展,当地由原本的狩猎采集向农业过渡,仰韶文化和粟作农业开始在黄河中游地区发展并扩展到黄河上游的青藏高原东北部边缘(Wang,2012)。此时的青藏高原仍处于旧石器时代。青藏高原已知的新石器时代遗址始于中全新世晚期,这些遗址广泛分布在高原的东北部、北部和东南部。在此阶段,最早出现在渭河中游的马家窑文化对青藏高原有着深刻影响。全新世晚期,青铜时代的文化和农牧经济体系在青藏高原出现并开始繁荣,齐家文化为其代表。继马家窑文化之后,齐家文化在距今 4 000 年左右于甘青地区兴起,主要分布在黄河流域,并向西延伸至青海湖流域。
>
> 近年来,尼阿底遗址(Nwya Devu)和夏河人相关研究成果相继刷新了青藏高原史前人类活动历史记录。尼阿底遗址于 2013 年由中国科学院古脊椎动物与古人类研究所和西藏自治区文物保护研究联合考古队在藏北羌塘东部地区考古调查中首次发现,是青藏高原腹地首个经正式考古挖掘的、具有埋藏地层的旧石器遗址,也是迄今全球发现的海拔最高的旧石器遗址。在 2013 年和 2016 至 2018 年进行挖掘和地址取样后,经光释光测年法得出人类最早在距今 4 万年已在该地区活动(Zhang 等,2018)。夏河人化石最早发现于高原东北部的夏河县白石崖洞,中国科学院青藏高原研究所和兰州大学等十多家国内外科研单位和高校对其展开研究。通过化石外包裹的碳酸盐结核的铀系测年得知其形成于至少距今 16 万年(Chen 等,2019),进一步刷新了青藏高原最早古人类活动记录。

(二) 文化发展与环境

1. 物质文化与环境

物质文化对环境有强烈的依赖性,受到环境条件的限制和制约。

首先环境向人类提供资源,提供物质生产条件,从而决定人类的生产活动方式。如蒙古民族的畜牧文化,南亚、东南亚的稻作文化,因纽特人的冰猎文化等等。

其次,环境资源的自然条件决定了人工制品的材料、样式的地域风格。如黏土地区的砖瓦结构建筑、山区的石木结构、黄土地区的窑洞(图 3.3.1)、湿热地区的竹木建筑等。不仅建筑是这样,服装、用品、园林建造等人工创造物也都受到环境的制约和影响。

图 3.3.1　黄土窑洞

再次,环境影响产业的分布格局。第一产业(种植业、养殖业、畜牧业)受气候条件和水体分布的影响。资源型产业,如采矿、炼油等产业受资源分布的制约。运输产业受位置和基础设施条件的制约,集中于港口和交通条件好的地方。

最后,地理环境影响物质文明的发展程度。气候适宜、地形平坦、幅员广阔、资源丰富、交通便利的地区生产力发展比较快,反之,自然条件恶劣的地区物质文明总是比较落后的。从全世界来看,经济最发达的国家主要集中在北温带沿海平原地区,而寒带、热带、内陆干旱地区物质文明就相应落后。从一个国家或地区来看,山区、边远地区经济文化总是相对落后的。这种状况主要是大自然本身的原因。

随着人类物质文化程度的提高,文化对环境的依赖程度和表现形式不同。在农耕文明阶段,主要表现为人类对气候、土壤、水文等农作物生产条件的依赖。如前所述的那样,最初的社会文明在比较容易开发的内陆干旱、半干旱森林草原和草原地区,随着生产力的发展,特别是铁器的出现,农耕文明向湿润地区扩展。在中国,夏、商时代黄河流域已有旱作农业,西周时井田制犁耕农业已有较广泛发展,而后经战国、秦、汉、隋、唐,黄河流域文化跨过长江向东南发展。从草原文化进入森林文化,形成稻、茶、绢、橘、漆的亚热带常绿林文化,即楚文化、吴越文化。在印度,农业文明从最初的德干高原和巴基斯坦的西北部,向南部、东部森林区扩展,从旱田发展为水田。在地中海农耕文明向西欧、东欧扩展,大约在 5世纪,由原来的两圃农业转向三圃农业(一年内夏作、冬作、休闲)。进入工业文明以后,社会文明对环境的依赖主要表现为对资源、能源产地的依赖,文明发展程度与资源的占有程度密切相关,在铁、煤主要产地形成大的工业区,欧洲的鲁尔工业区,苏联的乌拉尔工业区、顿巴斯工业区等。20 世纪 60 年代以后,主要的发达国家相继出现后工业文明,信息产业发达。工作环境、工作时间对文明发展的意义加大,文明的重心向“阳光地带”转移,美国的信息产业、高科技产业、服务性产业向加利福尼亚州等南部沿海地带发展,中国东南沿海也成了我国经济最发达的地区。另外还有一个问题值得特别注意,随着世界各国经济联系和世界经济一体化趋势的加强,依赖世界市场,缺乏资源的国家和地区(如日本、新加坡、中国香港)依然可以建设高度的物质文明,自然条件相对差的地方也会有不同程度的发展。但是这并不能说明文明对环境的依赖已经削弱了,而是空间范围发生了改变,即变地区、国家对所在局部环境的依赖为全体人类对全球环境的依赖。可以这样讲,后工业化文明开始以后,人类和环境的关系进入了地球时代。

2. 精神文化与环境

精神文明与环境的关系对比物质文明与环境的关系有所不同。人类的社会意识决定于两种存在,一种是社会存在,一种是自然环境中的存在。自然环境对精神文明的影响一方面是直接的影响,另一方面是通过人类自身构造和社会环境产生间接的影响。直接的影响是多方面的,可以从文化形式要素中看得出来。如宗教中的天堂总是与宗教所在地区的优美的自然环境相联系,宗教中的地狱总是与宗教所在地区的恶劣自然环境相联系。因纽特人的地狱是黑暗、酷寒、多风暴的,犹太人的地狱是火焰燃烧之地。草原环境产生的艺术多具有豪放、粗犷的特征,美国和中国的西部文化都具有这种特色。我国西北民歌有着强烈的大草原的自然底蕴,而江南水乡泽国的艺术,如越剧、评弹,多细腻、柔美的特征。

以上讲的是自然环境对精神文明形成的直接影响,但更多的则是间接的影响。例如分散的农村生活环境,造成人们分散小集团居住,亲缘关系、地缘关系加深,邻里、家族、宗族、亲属之间的关系加深,形成大分散小集合环境下小集团内部亲密相依关系。而城市环境造成大规模人的集中居住,一个个单个的人和小家庭与社会体系直接相连,与农村环境相反,人与人之间黏着性减少,流动性增大,城市孤独症、戒备心理增加。浩瀚的大海压迫航海者、探险者必须形成有纪律的组织,具有强烈互助精神。草原环境造就牧业生产生活方式,形成相应精神文化特色。产生于干旱、半干旱地区的宗教,如犹太教、基督教、伊斯兰教为一神教,以畜牧文化为背景,教义主张社会关系平均主义,潮湿地区发展的宗教,如佛教、印度教、锡克教等为多神教,宣扬神秘主义。同样山区环境,海洋环境,热带环境都会形成相应的生产生活方式,进而形成相应精神文化特色。这些都是环境通过社会关系间接地影响人的思想意识。

3. 文化发展对环境的影响

以往的文化的发展对环境影响多具有两重性,犹如一把双刃剑,既具有建设环境改造利用环境一面,又具有破坏环境的一面,给人类利益的同时又产生损害。如铁制农具的发明提高了农业生产力,增加了收获量,但也增加了对自然对土壤植被的破坏力。化肥的发明,既节约了人力,提高了农业生产力,也污染土壤,破坏了土壤结构。文明发展对环境影响越大,承受自然的反作用越大,技术的发展可以造福人类建设环境,也可以用来破坏自然甚至毁灭人类。人类社会文明发展到今天,已经开始出现新的更高层次上的文明,这就是对人与自然关系理性原则的发现,即生态文明的出现。这一文明的获得是非常困难的,若成为全体人类的行为还须克服重重阻力。其一,人类的理性认识总是滞后于技术的实际过程,一般说来总是在技术造成危害达到一定程度的普遍性和严重性时,才会对新的发明有全面认识。农药六六六的发明、塑料的发明,在相当长时间里受到社会的肯定和赞扬,直到后来才发现农药污染和白色污染。其二,人类总是习惯于单一尺度而不是以多样性尺度的价值体系来观察判断问题,总是习惯于短时间尺度而不是从长时间尺度的价值体系来观察判断问题。为整体人类延续发展的思想总抵不过当代人眼前的诱惑；阶级利益、民族利益、小集团利益、地方利益的偏见容易造成对长久的共同的人与环境问题的忽视。因此,地球时代的人类除了继续已有的各种文明的建设以外,还需要努力进行人与环境关系方面新文明的建设,即创立人与自然和谐共生的新思想新道德,创立生态道德、生态伦理、环境法治等文明观念,同时,发展保护环境、节约资源的新材料、新能源、新技术、新工艺,建设更高层次上的生态物质文明和生态精神文明。

在农耕时代人类对环境的影响基本停留在物理学阶段,虽然人类在驯化动物、植物方面取得了巨大成功,但对自然的影响主要表现为对表土的破坏(侵蚀、盐渍化等),自然物质循环并没有发生根本性变化。在工业革命阶段,人类对环境的影响进入了化学阶段,即制造大量不能进入自然循环的废弃物,污染问题对人类的生存提出了挑战。克隆技术出现以后人类对环境的影响进入了分子生物学阶段、基因阶段,人类不仅消灭大量物种,而且制造合成大量新物种,严重扰乱生命的自然秩序,有人形象地说:"人类在摸上帝的鼻子。"无可置疑新技术会给人类带来巨大的福音,但其潜在的环境危害也是难以估量的。人类必须保持高度的警惕,足够、全面地估量新技术的利与弊,慎重地应用新技术,防范和制止新产生的环境危害。

(三) 文明的扩散、迁移与环境

1. 文明的扩散与环境

文明的扩散决定于两个方面,一方面决定于文明传播本身的性质和传播方式,另一方面决定于接受方面。

就文明源地本身来说,先进的文明传播速度快,影响范围广,传播强度也大。如中国唐、明中叶汉文化比较先进,在世界上有很大影响力,特别是对东亚及其周围地区文化影响很深(图 3.3.2)。工业革命以后,欧洲文化在世界范围影响较为强烈,传播范围也比较广(图 3.3.3)。文明扩散的方式与政治和科学技术密切相关。19 世纪欧洲文明的扩散是强制性的、野蛮的,

图 3.3.2　7—16 世纪汉文化的传播

伴随着血腥的战争和殖民主义强权政治。虽然比自然传播强烈得多,但遭到抵制、反抗也很强烈。在古代,文明扩散主要是距离衰减扩散的性质,非洲伊斯兰教文明的扩散就是如此,而现代文明扩散主要是阶层扩散性质,通过电视、广播等手段先扩散到大城市、文化中心区,依次再扩散到中小城市、农村。现代信息技术文化交流更为频繁强烈。世界各民族共同的新的意识不断产生,尽管不同文化的冲突、矛盾仍很强烈,但接近融合的程度却加强了,在这种背景下,世界同一性不断增强。

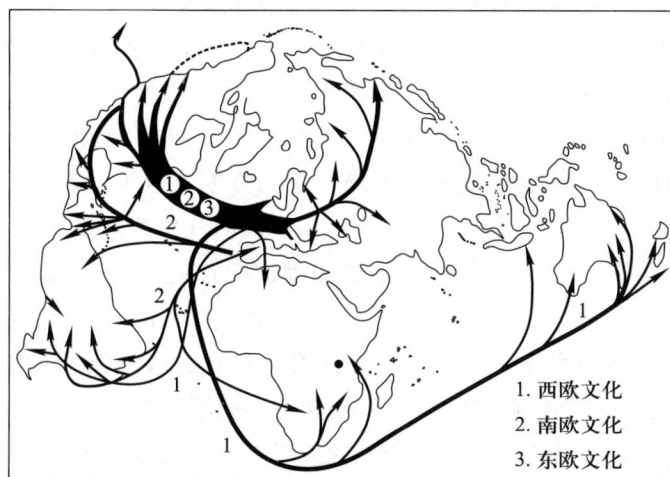

图 3.3.3　近代欧洲文化的传播

从接受方面看,文明的扩散要突破两个障碍阻隔:

(1) **地理障碍**　历史上大的文明区域往往都是被高山、海洋、沙漠等自然障碍阻隔。以中国为中心的东亚文明区就是以喜马拉雅山、太平洋、中亚、沙漠和北亚寒冷区等所限定的。尽管在电视广播已相当普及的今天,边远地区文明发展依然受到地理障碍的强烈限制。探求克服这些障碍,加速文明发展的方法和途径,乃是地理学文化、文明研究的重要任务。

(2) **社会心理障碍**　传统具有强大的惰性力,新的文明导入要受到传统文明观念的抵制,特别在历史悠久、传统观念很强的国家更是如此,即使在今天,传统的伊斯兰教文明、印度教文明对西方文明依然保持着相当的警戒心理。新文明的形成必然要经过长期的接触、冲突和融合过程。另外不同文化之间,价值观念、生活习俗存在着很大矛盾冲突也阻碍文化的扩散。如基督教的"原罪说"与传统儒教文化的"人之初性本善"就是明显对立的,中国人的敬祖、祭祖与基督教的敬主、礼拜也是有矛盾的。在饮食、禁忌、服饰、对世界人生的看法方面,不同文化不同民族不同宗教之间都有很大差异,甚至存在尖锐冲突,这些都影响到文化的扩散。

2. 文化迁移与环境

文化的迁移是指文化从一地移向另一地,在空间上的变迁。文明迁移的形式很多,简单归结起来有两大类:

一是扩散性迁移,即文化在其源地依然存在,同时又由于种族或民族的部分移动而迁移到异地。如 16 世纪非洲的黑人被欧洲人强迫迁往美洲,将黑人文化带入美洲。地理大发现以后英国人、法国人大量涌入美洲,严重冲击了土著的印第安人的文化。西班牙、葡萄牙等拉丁语系的西欧早期航海国家的人于 16—17 世纪大量涌入中美洲和南美洲,拉丁语文化扩展开来,使原来的玛雅文化迅速衰退。这种迁移多是由于生产力发达的民族对新环境、新资源的发现引起的,同时伴随着尖锐的文化冲突和民族冲突。

二是移动性迁移,即由于自然资源的枯竭,更具体地说主要表现为土壤资源、水资源的枯竭,人类丧失基本的生活资料来源,从而迫使文化从一地迁移到另一地。源地的文化或者荡然无存,或者基本衰败。资源枯竭、环境恶化是文化迁移最重要最根本和最后的原因。这种自然资源枯竭所造成的迁移有自然的原因,也有人为的原因。从自然原因来看,全新世的大西洋期,即距今 5 000 年前后,约公元前 3000—前 2000 年间全球气候比较温暖湿润,世界主要文明如埃及文明、印度文明、中国文明、古希腊文明都发祥于这一时期,此后大约在公元前 3 000 年,世界各地不同时间不同程度出现寒冷干燥的亚北方期气候,尤以中纬度内陆变化较为明显,致使环境恶劣,引起一些民族迁居。但是,一万年来的气候变迁充其量年平均温度变幅为 3～5 ℃,缩小到千年范围变幅仅 1 ℃左右,干湿程度的变迁定量研究较少,总的看变化幅度也不大,森林与草原的界线,草原与荒漠的界线,基本形势没有大的变化,仅在相互交界地有伸展和缩小的局部变动。文明迁移的最根本原因是人类自身对自然资源的破坏。在气候条件没有大的变化的前提下,生物的自然选择法则主要表现在与土壤的关系上,任何生物如果其生存促使土壤破坏,或不能有助于抑制土壤的侵蚀过程,那么它将无法长期生存在日益破坏的表土上。这一法则对人类来说也完全适用。追溯各类古代文明,大体走过这样一条道路,即在比较优越又易于开发的环境中产生,这些环境一般都是大河灌溉的较肥沃的土壤,随着文明的发展,表土不断破坏,生产力低下,迫使文明不得不放弃原来的土地,迁居于新的土地。有人曾经这样勾画历史的轮廓:"文明人跨越过的地球表面,在他们的足迹所过之处留下一片荒漠。"这话虽有些夸张,但并非凭空而言。

美国学者弗·卡特(V. Carter)、汤姆·戴尔(T. Dale)认为:"最近 6 000 年以来的历史记载表明:除少数例外情况,文明人从未能在一个地区内持续文明进步长达 30～60 代人以上(即 800～2 000 年)……文明人主宰环境的优势仅仅只持续几代人,他们的文明在一个相当优越的环境中经过几个世纪的成长与进步之后就迅速地衰落、覆灭下去,不得不转向新的土地(卡特、戴尔,1987)。"古代文明发源地之一地中海地区,叙利亚、黎巴嫩、巴勒斯坦、克里特、突尼斯、阿尔及利亚、西班牙、意大利、西西里、南斯拉夫、希腊、土耳其都曾一度是世界上最繁荣进步的地区。如今这些国家和地区中没有一个能够继续保持繁荣,只有几个国家(西班牙、意大利等)还算是比较发达的地区,大多数都堕为 20 世纪世界上的落后地区。它们中的许多国家现在的人口仅为先前人口的一半或 1/3,与那些在新土地(如西欧)上建立的文明相比落后多了。其根本原因在于这里气候本来就比较干旱、土地多是易侵蚀的坡地,自然平衡很脆弱,加之人类对山坡植被、森林、草地的破坏,表土逐渐侵蚀丧失了农业生产力,使那些曾经具有繁荣农业并且哺养着许多城市的沿海国家,今天变成只能养不多几群山羊,加上寥寥无几的半游牧部落。北非大部分地区今天的景象是一片荒芜,只有稀疏的草地和小群的山羊、绵羊。1938年,水土保持专家路德米尔克报告说:"北非北部密布着令人吃惊的人口稠密而富饶的城市与成千个村庄,以及罗马纪元的各种工程的建筑的废墟……这些城市建在交通路口,沿着广大农业地区的南部边缘,当年主要用于种植粮食和橄榄。"在美索不达米亚平原上存在着靠幼发拉底和底格里斯两河的流水和夹带的淤泥维持的文明,古代巴比伦人年复一年挖掘灌渠,将挖出的淤泥堆积成山,灌渠不断挖掘不断废弃,淤泥垫的河床越来越高、河流不断改道、土层越来越薄,到公元前 300 年,马其顿征服者建立了色雷斯王国,他们认为:新建一个首都要比旧都恢复活力容易。于是在巴比伦城北几英里处的色雷斯建立了新的首都,这样巴比伦这一历经 2 000多年兴衰的古城,最终湮灭消失、荡然无存,流沙很快地覆盖了人们的历史创造。中国丝绸之路上的楼兰古城也是由于水源的破坏而衰废(图 3.3.4)。

图 3.3.4　楼兰古城遗迹

总之,人类的古代文明一直遵循这样的模式发展着:在条件优越便于开发之地首先发展起来,经过数十代人开发,土地生产力衰竭,再将文明转向新的土地。从世界范围来看,人类文明发源于草原、森林草原地区的灌溉条件好的地区,现在看来这些文明发源地普遍落后,文明转向森林地带、湿润地带,但并不能保证这些文明不会出现新的衰退,只要不彻底摒弃破坏自然的不合理生产方式,上述模式依然会在湿润地区重演。20 世纪后半期,世界经济一体化,联系越来越紧密,人类对自然的依赖越来越全球化了。在古代当文明依赖的自然资源衰竭时,尚可能转向新的土地,如今这种机会越来越少了,人类无法像古代那样将文明从一地迁至一地,等到地球糟蹋得不可居住时,再不会有新土地迎接文明的迁移和复兴,所以现代社会文明与环境的关系变得极为严峻了。

(四) 生态文化

1. 生态文化的概念

所谓生态文化就是自然环境影响下的特色文化。生态文化区即指自然环境影响下的特色文化地域。生态文化包括诸多方面,如自然环境影响下的物质文化,主要是第一性生产(农、林、牧、渔业)生产形式、传统工艺、作物、畜牧产品、初级制成品、建筑等;行为文化即饮食文化、服饰文化、居住文化、生活习俗、礼仪方式等;精神文化即文学艺术风格、宗教信仰的特征等,构成地域整体的文化景观和氛围,在现代文化的大背景下,各自然地域具有各自不同的特色。关于这些特色的研究对国家区域、民族政策的制定,文化建设,文化旅游、生态旅游资源的开发,国民文化素质教育具有重要意义。20 世纪 60 年代末日本 NHK 广播了日本"照叶林文化"专集,同时出版了专题著作,连续再版 11 次,引起日本社会强烈反响,受到民众广泛关注。其后日本地理学家青木荣一又发表了"蒙古栎文化"(或称落叶林文化),探讨了北海道、本州岛北部及中南部山区的生态文化特色。类似自然条件下不同地域的文化特色比较,对认识文化起源、生态条件的文化响应、文化对比研究有很大的启示意义。例如中国云南的许多生产习惯、生活民俗与日本有许多相似之处,引起了日本学者对其民族起源的思考。

2. 中国生态文化区

根据生态文化特性可以把中国划分成如下十个生态文化区(图 3.3.5)。

图 3.3.5　中国生态文化区

(白光润,2008)

(1) **东北黑土文化区**　此区位于中国东北大小兴安岭、长白山地、东北大平原和辽南丘陵地带。这里包括山地林区和平原-丘陵农业区两部分。山区、林区主要分布于大小兴安岭和长白山地,属寒温带针叶、针阔混交林区,土壤为森林灰化土、棕色森林土。夏短冬长,漫长的冬季是一片林海雪原的景观。这里居住着鄂伦春、赫哲、鄂温克、满等少数民族,其生产方式主要以采集、渔猎、林业为主。"高高的兴安岭一片大森林,森林住着勇敢的鄂伦春。一呀一匹猎马,一呀一杆枪,獐狍野鹿满山满岭打呀打不尽"这句歌词是这种采集渔猎生活的很好的写照。饮食除一般谷物外以野味、鱼类和野生植物为主,医药用野生动植物为材料的天然药物,服饰以兽皮为材料缝制,如狗皮、狍皮、狐皮、鹿皮等,赫哲人还独有用鱼皮缝制衣物的习惯,用野生草类和兽皮御寒。东北三宝"人参、貂皮、乌拉草"表现这种采集渔猎文化的特色。居住方式是适应渔猎生活需要的简易移动式生活空间。如鄂伦春人的"仙人柱"(用木杆和桦树皮、兽皮搭成的锥形住屋,图 3.3.6)、鄂温克族的"希楞柱"、赫哲人的"撮罗安口"(与仙人柱类似的木架锥形房)和林区的井干式木垒固定民居(图 3.3.7)等。信山神,拜图腾(如鄂伦春人以狼为图腾),半神半巫的原始宗教萨满教对中国东北乃至河北、内蒙古地区的民俗都产生广泛而深远的影响。一年一度的哈尔滨冰雪节正是发掘冰猎文化的自然底蕴,因而获得了成功。

图 3.3.6　仙人柱

图 3.3.7　井干式木垒固定民居

　　平原-丘陵农业文化区位于东北中部,松花江的冲积平原和辽南丘陵。东北大平原原始植被是森林草原,寒温带气候,土壤是黑钙土。辽南丘陵是温带阔叶林。这里是汉族和满族、朝鲜族等东北少数民族混居的地区,以农耕为主。"我的家住在东北松花江上,那里有森林煤矿,还有那漫山遍野的大豆高粱"这段歌词生动地勾画出这里的自然人文景观。饮食以杂粮为主,服装以棉皮为材料,样式是满汉相杂的形式。住屋在东部湿润地区为双斜坡顶的泥草房或泥瓦房,汉族与朝鲜族外观上略有区别,朝鲜族多为白墙和稻草屋顶(图 3.3.8),山区的汉族多为泥墙和乌拉草屋顶,西部的汉族为碱土平房(图 3.3.9)。室内防寒的火炕、火墙、火地是其突出特色。信仰既有原始宗教萨满教又有传统的道教、佛教等。民间文艺是泼辣的东北二人转,自然景观是一片广袤的黑土沃野和丘陵景观,因而有人又称之为黑土文化。

图 3.3.8　东北朝鲜族民居

图 3.3.9　东北西部的碱土平房

（2）**华北平原文化区**　此区位于河北、山东、北京、天津、河南、皖北、苏北等地。该区是温带阔叶林地带,生产文化以苹果、梨、栗、柿等林果业和麦作农业为代表。饮食以面食为主,服装以棉织品为材料,是汉族聚居区,京、津一带伴有满族和西部畜牧文化的影响。民居是方整的院落机构,相杂的形式。东部湿润地区住宅为双斜坡顶的泥草房或泥瓦房,有明显的儒家文化的色彩(四合院、三合院等,见图 3.3.10),该区古代是燕赵齐鲁大地,是孔子的故乡,是儒家文化影响最深的地区,讲礼仪,重秩序。评剧是主要地方文艺形式,京剧有广泛影响。

（3）**黄土高原文化区**　此区位于山西、陕西、宁夏,以及甘肃的东部。是温带半干旱农牧交错地带。牧业和麦作农业混杂。饮食以面食、肉食为主。汉-回族杂居。传统民居为黄土窑洞单斜式民居 。宗教以佛教、伊斯兰教两大宗教为主。地方戏曲以秦腔、晋剧最有影响。这里是中华民族的发祥地,具有深厚的文化底蕴。

（4）**内蒙古草原文化区**　此区位于东北西部、内蒙古大部、甘肃的西部和青海的东北部。是温带干旱草原地带,土壤为荒漠土和栗钙土。生产文化以牧业为主,饮食以肉、奶、面为主,最早居住者以蒙古族为主。蒙古袍、蒙古包分别是其服饰和居住特色(图 3.3.11)。主要信仰藏传佛教。大自然是"天苍苍,野茫茫,风吹草低见牛羊"的广袤的草原景观。马头琴、那达慕是其娱乐文化的风景线。

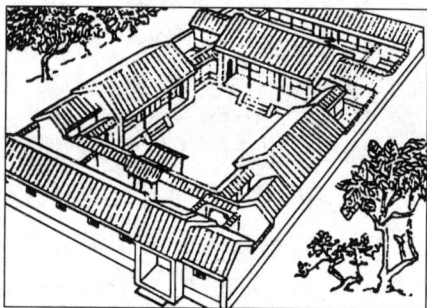

图 3.3.10　四合院

图 3.3.11　蒙古包

（5）**新疆荒漠-绿洲文化区**　此区位于新疆维吾尔自治区和甘肃、青海西部,是温带荒漠地区。雪山-戈壁-绿洲构成其自然景观特色。生产文化以牧业和绿洲农果业为主。丰富的热量资源使其农产品以甘甜水果和优质棉花而著称。饮食以肉、奶、面为主,是以维吾尔族为主的西部畜牧民族聚集的地区。多彩的民族服装如花帽、哈萨克的毡房、南疆的阿以旺(木梁、土坯、层次错落的院落,见图 3.3.12)、附设凉房通风的吐鲁番民宅、清真寺、欢快的民族歌舞,构成这里特异的西域文化景观。

（6）**青藏高原文化区**　此区位于西藏自治区、青海省的南部和四川的西部。气温低,温差大,日照长,辐射强,地势高,一派高寒景观。生产文化以青稞的种植业和藏绵羊、牦牛的畜牧业为主。饮食以糌粑、酥油茶、青稞酒、牦牛奶为特色,石砌方整的藏族民居(图 3.3.13)和白墙、红楼、金顶的寺庙,适应温差大的气候特点的掉袖藏袍,横纹多彩藏民女装,高亢嘹亮的高原民歌和五体投地的宗教礼拜,构成了"世界屋脊"神秘而美丽的文化色彩。

图 3.3.12　新疆"阿以旺"

图 3.3.13　西藏民居——碉房

（7）**四川盆地文化区**　此区位于四川省中东部。这里属亚热带湿润季风气候，多阴雨，多山地，虽然气候上与江南各省接近，但由于地形原因，交通不便，相对形成较独特的文化地理区域，有人称为蜀文化。生产文化以稻、麦种植业为主，饮食文化独具特色，以麻、辣著称，川菜在全国、甚至世界都享有名气。四川盆地自古以来就是人口密集的地方，人与土地、与自然关系紧张，生存条件严峻，四川人素有特别能吃苦、能奋斗的精神，川剧与四川人的气质、四川的饮食一样，表现出泼辣的风格。盆地中央的成都平原经济发达、农业生产条件好，素有"天府之国"之称，形成独特的城市休闲文化。茶馆、小吃、摆龙门阵成为特色文化景观。

（8）**云贵高原文化区**　此区位于云南、贵州和广西的西北部。这里多高山峡谷，石灰岩地貌广泛发育，是少数民族聚集的地区。自然环境的多样性，促成生物的多样性，也促成文化多样性。热量资源丰富的亚热带与高山高原的地形及石灰岩地层结合，使这里形成特殊的水和空气环境，烟草、酒、茶在全国饮食文化中别具特色。西双版纳、贵州山区的竹楼，昆明的"一颗印"民居（方整得像一枚印章），以及白族的雕彩丰富的封闭民宅等多样的民居，多彩的民族服装，民族歌舞构成了绚丽的文化景观。

（9）**江南水乡文化区**　此区位于湖南、湖北、浙江、上海、江西、苏南、皖南、粤北、桂北等地。这里地处亚热带湿润平原、丘陵、盆地地带。生产文化以稻、橘、茶、桑、漆、蔗、竹为特色，是汉族聚集的农耕文化地区。具有江南水乡的自然文化风貌，以米食、菜蔬为主，佛、道教广为传播，对河、海、土地存在广泛的民间的自然崇拜，评弹、越剧等地方戏曲和工艺制作品都具有细腻流畅、精致细巧的风格。

（10）**华南妈祖文化区**　此区位于福建、广东、广西南部、海南岛和台湾省。大部属热带季雨林地区，有干湿两季。生产文化为三季稻作和荔枝、香蕉、橡胶、椰子等热带林果业。该区是汉族、黎族、高山族集居区。米食为主，原始民居为通风的竹楼（图 3.3.14），信仰、生产与海洋关系密切，除传统宗教外，该区民众对海洋崇拜，即所谓妈祖文化。此外，该区民众对风水、对祖先特别崇拜。

图 3.3.14　竹楼

三、 文化整合

（一）现代文化与传统文化

现代文化是指工业革命以后形成的具有世界性普遍意义的文化。它具有如下一些特点。其一，形成时间短，只有二三百年的历史，与传统文化相比具有新鲜性，是时代的文化。其二，影响地域广阔，遍及全球，具有强大的影响力，虽然无可否认西欧文化在其中具有强烈的影响，但它也继承和吸收各民族文化的精髓，与传统文化相比具有普遍性和包容性。其三，传播速度快，借助广播、电视、媒体、网络等现代媒体，迅速传播，多以流行的形式迅速波及、迅速更新，无论饮食、服饰、居住，还是艺术的形式和韵律都比较简约，符合现代生活节奏，与传统文化相比具有便捷性。

传统文化是在长期历史积淀中形成的文化。它是在历史隔绝状态下形成的，具有鲜明的民族性、地方性和民间性。在现代技术条件下传统文化也在迅速向其他地区影响、扩散，由于它与现代文化相比毕竟是以往社会历史条件下的产物，与现代生活尚有不协调之处，一般地说不以流行的形式传播、扩散。

（二）文化整合的因素与过程

所谓文化整合就是在现代文化的背景下，地域文化、民族文化在互相接触交流的过程中，互相融合和吸收，形成新文化的过程。如中国各民族共同生活在祖国大家庭中，通过长期交流合作和相互影响，形成共同的中华民族的整体文化。世界各国人民通过经济、技术、文化交流，彼此互相学习借鉴，文化的趋同性增加，服饰、习惯、行为方式、价值观接近，也是一种文化整合。文化整合是自然的历史的过程。它带有必然性，任何新文化的进步都是融合吸收其他文化摒弃落后过时文化的吐故纳新过程。

文化整合与文化同化不同，后者是一种文化代替另一种文化的过程。例如第二次世界大战期间，日本帝国主义侵略中国东北、台湾，强迫儿童从小学就学日语，强迫人民信奉他们的神道教，供奉所谓"天照大神"，实行奴化教育，企图让当地人接受他们的文化，放弃自己原来的文化。当然有的时候文化同化也并不一定是强迫的，如数量很少的民族长期生活在具有强势文化民族的汪洋大海之中，渐渐地失去本民族文化的独特性，完全融入其他民族的文化之中，也是一种同化的表现。

1. 文化整合的因素

（1）**生态因素**　自然环境是文化形成的物质基础，对生产文化特别是第一产业有着决定性的影响，对生活文化如饮食、服饰、居住都有重要影响。在同一自然背景下，不同文化的整合方向受生态条件制约。中国历史上北方的游牧民族和南方农耕民族多次在黄河流域交错移动，当汉民族迁移到牧区时，就把农耕文化带到牧区，结果造成草原的破坏，生产力下降，而不得不渐渐地接受畜牧文化。同样，北方游牧民族南下到中原和江南，在农耕文化环境中，善于骑射的本领亦无用武之地。清朝进关以后，分给旗人的土地，多被荒芜掉，但后来也渐渐学做农耕，接受中原文化。从公元 5 世纪南北朝时期，塔里木盆地和吐鲁番盆地的各族人民就信仰佛教,这不仅有大量考古证据,还有大量历史文献可佐证。例如晋代高僧法显和唐代高僧玄奘在他们的旅行记《法显传》《大唐西域记》中,对古代西北边疆崇拜佛教的盛况有生动而详细的记载。从 10 世纪开始经历了数百年的漫长过程,维吾尔人民逐渐皈依伊斯兰教。这可能与诸多因素有关,但其中与佛教的教规中禁荤食同干旱的牧业文化的尖锐冲突不无关系。西藏、内蒙古信仰允许吃荤的藏传佛教也与干旱、寒冷的草原和高原环境有关。北方的食文化以面食为主,与干旱半干旱寒冷的气候有关,南方的食文化以米为主也与潮湿温暖的气候有关。

从全世界范围看,畜牧地区的宗教教规都不禁止吃荤,伊斯兰教、基督教主要产生于这样的地区,而种植农业地区的宗教教规,如佛教等就有禁吃荤的规定,因为它有实行这种教规的物质环境保证。文化的融合必须与环境相适应,这恐怕是文化整合的一个基本原理。从一定意义上讲,是自然的多样性决定了文化的多样性。

(2) **社会因素**　不言而喻,文化整合与社会政治经济因素有密切关系。国家推行各民族平等的政策就有利于新文化的多样性、综合性发展;反之则会使文化趋于单一性,也不利于文化交流和相互吸收整合。近代西方文化在殖民地强行推行宗主国文化,其结果虽然对殖民地土著文化产生强烈影响,但也引起强烈的民族冲突,使原来的文化核化、特化,对外来文化产生强烈的排斥、抵制,不利于文化间交流和融合。美国的印第安人、澳大利亚的土著人虽然文化的影响范围大大缩小了,但退居于小范围内强烈地保持原有的传统,甚至对西方文化中先进的部分也拒绝吸收。经济发展,传媒技术随之发达,加快文化整合速度。经济发展,生活水平提高,文化素质提高,也有利于促进文化整合,特别是接受现代文化的人多了,文化的融合交流增加,也促进文化整合。

(3) **文化自身素质因素**　时代文化、先进的文化具有强大的影响力,在文化整合中发挥巨大的作用,很容易普及、扩展。如唐代的中国文化在东亚产生强烈的影响,汉字、儒家思想影响到日本、越南、朝鲜等国,丝绸、瓷器、茶叶遍及世界。近代的西欧文化的影响也是世界性的,英语、西服、西方的科学技术也产生广泛的影响。所谓先进文化就是高度适合所在时代生产力发展,高度适合当代生活,与大多数人的价值观、审美观发展相一致的文化。先进文化不依民族、种族来绝对划分,而是指各民族文化中优秀的、合理的、符合时代要求的部分。如中国的旗袍本是满族的服装,但由于它适合中国人的普遍的审美观就成了现代中国的国服。男性的西服,就取代了各国的传统服装成为现代服饰。相反,无论哪个民族的服饰、礼仪,如果烦琐杂乱就必然被淘汰。新中国成立后推广普通话,号召少数民族学汉语,改革开放以后,中国人学英语,学西方管理经验,有些人民族感情或乡土感情上接受不了,这实际上是对文化整合不理解的表现。事实上人类的文化进步就是在与异文化交流融合中前进的,自己的精华要保留,外来的创新要吸收。西欧人进入美洲大陆以后,虽然其自身以优秀文化传播者自居,但并没有完全取代原来的印第安文化和玛雅文化,也一定程度吸收了本地文化,西班牙人穿着印第安人色调和式样的服装,甚至印第安人的语汇也进入了西班牙语。美国形成了有别于西欧文化的包括本地文化在内的多种文化融合的美国文化,中、南美洲也形成了有别于西欧文化的拉丁美洲文化。

(4) **民族迁移因素**　民族迁移是文化整合的重要因素。如前所述,美国文化、拉丁美洲文化、澳大利亚文化都与地理大发现以后的欧洲民族外迁有关;中国的南北文化融合与三次文化中心南移(陈正祥,1985)和两次少数民族统治中原有关,即公元316年永嘉之乱晋室南迁、公元755年唐安史之乱和公元1126年靖康之难,汉文化中心南迁,加速了南北文化的整合。元朝蒙古族、清朝满族统一中国的几百年间是南北文化,以及汉文化与少数民族文化大整合的时期。

(5) **时间因素**　文化整合是一个漫长的过程,需要几代人甚至几十代人的努力才能实现,不是一朝一夕的事情。企图通过一项政策、一部法令或一届政府、一个统治时期改变一个民族的文化或整合新文化都是不现实的。文化整合是长期对比选择、体验吸收、相互融合的过程。

2. 文化整合的过程

(1) **交流-选择**　文化整合是各种文化交流,经过长期比较体验,最后那些与环境相协调,给生产、生活带来便利,为大多数人的审美观所接受的东西成为整合后的共同的文化。如人类的民居文化就经过了这样的整合过程:

北方农耕民族:原始天然洞居→人工穴居半穴居→泥草屋→砖瓦民居→现代住宅

游牧民族:毡车、蒙古包等游牧不定居→砖瓦民居→现代住宅

南方民族:原始的巢居→竹楼→砖瓦民居→现代住宅

经过长期的选择,农业民族定居砖瓦民居成为共同的选择,到现代绝大部分牧民和渔民从不定居转向定居,有条件的过渡到现代住宅,这时虽然也会有装饰上的不同风格,但基本居住形式趋于相同。

(2) **综合-创新**　即指各种文化相互吸收融合形成新文化的过程,前文提到的美国文化、拉丁美洲文化的形成就是这种过程。

(3) **流行-沉淀**　现代文化中的流行文化虽然也是一种文化,但它并不都是长久的文化,很多都是过往即逝的文化现象,只有被人们认同并稳定接受下去文化才能整合到新文化之中,进而被保存、"遗传",渐渐地成为传统文化。例如清末民初简洁的制服曾流行一时,热潮过后被人们普遍接受下来,即成为习以为常的服装了。

(4) **综合性-多样性**　文化整合的结果,是综合的,即吸收各种文化的精华,形成不同于以往文化的新文化。这种新文化有强大的生命力,普及力量很强。但这种新的文化也要异化,由于民族的、地域的、传统的、技术的因素影响,发生不同的特色分异,这些分异随着生产力和人类精神文化的进步又要发展新的整合。人类文化就是这样从多样性—综合性—多样性螺旋式上升的。所以文化的发展绝不是个性消灭的过程。比如居住文化,改革开放之初在城市里大批现代住宅的兴起,原来的各种形式传统民居随之消失,到处都是多层的火柴盒式的建筑,20世纪90年代以后,住宅的多样性明显增加了,高层住宅、别墅……装饰各异、风格不同的各式住宅涌现出来了。再过些年可能多样性中会有一些不符合时代要求的东西被淘汰掉,出现更高的审美价值或更科学更舒适的居住形式,又出现新的综合。所以文化整合从根本上说不是地方性、民族性被消灭的过程,而是地方性发展进化的过程,更高水平的多样性、丰富性发展的过程。就中国来说,文化整合的趋势既是中华民族文化整体性、凝聚力加强的过程,又是各民族文化充分发展提高的过程。

(三) 世界文化区

文明的产生、发展、传播和扩散都与地理环境有着亲密关系,正是由于地理障碍使文化在

相当长的历史阶段中局限于一定的空间范围。在地理大发现之前,在欧亚非三洲居住的人对美洲、大洋洲、南极洲几乎一无所知,没有文化交流,东方文化与欧洲文化也联系甚少,文化的分布在一定空间范围内是连续的,形成稳定的分布区(圈)。美国学者柯达尔(H. M. Kendall, 1976)认为:"文化区是一组相类似的,内部又相互联系的文化占主导地位的区域,这些文化通常具有许多共同因素,特别是语言和宗教。"文化区的划分一般以文化源为中心,以民族为单位,以宗教相联系的区域。可分为若干不同的级别。世界上许多文化人类学家对文化区(又称文明圈)的划分提出各种不同意见。英国学者汤因比(A. J. Toynbee)将人类文化分为 8 类 21 种,即埃及文化、两河流域文化、波斯-阿拉伯文化、印度文化、中国文化(中国、日本、朝鲜、越南)、西方文化(古希腊、古罗马、近代欧美)、安第斯文化和玛雅文化。

美国学者 W. 捷林思科将世界文化划分 15 个文化圈(表 3.3.2)。

表 3.3.2　W. 捷林思科世界文化圈

1. 欧洲文化圈	a. 西欧 b. 东欧 c. 南欧
2. 伊斯兰文化圈	a. 西南亚伊斯兰 b. 北非伊斯兰 c. 埃及 d. 埃塞俄比亚、索马里 e. 撒哈拉 f. 西苏丹 g. 东苏丹
3. 尼格罗黑种人文化圈	a. 几内亚海岸 b. 刚果 c. 东非和木萨米什-纳米布地区
4. 科伊桑文化圈*	a. 布须曼 b. 霍屯督
5. 高加索文化圈	
6. 北极周围文化圈	a. 北极海岸 b. 西伯利亚地区 c. 旧西伯利亚地区
7. 中亚文化圈	
8. 中国文化圈	a. 中国 b. 朝鲜 c. 日本 d. 越南
9. 印度文化圈	a. 印度 b. 缅甸 c. 泰国 d. 柬埔寨
10. 东南亚高地文化圈	
11. 大洋文化圈	a. 印尼 b. 巴布亚 c. 美拉尼西亚 d. 波利尼西亚 e. 密克罗尼西亚
12. 澳大利亚文化圈	
13. 北美文化圈	a. 西北海岸 b. 亚北极 c. 加利福尼亚大盆地 d. 东部玉米带 e. 南方
14. 中美文化圈	a. 墨西哥及中美 b. 西南部
15. 南美文化圈	a. 蒂布恰地区 b. 加勒比地区 c. 安第斯地区 d. 亚马孙地区 e. 东巴西地区 f. 阿罗肯尼亚 g. 查科地区 h. 巴塔哥尼亚 I. 火地岛地区
*科伊桑文化圈在非洲南部、东南端	

柯达尔将世界划分为 6 大文化区。

(1) **西方文化区**　拉丁文化区、斯拉夫文化区、日耳曼文化区的总和,下分亚区。西北欧亚区:包括不列颠岛屿、比利时、荷兰、卢森堡、德国、瑞士、法国、斯堪的纳维亚半岛、美国、加拿大、南非、澳大利亚、新西兰。本区信仰基督教新教和罗马天主教,世界主要发达国家集中在这里,文明发展程度高。地中海亚区:包括西班牙、葡萄牙、意大利、希腊、塞浦路斯、以色列、拉丁美洲。信仰天主教、东正教、犹太教,使用拉丁语和希腊语,文化艺术发达,多为早期文明发祥地。中欧亚区：包括巴尔干半岛和部分斯拉夫文化国家，即匈牙利、保加利亚、罗马尼亚、捷克、波兰、前南斯拉夫各国等。信仰天主教和东正教，多使用斯拉夫语。苏联亚区：即当时的苏联版图内的国家，使用斯拉夫语，信奉东正教。

（2）**伊斯兰文化区**　主要分布在东半球干旱地区，北非、中东、阿拉伯半岛、中亚，即土耳其、埃及、突尼斯、摩洛哥、沙特阿拉伯、约旦、科威特、巴勒斯坦、阿拉伯联合酋长国、巴基斯坦、伊朗、伊拉克等国。主要使用阿拉伯语，信奉伊斯兰教。

（3）**印度文化区**　主要分布在南亚，即印度、斯里兰卡、尼泊尔、孟加拉国等国。信仰印度教、锡克教、大乘佛教等多种宗教，语言种类多，受印度文化影响深刻。

（4）**东亚文化区**　分布在东亚，受中国文化影响深刻。包括中国、日本、朝鲜半岛、蒙古等。佛教、儒家文化影响深。

（5）**东南亚文化区**　分布在中南半岛和马来群岛，主要有缅甸、泰国、马来西亚、新加坡、印度尼西亚、菲律宾等国家。语言、宗教多样，受中国文化、佛教文化、伊斯兰文化、欧美文化多重影响。

（6）**非洲文化区**　分布在中非、南部非洲（除南非共和国以外），语言复杂，以尼日利亚-刚果语系和科伊桑语系为主，宗教多样，多信仰原始宗教，黑种人占绝大多数。

概括各种各类学者的看法，从文化源地和民族、宗教意识形态出发，大体可以将世界文化分为8个文化圈（图3.3.15），即西方文化圈（分3个区）、拉丁美洲文化圈、东亚文化圈、印度文化圈、东南亚文化圈、伊斯兰文化圈、非洲黑人文化圈、大洋土著文化圈。

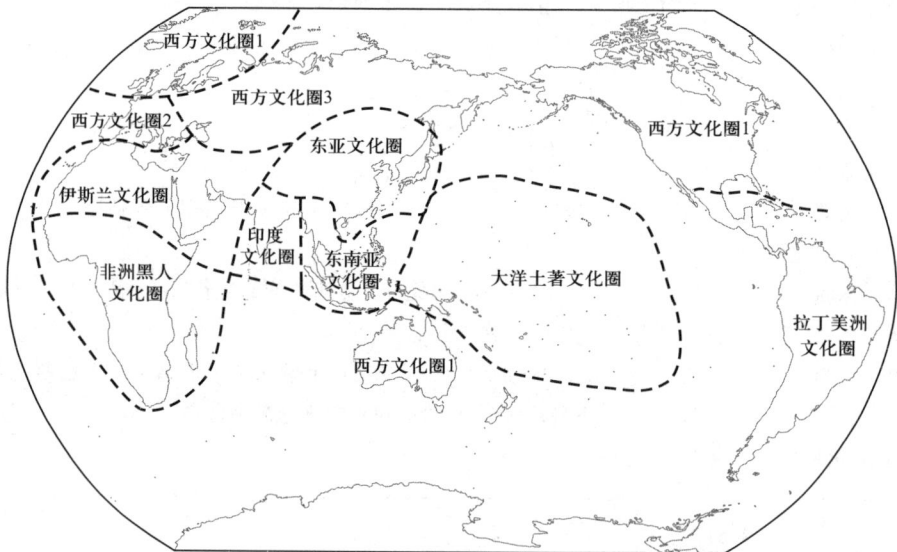

图3.3.15　文化圈分布图

（1）**西方文化圈**　指地中海以西的欧洲国家的基督教文化，包括后来的由其本土移民为主导的殖民地独立的国家。更为具体可以划分为：新教文化区（西方文化圈1）、天主教文化区（西方文化圈2）、东正教文化区（西方文化圈3）。**新教文化区**包括：德国、丹麦、瑞典、挪威、英国等西北欧国家，以及美国、加拿大、澳大利亚、新西兰等国家。**天主教文化区**：包括西、南欧国家,即意大利、法国、西班牙、葡萄牙、爱尔兰等国。**东正教文化区**又称斯拉夫文化区,包括俄罗斯和其他独联体国家、中欧国家。

　　(2) **拉丁美洲文化圈**　包括拉丁美洲国家。该文化圈内的文化是原来欧洲拉丁语国家(西班牙、葡萄牙、法国等)的文化与当地文化结合的产物。

　　(3) **东亚文化圈**　包括东亚的中国、蒙古、日本、朝鲜、韩国及东南亚的越南。这里中国儒家文化影响巨大,佛教也有较大影响,与各国、各地区自身文化结合形成东亚的特色文化。

　　(4) **印度文化圈**　包括印度、斯里兰卡、尼泊尔等国,受印度文化深刻的影响。

　　(5) **东南亚文化圈**　分布在中南半岛和马来群岛,主要有缅甸、泰国、马来西亚、新加坡、印度尼西亚、菲律宾等国家。语言、宗教多样,受中国儒家文化、佛教文化、伊斯兰文化、基督教文化的多重影响。

　　(6) **伊斯兰文化圈**　主要分布于北非、阿拉伯半岛、中亚地区。

　　(7) **非洲黑人文化圈**　主要是中南非,以黑种人为主,信奉各种原始宗教。

　　(8) **大洋土著文化圈**　包括澳大利亚、新西兰、印度尼西亚以外的太平洋岛国的土著民族,多信奉原始宗教。

　　在同一文化区中,种族民族亲缘关系接近,语言文字、生活习惯、宗教信仰、思想观念都有相似之处,有共同的渊源和紧密的联系。就是在现代文化相当普及的今天,文化区也依然保持其鲜明的特色,对现代文化建设仍然有其重要意义。

讨论

1. 辨析下列术语:文化、文明、文化景观、文化生态、生态文化。
2. 为什么最初的社会文明产生于草原、森林草原的比较干旱的环境?
3. 试论文化多样性的物质基础和价值意义。
4. 文化整合与同化有何不同?
5. 区域文化研究有何意义?
6. 为什么既要发展现代文化又要保护传统文化?
7. 汉语方言为什么南方多北方少?

推荐读物

1. 赵荣,王恩涌,张小林,等.人文地理学[M].2 版.北京:高等教育出版社,2006.
2. 李旭旦.人文地理学论丛[M].北京:人民教育出版社,1986.
3. 张文奎.人文地理学概论[M].长春:东北师范大学出版社,1989.
4. 陈正祥.中国文化地理[M].北京:生活·读书·新知三联书店,1983.
5. 王恩涌.文化地理学导论[M].北京:高等教育出版社,1988.
6. 德芒戎.人文地理学问题[M].葛以德,译.北京:商务印书馆,1989.
7. 克朗.文化地理学[M].杨叔华,等译.南京:南京大学出版社,2003.
8. 周尚意,孔翔,朱竑.文化地理学[M].北京:高等教育出版社,2004.
9. 白光润.主要的古代文明发源地生态地理环境初探[J].东北师大学报(自然科学版),1991(4):99-102,112.

10. Chen F H，Welker F，Shen C C，et al. A late Middle Pleistocene Denisovan mandible from the Tibetan Plateau［J］. Nature，2019，569：409－412.

11. Zhang X L，Ha B B，Wang S J，et al. The earliest human occupation of the high-altitude Tibetan Plateau 40 thousand to 30 thousand years ago ［J］.Science，2018，362(6418)：1049－1051.

12. 张东菊，申旭科，成婷，等.青藏高原史前人类活动研究新进展［J］. 科学通报，2020，65(6)：475－482.

第 4 章
地理科学思想与方法

导课案例

　　随着互联网与移动电子设备的发展，位置信息不再像过去那样，只存在于地图上，被少数人掌握着。 也不仅仅是更"重要"的位置信息才会被记录，你、我、我们在这个无限扁平的时代既消费着信息又创造着信息。 这是一笔巨大的财富，而这笔巨大的财富，直到北斗系统出现，才真正被中国人掌握在自己手里。

　　1994 年，中国北斗一号系统工程正式立项。 2000 年，两颗北斗导航试验卫星先后成功发射并组成北斗一号系统，解决了我国卫星导航系统有无的问题。 2020 年 6 月 23 日，北斗三号最后一颗组网卫星在西昌卫星发射中心成功升空。 至此，北斗三号系统全球星座部署圆满完成，随即北斗三号全球卫星导航系统开通。 北斗卫星导航系统（简称 BDS）是中国自行研制的全球卫星导航系统，和美国 GPS、俄罗斯 GLONASS、欧盟 GALILEO 是联合国卫星导航委员会认定的供应商。 北斗三号系统在提供基本定位导航授时服务的基础上，还提供了国际搜救、星基增强、精密单点定位、地基增强、区域大容量短报文、全球短报文等特色服务。

　　北斗卫星导航系统已全面服务中国交通运输、公共安全、救灾减灾、农林牧渔、城市治理等行业，融入电力、金融、通信等国家核心基础设施建设，提供基于地理位置的信息服务。 例如，2020 年 7 月，湖北省石门县南北镇潘坪村雷家山发生大型山体滑坡，塌方山体达到 300 万 m^3。 幸运的是，基于北斗卫星导航系统的灾害监测系统成功提前监测到此次地质灾害隐患并发出预警，当地及时组织人员疏散，此次灾害并未造成人员伤亡。 目前江苏、贵州、广西、四川等地纷纷建立了基于北斗卫星导航系统的灾害监测系统，助力防灾减灾，北斗卫星导航系统成为灾害预警的"高频"科技利器。

　　再如，在 2013 年启动的第一次全国地理国情普查中，四川省就运用了北斗卫星导航系统开展相关的普查工作。 2013—2015 年，完成了全省数字正射影像生产、地理国情普查信息数据采集、标准时点采集、数据建库等工作，全面厘清了四川省 48.6 万 km^2 范围内地表自然和人文地理要素的现状和空间分布情况，绘制了首张地理国情图。 2017 年 9 月，四川省第一次全国地理国情普查成果通过四川省第一次全国地理国情普查领导小组全体会议审议。 本次普查的特点是"全覆盖、全要素、高精度"，而能实现这种地毯式"大扫描"，中国自主研发的北斗卫星导航系统发挥了重要作用。 普查中采用的基于北斗卫星导航系统的位置服务系统，其定位精度可达厘米级，甚至毫米级。 如此高的精度比平常使用的地图导航内容要多得多，为政府的科学规划和决策提供了重要的参考依据。

地理学是一门既古老又年轻的科学，在长期的发展过程中积累了丰富的思想理论和研究方法。 从以上案例也不难看出，包括对地观测技术、北斗卫星导航系统在内的信息技术进步对地理学产生深远影响。 随着地理信息技术发展与研究方法变革，新时期的地理学正在向地理科学进行华丽转身，现代地理科学正日益成为高技术特别是现代信息技术支撑下的新型科学，不断走向从知识创造到学科发展再到社会决策的贯通。

北斗卫星导航系统组网卫星

任何科学都有自己的元理论问题，即关于学科自身的学问，有关科学史、科学对象、科学性质、科学分类、方法论、研究方法的学问。这些元理论问题对地理学来说，相比于其他学科更显得重要，因为地理科学兼有文理两栖，几乎与所有学科都发生关系，元理论关系到对地理科学主体性、独特性的认识，关系到学科发展建设。历来地理学的大家，如近代地理学的创始人洪堡（A. von Humboldt）、李特尔（C. Ritter），区域地理学家赫特纳（A. Hettner）、哈特向（R. Hartshorne）等都在元理论研究上卓有建树。学习这一章的主要目的在于认识地理科学的科学性质、方法论与其他科学的区别和联系，认识现代地理科学的突出特点，以利于更自觉、更科学地学习现代地理科学。

第 1 节 地理科学发展简史

学术界比较普遍地认为地理学分为三个阶段，即古代地理学阶段、近代地理学阶段和现代地理学阶段。古代地理学即指 19 世纪中期以前的地理学，基本上是资料收集和地理现象描述,人类的地理学认识散在于哲学、文学、历史学、政治学、数理科学之中,基本上没有形成独立的科学体系。近代地理学是指 19 世纪中叶到第二次世界大战结束,地理学形成了独立的科学体系,并分化为自然地理学和人文地理学两大科学领域。地理学从描述地理环境发展到解释地理环境和人地关系。现代地理学是指第二次世界大战以后的地理学,地理学已经进入现代科学技术体系,不断由地理学走向地理科学,已形成自然地理学、人文地理学和地理信息科学三大科学领域,向分析、预测地理环境和人地关系演化规律的方向发展。

一、古代地理学

古代地理学发展水平比较高的地域主要是古希腊和中国,古希腊地理学和中国地理学都为人类文明作出了重要贡献。

(一)西方古代地理学

1. 古希腊地理学

古希腊最早的地理记述出现于公元前 13—前 12 世纪的《荷马史诗》中,《荷马史诗》是指两部历史性长篇叙事诗《伊利亚特》和《奥德赛》。书中记述了远古时代的自然风光和探险经历,堪称西方最早的地理记述。

古希腊地理学最主要的贡献是对地球球体的发现,即所谓"地圆说"。公元前 6 世纪毕达哥拉斯(Pythagoras)制定了天体圆周运动的数学法则。公元前 5 世纪—前 4 世纪,两位伟大的希腊哲学家柏拉图(Plato,前 428—前 348)和亚里士多德(Aristotle,前 384—前 322)分别从演绎推理角度和实际观察角度提出地球是圆的看法,影响极为深远。柏拉图认为地球上一切可以观察到的事物只不过是理念的拙劣的摹象,一切可以观察到的事物都是从完美的客体退化下来的。他认为对称的形式是完美的属性之一,人类居住的地球应该是用最完美的形式创造的,所以一定是球形。亚里士多德则根据月食时地球的影子是圆的,人向北走的时候各种星辰的地平高度增加等事实判断地球是圆的。

古希腊地理学家除了"地圆说"的贡献外,对地球的数理性质的研究、气候带的研究也作出重要贡献。埃拉托色尼(Eratosthenes)利用地表两地的距离和太阳入射角的关系测定了地球的周长。当太阳直射西埃尼井(古希腊时代的塞恩城的一口枯井,塞恩城在今埃及阿斯旺附近)时,太阳光与亚历山大方尖塔的夹角与以地心为顶点的西埃尼井和亚历山大方尖塔的夹角相等,是圆周的 1/50,从而推定:地面这两地之间的距离的 50 倍即为地球的周长,测得的数值与实际地球周长仅相差 6/1 000(图 4.1.1)。亚里士多德提出地球五带(热带两侧对称分布温带、寒带)说,埃拉托色尼还为五带确定了纬度位置。在距今两千多年的古希腊,对地球的形状与大小能够有相当准确的认识,这是对科学的巨大贡献。

古希腊地理观对西方地理学也产生长远的错误的影响。它包括如下内容:认为地球居于宇宙中央,各种天体都围绕地球旋转的"地球中心说";认为可居住性是对赤道距离的函数,离赤道越近越炎热得难以居住,在热带皮肤会变黑,水会沸腾的"热带不可居住说";从陆地均衡分布角度出发,推测南方有广大的陆地的"南方大陆说"。

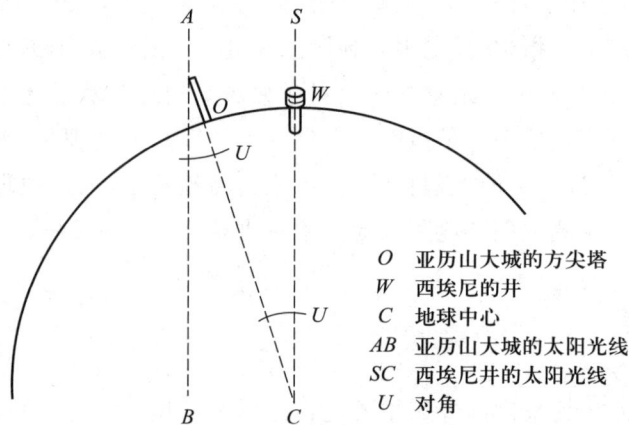

O   亚历山大城的方尖塔
W   西埃尼的井
C   地球中心
AB   亚历山大城的太阳光线
SC   西埃尼井的太阳光线
U   对角

图 4.1.1   埃拉托色尼对地球周长的测定

2. 西方中世纪地理学

进入中世纪以后,科学在神学的压抑下发展很慢,而且被歪曲和颠倒。基督教寺院的学者们,不去科学地考察分析地球,而是竭力把各种文献资料和发现的事实与《圣经》中的经典协调起来。虽然中世纪也有一些诸如十字军东征、马可波罗旅行等地理实践活动,但在理论上,在古希腊地理学基础上不但没有前进,反而后退了,一切都用上帝的创造和意志来解释,甚至地图也在原来基础上退化了(图 4.1.2),相当正确的已知海岸线划定也不见了,代之以纯属幻想的 T-O 图(图 4.1.3)。

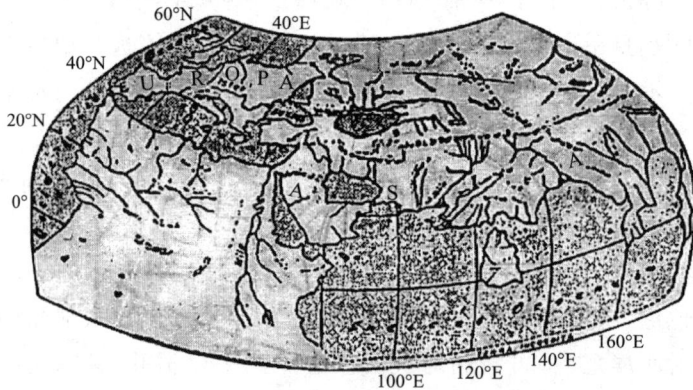

图 4.1.2   古希腊世界地图

3. 地理大发现

14—16 世纪欧洲发生两件大的事件对西方地理学推动很大,并为近代地理学的诞生创造了条件,这就是文艺复兴运动和地理大发现。文艺复兴运动起源于意大利,后扩大到英、法、德、荷等欧洲其他国家,在文学艺术上主张人文主义反对禁欲主义和僵化的宗教观,在科学上,主张尊重实践、尊重自然,是人类文化史上重要的思想解放运动。地理大发现是人类史上最伟大的地理实践活动。如果说前者为近代地理学大发展创造了思想基础,那么地理大发现则为近代地理学大发展创造实践基础。

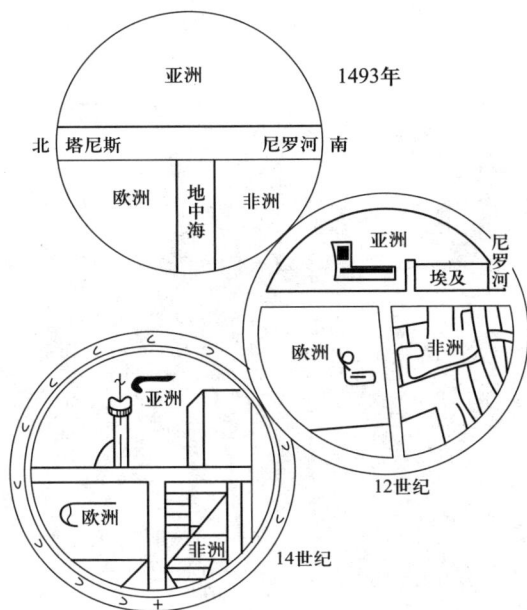

图 4.1.3　中世纪的 T-O 图

　　所谓"地理大发现",是指欧洲人对离之遥远的地方的发现。所谓"发现"是站在"欧洲中心"立场上的文化史家的看法。"地理大发现"的本来目的,一是出于传播基督教的热诚,二是对亚洲黄金、香料的渴求和以后转入贩卖非洲奴隶的需要。

　　(1) **航行热带心理障碍的突破**　大规模海上探险首先来自葡萄牙。其领导者是葡萄牙国王的第三个儿子亨利(Henry)王子。1418 年他在葡萄牙拉古什港附近的圣文森特角上的萨格里什创设了世界第一个地理研究院,规划海上探险。开始,由于受到古希腊"热带不可居住说"的影响,船员们对炎热的热带十分恐惧,甚至见到岸边的白色浪花就误以为是"沸水",而畏惧不前。后来经过反复努力,1434 年吉尔·埃安内(Gil Eannes)率领的船队绕过海岸在大洋中航行,到达 $26°7'N$ 以南的博哈多尔角,克服了热带人皮肤变黑、水沸的心理障碍,为后世的环球航行打下了基础。1441 年亨利王子的航队向南航行很远,找到了黄金,俘获了奴隶,轰动了欧洲。热衷航海冒险的时代在欧洲开始了。

　　(2) **美洲的发现**　美洲的发现与哥伦布的名字是分不开的。哥伦布(C. Columbus,1451—1506)是意大利人,相信地圆说,热衷于航海探险。1476 年移居葡萄牙,曾向葡萄牙国王建议探索通往东方的航线,未被采纳。1485 年又移居西班牙,其建议得到西班牙女王伊萨贝尔(Isabel I la Católica)的资助,于 1492 年 8 月率"圣玛丽亚"号等三艘船和水手 87 人从巴罗斯港出发向西航行,寻找其心目中的亚洲,10 月到达了巴哈马群岛,继而到古巴、海地等岛屿。次年返回巴罗斯港。他怡然自得,以为自己到达了亚洲的印度,称当地居民为"印第安人"(Indians),称加勒比海岛屿叫"西印度群岛"。以后哥伦布又 3 次(1493,1496,1502)率西班牙船队向西远航,在大西洋上历经千辛万苦,到达多米尼加、牙买加、特立尼达等加勒比海岛屿,并登上了南美洲大陆(图 4.1.4)。但他至死还认为自己到的是亚洲。他死后不久,一位叫亚美利加·韦斯普奇(Amerigo Vespucci)的意大利人才发现大西洋彼岸不是亚洲而是新的大陆,用他的教名将美洲命名为亚美利加（America）。美洲新大陆的发现无疑是人类历史上一座丰碑。

图 4.1.4　哥伦布登上加勒比海岛屿

自此以后,有了新大陆的繁荣和进步,世界政治、经济、文化地图发生了根本性的变化。这一切与哥伦布的名字是分不开的。为了纪念他,世界各地有很多以他的名字命名的地区和团体,仅美国就有 4 个叫"哥伦布"的城市。

（3）**绕过非洲通往东方航线的发现**　1497 年达·伽马（Vasco da Gama）率葡萄牙船队,避开强大的本格拉洋流和赤道以南沿岸的顶头风,在大西洋绕了一个大圈子,然后沿非洲西海岸绕过好望角、沿非洲东岸向北航行。经莫桑比克,穿过印度洋到达了印度（图 4.1.5）。从而发现了这一苏伊士运河开通前欧洲人去亚洲的唯一航道,共用了两年时间,损失了一半船只和 1/3 人员。他的冒险精神和英雄气概成为葡萄牙民族史诗《卢西塔尼亚人》的依据。这条航线发现以后,地中海、大西洋的欧洲文明与以印度、中国文明为代表的东方文明连接起来。人类彼此隔绝的时代基本结束了。

（4）**首次环球航行**　1519 年西班牙人费南多·麦哲伦（Fernando de Magallanes）率西班牙船队横渡大西洋,绕过南美洲后来以他名字命名的海峡（麦哲伦海峡）,驶入太平洋。在茫茫的太平洋长期航行中,船员患了坏血病,历经种种困难,麦哲伦本人也在与菲律宾土著人冲突中死亡。最后只剩 18 名水手穿过印度洋,绕过好望角,于 1522 年 4 月回到西班牙（图 4.1.5）。他们东行而西归,用事实证明了人类的故乡地球是圆球体。堪称人类对自己故乡的首次最伟大的全面观察。

（5）**世界地图的基本完成**　英国船长库克（Cook）1768 年、1772 年、1774 年三次远航,用南大洋航行的事实最终从地图上消除了古希腊地理学的南方大陆说（图 4.1.5）。他深入南大洋腹地,到过塔希提岛、新西兰、托雷斯海峡、夏威夷群岛,直达太平洋南部 71°10′S 处,仍未发现南方大陆。他带回了南半球为广阔海洋的第一个权威性报告。他用三次航行的亲身实践,

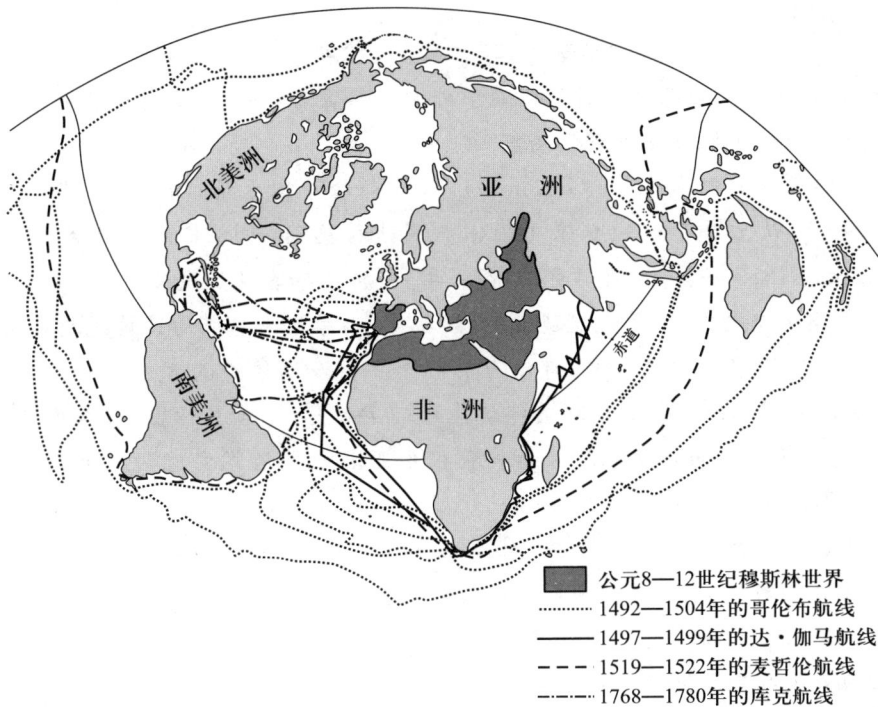

图 4.1.5　地理大发现时代

（詹姆斯，1982）

（巴塞洛缪的极地投影）

在以前探险家的基础上最后绘出了世界基本地图的主要轮廓。

　　应当说，地理大发现并不是人类对新大陆最早的发现，早在公元 10 世纪前后，斯堪的纳维亚半岛的维京人就曾跨越大西洋到达格陵兰岛、加拿大的拉布拉多半岛、美国的纽芬兰岛。另外还有中国人最早发现美洲的说法，以及印第安人从亚洲经白令海峡迁入美洲等说法。至于从欧洲绕非洲航线也不是最早的发现，早在公元前 600 年埃及法老就曾派腓尼基人船队完成；印度洋航线，早在公元前印度人、阿拉伯人就已完成。但是，地理大发现堪称人类史上最伟大的发现。它为工业革命和近现代人类社会经济发展提供了雄厚的资源基础和发展空间。对地理科学来说，它是人类最大规模的地理实践，推动了地理学一系列理论和方法的变革。

　　地理大发现证明了地球是圆的，也证实了地球上广大海洋的存在，弄清了海陆的基本轮廓，明确了地球的形状、大小和运动形式，搜集和积累了大量的海洋、生物、地质资料，引起了地理学界的新思考，使地理学有可能建立自己的理论体系，形成全球性的科学的理论思维。产生了行星风系理论、季风理论（埃德蒙·哈雷，1689）、均衡河谷学说（比阿特，1786）、墨卡托（G. Mercator）投影、等高线制图（卡西尼、尼古拉·克鲁奎，1728）等地理学重要理论和方法。地理大发现之后，科学地理学的产生已成呼之即来的必然趋势。

专栏

中国人与地理大发现

"中国人最早发现美洲!"这种说法在中外学术界曾轰动一时,大体有如下几种说法:

1. 公元 5 世纪僧人慧深发现了美洲

法国汉学家德·吉尼(J. de Guignes)1761 年根据中国史籍撰写《美洲海岸中国人航迹之寻究》一文,认为公元 5 世纪末中国僧人到达扶桑国,即今日的墨西哥。艾·文宁(E. P. Vining)1885 年撰写《无名哥伦布》一书,支持德·吉尼的说法。

1961 年马南邨撰文《谁最先发现美洲》《"扶桑"小考》《由慧深的国籍说起》,认为慧深发现了美洲。1962 年朱谦之撰文《哥伦布前一千年僧人发现美洲考》,附有《纪元五世纪中国僧人慧深年谱》,统一慧深发现美洲说。1979 年 8 月 19 日房仲甫在《人民日报》发表《中国人最先到达美洲的新物证》,认为加利福尼亚太平洋沿岸发现两三千年前的石锚,证明扶桑即墨西哥。

2. 法显发现美洲说

1908 年章炳麟撰文《法显发现西半球说》,认为《佛国记》里法显所记述的突遭风暴漂流到的地方是厄瓜多尔。

3. 北匈奴殷人东迁说

1939 年陈志良撰文《中国人最先移殖美洲说》,认为窦宪征讨北匈奴时,北匈奴迁至美洲,还把殷民东迁与美洲发现联系起来。

4. 郑和发现美洲说

2005 年,加文·孟席斯(Gavin Menzies)出版了《1421 年:中国发现世界》。他认为:发现美洲大陆的人不是哥伦布,最早实现环球航行的人也不是麦哲伦,早在 1421 至 1423 年间,中国明朝三宝太监郑和率领的船队就完成了上述壮举。

(二)中国古代地理学

英国科学家李约瑟(J. Needham,1963)认为:"至少从公元前 2 世纪—公元 15 世纪,中华民族享受着极高的生活水平,超过地球上任何民族。"地理学史家普雷斯顿·詹姆斯(Preston James)认为,公元前 2 世纪—公元 5 世纪之间,中国文化"在把自然知识应用到有益目的上是世界上最有效的"。"中国地理学的研究同其他学术领域一样,在那时(指古代中国向外探险时期——编者注)已有长足的进步,超过基督教欧洲所知道的任何东西。"这些说法为中外科学史家所认同。实际上中国使臣和佛教徒"发现"欧洲和印度的时间远远早于基督教徒旅行者来东方的时间。可以毫不夸耀地说,中国古代地理学在世界上是居于领先地位,为世界地理学发展作出了重要贡献,是世界地理学发展除古希腊地理学以外的另一重要部分。

1. 秦汉以前

早在公元前 1217 年中国的殷代,甲骨文上就有天气现象(雨、雪、雹、霾、雷、霓、雾)和降水强弱的记载。中国最早出现"地理"一词见于《周易·系辞》中,有"仰以观于天文,俯以察于地理"之句。最早的地理著述有战国时代的《山经》《禹贡》等,那时就比较详细地记述了中国的山川、水系、矿藏、动植物等地理要素,《禹贡》还将全国分为冀、青、徐、扬、荆、豫、梁、雍、兖等九州,以都城为中心由近及远分为甸、候、绥、要、荒等五服,体现出区域思想的萌芽(图 4.1.6)。中国的地图起源也很早,原始岩画即有山川道路之图,据《周礼》《管子·地图》《孙子兵法·地形》记载,地图已广泛应用于管理疆土、户籍、贡赋和战争。1978 年河北平山县出土的中山国《兆域图》,以实物证实了战国时期就已能按比例尺绘制地图了。

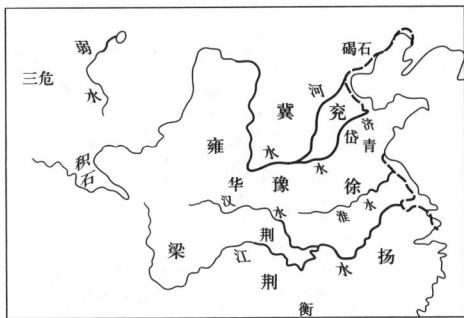

图 4.1.6 　《禹贡》上的九州

2. 秦汉—明清时期

秦汉以后中国较长时间形成了繁荣统一的大国局面,为地理学的发展创造了条件,地理知识、地理典籍、地理实践都很丰富,比起 15 世纪以前欧洲的神权社会,中国的学术环境还是比较宽松的,地理学的发展处于世界领先地位。

(1) **广泛的地理实践**　早在汉代张骞和班超父子就多次出使西域,深入东亚、西亚各国,开辟连接欧亚两大洲的丝绸之路。

晋代高僧法显从长安出发,经玉门至印度又南下斯里兰卡、苏门答腊岛,绕行南海回国(图 4.1.7)。唐代名僧玄奘西行求法,出玉门关,越莫贺延沙漠取道伊吾(哈密)、高昌(吐鲁番),沿天山南麓,经大清池(伊塞克湖)北岸而西,然后到塔什干等国,过大雪山至印度。在印度游遍五天竺、恒河及印度河流域。玄奘后从南路经喀什、和田、敦煌,回长安,历时 18 年,历经 110 多个国家,行程 5 万余里。汉、唐盛世中国人的地理视野极为广阔,北到贝加尔湖以北,接近北极圈附近,南到马来群岛、苏门答腊岛赤道附近,东至日本,西到中亚、西亚和欧洲。早在唐代,中国去欧洲的陆上丝绸之路和海上航道都已开通了,据《新唐书·地理志》记载,当时阿拉伯商人就乘中国船往返于波斯湾与中国之间。

宋代以后罗盘用于航海,中国通过海路与海上国家交往频繁。早于西方"地理大发现"半个世纪,明代三宝太监郑和七下西洋,访问了东南亚国家、印度、阿拉伯半岛、东非国家等几十个国家和地区,其船队的规模、航行的总里程都超过哥伦布的航行。

综上所述,中国地理实践的历史是悠久的,规模是宏大的。要说"发现"的话,中国人可以毫不夸赞地说,早在西方所谓"地理大发现"很久以前,是中国人首先发现了印度,发现了非洲,发现了后来才"发现"我们的欧洲人。

(2) **丰富的地理著作和地理典籍**　这个时期的地理著作是非常丰富的,有的是专门的地理著作,有的则夹载于文学、历史、哲学、技术等文献之中,其中最有代表性的有郦道元的《水经注》、沈括的《梦溪笔谈》和徐霞客的《徐霞客游记》。

《水经注》是为三国时代成书的《水经》作注,北魏的郦道元从原来《水经》的 137 条河流增补至 1 252 条河流,《水经注》全书达 40 卷、20 余万字,是我国当时对陆地水文知识的一次大综合。《水经注》以河流为线索对流经的山、湖和注入的海洋进行连贯记述,对河流变迁进行了考

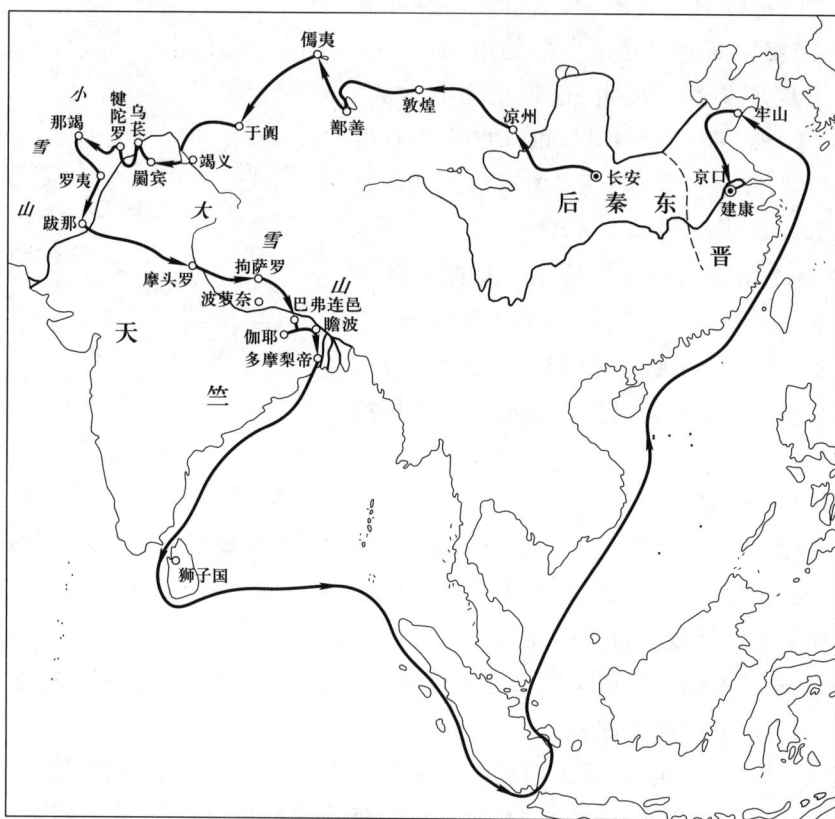

图 4.1.7　法显西行往返路线示意图

证,并对此前的黄河三次改道都做了考证,对水系区的水汛、泥沙、喀斯特、季节变化也都详加分析考证,被后世学者赞为"其注水经,妙绝古今"(刘献廷,2007)。

《梦溪笔谈》是北宋沈括写的综合性科学著作,其中有很多自然地理论述。在气候方面,他指出了气候的水平分布规律,指出南北植被差异是气候所致。他指出了气温随高度降低的规律,正确解释了白居易的"人间四月芬菲尽,山寺桃花始盛开"的道理。在自然环境变迁方面,他根据化石解释了沧海桑田的变化。他强调月亮是潮汐形成的主要原因,指出港口"平均高潮间隙"。在制图方面,沈括编修了天下州县图,采用"二寸析百里"的大比例尺制图。

《徐霞客游记》是明末中国古代伟大的地理学家徐霞客的地理考察著作,达 69 万字之巨。徐霞客三十年如一日,考察了祖国名山大川,写下了的大量游记。对喀斯特地貌的成因和类型进行了专门研究,比欧洲最早对喀斯特地貌进行系统分类的诺曼(C. F. Naumann)早 200 多年。他进行了大量河源考察,纠正了沿袭已久的长江发源于岷山的错误认识(图4.1.8)。

除以上介绍的重要地理著述外,在中国古代其他科学著述中如《吕氏春秋》《氾胜之书》《齐民要术》《农政全书》《本草纲目》等著作中也有不少地理理论、地理知识方面的论述。

图 4.1.8 徐霞客墓

方志的流传与发展是中国地理学的一大特色,也是一大优势。方志是以行政区域为单位,记述其疆域、山川、建置、沿革、户口、田赋、物产、城郭、风俗、人物、职官、名胜、古迹、水利、桥梁、祠庙、艺文、灾异等,称得上是古代地方知识的百科全书,既是历史文献也是地理文献,将地理环境与人文变迁结合于一体。

方志起源很早,在中国已有二千多年的历史,中央志有专门官员掌管,载四方之事,供王者阅之。地方之志,由地方官和民间绅士文人主撰,供乡土研究之用,代代相传,越来越丰富。全国统一的区域志以《禹贡》为最早,其后有《汉书·地理志》、《元和郡县志》(唐)、《太平寰宇记》(宋)、《大元大一统志》、《大明大一统志》、《大清大一统志》等。宋代以后至明清两朝,地方志大增,明清的地方志就占中国保存下来的方志总数的90%以上,8 000多种方志中清代地方志就有5 518种之多,为地理研究提供了极好的素材。中国的方志是重要的文化遗产,至今仍不失为政治、历史、自然科学、地理科学研究的重要文献。方志在中国文化典籍宝库中占有极其重要的地位。正是由于有方志的传统形式,使中国古代地理资料优于同时代其他任何国家,为中国地理学的发展提供了极为有利的条件。

(3) **先进的测量绘图技术** 中国古代地图测绘历史大致可分为三个时期,即:① 原始地图萌芽时期;② 传统地图理论奠定和发展时期;③ 与西方制图学结合的时期。

传说中黄帝时代就已使用地图用于军事,春秋战国时期中央政府和诸侯已有专门管理地图的官员。

中国早在汉代就懂得三角测量(图 4.1.9)。东汉张衡的浑天仪和地动仪的发明,在观测天象、了解地球位置和运动及测算地震方面,在当时世界都属先进技术。唐代的一行、南宫说等人进行了大规模纬度测量。宋代水准仪已成为测量中常用的仪器。元代的郭守敬进行了大规模的全国测量。郭守敬创制了简仪、高表、仰仪、立运仪等十多种仪器,遍布东西宽3 000 km、南北长5 500 km的广大范围。其内容之多、范围之广、精度之高都是空前的。

中国传统制图理论的奠基人首推西晋的裴秀。他提出的"制图六体"原则——"一曰分率"(比例尺),"二曰准望"(方向),"三曰道里"(距离),"四曰高下、五曰方邪、六曰迂直"(山地、方整地方,地形曲折地方取直线,图 4.1.10)——除经纬网和地图投影未涉及外,其他有关地图绘制的重要原则都涉及了,在中国地图发展史上具有划时代的意义,自西晋至清初,"制图六体"

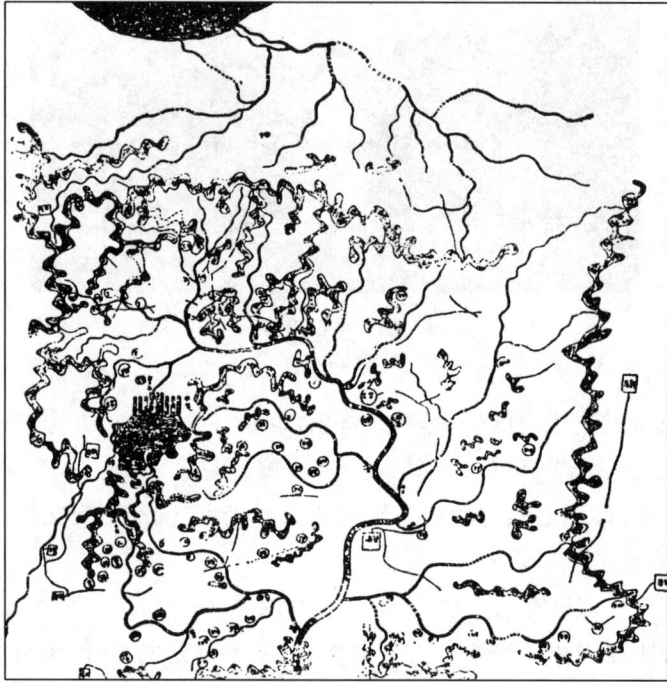

图 4.1.9 西汉马王堆出土的帛地图

始终是中国地图法制的重要原则。据其理论绘制的《禹贡地域图》《地形方丈图》等全国地图和后来的宋代的《华夷图》《禹迹图》、元代的《舆地图》《广舆图》都是传统地图的精品,至明中叶人们对周边海域已有相当清晰的了解(图 4.1.11)。

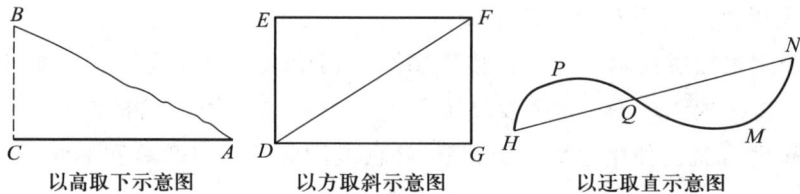

以高取下示意图   以方取斜示意图   以迂取直示意图

图 4.1.10 裴秀的水平直线距离求算法

明中叶以后,一方面,随着西方文化传入中国,西方的测量绘图技术也传入中国,进入了传统测量绘图方法与西方技术结合发展的时期。公元 1629 年明代科学家徐光启采用西方的测量技术,实际测定了北京、南京、南昌、广州的纬度,并推算了山东等 11 个省省会的纬度。清康熙皇帝很重视自然科学,命外国传教士率领中国测绘人员进行全国性经纬测量。同时,清朝还派中国测量人员测绘西藏地图,珠穆朗玛峰就是在这次测绘中发现的。到 18 世纪初中国已完成经纬测量,与当时尚未完成本国大地测量的许多欧洲国家相比,实居世界前列。清康熙年间制作的《皇舆全览图》和乾隆年间制作的《乾隆内府舆图》都是采用地图投影方法在实测基础上绘制的地图,其海陆轮廓、地物位置与现在地图极为接近。

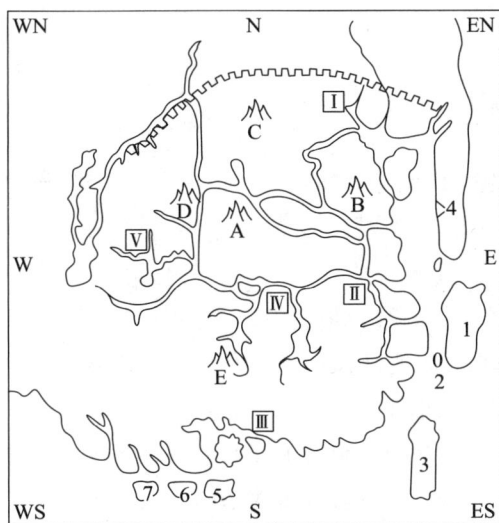

图 4.1.11　古今形胜之图

此图为 1555 年（明嘉靖）绘，现藏于印度博物馆，图上英文字母是后世人加的

　　另一方面，西方经历了文艺复兴、地理大发现，地理理论、地理知识、绘图测量技术爆发性地发展，而这时的中国依然处在闭关锁国的封建统治时代，地理科学明显落后于人，在吸收西方文化知识的同时，中国的近代地理学在清末民国初年逐渐发展起来了。

专栏

徐　霞　客

　　徐霞客（1587—1641），明末旅行家、地理学家。出身书香门第，自幼"特好奇书"，21岁出游，足迹遍布江苏、浙江、安徽、山东、河北、山西、陕西、河南、湖北、福建、广东、江西、湖南、广西、贵州、云南等 16 个省级行政区。为了掌握第一手材料，他只身走险，"登不必有径""涉不必有津"，后人整理他的游记，写下了 69 万字的巨著《徐霞客游记》。他研究最多的是石灰岩地貌。他考察湘、桂、黔、滇用去 3 年，计 976 日，占其全游日数 1 463 日的大半，字数达 56 万字、占全游记的 2/3。他确定喀斯特地形的类型和名称，指出喀斯特地形发育的地区性差异，分析了喀斯特地形的成因。他根据自己的亲身考察写了著名的《溯江纪源》一文，指出河床比降与流速的关系问题，纠正了沿袭已久的长江发源于岷山的错误认识。徐霞客还亲自考察记述了火山、植物与地形的关系，对垂直地带性的研究比沈括说得更为明晰："顶间无高松巨大，即丛草亦不甚深茂，盖高寒之故也。"徐霞客在封建科举考试盛行的时代，不追逐仕途，将一生都献给科学考察事业，直到临终之际还在病榻上研究远游带回的岩石标本，是献身于地理事业的伟大学者。正如中国著名历史地理学家侯仁之所评述的那样，他的研究方法和成果"使地理学向新的阶段的发展前进了一步"。

二、 近代地理学

（一）近代地理学的创立

近代地理学创立于德国，其创始人是洪堡和李特尔。**洪堡**（Alexander von Humboldt，1769—1859，图 4.1.12）早年就读于哥廷根大学、弗莱堡矿业学院，曾任宫廷大臣等要职。洪堡一生考察了欧洲、北美洲、南美洲、西伯利亚等地，著有《宇宙》《植物地理学论文集》《西班牙王国政治论集》《新大陆热带地区旅行记》等著作。洪堡正确地揭示了自然界各种事物间的因果关系，把包括人在内的自然界看成是一个统一的、充满内在联系的、永恒运动的整体；探讨了地形、气候与植物的关系，创立了植物地理学；他制作了世界第一幅等温线图（图 4.1.13），提出了大陆性的概念；他提出花岗岩、片麻岩等岩石的火成岩成因；提出"磁暴"这一科学术语，发现地磁强度从极地到赤道递减的规律；认为人类是自然的一部分，人类的种族、民族是平等的。在地理学诸多

图 4.1.12　洪堡

方面，他都作出重要的学术贡献，组织了第一次国际科学会议（1828），高瞻远瞩地建议开凿贯通两大洋的巴拿马运河。洪堡是一个时代的顶峰，也象征着一个时代的结束，自他以后科学进入科学大分化的时代。洪堡从直接观察事实出发，运用比较法，揭示了自然现象的因果关系，从而打开了僵化自然观的缺口，创立了自然地理学。恩格斯（Friedrich Engels，1955）称赞他的事业是对欧洲保守的、僵化的、（上帝）目的论的自然观的第六个打击力量。

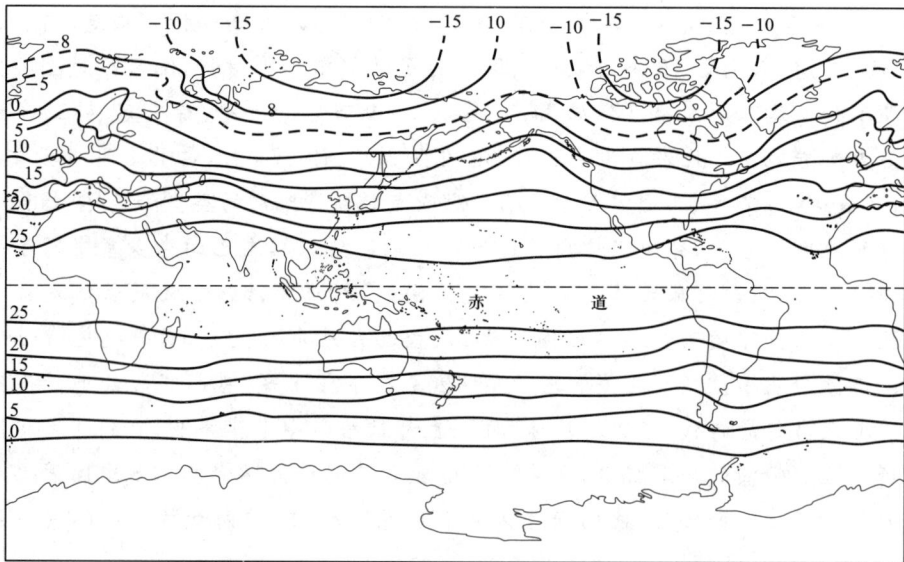

图 4.1.13　洪堡制作的世界第一幅等温线图

李特尔（Carl Ritter，1779—1859，图 4.1.14），与洪堡同是近代地理学的创始人，毕业于哈雷大学，对德国、瑞士、意大利进行了大量科学考察，1820 年任柏林大学地理系主任，创办了柏林地理学会，撰写了《欧洲地理》《地学通论》等著作。李特尔确立了地理学的概念体系，把地理学从博物学、一般的自然科学中分立出来，将地球表面作为地理学的研究对象。他在《地学通论》中写道："不久的将来，地理科学的体系将提高到更高的阶段，将和生理学、文法学、哲学并肩齐飞。"自他的《地学通论》出版以后，欧洲各大学地理系相继成立，自 19 世纪 20 年代始法国（1821）、德国（1828）、英国（1830）、巴西（1839）、墨西哥（1839）、俄国（1845）和

图 4.1.14　李特尔

美国（1852）等国相继成立了地理学会。1871 年在安特卫普召开了一次国际地理学会。此后 10 年左右，普鲁士各大学陆续设置了地理教席（由教授头衔的学者担任），标志地理学作为一个有较完整体系、独立研究对象的科学确立起来了，地理学的科学地位得到普遍承认。他最早阐述人地关系和地理学的综合性与统一性，奠定了人文地理学基础。他倡导近代地理学的因果关系研究、比较研究和形态地理研究，在地理学科学体系、科学思想的建设上作了奠基性的贡献。

继洪堡和李特尔之后，德国出现许多有贡献的地理学家。如地貌、地质、自然地理学家李希霍芬（Richthofen），提出第四纪冰期理论的 A. 彭克（A. Penck），气候学家柯本（W. P. Köppen），人文地理学家拉采尔（Ratzel），区域地理学家赫特纳，景观生态学家特罗尔（Carl Troll）等。

（二）西欧和北美近代地理学

西欧和北美近代地理学除德国以外，主要以英、法、美三国地理学为代表。

英国地理学最著名的是麦金德的大陆腹地学说。麦金德（Mackinder）是政治地理学家、历史地理学家，牛津大学第一任地理学教授、地理系系主任，是英国地理学的代表人物。著有《不列颠与不列颠的海洋》、《历史的地理枢纽》和《民主的理想与现实》等名著。如第三章所述他的地缘政治理论产生深远影响，成为冷战时期英美等国的全球战略的理论基础。

除麦金德以外，英国地理学家还有商业地理学的创始人奇泽姆（G. G. Chisholm）、自然区划学家赫伯森（Herbertson）。英国地理学除了政治地理学、历史地理学方面在世界很有影响外，也非常注重地理学的实际应用。英国皇家地理学会耗用大量经费资助地理学家在英国本土和世界各地进行探险考察。在区域研究方面也获得丰硕成果，最著名的是斯坦普领导的英国土地利用调查，为战时的粮食增长和以后的国土规划、城市规划作出了贡献。

法国地理学在欧美地理学中独树一帜。保尔·维达尔·德·拉·白兰士（Paul Vidal de la Blache）是法国近代地理学的奠基人。他主张的"或然论"比起拉采尔的"地理环境决定论"和苏联的"生产关系决定论"都表现出人与环境关系的灵活性和主动性。他的思想使法国地理学摆脱地理环境决定论的束缚，没有产生人文地理学与自然地理学尖锐对立，也没有陷入自然

中找人生答案的困境。他还提出"生活方式"的概念。白兰士还十分重视小区域的研究,注意人及其周围的紧密关系,认为这是训练地理学家的最好途径。他的思想对以后出现的地理学的土地研究、局地地理学研究是有启发作用的。总之,他给法国地理学留下了一个良好的传统,使法国地理学没有招至其他欧洲国家所出现的一系列争论和麻烦,无论是社会文化地理学还是自然地理学研究都比较深入。白兰士之后法国还有人文地理学家让·白吕纳(Brunhes)和自然地理学家德·马东南(de Martonne)。

到 20 世纪前半叶美国地理学起到近代欧美地理学领头羊的作用。戴维斯(W. M. Davis,图 4.1.15)是美国地理学的奠基人之一,他创立的侵蚀循环学说一直是地貌学的基本理论,影响长达数十年。

图 4.1.15　戴维斯

哈特向(Hartshorne)是 20 世纪美国最有影响的地理学家。著有《地理学的性质》《地理学性质的透视》,被誉为里程碑式的著作,在西欧和美国被宣传为地理学权威论述。指出地理学追求法则的困难性和个性研究的必然性。指出区域特征研究是地理学的基本研究对象。除上述两位大师以外,美国地理学界较为有名望的还有地理学中人类生态学派代表人物巴罗斯(Barrows),应用地理学、政治地理学的代表人物鲍曼(Bowman)和人文地理学中景观学派代表索尔(Sauer)等。

美国地理学从第一次世界大战到 20 世纪 50 年代处于变革过渡时期,地理学的焦点逐步转向社会科学,同时出现了"人类生态学"思潮及地志学、历史地理学、应用地理学等趋向。美国地理学一般不拘泥于科学体系上的束缚,比较注重实际问题的解决和研究。美国地理学在资源调查、土地利用、土地调查、商品市场研究、军事、领土、外交、政治等各个方面发挥了实际作用。自然地理学很注重局地地理学研究,人文地理学方面注重社会地理学研究。

除英、法、美等国的地理研究外,其他欧美国家的地理学家也取得了卓越的成绩,如挪威学者雅·皮叶克尼斯(Vilhelm Bjerknes)提出锋面和气旋学说,贝吉隆(Bergeron)提出气团学说等。

(三) 俄罗斯及苏联近代地理学

俄罗斯地理学家首推道库恰耶夫(Докуцаев,图 4.1.16),他是自然地理学家、土壤学家。曾任圣彼得堡大学地理学教授。他最早提出土壤是在母质、气候、生物、地形和时间 5 种因素相互作用下形成的历史自然体,创立了成土因素说,建立了土壤地带学说,是土壤地理学的奠基人。他把土壤地带学说发展为自然地带学说,从综合的、系统的、整体的角度论述了自然地带性。对地理学特别是自然地理学发展作出了历史性的贡献。道库恰耶夫的综合研究传统,是后来苏联自然综合体学说、景观学说的渊源。这一思想直至目前仍然是自然地理学的理论基础。

巴朗斯基(Баранский)是苏联最有影响的地理学家,是苏联经济地理学区域学派的奠基人之一。他强调经济地理学与自然地理学的结合,重视自然条件的研究,倡导"地域生产综合体"

研究。

在自然地理学方面苏联地理学家也有很多贡献。如苏卡乔夫（V. N. Sukachov）的"生物地理群落"概念、伊萨钦科（А. Г. Caчeнкo）的"自然综合体思想"、贝尔格（L. S. Berg）的景观学说、波雷诺夫（B. B. Poleinov）的景观地球化学迁移理论和风化壳研究、格拉西莫夫的"建设地理学"思想，以及维尔纳斯基的"智慧圈"概念等，在世界地理学中都产生重要影响。

苏联幅员广大，横跨欧亚两大洲，穿过几个气候带，给地理学研究创造了良好的条件。由于历史、政治、文化、语言等各方面的原因，苏联不像英语国家那样容易受德国地理思想影响，而有其独特的地理

图 4.1.16　道库恰耶夫

学研究传统。但是由于长期"左"的思潮影响，对地理环境决定论过火地批判。"二元论""生产关系决定论"影响很深，给地理学发展带来一定的不利影响，地理学只分自然地理学和经济地理学两大类。社会文化地理学研究很薄弱，自然地理学与经济地理学之间的联系也很不够。

（四）中国近代地理学

鸦片战争以后，中国学习西方先进科学技术，富国强兵的呼声日益高涨，除兴办洋务、兴办实业外，也编译了大量西方科学技术书刊，促进了西方的地理学理论和知识在中国传播。

张相文（图 4.1.17）是中国近代地理学的先驱。1897 年在南洋公学留学生班讲授地理课，此后在天津女子高等学校、北京大学从事地理教育。1901 年出版中国最早的地理教材《初等地理教科书》《中等本国地理教科书》。1908 年编著中国第一部自然地理学著作《地文学》，1909 年在天津发起中国第一个地理学术团体——中国地学会。1910 年创办了中国最早的地理学期刊《地学杂志》。这个时期由于张相文等人的努力，地理教育已经有相当程度的普及，西方的地理学

图 4.1.17　张相文

思想从少数学者转向民间，为中国近代地理学的形成和发展做了准备。

1920 年以后中国东南大学、北平师范大学等一些高等学校先后创设地理系和地学系，由竺可桢、翁文灏等讲授地理课程，培养了中国第一批近代地理学家。1934 年成立中国地理学会，创办《地理学报》。1940 年中国地理研究所成立，标志中国近代地理学已经形成。

中国近代地理学的奠基者竺可桢（图 4.1.18）创建了东南大学（现南京大学）地学系、国家气象研究所，主持浙江大学教育工作，编著中国第一部高等学校地理教材《地理学通论》。在他的领导下，全国建设了一百多个气象站，当时的东南大学地学系和浙江大学成为培养全国地学

人才的重要基地。

　　竺可桢专注于气候学研究,特别是台风、季风的研究,著有《远东台风的新分类》《中国气候区域论》《东南季风与中国雨量》等。

　　除竺可桢以外,中国近代地理学著名的地理学家还有自然地理学家翁文灏、任美锷、林超,气候学家涂长望,地图学家曾世英,人口地理学家胡焕庸,地理学史家王庸,人文地理学家李旭旦,历史地理学家谭其骧等。

　　中国近代地理学起步晚,学术上受欧美学派影响较深。旧中国政治腐败,经济贫穷落后,战乱不断,使旧中国的地理学发展步履艰难,尽管地理学家满怀报国热情,但也难以发展。抗战时期整个《地理学报》编辑部财产仅是

图 4.1.18　竺可桢

李旭旦先生的一只抽屉。国家没有组织过一次大规模地理考察。科学研究、地理考察要靠地理学家四处募捐乞求,出版的地理书刊极少,气候观测点则少得可怜。在这种艰难环境下,通过地理学家的努力,中国的近代地理学还是建立发展起来了。

三、 现代地理学

　　第二次世界大战结束以后,全世界都进入了相对的和平发展时期,经济迅猛发展,科技文化飞速进步,地理学也进入了一个新的发展时期,科学观念、科学方法都发生了激烈的变革和动荡,既面临新的发展机遇,也受到前所未有的严峻挑战。

(一)理论革命与计量革命

1. 谢费尔对例外主义方法论的挑战

　　20 世纪前半叶各类科学发展迅速,以前与地理学相近的含有大量描述方法的生物学、地质学采用了大量物理学、数学、化学的方法,都有了很大进步。地理学处于两难和尴尬的境地,受二元论困扰,在科学性质上处于自然科学和社会科学之间,在方法论上处于走自然科学追求共性规律、法则,追求预见性的道路和走社会科学追求个性研究,弄清事实,求真求实的道路的两难之间。地理学的主流学派,受康德哲学思想体系影响很深,从赫特纳到哈特向虽然不反对地理学追求法则,但一直坚持认为地理学是研究区域差异的,是研究区域个性的,这是由地理学科学性质所决定的,正如哈特向所言,地理学企图像物理学那样追求法则就像"用方塞插进圆孔一样"困难,是难以实现的。这一思想在地理学中影响很深,很广,被认为是经典权威的见解。现代地理学首先是从向这一传统思想挑战开始的,第一个站出来发难的是流亡美国的德国学者谢费尔。

　　谢费尔(F. K. Schaefer)二战中从纳粹德国流亡到美国。在美国艾奥瓦州立大学地理系任教员。1953 年,谢费尔发表了在现代地理学史上有划时代意义的学术论文《地理学中的例外论——方法论的检视》(*Exceptionalism in geography：a methodological examination*,

1953)。该论文指出"科学就是对法则的追求","自然科学与社会科学之间有很多重大区别,最终社会科学会不会果真同自然科学一样成为完全的科学,这要有待事实回答","至于法则能解释到什么程度,科学家能向怎样复杂情况挑战,这是程度问题,它依赖于科学领域的发展阶段","科学比对一个个事实更关心模型,地理学主要的模型无外乎空间模型"。

谢费尔观点的哲学基础是逻辑实证主义。认为一切科学都是统一的,最终目的是对法则和规律的追求,区别仅仅在于论理程度而已。地理学既然是科学就不应当例外,描述区域差异的哈特向方法论体系违反了科学通例,这正是地理学发展缓慢原因之所在。另外他还认为地理学追求的法则就是空间法则,是形态的规律,地理学就是空间科学。

谢费尔论文发表当时,除哈特向发表了反驳他的观点的论文以外,没有引起学术界的广泛注意。事隔几年,20 世纪 60 年代在美国兴起了"计量革命""理论革命""空间革命"等冠以不同名称的新地理学运动时,学者们开始注意到他,很多学者开始引用、称赞谢费尔的观点,甚而至于连他未发表的手稿也被引经据典,来阐述新的地理学思想(如邦奇(W. Bunge)在《理论地理学》中),而今在回顾地理学发展进程时,公认谢费尔论文是划时代之作,是地理学发展的里程碑,是现代地理学发端的标志。

> ## 专栏
>
> ### 谢　费　尔
>
> 谢费尔(F. K. Schaefer),德国社会主义者,1938 年从纳粹德国逃出,流亡英国,5 年后来到美国,1939 年在教友会派设立的难民营的帮助下,到艾奥瓦州立大学地理系工作,为临时讲师。在该校与同是从德国流亡来的逻辑实证主义学派哲学教授伯格曼(Bergmann)关系甚密,受其哲学思想影响很深。谢费尔在该校负责"苏联地理""政治地理""地理学方法论"课程讲座,战争中(1941)写过批判纳粹德国、日本经济政策的文章,战争后期(1943,1945)写过关于地理教育中地域研究重要性的论文,善于政治鼓动和时势评论。性格内向、孤傲、偏激、重理性、重信念。1947 年 4 月在美国中西部经济发展研讨会上与哈特向第一次会面,1950 年哈特向来艾奥瓦州立大学讲演,又再次会面,两人就地理学方法论问题交换过意见。1953 年谢费尔《地理学中的例外论——方法论的检视》投稿于美国地理学家联合会会刊(A. A. A. G),论文只经过编者、作者间一个回合就原封不动地发表了。论文发表前谢费尔突然逝世,是伯格曼代他校的样稿。论文发表后,哈特向曾三次发表反驳他的文章(1954,1955,1958),但同一时代的地理学家对谢费尔论文和哈特向的反驳文章都未给予充分注意。20 世纪 60 年代美国地理学理论革命、计量革命热潮时,地理学界高度评价谢费尔的先见之明和开拓作用。由他夫人保存的手稿、日记、信件等遗物被美国地理学会珍藏。美国和其他国家一些学者还专门撰文研究他的生平和思想。公认地理学的新时代——现代地理学时代从谢费尔的批评"例外主义"的论文开始。

2. 理论革命、计量革命的形成与发展

谢费尔之后,到 20 世纪 60 年代,逻辑实证主义引起了普遍的响应,先是在美国而后在欧洲、日本及一些发展中国家掀起了对"例外主义"的批判,导致了理论革命、计量革命。

这其中以三个主要学派为代表,即美国 W. L. 加里森(W. L. Garrison)和 E. L. 厄尔曼(E.L.Ullman)为首的华盛顿学派,英国 R. J. 乔利(R. J. Chorley)和 P. 哈格特(P. Haggett)为首的剑桥学派,瑞典 T. 哈格斯特朗(T. Hägerstrand)为首的隆德学派。华盛顿学派推广和深化中心地理论研究,以交通网络理论研究和经济空间组织模型研究见长,是美国影响最大的数量地理研究中心。剑桥学派则注重空间理论研究、当代问题的地理分析研究,以理论造诣高深而著称。可贵的是这一学派没有停留在计量革命阶段为止,一直是现代地理学理论前沿研究的领导者之一。隆德学派以空间扩散研究、时间地理研究著称于世,注重时-空地理研究。地理学理论革命、计量革命不是孤立的学术现象,而与二战后 20 世纪 50—60 年代物理学方法、数学方法向其他科学渗透的总趋势是一致的。那个时代不仅计量地理学,数量经济学、生物数学也十分盛行。

地理学理论革命、计量革命具有如下三个方面共同特征:其一,从方法论上讲都抛弃哈特向的"例外主义"思想体系,接受逻辑实证主义的科学统一方法论(追求法则、规律的普遍性原则)。其二,强调地理学的定量研究,强调数学方法的应用,大量使用数理统计方法、线性规划方法、空间数学模型。正如华盛顿学派的邦奇(1991)所言:"理论必须达到一定标准,包括明晰性、简单性、普遍性和精确性。用数学形式来表达理论可获得明晰性,因为数学形式能确保明确无误,而且可避免矛盾。"其三,认为地理学是空间科学,重新重视地理学区位论、中心地理论的研究。如剑桥学派的哈格特及其同事们就强调地理学是一门研究分布的科学,提出距离、可接近性、集聚性、规模、位置等人类行为五大空间要素(约翰斯顿,1994);邦奇甚至将克里斯泰勒(W. Christaller)称为"理论地理学之父"。因此,这一时期的地理学思想运动既称之为"理论革命"又称之为"计量革命""空间革命"。

理论革命、计量革命发端于美国,之后影响到英国、欧洲大陆、苏联、日本,以及印度和东亚、南美洲的发展中国家。全世界 20 多个主要国家成立了计量地理分会。20 世纪 60 年代是理论革命、计量革命的黄金时代,不仅原来不满于现状的地理学家期望地理学新发展,表现出极大的热忱,而且大量的青年学者,其他领域的物理学家、数学家也有很多人投入这场运动中来。这股热潮从 1964 年国际地理联合会(IGU)伦敦大会和 1968 年印度大会的参加者的热情就可以看得出来。人数、论文数都是空前的,计量方法、空间研究成为大会的主要的热门的话题。但是,到 70 年代,这股热潮渐渐冷寂下来了。由于把计量手段、空间研究过分绝对化、简单化,忽视地理学环境侧面的研究,真正有影响的研究业绩很少,因而引发了人们对其学术价值的深层思考。1972 年 IGU 蒙特利尔大会不仅计量地理学者大量减少,而且出现反对计量化、主张本格化的回潮现象和重视环境问题的倾向(竹内启一,1985)。到此,可以说理论革命、计量革命作为地理学的思想运动告一段落了。

理论革命、计量革命作为地理学变革性的思想运动在比较短的时间结束了。但它对现代地理学发展的影响意义是深远的。它把地理学从"例外主义"的孤岛上解脱出来,强调科学方法论的普遍意义,强调定量研究,强调模型的应用,对现代地理学发展具有重要意义,虽然理论革命、计量革命作为一股风潮已经过去,但其许多合理的思想,科学的定量研究方法、空间分析方法,沉积、融会于地理科学发展的长河之中,至今依然发挥着重要作用。

　　中国地理学由于受"左"的思想禁锢,长期与国际地理学的大潮流相隔绝,20 世纪 60 年代国际上理论革命、计量革命轰轰烈烈之时,中国还处于大跃进、"文化大革命"之时,对此学术界毫无反应。80 年代改革开放以后,中国地理学才与国际接轨,80 年代中后期也掀起了计量地理热,应该说也补上了这一课,但由于有国际地理学的前车之鉴,并没有出现大起大落的现象,基本上避免了绝对化、简单化的倾向。

(二) 行为革命

1. 行为革命的产生

　　地理学关于行为研究早已有之,1925 年美国的索尔就注意到经过训练的人可以影响环境。20 世纪 30 年代末英国的邓尼森(S. R. Dennison)提出工业布局中社会心理、行为因素作用的问题。1941 年索尔提出行为地理与知觉地理相关的问题。1947 年赖特(Wright)提出研究个人的知觉与行为和现实之间的关系问题。1952 年,柯克提出了第一个行为模式,将心理学理论引入地理学领域。但是,这些行为地理研究并没有引起地理学家广泛的注意,可以说那时还是鲜为人知的。

　　20 世纪 60 年代末到 70 年代地理学界,尤其是西方地理学界,掀起了行为地理研究热,这种变化是有其社会背景和认识论背景的。二战以后,经过 20 年左右的稳定发展,特别是 60 年代的高速发展时期,主要的发达国家逐渐向后工业社会过渡,科学技术、人的智力在经济发展中贡献率越来越大,人力成本也越来越高,对人力资源的重视程度大大提高了,如何高效合理地利用人力资源,调动人的积极性,成了企业和社会最关心最重视的问题之一,使行为科学产生强大的社会需要,从而出现行为科学热潮,这种趋势势必反映到地理学中来。另一方面从科学思想发展来看,机械决定论、线性思维受到挑战,在经济学界那种严密化、确切化、数量化的研究并没有获得令人称道的成果,倒是重视经济的实证研究,重视人对经济宏观干预的凯恩斯(J. M. Keynes)的经济思想使二战后资本主义的经济危机大大缓解。在地理学界理想的区位法则在实际经济生活中并不灵验,因为现实中的人并不是完全按经济区位法则办事的"经济人",其掌握的信息有限、能力有限、受到所在社会集团(阶级、民族、地域集团等)意识的影响、个人的偏好不同,必然大大偏离理想的区位法则。社会经济空间不是物理空间而是人类空间,不研究区位布局主体——人的自身,区位论的实用价值就大大打了折扣。正如上节所言,到 20 世纪 60 年代末 70 年代初,地理学家对逻辑实证主义主导的计量革命重新审视和思考,不少地理学家将注意力转向行为与空间、环境关系的研究上来。

　　行为革命的源头出自美国,主要代表人物有奥尔逊(G. Olson)、哈维(D. W. Harvey)、沃尔帕特(J. Wolpert)和瑞典的哈格斯特朗,以及美籍华裔学者段义孚(Yi-Fu Tuan)等。1968 年奥尔逊和哈维在美国地理学会发表的行为地理论文被看成是行为革命的开端,1976 年国际地理联合会(IGU)成立了"环境的知觉"专门组,1976 年和 1980 年 IGU 大会都专门讨论行为地理问题。1970 年美国学者道温斯(R. W. Downs)提出"行为革命"的口号,20 世纪 80 年代日本学者全安岩男在总结二战后地理学发展时称 70 年代是行为革命时代。

　　2. 地理学中行为的研究

　　从研究内容上看,行为地理研究主要包含两大方面,一是研究人对空间环境的认知,二是研究人的行为与空间环境的关系。前者有认知地图研究、认知过程研究,如格尔德(J. R. Gold)的认知过程模式(图 2.3.1)、段义孚的空间经验、人对母土迷恋研究等。后者主要包括消费行为地理研究、区位决策行为研究、空间移动行为(如旅游、迁移、通勤等)研究等。这其中最有影响的研究成果有高里斯的"锚点理论"(图 4.1.19),普雷德(A.Prid)的"行为矩阵"、哈格斯特朗的"时间地理学"等。

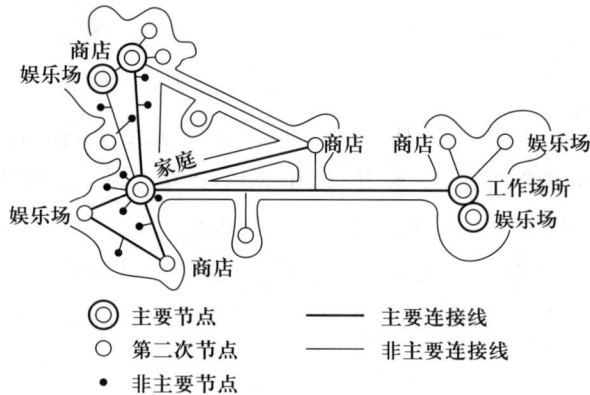

图 4.1.19 锚点理论模型

从方法论角度看,行为地理学有两种不同的认识路线,其一是经验主义的方法论体系,代表人物有沃尔帕特、哈格斯特朗等。这种方法论重视人类集团(阶级、阶层、民族等)行为研究,认为个人行为受整体行为支配,是与社会生产方式相关的上层建筑,人的行为是受社会规律支配的,更具体地说,是受阶级、文化制约的,是有规律的。属于这个派别的不少学者,着力于对不平等不发达空间现象的研究,西方地理学称这类观点为"新马克思派"研究。如英国地理学家D. M.史密斯(D. M. Smith)专门写了《不平等地理学》一书。其二是人文主义的方法论体系,注重个人行为研究,反对环境决定论,也反对阶级决定论,对逻辑实证主义、科学方法论的统一性持批判态度,认为地理学有别于自然科学,与历史学一样,不应追求法则、规律,而应通过个性事实的认识了解本来就丰富多变的世界。这一派的代表人物有段义孚、哈里斯(R. C. Harris)等。

(三) 生态思潮

1. 生态思潮产生的背景

20 世纪 70 年代是人类对与环境关系的飞跃性认识的时期。1970 年联合国教科文组织设立了"人与生物圈计划",1972 年 6 月《联合国人类环境会议宣言》发表,这些都表明保护环境问题已经提到全人类的议事日程上来了。也是在这一年罗马俱乐部的《增长的极限》发表,紧接着中东石油危机爆发,给西方国家经济以很大打击,似乎证明了罗马俱乐部的预言。环境问题的严重性、紧迫性不仅引起各国政府的高度重视,而且对学术界产生巨大影响。环境科学作为一个新兴的科学体系迅速崛起,涵盖了自然科学、技术科学、社会科学等各个方面,其中生物学、化学、地理学是其主要的知识基础。生态学也从原来默默无闻的小学科发展到一个较大的科学体系,"生态平衡""生态环境"等学术语言成了脍炙人口的社会用语。生态学从个体生态学、群体生态学发展到人类生态学阶段,产生"自然-社会-经济复合生态系统"的思想。

强大的社会需要和相邻学科的巨大变化,对地理学产生巨大影响。地理科学本来就包括两个侧面,即空间系统和环境系统。计量革命时代对空间问题特别重视,甚至将地理学视为"空间科学""分布的科学",这个趋向随着逻辑实证主义方法论受到挑战,引起地理学家的再思考,注意力更多地转向环境系统这个侧面上来。1963 年日本学者野间三郎发表论著《现代地理学潮流——从形态学向生态学转换》,敏锐地指出了地理学重视环境系统研究的趋向。20世纪 70 年代除上节提到的美、英一些人文地理学家掀起了一股行为地理研究热以外,相当多的地理学家把研究的重点和注意力转向环境、生态系统方面上来。1980 年第 24 届 IGU 东京大会上,IGU 会长罗斯(Mackay J. Ross)致辞指出:"改善人类与环境间的适应关系应该是所有科学的中心课题,这也应该是我们研究的中心目的。"这一思潮并不像计量革命、行为革命那样只有一时的热潮,而是长期持续发展,对地理学产生较大的影响。

2. 地理学中的生态思潮

地理学中生态思潮的最早表现是人类生态学思潮。早在 1923 年美国地理学者巴罗斯(H. H. Barrows),就提出了"地理学就是人类生态学"的观点。他主张地理学的目的不在于考察环境本身的特征与客观存在的自然现象,而是研究人类对自然环境的适应(詹姆斯,1982)。他说:"在自然地理创立以后,一种使之人生态化的坚决要求跟着就提出来了。这个要求得到了及时的反应,地理领域的中心从极端自然方面稳步转移到人文方面,直到越来越多的地理学者把他们的论题定为完全论述人与自然和生物环境的相互影响(李旭旦,1985)。"他认为:"我们的所谓地理讲解大部分不是地理,若是要讲真正的地理,就必须从头至尾是一种按人地关系正常顺序的解释性论述。"20 世纪 80 年代以后地理学界又重提巴罗斯的人类生态学思想。中国生态学家马世骏提出"自然-社会-经济复合生态系统"的思想得到地理学界的普遍响应,中国学者江美球著文专门介绍"人类生态学",倡导地理学开展人类生态学研究。地理学家在人类生态学方面有许多重要的理论贡献,如苏联学者索恰瓦(В. Г. Сочава)提出的"人与自然共同创造"的理论在学术界产生广泛影响。

地理学生态思潮另一个方面就是景观生态学研究。20 世纪 30 年代中期,特罗尔倡导"景观生态学"研究,到 80 年代产生了世界性的景观生态学研究热潮,开辟了从空间地域角度研究生态的认识视角。

地理学生态思潮再一个表现就是建设地理学思潮。1960 年苏联地理学家格拉西莫夫(Герасимов,图 4.1.20)提出把建设地理学作为苏联地理学的发展方向,出版了《苏联地理学发展的理论和任务》一书,指出地理学主要方向应是建设方向,建设地理学是研究合理利用及保护地球资源和有目的改造自然环境的科学。1972 年他在《以改造环境和管理环境为目的的科学——建设地理学》一文中更进一步明确建设地理学的任务如下。

"建设地理学是直接担负起研究人类与社会、环境相互关系的现代地理学各分支学科,其具体的恰当的研究内容,我认为应当包括:

——进一步发现社会生产活动所需要的自然资源并进行其合理利用和经济评价研究;

　　——研究各种基本自然现象,开展预报各种自然现象的方法研究,主动地影响这些自然现象,并为防止某些自然现象的发生设计保护方式;

　　——研究现代社会生产活动对环境的影响,其主要影响类型和环境相应发生保护的强度;

　　——研究合理开发自然资源所容许的环境改变强度,尽可能克服或减小由于人类活动所引起的环境消极变化,为人类生存创造一个合适的条件;

　　——研究保护环境的各种方法,以便为娱乐和其他目的做进一步的环境研究和应用。”

　　建设地理学的思想对 20 世纪 70—80 年代的苏联地理学特别是自然地理学起到主导性影响,在中国也产生反响,1991 年中国地理学会召开了“自然地理学

图 4.1.20　格拉西莫夫

与建设地理学学术讨论会”,对区域开发、土地利用、环境建设等地理学研究作了专门讨论。1991 年中国科学家钱学森提出“地理建设”思想,他指出地理建设的对象就是“我们整个国家、社会所存在的环境”,是地理学为社会生产实践服务的基本方面。

　　日本学者全安岩男称 20 世纪 80 年代的地理学是“新景观学派”时代。以往地理学的景观研究,要么是纯自然的侧重于无机要素的“自然综合体”研究,要么是人文景观研究,而 80 年代的景观研究主要是景观生态研究和人类社会经济发展与环境关系的研究,是人地结合的景观研究。这可以看作是对地理学生态思潮从另一个视角的表述。20 世纪 80 年代由于世界范围内人口、资源、环境与发展方面的问题日趋严重,在联合国各有关组织的号召下,科学工作者大量介入这方面的研究。各国地理学家广泛参与了城市规划、区域规划、环境规划的工作。中国改革开放后的国土整治、区域开发研究,也都体现了地理的生态思潮。进入 90 年代,随着 1992 年里约热内卢世界环境与发展大会召开和可持续发展理论的提出,发展与环境关系研究成为现代地理学的主旋律。现代地理学在应用领域研究热点,如土地研究、区域开发与整治研究、城市研究、旅游研究等,都是在很大程度上围绕发展与环境关系这个主题进行的。

（四）统一地理学、大地理学思潮

　　地理二元论长期困扰着地理学的发展,从学科性质上自然地理学属于自然科学,人文地理学属于社会科学,从方法论上前者遵从地质学、生物学等自然科学的普遍的方法论,力图寻求自然界的规律和法则,基本走的是追求共性化的道路,人文地理学则基本遵从文化科学的方法论,走的是追求个性化道路,虽然曾一度摆脱“例外主义”,但收效甚微,使地理学陷入“哲学的贫困”状态(白光润,1995)。这方面影响最深的是过分强调自然科学与社会科学差别、强调社会科学阶级性的苏联、中国等社会主义国家的地理学。突破二元论的桎梏是现代地理学的一个重要特点。

1. 阿努钦的统一地理学思想

现代地理学的统一地理学思潮是由苏联地理学家阿努钦（B. A. Анучин，1986）1960 年发起的，主要思想体现在他的专著《地理学的理论问题》一书中。

其一，他认为地理学研究的对象是物质世界的具体形式，即地球景观壳，乃是一个统一的整体。

其二，从认识论上讲，地理环境决定论的哲学基础是机械唯物论，已被人摒弃。二元论或者叫非决定论，是经验主义的地理虚无思潮，两者都不可取。他指出："对'非人性的'的自然研究和那'已恢复过的'景观的研究越来越失去意义。它已变成了一种辅助性的知识部门，它可以帮助对现代景观的了解，但不能保证对现代景观的认识。""自然地理进一步发展，不可能把基础仅仅建立在自然科学上。在研究地理客体的社会特征时，在地理学的自然和社会因子间筑上一道墙壁，同样也不可能认识作为一个整体的景观壳。"同时他又指出："忽视自然条件和它的特征，就不可能正确认识个别国家或地区生产力发展的地方性特点，在一系列情况下，就不能正确认识民族迁移的原因、贸易道路的变动、个别国家历史进程的特点及个别民族文化的专门特征。否定自然环境对人类社会的影响，不可避免地走向主意论，这正像否定偶然性的作用不可避免走向宿命论一样。"统一地理学正是避免了上述两个倾向。

其三，统一地理学在方法论上也是一致的，即通过地域复合体探讨专题。这种方法与专题结合成独特的系统，区别于其他科学。

其四，统一地理学的形式是"国家地理学"。主要研究以国家、行政和历史地理为轮廓所描述的地域。它认为地理学应该按地理复合体的层次分为地球科学、区域地理学和小区地理学，地理学的应用方面特别表现在小区地理学的应用方面。

阿努钦的统一地理学思潮在长期受二元论禁锢的苏联引起了轰动，他的博士论文答辩是首例在莫斯科大学大礼堂进行的，青年地理学家纷纷响应，也得到巴朗斯基、马尔科夫（Markov）、萨乌什金（Y. G. Saushkin）等当时苏联著名地理学家的有力支持。1980 年全苏地理大会上，马尔科夫明确指出："统一地理学或简称地理学，就是现代地理学。"应当说阿努钦的统一地理学思想，在批判二元论上是深刻有据的，但是对现代地理学的研究方法的论述上还是含混不清的，关于统一地理学的存在形式上，他提出的"国家地理学"还有地志学的影子，相对赫特纳、哈特向等人的传统区域地理思想而言没有多大前进。

2. 钱学森的地理科学思想

中国科学家钱学森（1991）1986 年首先提出地理科学思想，以后又不断加以丰富补充，其基本思想是：认为地理学是自然科学和社会科学之间跨学科的科学，有统一的研究对象即地球表层。但地理学不是一个单一的学科，也不是一个简单的边缘学科，而是"跟自然科学、社会科学并行的"，"一个新的科学技术大部门"，是一大科学体系，它具有基础理论、应用理论、应用技术三个层次（关于钱学森的地理科学思想在第 3 节还要详细介绍）。地理科学思想是 20 世纪 80 年代后期中国科学家对现代地理学发展作出的理论贡献，它是现代地理学思潮集大成者，是对地理学更高层次的概括，对扩大地理学与其他科学的联系，扩大地理学的应用领域，发展地理学的技术层次，整体地全方位地发展地理科学，指导综合地进行经济建设和文明建设具有重要意义。对未来地理学发展的影响是深远的，难以估量的。当然这一思想还需要得到其他学科和其他国家地理学家的普遍认同,更需要靠地理学自身发展的实践加以证明。

(五) 信息革命

20 世纪 60 年代以来,现代科学方法论——系统论、控制论、信息论成为一切科学的普遍的方法论,整体思想、反馈思想、控制理论等新的科学思想使人类对复杂现象的认识水平和控制能力大大提高,现代高技术——计算机技术、空间技术、自动化技术迅速普及和发展,所有这些为现代地理学研究手段的改造和提高奠定了科学理论基础和技术支持,使地理学的研究手段发生根本性的飞跃,称这一变化为现代地理学的"技术革命"毫不为过。

1. 3S 系统

3S 系统是指遥感系统(RS)、全球卫星导航系统(GNSS)和地理信息系统(GIS)。

RS 系统由航空摄影和卫星遥感两部分组成,早在 1909 年莱特兄弟就进行了航空摄影,1937 年彩色空中摄影成功,红外线技术于 20 世纪即用于军事侦察,雷达图像的开发是第二次世界大战以后的事。直到 20 世纪 60 年代以后遥感技术才广泛用于民间,特别是航天技术的发展,大大推动了这一技术的进步。遥感技术大大增加了人类观察的广度、深度、速度和精度。如地球资源卫星每天绕地球运行 14 圈,它可以搜集到地质、水文、气象、海洋、环境、矿产及农业、林业的大量信息,而且也实现了对地球的瞬间整体观察。遥感技术在地理学的应用,如同望远镜的发明对天文学的意义,手段的革命化带动科学的革命化。

全球卫星导航系统是能在地球表面或近地空间的任何地点为用户提供全天候的三维坐标和速度以及时间信息的空基无线电导航定位系统。其中,GPS(global positioning system)是美国陆海空三军联合研制的军用卫星导航系统,自 1973 年 12 月开始研制,到 20 世纪 80 年代已进入全面运行。整个系统由 6 个轨道面 24 颗卫星组成,可以保证地球上任何一点在任何一个时刻都能至少同时观测到 4 颗卫星,可在全球范围内向任意多用户提供高精度、全天候、连续的三维定位、三维测速。GPS 以毫米级的精度测量短基线(几十千米),以厘米级精度测量长基线(几百至几千千米),是地球测量的革命性变革。这种高精度全球范围的空间测量使过去靠推理的板块运动、海流、大气环流运动的研究成为实际可测度的实验研究,推动了全球系统的地理研究。2020 年,中国建成了北斗三号卫星导航系统。

GIS 是以空间为秩序的信息系统。发端于 20 世纪 60 年代初,加拿大的汤姆林森(R. F. Tomlinson)和美国的马伯(D. F. Marble)于 1962 年在不同地方从不同角度提出的。前者是为了处理分析大量土地利用数据,后者是用于大规模城市交通研究。20 世纪 70 年代以后至今,随着计算机技术的发展和普及,以及资源、环境调查,区域规划等社会需要的增加,GIS 在全球迅速发展。GIS 具有多层次数据结构、多功能综合分析功能,可以综合利用 RS、GPS 及其他系统的信息,运用自动制图功能为全社会资源调查、环境建设、社会管理服务,也为地理科学研究服务,是地理科学的高技术,随着计算机技术和空间技术的发展,有着广阔的发展前途。

2. 数字地球

"数字地球"(digital earth)是 1998 年 1 月由美国副总统戈尔(A. A. Gore Jr)创意并提出

来的。它是真实地球及其相关现象的统一的数字化重现和认识,是信息化的地球,是现实地球的虚拟对照体。实现数字地球,必须有高速计算机通信网络系统,即信息高速公路,还必须有精确获取、配准和集成地球空间信息的基础设施,这就是所谓"车"的问题,再就是"路"的问题,即全球贯通的信息网络。"车"所能使用的大量的不断更新的空间信息数据库,即解决"货"的问题。数字地球是比 GIS 层次更高、内容更全面、分析能力更综合的巨大系统。它使现代地理学研究技术体系又提高到一个新的层次。数字地球最重要的特点就是全球性、整体性,通过这一技术将揭示地球系统的整体、基本的规律,无疑将大大推动地理科学的发展。为了实现"中国数字地球"或"数字中国"的目标,我们必须加强中国信息技术的步伐和信息基础设施的建设,在这一大潮流中抢占制高点,既要共享全球空间信息资源,又要有可靠的国家安全保密措施。与此同时还要加速区域数字化的进程,实现"数字城市""数字区域""数字流域"等,到那时,地理学的研究将不再是零星的分散的信息支持下的看法,更避免了不完全信息下的无谓争论,地理学的社会意义将大大提高。

20 世纪 80 年代以来,从事地理信息研究的地理工作者越来越多,GIS 研究、开发和应用成为地理类专业学生的主要就业领域之一。中国 80 年代初陈述彭院士就倡导开展 GIS 实验研究,1985 年开始筹建"资源与环境信息系统国家重点实验室","地理信息科学"成为地理学科下的三大分支之一。80 年代到 90 年代中期,中国陆续培养一大批地理信息方面的硕士生和博士生,90 年代后期,在大学地理系中开始增设地理信息专业。信息研究成为地理科学快速发展的生长点和备受地理学界和社会各界关注的热点。

讨论

1. 分析现代地理科学理论革命、行为革命、信息革命、统一地理学、生态思潮的社会时代背景和科学哲学思想背景。

2. 自然地理学与人文地理学能统一吗?　根据是什么?　怎样统一?

3. 谈谈你对地理科学为实践服务的方式的认识。

4. 剖析大地理学、建设地理学的内涵。

5. 为什么说 3S 技术的出现对地理学来讲如同 "天文学出现望远镜" 一般的重要意义?

6. 古希腊地理学、中国地理学最突出的贡献有哪些?

推荐读物

1. 詹姆斯.地理学思想史[M].李旭旦,译.北京:商务印书馆,1982.

2. 钱学森.论地理科学[M].南京:江苏教育出版社,1991.

3. 约翰斯顿.地理学与地理学家[M].唐晓峰,李平,叶冰,等译.北京:商务印书馆,1999.

4. 中国科学院自然科学史研究所地学史组.中国古代地理学史[M].北京:科学出版社,1984.

5. 白光润.地理学导论[M].北京:高等教育出版社,1993.

6. 哈特向.地理学性质的透视[M].黎樵,译.北京:商务印书馆,1982.

7. 潘玉君.地理学基础[M].北京:科学出版社,2000.

8. 白光润.地理学的哲学贫困[J].地理学报,1995,50(3):279-287.

9. 阿努钦.地理学的理论问题[M].李德美,包森铭,译.北京:商务印书馆,1994.

10. 王铮等.地理科学导论[M].北京:高等教育出版社,1995.

11. 邦奇.理论地理学[M].石高玉,石高俊,译.北京:商务印书馆,1991.

12. Goodchild M F.Reimagining the history of GIS[J].Annals of GIS,2018,24(1):1-8.

第 2 节　地理科学的思想流派

由于研究背景的差别和学术观点的不同,地理学在其自身的发展过程中形成若干不同的研究传统和学派。近代和现代地理学的这些主要研究传统和学派各自形成并发展具有特色的理论与方法,它们对地理学认识水平的提高和学科发展起过积极而重要的作用。对这些主要学派的了解,对认识现代地理科学具有重要意义。

一、 区域学派

(一) 近代地理学中的区域学派

近代地理学中的区域学派早期代表人物是德国地理学家赫特纳(A. Hettner)。他面对 19 世纪末 20 世纪初部门地理学的进一步分化的形势,强调地理学是一门关于地域分异的科学,认为区域是自然与人文现象相互结合的具体体现,提出了地理学研究的主流思想。

赫特纳的主要思想是:其一,他认为地理学的研究领域是有局部差异的地球——大洲、国家、区域、地方,也就是不同等级、不同特征的区域。从区域开始,在归纳的基础上对区域单元进行对比,以实现对地球表面的研究。他指出:"方志观点的目标在于通过现实的不同领域的并存,其间的相互关系,以及它们多样展现的理解来认识区域或地方的特征,从而在各洲各大小区域与地方的实际安排中,去了解整个地球表面(詹姆斯,1982)。"其二,赫特纳提出了区域研究规范,或者叫区域地理描述的传统纲要。他认为地理学的统一性并不表现在区域的共同的抽象的一般的规律与法则中,而是体现为相同的研究方法和程序,即研究区域从地理位置开始,然后依次为地质、地貌、气候、植被、自然资源、定居过程、人口分布、经济方式、交通和政治分区。这个纲要根据这样的信念,认为这构成了一种因果顺序;并且在论述每一论题时,只讨论其与自然基础的关系,而不讨论各个论题之间的关系。至今这一刻板的模式在现今的区域地理著作和教材中尚不同程度地承系着。其三,在关于地理学方法论的争论上,他坚决主张地理学和几乎所有其他学术领域一样,既要进行描述,又要寻求规律。坚决反对那种认为地理学要么是描述的,要么是探索规律的,两者不可兼得的观点。尽管赫特纳认为地理学既进行描述又探索规律的观点十分清楚，但是，他的前两个看法（即地理学领域是有局部差异的地球，不同等级区域的观点，地理学统一在方法之中而不统一于事物性质的观点）决定了地理学的方法论不可能两者兼而有之，只能偏重于描述而不是偏重于探索规律。

　　赫特纳的地理学思想的影响是世界范围的。他所著的《地理学：它的历史、性质和方法》成为那个时代地理学理论的经典著作。欧美的权威学者和学术组织都抱有与他相同或相似的看法。法国近代地理学的代表人物白兰士认为："地理学是地方的科学。"英国地理学会语词委员会给地理学下的定义是：特别强调地区差异性和关联性，来描述地球表面的科学。美国地理学会五十周年纪念文献《美国地理学：回顾与展望》一书中给地理学下的定义是：地理学探讨现象（这些现象组成了某一地方的特征）的组合，以及地方之间的相似性和差异性。苏联的区域地理既具有自己的传统，也受到德国地理学的影响。20 世纪 30 年代初形成了以巴朗斯基为首的经济地理区域学派。巴朗斯基关于区域地理的描述见解，反映在 1937 年的《苏联地理志分区各卷的标准提纲》中，这一体系比赫特纳的区域地理传统描述纲要更进了一步。

　　20 世纪中叶，美国地理学家哈特向将区域学派思想推到一个更新的理论高度，堪称传统区域地理学派理论的集大成者。他用几十年的时间写成了《地理学的性质》（1939）和《地理学性质的透视》（1959）两部名著。这两部著作在美国被广泛传播，并被认定为地理学思想主要奠基人观点的权威论述。

　　哈特向不是从概念出发而是从地理学历史出发来阐述地理学的性质。他引证并解释了近 300 多种方法论著作，来论证地理学的科学性质。

　　他的基本理论思想包括如下内容：其一，哈特向总结了赫特纳的区域地理思想和索尔的文化景观发生学见解，认为地理学就是研究地区差异的。他指出："地理学的目的是提供地球表面上变异特征的正确的、有规则的和合理的描述及解释。"更具体地说："只要注意力集中于地区特征，就是地理。这种特征是同一地方现象的相互关联性与其他地方的地区差异性。"哈特向还对他所说的"正确的、有规则的、合理的描述"进行了解释和说明。他认为这样的描述是"科学描述"，"它同时包括已知的、可推理的现象，以及现象的过程关联性和组合"。也就是说，描述包括对未来的推测，是对动态过程的综合描述。其二，哈特向明确指出了地理学追求法则规律的局限性，这一点他比赫特纳观点明确，并不含糊其词、躲躲闪闪。他指出："在论题地理学体系中，导致发展科学法则的一般性研究的机会是存在的。"但他又指出地理学追求一般性法则的努力是受其科学性质束缚的，看不到这一点，地理学家势必落入歧途。他指出："概念①的接受并不是地理工作所必需的。但是，学者们如果因为不能了解其必要性所以不能接受那些在实践中已被证实为地理学所必需的特征时，就会一再企图改变其主题，以适应他们对一门科学的看法。这种企图的悠久历史表明：'那些想把一个方塞插入一个圆孔的人们终于遭至个人的失败和专业上的不幸'。"哈特向的这一认识为许多地理学者所折服，这不仅仅是对历史的总结，也似乎是对未来的预见。在哈特向之前，拉采尔等人曾试图寻求人类社会发展与地理环境之间的一般性原理，但并没有成功；在哈特向之后，现代

---

　　①　哈特向这里讲的概念是指赫特纳把地理学作为方法学的概念。

地理学的计量学派、理论学派也试图将地理学改造为追求一般规律、法则的空间科学,但十多年的努力证明收效甚微。这些努力都是在试图将"方塞插入圆孔"而注定失败呢,还是人们尚未找到实现这一目标的途径? 或尚未达到解决这样的问题的科学水平? 这将有待未来地理学理论的艰苦探索。

(二)现代地理学中的区域思想

从 20 世纪 50 年代中叶开始,哈特向的区域学派思想受到了挑战,60 年代理论革命、计量革命的兴起,区域学派研究区域个性及描述手段的方法论体系,受到激烈的批评和抨击。当时的地理学界将这一形势看作是一场科学革命,也就是说,区域学派思想如同托勒密的地心说被哥白尼的日心说所代替一样,已经成了过去时代的东西,地理学已经加入探求规律法则、用精确数学语言描述的一般科学的行列。

区域地理学被冷落了 20 年。但是,这 20 年历史如同给人们开了一个玩笑,在批评区域体系的过程中,出现了进一步证明区域地理生命力的事实,这主要是:

其一,在区域地理学思想受到挑战的同时(1954),一门新的科学诞生了,即区域科学。而且正是在区域地理遭到冷落的时代,区域科学得到迅猛发展,其学术组织遍及世界各地,专门性学术刊物有二三十种,一时成了现代科学发展的热点之一。当然区域科学不等于区域地理学,它的体系是开放的,吸收经济学、地理学、规划学及社会学、行为科学等各方面的成果,在方法论上不是以描述为主,而是以演绎、模型为主。它的研究成果也不仅是向人们提供区域知识,而是提供解决问题的方法,具有预测性。但是至少有两点与区域地理思想有共同之处:① 它同区域地理学一样,也是研究有界的彼此不重复的区域。② 它所追求的并不是适用所有区域的抽象的一般性法则,区域科学的成果并不像物理学、化学、数学科学那样,从一个典型事物中得到规律、法则,适用于所有事物,它所追求的是解决区域问题的方法,即不是事物自身规律的统一性,而是解决问题方法的共同性。这一点与赫特纳的思想有相似之处。区域科学发展的事实告诉人们,以区域为研究对象的科学不是过时的、不科学的,而是有意义的。

其二,在现代地理学思潮中,一个很重要的思想就是统一地理学思潮,在地理哲学上表现为用一元论代替二元论,反对地理学中相互割裂的纯自然研究和纯经济、纯人文研究。苏联地理学者阿努钦等人认为区域地理学是统一地理学的存在框架,严格地说地理学的所有分支都具有边缘学科的性质,唯有区域地理是地理学存在的核心和基础。

其三,20 世纪 60 年代的理论革命、计量革命热潮维持不到 10 年,将地理学变为"空间科学"的企图,用计量方法刷新地理学传统方法的企图,都没有表现出大的成效,在其发源地——英语圈地理学界遭到了激烈的批评。到 70 年代后期区域地理学又受到地理学界的青睐和重视。

但是现代区域地理学已不是原来意义的传统区域地理。经过一场"革命"的剧烈震动之后,其面孔已有极大改观。现代地理学中的区域思想主要表现为:

其一,对区域的认识深化,从区域的形态差异分析转向系统分析。引入系统论思想,从区域的结构、功能、动态过程联系去认识区域。通过区域整体结构和物质流、能量流、信息流的分析,把握区域要素的整体特征及各要素相互作用的规律。

其二,在研究方法上,基本上摈弃了传统区域地理的描述体系,大量应用模型,转向演绎方法,形成区域系统研究体系,以代替传统的形态学分析方法。

其三,兼蓄并容吸收了自然地理理论、景观学理论、区位理论、空间经济学理论、生态环境学理论、人类行为理论、区域科学的理论,形成更高层次区域建设区域开发理论思想。实践性、应用性、工程性加强,直接服务于区域开发区域治理。特别是 1980 年代以后,区域范围内的人口资源、环境、发展协调问题成为区域地理学研究的焦点和中心内容。苏联学者格拉西莫夫提出的建设地理学思想和钱学森提出的地理建设思想,都反映了区域地理思潮现代的新发展高度。

总之,现代区域地理学思想在将区域作为科学的研究对象之一的思想这一问题上,依然继承了传统区域学派的思想,它认为科学研究的划分并不是只能依事物性质为对象进行,以实在的空间区域为对象依然可以进行科学研究,而且具有很大发展潜力。但是在研究方法上传统的描述方法既不是唯一的,也不是主要的,演绎的推理的模型化的方法,系统分析的方法日趋重要,在一定层次上探索规律、法则,探索不同类型、不同级别的区域演化发展规律,探索开发治理建设的科学的经济的途径,既是必要的也是可能的。不少地理学家断言,在理论深化和方法创新的基础上,区域地理学仍将是地理科学的研究核心和有关专题研究的基础。

二、 景观学派

(一) 近代地理学中的景观学派

1. 景观的概念

景观(landschaft)这一术语,最早出现于德语圈的地理学之中,1906 年在慕尼黑大学任职演说上施吕特尔(O. Schlüter)首次使用"景观"这一术语。"景观"在德语中被解释为"风景""区域",既有外貌、视觉感观之意,又有区域含义。15 世纪中叶西欧艺术家就风景油画而言,认为景观是指透视中所见的地表景色。在园林建筑上,景观也指景色,只不过范围更小一些,指园林、街景、建筑体的形象,因而有"造景""建景"等说法。地理学中的"景观"多指区域的整体形象而言。因为"景观"含有形象、外貌、可视性等方面的意义,所以很受地理学者们的喜爱。使用它比"区域"那种单调的空间平面含义更丰富,可以表示出各地理要素相互联系相互作用共同构成的整体形象。但是不同学者强调的侧面不同,有的认为"景观"专指自然或侧重于自然的整体,有的强调"景观"侧重于区域含义,如苏联地理学者把景观作为自然区划的基础单位。有的认为景观不仅包括自然景观也包括人为景观,如美国的索尔,他在研究文化景观中最有成效,他认为文化景观是附加于自然景观上的人类活动形态。此外在部门自然地理学中还有"地球化学景观""生物景观"等说法。1971 年特罗尔将景观定义为:"综合了地理圈、生物圈和智慧圈的人为事物的人类生活空间的总空间和可见实体。"这是一种更高水平的综合。总括以上各种说法,可以看出"景观"这一术语在地理学中包含如下含义:① 整体性、综合性,它表示诸多地理要素构成的综合体。② 地域性,它表示地表的整体形象,不能脱离实在的地表物质环境,不是抽象的空间概念。③ 形象性,或称可视性,是可以观察到的形态,因而景观也是一种资源,在旅游地理学中,这方面的意义更为突出。

2. 景观思想的形成与发展

景观学说的渊源可以追溯到道库恰耶夫的自然地带学说,他的理论是后来的自然综合体学说的理论基础。明确提出把景观研究作为一门学问的思想是在 20 世纪初。如前所述,1906年施昌特尔把"景观"作为地理学术语提出,并在其《人的地理学目标》一文中就倡导景观作为人的地理学的中心问题,探索由原始景观变成人类文化景观的过程。帕萨格(S. Passarge) 1913 年提出景观地理学思想,20 世纪 20 年代出版了《景观学基础》《比较景观学》等著作。他特别重视自然对人类的影响,运用比较景观学方法,侧重于人地相互作用对景观形成的影响的研究。

自 20 世纪 20 年代起苏联地理学家就很重视自然景观的研究。1931 年贝尔格(L. S. Berg)发表了《苏联景观地带》,阐述了景观学说原理。在苏联,景观学说大体有三个方面。其一是将景观理解为自然综合体的一般概念,它适用于各种不同等级的自然综合体,大至地壳,小至地表的某一具有清晰外部形象的微小地段都是景观。贝尔格认为:"所谓自然景观,是指在地形、气候、植被和土被的主要特征上相同的地区。"其二是将景观理解为区域,理解为具体地段,认为景观是地理个体、是自然地理学的区域单位。如 H. A. 宋采夫(H. A. Соличев)认为景观是自然区划的基本单位,由景观开始向上合并不同等级的自然区。其三是景观研究的类型方向,即认为景观不是个体,景观学也不是"区域",景观是自然综合体的类型,区域是景观类型单位有规律的组合,H. A. 格沃兹杰斯基、H. 维索茨基(H. Vysotsky)等都持有这一看法。上述三种看法虽然有很大差异,但在把景观看作是自然综合体这一点上是共同的。

在苏联,除了一般的景观学研究外,还出现两个特殊的分支。其一,苏卡乔夫(V. N. Sukachov)把生物地理群落理解为一个植物群落所占据的生态条件一致的地表地段,是植物、动物、微生物、小气候、地质构造、土壤、水文状况相互作用的整体。生物地理群落是景观的最小结构部分,即单元景观或小景观。生物地理群落学说研究景观的最小单位各组成成分之间的物质交换,即小景观的生物循环,以及生物群落与其循环的能量交换。其二,波雷诺夫(B. B. Poleinov)开辟了景观学研究的地球化学方向。他研究景观中各种元素和化合物的含量和迁移分布规律,用地球化学指标说明景观特征,提出景观中地球化学共轭思想。他把单元景观划分为三个密切联系的基本类型,即残积单元景观(分水岭)、水上单元景观(地表水以上)和水下单元景观(地表水以下),从地表物质迁移角度深化了景观学说。

美国地理学家索尔(图 4.2.1)在文化景观研究中作出重要贡献。1924 年他在《地理学调查方法》一文中,将"自然景观"和"文化景观"首次引入美国地理学界。1925 年发表的《景观形态学》一书,较为系统地阐述了他的景观理论。他把景观看成地球表面的基本单元。索尔认为景观研究的主要任务是探索它的发展过程,即从自然景观向文化景观的发展过程。他的文化景观论是用发生学方法研究文化历史的地理变迁,对古代文化起源与传播、农业起源与传播、欧洲移民史等进行理论与实践研究。《薄荷油属地理学》是他这方面的代表作。索尔的文化景观思想虽不否认地理因素对人的作用,但主

图 4.2.1 索尔

要强调的是人对自然景观的普遍作用。因而文化景观的思想主要是探求人类影响下景观的演变、发展规律。

德国是景观学的重要发源地，除施吕特尔、帕萨格等人对景观学派的奠基作用以外，特罗尔的景观生态学思想，对近代地理学景观学派发展也作出了最有影响的贡献。1935 年特罗尔提出"景观生态学"思想，从空间视角、从地理环境尺度研究生态特征、生态规律，诸如林线、雪线的变化，森林、草原等景观类型的演变等，开辟了景观研究的生态学视角和生态学研究的地理学视角。

总之，景观思想的基本思路是把景观作为地理综合体来认识，它比单纯的区域概念更进一步，不仅涉及空间内容，而且涉及空间中各种环境要素的有机联系及整体发生、演变规律。它是现代地理学产生之前，地理学综合思想的主要代表形式。在方法论上，它把景观当成研究客体，对其进行分类，探求其形成、演变规律，虽然使用描述的方法，定性分析比较多，但它追求的不是个性特征，而是共性规律和法则。与区域学派不同的是，它是从发生学角度探讨地理综合体的发生、演变规律，而不是从形态学角度去分析区域差异、区域特征，研究的对象是研究者从发生学角度划分的地表类型，而不是某种自然或人为界限圈定的既定区域。近代地理学的景观学虽然也讨论研究景观诸要素相互作用的机理，但基本上（除波雷诺夫以外）还是形态学方法，并没有从能量转换和物质循环角度上去认识景观，基本上还是传统的比较地理学方法。

（二）现代地理学中的景观思想

20 世纪 60 年代以来，景观学再次成为地理科学中的瞩目问题，沿着景观的形态与发生、景观的稳定与演化、景观的分析与综合、景观与环境、景观价值与应用等方面发展。突出表现为地理系统思想、景观格局研究和土地类型与土地覆被等几个方面。

1. 地理系统思想

20 世纪 70 年代，苏联学者索恰瓦提出地理系统用以代替原来的景观壳、地理壳等概念。把系统论中的整体思想、等级思想与景观思想中的综合观点结合起来。系统论及其他现代科学、哲学思想引入地理学之后，使景观思想更明晰、更系统、更深刻，并有可能将区域、区位、环境、景观等思想结合起来，从而形成新的地理系统思想。索恰瓦从不同时间、空间等级尺度，将地球表层划分为行星级、区域级和局地级等不同的等级系统，并提出"人与自然共同创造"等新思维。

2. 景观格局理论

20 世纪 80 年代景观生态学的研究中心转向美国，研究重点在景观格局（基质、斑块、廊道）的分析上，注重景观格局的优势度、异质性、关联性的研究，应用于景观空间规划与环境建设上。在西、中欧，如德国、荷兰、捷克等国家，景观设计、景观规划已实际应用到社会生活之中。

3. 土地类型与土地覆被研究

苏联的景观学研究传统，在自然区划、土地利用方面得到广泛利用。中国的综合自然地理研究，实际上就是景观研究，重点应用于土地类型的划分、土地资源评价、自然区划、土地规划之中。澳大利亚、英国和加拿大涌现出来的土地类型研究也属于景观学派，其理论与苏联的景观学有相同之处，但所用术语不同。这类研究重视土地资源和土地评价，现已逐渐形成土地系统的综合研究。

土地覆被变化研究是全球环境变化的热点研究领域。土地本身就是自然综合体，土地变化就是景观变化。通过全球性、大区域景观改变探求大区域大尺度环境变化是现代地理科学景观学思维的新发展。

现代景观学已发展成为一个多学科的综合领域，把景观作为环境过程和生态演化过程的最高综合水平来研究，侧重于研究景观的时空变化、合理利用、生产潜力，以及确定人类社会与景观之间适应和优化的模式。

三、　环境生态学派

环境生态学派的研究视角，着眼于人类与环境的关系。这一学派虽然也使用了大量的描述的定量的手法，但从科学观认识论上，它力图追求人与环境关系的理性法则和规律，试图像生物学、物理学、化学那样探求事物的普遍的共性的规律。

（一）近代地理学的环境生态学派

人地关系是地理科学研究的主题。从古代地理学的亚里士多德（Aristotle）到近代地理学的创始人李特尔都非常重视这一命题的研究。包括地理学以外的哲学家孟德斯鸠（Montesquieu）等人也都是十分热衷于这一问题的探讨。那一时期的基本思路是讨论环境与人类文明的关系。19 世纪末拉采尔接受达尔文的进化论思想，首先使用了"人类地理学"一词，提出"生存空间""国家有机体"等概念。他的学生森普尔的《地理环境的影响》一书，深入详尽地阐述了环境对人类活动影响的各个方面。这一思想本书在"人地关系理论"部分称之为"进化环境论"。

（二）现代地理学的环境生态学思想

到现代地理学时代，当今世界随着人口增长、城市扩展、资源短缺和环境恶化等一系列问题的出现，现代地理学生态学派注重于人类社会发展与环境的物质基础之间相互作用机制和全球生态效应研究，产生许多新的理论思想，如人与环境共生论、协调论、人与自然共同创造论、土地承载力论、适度人口论、区域可持续发展理论等。人地关系的研究范围很广，涉及自然地理、人文地理、区域地理和其他分支学科。在与其他有关学科共同协作、互相渗透中，可以找出地理学新的生长点。20 世纪 70 年代以来，人地关系理论的应用研究方面取得了明显的进展，地理学家在城市规划、乡村规划、区域开发、土地覆被研究、区域生态设计、生态旅游等诸多方面作出了实际贡献。这方面的详细内容在人地关系一节已做论述，此亦不再赘述。

四、 空间学派

（一）近代地理学的传统空间学派

空间学派所追求的是地表事物空间关系上的共性，即探求事物空间关系上的一般法则和规律，它不研究事物的形态特征，而着重于事物在空间上距离和位置关系，其核心是距离衰减规律。

区位论的思想发端于经济学而不是地理学。最早的区位论是德国经济学家杜能（Thünen,1826 年）提出的农业区位论思想。杜能之后，德国经济学家韦伯（A. Weber）又创立了工业区位理论（1909,1914）。他比杜能的思路更加扩展，不仅考虑到运费因子还考虑到劳动力费用因子和集聚因素，但基本思想是最小成本的思想。此外，德国地理学家克里斯泰勒提出中心地理论，这是地理学家首次提出空间理论。除上述三位学者之外，美国的经济学家赖利（W. J. Reilly,1931）、齐普夫（G. K. Zipf, 1949）提出了重力模式，德国经济学家廖什（A. Lösch,1940）、美国经济学家胡佛（1937,1948）进一步发展了区位论和中心地论思想。

空间理论除了中心地论以外都出自经济学家，而后被地理学引用过来。这些理论在区域思潮占主导地位的时代，特别是传统地理学发源地的德国并没有得到应有的重视，在当时的地理学界甚至是鲜为人知的。

（二）现代地理学的空间学派

现代空间学派构成了现代地理学主要组成，它是与哲学上的实证主义和研究方法上的计量革命联系在一起的。1953 年美籍德国学者谢费尔发表论文《地理学中的例外论——方法论的检视》，文章认为：地理学是研究空间布局法则的学问，提出地理学是空间科学的思想。进入 20 世纪 60 年代这一科学观为地理学革新派所普遍认同，他们主张：地理学应当具有现代科学的一般品格，即应当是追求抽象于个性的普遍性的规律和法规，应毫无例外地摆脱个性描述体系。在方法上应当应用精确的数学语言，随之而来的就是计量革命的到来，数学方法大量地广泛地应用于地理学研究。

现代空间学派首先总结传统区位学派的研究成果，向地理学界介绍和高度评价这些研究成果，并在实际研究中加以验证和发展。美国地理学家邦奇（1991）在其著作《理论地理学》中这样写道："如果没有中心地理论的存在，也就不可能如此强调独立于其他母体科学的理论地理学的存在。地理学之所以是一门基础科学，是因为它产生出新的理论，这一论断的证据就在于最清楚地存在着中心地理论。作者认为除地图学外，中心地理论的开创并不断增加完美是地理学最优秀的智慧结晶，应当把克里斯泰勒置于巨大荣誉位置之上。"显然认为地理学真正的理论渊源是传统的区位理论，更具体地说是中心地理论。

现代空间学派发源于美国，如本章第 2 节中的"理论革命与计量革命"部分所言，在欧美地理圈形成三大学派，即美国的华盛顿学派、英国的剑桥学派和瑞典的隆德学派。现代地理学把分布与发展过程结合起来，强调动因，着重于区位或区位因素分析，即通过与其他有关因素的联系过程的分析，来探索地表事物之间的空间关系，强调其分布规律和模式的形成，并为生产布局服务。现代地理学的空间研究也创造出一些科学家比较公认的研究成果,如"重力模型""扩散模型""城市位序模型"等。地理学以外的学者也为区位空间研究作出了贡献,区域科学的创始人艾萨德(W. Isard)利用各种计量经济学方法进行产业区位分析,从"空间经济论"出发研究区位论,指出区位因子是互相依存的函数关系,综合分析地区优势和问题,发展了传统的区位理论。

20 世纪 70 年代后期空间思潮同计量革命一样从潮热状态趋于平伏,批评者们认为"空间几何学"主掌地理学的时代已经结束,地理学者更多地注意到地表事物自身性质和彼此地缘关系对地表规律的影响,科学观上批判逻辑实证主义的思想重新抬头。但是这个时期的空间理论成果、计量手段受到地理学界的普遍重视,并在地理学以外的科学中得到应用。将地理学单纯地理解为空间科学的思想虽然已经证明是不全面的,但它作为现代地理学的重要特色和基本内容之一,已为大多数地理学家所认同。特别是 RS、GIS 的应用使空间分析的深度和水平有很大提高。

五、 社会学派

地理学的社会学派或称地理社会学派,在近代地理学阶段,甚至 20 世纪 70 年代之前,他们的研究方法论并没有新的突破,地理学主要表现为空间视角和生态视角。如 20 世纪 20 年代,美国的城市生态学派帕克、麦肯齐等人运用生物学、生态学理论解释城市社会空间结构。20 世纪 60 年代中期,雷·帕尔(Ray Pahl)就指出社会地理学关注"常常是城市范围内的社会群体和社会特征的理论区位"。这些社会地理研究要么是研究社会组织的空间结构、空间特征,要么是研究城市结构与环境的关系。

20 世纪 70 年代以后情况发生了变化,哈维、阿尔杜塞、勒菲弗、阿兰·图雷纳(A. Touraine)、曼德尔(Mandel)等英、法地理学家和思想家受马克思主义和结构主义哲学思想影响,提出一个新的视角研究社会空间,方法论上有别于上述学术流派。他们认为"历史唯物主义是我们探究问题的方法"(哈维,1985),"将产生全新的而且日益空间化的政治经济学"(Soja,1994),"地区和国家不平等发展是资本主义本质之所在,这可以与资本剥削劳动相提并论""空间不平等是资本主义积累所必需"(曼德尔,1976)……总之,他们的基本思想就是认为社会生产关系是空间结构形成的根本原因。戴维·哈维的《社会公正与城市》(1973)是这一学派的代表著作。

社会学派给现代地理学提供一个新的研究视角,也就是说,空间结构的形成和演变,不仅受环境制约,受经济要素关系的影响,还受社会生产关系、社会制度的影响。无疑会使现代地理学对区域、空间问题认识更为深刻。但是不能把生产关系的空间影响绝对化,否则就会重蹈苏联斯大林时期和中国"文化大革命"及"文化大革命"以前"左"的思想影响下的地理学的覆辙。

上面扼要介绍了地理学发展历程中所形成的几个主要研究传统和学派或不同的研究方向。它们之间并不是各自独立而是相互密切联系的。面对地球表层这一复杂的巨系统,地理科学所研究的是自然、人文及区域的综合内容,包括人地关系及其优化调控等重大问题。

地理科学要在基础理论和应用实践上取得显著成果,在现代科学体系中继续发挥其独特的作用,就必须兼容并蓄、互相渗透和促进,加强各个不同传统学派和研究方向之间的合作,使地理科学的研究水平提高到一个新的高度。现代地理科学中各种学派融合,现代地理学与经济学、生态学等科学融合的大趋势十分明显,比如改革开放以后中国的梯度战略,点轴发展战略,沿江沿边、省会城市全方位开发战略,西部大开发战略,"一带一路"建设都体现了地理学家的智慧,从发展战略的抽象模型、模式看来是空间学派的思维,但这些理论模式又是从中国具体经济社会环境的实际出发提出的,从这一点看又是区域学派的思维,两者很难截然划分。各学派的存在和差异是相对的,融合渗透是绝对的,这正是地理科学的大科学性质所在。

讨论	1. 区域学派与空间学派有何不同?
	2. 景观学派与环境生态学派有何不同?
	3. 社会学派与其他学派最主要区别是什么?
	4. 现代地理科学研究在哪些方面体现各学派融合的趋势?

推荐读物

1. 青年地理学家编委会.理论地理学进展[M].济南:山东省地图出版社,1990.
2. 王铮.地理科学导论[M].北京:高等教育出版社,1993.
3. 哈特向.地理学性质的透视[M].黎樵,译.北京:商务印书馆,1982.
4. 白光润.现代地理科学导论[M].上海:华东师范大学出版社,2003.
5. 约翰斯顿.地理学与地理学家[M].唐晓峰,等译.北京:商务印书馆,1999.

第 3 节　地理科学的研究对象、性质、科学体系和特征

一、 地理科学的研究对象

(一)关于科学研究对象的辨析

一门科学区别于其他科学,一般地说应具备两个条件,一是自身的特殊性,以区别于其他学科;二是有内在的认识体系和独特的观察视角,以利于建立理论和思维框架。

在古代地理学阶段,人类对地理学研究对象的认识并不明晰,当时的科学家、学问家的知识结构都是综合的。可谓"上知天文下知地理",无所不通,无所不晓。古希腊的亚里士多德,既是哲学家又是数学家、博物学家。中国的孔子、老子等诸子百家也都是综合研究的大家。地理学的知识散存于各个学科之中或综合的学问之中,并没有真正意义上的独立的地理学。古

希腊地理学比较多地表现在对地球的形状、运动等方面的研究,实际上是地球科学研究。中国古代的地理学,更多的是理解为对人类生活的地表环境的研究,包括山川、河流、地质、物产、灾异、方位等等。这里包括着地质学、气象学、博物学等各方面的内容。在西方,自李特尔以后地理学作为独立的科学体系才逐渐明晰起来,欧洲各个大学开始设立地理教席、地理教授,标志地理学这一学科作为独立学科得到学术界的承认。

关于地理学研究对象的认识,有两种比较流行的习惯认识是错误的。

一是认为地理学是空间科学。

这种认识相当普遍,18 世纪大哲学家康德(Kant)就认为地理学是研究空间的科学,就像历史学是研究时间的科学一样。就连洪堡也接受这一思想,他把有关自然和物质世界的知识分为三类:一是按形态和内容作分类研究的现象,如植物学、动物学、地质学等;二是讨论现存的各现象组合的历史的科学,如动物、植物和岩石的发展史;三是研究各种现象的分布和排列,洪堡给这类知识以各种不同的名称,如地理学、地球理论、自然地理学等等。到近代还有学者将地理学理解为"关于分布的科学",如吉尔(S. de Geer)认为"地理学是关于地球表面分布现象的科学"。马东南(E. de Martonne)认为:"地理学是研究自然、人文各种现象分布、分布成因及空间关系的科学。"长期以来中小学的课本中一直是"物产＋地名"的体系,所谓地理就是告诉人们外部世界是个什么样子的学问,是地域知识的集合。

空间是什么?在科学、哲学中,学者们进行过长期的探讨,18 世纪,牛顿(Issac Newton)曾提出"绝对空间"的概念,即认为空间既非物也非事,而是独立于物质的存在,如同容器般的体系(Jammer,1954)。康德当时接受了这一观点,认为既然空间是独立的体系,那么自然关于研究这一体系的科学就顺理成章地成立了。后来随着"现代物理学的发展,特别是相对论的提出和得到证实,证明时间和空间同运动着的物质有着不可分割的联系,既没有脱离物质运动的空间和时间,也没有不在空间、时间中运动的物质。空间是客观的,具体的,但不是独立的。各种各样的空间都是不同物质间的运动关系、结构形式。不存在独立于物质以外的空间体系,在认识上也就没有理由研究这一虚无体系的科学。事实上也正是如此,人类社会有人类社会的空间分布形式,工业、农业、文化、教育、商业也都各有各自的分布形式。决定各自分布形式的,首先是事物各自的性质,不存在支配所有事物的共同的、独立的空间规律,事物的空间存在形式的研究是众多学科的研究内容之一,地理学并不对其拥有独占权。因此,脱离事物自身性质,建立专门研究空间性质的科学体系,也是不科学的"(白光润,1995)。很显然,将各种事物的空间性质、空间关系剥离下来,积沙成堆是构筑不起地理科学大厦的。也就是说,缺乏内在的认识体系,不可能建立基础的理论和思维框架。时至今日,有的地理学者依然热衷于现象分布的学问,什么"食品地理""体育地理""音乐地理""艺术地理""毒品地理"等等,不一而足。如此细如牛毛的分科,几乎与所有学科、所有事物都发生关系,各种各样的"地理"之间看不出有任何关系,如此泛化下去,真有可能使地理学从人类主要学科领域中消失掉。

二是认为地理学是研究人地关系的科学。

这种认识并没有鲜明体现地理科学自身的特殊性。人地关系即指人类与环境的关系,这是一个非常宽泛的哲学、科学命题。许多科学都在研究它,哲学、生态学、环境科学、经济学、社会科学等等,涉及的层面、着眼点各不相同。人地关系当然是地理学的中心课题之一,但绝不是全部和唯一,其研究的侧重点也应与其他科学有所不同,以往的地理学人地关系研究,不少侧重于哲学层面,可操作性不强,限于空泛议论,是不可取的。总之,把地理学仅仅理解为研究人地关系的科学,不能突显地理学的独特性,与相关科学的研究内容、研究目标混淆,实际上也是对象泛化的表现。科学发展到今天,很多问题都是各个科学携手,从不同侧面来研究解决的。把某个科学问题、社会问题、技术问题,甚至哲学命题作为一个学科的对象,势必丧失或削弱本学科的主体性和存在价值。

那么地理学的研究对象应当是什么呢？地理学家普遍的共识是地球表层这一特殊的物质体系。如前所述,地球层圈构造,固体部分分为地核、地幔、地壳,气体部分分为对流层、平流层、中间层、热成层、电离层、外逸层等,并无表层、深层之类的分化。这里所讲的地球表层实际上就是固体地球与大气、水体、生物、人类之间的界面层。"地球表层"的概念表明科学家对地理科学研究对象、地理过程物质主体,对地球系统中进化最快、物质能量交换最活跃的特殊界面物质体系的理性认识。

(二)地球表层的范围、基本特征和演化机制

1. 地球表层的范围

对地球表层的范围和特征,地理学家有着不同的理解并经历了长期的认识过程。如前所述,近代地理学的创始人洪堡是博物学家、自然科学家。他的科学活动涉及地质学、地球物理学、气象学、生物学等各个方面。他把自然界看成是互相联系、互相影响的整体。他对地理学的理解是自然现象的"分布和排列"的侧面。

李特尔在确立地理学科学地位方面作出了很大贡献。他明确指出,地理学研究的对象不是宇宙,也不是地球的全部,而是地球表面。他在其代表作《地学通论》中写道:"作为科学的地理学,主要是研究地表整个领域,不管其属于哪个自然界,也不管其构成怎样的形态,只要地上所看到的领域,就属于地理学的研究范围。"李特尔所讲的"地表"不仅限于纯自然的现象,他所关心的是作为人类居住地的地表,是布满了人的地表空间。正是由于李特尔及其后继者的努力,作为一门科学,地理学的研究对象越来越清晰,与其他科学的界线和分工也趋于明确,从而形成自己独特的科学体系。

李特尔把"地上所看到的领域""为人类居住地的地表"作为地理学的研究对象,当然可以把地理学与其他研究自然界的科学相对分开,但是"地表"的确切空间范围并没有说清楚。后来的学者,特别是苏联的自然地理学者在这方面做了大量研究。A. A. 格里高里耶夫 1932 年提出将**地理壳**作为自然地理学的研究对象。他认为地理壳就是由地球固体壳、液体壳和气体壳互相渗透互相作用的地球外壳,是由岩石、土壤、植被、水、大气组成的复杂整体,外层以大气为上界,内层以海洋底部和基岩为界,与宇宙和地球内部分开。苏联地理学界除"地理壳"外,**"景观壳"**这一术语使用也比较普遍,其范围和内容基本与"地理壳"相同。

其后对地理壳的认识又不断修正和深化。1960 年格里高里耶夫又把地理壳的下限确定为莫霍洛维奇面。苏联学者 C. B. 卡列斯尼克(C. B. Kalesnik, 1960)赞成将地理壳作为地理学研究对象的提法,但他认为不能把整个大气都作为地理学的研究范围,而应限定在厚度为

30～40 km 的范围之内。1965 年伊萨钦科提出"**表层地圈**"的概念,强调表层地圈是大气圈、水圈、岩石圈、生物圈、人类圈相互作用的特殊层圈,强调生命和人类活动是表层地圈得到改变和走向复杂化的强大因素。M. 叶尔莫拉耶夫(1967,1969)提出"**地理空间**"的概念,他认为地理学是研究地理空间的,地理空间包括表现出宇宙与地球相互作用的整个地带,这显然比上述提法都广阔得多。1972 年 B. B. 索恰瓦提出"**行星地理系统**"的概念,其上界为对流层顶部,下界为现代**表生作用**触及的厚度(风化壳下限)500 m 左右。

中国地理学在改革开放以前长期受苏联地理学思想的影响,"地理壳""景观壳"等术语普遍使用。中国的自然地理学家陈传康、景贵和、潘树荣等认为地理学的研究对象是地球表层,上界为对流层顶,下界为沉积岩层底部。1981 年中国地理学家牛文元在《自然地理新论》中提出将**近地面活动层**(图1.4.1)作为自然地理学的研究对象。所谓近地面活动层是指地上、水上50～100 m 的大气底部摩擦层至地下 25～30 m、水下 50～100 m(地温、水温年际变化终止线)的范围。这里是气温受地表影响最强烈,空气乱流最活跃,太阳能对固体、液体作用最明显的地方。20 世纪 80 年代钱学森倡导对地球表层系统的综合研究,对地球表层范围的认识基本认同中国学者陈传康等人的看法。

诚然,科学研究的对象只能是相对的划分,各个学科的研究对象不可能截然、绝对地分开,这只能是对地理学对象性对的大致的理解,学科内部各个分科研究的侧重点也不相同,地貌学侧重于岩石圈,气候学侧重于大气圈,人文地理学则侧重于地表人类居住的区域。

2. 地球表层的基本特征

(1)**地球表层是物质三态共存和相互作用的场所**　地球是太阳系、银河系甚至整个宇宙中得天独厚的天体,是人类迄今为止发现的唯一有生命的天体。由于它距太阳距离适中,引力适中,公转、自转周期节奏适当等原因,造就了地表固态、液态、气态三种形态物质共存并相互转化的复杂形态。

(2)**地球表层是内外力相互作用的场所**　来自地球内部的构造力在地球表面清晰地表现出来。造成地球表层地理位置的相对改变,构成地球表层固体部分的基本框架,造成高低起伏、千姿百态的地表形态。以太阳能为基本能源的外力产生风化作用、流水作用、风蚀作用等,则极力消除内力造成的起伏,总的趋势是夷平地表。内力的上限和外力的下限都终止于地球表层之中。地表形态是内外力共同作用的结果,这一特点是地球其他圈层所不具备的。

(3)**地球表层是有机与无机相互转化的场所**　如第 1 章所言,绿色植物是太阳能在地球表层的中转站,它将太阳能转化为生物能,并通过食物链关系逐级转化,然后再通过微生物分解生物残体,将有机物转化为无机物,供植物吸收,在太阳能的作用下合成为新的有机体,这种周而复始的循环和转换,在其他星球和地球的其他圈层是不存在的。

(4)**地球表层是人类的生存环境**　人类出现使地球表层发生了质的变化,也构成区别于其他星球和地球其他层圈的突出特征。如第 1 章所述,人类改变大气圈,造成温室效应、热岛效应,甚至控制局部环流;人类改变水循环,创造人工地貌,从根本上改变生物界的面貌。人类和人类的作用形成独特的智慧圈,地球表层逐渐地变成了人及人的生存环境相互有机联系的新系统。

上述特征从本质上和整体上使地球表层形成了有别于其他层圈的独特的物质体系。从沉积岩底—对流层顶这个范围可以看作是**太阳能的历史-现实系统**,因为尽管从现实来看太阳能只直接影响到地表和水表薄薄的一层,但从长时间尺度看,沉积岩是太阳能的创造物,对流层是太阳能最具声色的活动舞台。当然地理过程并不仅仅局限于沉积岩底—对流层顶这个范围,它与平流层、地理壳下部也有关系,例如超音速飞机、工业排放的氯氟烃对臭氧层的破坏就发生在平流层,震惊世界的厄尔尼诺现象发生原因,不少科学家认为与洋底的地热有关,至于对地表地理过程、人类活动影响巨大的火山、地震其发生源地大多都在地壳深层。从沉积岩底—对流层顶这个范围仅仅是地理科学研究的基本物质对象,这一认识上的界定,绝不应影响地理科学对地球系统整体研究的重视。

3. 地球表层的演化机制

地球表层与对流层以外的大气空间和地理壳以下的基本上是单相的物质系统相比,主要有两种特殊机制促进其自身运动、发展和演化,这就是**界面机制**和**异质机制**。

界面对于物质世界的进化、发展具有重要意义。从物理意义上讲,能量和物质的转换和传输,主要是通过界面来进行的。从化学意义上讲,吸附作用、吸收作用也是首先通过界面实现的。在地球表层固态、液态、气态三相界面上,地球重力表现最为突出、最为鲜明。界面之间的物质密度发生急剧变化,彼此约束力很差,平衡极为脆弱,外部条件稍有变化,重力就明显表现出来。诸如所见的崩塌、滑坡、泥石流、雪崩、冰川运动、河流、瀑布、地下水渗透、海流等等,均为重力的具体表现。在三相界面上,地球内力也表现极为充分。它不同于地球内部,没有均匀的高密度的环境,构造力在这里失去了许多约束条件,诸如火山、地震、构造运动,塑造了千姿百态的表现形态。在三相界面上,太阳能的作用也极为明显,大气、水很容易透过太阳辐射,从而易于加温和冷却,在界面上造成彼此相异的热力学性质,例如水的冻胀加剧岩石风化,陆地、水面温度差异直接控制气压形势和空气运动,造成季风、山风、谷风、湖岸风等不同规模的环流。由于外界环境不断输入能量到地球表层,岩石不断风化,破碎,变得越来越小、越来越细,从而表面积不断扩大。尽管外力作用在宏观上有夷平地表的效果,沉积成岩作用有使原来松散的物质固结成层、成块,减少表面积的方面,但地球表层总的趋势是表面积趋于不断增加。界面面积的大小与物质能量的交换、传输程度和复杂性是正相关的,界面的存在和表面积的扩大,促进地球表层的物质转换和能量传输,这种相互促进的发展过程,造成地球表层比地球内部和大气空间进化更快,发展的程度更高。

异质机制是指地球表层各层圈之间物质组成和结构功能之间明显差异所产生的特殊效应。美国学者丸山孙郎(1986)认为:"异质化是系统功能的发展、组织结构完善和进化的基础,世界上所有的生物过程、社会过程和某些物理过程的基本规律,都是异质性、共生性的增加。"异质有利于调节和促进物质的能量流动和转换。气态、液态、固态三相共存,形成了海洋、陆地、冰川、沙漠、湖泊、沼泽等大小不同的异质系统,从而造成不同规模的水分、空气循环,能量运动和转换。异质也是新质产生的基础,新岩石、新土壤、新景观的产生,物质多样化的增加都是以异质作用为基础的。可见,地球表层千差万别的异质系统与地球内部和对流层以外的大气空间那种相对均一、近于死寂的同质系统相比,发展演化的速度是惊人的。

总之,地球表层是一个巨大的耗散结构,以太阳能、地球内能和引力能为能源,在界面机制和异质机制的驱动下通过内外力相互作用,不断从低级向高级、从简单到复杂发展进化。

(三)地理科学研究的基本单元

发展比较成熟的自然科学都从微观世界寻觅自己最基本的研究单位,并从这里出发演绎推理出学科最基本的理论。如近代物理学最基本的研究单位是分子,现代物理学研究的基本单位是基本粒子,化学最基本的研究单位是原子,生物学研究的基本单位是细胞、基因等等。近现代许多地理学家也都按着这一思路力图寻觅本学科的基本研究单位,并以此为基石建立自己的科学理论体系的大厦。自然地理学的景观学派在这方面做了大量努力,苏联地理学家宋采夫(H. A. Солнчев)提出"相"的概念,曾一度成为地理学家追逐研究的目标。"相"的定义是:"相是具有同一自然地理条件地段,它在整个空间应该有相同的岩石、同样的地形,并获得相同数量的热量和水分。在这样条件下,在它的空间内必然以一种微气候占主导地位,仅仅形成一个土种和仅分布着一个生物群落(景贵和,1990)。"事实上,现实环境中如此严密界定、一切同一的地段是很难找到清晰界限的。而且即使找到了,也是千差万别的,对地理学的理论建设没有实际意义。在人文地理学中最热衷的一词就是"区域",即地球的不同等级的部分,但这也如同万花筒般纷繁杂乱,企图找出区域共同规律性的结构、特点也是难以实现的。因此需要换一种思路,不去寻觅那不可再分的基本单位,而反其道而行之,从宏观世界去看问题,会使那些低层次上纷乱不清问题清晰起来。

从宏观上看(白光润,1995),全球环境系统是地理学特别是理论地理学研究的基点。它是一个相对完整、界限清晰、对所有地理因素具有制约作用的物质体系。行星规律和地球表层系统的能量转换与物质循环规律支配和影响着不同层次环境系统、区域系统的演变规律和结构、形态特征,在足够充分的时空尺度水平上,人类总可以识别发现它的某些规律和内在机理。从自然地理角度上说,传统的地槽-地台学说用物质的重力分异来解释地壳运动,认为地壳运动以垂直运动为主,水平运动是派生和次要的,其理论主要是根据大陆上的资料得来的,极少涉及海洋的构造和演变情况,有明显的局限性。板块学说突破了上述传统学说的局限性,比较全面合理地解释了各种大地构造现象及其特征,诸如地磁、地震、火山、地热、岩浆活动、洋底地形、大洋成因和年龄、大陆漂移等等,为现代的地壳运动理论建立了基本框架。板块学说对成矿理论、环境变迁、海陆变迁、气候变迁、生物物种的迁移和进化等相关科学研究也具有意义,为这些地表动态历史变化提供基础背景依据。再如厄尔尼诺现象研究所揭示的全球性海洋-大气动力机制,使许多地区的局部气候现象、灾害现象得以系统合理的解释。当今人类正以与地球自然过程相比拟的程度,用各种没能认识很清楚的方式影响着地球的各种系统和能量交换与物质循环。人类地质过程就是地球历史上的现代过程,从全球水平上去理解和预测这一过程,是现代地理科学的重要使命。从人文地理角度上说,全球经济一体化、区域集团化、文化多元化等全球性问题也都制约国家地理、区域地理过程的研究。总之,从全球环境系统这个基点出发,有利于建立地理学的基本理论框架,实现地理学的理论建设与发展。

二、 地理科学的科学性质

(一) 地理科学观

1. 大科学思维

科学的发展从其在社会发展中的作用和自身方法论的变革来看,分为三个时代。

第一个时代是小科学时代,又称英雄时代,即 17 世纪英国皇家学会时代。那时科学纯粹是科学家的个人活动。搞科学研究不是由于社会需要而是出于个人兴趣,科学家要自选题目、自筹资金、自制设备。波义耳-马略特定律的发现者波义耳(Robert Boyle)为了做实验不得不变卖自己的财产,牛顿为了出版他的著作《自然哲学之数学原理》,不得不到处求助、借贷,最后还是在好友哈雷(E. Halley)帮助下才出版的。那时科学事业完全是科学家的个人劳动,科学成果由科学家个人智慧所决定,而且也不能转化为生产力,缺乏实用价值,不为全社会所关注。

第二个时代是过渡时代,又称恩主时代,即 18—19 世纪工业革命兴起的时代。这时科学研究的难度增加,对仪器要求高,经费也趋于紧张,个人研究难以承受,难以实现,出现小群体化,向资本家求助支持。资本家的意志、社会生产需要在科学研究的意向中越来越超过科学家的个人兴趣。为了解决某些问题,学科之间开始携手。科学向技术层次发展,逐渐地转化为生产力,引起社会重视,蒸汽机、电力广泛应用于社会就说明了这一问题。

第三个时代是 20 世纪以后开始的大科学时代。20 世纪 20 年代,列宁(Lenin)就提出"共产主义＝苏维埃＋电气化",这里讲的电气化就是科学技术,已经摆在全社会重视的高度。30年代毛泽东在《实践论》《矛盾论》等著作中将科学实验列为人类三大实践活动之一。60 年代,美国耶鲁大学的普赖斯(Derek John de Solla Price)出版了《小科学与大科学》(1962)一书,正式提出"大科学"的概念,他在书中写道:"现代科学不仅硬件如此璀璨,堪与埃及金字塔和欧洲大教堂相媲美,而且国家用于人力、物力的支出,也使科学骤然成为国民经济的主要环节。它使人们不得不用'大科学'这个名词美誉之。"1985 年邓小平指出"科学技术是生产力",1988 年又指出"科学技术是第一生产力",这是当代对大科学时代的表达。在这个时代里,科学研究多为社会需要的综合性大课题,使用的仪器多为"二次仪器",即可以同时测定多个过程的仪器,能够综合分析处理信息的仪器,计算机的使用就是其突出特征。跨学科研究成为普遍现象,信息技术成为科学研究的重要手段。

大科学思维突破了传统的封闭的单向的思维形式,确立全方位立体的思维形式,摒弃小科学时代简单决定论线性思维方式,采用统计决定论,承认偶然性、突变性的非线性思维方式,形成一整套研究复杂事物的认识论和方法论体系。研究的对象往往是超大系统或巨系统,解决满足社会生产需要与人类自身生存发展需要的大问题。这样就要求它兼有基础科学、技术科学、工程科学、管理科学的综合能力,即具有一整套独立地整体地解决问题的理论、技术、方法体系,具有由系统论、控制论、信息论等科学构成的,用以普遍的方法论指导的横断科学层次,由自然科学、社会科学等科学等构成的横向科学层次和由基础科学、技术理论和应用技术构成的纵向科学层次。这种大科学的雏形在当前迅速发展的环境科学、生态科学中可以看得出来。

2. 大地理学思潮产生的背景

早期地理学主要是对自然现象和社会经济现象的观察和描述。到了近代,受 19 世纪科学大分化的影响,地理学分割成各种各样的部门地理。特别是 20 世纪初上半叶,地理环境决定论碰壁以后,地理学家基本上放弃了对人地关系这一统一主题的探索,要么走完全分家的二元论道路,要么在区域框架中用地志学的方法,重复着遵循一定顺序的描述体系。到 20 世纪 60 年代情况发生了变化,一是世界范围内拓荒经济时代已经过去,环境、空间和人类发展的碰撞、矛盾越来越深刻,资源问题、环境问题、人口问题、空间问题越来越突出,对地理科学产生强烈的社会需求。二是系统论、控制论、信息论等横断科学等对自然科学和社会科学都具有普适性的现代科学方法论的出现,非线性思维的出现,为科学的接近和融合提供了方法论基础。三是到 20 世纪 80 年代以后,中国的改革开放,苏联的解体,世界范围内冷战气氛减弱,民族矛盾突出,意识形态对立削弱,在人文科学中将阶级性绝对化的极"左"思潮得到纠正,这些都为不同社会制度国家的地理学交流融合创造了比较宽松的社会环境。四是计算机技术、遥感技术、空间技术的飞速发展为解决复杂空间问题创造了技术条件。世界进入了人类社会经济全球化、自然科学和社会科学相互融合相互渗透的时代。所有这些都给地理学的发展带来压力和动力,为其走向大科学时代提供理论和方法。

从横向上看,正如上节所述,"统一地理学"的旋风首先从二元论最严重的苏联刮起,阿努钦提出"国家地理学",格拉西莫夫提出"建设地理"。值得注意的是这时已产生大科学的思想萌芽,格拉西莫夫提出"在地理学发展的现阶段,原先单独存在的科学正在发展成为科学体系","这种完整的体系正在取代早先单一的地理学"。20 世纪 80 年代初中国科学界的有识之士就非常重视自然科学与社会科学结合及大科学体系问题,中国科协组织了自然科学与社会科学联合委员会。1986 年在全国第二届天、地、生关系学术讨论会上,钱学森(1986)提出发展地理科学的问题。用他自己的话说是受了地理学家的启发,"感到地理科学可以成为综合人类与环境关系的大科学体系"。他说:"分割开来研究是不能解决问题的,只能越搞越乱。因此,一定要进行综合研究。"此后几年,他在许多会议、刊物上发表讲话和论文,大力提倡地理科学,受到地理学界和相关科学工作者的热烈响应,在中国出现了大地理学思潮。

从纵向上看,二战后应用地理学发展迅速,出现了有别于单一理论层面的围绕应用客体为中心的地理学,诸如自然区划学、土地类型学、农业区划学、国土规划学、城市规划学、生态规划学、景观生态设计等,有人称之为"论题地理学",这些学科已不单单是认识地理环境的科学,而是建设地理环境的科学。传统地理学中只有地图学有一定的技术含量,其他基本上是知识性、理论性的学问,正如前节所述,现代地理学中信息技术已成为一大分支,并跻身于现代高技术的行列。此外地理实验技术也在发展,大到大气、海流、冰川、沙丘运动的观测,小到农田生态系统、城市生态系统中能流、物流的测度、分析。地理学已从单一的知识理论层面向纵深发展,越来越立体化。中国改革开放以后,特别是 20 世纪 80 年代后期,"地理建设"(钱学森,1989)、"地理工程"(王铮等,1987)、"地理技术"(杨青山等,1987)的呼声相当强烈,反映出地理学"立体化"的思潮。

3. 钱学森地理科学思想

钱学森的地理科学思想包括如下几个方面。

其一,地理科学不同于传统意义上的地理学,不是一门单一的学科,而是一个学科体系,是与自然科学、社会科学等相并列的现代科学技术中的一大部门。更具体地说,地理科学与自然科学、社会科学、数学科学、系统科学、思维科学、人体科学、美学、军事科学、行为科学并列,为现代科学十大部门之一。一句话,地理科学是大科学。

其二,地理科学既不属于自然科学也不属于社会科学,它是自然科学与社会科学相结合的科学。

其三,地理科学分为三个层次,即基础科学层次、技术理论层次和应用技术层次。

其四,地理科学的研究对象是地球表层系统,是一个开放复杂的巨系统。

其五,地理科学研究的基本方法是"从定性到定量的综合集成法"。"通常是科学理论、经验知识和专家判断力相结合,提出经验性假设(判断或猜想);而这些经验性假设不能用严谨的科学方式加以证明,往往是定性的认识,但可用经验性数据和资料,以及几十、几百、上千个参数的模型对其确实性进行检测;而这些模型也必须建立在经验和对系统的实际理解上,经过定量计算,通过反复对比,最后形成结论;而这样的结论就是我们在现阶段认识客观事物所能达到的最佳结论,是从定性上升到定量的认识"(钱学森,1994)。"就其实质而言,是将专家群体(各种有关的专家)、数据和各种信息与计算机技术有机结合起来,把各种学科的科学理论和人的经验知识结合起来。这三者本身也构成了一个系统"。

其六,地理建设思想。钱学森(1994)说:"我们提出了地理建设的概念,那究竟什么是地理建设呢? 我想到的是:交通运输、信息通信、能源发展、供气供水、环境保护、绿化建设、气象预报、防灾减灾、矿业开发、农业资源及林业资源开发、保护等等。""我们要建设社会主义三个文明,我们要把它的基础条件搞好,不然持续稳定协调发展就很难,这就是地理建设。"

显然,按照钱学森的看法,地理科学的研究范围是相当庞大的,囊括了环境建设、基础建设,甚至精神文明建设等诸多方面。这样庞大复杂的系统能否被其他学科所认可,能否有机地统筹组织起来,这还是个问题。但是钱学森从大科学的高度认识地理学,对现代地理学的发展是具有重要意义的。

（二）地理科学的科学性质

1. 地理科学的跨学科性质

长期以来,人类的学问被习惯地分成哲学、自然科学、社会科学三大类。一般科学面临这种分类都必须作出非此即彼的选择,即要么是自然科学要么是社会科学,其原因是两者各有自己独特的规律,互不可兼容。这在小科学时代和盛行分化的时代尚可以过得去,但是到了大科学时代,这种科学观念就遇到了挑战。例如数学,它所研究的是从社会和自然事物中抽象出来的数量关系,说它是自然科学也未免偏颇。再如现代产生的"系统论""控制论"等横断科学,它们的理论方法对自然科学、社会科学都有意义,硬性把它们规定为自然科学或社会科学也不符合实际。大科学时代产生的众多边缘科学如生态经济学、数量经济学、环境法学、生态伦理学等等在旧体系面前都面临分身之苦。

人类对客观世界的认识,从时间角度讲,如同接力赛一样只能完成认识总过程的一段;从空间范围来讲,尽管客观世界是个整体,每门科学只能认识客观世界某个方面的某些性质。地球表层是一个庞大的物质体系,这个系统既包括人文内容也包括自然内容,现代地理科学所要研究的不是两个方面的机械集合,而是系统的整体规律。因此它不应属于自然科学也不应属于社会科学,而是两种科学的结合。事实上,自然地理学的发展,不可能持续纯自然的研究,因为现代地理壳(即地球表层)是人类和自然过程共同作用的结果,人类的地质作用不仅是地理壳的演化的重要因素而是越来越重要,企图只用自然因素解释地理壳整体规律不仅不可能、不适用,也是一种反进化主义的态度。同样,经济地理、人文地理如果脱离物质环境也是不可想象的,这更为现代发生的无数事实所证明。20 世纪后半期人类的悟性正表现为,在进行经济文化建设的同时,不可忽略对自然规律、自然物质基础可能性的重视。自然的多样性是经济、文化多样性的物质基础。所以现代地理科学的性质应当是跨学科性质的科学。

2. 地理科学的大科学性质

具有跨学科性质的科学很多,一种是边缘科学,另一种是综合科学,再一种是横断科学。边缘科学是介于两个学科之间的学科如生物物理、物理化学、生态经济等等。综合科学是大科学体系,包括众多科学门类,为着一个科学目标整合而成的,如环境科学,包括环境工程学、环境生物学、环境地学、环境化学、环境技术、环境法学等等,生态科学包括个体生态学、群体生态学、人类生态学、城市生态学、生态修复技术、生态伦理学等等。横断科学是适用于所有科学普遍的认识论和方法论,如系统论、控制论、信息论等等。现代地理科学是大科学,属于综合科学,无论在横向上还是在纵向上都涵盖众多学科门类(图 4.3.1)。

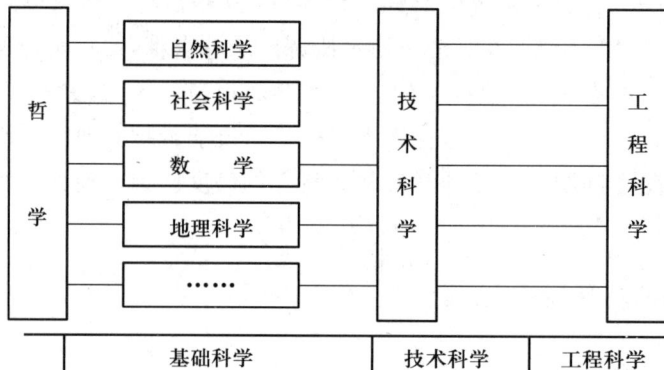

图 4.3.1　钱学森对地理科学位置的认识

三、 地理科学的科学体系

(一)传统地理学的科学体系

传统地理学是单一层次的,平面的。一般地说,分为区域地理学、系统地理学、数理地理学三大类,如图 4.3.2 所示。

区域地理学
(统一地理学、综合地理学)
- 世界地理
- 各洲地理
- 国家地理
- 乡土地理学
- 方志学

系统地理学

自然地理学
- 综合自然地理学
- 景观生态学
- 部门自然地理学
  - 地貌学
  - 气候学
  - 陆地水文学
  - 海洋地理学
  - 生物地理学
    - 动物地理学
    - 植物地理学
  - 土壤地理学
  - 医学地理学
  - 化学地理学
  - 人种地理学
- 区域自然地理学
  - 世界自然地理
  - 国家自然地理
- 类型自然地理学
  - 山地地理学
  - 平原地理学
  - 草原学
  - 沙漠学
  - 沼泽学
  - 冰川学
  - 冻土学
  - 干旱区地理学
  - 热带地理学
- 古地理学

人文地理学
- 经济地理学
  - 区域经济地理
    - 世界经济地理
    - 国家经济地理
  - 部门经济地理学
    - 工业地理学
    - 农业地理学
    - 交通地理学
    - 商业地理学
    - 能源地理学
    - 资源地理学
    - 人口地理学
- 社会文化地理学
  - 社会地理学
  - 文化地理学
  - 政治地理学
  - 军事地理学
  - 旅游地理学
- 聚落地理学
  - 城市地理学
  - 农村地理学
- 历史地理学

数理地理学
- 地图学
- 计量地理

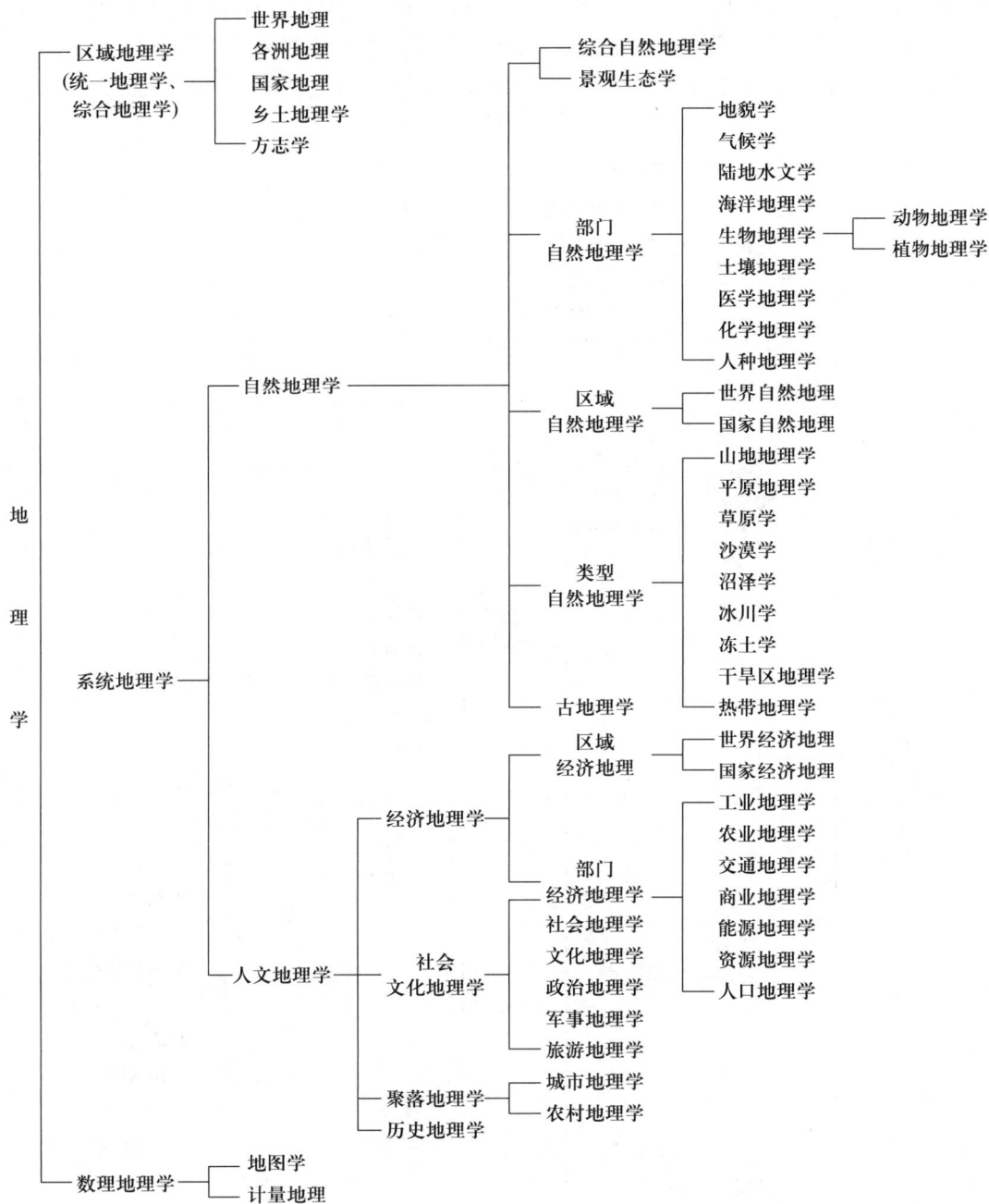

图 4.3.2　传统地理学学科体系
(白光润,1993)

(二)现代地理科学的科学体系

对现代地理科学的科学体系,学术界尚未得到统一的、确定的认识,但从发展趋势上具有三个明显特点。一是重视地理学理论的研究。首先从美国、英国等英语圈地理学开始,之后波及苏联、中国,掀起了对地理学科学体系、地理学方法论研究的热潮。二是重视应用地理学理论和方法的研究。三是以信息技术为中心的地理技术迅速发展。综合 20 世纪 90 年代以来中国地理学界对地理学学科理论的研究成果,对现代地理科学的学科体系作如下介绍。

　　按照对地理科学大科学性质的理解,现代地理科学是立体的,分三个层次(图 4.3.3)。

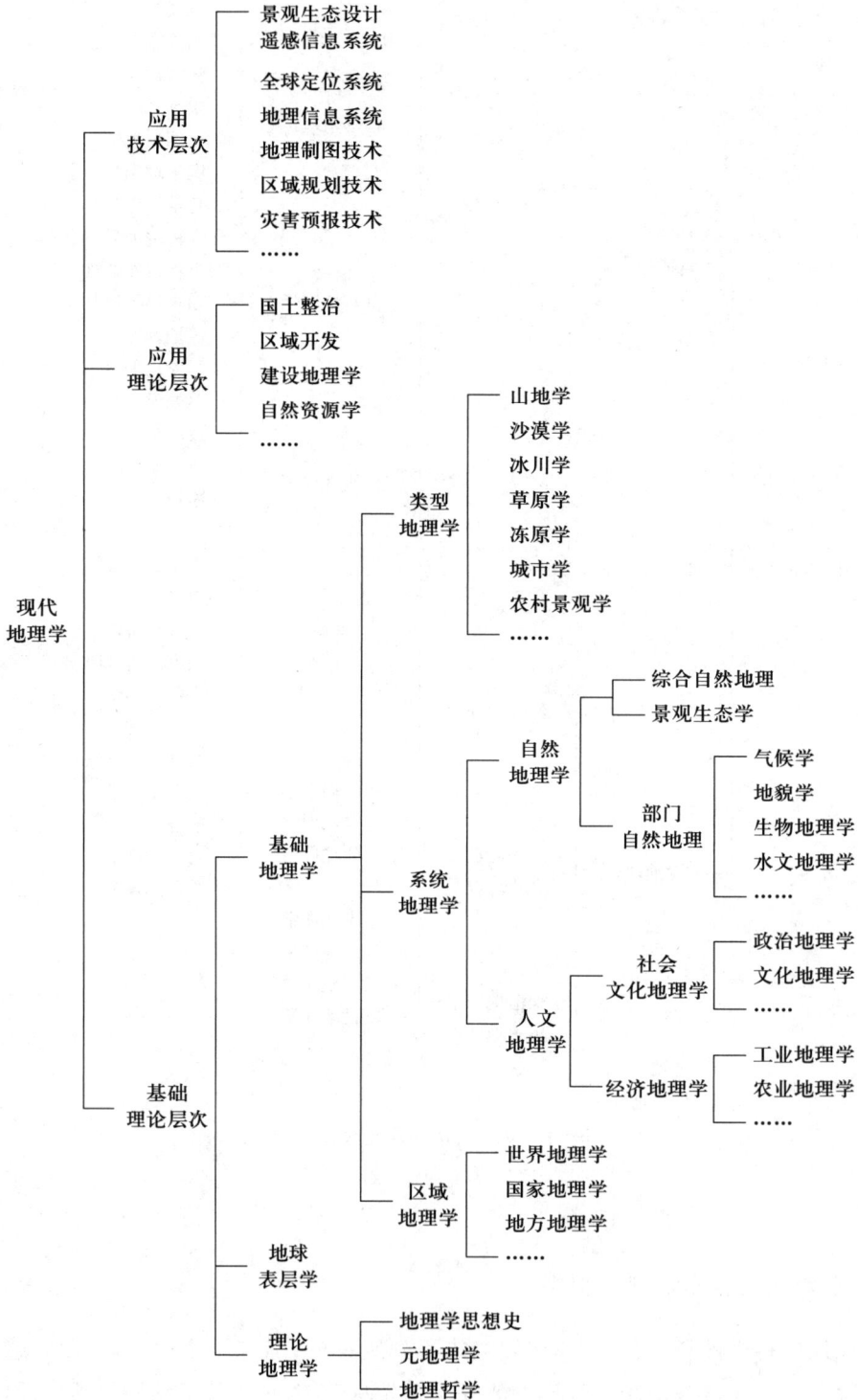

图 4.3.3　现代地理学学科体系

1. 基础理论层次

这个层次又分三个亚层次。

（1）理论地理学　是研究地理学的方法论、认识论，是关于研究思想的学问。它包括地理哲学、元地理学和地理学思想史。

地理哲学　是地理学理论与科学哲学之间的边缘科学。它研究地理学理论中的哲学问题和思维逻辑，以阐明地理学理论的哲学意义和方法论中的逻辑过程，为地理学研究提供科学的认识论和方法论。地理学中的一元论、二元论、决定论、非决定论等问题都与地理哲学有密切关系。

元地理学　即地理学的科学学，有关地理学研究的对象、分科、研究方法、科学性质等方面的学问。在苏联还有学者提出"地理组织构造学"（索恰瓦，1978），其含义也接近元地理学。元地理学在地理学史上一直占有重要地位，如赫特纳的《地理学，它的历史、性质和方法》，哈特向的《地理学的性质》《地理学性质的透视》，哈维的《地理学的解释》都是元地理学的名著。可以预言元地理学的理论突破对地理学的未来发展将起重要作用。

地理学思想史　是探索和运用地理科学思想发展历史规律的学科。是地理学与"科学史"之间的边缘科学。着重研究地理学思想起源、继承和发展，从时间顺序探求地理学的理论。新中国成立后中国出版的《中国地理学史》（王成祖）、《中国古代地理学史》（中国科学院科学史编写组），以及李旭旦先生翻译的 P. E. 詹姆斯的《地理学思想史》、中国学者刘盛佳写的《地理学思想史》，在中国的地理学理论建设上都具有重要意义。

（2）地球表层学　是以地球表层物质体系的整体规律为对象，既是地理学的基础理论又是地理学、地质学、气象学、人类生态学、资源学、环境科学、地球物理学关于地球表面规律的更高层次的综合与概括。主要研究地球表层的能量、物质和信息流动及动态规律；人与环境之间的相互作用，全球性的环境问题；外部空间环境及地球内部与地球表层之间的物质、能量交换与传递及其地表地理过程的影响；地球表层的结构、功能及历史演化等。

（3）区域地理学、系统地理学和类型地理学

区域地理学　是研究各地理要素在区域的组合及其相互联系和相互作用，综合揭示区域特征，阐明区域人地关系的地理学分支。区域地理学在地理学中具有深厚的研究基础和悠久的研究传统。在近代地理学中，赫特纳的"区域地理学模式"或称之为"区域研究的传统纲要"、到 20 世纪中叶哈特向的区域差异思想，成为当时地理学研究的重心。50 年代以后区域地理学受到逻辑实证主义和计量革命严重挑战与新兴区域科学的影响，使区域地理学从理论到方法都发生深刻变革。现代区域地理学在系统性、综合性方面进行了深入的探索，即围绕人类环境地域系统在区域内的整体规律和综合关系展开研究。现代区域地理学一个最重要的标志就是它的实践性、应用性，现代在中国兴起的区域开发研究，在区域建设中发挥了越来越引人注目的作用。

系统地理学　包括自然地理、人文地理两门类，是研究地理环境各个要素的结构、分布、发展变化规律和人类影响的地理学分支学科。部门地理学是在 19 世纪和 20 世纪初科学大分化潮流中和地理学中二元论盛行的时代迅速发展的学科。现代部门地理学最重要的任务应当是研究构成人类环境地域系统的主要要素在系统的整体规律中的结构和作用，从分布论的束缚

中解脱出来,加强与相邻学科之间的互相渗透,建设对生产实践有应用意义的边缘学科。

类型地理学　即以地理系统类型系列所划分的人类环境地域类型为对象的科学。如流域地理学、山地学、草原学、沙漠学、冻原学、城市学、农村景观学等。这是笔者 1984 年在《环境系统研究》的论文和 1989 年《地理学引论》一书中提出的分类系列。首先,这样的分类系列有利于地理学的综合研究、整体研究,传统的部门地理学和区域地理学要么是单一要素的分布研究,要么是区域框架内的知识罗列。地理学要实现对地球表层及其子系统的综合研究,必须从分科体系上体现出综合的系列,而不应是各分支学科的机械的概括和集合。各类型地理学体系与地球表层学相衔接形成综合的研究体系,使自然研究、社会研究有机地结合在类型研究之中。其次,这样的分类系列可以增加地理学的法则性、预测性,使之更具有现代科学的品格。某一类型研究的结果对同一类型的地理系统具有普遍意义,例如山地学、城市学的研究成果对世界各地的山地、城市建设都具有普遍意义。再次,它可以体现现代科学综合的趋向,传统的科学分类,都是以社会或自然某一构成要素为对象的,如岩石、矿物、地貌、水文、生物、气候、经济、文化等等,但现实生活中面对的都是综合的客体,如山地、平原、沙漠、草原、城市、农村等等。这种分类,可以发挥地理学综合性的特征,摆脱"分布""物产＋地名"等浅层次的形象。最后,这样的分类体系划分,应用性强实践性强。实践上不少国家已经这样做了,美国、德国等建立高山研究中心,中国的海洋、沙漠、冰川、冻土、沼泽、城市等方面研究也都取得了积极进展。

无论是类型研究还是现代部门地理研究、现代区域地理研究都围绕着一个中心即人类环境地域系统,都是为揭示这一系统的整体规律服务的,三者相互结合构成地理学基础理论的第二个层次。

2. 技术理论层次(应用理论层次)

这个层次和以下的应用技术层次是地理学发展较快的领域,也是尚不够成熟的层次,是与其他学科、应用技术相互渗透的学科。这些学科的产生与发展标志地理学正在向大科学阶段迈进。技术理论层次包括:建设地理学、区域开发学、国土整治学、自然环境保护学、自然资源学,以及与部门地理相对应的应用理论学科,如应用地貌学、应用气候学、水资源开发学等等。

3. 应用技术层次

这是地理科学最先端的层次,指直接为生产实践服务的工程技术。如遥感、地理信息系统、地理制图、景观生态设计、土地管理与规划、城市规划、自然灾害预报等等。这些学科最鲜明的特点是实践性和可操作性,直接应用于社会生产实践,它们的发展将推动地理学的理论建设,是地理学生命之所在。其中地理信息系统、遥感技术和自动制图技术构成地理信息高技术体系,是现今地理技术的前沿领域,它们的发展将给地理技术领域带来突破性进步。

（三）**地理科学的相邻科学**

地理学是具有悠久历史的科学。在其发展过程中不断地从中分化、派生出新的科学,它们运用地理学的理论和方法,吸收其他科学的营养独立成为新的科学体系。另一方面地理学本身也从关系密切的其他科学中吸取新思想新方法改造其自身。科学的发展就是这样又分化又融合的过程,造成你中有我、我中有你的错综复杂的状态。本节介绍几门科学,其共同特点是在历史发展上与地理学有着千丝万缕的联系,在研究领域上很大程度上与地理学交错重合,它们与地理科学一样同属于大科学范畴,有庞大的科学体系。虽然这些科学不是地理学但理论方法的基本方面仍是地理学家必须了解和掌握的,这对发展地理学具有深刻意义。

1. 地学

地学即地球科学,它在发展上与地理学有着密切的关系。最早的地理学与地学实际上是一回事。古希腊的地理学多是探讨地球的数理知识,诸如地球的形状、大小、运动方式等,实际上也是地学研究的内容。近代地理学的创始人洪堡所著的《宇宙》即是从宇宙、天体、地球讲到人类环境。只是到了李特尔时代,地理学才把眼光仅仅放在地球表层。现代地理科学与地学至少有以下几点区别:从科学性质来看,地学属于自然科学,而地理学是自然科学与社会科学的融合;从研究的空间尺度上看,地学研究整个地球,而地理科学仅研究地球表层;从时间尺度上看,地学研究数十亿年的地球历史,而地理科学仅研究作为人类环境的地球表层,比起地学来说要小得多短得多。无论从空间和时间上来说地学研究的都是地理学对象的大环境,很多地球表层发生的现象都与表层外部环境有密切的关系,所以地理学家要深刻理解表层地理规律也必须有地学知识,特别是地质时代最近的一纪,即有冰期发生和人类出现的第四纪的知识,以及距地球表层最近的层圈——地幔和平流层的运动、演化规律。1983 年美国国家航空和宇航管理局顾问委员会任命地球系统科学委员会(ESSC),该委员会提出报告,要求确立一个最紧迫的科学研究领域,即几十年至几百年的全球变化研究,这其中最值得重视的就是人类的地质作用。中国地理学家黄秉维院士也倡导地理科学特别是自然地理学要重视对地球系统科学的研究。显然短时间尺度的地学研究与地理科学关系十分密切。地学与地理科学之间可以说是既有区别又有联系的关系,地学重点研究的领域许多方面与地理科学是融合在一起的。

2. 环境科学

环境科学是研究物质环境和人类关系的科学。环境科学产生于 20 世纪 50—60 年代,当时只侧重于自然科学和工程技术方面,50 年代主要治理污染源,60 年代转向区域性污染综合治理,70—80 年代环境科学扩大到社会学、经济学、法学等诸多社会科学方面,更注重于全社会综合治理,全球综合治理,形成了从基础理论到应用技术多学科构成的大科学体系。

人类对环境的保护治理基本包括两大方面。一方面是对"三废"(废水、废气、废渣)造成大气、水体、土壤、生物和人的污染治理,另一方面是对不合理的自然开发造成的环境问题(如水土流失、森林破坏、草原破坏等方面)的治理。地理学与后者关系极为密切,而后者本身也是地理学重要研究任务之一。因此地理学家关心环境科学发展,参与环境保护和建设是义不容辞的责任。事实上已有众多地理学家参与环境科学研究。环境科学与地理科学之间的边缘科学——环境地理学已成为地理学的分支学科之一。

应当指出的是环境科学与地理学存在着交叉重复,但两者研究的视角不同,研究的领域也不完全相同,两者不能互相替代。环境科学更多侧重于环境治理方法,特别是生产环境的治理技术方面,而地理学不仅注重环境更重视对人类自身的研究、对空间地域的研究、对资源开发利用的研究,着眼于人类环境地域系统的整体规律。

3. 生态科学

生态学是研究生命体与环境关系的科学,它的产生和发展与地理学有着密切关系。洪堡开创的植物地理学是生态学三大来源(林奈(Carl von Linné)的植物分类学、洪堡的植物地理学、达尔文的进化论)之一。坦斯利(A. Tansley)的生态系统思想、苏卡乔夫的生物地理群落思想都曾对地理学的理论发展起过重要的影响作用。特别是 20 世纪 60 年代以后,当生态学进入人类生态学阶段,生态学全球化、社会化,形成了宏大的科学体系,生态化方向已成为现代地理学研究的重要发展方向。关于这一点在地理系统一节里已有详细叙述,此处不再赘述。总之,生态学与地理学重合融合的内容颇多,关系极为密切,特别是群体生态学、人类生态学等从宏观角度研究的生态学更是如此。生态系统中能量转换、物质循环的思想,已成为地理学研究的基本理论之一,作为地理学家吸收生态学理论与方法已成为提高自身科学水平的重要课题。

4. 区域科学

区域科学是一门有关区域或空间系统的开发整治、管理的综合学科,产生于 20 世纪 40 年代末。当时科学家们对低水平的地域经济分析备感不足,认为区域经济分析要认真考虑社会问题,予以综合分析。于是美国于 1954 年成立了以区域经济学家为主,吸收地理学家、社会学家、政治学家、工程学家、心理学家、法律学家参加的区域科学协会。1961 年欧洲协会成立,而后又成立法语分会、德语分会、北欧分会、波兰分会、匈牙利分会、北美分会、澳新分会、拉丁分会,以及加拿大、意大利、印度、日本、韩国、阿根廷等国家区域科学分会。1980 年召开了世界区域科学协会代表大会。1991 年中国成立区域科学协会。全世界有关出版物 1974 年就达 20 多种,美国的许多大学还成立了区域科学系培养区域科学的硕士、博士生。区域科学的代表著作是区域科学创始人艾萨德的《区域科学导论》。该书共 20 章,顺序为:介绍与展望;城市与区域;空间分布地域差异与社会问题;市场组织;费用分析和最大利润若干原理;比较费用和工业布局;城市或区域基础的经济构造和展望;多地域社会中交易;移动的空间过程;城市开发区域开发的个人意见与公共意见的决策;竞争对立与选择;纠纷解决与协调;组织理由、方法、时间、地点和人;公共部门;活动与福利;经济与生态对立和环境质量;开发理论与社会福利分析;开发理论结构分析和矛盾解决;实际问题中的区域科学(研究例证);结论与综合。从以上列举可见区域科学发展尚未完全成熟,体系比较复杂。它是以区域为中心(更确切地说是以"区域开发建设"的论题为中心)的多学科研究系统,是一个比经济、社会、环境更大的综合科学体系。区域科学在区位理论、城市系统和城市化问题,人口聚落和空间组织,经济发展与社会福利,经济发达和不发达国家或区域的发展政策及环境变化等方面做了大量的深入研究。1968 年正当区域科学在世界各地活跃发展时,日本地理学家田友三郎曾这样评论说:"区域科学重视抽象的理论的,而地理学是经验的、记述的,地理如同基础医学,区域科学如同临床医学,没理论事实就失去意义,没有事实的基础理论就成了不毛之地(木内信藏,1968)。"今天看来这番议论未免已经过时,显得陈腐了。"经验的、记述的"不是地理学的特点,正是现代地理学的弱点。区域科学提供的一系列解决区域问题的理论、政策、方法、技术体系,有很强的应用性,面对区域开发建设的实际问题而提出综合性对策体系。它非常注重理论上、模式上、模型上的演绎和推理,这些都是现代地理学应当努力具备的品格。区域科学与地理学的区别在于,前者更多地注意城市研究,更多注重经济社会分析,不关心传统地理学的区域分异和要素分布等方面的问题,其包罗万象一揽解决所有区域问题的初衷尚缺乏与之相对应的复杂巨系统的方法体系。

"他山之石,可以攻玉"。本节所介绍的地理学的相邻科学的目的就在于使读者对科学的融合渗透有较深刻的理解,树立新的科学观,从而拓宽眼界和视野,吸收其他科学的营养,振兴地理学,并运用地理学思想和方法积极参与相邻科学的发展和建设。

通过以上叙述,我们对地理学应当有一个比较清晰的认识。首先它是研究特定的物质体系,即地球表层,就这一点而言,它与不考虑时间、空间标定的专门研究物质结构和运动的化学、物理区分开来,也与专门研究抽象的数量关系的数学区别开来。其次由其研究对象所处的时间、空间环境所限定,与研究整体地球的地球科学、研究地球固体部分形成演化的地质学、研究包括对流层以外的大气整体运动规律的大气科学区别开来,更与研究天文、宇宙的学科区分开来。最后,它也与研究那些虽存在于地球表层但却是某一构成要素的学科区分开来,如生物学、岩石学、矿物学、水文学、经济学、文学、艺术等。地理学最大的问题就是自身研究对象的主体性、特殊性的把握。要警惕两个汪洋大海,一是一切自然、社会事物的空间部分,都由地理学来研究,如本章前面所述,这势必陷入泛地理学之中;二是将地理学理解为研究地球表层中一切存在的东西,与研究自然或社会某一构成要素的科学混同,把脚伸到别人的裤腿里,当然走的就不是地理学的发展道路。

地理学研究的对象就是地球表层整体及由各个要素综合构成的地球表层的各个部分(区域与类型)。观察研究问题的最重要视角,就是空间视角和环境视角。即考虑分析地球表层空间结构特征(自然空间结构、社会空间结构或自然-社会综合空间结构,而不是要素分布和罗列空间容器中有什么东西)和环境与人类生存发展的关系。

四、 地理科学的特征——区域性、综合性

地球表面最显著的特征,就是它的自然现象和人文现象空间分布的不均一性。如果没有区域间差异刺激和吸引人们去探索自己生活域内和域外的未知世界,那么地理学就不会有今天的发展了。美国地理学家哈特向甚至认为:"地理学是地区差异的研究。"这样说虽然不尽全面,但他却指出了一个事实,那就是区域研究在地理学中是极为重要的。中国地理学家林超(1981)指出:"区域概念是地理学的基本观点,区域地理是地理学的核心。"区域研究是地理学的空间视角的体现,现代地理学将区域研究已经提高到了一个新的水平,不仅限于认识世界而且直接参与指导改造世界的实践。诸如自然地理学中的自然区划、农业区划、土地规划、流域综合开发治理等,经济地理学中的经济区划、城市规划等,都为生产建设作出了贡献。

地理学研究空间系统在于揭示各要素间的关系,在于认识其整体性。这就涉及了地理学的第二个特征,即综合性的问题。亚里士多德有一句名言:"整体大于部分的总和。"现代系统论更科学地指出,系统的功能产生一种质变,这种质变是各部门机械相加所不及的。地理学的精髓,地理学的优势就在于它是从各个组成要素综合分析上认识地理壳及其各个区域的规律。

例如在非洲撒哈拉沙漠勘探石油时,年轻的法国地理学家罗格南(Pierre Rognon)发挥了地理学家非凡的综合优势。在石油勘探工作中,按地质学和地球物理学的一般说法,层位连续

的透水层、背斜构造是最理想的含油构造。罗格南运用地理学特有的综合方法，分析了数十万个岩芯，根据沉积物的质地、构造、存在部位及生物化石等，恢复了古地理的风化、侵蚀和冰川活动的环境，找出透水砂质岩的分布规律，从而较好地解决了找油问题，显示出与地质学家、物探学家相比不同的视角，其提出的勘探方案被称为"最正确的预想"。

再如美国地理学家威廉·阿佩里巴姆（William Appelebaum）在为美国超级商店选址时，大胆地否定了经济学家提出的单纯经济模型，他运用综合分析的方法，进行多因素调查分析，包括公司的营业目的、资金来源、物资来源、竞争状态、市场潜力、人口动态、消费习惯，以及选址范围的自然条件、地形坡度、土地性质、工程地质条件等，最后做出了建设计划。商店营运后，实践证明他的方案是正确的，受到营业者、经济学家的赞扬。这两个小例子比较生动地说明了综合分析在地理学中的重要作用。

法国地理学家 J. B. 卡鲁妮埃（J. B. Garuler，1978）指出"一个真正的地理学家既应当是一个科学的人，也应当是一个文化的人"，这不能不说是对地理学家的高要求和高评价，同时也体现了地理学综合研究的最高形式。对于初学地理的人来说，站稳地理学区域性、综合性的根基是至关重要的，如失去了它，就失去了地理学的优势，最终在地理科学上是不会有更大建树的。

专栏

人地关系地域系统理论

地理学着重研究地球表层人与自然的相互影响和反馈作用，从 19 世纪末兴起的近代地理学发展到二次世界大战后的现代地理学，在这过程中虽然其中心研究课题随着时代的发展有所变化，但地理学的基础理论研究始终离不开人类和地理环境的相互关系这一宗旨，对于人地关系的认识，一直都是地理学研究的核心。作为现代中国人文地理学的开拓者，李旭旦先生对人地关系有着深入思考，认为人地关系是人文地理学的基本理论，人地关系是协调的关系，人类应该和自然交朋友。1991 年，吴传钧先生提出"人地关系地域系统是地理学的研究核心"这一思想，提出了人地关系地域系统理论，标志着中国人地关系研究开始进入科学化和系统化研究阶段。

该理论认为地理学要"着重研究人地系统中人与自然的相互影响与反馈作用"，人地关系地域系统研究的核心目标是协调人地关系。该理论认为，系统是以一定秩序相联系的一组事物，人地关系是包含两个不相同却又相互联系的变量的一种系统。在此系统中，"地"是指由自然和人文因素按照一个规律相互交织、紧密结合而构成的地理整体，而"人"兼具生物和社会属性，因而人地系统具有社会和自然两种属性。人地系统是由地理环境和人类社会两个子系统交错构成的、复杂的、开放的巨系统，在此系统中，人类社会与地理环境两个子系统之间的物质循环和能量转化相结合，就形成了人地系统发展变化的机制。具体来看，人地关系地域系统是以地球表层一定地域为基础的人地关系系统，也就是人与地在特定的地域中相互联系、相互作用而形成的一种动态结构。人地关系地域系统研究的核心目标是协调人地关系，从空间结构、时间过程、组织序变、整体效应、协同互补等方面去认识和寻求全球的、全国的或区域的人地关系系统的整体优化、综合平衡及有效调控的机理,为有效地进行区域开发和区域管理提供理论依据。

在研究方法上,分析人地关系地域系统,单纯的定性研究远远不够,要与定量相结合,这源于人地关系是一种可变的量,系统中任何一个要素的变化都会引起其他要素的相应变化,所以是一种不稳定的、非线性的、远离平衡状态的耗散结构,研究人地关系必须重视它的时间和空间变化关系。现代地理学研究人地关系,在方法上采用从定性到定量计算的综合集成,不仅采用综合因素地域分析法,还大量引用数学模型,数理统计方法和遥感、计算机技术手段,走向推理逻辑化、体系严密化和理论模式化道路。

地域功能性、系统结构化、时空变异有序过程、人地系统效应的差异性及可调控性,是该理论的精髓,这与"未来地球"研究计划的前沿思想完全契合。近 10 年来,地理学界围绕着"人地关系地域系统"理论进行了创新性探索,尤其是在人文地理学领域取得了丰硕的成果。如以城镇化科学模式、主体功能区划、"一带一路"路线图、京津冀城市群、农村空心化和精准扶贫、东北振兴与资源型城市转型、行政区划优化等为研究对象,发展了人文与经济地理重要的可持续过程、地域功能形成和综合地理格局有序化规律、城市群形成演化机理及其资源环境效应、问题地区可持续生命周期与振兴路径、地缘政治地缘经济和区域间相互作用关系、人文界线对可持续发展的影响等理论方法。

讨论

1. 谈谈你对构筑地理科学大科学体系的看法。

2. 地理科学的研究对象是地球表层,这是否意味地理科学研究天文学、地质学领域以外的所有的物质环境和人类社会?

3. 有人说:"地理学家是专家不在的专家",还有人说:"地理学家是专家都在的专家",你如何评论这两句话?

4. 地理科学与生态学、环境科学有何区别?

5. 地理科学与经济学、社会学有何区别?

推荐读物

1. 白光润.现代地理科学导论[M].上海:华东师范大学出版社,2003.

2. 潘玉君.地理学基础[M].北京:科学出版社,2000.

3. 赫特纳.地理学,它的历史、性质和方法[M].王兰生,译.北京:商务印书馆,1982.

4. 中国大百科全书编辑委员会《地理学》编辑委员会.中国大百科全书·地理学[M].北京:中国大百科全书出版社,1990.

5. 王铮.地理科学导论[M].北京:高等教育出版社,1993.

6. 樊杰."人地关系地域系统"是综合研究地理格局形成与演变规律的理论基石[J].地理学报,2018,73(4):597-607.

第4节 地理科学的科学方法

　　一般说来,方法分为三个层次,即哲学方法、一般科学方法和学科研究具体方法。方法论是关于认识世界、改造世界根本方法的理论。

　　方法论与世界观是统一的,用世界观去指导认识世界、改造世界本身就是方法论,有什么世界观就有什么方法论。所以地理思想与地理方法论是联系在一起的,我们上节讲的各种地理流派,它们的观点既是其对地理学的认识论也是其地理学方法论。只是为了说明问题方便,我们专辟一章讨论地理科学的方法论和具体研究方法问题。

　　地理学方法论主要是哲学方法问题,它指导和影响一般科学方法和具体研究方法。

一、 地理科学的方法论

(一)地理科学方法论

1. 例外主义方法论

　　(1)**例外主义的基本思想**　　例外主义是谢费尔给传统区域学派方法论概括的名称。即指地理学的研究目的是弄清地球表层区域的差异性,而不是共同性,不同于一般科学追求法则、规律的普遍科学范式,即例外于科学普遍的方法论,也就是个性研究的方法论。应当指出中国有的学者将这一方法论称之为"经验主义"是不确切的,经验主义是指过分重视实践经验,忽视理论指导,这与例外主义的本意不完全一致。

　　例外主义思维是有哲学依据的。18世纪思想家、哲学家康德将事物的研究分成两大类:其一是自然分类,即按事物发生的时间或地点归类,不问其性质和起因如何。其二为逻辑分类,即按事物的性质和起因归类,不问其发生的时间和地点如何。按着康德的先验的认识形式,人类的知识与时间、空间、范畴相对应,分为三大类,即历史学、地理学和其他科学。与空间、时间相联系的事物都是具体的,因而地理学、历史学都是研究具体事物的,也就是说方法论都应当是个性的。康德对地理学的方法论讲得十分明确:"这意味着地理学研究特定具体事物中的关系,而不是事物抽象的一般特性,并且集中注意于自然的差异性,而不是相似性(刘盛佳,1990)。""地理学是人们花费比较大的精力来研究单个事例而不是建立科学法则的一个知识领域,这一事实在半个多世纪中一直是我们中间评论家所关心的(哈特向,1963)。"

　　19世纪后半期至20世纪前半期兴起了新康德学派。提出"回到康德那里去",主张从哲学高度重新审视科学方法论。其中以文德尔班(Windelband)和李凯尔(Rickert)为代表的西南德意志派的历史哲学观主张将科学分为两大类:一类是研究可以重复出现的自然现象的自然科学,一类是研究不能反复重现的社会现象的文化科学。按照这一观点,社会现象是以人类精神活动为基础,由于人类各有各的个性,不可重复出现,是个性事物连续的历史现象;而自然现象则是可能再现,可以通过实验分析因果关系,追索其法则的。概言之,自然科学是确立法则的科学,文化科学则是个性记述的科学。这样就在自然科学与社会科学之间掘起一道鸿沟,两者方法论根本不同,不可同日而语,从而为例外主义和地理学二元论提出了哲学注脚。

（2）**例外主义与地理科学研究**　例外主义方法论在地理学发展史上有深刻的影响,几次受到冲击,但依然有其生命力,如何评价它关系到地理科学的未来发展。

首先例外主义并不是地理科学有别于一般科学的独特的方法论。不可否认,研究区域、环境的特点和差异是地理科学的重要方面,在实践应用上,区划、规划都是着眼于把握地理环境的特点,以利于因地制宜地利用环境,发展区域社会经济。但是,这并不是地理科学方法论的全部和唯一。地理科学中有许多成熟的理论、规律和法则,如地带性规律、区位论、中心地理论等等,它们不仅在地理科学研究中具有指导意义,对其他科学和社会事业的发展也具有指导意义,体现了地理科学的社会价值。这些理论也对个性研究、差异性研究起到指导作用,如第 2 章所言,中国的自然区划就是以地带性、非地带性规律为理论基础,认识和理解各个自然区的差异性,实现对区域的科学划分。当物理学、化学、生物学、数学等科学发现大量公理、定律推动技术理论和应用技术飞跃进步的时候,地理科学方法论如果还停留在描述、解释的层面,必然大大降低地理科学的效率和社会价值。这正是 20 世纪 60 年代一些地理学家和年轻地理工作者发动"理论革命"的动因。

其次,个性研究在地理科学研究中依然具有重要意义。从个性研究与共性研究的关系看,个性研究是发现规律、法则的前提,共性规律正是从具体事物具体分析的大量研究中抽象、归纳、提炼出来的。特别是地理科学所面临的复杂事物,个性研究的积累具有突出的重要性。从研究的最终目的和归宿而言,地理学真理的彼岸世界是什么? 是我们虽然目前还没有认识但是确已存在的确定的规律、法则,还是并不完全都是被规律、法则确定了的多样多变的世界? 客观世界中有规律有法则可循,地球的演化、生物的进化、人类社会的发展都是有规律性的,更具体的水文过程、气象过程、土壤过程也都有许多规律被科学家不同程度地揭示。但是也应当承认还有更大量的事物是随机的,不确定的,非线性的,这是它们的本来面貌,找不到我们理想那样的确定的规律、法则,不是我们的水平问题,而是认识路线的问题。科学的任务并不只是以找到规律、法则为目标,而是实事求是,搞清事物的本来面貌。所以把共性研究绝对化是片面的,个性研究在地理科学研究中依然具有价值。

再次,面对复杂事物进行联系实际的实证研究,具有特殊重要的意义。由地理学研究对象的复杂性所决定,地理学不可能像物理、数学、化学那样发现一个个定律、一个个法则,也不可能产生众多的具体的生产技术。在我们重视探求各种地理规律的同时,还要特别重视现实的、具体的区域研究。深刻了解、认识区域问题研究的专家对社会发展和建设具有重要意义。世界上不少大国都有区域问题研究的专家,如美国问题研究专家、中国问题研究专家、非洲问题研究专家、中东问题研究专家等,正像赫特纳所说,一个专门研究某地通货膨胀的专家并不比专门研究通货膨胀普遍规律、特点的专家差。区域专家具体深入的专门研究,具有不可替代的作用,中国这方面相对是薄弱的,如果地理学家特别是人文地理学家都去像实验科学那样去刻意寻找地理环境中的规律、法则,去寻找发明技术,忽视区域研究,将是很不可取的。

2. 逻辑实证主义方法论

（1）**逻辑实证主义的基本思想**　逻辑实证主义又称逻辑经验主义,是 20 世纪 20 年代奥地利维也纳大学物理学出身的哲学家石里克（Schlick）倡导的。逻辑实证主义认为物理学语言是科学的普遍语言，排斥和批判形而上学（不经过验证仅靠意识推理的学问），开展统一的科学运动，他们认为一切科学都必须遵从统一的方法论，即经过观察、实验来验证，建立法则和理论，反对康德主义、新康德主义对科学认识形式的割裂。谢费尔、邦奇所倡导的"计量革命""理论革命"认为无论自然科学还是人文科学都只有一个方法论，即追求普遍的规律和法则，没有其他例外，只有论理程度与水平问题，没有方法论的问题；强调理论标准的明晰性、简单性、普遍性、精确性和可预测性，试图让现代地理学走物理学曾走过的道路。原来经济学中的区位理论引入地理学中来，使地理学中原来被忽视的中心地理论得到高度评价，在"空间相互作用""空间扩散"等方面也都取得了一些理论研究成果。但也显露出许多破绽，遭到来自传统区域学派和后来兴起的人文主义地理学、激进地理学两个方面的激烈批评。

（2）**逻辑实证主义与地理科学研究**　首先，逻辑实证主义不能统一所有科学方法论。如前所述的那样，发现共性的规律法则并不是所有科学的全部唯一的目标。这是客观世界自身复杂性所决定的，客观事物并不都是被规律、法则所确定的，对所有事物都刻意地去追求放之四海而皆准的规律、法则，本身就犯了方法论的错误。有些青年学者在地理科学研究中，过分热衷于数理模型，忽视调查研究，远离鲜活的地理调查、野外实践，正是方法论上走偏了方向。20世纪60年代"理论革命""计量革命"热潮的出现，曾让人激动不已，但十余年过去了，并没有经得起实践检验的大的理论建树，并遭到了激烈的批评，出现了与逻辑实证主义大相径庭的行为革命、人本主义、后现代主义思潮。这段历史是很发人深省的。地理学研究的对象是极其复杂的巨系统，不能犯用简单方法研究复杂事物的错误。

其次，必须承认在地理科学研究中，共性研究、理性思维是相当薄弱的，它关乎地理科学的前途和命运，是提高地理科学预见性、科学性重要的方法论。尤其是在计算机技术、信息技术高度发达的今天，重视共性研究更具有突出重要的意义。尽管地理科学研究的对象极为复杂，但事物都具有相对的真理性，从一定程度上，可以向真理接近，可以得到对事物的相对理性认识。一定条件下的模型、法则、规律，可以更为理性、更有效率地揭示客观世界的本质，增大地理科学的预见性和实践价值。比如地理学中的地带性规律、产业区位理论、中心地理论，包括现代地理学的重力模型、扩散模型，环境承载力理论都一定程度揭示了地球表层自然和社会经济的规律性和客观实在状态，对人类认识世界、改造世界都起到了指导作用。对地理学的理论成就不能求全责怪。比如对区位理论，不能说它没有考虑到人的心理、社会生产关系，就说它是错误的，不成功的，恰恰相反，应当承认它的相对真理性，并不断地去完善它发展它。科学的范式应当是宽松的和宽容的，而不应当是苛刻的和绝对的，否则地理学自身将失去凝聚力，就会陷入纷乱无序缺乏发展活力的状态。

再次，逻辑实证主义对地理科学的"空间科学"的定位是错误的。现代物理学的发展，特别是相对论的提出和得到证实，排除了对绝对空间和时间的牛顿幻觉，更证明空间和时间同运动着的物质有着不可分割的联系，脱离事物自身性质，建立专门研究空间性质的科学体系，也是不科学的。总而言之，一句话，就像不存在所谓"时间科学"一样，根本不存在所谓"空间科学"，地理学也不是空间科学。美国学者萨克（Sack）和加拿大学者梅（May）等激烈批判空间主义。萨克把"地理学是空间科学"的主张称作"空间分离主义"，他认为现实世界具有三维性——空间、时间、事件。根据空间分离主义的观点,地理学是研究第一个因素的学科。然而,在寻求问题解释的经验性科学分析中,空间、时间和事件不能被分离。他论证几何学作为语言手段在这种学科中是不能接受的。几何学是纯理论数学的一个分支,它不涉及经验性的事实,它的规律,与实际的时间、空间无关,它们不能从动态规律或过程规律中推导出来。地理事实有些具有几何学的性质(如区位),然而如果地理规律仅仅涉及事实的几何学性质,那么它们只能提供关于事实的不完全的解释。假如地理学的目标仅仅是分析地图上的点和线的话,那么它可以是使用几何学语言的独立学科。但是,"我们不能接受在解释城市的增长时只描述其形状的变化"。"因而仅仅几何学是不能回答地理问题的"(Sack,1972)。梅(May,1970)则指出如果地理学是"对空间关系、空间相互作用、空间分布概括的高高在上的科学",那么"其他科学将搞得残缺不全","这样的地理研究在任何情况下也不会成功",如果地理学是专门研究其他科学不去研究,或不重视研究的遗漏的"空间部分"的"低层科学",地理学仅仅起到补充作用,也失去其存在的价值。笔者也于 1995 年撰文批评空间主义,指出"这样一来,从学科上讲,自然地理学失去意义,从实践应用上讲,资源和环境也失去其物质意义。地理的'理'成了形状、距离的关系,而不是物质的关系"。地理学从研究地球的科学变成研究空间的科学,是学科概念的偷换。"康德的分类体系在科学界和地理学界惯性依然很大,不澄清认识不可能期待地理学主体会有更大的发展,靠剥离各种事物的空间形式,集沙成堆,是建不起地理学的金字塔的"(白光润,1995)。

另一方面,地理学不是空间科学并不意味着地理学不应该进行**空间研究**。上面我们谈到脱离物质、事物,孤立地抽象地探索所谓空间规律是不可取的。同样,脱离时间、空间单纯研究物质、事物性质也是不可取的。从严格的哲学意义上说,任何过程都是不可重复的,即"一个人不能二次涉过一条河",但是对于简单的系统,时空环境可以忽略不计,或者人可以把过程的环境锁定(如化学反应的温度、湿度、酸碱条件),实验可以多次重复地进行,可以寻求与时间、空间基本无关的相对的规律法则,但是对于复杂的系统,如地球系统、生态系统、经济过程、社会过程、人体系统,都是与时间、空间、环境有着密切关系的,不同的时空条件、环境条件其表现形式是千差万别的,是鲜活具体的、生动的世界。把物理学方法当成普适的方法,不计时间、空间、环境,刻意追求所谓普遍客观的规律是不可取的。事实上,20 世纪后半叶许多科学已从脱离时空的"一点世界"走出来了,经济学出现了空间经济学,事实证明经济学只研究生产关系或只研究经济过程是不够的,空间的经济关系、经济过程困扰着许多大国的经济社会发展。生态学抽象地研究生物与环境的关系更是不可取的,景观生态学(或称地生态学)使生态学也跳出了"一点世界",有柳暗花明之感,至于地质学它早就重视地质史、古地理的研究。地理学家熟悉地球表面的环境,具有研究空间、环境的特长,通过对空间侧面的研究不仅丰富其他科学完善人类对客观世界的认识,更重要的是加深对地球表层的结构演化规律的认识,加深对人地关系的认识,为地理学的总目标服务。就像历史学专注于研究人类社会一样,地理学的空间研究不是对每件事物的空间特征的研究,而是对包括人类社会系统在内的地球表层整体及各个部分(区域、景观)的空间结构的研究。

3. 人本主义方法论

(1) **人本主义的基本思想**　人本主义又称人文主义,是在 20 世纪 70 年代计量革命受到批评时,西方人文地理学界出现的新思潮。最先出自受逻辑实证主义冲击小的历史地理、文化地理。其基本要点有两条:其一是反对空间主义方法论把研究的主题对象只放在客观的外在的空间环境上,认为人对环境或空间的感知,受人的主观世界的影响,即因文化背景、社会经济地位、经历、意识而异,所以应该以人为本,把研究的主题对象放在主观的经验世界上。提出"行为环境""行为/认知环境"等新的学术概念。如段义孚(Yi-Fu Tuan)指出:"人本主义地理学要通过对人类和自然关系、人的地理行为、人的感觉与思想研究,并结合考虑空间和地点的问题,达到对人类世界的理解⋯⋯以科学方法(指逻辑实证主义——本书作者注)来研究人是要尽量减少人的觉悟和心智的作用,与此相反,人本主义地理学特别要了解地理活动和地理现象对人的觉悟的反映(Tuan,1976)。"其二,它反对逻辑实证主义的追求规律、法则的共性研究,反对普遍的科学方法论。他们批判逻辑实证主义说:"新地理学并没有得出任何科学规律,而且未来得出规律的可能也不大。理论和模型经不起实际的检验⋯⋯但是,他们的理论体系向来简单,无法准确地描述现实世界。他们获得了内在的自圆其说,却失去了对现实的把握(Guelke,1971)。""由实证主义社会科学建立的秩序、精确性和理论的代价太高,我们常常失去对日常世界的价值和意义的充分把握(Buttmer,1974)。"

(2)**人本主义与地理科学研究** 人本主义方法论在现代地理科学发展中,有较大影响,特别是在文化地理、历史地理、社会地理领域,更具有重要意义。新兴的行为地理研究主要是使用这一方法论,把研究的主题放在人对环境、空间的感应上。这一方法论也影响到区位、区域研究,使区位分析、区域规划整治重视人与社会这个侧面。但是,人本主义虽然出现一些研究地方的精品之作,但并没有从体系上解决地理学的方法论问题。正如美国地理学家恩特里金(Entrikin,1976)所言:人本主义地理学并未像某些它的拥护者所说的那样,提供一个与科学地理学(指逻辑实证主义指导下的地理学——本书作者注)不同的研究,或是为科学地理学建立一个没有前提条件的研究基础。最好将人本主义地理学理解为一种批判的形式,作为批判的人本主义方法有助于抗衡一些科学的地理学者的过于客观化、抽象化的倾向。当然它对逻辑实证主义用物理学方法研究地理学的批评是有积极意义的,但实际研究中除行为地理外,业绩并不突出,破有道理,立无建树。应当说,人本主义在人文地理学方面有广泛意义,对经济地理学研究也有新的启示,但并没有成为主体的方法论,而关于自然地理研究方面,显然没有多大关系,它不可能替代和刷新地理科学原有的方法论体系。

4. 结构主义方法论

(1)**结构主义的基本思想** 结构主义又称马克思主义、激进派、新左派,是西方地理学对人文地理学中强调重视政治经济作用的学术流派的一种称谓。其代表人物是英国地理学家大卫·哈维(D. Harvey),他撰写了许多用马克思主义、辩证唯物主义思想分析地理问题的著作,如《资本的限度》《社会正义与城市》等。在 20 世纪 80 年代末期,在西方世界激烈批判马克思主义的环境下,哈维依然坚持认为:"马克思的《资本论》闲置在文物书店书架的日子⋯⋯远未到来。在许多方面,从未像现在这样是应用马克思主义观点来理解资本主义发展和演变过程的合适时机。而且,我确信利用马克思主义的分析方法,可为构建激进主义理论和进行激进主义实践提供最可信的指导(Harvey,1987)。"激进派还办起了《对立面》杂志,批评逻辑实证主义,阐述自己的观点。他们所主张的方法论的哲学基础是结构主义,即强调整体对部分的优先性,认为事物的表象(表层结构)由事物的内在联系(深层的结构)所决定。主张通过上层建筑与经济基础的关系,用政治经济学理论分析资本主义社会发展的空间不平衡、不平等,更多地专注于贫困问题的研究。提出建立"城市政治经济学"研究生产关系上的空间问题。如皮特(J. R. Peet)认为:"无论环境或空间,当社会关系渗透到它们时,都不是被动的……当阶级关系向空间推移时,它们会从社会形成的各种区域获得一些特性……区域和周围环境的各种直接和间接的内容输入阶级里……从而转化为社会-空间-环境关系。空间关系是以阶段关系为基础的,阶级关系包含了空间和环境的影响(Peet,1979)。"

(2) **结构主义与地理科学研究**　结构主义地理学观把历史唯物主义、阶级分析的观点应用于地理学研究,无疑对宏观的区域分析是有益的。社会空间形态和特点与国家的政治制度、生产关系确实存在着密切关系,如城市里的种族、民族隔离、富人区、贫民窟的存在,确定是深层的社会生产关系在起作用,国际间的经济地域分工也不仅仅受生产要素、资源环境的影响,也与国际间不合理的经济秩序有关。结构主义的提出,为现代地理学特别是西方地理学研究提供一个新的视角。但是其过分的排他性,使其有失全面。除了阶级性很强的事物以外,应当承认存在超越阶级关系的空间环境问题,就是社会经济问题,如生产布局问题,不同社会制度国家,除了所有制造成的差异外,还有共性规律可循。在改革开放前,这方面我们有过沉痛的教训,过分强调生产力布局的阶级性,使经济地理学研究走过不少的弯路。所以在现代地理科学研究中,特别是区域地理、城市地理学研究中要特别重视应用结构主义方法论,关注社会经济结构对空间的影响,但同时也要注意不要犯绝对化的错误。

5. 后现代主义方法论

(1) **后现代主义的基本思想**　为了理解后现代主义,必须先了解"现代性"。西方哲学家在 18 世纪启蒙运动以后,对"现代性"的诠释,是指用理性、逻辑及依靠实证来说话的科学思维方式。后现代主义对"现代性"提出质疑,怀疑仅以科学的思维来论断事物是否能让社会从历史传统及宗教的捆绑中解脱出来而取得较多的自由,从而使社会变得较能令人满意。后现代主义反对高度概括性的、以偏概全的、一概而论的、放之四海而皆准的、意欲一网打尽的大言论、大规律、大法则。此种反传统的批判,20 世纪 70 年代以后,哲学家福柯(M. P. Foucault)的贡献尤多。他指出人类历史的更迭,并非是有规律性的。后现代主义对多样化的、异质性的、权宜性的、非延续性的、随机变化性的及地方性的事物感兴趣。它反对传统权威,反对僵化的思想框框,支持活泼的新生事物。它认为历史演变及社会机制与进程,在每个地方都是不相同的。它认为这个世界的结构并不是整齐有序的,而是像一个多变的万花筒,它甚至认为世上并没有一成不变的事物,也没有所谓永恒的真理。后现代主义涉及哲学、文学、艺术、建筑设计等诸多方面。

(2) **后现代主义与地理科学研究**　后现代主义对地理学的影响,可说是始于 1984 年美国杜克大学比较文学教授詹姆森(Frederic Jameson)在《新左评论》(*New Left Review*)的一篇论文。在剖析社会及历史变迁时,他强力肯定了空间地位的重要性,认为在 20 世纪 60 年代以后的西方后现代社会中,左右我们每天的日常生活、心路历程及文化语言者,是种种的空间而非时间。从 80 年代起,地理学者们也开始积极地探索地理学在社会理论应占的地位,促进了地理学者对少数人群问题的研究、对后现代多元化城市结构的研究。计量革命、理论革命风潮以后,人本主义、激进派和后现代主义,强化个性研究,将以地方研究为基础的新区域地理之学术地位,提高到 50 年来的最高点,其内容较之传统的区域地理学丰富许多。

后现代主义批判放之四海而皆准的,一成不变的大理论、大规律、大法则、大的思想框架,这本身也是一种大理论即强调事物普遍的多元性的大理论。实际上它也犯了一概而论的错误。后现代主义,强调多元的、个性的、随机的,一定程度揭示了事物的本来面貌,对生态多样性、文化多样性、环境多样性、景观多样性、思维多样性等现代多元思想意识的形成,对新思维、新理论的产生有促进和保护作用。但是它一概否定确定性、规律性,否定发展进化是错误的,容易导致不可知论,导致地理科学对社会作用的否定。我们不反对对个别事物、具体事物的深入研究,但研究的总体效果是推动人类认识运动的进步,这一点是不能动摇的,完全放任的就事论事的研究最终会导致理论体系的解散,无范式的思维将给科学发展带来严重后果。

后现代主义作为一种当代最新的思潮必然要影响到地理学中来,我们应认真对待它,吸收它的合理的有益的先进的成分,扬弃其不合理不科学的部分。

6. 大科学思维的一元地理观与多元方法论

没有任何一个科学像地理科学这样陷入方法论的争议之中,从根本上说,这是由于地理科学的两栖性质和面对复杂的研究对象所决定的。试图解决这一问题的一条错误的认识路线就是无视地理科学的大科学的性质,企图用一种方法论来整合整个地理学研究,这是地理学多次"革命"鲜见成效的根本原因。

地理学二元论给地理学带来的危害是有目共睹的,把统一的认识对象人为地分割成两种不同性质的科学,在今天的环境时代、生态时代是不符合人类的认识潮流和社会需要的。阿努钦的批判是有道理的,得到科学家共同的认同。但是如何统一,并没有达成共识。阿努钦的国家地理学体系缺乏说服力,没有越出旧区域地理学知识组合堆砌的框子。近些年来,中国地理学界在这方面也做过不少努力,比如变部门区域地理为统一的区域地理(将世界自然地理、世界经济地理合为世界地理,将中国自然地理、中国经济地理合为中国地理等等),其结果,认识论、方法论并无大的改变,基本回到赫特纳的区域描述提纲的体系中去,也有的学者提出统一的"地球表层学"等主张,但只见于文章,而没有提出完整可信的学科体系和学说。这方面基本上处于破之有据,立则无凭的状态,也是一个"方塞插入圆孔"的问题。

大地理学或者说地理科学的思想的提出,比较好地回答了这个问题。统一地理学思想不应该理解为把地理学统一到一个具体学科上,也不是这一科学体系中每个学科都是文理统一的,而是整个科学体系是统一的,既有人文又有自然,既有理论又有技术。地理科学的总目标是认识地球表层的发展演化规律,认识人与自然(或环境)的关系。为了实现这一目标,认识可以也应该相对分工,从不同侧面去研究它。比如环境科学,也是一个大的科学体系,可以有环境生物学、环境化学、环境法学、环境伦理学等。地理科学也一样,可以分为自然地理学、人文地理学、经济地理学、文化地理学等等,有的偏重于社会科学,有的偏重于自然科学。

世界是统一的,从无机世界到有机世界,从生物到人类是一个统一的进化链条,彼此紧密联系并无不可逾越的鸿沟。但是也必须承认不同物质世界的差别,因而认识不同物质世界的方法论也是有区别的。无机世界和生物世界有许多质的区别,生物与机械不同,其组织性、整体性是机械所不能比拟的,机械可以把整体拆装成各个部分,合起来仍然是个整体,各个部分和整体的功能都不会丧失,但是生物,如果把整体分解,再组装起来,整体和部分的功能就会都丧失掉,细胞、器官都不能存活,尽管器官移植手术、嫁接技术已经创造了一些奇迹,但总的看无机世界与有机世界的区别是极为明显的。另外生物可以对环境作出整体反应,而机械离开人的操纵是做不到这一点的。因此把生物规律搬到无机世界或者把无机世界的规律搬到生物界都是不科学的。同样,人类与生物也是有本质区别的,人类对环境可以作出积极的能动的反应,人类是有意识的,可以利用知识进行再创造,人类受社会规律的约束,这些在生物界也都是没有的。在哲学界、经济界、生物界,也包括地理界,许多科学家热衷于社会达尔文主义,用生物规律解释人类现象都遭到失败,其根源也就在这里。所以在一个大的科学体系中,方法论一律化是不可取的。任何把地理学科全部或者一部分糅合或融合(不是机械堆砌的)成一个文理兼通的学科是极为困难的,甚至是徒劳的。

统一地理学除了在整个大科学体系上结构组成上的统一,还表现在研究内容的统一。自然地理学不能只研究非人的、无人的、纯自然的世界,还应该研究人类干扰下的自然环境,如前所述,人类的地质作用已经达到甚至在某些方面超过自然的地质作用,忽视人类对环境的影响的研究,自然地理是没有出路的。同样,人文地理也不能仅仅研究纯社会、纯人类的世界,脱离环境、脱离地球表面,就会导致地理虚无主义,也就是说无所谓地理学了。尤其是现代,社会现象、文化现象、经济现象都与环境有着密切的关系,脱离环境仅仅从空间视角认识社会是一条走不通的认识路线。但是这样一来,是不是与前一段的论述发生矛盾了呢?回答是否定的,因为承认和认识人类对自然的影响是一回事,探索自然规律又是一回事;同样,承认和认识自然对社会影响是一回事,探索社会经济规律又是一回事。比如,人类修造运河,排放生产、生活废弃物对自然产生影响,人类如何影响、如何行动这是人类的事情,但是这些影响施加到自然系统以后依然要遵守自然规律,水还是要往低处流,大气还是要按着气压形势所确定的方向运动,人工地貌也和自然地貌一样受侵蚀、堆积等作用。总之还是要按着自然规律行事的。同样,不管环境对社会经济发展、文化建设有怎样的影响,并不能改变社会经济发展规律。

讲到这里我们可以对现代地理学中统一地理学思想作一个概要的总结。

其一,现代地理科学应该是统一的,不应该是二元论的拼盘。

其二,统一是科学体系的统一,研究总目标的统一,而不是具体分支学科的统一,也不是知识集合的统一。

其三,必须承认研究无机环境、生物环境、人类社会在方法论上存在差别,把地理学方法划一为物理学方法、生物学方法或人文科学方法,都是行不通的,也是不科学的。

其四,自然地理学必须重视社会人文对环境的影响的研究,人文地理必须重视环境对社会经济影响的研究。这种重视并不意味地理科学要追求超脱于自然和社会之上的共同规律、总规律之类的东西,也不意味着人文地理学与自然地理学方法论与认识路线的完全划一。

(二) 现代地理科学方法论的新思维

20 世纪 20 年代以来,系统论、控制论、信息论、耗散结构理论、非线性思维等一系列新理论,都是带有科学方法论性质的科学哲学的新探讨,对地理学研究产生深刻影响。概括起来主要是如下几种思想。

1. 整体思想

早在古希腊时代,亚里士多德就有一句名言:"整体大于部分之和。"它所闪烁的哲学光辉思想,在 20 世纪后半叶的现代得到了发扬光大,被赋予了更深刻的科学内涵。整体思想包括两个方面的含义。

其一,整体不是部分的机械相加,整体不等于部分之和,更具体地说,整体大于或小于部分之和,对于复杂系统来说,整体效应质地区别于部分效应,是部分效应的突变和升华。举一个最简单的例子,几个人拉一重物,方向一致整体效应当然是部分之和,方向不同会产生与部分之和完全不同的效果。再举一个社会上的例子,各国顶尖选手组成的明星排球队与各国国家队比赛,结果许多情况下是"明星队"败北,为什么? 因为虽然"明星队"队员个个都是强手,但彼此配合不好,整体效应差(小于部分之和)。一台电视机的整体效应是可以收放音频视频信号,而其各个部分的效应或者是只起稳定电压的作用或者是只起到传导电流的作用,虽然它的部分效应是为整体效应服务的,但与整体效应有本质的区别。

其二,部分可以映射整体的信息,部分的纠缠在整体中可以变得清晰。就拿地理学中的例子来说,一地气候的冷暖干湿都是地球表层纬度地带性、海陆梯度干湿地带性、垂直地带性的具体反映,一个单个的国民在其身上可以看到其所在国家人民、民族乃至人类的共性的反映。过去地理学、地质学讨论地壳运动由于局限于陆地资料,各种学说争论不休,可是站在全球高度的板块运动理论一提出,原来很多各执一说的争论自然得以解决。对地区性水旱灾害的原因、机制也有许许多多的说法,可厄尔尼诺现象揭秘以后区域性的灾害原因从全球海洋-大气宏观运动的高度得到了系统的解释。

这里特别值得一提的是"人或自然"的思想,即把人与自然看成一个不可分的有机整体的思想。我们往往为了分析问题方便,从两个侧面分析了人与环境的关系,但事实上两者之间是互为因果、作为一个整体发展演变的。人类活动使环境发生改变,改变了的环境又反过来影响人类社会。对于很多引起环境变化的事件,不可能简单地说是人类的责任还是自然的原因。大多数系统是复杂的,而人类作用只是其中有机的组成部分。英国学者安德鲁·古迪(Andrew Goudie)称之为"人或自然"现象。如表 4.4.1 所示,许多环境变迁是自然和人类共同作用的结果。人本身就是自然不可分割的一部分,与自然的关系如同有机体中的血肉关系一样,难以分得清楚。在这样的复杂系统中,任何作用或影响都不是单一的孤立的,一个因素发生变化往往引起其他因素的系列变化,产生整体的连锁反应,企图将人与自然互相作用、互相影响、密切关联的复杂系统机械地分开,测度出几分是人的作用,几分是自然的作用,在很多情况下几乎是不可能的,甚至是徒劳无益的。因此地理学系统地综合地研究环境系统的思想具有突出的重要意义。把科学研究的着眼点放在分析和测度人类环境系统的总体演变规律、总体节奏、总体效益上,比机械地分别建立原因后果数量关系,在方法论上是更加科学,更符合客观实际的。

表 4.4.1　人或自然——某些例子（据 A.Goudie）

变化	原因	
	自然的	人为的
晚更新世动物灭绝	天气	追猎
（美国东南部）无树平原上树木的死亡	由天气原因引起地下水位升高而导致土壤盐渍化	过度放牧
半干旱地区沙漠化	天气变化	过度放牧等
英格兰高地全新世泥炭沼发展	天气变化和土壤贫瘠化的发展	砍伐森林和耕种
全新世榆树和椴树的灭绝	天气变化	动物的喂养和厩养
树木侵占到高山牧场（美国）	温度改善	（森林）停止燃烧*
冲沟的发展	天气变化	土地使用状况的变化
20 世纪初天气变暖	太阳辐射变化和火山活动	CO_2 温室效应
海岸线不断后退	海平面升高	终止提供沉积物
海岸洪水危险的增加	海平面升高，自然下陷	含水层的抽取
江河泛滥强度增加	高强度降雨	排水渠的建造
地面塌陷	喀斯特过程	过度抽水

＊表中"（森林）停止燃烧"指人类烧荒后森林迹地的环境变化。

整体思想是地理科学认识论、方法论的重要内容之一。近代地理学创始人洪堡在《宇宙》中写道："自然世界观的历史乃是认识自然界整体性的历史。"俄国地理学家道库恰耶夫一反以前科学界把土壤理解为崩解岩石产物的单一认识，指出土壤是母质、地形、气候、生物、陆地年龄五种因素构成的自然综合体，创立了自然地带学说。这一综合的自然-历史观提供了从整体出发认识自然的范例。苏联地理学提出的"自然综合体"学说、"生产地域综合体"学说，美国地理学家索尔把景观看成人与自然结合的综合体的思想，钱学森的大地理学思想，都是地理科学中整体思想的结晶。地理科学区别于其他科学之处就在于它研究出发点和归宿都是研究地球表层各要素之间的相互作用与联系，以图对地球表层各个区域、各个类型，乃至全球的整体认识，这是构筑地理科学理论体系的基点。

2. 反馈思想

反馈思想是控制论的主要理论基础。反馈是指系统的输出反转过来影响到系统的输入，进而使系统产生新的变化的过程。反馈分为正反馈和负反馈两种类型。正反馈对目标值（平衡态）的偏离越来越大，是偏离稳定态、平衡态的过程。负反馈是稳定的，它有效地达到某一目标，并在受到干扰时自动维持原有目标，是系统趋向稳定态、平衡态的过程。纵观地球进化的历史，不管发展怎样的变化，30 多亿年没有超出生物适应的范围，300 多万年来没有超出人类生活能够承受的范围，一个世纪的全球平均温度也只不过变化 1～2 ℃而已。这都是负反馈机制作用的结果。我们在地球系统稳定性一节，曾经举过对全球变暖预测与实际情况大不相同的例子,就说明了对反馈机制认识的重要意义。

反馈是实现对系统控制的基本手段。在地理学中建立区域发展模型,调控生态系统中的能量物质流及其结构关系都要应用系统反馈思想。它在地理预测、地理模型建立、地理设计等方面都具有重要意义。

3. 等级层次思想

等级层次思想就是尺度思想,这是系统组织、母系统与子系统关系的思想。任何一级系统都有其时空存在规模形式,同类事物只有在时空尺度相同的或相近的水平上才可以进行比较分析,认识部分时不仅要在部分本身中去探求,而且要在整体的水平上探索部分这一层次纠缠的问题,认识整体时不仅要在整体这一水平上把握其各要素间联系,而且要分解研究各个部分。地理学的研究对象是复杂开放巨系统,是相当宏大的客体,十分重视研究的时空尺度,因而等级层次思想是很重要的指导思想。只讲逻辑而不管尺度的无条件推理和无限度外延,甚至用微观实验结果推论和代替宏观规律,这是许多理论悖谬产生的重要哲学根源。自然地理研究中的气候、地形、植被、景观,人文地理的地域经济、聚落等都是有其组织层次的,研究这些问题必须把握住相应的时空尺度和联系,无条件地推理和忽视对认识客体以外整体环境的分析都是不全面的。这一思想对地理学研究客体的分类体系、区划、规划的指标体系及地理学学科体系的建立,都有重要意义。对复杂事物只局限于固定时空尺度上去争来论去正是受低层次纠缠部分困扰的结果,只有从更高的层次上俯视才能理出头绪。有的问题之所以搞不清楚往往是因为把不同尺度的问题扯在一起的缘故,如气候变迁预测中的问题,不少是将宏观规律与微观规律混同的结果。

4. 自组织理论

19 世纪是经典物理学统治整个科学领域的全盛时期,热力学的两个定律即能量守恒及转换定律和熵增加定律(封闭系统中,系统向无序(熵)增加方向发展)成为解释自然界一切活动的结果与趋势的伟大定律。但是人们惊奇地发现,生命有为其物理环境所制约的一面,但又不依其环境为转移,生命的演化有趋向有序化的特点,而这至少表面上看是违反熵增加定律的。如何解释这一问题,成为困扰科学家的一个难题。1969 年,比利时学者普利高津(I. Prigogine)在化学和热力学研究的基础上,正式提出"耗散结构理论"。他指出,远离平衡态的开放系统中,只要保持系统与外界进行物质、能量交换,在系统内部某个参量的变化达到一定阈值时,经过涨落,系统可能发生突变,即非平衡相变,由原来的混乱无序状态转变为在时间上、空间上或功能上的有序状态。这就是非平衡系统自组织理论。这一理论不仅对生命现象的进化给予解释,而且对一切开放系统的进化发展给予了科学解释。

自组织理论对地理科学研究具有重要意义,如在自然地理研究中,对生态系统的稳定与进化、景观的演化、环境演变、地球表层的进化的认识都有启示意义;在社会经济地理研究中,对区域开发开放,地缘经济研究、投入与开放对国家或地区社会经济发展意义的认识,人口、资金流动对经济发展的意义的认识等都有指导作用。

5. 非线性理论

数学上 $y = kx + b$ 是一次函数,也叫线性函数,线性函数的改变量是与自变量的改变量成正比例的。不是线性函数的函数都叫作非线性函数。例如下面的函数:

$$f(x)=\lambda x(1-X)$$
$$f(x)=\lambda \sin \pi X$$

就是非线性函数。非线性函数函数值改变量和自变量的改变量不成正比例。上述数学关系在物理上的意义是,线性现象一般表现为时空中的平滑运动,对外界影响和系统参量的微小变动的响应平缓、光滑,呈现出与外界影响成比例的变化。非线性现象则是从规则运动向不规则运动的转化与跃变,在外界激励的响应上,则表现出与外界激励有本质区别的行为。实际上自然界大量存在的相互作用是非线性的,线性作用其实只不过是非线性作用在一定条件下的近似。

目前的非线性理论主要是自组织理论和混沌理论,自组织是通过涨落到突变的非线性过程;混沌则是指"在确定性系统中出现的随机性态"[①],自然界和社会上大量存在的是在一定条件下并不总是出现相同结果的随机现象。混沌一词的英文 chaos 就是指虽然原理已经明了,但仍无法预测其变化的很不稳定的现象。我们可以在贝纳德水花的典型实验中,体会到混沌。加热实验器皿中的特定溶液,当温度梯度达到某一个临界值 ΔT_c 时,溶液就会出现对流花纹(出现一个确定性规律支配的有序结构)。但出现的水花可能是左旋的,也可能是右旋的,在这个关节点(ΔT_c)上表现出随机性的特点。向下持续,表现出随机可能更多,系统究竟是"跳"到哪一个解(分支)上是随机的,表现出系统演化的不可逆的多种可能性。这就是混沌状态。如一些植物结的果实有大年小年之分,气象上厄尔尼诺、拉尼娜现象交替出现,但绝无确定周期,都是这种的表现。

图 4.4.1 是洛伦兹(Lorenz)利用计算机绘制的一类奇怪吸引子,现在它成了混沌的形象标志,说它"奇怪"原因有四:第一,这个吸引子活动的区域不能用欧几里得几何学加以描述,既非直线的二维平面也非三维立体,它的维数不是整数而是分数。第二,图形上每一点都不是以前任何点的重复再现,看上去似乎是类似椭圆,但其周期是递增的,形状也不绝对相同,在越来越小的尺度上重复出现很相像的自相似结构。所谓自相似就是跨越尺度的对称性(不是左右或上下对称,而是大小尺度、层次之间的对称)。凡这种具有分维的几何形体被称为分形(fractal)。神往的云街,起伏的沙丘,树叶枝干的外形结构,美丽的雪花冰晶,这

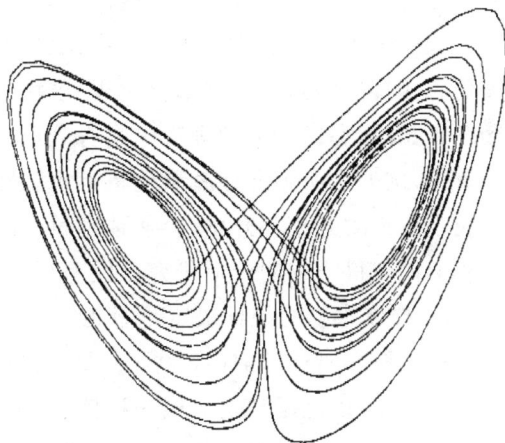

图 4.4.1　混沌的形象标志

些都是分形的实例。第三,这种自相似性维持到某种程度亦发生突变,改变类圆周的轨迹直线地跳到另一侧,又转入类圆周运动,而且两侧也有自相似性。第四,它固定于一定界限之内,不是无限混乱的。确实,混沌态尽管看上去杂乱无章,但它不同于热平衡无序(分子混沌)。混沌不是通常意义上理解的无序与紊乱。提到有序,人们往往想到周期排列或对称形状,而混沌更

---

① 英国皇家学会在 1986 年的一次关于混沌的国际会议上给出的定义。

像是没有周期性的秩序。其中,可能包含了无穷的内在层次,层次之间存在着"自相似性"或"不尽相似性"。它虽然永远处在一定界限之内,绝不跑到界限之外,但又不自我重复。现在看来,人们平常所见的有序,特别是生命现象,可能是夹在热平衡的无序(纯粹的无序)和混沌的无序之间的一种自组织状态,有些科学家喜欢用"混沌的边缘"称呼这类组织状态。

混沌现象绝不只是数学游戏那样的东西,它们在自然界中有种种表现。远至木星大气层中的涡旋结构、天空中鱼鳞状排列的云街,近至花岗岩中环状结构、生活中常见的松花蛋中的松花……乃至我们居住的生物圈也属于这类结构,它通过与外界交换物质与能量,由非线性相互作用产生各种有序结构。混沌是比有序更为普遍的现象。自然科学对非线性现象的研究越来越接近揭示社会系统的运作机制:市场经济的自我调节(均衡与崩溃)、金融动荡、股票涨落,以及人类团体的合作与分裂都是非线性相互作用的结果。非线性科学为我们提供了理解我们身边发生的各类事件的一种可能框架。生命的起源、生物的进化、人体的功能、思维的奥秘,乃至社会经济、政治、文化变革这样一些复杂现象都出现在非线性这个层次中。

近代自然科学在我们面前打开了一扇窗户,使我们看到了一个线性的世界,建立起一套关于正常现象、正常事件、正常过程的观念。现代科学,特别是非线性科学在我们面前打开了另一扇窗户,使我们看到了一个非线性的世界,一个复杂性的发祥之地。现在当我们能用两只眼睛来观察世界,呈现在眼前的是正常与反常的统一:简单性与复杂性、规则性与不规则性、稳定性与不稳定性、确定性与随机性的统一。这是一个既能给人以稳定、平静、安全的世界(由它的有序从而可预测性而生的),又充满冒险、机会和希望的世界(由它的无序从而不可预测性而生的),描述这个世界的方法——线性与非线性的结合充分表明了这个世界的性质。

长期困扰地理学的方法论争论,从根本上说是对复杂性研究的认识问题。地貌过程、气象过程、生物群落的演化、城市化过程、区域经济发展过程等都具有非线性特征,海岸形状、城市形态、地貌形态等许多地理现象具有分形的特征。逻辑实证主义用线性思维分析非线性的复杂事物,例外主义则强调就事论事不承认非线性的理性,以上都是地理科学研究路线的误区。非线性理论的开拓和升华,会使地理科学睁开两只眼睛看世界,大大增强这门学科的预见性。事实上地理科学中的分形研究已经呈现出相当活跃的势头。

6. 群体事物的统计决定论思想

在大科学时代以前(17 世纪—20 世纪初)自然科学的成功使科学家的陶醉心理达到登峰造极的程度,以至哲学上形成一种信念,那就是万事都是已决定了的,都可以用数学方式确定地描绘,暂时不能描述的仅仅是当时科学水平的限制,是时间问题,谈不上不确定和偶然性的问题。这是力学时代的方法论。天文学家兼物理学家拉普拉斯(Laplace)认为:原则上我们可以找到一个宇宙方程,只要我们知道了宇宙的起始条件和边界条件,那么宇宙间万事万物都可以用力学的方法,给予绝对正确的预言。这就是拉普拉斯决定论。简明地说,世界是规范的,只要测得一个理论预言相符合的实验值,这个理论就可以证实为真理。这一方法论在物理学、化学、数学中广泛应用,取得令人欣喜的成果。就在拉普拉斯时代即有人反对这种真实性=真理性的决定论。吉普斯认为:自然界任何时候都会有一些因素你不认识,这些因素的出现总表现出不可避免的随机性。后来热力学的发展也向拉普拉斯决定论提出挑战,热是大规模分子的无规则运动,怎样描述热呢? 研究作用于一个分子上的全部合力,可无法保证新分子的突然袭击,存在着偶然性。问题进入 20 世纪大科学时代,科学研究的对象越来越复杂庞大。越来越多的实践证明在群体事物中拉普拉斯决定论是失败的,真实性不恒等于真理性,只有真实性的发生存在概率达到足够的程度才能代表群体的规律。因为群体事物中随机事件非常多,谁都可以找到一个事件来证明自己的看法。群体事物统计决定论思想也称为大科学决定论,即真理性＝真实性＋概然性。它告诉我们并不是所有事物都可以用精确的公式毫无遗漏地反映出它的规律性,这并不全是因为人类认识水平的问题,而是事物本身性质所决定,它也告诉我们在群体事物研究中,用个别的少数的验证和发现来代替真理是极为危险的。地理科学的研究对象是极为复杂的系统,运用大科学决定论认识事物就更显得重要。如研究人口迁移规律、空间行为规律时,总会找到与基本趋势不同的随机事件,如果不通过概率判断,只通过事例判断,那一定会得出与基本规律相反的结论。惯常那种"提出立论—举例说明—得出结论"和"提出驳论—举例说明—推翻结论"的思维方式都是危险的。计量地理热潮时不少青年学者幻想一个公式一个模型解决问题,以及这种幻想失败后心灰意冷的表现,都与简单决定论的缺陷有关。

二、 一般科学方法

（一）科学思维方法

科学思维的方法基本分为两大类:即归纳法和演绎法。

1. 归纳法

归纳法一般是从事实到概念,从观察到总括,从局部到总体,换句话说,就是根据全部事实确定规律性,又称培根式方法。其认识模式与程序大体如图 4.4.2 所示。达尔文的进化论可以称得上是归纳法最典型的例子。达尔文游历了世界各地,观察了大量的动植物形态及其与环境的关系。从纷繁复杂的现实世界的无数事例中,找出从低等生物到高等生物的进化脉络及其与环境的关系,从而提出"生存竞争""适者生存"的进化论思想。

归纳法为很多学科所采用,在发展科学思维中占有重要地位,特别是在发展社会科学、生物学、地质学、地理学等学科中发挥了重要作用。但是归纳法也是有缺点的,主要表现为以下三个方面。

（1）在归纳时由于不能实现全部连续推理,在事实和假设之间往往产生逻辑上的"缺陷",而推理是由观察走向判断的重要步骤。现代地理学中用复杂的统计方法整理资料时就容易出现这种情况,研究者所掌握材料的分析脉络束缚推理的展开。如在分析大气运动规律时,我们观测到的资料,地表的资料比较多,低空的资料也比较多,而高层大气的观测就比较少,甚至缺失,得出的结论就会受到资料的局限而出现片面性。

（2）归纳的结论只适用于用以进行归纳的那些资料范围,超过这个范围以外易于出现矛盾。例如某项研究通过 2 000 次实验得出完全相同的推论,但特例出现于 2 001 次以后的可能性是完全可能存在的。

（3）归纳过程中掺有归纳者的主观因素。

途径2

知觉的经验

↓ ↓ ↓ ↓ ↓

负反馈

对现实世界
结构的映象

假设模型
(这种映象的规范表达)

途径1

知觉的经验

↓ ↓ ↓ ↓ ↓

无序的事实

假　说

定义分类度量

实验设计
(定义、分类度量)

有序的事实

资　料

归纳概括

验证过程
(统计经验等)

建立理论和规律

不成功

成功

建立理论和规律

正反馈

解　释

解　释

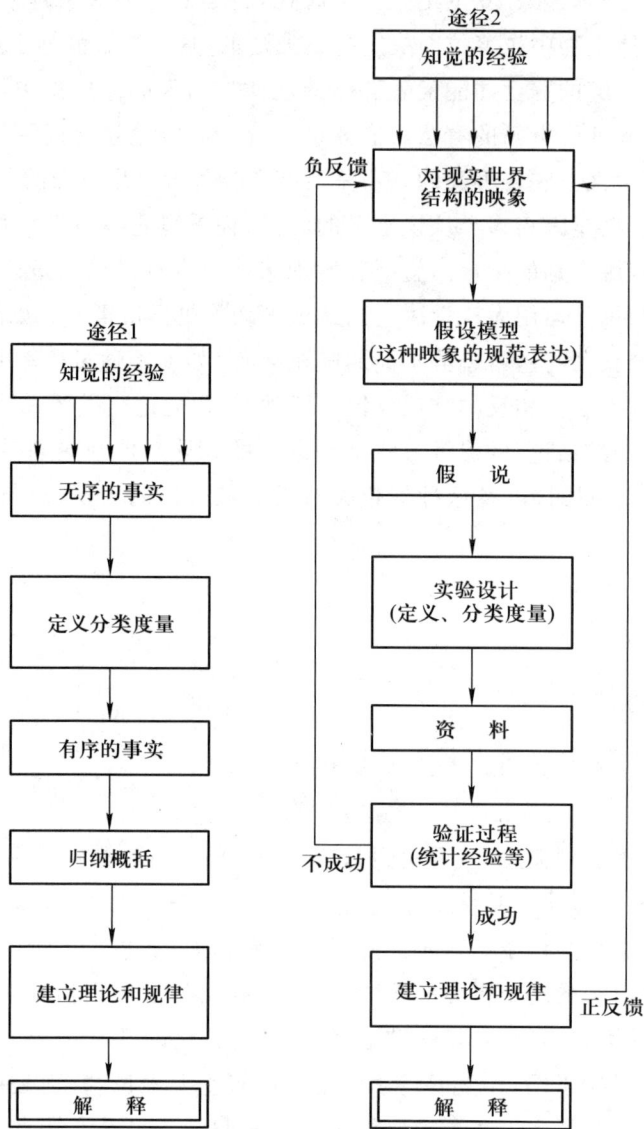

图 4.4.2　两种科学解释的途径

(哈维,1969)

2. 演绎法

　　演绎法的思维过程是从概念到事实,从总体到局部,从总括到观察,一句话就是预想的概念经过验证而得出结论。哈维称其为"控制性推测"。这里所说的"概念",并非是研究者主观臆造的(图 4.4.2),而是根据研究的实际经验和学术水平决定的。演绎法最典型的例子可以说是魏格纳的大陆漂移说,他首先根据拼合后的各大洲边缘吻合形状及其他类似的地理现象提出大陆漂移的假说,然后根据各大洲动植物种属的联系进一步论证,进一步推论出地球表层存在一个活体的层次等等。他的假说启发了众多科学家去分析探索,展开丰富的科学思维。现代的板块学有力证实了魏格纳的大陆漂移说是正确的。演绎法在理性上和逻辑上比较严密,而论证的广泛性可以突破局部实际材料的束缚。较发达的自然科学(物理学、化学、遗传学等)多采用这种方法。当然演绎法也有研究者最初主观因素的干扰,有时甚至出现科学研究战略路线性错误(反馈证明立论错误)。

在实际科学研究中两个方法经常交织在一起。演绎法最初的立论设想也是从研究者自身经验、基本事实中归纳提炼出来的。对上述两类方法要善于巧妙运用,正确认识。在"左"的思想影响时期,曾出现以批判"先验论""唯心主义"为由,否定演绎法的倾向,实际上是在否定科学家已有的理论和实践。

地理科学由自身特点所决定,多用归纳法。随着地理科学理论体系性的增强和预测性的增强,必然也会越来越多地使用演绎法。这是应当引起注意的倾向。

(二)科学研究的一般过程

一般地说科学研究经过这样几个过程:课题设想—调查分析—课题论证—实验研究—假说设想—验证检验—理论法则,在思维和实践中经过几次反复才能完成(图 4.4.3)。

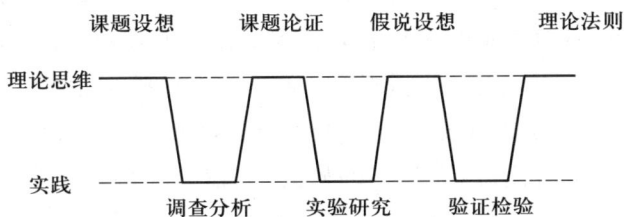

图 4.4.3　科学研究的一般过程图示

1. 课题设想

课题设想,就是研究者根据自己的研究实践和科学发展现状,提出初步的研究题目的设想。这是很重要的环节,带有指向性、战略性的意义。许多经验丰富的老科学家在这方面发挥着重大的作用,他们科学实践丰富,往往能比青年人更易于发现科学前沿的潜在领域。

2. 调查分析

调查分析就是到实践中检验课题设想实现的可能性,通常也把这个过程叫"调研"。其调查分析的范围包括:此项课题前人(中国和外国)有没有研究过,研究到什么程度,实现这一课题研究的设备仪器、经费、时间有无可能性,课题完成后能有多大的社会效益、经济效益等。总之这是一步非常慎重的决策调查过程,弄清楚研究工作的有利因素和不利因素,为下一步课题论证做准备。

3. 课题论证

课题论证是研究者本人和科研主管部门共同做的事情。由研究者本人论证自己科研课题的可行性和重要性,由科研主管或支持部门召集同行权威的专家审查研究者的论证报告,最后确定本课题能否实施研究。

可行性包括两个方面:首先,看此项课题在科学上有没有根据;其次,看完成这一课题所需要的人力、财力、物力和时间,在现实条件下能否做到,以及研究者提出的计划是否合乎实际。

重要性主要是看两个方面:一是理论意义。即本项研究是否属于科学前沿,是不是创造性的,是不是属于重复前人或外国人已经做过的工作,完成后将会给现存的理论以多大的推动和突破,等等。二是实践意义。即本项研究成功将会形成多大的经济效益和社会效益。

在课题论证时要注意克服两个倾向。

一是实用主义倾向。即只看到眼前利益,忽视基础理论研究的倾向。有些科学研究有理论价值,但其实际意义并不能一下子就看清楚。比如原子能的研究,最初的研究者只是发现放射性元素在照相底片上感光,认为这对物质结构的学说具有极其重大的理论意义。但当时并没有想到后来原子能应用于发电、军事等各个方面的巨大作用。所以对具有重要理论意义的科学研究还是要予以支持和扶助的。

二是缺乏实际意义的纯理论的倾向。特别是我们国家当前的财力、物力很有限,急切需要那些见效快、在生产上迅速应用的科研项目。就拿轻工业制品来说,日本的很多产品霸占着国际市场,除极少数高级电子产品外,绝大部分并不涉及高深的科学技术,但是由于它方便、精巧,很博得用户的欢迎。中国的科学工作者和技术工作者人数不少,但在这方面下功夫的人并不多,有人甚至觉得这是"匠人"的活,不屑一顾,一味追求高雅的暂时又极难实现的理论探索,这种状况显然是应当迅速改变的。对于理论上有重大突破在实践上又有巨大意义的科学研究,如超导体研究,新能源、新材料的研究,当然毫无疑问要竭尽全力地开展。地理学研究也包括理论性和应用性两个方面,应当是在保证一定量基础研究的前提下大力开展应用地理研究。

"良好的开端是成功的一半",前三个部分都是立题过程,它可以说是决定科研成败的关键。许多国家的科研部门设立"立题奖",鼓励正确的科学的选题,正是重视这个过程的表现。这个过程要慎重认真、舍得花时间下功夫,在科学研究中由于立题错了而走了弯路、绝路,最后导致科研失败的例子是屡见不鲜的,必须引起我们足够的重视。

4. 实验研究

实验研究,是实际实施科研计划的过程,通过大量实验、调查研究,探索论题的规律。

5. 假说设想

假说设想就是根据实验研究来发现论题涉及的事物的规律性,经过思维升华提出作者的理论设想。之所以称为假说和设想,是因为这种意见尚未成熟,只是局限于研究者实验或调查材料基础上得出的初步结论。

6. 验证检验

验证检验就是把假说或设想拿到产生假说的实验材料、调查材料、事件以外的范围,检验假说的正确性、准确性。

7. 理论法则

理论法则即经过检验后再进一步经过理论思维、升华得出具有普遍意义的科学的理论或法则。

三、 地理科学研究方法

地理科学不仅在方法论上有自己的特点,遵从一般的科学思维和研究过程,在具体研究方法上,也有其独特性。

(一)传统地理学方法

地理学传统的研究手段是地图和地理调查。地图是地理学的特殊语言,地理调查是获取地理知识、地理信息的第一手段,它们在地理学发展中自始至终起到极为重要的作用。地理学进入现代阶段,遥感、地理信息系统等先进研究手段,对地理学的发展起到了重要的关键的作用,但是地图和地理调查这些传统研究手段仍不失其在地理学中的重要意义,而且在现代地理学研究中有了很大的更新和发展。

1. 地图方法

英国地理学家伍尔德里奇(S. W. Wooldrige)和伊斯特(W. G. East)这样评价地图:"在地理学中没有地图所不能描绘的事物。"日本学者中村和郎和高桥伸夫(1989)讲得更绝对:"没有地图就没有地理学家。"可见地图对地理学之重要。地图是地理学的工具,是地理学的语言,是传达事物空间关系和形态信息的载体。地图是地理学家对地物进行深刻理解、综合分析并抽象概括等一系列复杂科学思维和创造性劳动的结果。地图不仅在地理学、地质学,而且在国民经济建设、国防建设等各行业中都起着十分重要的作用。地图对地理学研究具有重要意义。

(1)**地图是地理思想的表现手段**　地图不仅可以表示出地理事物的空间性质(位置、距离、高度、坡度、面积、体积),还可以表现出地理事物的空间联系和动态过程。地图从不同角度可以进行多种分类(表 4.4.2),从内容上分为普通地图和专业地图(又称主题地图)。普通地图是为社会各种行业所共同使用,包括地形高程、河流水网、土壤植被、居民点、交通网、地理名称等要素,一般都无遗漏不加选择地记述。而专业地图则专为某一使用目的,专为表述某一地理思想而绘制的。它突出所要表达的内容,省略与之无关的内容,可采取各种表现手法来着重表现绘图者的思想观点,有重点有针对性地向读者传达地理信息。

表 4.4.2　地图的分类

分类方式	成图方法			表现内容		比例尺			体裁						
类型	基本图(实测图)	编辑图	计算机制图	普通地图	专业地图	大比例尺地图	中比例尺地图	小比例尺地图	全图	组图	地图集	挂图	立体图	地图模型	地球仪

(2)**地图是地理学家分析问题的手段**　作为地理学家使用地图必须有三方面的能力,即

学识能力、研究能力和哲学能力。这三方面能力也体现了三个层次水平上分析地图的能力。学识能力就是能够通过地图识别其所表现的地理信息含义,通过地图的量度获得所表达的信息。研究能力是指能够利用地图,经过自己的思考分析,找出地理事物中的规律性法则性,善于发现没有直接表现在地图上又隐含在地图之内的理性成分。哲学能力就是通过地图发现地图绘制当时人和那个时代的哲学思想、观念,发现地理学中的哲学问题。地图把一个广大的世界浓缩到研究者的面前,使人所置身的小环境中觉察不到、模糊不清的世界一下子明朗起来,这对宏观地理规律的发现具有极为重要的意义。著名的大陆漂移说最初就是魏格纳从地图上发现的。洪堡受哈雷绘制磁偏角等值线的启示,1807 年利用 58 个地点的年平均气温值绘制了世界等温线图(图 4.1.13),从图中发现等温线并不像预想那样与纬度平行,而在中高纬大洋和大陆上存在很大差别,为探求其原因就产生了一个新的科研课题。以后由于各种等值线的运用,揭示了许多地理规律,如气压形势、大气环流、洋流、自然带等规律。现代的医学地理规律不少也是通过图化而发现的。

(3)现代地图制作与表现方法的新发展

遥感制图与计算机制图

由于遥感技术的发展,提供地表空间信息越来越丰富,以卫星照片、航空照片为基本素材制作不同比例尺的地图已经成为当代地图制作普遍采用的手段,它迅速、准确、承载的信息量大,使从卫片、航片形式转换为地图形式的理论与方法成了地图学研究的重要方面。

电子计算机制图正在逐渐代替传统的手工制图方式,尤其电子地图和地图信息系统。它不仅通过电子计算机制作,而且通过电子计算机来存贮、显示。具有快速检索、动态显示、自动分析、过程模拟、趋势预测、规划设计等多种功能,成为国土资源管理、社会经济发展规划、城市建设、环境建设的快速手段。实现地理信息的多维可视化,如三维地表现地下岩层、结构,矿体、矿脉;四维(三维+时间维)地表示大气运动,模拟洪水、海流、地表侵蚀堆积等,成为地理分析的重要工具。电子地图集和信息系统是纸质地图和普通地理系统的重要发展,为预测预报、咨询决策提供新的技术手段,是极有发展前途的地理学和地图学的新技术。

景观制图和综合制图

随着地理学综合研究趋向的发展和社会实践中对综合地图需求的增加,地图制作上出现了综合化、实用化的趋向,各种各样描述地理综合体的景观地图设计,一度成为欧美和日本学界的热门课题。从原来的单一要素图(专业地图)和各地理要素空间位置图(普通地图),提炼升华反映景观单元和景观结构,反映地理综合体的整体面孔。成为或者通过同一幅地图的多层次组合,或者通过一系列地图的多要素分析,阐明地理综合体中各级区域单元的内部与外部农林规划、国家公园建设的重要基础图件。

2. 地理调查

地理科学不是书斋里的学问,也不是实验室里的学问,它是大自然和社会实践中的学问。地理调查是其最基本的研究方法,在地理学产生之初是这样,发展到现代地理学阶段也是这样,而且其内涵和方法都有新的发展。

(1)地理调查的意义 美国地理学家索尔曾经这样说过:"地理学家的训练就是实地考察的训练(Sauer,1956)。"这样评价地理考察是不过分的,虽然现代地理学阶段中获取地理信息、研究地理学的手段已经有了很大发展和更新,但地理调查作为地理学的基本研究方法并没有失去意义。这是由地理学研究对象本身的特征所决定的,只要地理学的研究对象不发生改变,地理调查作为地理学基本研究方法的性质就不会改变。

首先地理科学所要研究的地理环境是在相当大空间范围中存在的,而且它的演化过程、动态表现不像其他科学那样可以在人为条件下轻易模仿、试验、重复再现,诸如地壳运动、大气环流、区域经济过程、城市的空间结构等等,都是在小的空间范围内无法模仿、试验和重复再现的,要认识这类事物的规律当然要置身其中,进行深入调查研究。

其次,地理科学最突出的目标之一就是认识环境中地理事物之间的相互关系和整体特征。要做到这一点单靠书面材料和地图是做不到的,必须在现实的景观中观察思考,在地理调查中去发现和领悟,因为整体性和事物间的关系存在于观察到的地理现象之间,而且总是以某种外貌形象或可以察觉到的信息表现出来,因此离开地理调查就无法捕捉地理景观的整体性和相互联系。

最后,也是最重要的,地理调查是获取地理信息最基本的手段,正是地理调查所提供的第一手材料才构筑了地理科学大厦的基础。A.彭克提出对地质学、地理学、人类学都有重大意义的第四纪冰期学说,就是在阿尔卑斯山实地考察中通过对冰碛物和地形的关系的观察基础上提出的。植物地理学的理论即植被随纬度、高度变化的规律,也是洪堡在长期的考察后总结出来的。哪一方面地理调查广泛深入,哪一方面地理学就有新的发展。二战以后世界各国都广泛地进行土地、土壤调查,因而关于土地类型学说、景观学说就有很大发展。从 20 世纪 50 年代以来对海洋调查海底调查加强了,因而海洋地理学就有很大发展,由于大洋底磁场、地形情况的明朗化,从而诞生了板块学说。

(2) **现代地理科学中地理调查的新发展**　现代地理学阶段地理调查有很多新的发展。这主要表现在以下两个方面。

其一,调查内容和方式综合化,人文方面的内容有很多增加。如景观调查、土地利用调查都是综合性质,其出发点不是一个要素一个要素地分门别类调查,然后再拼凑起来,而是从小的综合体(景观单元、土地类型)到大的地理景观进行调查。城市地理调查就重视城市自然要素的调查,水文、植被调查也都十分重视人类活动影响的调查。二战以后世界主要发达国家都比较重视人文地理调查、人的行为的调查,地理调查的注意力很多方面转移到对人的调查上。不仅仅调查地理事物的分布、联系,还调查人的行为的空间特征和趋向。城市调查、意向调查已趋于规范化。

其二,调查手段的现代化。由于社会生产力的发展,地理调查手段也有很大改善,不仅仅是像传统地理学那样只能对地表地理事物的表面形态进行观察和量测,而且对其内部物质元素迁移、能量转换也可以观察量测。在调查手段方面,借助 RS、GPS、先进的探测仪器、通信媒介等手段使地理调查的精度大大提高。

(3) **地理调查的基本方式**　地理调查一般分为如下几种方式。

野外考察　这是最常用的地理调查方式,是地理学家获取第一手材料的主要手段。除了对各地理要素,如气温、地温;流量、流速;动植物的种类、多度;地貌的类型、坡度、高度;土壤的发育类型、土层厚度、层次;人文地理中的人口、交通、产业结构、产值⋯⋯进行观察、量测以外,更重要是对自然综合体和区域社会经济整体特征的观察。世界各国对未开发土地的地理调查都十分重视,中国专门成立了"自然资源综合考察委员会"对国土资源进行了 40 多年的考察工作,为国民经济建设提供了重要科学依据。改革开放以后中国又进行了南极、北极科学考察,不仅扩大了中国地学研究的领域和视野,也大大提高了中国的科学地位。1998 年中国又进行了雅鲁藏布江大峡谷的科学考察,世纪之交国家又拨出 3 亿元巨款,组织对西部自然资源条件进行科学考察,2017 年国家又投入巨资启动实施第二次青藏高原综合科学考察,这些都说明地理考察在地学研究和国民经济建设中仍具有举足轻重的意义。

访问调查 访问调查即指向被调查者直接询问的调查方式。面对面提问题可实现信息的双向交流,互相启发联想,便于调查者随时发现问题和理解感兴趣的新问题。这类调查方式适合那些重视演变过程和与人类关系密切的地理现象,如人文地理学中民俗地理、文化地理、民族地理、历史地理的调查,自然地理中的土壤调查、土地利用调查、地下水调查、环境变迁调查等,多采用这种方式。

意向调查 意向调查是对人及不同社会集团的行为心理的调查。这是现代地理学研究中比较重视和普遍使用的方法。尤其政府的重大区域政策决策、环境建设项目、区域开发计划、城市发展规划、旅游规划、商业建设都要特别重视民众,特别是当地相关民众的意见。意向调查很重要的是保证调查的真实性,多采用无记名、不书写、直接圈点的形式,另外还要保证足够的数量和代表面。大量的调查还可以借助媒体,如报纸、电视、广播、网络等形式进行。有的涉及国计民生的重大问题或与人民切身利益相关的问题还要采取听证会的形式广泛地进行讨论和辩论。意向调查与现代地理科学重视人的因素的趋向是一致的。

史籍调查 史籍调查即指通过地方志或其他历史资料了解调查地理情况的方法。中国有悠久的地方志撰写的历史,保存大量的历史地理资料对了解地方的社会经济变化、自然环境的变迁和人类改造自然的过程具有重要意义。竺可桢先生的著名论文《中国近五千年的气候变迁的初步研究》就是根据地方志记载的大量物候资料写成的。当然,除地方志外,近现代地理环境研究中,过去的报刊、书籍、档案资料也具有重要的研究价值。

数据统计调查 数据统计调查是指对定量说明地区地理特征的主要数据的调查和分析。如自然地理研究中,气象气候资料、水文观测资料,人文地理研究中的人口资料、社会经济统计资料,对地理研究都具有重要意义。数据的整理分析要特别注意其代表性、准确性、真实性,还要特别注意平均状态和极值状态。例如,百年不遇的洪水水位记录对堤坝、铁路、桥梁的建设极为重要;异常出现的低温频率对农业生产作物布局十分重要。计算机技术、GIS 技术、大数据技术、云计算技术、人工智能技术的应用,使大量处理和分析空间、环境信息成为可能,现代地理科学的数据统计调查在先进技术手段的支撑下,大大提高了地理科学的研究水平和预见能力。

(二)地理学的现代研究手段

地理学的现代研究手段主要是 3S(遥感、地理信息系统、全球卫星导航系统)和地理实验与地理模拟。关于遥感和地理信息系统、全球定位系统我们在现代地理科学的"信息革命"一节对其发展状况已经做了介绍。本节将更为具体地论及其应用原理和应用意义。

1. 遥感

广义地讲,遥感是指远离观察地,通过电磁波、重力、磁力、震波、声波等手段,获取地表性质、状态、信息的技术。狭义地讲专指通过传感器接收地表物体的电磁波揭示其性质及变化动态的技术。一般地理学中所讲的遥感技术多指狭义的遥感。

遥感由以下几个部分构成:① 遥感对象,即被感测的地物。② 传感器,既感测地物的仪器。传感器包括 4 个系统,即可见光系统(全景照相、电视摄影、激光扫描等)、红外线传感器(红外扫描仪、红外辐射计、散射计)、多光谱系统(多光谱摄影、多光谱扫描、多通道电视摄影)和微波系统(侧视雷达、微波全息雷达等)。③ 信息传播媒介,即电磁波。④ 遥感平台,即装载传感器并使之工作的装置,如飞机、人造卫星、航天飞机、空间站等。⑤ 信息处理与分析系统,即光学技术设备及计算机软硬件,对遥感信息进行分析、处理和应用(图 4.4.4)。

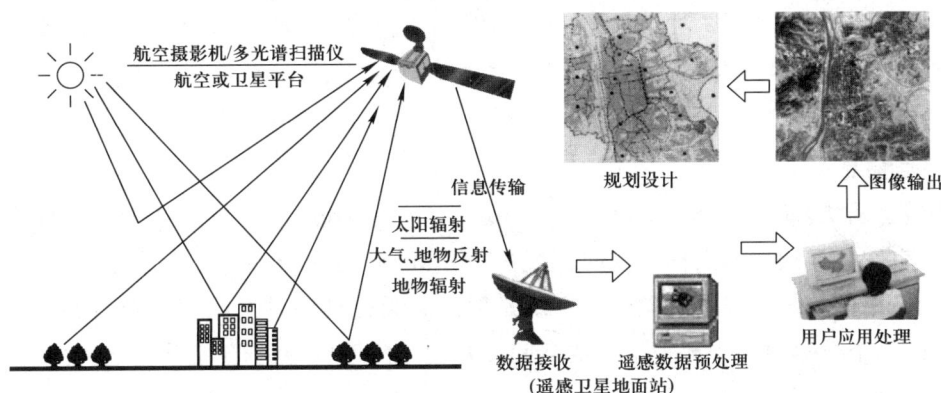

图 4.4.4　遥感原理示意图

遥感图像是综合的地理信息,是人文和自然要素交织在一起的景观实体影像,它不受人类主观因素影响,不像地图那样根据人类需要选取的某一方面信息。它生动表现地理综合体的总体形象,从事物的联系中人们可以获得二次信息,它不仅能记录人类可以观察到和可以识别出的信息,还可以记录下人类暂时还没有识别的信息。它不仅可以记录各地理要素本身的信息,还可以记录它们之间空间联系的信息。遥感图像更进一步强化了地理综合体的形象。

遥感为全球地理研究提供极为有利的条件。卫星遥感信息覆盖全球且具有周而复始的特点。南极臭氧空洞、南北极冰川和海冰消长、海平面变动、热场、风场、叶绿素含量、植被指数、绿波推移、热带风暴、厄尔尼诺现象等全球范围的现象,可以通过遥感实现同步长期反复观测,它的出现推动了地理学的进步。

对于地理学家来说,主要是应用遥感成果判别地表事物,揭示地理规律。20 世纪 60 年代以后世界发达国家和主要的发展中国家大学地理系都普遍开设了遥感课程,建立遥感研究机构,遥感技术已成为现代地理技术的主要内容。遥感技术对现代地理工作者来说是必须掌握的科学手段,它迅速准确起到事半功倍的作用。例如利用 4.5～5.5 mm 微波红外图像进行森林调查,不仅可以估计林区可采木材量,还可以估算病害森林面积。通过卫星照片还可以判读农作物生产状况、土壤类型、土壤肥力及给水变化等,是土地利用规划得心应手的工具。地球表层各种物体信息性质与电磁波的辐射有着不同的对应关系,随着地理科学和航天技术的发展,必将从卫星照片上揭开更多地表事物之谜,遥感技术的发展将地理学带进了一个崭新的天地。

专栏

遥感与西藏"资源走廊"

借助遥感技术,中国地质工作者在西藏北部发现了一条蕴藏着丰富金、铜、锑等矿产资源的"资源走廊"。

"资源走廊"位于西藏中北部的狮泉河—那曲—昌都一带,绵延 1 000 多 km,面积约 33 万 km^2。利用遥感技术已经在 600 余处发现 50 多种矿藏,尤以金矿储量最大,成为西藏最重要的金矿带。通过实地验证,科学家们发现了大型远景岩金矿,走廊东端的玉龙铜矿,蕴藏量居全国前列,走廊北边是巨型的锑矿带。

据估算,"资源走廊"矿产资源的潜在价值达 6 万亿元,约占西藏全区矿产资源潜在价值的 60%,显示出巨大的经济潜力,"资源走廊"成为青藏高原一条"金腰带"。

2. 地理信息系统

地理信息系统,简称 GIS(geographic information system),是在计算机硬软件设备支持下,对有关空间数据按地理坐标或空间位置进行预处理、输入、存贮、查询检索、运算、分析、显示、更新和应用的技术系统。地理信息系统是以研究和处理各种空间实体及空间关系为主要特征。它的每个数据项都按地理坐标或空间位置关系来编码定位,然后才是各种定性、定量的属性,以此来区别于其他信息系统。

地理信息系统一般由四部分组成(图 4.4.5),即:① 通过数字化和编辑处理的输入系统。② 数据的管理和检索,即建立数据库,保证系统数据的有效提取、检索、更新和共享。③ 数据处理分析。④ 数据的传输和显示。

地理信息系统具有许多优越性。

首先,它具备多维的不断更新的数据结构。它的信息具有多种属性(自然的、人文的、全球的、地区的等),具有多种形式(图形的、影像的、数字的、表格的等),信息量比一般传统获取信息方法要多几个数量级,这些信息都按地理单元检索、存取、叠加。而且这些数据可以及时更新,如将一地区所有地面观测站资料、卫星周期性大规模扫描资料、社会经济统计数据,通过实时传输,使之保持更新状态。它可以变换信息的表现方式,如不同比例尺、不同投影的变换、制表绘图等。

其次地理信息系统被称为地理学的第三代语言(陈述彭,1983),具有区域综合能力和预测能力,可以迅速大量处理地理信息,随着人工智能计算机技术的发展,地理信息系统的动态分析能力、预测能力、决策能力还将有更大提高。

3. 全球定位系统

全球定位系统(GPS,global positioning system)泛指利用卫星技术,实施提供全球性定位服务的技术,是测量的革命。GPS的工作原理可以这样简单理解:如果太空中有一颗带有观测装置的人造卫星,那么被观测物肯定是在以这颗卫星为中心,以被观测物与该卫星距离为半径

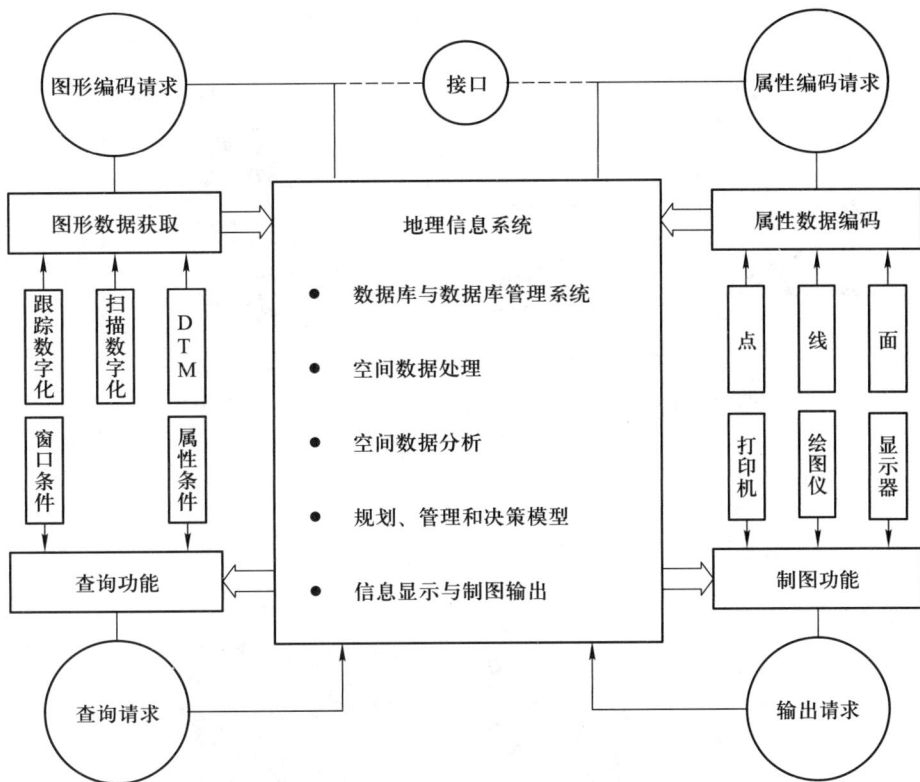

图 4.4.5　地理信息系统的组成

（据黄杏元）

的球面上。如果有两颗带有观测装置的人造卫星,则被观测物必须满足两个条件:既在以第一颗卫星为中心,以被观测物与第一颗卫星距离为半径球面上,又在以第二颗卫星为中心,以被观测物与第二颗卫星距离为半径球面上,也就是在两个球面的交界的圆周线上。如果有第三颗卫星,被观测物存在的范围就更大大缩小了,即在上述圆周线与以第三颗卫星为中心,以与第三颗卫星距离为半径的球面的两个交点的一个点上,如有第四颗卫星,被观测物的位置就锁定了,即根据第四颗卫星与观测物的距离就可确定出被观测物处于两个交点的哪一点上。理论上讲,有 4 颗卫星即可确定地物的准确位置。但实际观测中并不一定每个地物都需要 4 颗卫星同时观测,往往只要知道地物与 3 颗卫星甚至 2 颗卫星的距离就可以定位了。比如已知所测地物在地球上的大致位置,就可以判断地物是以第三颗卫星为中心的球面与以第一、第二颗卫星为中心的两个球面交界圆周线的两个交点的哪一点,这样不需要第四颗卫星就可以定位(图 4.4.6)。

GPS 具有高度灵活性和实时性,广泛应用于军事、大地测量、城市规划、交通、旅游、探矿、灾害预测等各个领域(图 4.4.7)。在地理科学研究方面,它可以测出板块移动的精确距离。目前卫星观测的 GPS 单点定位可以达到米级,只要把检索编码延至 39 位,就可达到厘米精度,无须复杂的投影转换,超越了几百年来人类苦心钻研的投影技术。通过 GPS 可以测量出大气的水分含量和电子浓度,确定地质、地理勘探和考察的准确位置。使地学、地理学研究精

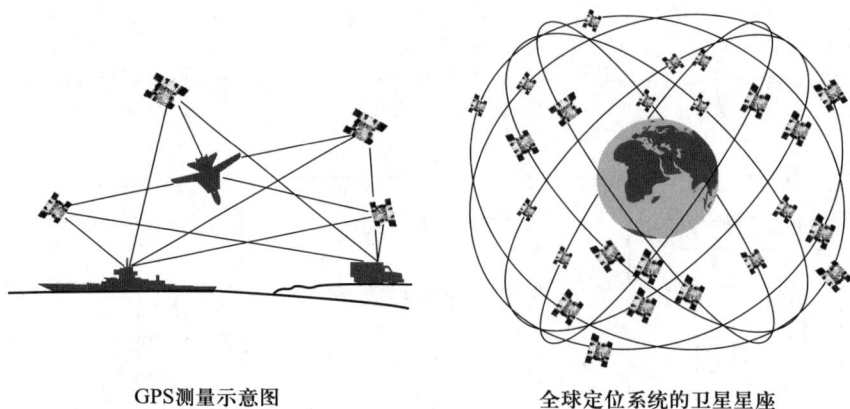

GPS测量示意图　　　　　　　　全球定位系统的卫星星座

图 4.4.6　GPS 原理示意图

度大大提高。

手持GPS/车载GPS　　　　　　　手持GPS

图 4.4.7　各种 GPS 设备

3S 技术大大提高了地理学的研究效率、研究精度及广度。就像我们前面所比喻的那样，犹如望远镜的发现对天文学发展所产生重大推动作用一样，无可否认它对地理学的影响是革命性的。但是这些技术，不管怎样先进，最终还是要依靠基础理论的支持。3S 技术都是广域的信息技术，它可以应用于地理学，也可以更广泛地应用于其他领域。比如 GIS 技术是对信息的空间组织，本质上说，它是信息技术的一种，并不是因为它冠以"地理"两个字，就成了地理科学的专门技术，有的国家甚至并不称其为"地理信息技术"，而称为"资源环境信息技术""土地信息技术"等。因此，地理信息技术的运用，重在以地理理论为指导，解决地理学的理论问题和与地理学有关的实际问题。信息技术的进步可以促进现代地理科学的发展，但绝对代替不了现代地理科学的发展。

4. 地理实验与地理模拟

地理实验即指：① 通过各种不同探测手段，追踪和了解地理过程的规律。② 将地理过程人为地以不同方式再现，通过实验对比分析，找出其地理规律。后者又称**地理模拟**。显然地理模拟是地理实验的一种形式。

中国自 20 世纪 50 年代起，陆续建立了不同类型的定位实验站，如冰川站、治沙站、湖泊站、水土保持站、泥石流站、沼泽站、综合地理实验站、生态系统实验站等。现代地理学非常重视实验研究,着重于地理环境中物质流、能量流、信息流的动态过程研究,实验手段也向更高水平发展,自动化遥测与计算机技术相结合。除了对单一要素进行实验研究外,近年广泛开展了对地理综合体的综合研究,如流域实验网络的建立、土壤-植物-大气连续系统(SPAC)的实验研究、生态系统实验研究、农田生态系统综合实践研究等。除野外地理实验以外,现代地理科学的室内实验手段也有很大进步。70 年代以后,中国许多地理研究单位和高校地理系充实和建立了微量元素分析、年代测定、树轮分析、孢粉分析、植物残体分析、泥石流动力分析、近地层物理实验、风洞实验、流水地貌过程实验等地理实验。

地理模拟是地理实验的重要方式之一,是综合地整体地观察地理过程的重要方式。如长江河口水动力研究,将长江口的地质地貌按一定比例微缩到实验室大棚中,可在实验室内观察长江的水动力过程及不同地貌、岩性的侵蚀冲刷状况。在实验室里模拟不同雨量对不同地貌、岩性的地表的侵蚀冲刷过程,以探讨水土流失的机理。美国建造"生物圈 2 号"人工模拟生物圈中的能量转换和物质循环。随着科学技术的提高,地理模拟的范围将更进一步扩大。

值得注意的是,地理实验不同于一般的物理、化学实验,不能以点代面,要特别注意与时空尺度的联系。图 4.4.8 是唐登银提出的地理实验程序(黄秉维等,1999),其中"空间尺度转换"一环,值得特别注意,一地的定点观测的结果,推测扩展的适用范围要相当慎重。**地理实验最理想的应当是大面积同时定点综合实验**,其根本目的是揭示自然地理过程的规律。这应该是地理实验与化学物理实验的主要区别。地理过程涉及的时间空间范围都非常广大,没有足够密度足够时间的观测是很难揭示其规律的。事实上气象观测网就是大气科学最好的实验手段。竺可桢先生在世时曾建立了全国物候站网,对预测气候变化、防治自然灾害起到了重要作用。地理实验站网络的形成对地理学发展具有难以估量的重要意义,地理实验的网络化与

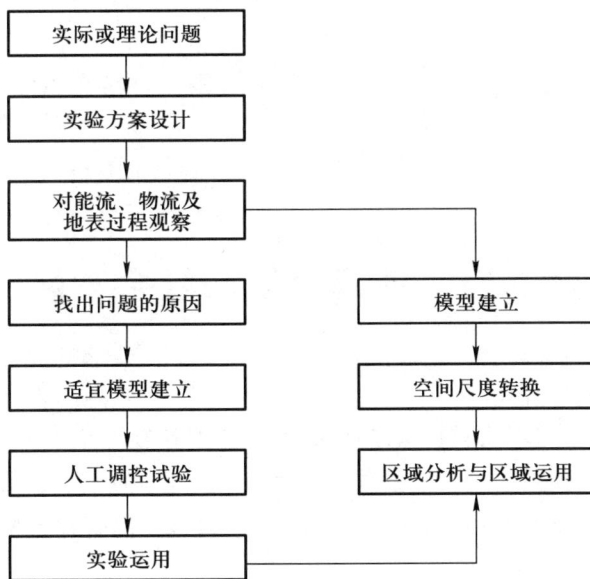

图 4.4.8　实验地理学工作框图

GIS 技术结合起来将会给地理科学带来突破性进展。地理实验是建设地理科学大厦的基石。地理实验区别于其他科学实验也在于它的综合性、区域性。它的目的在于揭示各种地理要素的相互关系和整体特征。地理实验不仅是一个点上的实验而是大面积、区域性的观察和分析。1949 年以后,中国进行了大量的地理考察,对摸清中国资源底数、民族生存条件具有重大意义。中国科学院地理研究所进行了大量的地理实验工作。但是近些年来,高等学校的地理实验大大削弱,颇有"书本地理""口头地理""键盘地理"的味道,学生实际观察分析地理环境的能力有所削弱,文理兼顾的地理学越来越像纯粹的文化科学,这是特别值得注意的危险倾向。信息技术和地理实验技术有如地理科学的两只手,缺一不可,失去前者,就如同坐井观天,对复杂的地理环境理不出头绪来,陷入低效率的事倍功半的状态;失去后者,信息技术也就成了无本之木、无源之水。离开基础理论的进步,离开第一手的调查研究,第一手的观察实验,就没有地理学的进步。

讨论

1. 地理学是空间科学,历史学是时间科学,这种说法对吗?
2. 怎样理解地理科学是一元的、统一科学,它与人文地理、自然地理的分工研究有无矛盾? 为什么?
3. 研究无机世界、有机世界和人类社会的方法论有何不同?
4. 比较归纳法、演绎法的优缺点。
5. 地理调查对地理科学研究有何重要意义? 为什么说 3S 技术的出现并不能取代传统地理科学的研究方法?
6. 3S 技术对现代地理科学发展有何重要意义?

推荐读物

1. 约翰斯顿.地理学与地理学家[M].唐晓峰,等译.北京:商务印书馆,1999.
2. 白光润.地理学的哲学贫困[J].地理学报,1995,(3):279 - 287.
3. 白光润.地理学导论[M].长春:东北师范大学出版社,1993.
4. 苏贾.后现代地理学[M].周宪,许钧,译.北京:商务印书馆,2004.

第 5 节　地理科学与社会发展

地理科学在社会发展中发挥重要的、不可替代的作用,一方面它关系到国家的资源、环境、区域、城市等基础部门,它的理论对社会经济发展起到基本的指导作用,它的技术对这些基础部门的规划、设计、预警、预报起到实际的作用。另一方面,作为一个领域的知识、理论,它对国民素质的提高,对科学文化的发展,对国防、外交、国家或地方的管理也发挥重要作用。

一、 地理科学与社会经济建设

（一）资源开发与利用

新中国成立后,中国地理工作者在**自然资源考察**中发挥了重要作用。1956 年中国科学院成立了自然资源综合考察委员会。对青藏高原等边远地区进行了详细的科学考察。各省(市、自治区、直辖市)的地理工作者对地方的自然资源也进行了大量考察。如东北的地理工作者和苏联的地理工作者合作对黑龙江流域的自然资源进行了综合考察。改革开放以后,地理工作者除继续对青藏高原进行大量考察外,还对中国新疆、西南、华南、东北、内蒙古、华北、南方山地、四川若尔盖湿地、雅鲁藏布江大峡谷等多处自然资源进行了考察。地理考察与单项的矿产资源、水利资源、生物资源考察不同,它综合地全面地认识和评价自然资源,特别注重于地表自然条件的考察,如水、热、土、光照、植被等自然环境条件,分析其农业生产潜力和保护利用价值。这些考察摸清了中国自然资源的底数,为因地制宜地开发利用和保护自然资源提供了科学依据。如南京大学的任美锷教授就为中国橡胶资源的开发作出了重要贡献(见专栏)。

> **专栏**
>
> ### 中国橡胶宜林带北移
>
> 橡胶树原产于赤道附近属于热带雨林气候的亚马孙河流域,其生长对温度、湿度要求较高,适应雨量充沛、微风的气候环境。中国橡胶原产地仅分布在地处热带北缘的海南岛南部、云南的西双版纳地区,面积很小,产量也很少。
>
> 橡胶是重要的战略物资,在工业、交通、军事等领域有广泛的用途。没有橡胶,汽车的轮子就跑不起来;没有橡胶,工厂的传送带就无法运转;没有橡胶,甚至连解放军的胶鞋等军需供应都无法满足。由于赤道两侧的热带地区当时大部受美国控制,美国将橡胶列为向中国禁运的战略物资,造成中国进口橡胶极为困难。橡胶当时成了制约中国经济发展和国防建设的重要物资。
>
> 1956 年,中国著名地理学家、中国科学院学部委员任美锷教授等人通过多次实地考察,提出"准热带"理论,根据自然环境特点,划分植胶类型区,探明人工种植橡胶的潜在自然条件(在人工种植、管理和农业技术支持下,橡胶可以生长的基本自然条件),将橡胶宜林地推至 25°N 以南的云南南部、广东、广西大部、海南岛的海拔 1 000 m 以下的地区,大大拓展了中国橡胶宜林地的面积,为中国的经济发展和国防建设作出了重大贡献,使中国逐步发展成为橡胶种植与生产大国。任美锷先生的学术成就和科学贡献受到国际地理界的瞩目。1986 年,他获得国际地理界最高奖项——英国皇家地理学会维多利亚奖。

中国的地理工作者对**自然资源的开发利用和保护**也作出了卓越的贡献,对冰川的保护和利用、湿地资源的保护与利用都作出了重要贡献。在治沙方面,其理论和技术都居于世界的前列。尤其是冻土研究,为青藏铁路的建设作出了创造性的贡献。

中国的地理工作者进行了三次大规模的全国**自然区划**工作,即 1955 年为编写《中华地理志》作了《中国自然地理区划》,1959年中国科学院作了《中国综合自然区划》,1980年全国农业自然资源调查和农业区划委员会编写了《中国综合自然区划纲要》。该纲要将全国划分为3个大区(青藏高原区、东部季风区、西北干旱区)13个带37个区。结合中国下垫面状况和农业生产条件把热带界线从传统理解的位置向北推移,划分了亚热带,并对温带、亚热带、热带进行了细分。针对地表的水分状况,确定和划分了湿润、半湿润、半干旱、干旱的指标和界限。与此同时各地的地理工作者还广泛参加了各省(区)的**农业区划**工作。这些区划都为中国因地制宜发展经济特别是发展农业生产提供科学依据,是全国和各地区经济建设的基础底图。

世界各国地理工作者对本国资源调查和地域开发也做了大量工作,并起到重要作用。如苏联地理工作者对西伯利亚和中亚的调查与规划,美国地理工作者对美国西部地区的土壤调查,日本地理工作者对日本北海道、东北地区的开发等,都作出了很大贡献。

专栏

冻土研究与青藏铁路

青藏铁路西宁至拉萨全长1 956 km,是世界上海拔最高、线路最长、穿越冻土里程最长的高原铁路。建设青藏铁路是几代中国人梦寐以求的愿望。新中国成立不久,国家有关部门就着手研究进藏铁路问题。但是,限于当时国家的经济实力和高原、冻土等筑路技术难题尚未解决,青藏铁路建设进展缓慢。

多年冻土(permafrost),是指持续多年冻结的土石层。一个典型的多年冻土地表有一些覆盖物(土壤或一些植被),这一层一般会季节性地消融和冰冻,温度变化较为剧烈,称为活动层。在其之下是多年冰封的岩石或土壤,即多年冻土,它们的温度较为稳定,维持在0℃以下。多年冻土区由于反复的冻融作用,产生许多特殊的自然地质现象,如冻胀、融沉、冻拔、冻裂、冰锥、冻融分选、融冻泥流等,对工程建筑有极大的影响。青藏铁路格尔木至拉萨段全长1 142 km,穿越多年冻土632 km。如果将年平均地温−1.5~0℃的多年冻土定义为高温冻土,则根据青藏公路的资料,线路将穿越的多年冻土中有76%为高温冻土,59%为高含冰量冻土。最近的预测认为,至2050年青藏高原将升温2.2~2.6℃。因而对该铁路修建成败的关键在于能否保护多年冻土,使其不融化(程国栋,2006)。基于这一点,程国栋等人提出了用冷却路基的方法修建青藏铁路。即在青藏铁路的设计中应该改变单纯依靠增加热阻(增加路堤高度,使用保温材料)的消极的保护冻土的思路,全面采用"冷却路基"的积极的"降低地温"原则,特别在高温、高含冰量地段必须如此。并进一步通过改变路堤的结构和材料来调控辐射,调控对流和调控传导,以达到"冷却路基"目的的实现。

程国栋院士扎根西部,长期从事冻土、冻土工程及寒旱区生态环境研究和人才培养,系统地解决了地下冰的成因、分布规律、制图方法和在其上进行工程建筑的原则和方法问题,为青藏高原上几项国家重大工程建设项目提供了重要的工程地质资料和方法。其作为负责人之一的"青藏铁路建设中的冻土问题研究"项目获1978年全国科学大会重大科技成果奖。他创造性地提出的高海拔多年冻土分布的三向地带性理论也得到广泛的赞同和引用,并得到国际同行的高度评价,被选举为国际冻土协会主席。

2001 年 6 月,青藏铁路格尔木至拉萨段正式开工建设。各参建单位和广大铁路建设者顽强拼搏,勇克难关,破解了多年冻土、高寒缺氧、生态脆弱三大世界性工程技术难题,创造了多项世界铁路之最。2006 年 7 月 1 日,青藏铁路建成并实现全线通车试运营。青藏铁路的建成通车,对于青藏两省(自治区)加快经济社会发展、改善各族群众生活、增进民族团结和巩固祖国边防,都具有十分重大的意义。

(二) 全球环境变化研究

全球变化是超学科的研究计划,研究的重点是季节到百年尺度上的具有全球意义的重大环境变化事件和现象,地理科学在其中起到重要的作用。

作为国际地圈生物圈计划(IGBP)的核心计划,"过去全球变化"(PAGES)于 1991 年正式形成,通过多年国际合作研究,重建了过去 1 000 年的北半球温度变化曲线,指出过去 600 年中,20 世纪以前的气候变化与太阳和火山活动显著相关,过去 70 年与 CO_2 增加相关日趋显著。IGBP 还设立了诸多全球变化与陆地生态系统关系的核心计划、全球变化与人文因素计划等,特别关注人类活动与气候变化的相互影响,将全球变化与土地利用及土地覆被的全球分析联系起来。以往地理学家对环境气候变化多从局部范围去分析,而今更多地从全球的尺度上,从温室效应、厄尔尼诺现象等角度去研究,提出许多应对全球变化的措施。2012 年国际科学理事会和国际社会科学理事会发起"未来地球"计划,关注全球环境变化的原因和机制,寻求地球系统的可持续途径。

在中国,早在 20 世纪 70 年代,竺可桢先生就利用中国历史文献概括了中国 5 000 年气候变化的轮廓,受到国际科学界的高度评价。兰州大学教授李吉均、北京师范大学教授张兰生等对气候变化做了多方面的研究。中国科学院地理研究所先后承担了"中国气候与海平面变化及其影响和预测研究""我国北方历史时期人地关系相互作用机制""过去 500 年中国土地利用/土地覆被变化研究"等项目研究,参与了"二氧化碳导致气候变化"的国际合作项目,取得了许多重要成果。中国科学工作者还通过南极考察取得大量全球变化冰芯证据。

所有这些研究使人类从全球的高度更为科学地认识地球环境的变化的机理,从而更自觉地调整自己与环境的关系,直接影响到各国的工业、农业政策,技术、环境政策和能源战略,"京都议定书"的签订就足以说明全球变化研究所产生的巨大社会效应。

专栏

"未来地球"计划

地球进入"人类世",全球环境变化速度大于人类应对这种变化的步伐,人类发展的可持续性受到空前挑战。在此背景下,2012 年国际科学理事会(ICSU)、国际社会科学理事会(ISSC)发起,联合国教科文组织(UNESCO)、联合国环境规划署(UNEP)、联合国大学(UNU)、Belmont 论坛和国际全球变化研究资助机构(IGFA)等组织共同牵头组建"未来地球"计划,旨在将自然科学和社会科学相结合,构建全球环境变化研究与人类学、社会学合作的集成平台,通过加强决策支持和研究交流,将科学研究与应用需求紧密结合,推进科学研究为社会经济可持续发展服务,寻求地球系统可持续途径。

"未来地球"计划为期十年(2014—2023 年),该计划引领科学界将人类发展作为影响地球系统动力学机制的一个重要因素,整体框架建立在社会-环境相互作用和其中蕴含的全球可持续性上。在"未来地球"框架文件(*Future Earth Transition Team*,2012)中,确定了该项计划研究的 5 个优先事项,即预测(forecasting)、监测(observing)、管制(confining)、响应(responding)和创新(innovating)。以此为前提,具体问题主要涉及全球环境变化的原因和机制,未来环境变化的预测,人类发展对物种多样性、粮食安全、生态安全、水资源安全等影响的评价和保障未来地球繁荣发展的转变思路等问题,其主题可具体归纳为如下三类:

(1)动态星球(dynamic planet):观测、理解、解释、预测地球环境-社会的系统发展趋势、驱动因素及过程和它们的相互作用,找到全球化的发展阈值并合理预测评估风险。

(2)全球可持续发展(global sustainable development):为解决当前困扰人类发展的重点问题提供科学的解决对策,保障满足人类发展所需要的食物、水、能源、材料的供应,生物多样性和其他环境功能与服务的有效管理。

(3)可持续发展转变(transformations towards sustainability):理解可持续性转变的过程及思路,通过评估其对人们价值观和行为准则的影响,探索科技-社会-经济发展的可持续道路,衡量不同部分不同尺度的全球环境管理有效性。

"未来地球"计划有多个研究方面的重点:① 预测地球系统变化,其中包括气候、碳、生物多样性、生态系统服务和人类社会、经济活动等重点范畴;② 探讨地球生命承载能力极限和临界点,对全球环境变化下人类对食物、水、健康和能源的需求满足状态进行早期预警;③ 通过对政策、行为和技术选择的潜在影响等进行研究,有效连接科学知识和政策实践;④ 多学科交叉、多部门参与,建立高质量的研究合作机制并行动,共同设计、共同执行、共同应用;⑤ 在人才培养方面,支持新一代研究者,培育跨学科研究以提高面向可持续性的综合方法。

立足从知识、科学到决策的学科指向,"未来地球"计划为地理学的创新发展提供了新的学科发展空间。

(三) 自然灾害预报与防治

自然灾害包括许多方面,如地震、火山、山崩、地滑、泥石流、水灾、旱灾、风灾、冷害、海啸、台风等。对自然灾害的预报和防治,需要地质工作者、气象工作者和地理工作者通力合作。地理工作者可以发挥自己的空间区域分析专长,如制作灾害概率分布图、危险程度分布图等,为经济建设布局作参考依据。

如在泰国湄公河开发计划中,地理工作者就承担了如下五个方面的任务:

(1)确认水害的可能地区。

(2)综合和解释地图上的有效资料。

(3)通过航空照片划分土地利用区。

（4）预测和划分由于航运、灌溉和储水池等防治洪水产生的新社会经济实体。

（5）分析受害后居住状况。

又如日本地理工作者制作了筑后河、木曾河、吉野河及狩野河下游的水害地形分类图，划定了水害危险区，为当地防灾建设作出了贡献。

中国地理工作者针对长江洪水，提出合理开发利用水土资源，理顺上下游关系、河湖关系、泄洪分洪关系，及时掌握水情、雨情、灾情，进行预报、调控调度的防灾减灾对策，并提出长江防洪生态工程建设的建议。这些建议对长江防洪建设起到了重要作用。

（四）环境保护与生态建设

由于人类活动的影响，全球环境出现严重退化，荒漠化加剧，水土流失严重，森林面积锐减，草原退化。解决这些问题是地理科学的重要任务。

中国地理工作者在荒漠化治理方面做了大量工作，编制了 1∶50 万的荒漠化类型图，建立荒漠化防治基地，成功地进行了防沙治沙的实验研究，并受联合国环境规划署的委托，面向第三世界，多次举办国际荒漠讲习班，培训国际的沙漠化防治技术人才，并实际援助马里等第三世界国家的荒漠化防治工作。1988 年联合国环境规划署授予中国科学院沙漠研究所"全球环境先进单位"的称号。

地理工作者几十年来对黄土高原的水土保持工作做了大量研究，从事的南方农村生态系统研究试验受到国际"人与生物圈"组织的赞扬和重视。在流域环境治理、山区、草原环境整治方面发挥了重要作用。国家的大型改造自然工程，如"三北"防护林工程建设的环境评价和可行性论证、南水北调工程选线和环境评价、青藏铁路的选线、处理冻土区铺路、沿线高原环境保护等，地理工作者都发挥了巨大作用。

中国地理学家领导和参与组织了大量综合考察活动，为环境保护与生态建设奠定了坚实基础。如 20 世纪 50 年代末和 60 年代初的中苏联合黑龙江流域综合考察、新疆综合考察、青甘综合考察、宁蒙综合考察、华南和横断山地区的综合考察，以及中国的冰川考察。50 年代—80 年代，地理学家领导的第一次青藏考察是中国科学家独立自主的对青藏高原的大规模综合研究，在高原隆升与环境演化，高原气候、高原生物多样性，高原自然环境及其地域分异，资源、环境、灾害与区域发展等领域取得许多重要进展。2017 年 8 月，地理学家领导的第二次青藏高原综合科考在拉萨启动，提出亚洲水塔与生态安全屏障保护、第三极国家公园群建设和绿色发展的科学方案，以揭示青藏高原变化过程与机制及其对人类社会的影响，就得了丰硕成果。

德国、荷兰和东欧普遍重视景观生态学的应用。景观生态设计直接应用于国家自然保护区及汉堡等大城市市政规划。自美国 1872 年建立第一个国家公园以来，世界各国普遍建立国家公园和自然保护区，地理工作者积极地参与这方面的规划、建设工作。20 世纪 80 年代欧美一些发达国家普遍开展生态规划，地理工作者发挥了重要作用。

（五）城乡规划与建设

城市地理学是地理学发展最快、最重要的分支之一。在中国，城市地理学也发展极为迅速。地理工作者在中国城市建设中发挥重要作用。早在解放初，北京大学侯仁之教授就发表一系列城市历史地理的学术著作,在城市研究领域有着重要影响。改革开放以来,中国地理工作者参与了大量城乡规划建设工作。中国科学院地理研究所承担了"兰州市城市发展规划""中国设施预测与规划"等科研项目,全国各高校、研究所的地理工作者广泛参与城市规划、城镇体系规划、城乡建设规划工作。如在唐山的重建规划中地理工作者发挥了重要作用。20 世纪 80 年代全国高校普遍设立"经济地理与城乡规划专业",为国家培养了大量城市规划人才。改革开放以后新的城市规划的编制和修订,新建的城市规划,地理工作者广泛参与,发挥了积极作用,尤其是 80 年代末 90 年代初,在城市群建设与规划方面,起到了重要作用。进入 21 世纪,长江三角洲、环渤海经济圈、珠三角城市群的规划发展研究,地理工作者都起到主导作用。

国外的城市地理研究也发展很快。发达国家城市化水平很高,全国绝大多数人口集中在城市,因而对城市地理研究极为重视。在欧洲、北美,城市地理工作者阵容极为宏大。德国、荷兰、瑞典等国运用克里斯泰勒的中心地理论规划全国的城市等级地域,德国还开展"田园城市""等质量生活运动",规划建设城市基础设施和绿地。地理科学在城市建设中发挥重要作用。

专栏

中国新型城镇化战略与乡村振兴战略

改革开放以来,中国经历了世界历史上规模最大、速度最快的城镇化进程,1978—2018 年,城镇常住人口从 1.7 亿人增加到 8.3 亿人,城镇化率从 17.92% 提升到 59.58%,提高 41.66 个百分点;城市数量从 193 个增加到 672 个,建制镇数量从 2 176 个增加到 21 297 个。

2013 年 12 月,中央城镇化工作会议首次在北京举行。会议指出中国城镇化是在人口多、资源相对短缺、生态环境比较脆弱、城乡区域发展不平衡的背景下推进的,这决定了中国必须从社会主义初级阶段这个最大实际出发,遵循城镇化发展规律,走中国特色新型城镇化道路。随后中共中央国务院印发《国家新型城镇化规划(2014—2020 年)》强调:"紧紧围绕全面提高城镇化质量,加快转变城镇化发展方式,以人的城镇化为核心,有序推进农业转移人口市民化;以城市群为主体形态,推动大中小城市和小城镇协调发展;以综合承载能力为支撑,提升城市可持续发展水平;以体制机制创新为保障,通过改革释放城镇化发展潜力,走以人为本、四化同步、优化布局、生态文明、文化传承的中国特色新型城镇化道路。"

党的十九大报告中进一步指出,"以城市群为主体构建大中小城市和小城镇协调发展的城镇格局"。这为新时代中国推进新型城镇化指明了方向和路径。城市群是指以一个或多个超大、特大城市为核心,依托现代交通运输网、信息网,在一定区域范围内形成的能够发挥复合中心功能的城市集合体。城市群日益成为新型城镇化的主体形态和现代化建设的重要载体。城市地理学家方创琳等提出了城市群空间范围的识别标准,创建了城市群空间集约拓展与布局仿真决策支持技术链和软件链,提出了中国城市群空间组织的"5+9+6"新格局(即重点建设 5 个国家级城市群,稳步建设 9 个区域性城市群,引导培育 6 个地区性城市群),被国家"十三五"规划纲要采用。

乡村振兴和新型城镇化是解决"三农"问题的两个"轮子",也是推进我国区域经济高质量发展的两大"引擎"。党的十九大首次提出乡村振兴战略,随后中共中央、国务院印

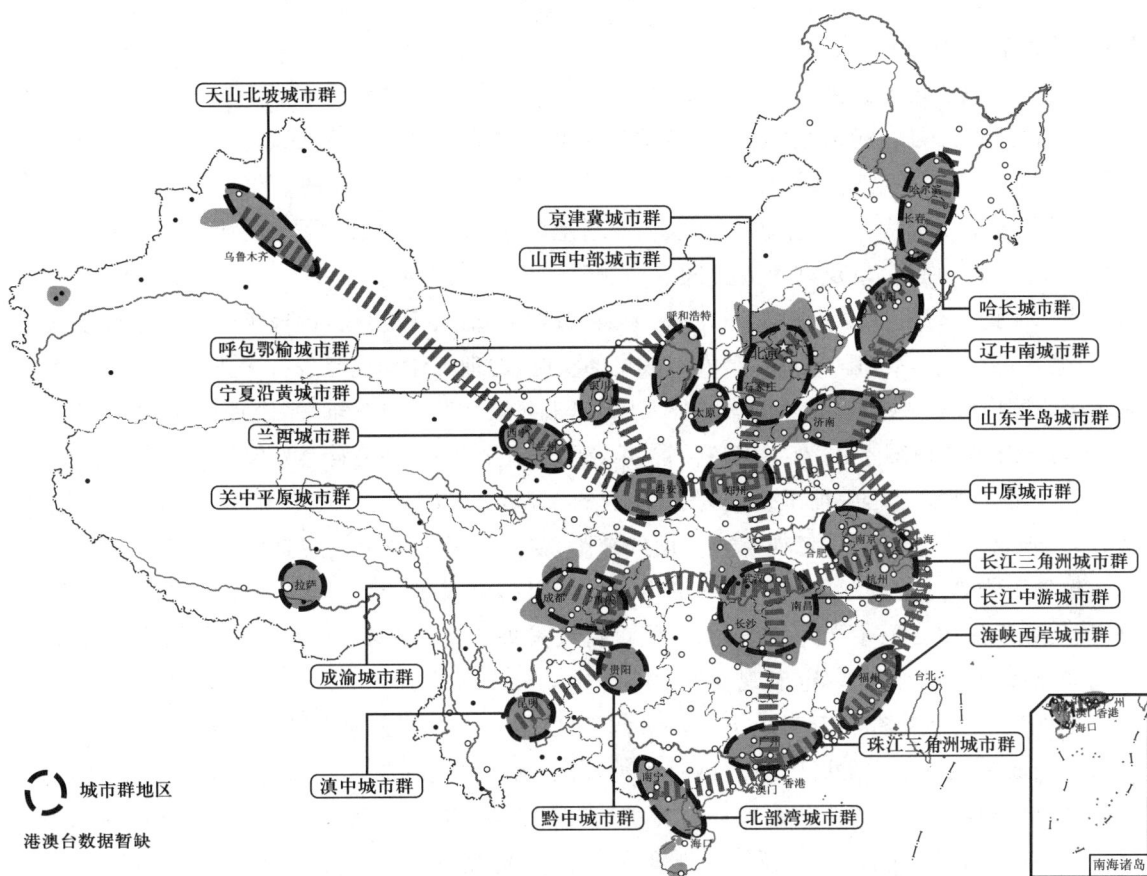

中国城市群空间分布

(《中华人民共和国国民经济和社会发展第十三个五年规划纲要》,2016)

发《乡村振兴战略规划(2018—2022 年)》,提出了实施乡村振兴战略的总目标是农业农村现代化,总方针是坚持农业农村优先发展,总要求是产业兴旺、生态宜居、乡风文明、治理有效、生活富裕,制度保障是建立健全城乡融合发展体制机制和政策体系。乡村是具有自然、社会、经济特征的地域综合体,兼具生产、生活、生态、文化等多重功能,与城镇互促互进、共生共存,共同构成人类活动的主要空间。乡村兴则国家兴,乡村衰则国家衰。全面建成小康社会和全面建设社会主义现代化强国,最艰巨最繁重的任务在农村,最广泛最深厚的基础在农村,最大的潜力和后劲也在农村。实施乡村振兴战略,是解决新时代我国社会主要矛盾、实现"两个一百年"奋斗目标和中华民族伟大复兴中国梦的必然要求,具有重大现实意义和深远历史意义。

(六) 区域发展与规划

区域研究是地理科学的主战场,无论是传统的地理学还是现代的地理科学,特别是人文地理学,都主要是围绕区域研究展开的。

　　早在改革开放以前,中国的地理工作者就广泛参与国家和各地区的农业发展规划、经济区划、经济发展规划的制定。

　　改革开放后,国家经济生活中主要做两件事情,一是经济体制改革,即变计划经济体制为市场经济体制;二是实行区域发展战略,即改革开放初期的梯度开发战略,20 世纪 90 年代的沿海、沿边、沿江、沿交通干线发展,各个省会中心城市、大城市开放的点轴开发理论,20 世纪末 21 世纪初的西部大开发、振兴东北老工业基地的全面开发开放的协调发展理论,十八大以来的"一带一路"倡议,以及京津冀协同发展、长江经济带、粤港澳大湾区、长三角一体化、黄河流域生态保护和高质量发展战略。这些区域发展战略的制定和实施,地理工作者都参与了大量工作,尤其是点轴开发和区域可持续发展战略的实施,地理工作者更是发挥了主要作用。陆大道院士吸收国内外有关理论,结合中国具体实际,提出区域开发的"点-轴"系统理论,在国家计委的"全国国土总体规划纲要"以及全国和各省、市、区"八五""九五"经济社会发展规划中得到贯彻。

　　区域可持续发展是中国学者最为关注的研究领域,可持续发展理论出台不久,中国学者牛文元、杨开忠等人就指出其忽视空间侧面的缺陷,认为区域间协调发展是可持续发展的重要方面。地理工作者普遍参与了全国和各省市的区域可持续发展规划的制定工作,陆大道主编的《中国区域发展报告》、牛文元主编的《中国可持续发展报告》都对中国区域可持续发展做了深入的调查和总结,为国家制定宏观发展战略提供重要依据。

　　地理学的区域研究与宏观经济学相结合,形成了一个新的边缘学科——区域经济学,这一学科已经成为经济学中发展较快的热门学科,众多的经济地理学者参加这一学科的建设工作。在国外,也出现主流经济学界重视空间经济研究的趋向,著名经济学家克鲁格曼(Paul Krugman)在 20 世纪 90 年代提出"新经济地理论",指出距离关系是经济地方化的主要因素。随着经济全球化进程加快和贸易壁垒逐渐消失,空间距离关系在经济过程中起到越来越重要的作用。国际区域关系、国内区域关系成为各个国家国际决策、地方决策的重要方面。

专栏

主体功能区划

　　中国拥有 960 万 km² 的陆域国土,自然地理环境和资源基础的区域差异很大,区位条件和区域间相互关系极其复杂,社会经济发展阶段和基本特征也具有鲜明的地方特色,非常需要"因地制宜""统筹协调""长远部署"。中国长远国土开发的总体部署是什么? 区域发展的合理格局应该是什么形态? 哪些区域将可能成为未来人口、产业和城市的集聚区? 哪些区域应当采取保护和整治为主的措施?

　　改革开放以来,在中国经济整体实力显著提升的同时,国土开发无序、区域发展失衡成为影响中国持续健康协调发展的主要问题。除了发展观和政绩观的偏差导致各地忽视自身条件而盲目追求 GDP 和城市化率,从而出现生态安全和粮食安全受到威胁、发达的东部核心地区长期无法摆脱以资源环境为代价换取经济增长的发展方式、开发强度过大等一系列问题之外,中国在国土空间规划方面的薄弱也是产生这些问题的重要因素。

　　因此,中国急需这样的一个规划或战略,规划目标是在空间尺度上解决总体布局问题、在时间序列上解决长远部署问题,规划性质是具有战略指导性又不失控制约束力度,要求充分兼顾科学性和可操作性。其核心是战略性、基础性和约束性,中国科学院地理科学与资源研究所樊杰研究员牵头开展的主体功能区规划和主体功能区战略就承担了这样的功能。

主体功能区战略,就是要按照优化开发、重点开发、限制开发和禁止开发的区域功能定位,优化国土空间开发格局,实施分类管理的区域政策,基本形成适应主体功能区要求的法律法规和政策;按照不同区域的主体功能定位,实行差别化的评价考核;发挥全国主体功能区规划在国土空间开发方面的战略性、基础性和约束性作用。

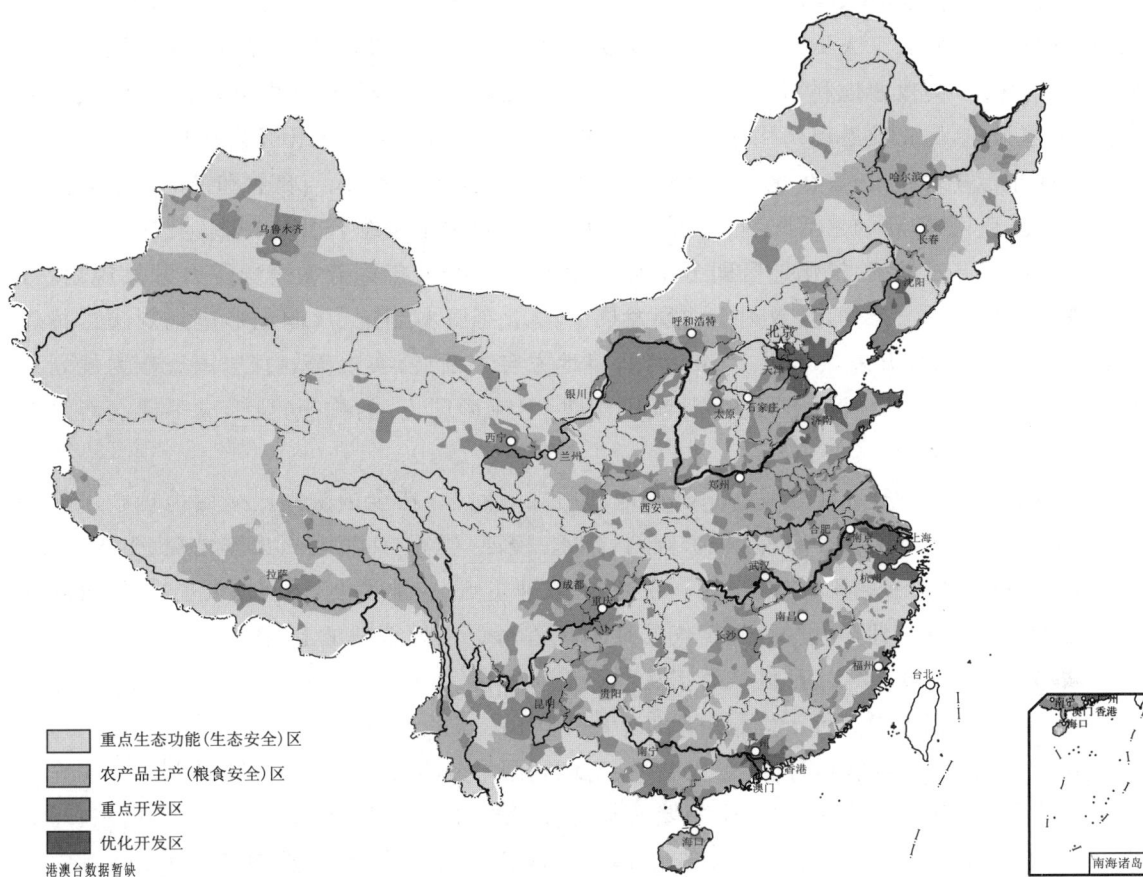

重点生态功能(生态安全)区
农产品主产(粮食安全)区
重点开发区
优化开发区

港澳台数据暂缺

中国主体功能区划

(樊杰,2015)

通过主体功能区战略的实施,到 2020 年中国基本形成主体功能区布局,其目标是:空间开发格局清晰,空间结构得到优化,空间利用效率提高,区域发展协调性增强,可持续发展能力提升。

2010 年颁布《全国主体功能区域》以来,特别是在国家"十二五"规划将主体功能区上升为国家战略后,各政府部门加快主体功能规划区政策体系,推动主体功能区划实施,取得了良好的成效,完成了该方案设定的 2020 年城市空间,耕地保有量,林地保有量和森林覆盖率等指标。

（七）国土整治与土地利用

国土整治是摸清国家土地资源底数、合理布局生产力、规划人民生活环境、保护自然环境、协调社会各生产部门在土地利用上的关系的国家建设大计。世界各主要发达国家都十分重视国土整治工作。地理工作者在这项工作中承担主要角色。

日本实行了七次国土开发整治规划。承担这一工作的主要是日本国土地理院和各高等学校、研究部门的地理学家、经济学家。1962 年实行第一次全国综合开发计划，将全国划分为过密区、整顿区、开发区三大类型，采取不同政策进行整治开发。1969 年实行第二次全国综合开发计划，优先地、高效率地利用社会资本，充分利用大城市的集聚效应和中枢管理技能，发展服务业，分散工业，优先发展现代化的交通通信事业，实行日本列岛一体化开发战略。1977 年第三次全国综合开发计划，旨在建设具有地方特色，历史的、传统的、人与自然和谐的安定、健康、文明的人居环境，即新的生活圈建设计划。1987 年第四次全国综合开发规划，旨在构建多极分散型的国土开发框架，深化地区间分工与合作关系。1998 年第五次全国综合开发规划，旨在构建多轴型的国土结构，实现国土均衡发展。2005 年日本制定了《国土形成规划法》，替代了原来的《国土综合开发法》，以 10 年为期，将地方自立发展，实现美丽宜居国土作为规划目标。2015 年公布实施第七次国土规划，提出构建"对流型国土"的构想，要形成多层次而强韧的"紧凑＋网络"结构。

美国早在 20 世纪 30 年代就很重视土地利用规划问题，在全国范围内采用地理学家哈特逊（Hudson）的方案，用 7 个自然因素（倾斜、排水、侵蚀、砾石含量、岩石出露情况、土壤厚度、土壤肥力）和 5 个人文因素（主要土地利用方式、农业重点、农地大小、休闲地大小、农业设施程度）对土地进行分级，到 20 世纪 60 年代已有 2.8 亿 hm^2 土地编制了土壤图。

联邦德国于 1965 年实行"区域整治法"。

法国在全国范围内进行土地利用调查。将全国国土划分为 22 个整治区。

我国 20 世纪 80 年代以后，对国土整治、土地利用十分重视，国土整治、土地利用是地理科学参与最多的两个领域之一（另一个领域是旅游管理与规划）。地理工作者参与了山东、环渤海地区、东南沿海地区、苏豫鲁皖、东北、云南等地区的国土整治规划，编制了《1∶100 万中国土地利用图》和各省、县的土地利用总体规划。地理学者先后参与了全国 23 个省级行政区的国土规划的研究和编制，全国各地理研究单位和大学有超过三分之一的地理学家接受政府委托进行区域性的国土开发战略研究和国土规划编制工作。吴传钧、胡序威、陆大道、陈才、胡兆量、毛汉英等在国土开发区域可持续发展，樊杰在主体功能区划及资源环境承载力与国土空间开发适宜性评价方面作出了突出的贡献。2018 年国家成立自然资源部，统领国土空间规划管控职能，我国国土空间规划与开发进入新时代，为地理科学提供了更大的机遇与挑战。

专栏

上海浦东国际机场选址

上海浦东国际机场是 1996 年经国务院批准的国家重大建设项目。地理学家、中国工程院院士陈吉余教授为浦东机场选址作出了重大贡献。

浦东机场

　　长江口有大量滩涂,每年都有 5 亿 t 泥沙在这里淤积成新的滩涂。将机场建在加固的滩涂上,将节省大量土地资源,并将带动浦东新区的开发。选址时,将主跑道从原规划地址,向海边平移 700 m,减少征地 $5.6 \mathrm{km}^2$,造地 $18.89 \mathrm{km}^2$,为寸土寸金的上海市节约了极其宝贵的土地资源。

　　由于机场位于候鸟迁徙的必经之地,为防止飞鸟冲撞飞机,选址课题组在浦东国际机场附近进行了水文、气象、植被、鸟类活动的调查,确定浦东机场以东 11 km 的九段沙滩涂为种青引鸟地区。经过多年的封育和连续监测,植物种群生长扩散良好,鸟类数量增加,生态工程取得了初步成功。

　　浦东机场选址,节约了大量城市土地,科学地利用了沿海滩涂,避免了机场的生态灾害,带动了浦东新区的经济社会发展,取得了巨大的成功,受到社会各界的广泛好评。

（八）旅游资源开发与旅游规划

　　旅游业在国民经济中占有举足轻重的地位。旅游资源开发和规划,无论是自然景观还是人文景观都需要地理学知识。人类的旅游现象与地理学几乎是同时产生的,可以说是一对孪生兄弟。旅游地理学在中国从无到有,1978 年陈传康教授倡导旅游地理学可以作为地理学的新理论和实践方向,1982 年中国科学院地理所编印《旅游地理文集》。此后仅仅多年的时间里,旅游地理学已经发展成为学术研究力量规模大、渗透社会和服务产业的广度和深度都非常显著的一门学科,成为中国旅游业实践过程中形成的体系最完善、作用最突出的科研方向。地理工作者在开发旅游资源,规划旅游事业发展,规划旅游产业、园区等诸多方面都发挥重要作用,历史地理学、文化地理学、经济地理学、社会地理学的理论和知识都对旅游事业的发展起到重要的指导作用。地理科学素养是旅游人才的知识构成中重要组成部分。国外许多大学地理系直接培养旅游学硕士、博士,我国大学地理院系普遍设立旅游类专业,人文地理学、自然地理学的硕士博士研究生教育普遍设立旅游学方向。据统计,我国现有的高等学校旅游类专业 70％是在原来的地理专业基础上发展起来的。

二、 地理科学与科学文化发展

　　地理科学无论在古代还是近代、现代,都是人类文化科学知识的基本组成部分。我国古代就有"上知天文，下知地理"之说，把地理看成是除天文知识以外的科学知识的总概括。到了近代，地理学始终是基础教育的主干课程之一，在地球上找不到中小学不开地理课的国家。地理科学对人类文明发展作出了重要贡献，地理知识、地理意识是现代人类文明素养的重要组成部分。

（一）地理科学对科学发展的贡献

1. 地理发现对科学的贡献

地理学是发现的科学，地理知识从产生那天起就与旅行、考察、游历联系在一起，就是对未知地域的了解，古希腊地理学是这样，中国古代地理学也是这样，地理大发现时代更是这样。直到今天，对未知土地的不断发现依然是地理学发展的重要方面，人类对南极、北极的考察，对高山、荒漠、冰川、沼泽的考察，激励人们对地理学的强烈探索。专门以报道人类对边远土地考察为主要内容的美国《国家地理》杂志一直是世界最受欢迎的杂志之一。

从一定意义上讲，科学就是发现，一是对事实的发现，如发现新的物种、新的基因、新的病毒、新的自然现象等等；二是对事实后面的客观规律的发现，如牛顿定律、能量守恒定律、相对论等。两种发现是互相联系的，前一种发现往往是后一种发现的基础。地理科学不是工学，它为社会实践服务的方式不是发明创造，制作新产品、新设备，而是通过对客观事物的科学认识指导人们去规划、决策。

对前一种发现，地理科学最有影响的事件是地理大发现。**它带来了长达数百年的比较研究、归纳法盛行的科学哲学时代。**15 世纪到 19 世纪是地理学的黄金时代，东西方文化相互沟通，美洲新大陆、澳大利亚，以及后来的南极大陆展现在人们面前，从欧洲人的角度来说，3/4 的新土地是这个时期发现的。地理探险持续了几百年，人们的知识视野不再是狭小圈子内早已熟知的、反复重复的经验世界。不断涌现的新鲜事物，提供了大量的可供对比分析的素材，比较研究、归纳逻辑思维盛行，自然科学、哲学获得了很大的理论进展。这个时期是人类文明从漫长窒息的封建时代向现代科学过渡的飞跃发展的时代。地理大发现和与之相伴的地理知识的大爆发及活跃的地理科学研究，在人类文明的进步上具有不可磨灭的历史功绩。正是由于知识积累、资源发现、市场扩大，思想解放才推动了后来的产业革命和社会革命，使人类社会跨入了近代文明的飞跃发展时期。

近代文明的许多发现和光辉思想都与地理实践、地理发现有着密切关系，他们是在新发现的事实比较分析中思索问题，对看上去杂乱无章的万千世界进行分类、归纳，探讨其规律。探求本源的科学哲学极为盛行，生物演变、地球起源、人类进化、人类与环境关系等一系列既是科学又是哲学的重大问题都是在这个时候提出来的。

正是由于地理大发现以来提供的丰富素材才有林奈（Carl Linnaeus）的植物分类（1735）。这是比较归纳法最典型的例子。他将复杂纷乱的植物世界，按着外表形态的异同，进行分类，归纳出人们可以检索、认识的秩序，至今仍是生物学研究中的重要方法。

达尔文的进化论（1859）也是在地理发现的基础上产生的。达尔文本人就是旅行家，他通过亲身观察和大量地理资料中总结出生物之间的生存竞争关系和生物与环境关系。达尔文曾说过，他在研究进化论时就曾读过洪堡的植物地理文献，地理学的进步对进化论的产生具有重要意义。

直至今日地理发现依然对科学发展起到重要作用，人类对南极、北极的考察，对高山、荒原的考察,获得的冰芯、岩芯及其他气候、水文、生物信息仍是认识环境变化依据,认识人类活动对自然影响的参照系。

后一种发现对地理科学来讲,主要体现为**对地球空间秩序的发现**,这方面的发现是**基础科学诞生的前提**。

从古希腊地理学起就非常重视对地球空间秩序的研究,哲学家柏拉图(Plato)、亚里士多德冲破人们对地球形状直观的习惯的"天圆地平"的认识,从不同角度提出"地圆说"。古希腊、古埃及的历法不少就是根据日月星辰绕地球旋转的思想设定出来的。进入中世纪,科学在神学的压抑下发展很慢,而且被颠倒和歪曲。他们把"地心说"神秘化、凝固化,不但没有发展地圆说,而且在原来的基础上倒退了,直接影响与之相关的自然科学的发展。长期以来,人们一直认为地球是宇宙的中心,日月星辰围绕地球旋转。这种自然观束缚了科学思维的展开。尽管局部的个别的科学发明可以出现,但涉及物质的存在、运动体系等重大科学问题是无法取得突破的。15 世纪以来,由于地理大发现等大量地理实践活动的展开,在欧洲新资料不断涌现,哲学家、宇宙学家、天文学家、地质学家、地理学家、生物学家、人类学家对此争执不休,最初他们还遵循传统方法,费尽心机地使地球的新发现与圣经的创世说与古希腊的"地心说"相适应,但是这种努力一天天难以坚持,广阔的空间视野,丰富的地理知识,使人们有可能寻求新的答案,把繁乱纷纭的地表和空间事物理出头绪来,找出其空间秩序。哥白尼(Nicolaus Copernicus)大胆冲破神学束缚,1543 年发表名著《天体运行论》,提出太阳中心说。伽利略(Galileo)于 1623 年证明了哥白尼学说的正确性,1632 年出版了《关于托勒密和哥白尼两大世界体系的对话》一书,轰动了整个欧洲知识界。紧接着牛顿(Newton)又提出万有引力定律。从哥白尼—伽利略—牛顿,经历了一个半世纪的科学革命,奠定了哲学、天文学、地理学及整个自然科学的理论基础,为力学、天体物理、大气物理、水文学、地质学、生物学的发展,以及整个自然科学的理论基础确立了空间思维的前提。可以这样讲,没有地理大发现以来地理科学研究和广泛而丰富地理知识的积累,就不会有后来的近代科学的全面繁荣。

2. 地理科学方法的科学意义

地理科学认识客观事物的视角主要为两个方面,即从区域空间入手和从环境整体入手来揭示客观事物的本质,也就是区域性和综合性,构成了地理方法论的突出特征。这一方法在近现代科学发展中具有特殊意义。

(1)**从空间秩序中发现发生学的联系** 可分为以下三个方面。

从空间的多样性看时间的连续性 由于各种环境条件的限制,在同一个空间平台上,地球表面各种过程处于不同的发展阶段,如地貌、生物、土壤、人类社会的不同阶段的形态处于同一空间之中。在地球表面上出露不同地质时期的岩层,使人们有可能从这些岩层的联系中找出地质历史的线索。由于冰川的逐渐消退,越往低纬土壤植被越年老,越向高纬则越年轻。地球上植被和土壤也处于不同发展阶段之中。道库恰耶夫以前的土壤学都是单纯从母质角度研究土壤的,将土壤分为"寒武纪土壤""奥陶纪土壤"等。道库恰耶夫将眼光转向全球大空间范围,把土壤的空间地带性规律与时间演化规律联系起来,揭示了土壤与环境条件的发生学关系。达尔文进化论也是地理学方法的成功。达尔文正是由于在全球空间上,从生物种属的联系的基础上,才理出生物从低级到高级、从简单到复杂的进化脉络。人类社会也是如此,由于环境条件制约等方面的原因,有的至今还处于原始部族状态,有的则处于封建王朝时期,有的则处于发达的资本主义阶段等等,正由于这样,我们才有可能探讨社会发展的规律。同样,城市、区域也是如此,有的城市处于城市化的初级阶段,有的则处于高度发达的商业金融城市阶段。从不同发展断面的城市的联系和对比中,可以寻求到城市化的一般性规律。

从分布的机理寻求事物的本质和共性　很多事物内部机理复杂,仅仅从一点采用"解剖麻雀"的方法往往很难认识其规律性,而把现象的空间特征联系起来,其发生学规律就清晰明朗化了。分布的机理可以揭示出许多其他学科的未知规律。例如,植物的分布区本身就反映了这种植物的适宜生态条件,农业生产各种作物及栽培条件许多都是从其自然分布规律中得到认识的。再如,疑难疾病病因和治疗方法的探讨,往往也可以从疾病分布规律的研究中得到启示。现代医学地理学方法就是从发病率的地理统计中寻求病因与特定环境的关系。如克山病研究,仅仅从发病地的环境条件研究,很难找出其病因,正所谓"不识庐山真面目,只缘身在此山中",通过地理统计发现重病区多在海拔 200~2 000 m,大体沿着兴安岭、长白山、太行山、六盘山到云贵高原的山区分布,为湿润多雨、土壤富含腐殖质、偏酸性的低山丘陵农耕区。从而提出病因与地球化学环境中硒、钼、镁、铜、锌、钴、锰、硝酸盐、有机酸过多有关和病原微生物致病的两种假说。

空间视角是认识复杂巨大事物的必要条件　地球表层许多事物占据空间范围很大,如候鸟的迁移、人口的迁移、大气环流、水循环、地壳运动等等必须从全球或大区域空间范围去认识它。魏格纳(Wegener)的大陆漂移学说就是从各大洲陆地形状的空间联系中推想到时间上发生学的联系。过去对地球运动的认识局限于陆地空间,因而有地台说、地槽说、大地构造理论,但是当人类把目光转向大洋,全球尺度上的板块运动理论就会对原有的理论全面刷新。同样以往的气象、气候学理论也局限于较小的尺度上,厄尔尼诺现象的发现,从大气-海洋动力学角度更新原有的气候学理论。

（2）**走出"一点世界"是科学方法论的重要趋向**　在数学世界和简单的力学世界,科学理论普适性很强,几乎是放之四海而皆准的。理论内在只有逻辑关系没有具体的时空关系。但是面对复杂事物情形就大不相同了。生物世界、人类世界,包括大气运动、地壳运动,都不能脱离时空条件去抽象观察分析。最终的真理,也就是解决具体问题的真理,都是有时空性的,要与具体环境条件相结合。20 世纪 50 年代经济学发生了变化,出现了空间经济学、区域经济学,重视区域关系对经济过程的影响。紧接着,生态学也有了新的变化,30 年代特罗尔(Troll)倡导的景观生态学到 60 年代红火起来,生态学不仅仅讨论生物与环境的一般关系,更重视生态景观的空间格局的研究。当研究对象越来越复杂,研究程度越来越深入的时候,空间关系就自然而然地摆到议事日程上来了。

（3）**地理学整体的综合的方法具有普遍意义**　19 世纪从方法论角度看是分析的时代,导致科学的大分化。20 世纪后半叶,随着系统论思想的提出和科学研究复杂程度的增加,科学家共同体越来越重视综合方法。地理学向来有综合研究的传统,这一传统在新的科学时代有了明显的升华和提高。地理学在全球环境演化的研究中越来越发挥其作用。在局部环境的研究中,景观诊断、景观演变预测的整体研究业已成为普遍关注的方法。在生物学、生态学、地质学、矿物学、土壤学、水文学、农学等诸多领域中地理学综合方法受到重视,从环境总体高度和背景下分析具体要素的规律,在更高的组织水平上去解决低层次系统的纠缠部分,这种思想方法逐渐为人们领悟和认识。

(二)地理科学对文化进步的贡献

地理科学不仅是改造客观世界的工具,是科学生产力的组成要素之一,而且是改造人的主观世界,推动人类社会文明发展的有力武器。全世界每个国家都从青少年起就对国民进行地理教育,无论是学校地理教育还是社会地理教育,都是社会文化事业的重要组成部分,这不仅仅是因为地理科学是基本文化知识的重要成分,更重要的是地理学对人类价值观念、思想修养的形成,国民素质的提高和社会的健康发展具有难以估量和不可替代的重要作用。

地理科学贯穿着价值取向,即地理意识。从方法论角度,它体现一种从区域空间角度、环境角度观察分析问题的思维路线。从认识论角度它体现为和平、进步的开放意识,热爱环境的生态意识和地缘心理的爱国意识、乡土意识。

1. 促进国际了解的和平、进步、开放的意识

地理科学是了解世界的窗口,它如同一面镜子,通过它可以了解自己的家乡和自己的国家,了解国际世界,既可以发现自己的长短又可以了解别人的优劣,以利于互相借鉴学习。因此它是国际间人类互相了解的有力工具。第一次世界大战和第二次世界大战初期,基本上是帝国主义之间相互争斗的战争,那么多善良的人们,彼此仇恨厮杀,死于无辜,除了被迫的原因以外,主要是受狭隘民族主义的煽动。这与地理教育不充分和错误、片面地理教育有直接关系。例如鼓吹"生存空间"的法西斯学者豪斯霍弗尔,就曾披着地理科学的外衣,鼓吹法西斯强权政治,宣扬日耳曼民族的"优越"和其他民族的"低劣",煽动人与人之间的仇恨、歧视和偏见。日本地理学也几乎同时掀起"地政学"的狂热,鼓吹其大和民族之"优越"和生存空间之狭小等谬论。这种虚伪的民族自尊心,既伤害了其他国家人民,也伤害了德国人民和日本人民,结果使广大善良的人民惨遭第二次世界大战的战祸之苦,甚至至今民族之间遗恨尚不能完全消除。我国 1949 年后地理教育一度因受"左"的思想束缚,对外部世界的情况并没有全面客观介绍给人民和青少年,致使人们对德、日等资本主义国家及亚洲"四小龙"二战后的高度发展情况一无所知,当我们还陶醉在"世界革命中心"的时候,许多方面已经落后于人了。同样在冷战时代,美国等资本主义国家对中国的认识也是片面的,陈旧的。中美建交之后,一股新鲜空气向美国人民迎面扑来,由美国开始,相继在许多后来与中国建交的国家掀起"中国热"。尤其是 20 世纪 80 年代以后,相互开放交流在全球范围内广泛深入地进行,各国通过全面的系统的地理教育,以及友好往来、旅游、电视广播信息的交流,使国民从青少年起就全面地真实地了解世界,从比较分析中形成对世界的整体认识,形成对和平与进步的渴望和追求,可以这样讲,企图利用狭隘民族主义情绪煽动战争和仇杀,在今天这个世界上越来越困难了。法国地理学家维克多·普雷沃特(Victor Prevot)曾专门写了一本叫《地理有什么用?》的小册子。书中写道:"地理学就是对世界的认识""地理学是权力的对立物""地理学是人类主义",这些看法可以说是对地理意识作为增进国际了解的和平进步的开放意识的极好注释。

现今世界上主要发达国家都有宏大的区域研究队伍。其中包括苏联问题专家、美国问题专家、中国问题专家等等。区域研究不仅仅局限于地理学,还包括政治、经济、文化等各个领

域,是关于地区和国家知识与学问的综合,毋庸置疑地理学在其中起着主要作用,有的已成为较为固定的学问(如"中国学(汉学)""日本学"等),在国际上还建立了相应的学术组织,定期或不定期地召开学术会议或进行国际间交流。区域专家多为政府首脑的咨询班子或顾问班子成员,其学术研究成果往往成为国家决策的依据。例如,在第二次世界大战中,美国人类学家密特(Mead)曾力促美英协调行动,其根据就是两国文化的共同性。美国另一位人类学家鲁思·本尼迪克特(Benedict)向白宫提出战后对日政策报告,回答日本会不会投降,要不要保留天皇,是否由美国直接统治等问题,讲的就是日本区域文化特征。在现实世界中伊朗的宗教革命、两伊战争、阿拉伯世界的联合与矛盾,离开对区域经济、文化特征的深刻分析,是难以找出正确答案的。外国地理研究和比较地理研究对国家对外政策的制定提供依据,有时甚至起到表面的国际政治生活中所意想不到的微妙作用,如同一意识形态和同一宗教国家的对立,离开区域深层的政治经济文化原因,简直是局外人所无法理解的。中国在国际政治经济方面的区域研究,近年发展得比较迅速,《世界知识》《东南亚》《阿拉伯世界》《日本问题研究》等刊物和相应的研究机构日益活跃。各大学地理系也有相对的区域研究分工,有的专门研究美国,有的专门研究东北亚,有的专门研究南亚、南美洲等。从中国肩负的世界政治责任、从十四亿人口大国的国际地位及经济文化发展对外交流的需要来看,地理科学的区域研究还需要更大的发展。

　　2. 热爱自然的生态意识

　　人的自然观是人类知识文化素养的重要方面。如前面所讲到的古代的人曾把自然神化,而压抑和轻视自己的力量。漫长的中世纪封建时代,这种自然观造成了科学文化的落后和社会的黑暗,那时人类从自然中得到的利益与后来短暂的近代和现代是无法比的。近代产业革命和科学技术的发展曾一度使人类忘乎所以,产生与自然对立的自然观,在这种思想支配下干了很多破坏环境的蠢事。现代的人类与自然和谐共处的自然观已经得到世界各国的普遍重视,这一意识的形成主要是通过地理教育来实现的。中小学时代的地理观察、实习,在每个现代人的成长中都留下良好的印象;地理课外研究小组、兴趣小组、地学夏令营总是很受欢迎;很多大学问家后来献身于地质学、生物学、天文学、气象学等关于自然界的科学事业,都是从最初的地理学教育中萌发出对未来事业的趋向性的,对大自然的热爱激励起他们强烈的求知欲望。近代的洪堡、李特尔,现代的李四光都是从青少年起产生对大自然知识的强烈追求。教育孩子热爱大海、热爱森林,爱护、保护野生动物,本身就陶冶了美好的情操,培养了与自然的亲近感,具有重要的社会学意义,这些美好思想与前面讲的和平意识是浑然一体的,即热爱大自然与热爱和平、热爱人类、友爱信任等社会道德连在一起,而与战争、自私、仇恨等社会行为格格不入。

　　当代的环境问题已经成了社会问题,关心人类生存世界的人口、资源、环境、和平发展等一系列重大问题,自觉地萌生保护环境的责任感、紧迫感,像保卫和平一样保护环境,是现代人不可推卸的社会责任,是现代人文化素质中不可缺少的成分。中国早期盲目增加人口,破坏森林草原,乃至时至今日个别地区仍在用破坏山林的代价"搞活经济",所有这些都与决策者文化素质低、缺乏生态意识有关。所以地理教育、地理意识的形成,对未来社会的人才培养,生态价值观念的形成,具有难以估量的潜在效益。

　　3. 地缘心理的爱国意识、乡土意识

　　人的社会性决定了任何个人都有自己的文化遵从性,都属于一定的国家、民族和社会集团。人生活的地缘性决定了人总是对自己周围的自然的土地更亲近,更了解,更有感情。热爱祖国、热爱家乡是每个公民最基本的品质,也是国家和地区存在和发展的精神支柱。热爱的前提是了解,这个任务责无旁贷地落在地理学的肩上。对每个有文化的人来说,对自己祖国,对自己家乡的了解几乎都是从小学、中学的地理课开始的。正是因为认识、了解到祖国广阔的疆域、众多的人口、丰富的资源、悠久的传统、美丽的河山,才能树立起民族的自尊心和自信心。爱国主义是国家凝聚力、精神力量的表现。第二次世界大战期间,在德、意、日法西斯的侵略压迫下,有的国家成千上万的人倒戈、投敌,有的国家则连一个伪政权都建立不起来,法西斯不得不实行直接的军事管辖。这种悬殊的差别实际上是民族素质的差别,是民族自尊心、民族凝聚力强弱不同的表现。爱国主义的民族精神是长期教育培养形成的。在现代国际政治中,意识形态所划分营垒已不复存在,而民族精神都表现十分强烈。没有民族团结、自尊、自强的信念,国家的强盛是不可能的,离开爱国主义谈国际主义、世界主义,只能是空话。国家观念的教育是地理学最重要的任务,当今世界几乎每个国家都在通过地理教育挖掘自己民族的优越之处,借以教育青少年乃至国民热爱自己的国家。对于拥有 14 亿人口、56 个民族的中国来说,这方面的任务更为艰巨。近年来,中国教育主管部门也在积极推进中小学研学旅行活动,要求中小学校将研学旅行纳入中小学教育教学计划,教育中小学生既要读万卷书也要行万里路,激发学生爱国热情与意识。

　　爱国主义的另一个方面是国情教育,即实事求是地教育国民包括青少年认识了解国家的长处和短处,既要看到优越的引以自豪之处,又要看到困难和问题,培育民族忧患意识,增加发展的紧迫感和对前进中困难的理解,增加民族的凝聚力,同心同德地建设发展国家。

　　区域观念、乡土观念也是地理意识的重要方面,特别对于大国来说,国家内部各地区的凝聚力依然十分重要,它是区域稳定发展的精神因素。近年来兴起的海外寻根热、海外华侨华裔资助建设家乡、投资于家乡的热潮,很生动地说明区域观念、乡土观念是重要的精神财富,地理学正是承担了乡土地理教育、区域地理教育的重要任务。

专栏

重新发现地理学

　　自 20 世纪 60—70 年代起美国出现一股"地理学危机"的风潮,在知识界、教育界出现贬低地理学的偏见,认为地理学是"关于地名的学问"、只是"传递关于世界遥远地方的信息",科学价值、社会价值低,包括一些重要大学在内,相当部分大学取消了地理系,中学地理教育中,地理课的地位也明显下降。这种情况被称为美国社会的"地理盲"。据调查,美国 20 世纪 80 年代国民对世界其他地方的忽视达到惊人的程度。抽样调查显示,年轻成年人一半不能在地图上指出南非在何处,也不能分辨出哪怕是一个南美洲国家,只有 55% 的人能把纽约标在地图上。对美国 7 个城市 5 000 名中学高年级学生的调查显示:1/4 学生不能举出美国国境以南国家的名称。多数美国人不知道世界上发生大问题的地点在哪里。观察家们一致认为:"美国国家生产率和竞争力的许多问题在很大程度上可归结为我国同胞知识库的缺陷。其中最突出的是我们地理知识的缺陷(美国国家研究院地学,环境与资源委员会地球科学与资源局重新发现地理学委员会,2002)。"

这种现象引起美国全社会的高度重视,1989 年 10 月总统与 50 个州长的高级峰会的报告中、布什与克林顿政府关于教育改革的计划中,以及 1994 年通过的《2000 年目标:美国教育法》中都对地理教育的重要性重新认识,确定地理课为美国学校教育的核心课程,与自然科学、数学同等重要。认为地理知识是未来美国公民不可或缺的知识文化素质。

在现在的美国中学,地理课是必修课、核心课,在科学课系列中有地球科学课,在社会课系列中有人文地理课内容,课程量仅次于英语、数学。新教育法案实行后,地理教师奇缺,仅纽约州曼哈顿区 2002 年统计,合格的地理教师不足需求教师的 10%,不少原来教物理、化学及其他科目的教师改行转业,从事地理教育。

1993 年美国国家研究院成立"重新发现地理学委员会",在全美对地理学的发展和社会价值进行调查。

调查发现:1986/1987—1993/1994 年,全美主修地理学的大学本科生数目增加了 47%,有博士授予权的高校地理系增加了 60%。1985—1991 年高校地理学研究生注册人数增加 33.4%,相比之下,社会科学方面只增加 15.3%,而环境科学却下降了 5.4%。

地理学在美国已经变得更强大、更占优势。1960 年以来,美国地理学家联合会会员从 2 000 人增加到 7 000 人。被选入美国科学院的地理学家从 0 增加到 8 人。美国国家科学基金委员会与总统全国科技委员会确定的研究、教育、信息领域的国家目标相关的 8 项策略中,地理学家起骨干作用的就有 5 个。

科学研究前沿,如规划、经济学、社会理论、流行病学、人类学、生态学、环境历史、保育生态学和国际关系学科都普遍强调地理学视角的重要性。

报告还发现地理学在保障经济健康发展,防止环境退化,处理国际关系、民族矛盾、文化冲突,发展医疗卫生,全球气候变化研究,教育等领域发挥关键作用。

实践证明,在美国总统、政府之前,美国科学界、教育界和美国民众已经重新发现了地理学。

总之,地理思想是人类文化的重要组成部分,地理意识是现代人观念意识的重要方面,和平进步的开放意识、生态意识、爱国意识和乡土意识构成了地理意识的整体,是人与环境之间协调发展的科学观念,在现代社会发展中具有极其重要的意义。

讨论

1. 举例说明地理科学对社会经济发展的意义。
2. 空间视角对科学发展有何重要意义?
3. 为什么说地理教育是现代教育的重要方面?
4. 美国现行的中学课程中,地理课列为必修课,而物理、化学却列为选修课,你如何评论这个问题?
5. 有人说地理课所讲的内容都是些电视、广播、书刊、报纸上可以看到、听到的知识,无须在基础教育中学习,需要时在媒体上查找就可以了,这种说法对吗? 为什么?

推荐读物

1. 白光润.地理学导论[M].长春：东北师范大学出版社,1993.

2. 美国国家研究院地学,环境与资源委员会地球科学与资源局重新发现地理学委员会.重新发现地理学[M].黄润华,译.北京：学苑出版社,2002.

3. 黄秉维.关注人类家园[M].北京：商务印书馆,2003.

4. 国家自然科学基金委员会.地理科学[M].北京：科学出版社,1995.

5. 陆大道.地理学发展与创新[M].北京：科学出版社,1999.

第 6 节　新时代的地理科学

一、时代的特征

自 20 世纪 60 年代以来,学者们就提出新时代的问题,未来学家们提出"第三次浪潮""第四次浪潮""后工业社会""信息社会""后现代"等概括新时代的术语；经济学家们提出"新经济时代""知识经济时代""后福特主义"等术语；社会学家提出"后资本主义""晚期资本主义""发达资本主义"等术语；生态学家、环保主义者则提出"可持续发展时代""地球村时代"等术语,不一而足。进入 21 世纪以来,全球科技创新进入空前密集活跃的时期,新一轮科技革命和产业变革正在重构全球创新版图、重塑全球经济结构,就国内而言,我国社会主义建设进入新的发展阶段,社会主要矛盾已转变为"人民日益增长的美好生活需要和不平衡不充分的发展之间的矛盾",生态文明建设意识正日益深入人心,数字经济发展突飞猛进。如果从时代变化发展的机制来看,新时代的特征可以概括为以下三个方面。

(一)生态时代

自工业革命以来,人类一方面消耗大量自然资源,如水资源、化石能源(煤、石油、天然气等)、矿产资源、生物资源等,另一方面又制造出大量不能进入自然循环的"三废"物质,最近,甚至出现对生物基因的扰乱,引发和流行人类难以治愈的怪异疾病。此外是人类生产和生活对原有环境秩序的破坏,比如植被土壤的破坏,沙漠化的加剧,气候温暖化,人口的激增与资源短缺、粮食生产的矛盾等等。

上述问题造成人口、资源、环境的尖锐冲突,使人类反思与自然的关系,产生可持续发展的理念,诞生新的文明,即生态文明。生态文明将全面更新人的观念,是人类最普遍、最重要的进步。在这个时代,人类的价值取向,发展观念、社会伦理都将发生根本性的变化。经济社会发展,要运用新的国民经济核算体系,经济增长与环境建设要同步进行。社会伦理要从人与人之间扩大到人与生物之间、人与环境之间,保护环境、尊重生命成为新的道德规范。全人类各个国家和民族之间有了超越意识形态的价值基础,就是共同保护地球环境的责任和义务。

随着经济发展,人类的生活质量将大幅度提高,世界上越来越多的国家的注意力从保证国民生存条件,转向提高国民的生活质量上来,社会老龄化现象将越来越突出,休闲、旅游服务行业将越来越发展。社会发展将面对生态时代这些特征做出全面调整。

(二) 信息时代

由于电子通信、计算机、互联网的飞速发展,社会与工业革命时代相比发生了根本性变化。

首先是知识爆炸、信息爆炸。由于媒介的作用,知识传播的速度加快,新思想、新知识诞生之时就迅速传播到世界每一个角落,不管是什么地方发生的事情,在媒体的作用下,几十分钟,世界其他地方就人人皆知了。知识之间相互碰撞、交融,又产生新的知识,出现"海量信息"问题,同时,知识更新的速度也迅速加快,农业文明时代,知识几百年更新一次;工业文明时代,知识几十年更新一次;而在信息时代的今天,知识几年就更新一次。知识爆炸、信息爆炸给社会生活带来一系列的影响,它使生产的运输成本下降,时间成本下降。它增加文化的开放性、流行性,使文化的趋同性增加。

其次,信息革命催发高新科技产生。信息技术、航天技术、现代生物技术、材料科学,不能说全部,但很大程度上是借助信息手段才能得以实现。知识在生产中贡献比率加大,超过资本、资源,居于首位,即"科学技术是第一生产力",技术租金不断攀升,并占优势,生产的技术成本大大提高。

高新技术的出现,也使产业结构发生重大变化。农业、制造业的比例将逐渐下降,第三产业的比例将逐渐增大。据统计,美国只有 2％ 的人在农场中工作,10％ 的人在制造业工作,绝大部分的人在第三产业工作,其他发达国家的服务业人数也都在 60％ 以上。据美国学者威廉·温庅辛格预测 30 年后只需要世界现有劳动力的 2％ 进行生产,就能满足人们对产品的需要。以人工智能、量子信息、移动通信、物联网、区块链为代表的新一代信息技术加速突破应用,为诸多前沿技术、颠覆性技术提供更多创新源泉,科学技术从来没有像今天这样深刻影响着国家前途命运,从来没有像今天这样深刻影响着人民生活福祉。

(三) 全球时代

全球时代的出现主要有三个方面的原因,一是"冷战"时代的结束,两大对立阵营的军事、政治、经济、意识形态的冲突不复存在,基本消除了国际交流的政治文化壁障;二是世界经济的快速发展和规模扩展,使原有国家框架、平台已经不能适应,建立了全球贸易秩序,经济交流的壁障也大部消除;三是信息、交通发达,使世界时间空间变小,国家之间、城市之间拉得很近。只要经济上可能,世界城市之间交往,就如同在一个城市一样,快捷的航空交通连接,可以实现 24 小时内到达世界任何一个航空城市,使生产要素在世界范围配置成为可能,全球的人类如同生活在一个村庄。

全球时代对社会生活的最大影响就是经济、文化的趋同性,即生产、消费的全球化和社会文化生活的全球化。全球化过程中出现的区域集团化,既是对全球化的应对,也是对全球化的趋近。全球化的结果,一方面加速全球经济发展,另一方面加剧西方文化与各国、各地的民族文化、地方文化冲突,带来一系列社会问题。

二、现代地理科学面临的挑战

（一）空间问题

从地理大发现到两次世界大战，人类所面临的主要是争夺政治空间、资源空间的问题，谁对空间拥有统治权，谁就占有资源。为此，帝国主义国家之间相互争夺殖民地，大搞领土扩张。因为从那个时候的技术条件看，谁占有的资源多、人口多，谁就有实力，不太注意空间本身的结构问题。二战后情况发生了变化：一是由于两次世界大战的创伤和世界各国彼此信息沟通、门户开放，多数人们不愿意再打仗。企图靠战争谋私利的统治集团也难于再用民族主义的口号煽动人们去彼此厮斗。越南战争的反战情绪，令美国统治者十分焦虑，特别是对于生活水平较高的发达国家，有大量人员伤亡的国际战争，在国内几乎是难以获得支持的。二是核力量的相对均势发展，更增加了战争的可怕性，从一定意义上说是"可怕的武器制止了可怕的战争"，冒天下之大不韪发动世界大战的可能性很小。从全世界角度讲人类度过了七十多年的和平发展时期。对国家边境的任何微小改变都是国际政治问题，不是一两个国家可以解决的。在这种形势下空间的有限性就更突出了。一些发达的国家必须首先从本国的空间打算，合理利用本国空间，挖掘内部潜力。战后有关空间布局和合理利用的研究与实践获得迅速发展，诸如土地利用规划、国土整治、城市规划、生态规划等等。**科学、合理、精细地利用空间成为现代地理学的重要课题。**

由于技术的发展和国际经济的扩大，空间的意义也不全在于资源，比如日本基本上是资源贫乏的国家，但仍然获得了较快的发展。因此，空间的位置意义、结构意义就更重要了。交通通信事业的发展，使空间的机能增强，时间空间缩小，空间分析中距离因素作用下降，知识技术的作用增高，传统的区位论受到挑战，空间研究的理论、方法发生一系列变革。**空间理论的革新和发展成为现代地理学又一重要课题。**

由于世界经济社会发展不平衡，产生中心与边缘、城市与乡村、发达与不发达等区域关系问题，这些问题处理不好，势必影响社会的稳定、民族团结、社会和谐。**区域关系研究成为现代地理科学的重要课题。**

经济全球一体化、区域集团化使生产要素在全球范围、国际间流动，国际经济空间的非武力争夺日趋剧烈。虽然国家的边界难以改动，但生产要素可以越边界流动，跨国公司可以在全球范围内配置生产要素（资源、劳动力、资本、技术等）。区域在全球化大背景下出现同构化与异质化同时并存的结构。如我国的区域就处于市场经济、全球化的大背景下，受两种机制驱动，一是本国工业化、城市化的驱动，二是国外、境外投资的影响。因而，**后工业时代（后现代时代，新经济时代）社会空间的重构研究是现代地理科学的重要课题。**

（二）环境问题

第二次世界大战以后，世界各国经过了一段休养生息、恢复重建阶段，到了 20 世纪 50 年代末生产力普遍有了高度发展，随之产生许多新的社会问题。最突出的就是环境问题。其中除了工业"三废"污染问题以外，最严重的就是人类生产和生活对原有环境秩序的破坏，比如温暖化、植被土壤的破坏,沙漠化的加剧,人口的激增与资源短缺、粮食生产的矛盾等等。这些问题在 19 世纪和二战以前,基本还只限于教授们课堂上书斋里坐而论道的范围,如今却迫在眉睫,不止一个国家遇到这方面的麻烦。弄得不好,简直是展现了一条人类自取灭亡的道路。无怪乎许多经济学家、社会学家发出"停止增长""零增长""只有一个地球"的呼吁。解决人与环境关系问题,向来是地理学的主题。研究人类扰动下的自然环境的演变规律成为现代地理科学的重要任务。如生物圈的保护问题、沙漠化问题、温暖化问题、人类扰动下的气候异常问题、人为地质灾害问题、可持续发展问题等等,对于二战以前的近代地理学都是崭新的地理问题。应当说 20 世纪 50 年代以后的地理学绝大部分都是围绕这些问题而发展起来的,它为地理学的新领域的开辟提供了广阔的天地。

随着人类的社会经济发展,对资源的需求越来越大,能源、粮食、水的短缺成为制约社会经济发展的瓶颈,甚至是国际争端、国内动乱的根源,如何合理、科学地开发、利用和保护自然资源成为现代地理科学的重要课题。

(三)区域社会文化问题

随着经济的发展,一些发达国家相继进入后工业社会,第一、第二、第三产业的人口比例发生了倒置现象,城市化趋势越来越突出。社会文化事业的比重越来越大,关于社会文化空间规律性的研究也越来越突出。由于信息科学的发展,各国文化彼此接触、影响越来越深,外部世界已不再是少数人,而是大多数人渴望了解甚至希望置身其中,理解异国文化、异地文化。社会文化地理发展,特别是旅游地理的发展,正反映了这个客观需要。旅游从全世界范围看,已经成为第一大产业,超过钢铁、石油、军火、化工等产业的收入。地理和旅游是孪生兄弟,最早的记述地理就是从游记开始的,区域环境、景观、历史、文化是旅游的基本资源。旅游事业的发展对历史地理、文化地理、景观研究将产生巨大的推动作用。

在信息化、全球化、生态化的大背景下,一方面,文化的趋同性增强,价值观念、经济规则、行为习俗交流、融合程度加深。另一方面,一些民族、一些地方的文化被边缘化,渐渐地被淡出主流社会之外。这样一来,有的国家极力张扬自身的民族文化,企图以推动自己的价值观来代替文化的全球化,各国各地区的民族文化、地方文化的个性在全球化的大背景下不是削弱了,而是更强烈地表现,出现文化的反全球化的倾向,无论是在欧洲、美洲,还是亚洲、非洲、大洋洲都出现保守文化势力抬头、复兴的倾向。一些极端宗教主义者、民族主义者甚至以恐怖主义的形式抵制西方文化,文化冲突、矛盾更加激烈。因此现代地理学面临着两个重要课题,即如何保护文化多样性和如何促进文化整合、交流与发展。

三、 现代地理学的特征

半个世纪以来,现代地理科学经历了计量革命、行为革命、生态浪潮、人本主义思潮等激烈的冲击和震荡,科学观念、科学方法论都发生了革命性的变革,研究手段有了飞快的进步,解决实际问题的能力大大加强。生态时代、信息时代、全球时代给地理科学创造了良好的发展机遇。地理科学的面貌将发生根本性变化,主要表现为如下特征。

（一）现代地理学是统一地理学

地球表层的人类作用与自然作用相互融合，认识自然过程离不开人类作用，分析社会过程也不可忽视环境作用。科学对象本身就决定了科学研究的统一性。认识问题的方法、角度，要从自然和人文两个方面去考虑，并重视两者的相互作用和相互影响。

（二）现代地理学是综合的科学

我们已拥有发展相当成熟的大气科学、水文科学、地质学、土壤学和生命科学等，但人类生存的地理环境是统一的，单从一个角度是很难揭示地球表层的本质和规律的，现代地理学责无旁贷地要承担起综合研究地球表层的任务。

（三）现代地理学是全球地理学

地理科学研究的基本单位是地球环境系统，认识路线是从宏观到微观。从社会经济角度，全球化是社会空间演化的大趋势；从自然角度，全球变化制约和影响区域的环境演化。生态退化、环境污染、人口爆炸、资源匮乏、经济发展区域差异、战争与和平都是全球性的问题，现代地理学必须站在全球视野的高度去认识人类社会与地理环境。

（四）现代地理学是建设地理学

现代地理学必须有相当强大的应用层面，切实解决社会经济发展的实际问题。社会的可持续发展和人地关系的协调是现代地理学的主要目标，参与决策、规划和设计、实施是地理学家的社会责任；现代地理学发展起来的区域规划方法、城市规划方法、生态设计技术、环境保护与修复技术等都是现代地理科学为社会服务的重要贡献。

（五）现代地理学是高技术地理学

3S 技术的发展，给地理科学发展带来重大变革，方法手段的革命带来了科学理论的革命，地理学家对空间及其演变的观察、对资源环境及其演变的了解，在观念上和认识深度上都发生了根本性变化。数字地球、数字城市、数字区域、数字流域，使地理科学的空间研究科学化、信息化。现代信息技术支撑下的环境观测网络和室内实验分析与模拟，加深人们对地理过程的认识。现代地理科学将发展成为高技术特别是现代信息技术支撑下的新型科学。

四、 现代地理学的重大研究任务

（一）现代地理科学一元地理观和方法论研究

地理科学有一个与其他科学不同的特别现象，一些地理学界公认的大学问家、学术名著多是围绕地理学的科学学的，即地理学的元理论的，如赫特纳的《地理学：它的历史、性质和方法》，哈特向的《地理学的性质》《地理学性质的透视》，阿努钦的《地理学的理论问题》，大卫·哈维的《地理学中的解释》等。这既是地理学自身不成熟的表现，也说明元理论对地理学的发展具有重要意义,它关乎未来地理科学的走向。

现代科学史家 T. S. 库恩(T. S. Kuhn)的《科学革命的结构》(1962;1970)引起了人们极大关注,他对科学活动的描述是:研究者被培训为采用一种已验证的模式去对待研究的问题,用已认可的方法去解决发现的问题。问题的解决遵循一种稳定的、累积的方式,以增加知识的贮存。在发现不大的异常现象时,也许要做微小的调整。在很偶然的情况下,会遇到无法解释或不能容纳的异常现象。一些研究者会抓住这些异常现象,创立新的范式,它既能解释那些异常现象,也能解释其他所有已知的事情。他们一旦成功,一个新范式便出现在科学家共同体面前,要求认可。一旦认可,革命就出现了。由于范式间是不可比较的,而且只有一个范式是正确的,这就要求科学家共同体接受一个新的工作方向。

科学范式对科学发展极为重要,赫特纳、哈特向的区域个性研究方法论影响了近代地理学近半个世纪的发展,逻辑实证主义方法论在世界地理学界造成近 10 年的冲击波,以后的行为革命、生态思潮、人本主义、后现代主义等也都造成不小的影响,特别是现代英语圈地理学方法论多元、分散的状态使地理科学尤其是人文地理学处于迷茫状态,严重影响地理科学的发展,科学的范式得不到解决,就不会有地理科学的真正的发展,更不会产生真正科学意义上的革命。

现代地理科学元理论研究主要面临两个问题,即一元地理观与方法论问题。

1. 一元地理观的研究

苏联的阿努钦和中国的钱学森都有过理论贡献。地理科学是以地球表层为对象的统一的一元的科学,不应将自然与人文割裂开来。这一科学理念已经在地理科学家共同体中达成共识。问题的关键是怎样统一,以怎样的形式统一。阿努钦提出"国家地理学"的形式,没有得到学术界的普遍认可。钱学森只是提出地理科学的基础理论-应用理论-应用技术的立体科学体系,对统一的形式并未作出回答。

从现代地理学的发展实践看,一元地理观主要体现在三个方面:一是区域地理学的改造,变区域知识体系为融合自然与人文的理论方法的一元的新型的区域地理学。二是类型地理学,即以特殊的地域类型为对象整合人文与自然的理论与方法,如城市学,研究城市的空间结构、生态环境的整体特征;流域研究,研究流域的社会经济、人口、自然环境、资源禀赋等;海洋学,研究海洋的气候、水文动力过程、人类影响、海洋资源环境开发和整治等。三是应用地理学,如国土整治和国土空间规划、土地规划、城市规划等等,从人地关系角度整体地研究地理学为社会服务的问题。可以说随着一元的综合的地理学研究平台的搭建和发展完善,地理学有别于其他科学的主体性就会更加突显出来,地理科学就将有长足的发展。

2. 方法论问题

是例外主义,还是主义一律(即统一科学方法论),或者是主义多元,一直是困扰地理学特别是人文地理学的重要问题。从目前的研究趋势看,企图将地理科学的方法论划一化,即用统一的"科学方法论"来取代所有方法论的想法肯定是不妥的,也是行不通的。必须承认研究对象不同、具体学科不同,方法论应有所区别。这里最关键的是对象事物自身的复杂程度,用研究无机世界简单系统的数理方法研究有机的生命世界、复杂的社会系统是不行的。同样用研究生命世界的方法论研究有意识的人类社会也是行不通的。另一方面地理科学虽然复杂,但也应有其基本的客观的主体的方法论,过分强调人的主观侧面,用研究社会学的方法研究地理科学也有失去自身主体性的危险。本书在第 4 章第 4 节"地理科学方法论评析"中,曾对上述问题发表过一些粗浅的看法,但这仅仅是为使读者了解这方面问题的一点点探索,真正解决这方面问题,需要在新的世纪里地理学家们的艰苦努力,进行理论的争鸣,并得到科学家共同体在一个相当长时间里认可,这将是一个漫长的过程。

毋庸置疑,地理科学元理论的进步,将大大推动地理科学的发展。

(二) 人类扰动下的地理过程与土地科学研究

工业革命以后人类的作用不可低估,在许多方面达到甚至超过自然的作用,尤其在短时间尺度上看更是这样。而且,人类的作用往往是与自然本身的作用结合,形成有机的整体,事实证明企图分清哪些是自然的作用,哪些是人类的作用,是难以做到甚至是不可能的。从整体来说,已经进入了地球的人文时代;从局部环境看,地球上已很难找到一块不受人类直接、间接影响的净土。所以研究人扰动下自然过程是现代地理科学主要的基本的任务。主要侧重如下几方面内容:

1. 环境恶化、土地退化机制的研究

由于人类的破坏和影响,出现沙漠化、盐渍化、植被退化、水土流失等过程,这些过程的机制的研究是现代地理科学的重要任务。

2. 人类环境建设效应的研究

人类施加给自然界的影响许多是正面的影响,如植树造林、农田生态系统建设、城市绿地建设、陆地水系的调整、土地整理、综合生态工程建设等等。目前对这些方面效应的认识,还是相当粗浅的,还停留在一般的定性的分析上,有的甚至是猜测性、推测性的。对环境综合效应的理性分析是地理科学为实践服务大有作为的领域。

3. 自然潜力的研究

这方面的研究已经取得一些初步成果,如净第一性生产力、光合潜力、光温生产潜力等概念的提出,土地承载力的研究及人与自然共同创造理论等。地理科学对自然资源的研究主要不是物质性资源而是条件性资源,即自然环境中的水热条件、地貌条件、土壤条件能为人类的第一性生产提供怎样的可能和限度,这方面的研究是其他学科所不能代替的,它为自然环境保护和积极能动地开发自然资源提供科学依据。

4. 土壤-植物-大气连续系统(SPAC)研究

这一研究包括 SPAC 系统的水循环和蒸发过程、生物产量形成动力模式、能量物质交换过程、人类对 SPAC 系统影响作用等等。这一研究的深入对揭示环境退化、人类影响和自然资源潜力的内在机理具有重要意义。

5. 环境健康研究

这方面研究包括元素化学地理、元素的环境迁移、污染物扩散与转化、环境背景值、地方环境病、环境健康研究等。现代疾病很多与环境污染、食物链污染,与全球性的生物变异、污染扩散有关,需要从环境、空间角度揭示它们的产生机理、变化分布规律,寻求解决对策。

6. 区域环境过程研究

地理科学最大的特点就在于它跳出抽象研究的"一点世界",地理科学研究环境退化机理和人类环境效应的机理是紧密与时空结合的,重视物流、能流、信息流、人流、资金流在空间的移动和集聚,重视其区域过程的研究,如江河上游的环境恶化或改善对中下游产生怎样的影响? 人类巨大的防护林工程、调水工程对区域环境产生怎样的影响? 沙尘暴是在怎样的区域环境背景下产生的,它又怎样对区域环境产生影响? 总之地理科学是站在区域整体的角度讨论认识问题,而不是抽象地讨论因素之间的关系。这正是地理科学的长处,物理学、化学、生物学的理论和方法有助于认识环境问题,但不能最终揭示区域环境的整体规律和特征,区域的环境动态过程的认识和区域环境的建设要靠地理科学的研究来实现。

7. 边际土地开发与保护研究

土地是自然和人类相互作用的综合体,从大的方面讲,地理科学的研究对象是地球表层,从具体研究来讲,土地是地理学的主要对象。

边际土地是指那些环境条件恶劣、生态脆弱、农业开发得失相当,甚至得不偿失的土地,多为远离经济发达地区生态环境恶劣的地区。我国有大量的沙漠、冻原、高山、高原、盐碱土地,对这些土地如何保护,如何进行非农利用,如何开发旅游资源是未来地理科学的重要课题。研究内容主要包括对这些地区环境容量、人口承载力、环境阈值的认识,对这些土地的资源潜力的认识,科学合理的利用、建设、保护方式的研究等。

8. 土地利用规划研究

国土整治与土地规划研究是战后现代地理科学最活跃领域之一,英国在 20 世纪 30 年代开展了全国土地利用调查,日本二战以后进行了多次大规模国土整治。中国 1949 年以后进行多次自然区划、农业区划,以及全国、省、地(市)、县级的土地利用规划和部分地区国土整治规划,开展了土地类型研究。未来地理科学有待提高这方面的理论研究和强化可操作性,同时也面临许多新的挑战,如新经济形式(高新技术产业群等)的土地利用问题,土地有偿使用制度下的土地规划问题,全国及跨行政区土地利用规划问题,农村产业结构调整升级产生的土地利用问题、土地整理问题等等。

(三) 全球变化与区域响应研究

地理科学与其他科学不同,它所研究的基本单位是宏观的而不是微观的,地球表层的基本规律是一切地理规律的基础。地球表层的整体性比其以下的各个级别与系统(不同规模的区域)都强,各种地理过程都是全球地理过程不同程度的反映,无论是地质过程、地貌过程、气候过程、土壤过程、生物过程无不与地球的整体性质有关。因此,全球地理研究在未来地理学中具有突出重要意义,离开全球角度,彻底认识区域问题是困难的,甚至是不可能的。近年来地球系统科学成为地学的研究热点。研究几十年至几百年尺度的全球环境演变是地理科学最为关注的研究课题,揭示人类参与下环境变化规律对预测环境演变、防灾减灾具有重要的理论意义和实践意义。

近 20 多年来,一系列全球研究计划相继提出,如世界气候计划、国际生态计划、国际水文计划与国际水文十年、国际地圈与生物圈计划、人与生物圈计划、国际减灾十年等。全球变化研究最主要领域是温暖化问题、干旱化、荒漠化、环境退化问题、臭氧层问题、极端地理环境（极地、沙漠、高山、冰川、冻土）、生态脆弱带对全球变化的响应等问题。地理科学是参与全球变化研究的重要学科，在温暖化的自然-人文过程机制的揭示、历史时期气候变化、全球大气-海洋耦合系统动力机制、东亚季风与青藏高原隆起的关系、土地利用与土地覆盖变化（LUCC）对全球变化影响、全球变化的区域响应研究等方面研究具有不可替代的作用。围绕这些方面的研究未来可望会有更深入的进展。

（四）社会空间重构与区域发展研究

研究社会空间是人文地理学、经济地理学的重要任务。信息时代、生态时代、全球时代的社会空间发生了根本性的变化。

信息技术的发展，大大节约了生产的时间成本，推动生产力迅猛发展，知识、技术在生产中贡献率上升，资源、交通对生产的制约下降。产业结构不断升级和优化，第三产业、服务业的比重越来越大。服务的网络化、集团化、连锁化深刻影响城市的空间结构。工业城市、资源型城市越来越被边缘化，城市内部，服务业、文化、居住的功能得到强化。交通信息的发达，使城市时间空间紧缩，城市机能增强。

生态时代使人类的生产观念、消费观念、生活观念等一系列价值观念、伦理道德都发生变化，生态环境建设、生产的可持续性成为社会经济发展的重要课题。新型的社会空间环境生态因素占有重要地位，无论是城市规划还是区域发展都必须考虑环境因素。

全球化由于消除了贸易壁垒，经济发展将大大加快。跨国公司在全球范围配置资源、生产要素，使外资、外来文化成为改变社会空间结构的重要因素。全球化必然产生区域、城市空间结构的趋同化，也势必加剧文化冲突。世界各国一方面处于全球化的大背景下，一方面又处于不同的发展时期，同一空间断面同时存在不同发展阶段的空间形式，使趋同化与多样化并存，既使空间结构复杂化，也产生区域关系问题。说到底现代地理科学特别是现代人文地理学、经济地理学的任务就是研究新时代的社会、经济、文化、生态背景下社会空间重构的机制、规律和特点，更为理性地指导区域发展。具体地说，主要包括如下几个方面：

1. 城市化研究

城市化过程实质就是人口、经济的聚集与扩散过程。不同的环境条件和人类社会自身的生产关系、社会制度的不同，造成生产力水平的地域差异，因而城市化水平不同。从世界范围看城市化基本经历这样的过程：初期城市化过程—郊区城市化过程—逆城市化过程—再城市化过程。对发展中国家来说，面临着在生态化、信息化、全球化大背景下，如何走新兴工业化、城市化的道路的问题。如何发展城市的知识经济？如何在知识经济时代解决和处理农村剩余劳动力转移？是走发展小城镇的道路还是走发展大城市、中心城市的道路？如何解决工业城市、资源型城市的转型问题？如何发展城市郊区和卫星城镇问题？等等。对发达国家而言，如何应对逆城市化，如何再城市化成为重要课题，近年来兴起的"新城市主义"思潮，正体现城市规划界、地理界对发达国家城市化问题的反思。

另外，城乡关系研究、城镇体系研究、城市群和城市连绵带研究都是新世纪地理科学理论建设的重要课题。

2. 文化整合与文化多样性研究

随着信息化、全球化的发展,各种文化的交流、融合必然加强,在全球范围内、区域集团范围内、国家范围内,文化整合都必然加强,区域的文化整合成为地理科学特别是人文地理学研究的重要课题,这对促进文化交流,加强民族团结,巩固国家统一,维护社会稳定具有重要意义。另一方面,也正是由于信息化、全球化的推进,民族的、区域的文化冲突有加剧的趋势。这表现为三个方面,其一是随着媒体的发达,经贸交流增加,与现代工业文明关系最为密切的欧美文化渗透到世界各个角落,引起地方文化、民族文化的警觉,加之一些西方国家错误地将全球化理解为美国化、西方化,强行推行他们的价值观念,更加剧了东方文化、伊斯兰文化及各种土著文化与西方文化的冲突。其二是由于跨国公司投资转向亚洲、非洲、拉丁美洲国家,以及发展中国家资本、产品、劳务涌入发达国家,造成欧美国家的民族主义极右势力、排外势力抬头。其三是一些极端民族主义者、原教旨主义者大搞恐怖主义,对全世界的安全构成威胁。从文化、宗教等层次认识区域关系、地区纷争就成为地理科学的重要任务。现代地理科学一方面要探讨文化整合的机制和趋势,推动文化交流、促进民族团结、国家统一和全世界文化交流与进步。另一方面又要探讨文化多样性的价值,探讨保护民族文化、地方文化、民间文化的途径和意义,促进文化交流、民族平等、社会公正和旅游事业的发展。

3. 区域发展研究

科学的区域发展观体现为以下几个方面:① 区域的全面发展观,即区域发展不能仅仅理解为经济增长,而应当是社会、文化、环境建设等全面的发展。② 区域的协调发展观,即区域发展要实现城乡之间、区域之间的协调发展。③ 区域的可持续发展观,即指区域发展与环境之间的和谐。

区域的资源、环境、人口与发展的协调,是发展的第一战略和最高战略,它同调整生产关系、发展科学技术同等重要,抓住这个主题就抓住了地理科学主要生长点。区域可持续发展研究包括区域资源潜力、环境容量的研究,区域开发整治战略、政策的研究,区域可持续发展的评价体系研究等。

区域之间的协调发展是另一个重要问题,从全球角度来说,南北问题,即发展中国家与发达国家之间关系研究一直是世界地理的热门课题,1979 年英国地理学家 D. M. 史密斯写的《不平等地理学》曾引起国际地理学界的关注。从国家角度来说,特别是大国内部区域关系问题是地理科学的重要课题。中国、美国、巴西、俄罗斯、加拿大等幅员广大的国家都有区域关系问题。这方面的理论研究为制定正确的区域政策提供依据。与区域关系相关联的就是欠发达地区发展的研究,发展经济学为发展中国家的发展开了许多药方,提出了诸多的模式,地理科学这方面的研究多侧重于空间关系调整的研究、经济布局调整的研究、产业布局调整研究等等。

区域内部的各项事业的协调发展落实到空间上也是地理学的重要问题。它涉及城市规划和区域规划。产业结构的升级、农村剩余劳动力的转化、国外资本的进入、土地资源的短缺、环境保护和建设的需要,都对新形势下的区域、城市土地利用提出挑战,人与资源、环境的和谐,人与人之间的和谐都要具体落实到空间上。未来的竞争更多地体现在区域与区域之间的竞争,由于资金、技术、劳动力、商品在全球范围内的充分流动,哪里投资环境、市场环境好,资本、产品就向哪里流动,经营城市,甚至经营区域、经营国家都成为新的课题。区域发展的重要性越来越突出,地理科学在区域发展中的作用也越来越突出。

(五) 地理信息与实验技术研究

现代地理科学的应用技术主要包括两大方面,即地理实验技术和地理信息技术。应当说现代地理科学与其他学科相比,由研究对象的复杂性和跨学科的性质所决定,理论研究进展难度较大,但研究手段进步很大,甚至是革命性的飞跃,新世纪地理科学应用技术的进步将是突飞猛进的。

1. 地理实验技术的发展趋势

现代地理科学的实验技术包括诸多方面,包括室内的实验、模拟技术和野外的定位观测技术。地理科学的实验技术基本上是从其他学科移植过来的,更多地依靠其他科学的进步。但是,从地理科学自身发展要求来看,在未来地理科学中地理实验技术至少有以下三个方面的趋势是明显的:

(1) **提高测试精度**　目前地理实验中测年技术对短尺度(几十年至几百年)环境变化研究尚不适应,元素分析技术,特别是微量元素的分析精度,尚满足不了地球化学、农业生态、医学地理等方面研究的需要。近 30 年来这方面的研究有明显进步,深海岩芯、极地冰盖冰芯的实验研究相当详细地揭示了气候变迁状况。20 世纪 90 年代中国西部山地的冰芯研究可以获得千年内气温、降水变化的记录。可以预言,随着实验精度的提高,地理科学的预见性将得到进一步加强。

(2) **提高动态模拟水平**　经过半个世纪的发展,地理科学出现一些模拟实验,如人工降水、土壤入渗、坡面侵蚀、河口动力、土壤-植被蒸发蒸腾等,但是,仅仅是局部的少量的,新世纪里,这方面应有较大发展。地理实验在有条件的情况下,宜更多地从静态的实际观察的方式转向动态的模拟的方式,促进地理科学水平的提高。

(3) **野外定位观测的网络化、区域化**　地理科学实验区别于其他自然科学的实验就在于它不是"一点世界"的实验,而是对区域环境分析的实验。气象站网、水文站网、地震台网从广义来说,这些都是地理实验,都是网络化、区域化的表现。之所以能够实现网络化、区域化是因为它给社会经济带来巨大利益,有些自然观测之所以没有气象网站那么普及,或因为它们与社会经济、人民生活关系不那么密切,或因为与效益相比成本太高,或因为技术问题的困扰。随着国民经济的发展、信息技术的发展,这三个障碍都将不同程度地消除,地理实验野外观察的网络化、区域化趋势势必将大大增强。这方面的进展也需要地理研究单位的联合和合作。如果这方面向前有所跨越,地理科学的理论进步会有新的改观。

> **专栏**
>
> ### 中国生态系统观测研究网络
>
> 近年来,地理科学发展不断进步,从传统的定性描述转变为观测研究,孙鸿烈院士等地理学家倡导并领导建立的国家生态系统观测研究网络(CNERN),把资源环境的研究

推向纵深发展阶段。国家生态系统观测研究网络是在现有的分别属于不同主管部门的野外台站的基础上整合建立的,该建设项目是跨部门、跨行业、跨地域的科技基础条件平台建设任务,将各主管部门的野外观测研究基地资源、观测设备资源、数据资源,以及观测人力资源进行整合和规范化,有效地组织国家生态系统网络的联网观测与试验,构建国家的生态系统观测与研究的野外基地平台,数据资源共享平台,生态学研究的科学家合作与人才培养基地。

中国生态系统研究网络(CERN)始建于1988年,在中国生态系统动态观测、科学研究和试验示范方面发挥了重要作用,2005年在CERN的基础上,由国家科技部组织开始建立中国国家生态系统观测研究网络。该观测网络实际上更是对地表过程的研究,这项研究开创了中国系统观测地表变化的历史。2001年,中国科学院创建中国通量观测网络(Chin-aFLUX),现已经发展成为由3大研究基地及10个专项研究网络构成的标准化、规范化、制度化的国际知名的长期生态系统研究网络,实现了国家尺度上的联网观测试验研究,引领中国生态网络体系的建设,推动全球长期生态网络的组建和发展。依托中国特有的地球第三极环境,由中国科学院青藏高原研究所牵头推动了高寒环境网络建设,已经取得初步成效。

目前国家生态系统观测研究网络台站由18个国家农田生态站、17个国家森林生态站、9个国家草地与荒漠生态站和7个国家水体与湿地生态站等共同组成,对农田、森林、草地(含荒漠)和水体(湖泊和海湾)的动态进行观测研究,已建成一个国家级尺度生态系统野外监测体系与数据共享系统,并制订了监测指标体系及其技术规范,在我国地球系统科学发展的历程中发挥重要作用。

2. 地理信息技术的发展趋势

关于地理信息技术在本书的几个部分都已谈到过,它包括现代地图技术、遥感判读、制图技术和GIS技术等。21世纪是高技术全面发展的世纪,地理信息技术系统的发展,是地理学进入21世纪高科技时代的入场券,地理学不仅应是理论科学而且也应是一门强有力的技术科学,这样才能在国民经济各部门中发挥积极作用。新世纪的现代地理科学信息技术的发展趋势突出表现为以下几个方面:

(1) **数字化** 当前,一个全球性信息科学热点就是以"数字地球"为旗号的全球空间数据基础框架,把图像信息、地图信息、视频信息、音频信息全部在空间秩序框架下数字化,并实现全面无缝化拼接。在此基础上区域信息系统也同时将有大的飞跃,如数字城市、数字流域等。

(2) **多维动态可视化** 地理信息系统多维动态可视化表达具有突出重要的意义,如三维表现岩体、矿脉,四维(加时间)表现天气、气候过程、地表径流动力过程等,其科学价值和实用价值都非常巨大,有广泛的发展前景。

(3) **智能化** 提高信息分析技能是地理信息技术发展的主导方向,从空间信息的认知—空间信息概括、分析—地理过程的预报、预测,这是一个完整的链条。目前在地理决策方面已出现一些实际应用的程序软件,如工程选址、土地承载力分析、环境评估、水利工程可行性论证、城市规划、土地管理、流域治理、景观生态格局分析等方面的软件,为实际的规划建设提供技术咨询和辅助设计管理手段。但是对自然过程的预测、预报的信息技术研究尚不够深入,预期不久的将来这方面会有更大的突破。

五、中国现代地理科学发展展望

(一)中国现代地理科学的走向

新中国成立以后,中国地理学始终把为国民经济建设服务作为自己的主攻方向。20 世纪 50—60 年代广泛开展地区综合调查,60—80 年代大搞农业区划,80 年代大搞国土开发整治规划,90 年代大搞国家和区域可持续发展研究。21 世纪前 10 年大搞社会主义新农村建设、主体功能区划,近年来又深度参与"一带一路"建设、生态文明建设,新型城镇化与城市群建设,全球气候变化研究等重大实践。中国紧紧围绕经济建设这个中心展开地理学研究。

在方法论上中国地理学虽然不断调整思想路线,但始终保持协调稳定的发展态势。20 世纪 60 年代以前中国地理学主要受苏联地理思想的影响,二元论思想影响了人文地理学的发展,但苏联地理学有良好的传统,即紧密联系实践,积极为生产服务,这对中国地理学发展是有积极影响的。由于政治的原因中国地理学与西方地理学 60 年代以后的改革热潮相隔绝,没有受到理论革命、计量革命、行为革命等浪潮冲击,改革开放后我们补上了这一课,而且是经验和教训一起来,去掉许多不应有的片面性,少了许多偏激的情绪和无谓的争论,基本上是兼收并蓄择优选择地吸取了国际地理科学中先进的、有益的成分,走的是比较健康的发展道路。

日益复杂的人地关系带来的重大社会需求为地理学发展提供了新的发展空间,在此背景下,地理学正在进入新的历史发展阶段。随着地理信息技术发展与研究方法变革,新时期的地理学正在向地理科学进行华丽转身。地理学研究方法发生变革,在加强野外考察、观测的同时,更注重应用空间统计、对地观测、地理信息系统、遥感等多种技术手段;地理学的研究技术从概念模型走向定量表达;大数据、可视化和虚拟现实为研究复杂的地理学问题提供了重要工具。快速变化的地球表层为地理科学的发展提供了重要的机遇,研究主题更加强调陆地表层系统的综合研究,其总体变化特征是从"多元"走向"系统"。研究范式经历着从地理学知识描述、格局与过程耦合,向复杂人地系统的模拟和预测转变,注重发展地理学综合研究的理论、方法与技术。

中国现代地理学为世界地理科学的发展作出了许多有益的贡献。在西方人还在激烈争论的时候,中国人在地理研究方面已经有了长足的进步。

青藏高原是世界的一极,中国地理学家对青藏高原环境效应研究的成果是世界公认的。中国地理学家搞清了青藏高原的隆起形成过程,揭示它对东亚环境如季风形成、黄土高原的形成与生态恢复、气候干湿变迁、生态环境演化、大气环流的影响。大大丰富了世界环境变迁的理论。中国地理学家对沙漠、冻土的研究也是令世界地理学界、生态学界所称道的,中国治理沙漠的事业无论是理论还是工程技术都居世界领先地位。2018 年三极气候与环境变化国际大科学计划被中央全面深化改革领导小组审议列为可先期启动的项目之一。国家开展青藏高原第二次综合科学考察,中国科学院也先后启动数字大地球、泛第三极环境变化与绿色丝路建设、美丽中国建设 3 个 A 类先导专项,给地理学的发展带来了新的推动力。中国地理学家同经济学家一起为中国改革开放以后的区域发展战略研究作出了实际贡献,从梯度发展理论到点轴开发理论到全面开发理论、西部大开发战略到中部崛起战略和振兴东北老工业基地战略的提出,到近期的主体功能区划、新型城镇化和乡村振兴战略、"一带一路"建设和国土空间规划,地理学的空间理论、区域理论都发挥了重要作用。人地关系地域系统理论的提出,为地理学综合研究提供了理论基石与科学依据。钱学森的地理科学思想的提出和全国地理学界围绕这个问题的讨论,是中国人对地理科学研究提出的自己的范式,以自己的理解回答了现代地理学所面临的一系列问题,在地理科学发展史也写下了重重的一笔。

70 多年来,中国地理学研究取得了丰硕的成果,其中 17 项成果获得国家自然科学二等奖,反映了地理学基础研究的实力所在。更重要的是地理学服务于国家建设,有 40 项成果获得国家科学技术进步二等奖,相当于地球科学超过 40% 的奖项来自地理学。近 30 年,中国地理学获得各类国家科技奖 60 项。但是,自 1987 年以地理学家为主要贡献者的"青藏高原隆起及其对自然环境与人类活动影响的综合研究"获国家自然科学一等奖以来,地理学在国家自然科学一等奖领域已有多年的空缺,从某种意义上说明地理学发展仍然任重道远。

(二)未来地理科学的战略方向

2010 年,美国国家科学院发布了《理解正在变化的星球:地理科学的战略方向》(美国国家科学院国家研究理事会,2011),提出未来 10 年地理学 4 个部分 11 个战略方向。

第一部分　如何认识和应对环境变化

1. 人类如何改变地球表层的自然环境?

2. 我们如何保护生物多样性和危急的生态系统?

3. 气候变化和其他环境变化如何影响人类-环境耦合系统的脆弱性?

第二部分　如何促进可持续发展

4. 如何为 100 亿人口提供生存之地?

5. 如何在未来几十年中持续地保障每个人的食物安全?

6. 我们生活之地如何影响我们的健康?

第三部分　如何认识和应对经济和社会的快速空间重组

7. 人口、货物和思想的流动如何改变世界?

8. 经济全球化如何影响不平等状况?

9. 地缘政治变化如何影响和平与稳定?

第四部分　如何使技术变化有利于社会和环境

10. 如何更好地贯彻、分析和可视化这个变化的世界?

11. 公民制图和绘制公民地图的社会含义是什么?

(三)世界地理科学中的中国地理科学

1. 中国地理科学发展的优越条件

中国地理科学的发展始终受到国家的大力支持,有一支规模较大的布局合理的研究队伍,在全国范围内拥有地理研究院所 15 家以上,开设地理学专业的高校院系有 130 余家,地理学从业者超过 3 万人。地理研究始终围绕国家的经济建设展开,科研任务和经费基本来自国家政府的支持。这与许多国家"书斋里地理学""课堂上地理学"相比具有得天独厚的优势。

中国地理环境复杂,幅员广大,地质地貌多样性、生物多样性、生态环境多样性为地理科学发展创造了广阔天地。中国是发展中的大国,地域社会经济文化结构处于激烈的动荡变化和改造升级之中,大量社会、经济、文化问题有待研究和认识,国家的社会、经济、文化发展战略和管理政策需要地理科学理论支撑。现代地理科学的发展在中国有强大的社会需求,有广阔的发展前景。

2. 世界地理学研究中心的转移

近代地理学发端于德国,洪堡、李特尔是其奠基人和创始人。出现了李希霍芬、拉采尔、柯本、彭克、赫特纳、施吕特尔、特罗尔、克里斯泰勒等世界级著名地理学家。创立了区域学派、景观生态学派,提出了著名的"生存空间"、"国家有机体"、第四纪冰期理论、柯本气候分类、中心地理论等地理学基本理论,为世界地理科学发展产生了重大的影响。19 世纪和 20 世纪的前半叶,世界地理学发展的先导地区在中西欧,中心在德国。由于意识形态对立的原因,19 世纪末以后出现了另一个次一级中心,那就是苏联,其景观学、经济地理学也有较大的发展,影响到当时的社会主义各国的地理学。

到了现代地理学阶段,世界地理学的研究中心转向美国,英语圈成了地理科学发展的先导地区。计量革命、行为革命、人本主义思潮都是在这里发生的。但是这一时期远不如前一个以德国为中心的时期,对地理学发展作出比较成熟的理论贡献甚微。整个地理学人文化,自然地理学分散化,方法、理论、人员渗透到相邻的学科之中,再也没有像戴维斯那样的大家了,导致自然地理学的衰落。人文地理学则陷入方法论的无休止的争吵之中,出现多元化、多歧化的趋向,队伍的凝聚力削弱,为实践服务能力减弱,颇有一股形而上学的经院风气,英语圈地理学有一点气数已尽的衰败象。因而也就有地理学危机的说法,其实,所谓地理学危机实质是英语圈地理学的危机。

未来地理科学的希望在哪里? 世界地理学研究中心能否转向中国取决于我国 21 世纪地理科学的发展水平。但凡世界性科学研究中心应具备如下三个条件,一是国家或地区社会经济地位和文化影响强大,这一点 21 世纪的中国应该能做到。二是主导科学研究的范式。20世纪 90 年代以来地理学理论问题在中国引起了极大重视,一批学者表现出强烈的研究热情。"地理科学"即大地理学思维引起了国际地理学界的关注,在中国这方面仍显不足,它不仅需要一批学者研究、探索,更需要在大量丰富的实践研究中总结提炼。三是有一大批世界级的地理学家和有巨大影响的地理科学基本理论。这后一点,只要我们始终坚持为实践服务的方向,坚持不懈地以地理信息技术发展为先导,加强基本实验研究,推动地理科学理论研究,中国的地理科学是大有希望的。这一切都有待我国地理学家特别是年轻地理学家的努力。英国哲学家斯蒂芬·图尔明(Stephen Toulmin)说过:"在任何科学领域中,进步和变革不会产生于老一代'伟大学者'的思想变化,相反,进步和变革是年轻一代打破他们的老师们的传统而取得的。"中国的地理科学未来寄希望于青年!

讨论

1. 新时代有何特点？　地理科学面临怎样的挑战？
2. 现代地理学面临怎样的研究任务？
3. 如何研究人类作用下的地理环境？
4. 社会空间在新时代将怎样重构？
5. 展望 21 世纪世界地理科学与中国地理科学。
6. 地理科学在现代文化教育中应承担怎样的任务？

推荐读物

1. 苏贾.后现代地理学[M].周宪,许钧,译.北京:商务印书馆,2004.

2. 美国国家研究院地学,环境与资源委员会地球科学与资源局重新发现地理学委员会.重新发现地理学[M].黄润华,译.北京:学苑出版社,2002.

3. 美国国家科学院国家研究理事会.理解正在变化的星球:地理科学的战略方向[M].刘毅,刘卫东,等译.北京:科学出版社,2011.

4. 白光润.现代地理科学导论[M].上海:华东师范大学出版社,2003.

5. 中国地理学会.面向 21 世纪的中国地理科学[M].上海:上海教育出版社,1997.

6. 国家自然科学基金委员会.地理科学[M].北京:科学出版社,1995.

7. 陆大道.地理学发展与创新[M].北京:科学出版社,1999.

附 录   术 语 索 引

参考文献

阿努钦.地理学理论问题[M].李德美,包森铭,译.北京:商务印书馆,1994.

白光润.地理学引论[M].长春:东北师范大学出版社,1989.

白光润.主要的古代文明发源地生态地理环境初探[J].东北师范大学学报(自然科学版),1991(4):99-102,112.

白光润.地理学导论[M].北京:高等教育出版社,1993.

白光润.地理学导论[M].长春:东北师范大学出版社,1993.

白光润.论21世纪中国的地缘关系[J].经济地理,1994,14(3):1-6.

白光润.地理学的哲学贫困[J].地理学报,1995,50(3):279-287.

白光润.当代科学热点[M].北京:科学出版社,2000.

白光润.现代地理科学导论[M].上海:华东师范大学出版社,2003.

白光润.地理:第二册(试用本)[M].上海:中国地图出版社,2008

白光润,朱海森.中国大陆人口移动机制与调控对策[J].人文地理,1999,14(3):46-50.

白泉.国外单位GDP能耗演变历史及启示[J].中国能源,2006(12):10-14.

邦奇.理论地理学[M].石高玉,石高俊,译.北京:商务印书馆,1991.

保继刚,楚义芳.旅游地理学[M].3版.北京:高等教育出版社,2012.

鲍觉民.政治地理学研究的若干问题[M]//李旭旦.人文地理学论丛.北京:人民教育出版社,1986.

毕思文.地球系统科学导论[M].北京:科学出版社,2003.

联合国第70届大会决议.变革我们的世界——2030年可持续发展议程[EB/OL].2015.

布洛东.语言地理[M].祖培,唐珍,译.北京:商务印书馆,2000.

曹利军.区域可持续发展轨迹及其度量[J].中国人口·资源与环境,1998,8(2):45-50.

陈伯海.关于东西方文化比较的随想[J].社会科学战线,1986(1):229-237.

陈才,等.区域经济地理学原理[M].北京:中国科学技术出版社,1991.

陈传康.综合地理学与建设地理学[J].地理研究,1991,10(4):85-86.

陈发虎,张国友.中国地理学的发展[J].科技导报,2020,38(13):12-18.

陈健.四川首次发布地理国情普查公报[EB/OL].2017.

陈述彭.地理信息系统的探索与试验[J].地理科学,1983,3(4):287-302.

陈正祥.中国文化地理[M].上海:生活·读书·新知三联书店,1985.

程国栋,马巍.青藏铁路建设中冻土工程问题[J].自然杂志,2006(6):315-320.

程国栋,吴青柏,马巍.青藏铁路主动冷却路基的工程效果[J].中国科学(E辑:技术科学),

2009(1):16－22.

崔功豪,魏清泉,刘科伟.区域分析与区域规划[M].2版.北京:高等教育出版社,2006.

丁四保,王荣成,李秀敏,等.区域经济学[M].北京:高等教育出版社,2003.

董雅文.城市景观生态[M].北京:商务印书馆,1993.

恩格斯.自然辩证法[M].中共中央编译局译.北京:人民出版社,2015.

樊杰.中国主体功能区划方案[J].地理学报,2015,70(2):186－201.

樊杰."人地关系地域系统"是综合研究地理格局形成与演变规律的理论基石[J].地理学报,2018,73(4):597－607.

樊杰.资源环境承载能力和国土空间开发适宜性评价方法指南[M].北京:科学出版社,2019.

樊杰,蒋子龙.面向"未来地球"计划的区域可持续发展系统解决方案研究——对人文-经济地理学发展导向的讨论[J].地理科学进展,2015,34(1):1－9.

方创琳.区域发展规划论[M].北京:科学出版社,2000.

方创琳.改革开放40年来中国城镇化与城市群取得的重要进展与展望[J].经济地理,2018,38(9):1－9.

傅伯杰.地理学:从知识、科学到决策[J].地理学报,2017,72(11):1923－1932.

傅伯杰.联合国可持续发展目标与地理科学的历史任务[J].科技导报,2020,38(13):19－24.

傅伯杰,陈利顶,马克明,等.景观生态学原理及应用[M].北京:科学出版社,2002.

傅伯杰,牛栋,于贵瑞.生态系统观测研究网络在地球系统科学中的作用[J].地理科学进展,2007(1):1－16.

葛全胜,方创琳,江东.美丽中国建设的地理学使命与人地系统耦合路径[J].地理学报,2020,75(06):1109－1119.

关卓今,裴铁璠.生态边缘效应与生态平衡变化方向[J].生态学杂志,2001,20(2):52－55.

哈特向.地理学性质的透视[M].黎樵,译.北京:商务印书馆,1963.

何春阳.城市景观生态学:过程、影响和可持续性[M].北京:科学出版社,2019.

赫特纳.地理学——它的历史、性质和方法[M].王兰生,译.北京:商务印书馆,1982.

横山秀司,白光润.自然保护区的规划——地生态学的应用[J].地理译报,1986(3):34－37.

胡兆量.中国文化南北差异和南北凝聚[R].香港:21世纪的中国和世界国际地理学术讨论会论文,1998.

胡兆量,陈宗兴,崔海亭.地理环境概述[M].北京:科学出版社,2016.

华熙成.上海市郊区农业区位模式及农业生产问题的探讨[J].经济地理,1982(3):175－181.

黄秉维.关注人类家园[M].北京:商务印书馆,2003.

黄秉维,郑度,赵名茶,等.现代自然地理[M].北京:科学出版社,1999.

黄鼎成,王毅,康晓光.人与自然关系导论[M].武汉:湖北科学技术出版社,1997.

黄昉苨.破不掉的胡焕庸线?[J].视野,2015(10):14－15.

黄锡荃.水文学[M].2版.北京:高等教育出版社,2021.

金其铭,杨山,杨雷.人地关系论[M].南京:江苏教育出版社,1993.

金祖孟.地球概论[M].北京:高等教育出版社,2004.

景贵和.土地生态评价和土地生态设计[J].地理学报,1986,41(1):1-7.

景贵和.综合自然地理学[M].北京:高等教育出版社,1990.

卡列斯尼克.普通自然地理简明教程[M].今林,译.北京:商务印书馆,1960.

卡特,戴尔.表土与人类文明[M].庄峻,鱼姗玲,译.北京:中国环境科学出版社,1987.

克里斯泰勒.德国南部中心地原理[M].常正文,王兴中,译.北京:商务印书馆,2010.

克鲁格曼.地理与贸易[M].张兆杰,译.北京:北京大学出版社,中国人民大学出版社,2000.

李春芬.地理学的传统与近今发展[J].地理学报,1982,37(1):1-7.

李春芬,王恩涌,张同铸,等.我国地理教育三十年[J].地理学报,1980,35(2):97-107.

李德美.现代地理学[J].地理科学进展,1982,1(2):1-5.

李吉均.关于地理学在中国发展前景之思考[M]//吴传钧,刘昌明,吴履平.世纪之交的中国地理学.北京:人民教育出版社,1999.

李小建.经济地理学[M].3版.北京:高等教育出版社,2018.

李旭旦.现代地理学的几个问题[J].地理知识,1979(9):1-2,5.

李旭旦.人文地理学论丛[M].北京:人民教育出版社,1985.

李扬,汤青.中国人地关系及人地关系地域系统研究方法述评[J].地理研究,2018,37(8):1655-1670.

李振泉.人地关系论[M]//李旭旦.人文地理论丛.北京:人民教育出版社,1986.

林超.试论地理学的性质[J].地理科学,1981,1(2):97-104.

刘本培,蔡运龙.地球科学导论[M].北京:高等教育出版社,2001.

刘德生.世界自然地理[M].2版.北京:高等教育出版社,1986.

刘南威.自然地理学[M].北京:科学出版社,2000.

刘南威,郭有立.综合自然地理学[M].2版.北京:科学出版社,2004.

刘盛佳.地理学思想史[M].武汉:华中师范大学出版社,1990.

刘卫东."一带一路"—引领包容性全球化[M].北京:商务印书馆.2017.

刘献廷.广阳杂记:卷四[M].北京:中华书局,2007.

刘源鑫,赵文武.未来地球——全球可持续性研究计划[J].生态学报,2013,33(23):7610-7613.

陆大道.区位论及区域研究方法[M].北京:科学出版社,1988.

陆大道.区域发展及其空间结构[M].北京:科学出版社,1998.

陆大道.地理学发展与创新——中国科学院地理研究所伴随共和国成长的五十年[M].北京:科学出版社,1999.

陆大道.中国地理学的发展与全球变化研究[J].地理学报,2011(002):147-156.

陆大道,王铮,封志明,等.关于"胡焕庸线能否突破"的学术争鸣[J].地理研究,2016,35(5):805-824.

陆大道,薛凤旋.中国区域发展报告[M].北京:商务印书馆,1997.

陆林.人文地理学[M].北京:高等教育出版社,2004.

罗慧生.对综合趋势的长期探索——库恩科学观的形成与发展[J].自然辩证法通信.1981,3(5):21-29.

马建堂.推动新时代区域高质量发展的理论创新和行动指南[N].中国经济时报,2020-02-06(001).

马正林.中国历史地理简论[M].西安:陕西人民出版社,1987.

麦金德.历史的地理枢纽[M].林尔蔚,陈江,译.北京:商务印书馆,1985.

毛志锋.人类文明与可持续发展[M].北京:新华出版社,2004.

德内拉·梅多斯,乔根·兰德斯,丹尼斯·梅多斯,等.增长的极限[M].李涛,王智勇,译.北京:机械工业出版社,2006.

美国国家航空和宇航管理局地球系统科学委员会.地理系统科学[M].陈泮勤,马振华,王庚辰,译.北京:地震出版社,1992.

美国国家科学院国家研究理事会.理解正在变化的星球:地理科学的战略方向[M].刘毅,刘卫东,等译.北京:科学出版社,2011.

美国国家研究院地学,环境与资源委员会地球科学与资源局重新发现地理学委员会.重新发现地理学[M].黄润华,译.北京:学苑出版社,2002.

米尔斯.区域与城市经济学手册:第2卷[M].郝寿义,译.北京:经济科学出版社,2003.

莫斯.地理研究的科学方法[J].地理译报,1984(1):54-58.

尼茨坎普.区域和城市经济学手册:第1卷[M].安虎森,刘海军,程同顺,等译.北京:经济科学出版社,2001.

牛龙菲.异质发生学与一般进化论[J].哲学研究,1992(5):69-75.

牛文元.自然地理新论[M].北京:科学出版社,1981.

牛文元.可持续发展导论[M].北京:科学出版社,1994.

帕克.二十世纪的西方地理政治思想[M].李亦鸣,译.北京:解放军出版社,1992.

潘树荣.自然地理学[M].2版.北京:高等教育出版社,1985.

潘玉君.地理学基础[M].北京:科学出版社,2000.

钱学森.关于地学的发展问题[J].地理学报,1989,44(3):257-261.

钱学森.谈地理科学的内容及研究方法(在1991年4月6日中国地理学会"地理科学"讨论会上的发言)[J].地理学报,1991,58(3):257-265.

钱学森.论地理科学[M].杭州:浙江教育出版社,1994.

秦大河,姚檀栋,丁永建,等.冰冻圈科学体系的建立及其意义[J].中国科学院院刊,2020,35(04):394-406.

青年地理学家编委会.理论地理学进展[M].济南:山东地图出版社,1990.

全国农业区划委员会《中国自然区划概要》编写组.中国自然区划概要[M].北京:科学出版社,1984.

沈伟烈.军事地理学研究对象、内容和任务[M]//李旭旦.人文地理学论丛.北京:人民教育出版社,1985.

沈伟烈,陆俊元.中国国家安全地理[M].北京:时事出版社,2001.

史念海,曹尔琴,朱士光.黄土高原森林与草原的变迁[M].西安:陕西人民出版社,1985.

世界环境与发展委员会.我们共同的未来[M].国家环保局外事办公室,译.北京:世界知识出版社,1989.

舒马赫.小的是美好的[M].虞鸣钧,郑关林,译.北京:商务印书馆,1984.

司岩.大科学的群体观念(上)[J].瞭望,1986(7):47-48.

斯特拉勒 A N,斯特拉勒 A H.现代自然地理学[M].《现代自然地理学》翻译组,译.北京:科学出版社,1983.

苏贾.后现代地理学[M].周宪,许钧,译.北京:商务印书馆,2004.

索恰瓦.地理系统学说导论[M].李世玢,译.北京:商务印书馆,1991.

特罗勒.景观生态学[J].地理译报,1983(1):1-7.

王恩涌.文化地理学导论[M].北京:高等教育出版社,1989.

王恩涌,赵荣,张小林,等.人文地理学[M].北京:高等教育出版社,2000.

王建.现代自然地理学[M].北京:高等教育出版社,2001.

王瑜."人类世"来了[N].中国自然资源报,2019-06-17

王铮.理论经济地理学[M].北京:科学出版社,2002.

王铮,吴必虎,丁金宏,等.地理科学导论[M].北京:高等教育出版社,1993.

王铮,夏海斌,田园,等.胡焕庸线存在性的大数据分析——中国人口分布特征的生态学及新经济地理学认识[J].生态学报,2019,39(14):5166-5177.

温骏轩.谁在世界中心[M].北京:中信出版社,2017.

文云朝.世界多极化进程与亚太区域合作[J].世界地理研究,1999,8(2):1-8.

沃德,杜博斯.只有一个地球[M].《国外公害丛书》编委会,译.长春:吉林人民出版社,1997.

邬建国.景观生态学:格局、过程、尺度与等级[M].2版.北京:高等教育出版社,2007.

吴传钧.论地理学的研究核心——人地关系地域系统[J].经济地理,1991(3):1-6.

吴传钧.人地关系地域系统的理论研究及调控[J].云南师范大学学报(哲学社会科学版),2008(02):1-3.

吴绍洪,赵艳,汤秋鸿,等.面向"未来地球"计划的陆地表层格局研究[J].地理科学进展,2015,34(01):10-17.

吴伟仁,刘继忠,唐玉华,等.中国探月工程[J].深空探测学报,2019,6(5):405-416.

伍光和,蔡运龙.综合自然地理学[M].2版.北京:高等教育出版社,2004.

习近平.决胜全面建成小康社会 夺取新时代中国特色社会主义伟大胜利[M].北京:人民出版社,2017.

习近平.在全国生态环境保护大会上的讲话[J].创造,2018(05):9-10.

习近平.推动形成优势互补高质量发展的区域经济布局[J].奋斗,2019,(24):4-8.

肖笃宁.景观生态学理论、方法及应用[M].北京:中国林业出版社,1991.

徐宝棻,应振华.地球概论教程[M].北京:高等教育出版社,1983.

徐建华.试论知识经济时代的地理学[J].地理科学,1999,19(4):349 – 352.

晏磊.可持续发展基础[M].北京:华夏出版社,1997.

杨伯溆.全球化起源、发展和影响[M].北京:人民教育出版社,2002.

杨开忠.中国区域发展研究[M].北京:海洋出版社,1989.

杨万钟.经济地理学导论[M].4 版.上海:华东师范大学出版社,2012.

杨吾扬,梁进社.高等经济地理学[M]. 北京:北京大学出版社,1997.

余谋昌.关于人地关系的讨论[J].自然辩证法研究,1986,2(3):19 – 27.

约翰斯顿.地理学与地理学家[M].唐晓峰,译.北京:商务印书馆,1999.

詹姆斯,马丁.地理学思想史[M].李旭旦,译,北京:商务印书馆,1982.

张东菊,申旭科,成婷,等.青藏高原史前人类活动研究新进展[J].科学通报,2020,65(6):475 –482.

张文奎.行为地理学的基本问题[M]//李旭旦.人文地理学论丛.北京:人民教育出版社,1985.

张文奎.人文地理学概论[M],长春:东北师范大学出版社,1989.

张文奎,刘继生,闫越.政治地理学[M].南京:江苏教育出版社,1992.

赵荣,王恩涌,张小林,等.人文地理学[M].2 版.北京:高等教育出版社,2006.

赵松乔,陈传康,牛文元.近三十年来中国综合自然地理学的进展[J].地理学报,1979,34(3):187 – 196.

中共中央马克思恩格斯列宁斯大林著作编译局.马克思恩格斯文集[M].北京:人民出版社,2009.

中国大百科全书编辑委员会《地理学》编辑委员会.中国大百科全书·地理学[M].北京:中国大百科全书出版社,1992.

中国大百科全书编辑委员会《环境科学》编辑委员会.中国大百科全书·环境科学[M].北京:中国大百科全书出版社,1992.

中国大百科全书编辑委员会《天文学》编辑委员会.中国大百科全书·天文学[M].北京:中国大百科全书出版社,1980.

中国科学院可持续发展研究组.中国可持续发展战略报告[M].北京:科学出版社,1999.

中国科学院自然科学史研究所地学史组.中国古代地理学史[M].北京:科学出版社,1984.

中华人民共和国中央人民政府.中华人民共和国国民经济和社会发展第十三个五年规划纲要[EB/OL]. 2020.

周海林.可持续发展原理[M].北京:商务印书馆,2004.

周宏春,江晓军.习近平生态文明思想的主要来源、组成部分与实践指引[J].中国人口·资源与环境,2019,29(1):1 – 10.

周尚意,孔翔,朱竑.文化地理学[M].北京:高等教育出版社,2008.

周淑贞,张如一,张超.气象学与气候学[M].3 版.北京:高等教育出版社,1997.

朱永宜,王稳石,张恒春,等.我国大陆科学钻探工程实施概况及其取心钻进技术体系[J].

地质学报,2018,92(10):1971-1984.

竺可桢.竺可桢文集[M].北京:科学出版社,1979.

左路平.迈向全球空间正义:人类命运共同体的空间意蕴[J].中国地质大学学报(社会科学版),2019,19(3):9-18.

Buttmer S A. Values in geography. Commission on College Geography. Resource Paper 24. Association of American Geographers. Washington. 1974.

Chen F H, Welker F, Shen C C, et al. A late Middle Pleistocene Denisovan mandible from the Tibetan Plateau[J]. Nature, 2019, 569: 409-412.

Crutzen P J. Geology of mankind[J]. Nature,2002,415(6867):23.

Entrikin J N. Contemporary humanism in geography[J]. Annals of the Association of American Geographers,1976, 66(6):15-32.

Guelke L. Problems of scientific explanation in geography[J]. The Canadian Geographer, 1971(15):38-53.

Harvey D. Three myths in search of a reality in urban studies[J]. Environment and Planning D:Society and Space,1987,5(3):67-76.

IPCC. Climate change 2014: synthesis report[R]. Geneva,2014.

IPCC. IPCC special report on the ocean and cryosphere in a changing climate [R]. 2019.

Jackson W A D. The Russo-Chinese borderlands:zone of peaceful contact or potential conflict? [M]. New York:Van Nostrand Reinhold,1962.

Jackson W A D. Mackinder and the communist orbit[J]. The Canadian Geographer, 1962,6(1): 12-21.

Jammer M. Concepts of space: the history of theories of space in physics [M]. Cambridge:Harvard University Press,1954.

May J A. Kant's concept of geography and its relation to recent grographical thought [M]. Toronto:University of Toronto Press,1970.

Monastersky R. Anthropocene:the human age[J]. Nature,2015,519(7542):144-147.

Peet J R. Societal contradiction and marxist geography[J]. Annals of the Association of American Geographers,1979,69(1):164-169.

Sack R D. Geography,geometry and explanation[J]. Annals of the Association of American Geographers,1972(62):61-78.

Sauer C O. The education of a geographer[J]. Annals of the Association of American Geographers,1956,46(3):287-299.

Semple E C. Influences of the geograph ic environment[M]. New York:Holt,Rinehart & Winston,1911.

Smith D M. Human geography: a welfare approach[M]. London:Edward Arnold,1977.

Stokols D,Moos R H. The human context:environmental determinants of behavior[J]. Contemporary Sociology,1979,8(1):155.

Storper M. The post-enlightenment challenge to Marxist urban studies[J]. Environment and Planning D:Society and Space，1987,5.

Taylor P J. A materialist framework for political geography[J]. Transactions of the Institute of British Geographers,1982(7):15 - 34.

Taylor P J.The geography of elections[M]//Pacione M. Progress in political geography. London:Croom Helm,1985.

Taylor P J.The value of a geographical perspective[M]//Jobnston R J. The future of geography. London:Methuen,1985.

Tuan Y F. Humanistic geography[J].Annals of the Association of American Geographers,1976,66(2):66 - 76.

Wise M J,Stoddart D R. On geography and its history[J].Geographical Journal,1986, 152(3):417.

Zhang X L ，Ha B B ，Wang S J ，et al. The earliest human occupation of the high-altitude Tibetan Plateau 40 thousand to 30 thousand years ago[J]. Science，2018，362(6418)：1049-1051.

Clont H D. 農村地理学[M].沟口常俊，訳.東京:大明堂,1980.

Garuler J B. 地理学における地域と空間[M].阿部和俊，訳.京都:地人書房,1978.

Garnier J B. 地理学における地域と空間[M].阿部和俊，訳.東京:地人書房,1978.

Harvey D. 地理学基礎論[M].松本正美，訳.東京:古今書院,1979.

Haushofer K. 太平洋地政学[M].太平洋協会，訳.東京:岩波書店,1942.

Isard W. 地域科学入門[M].青木外志夫，訳.東京:大明堂,1980.

Jackson W A D. 政治地理学[M].横山昭市，訳.東京:大明堂,1979.

Maier J.社会地理学[M].2 版.石井素介，訳.東京:古今書院,1983.

Prevot V. 地理学は何に役立つか[M].大鸧幸彦，訳.東京:大明堂,1984.

Smith D M. 不平等の地理学[M].竹内啓一，訳.東京:古今書院,1985.

阿部和俊.日本の都市地理学 50 年[M].東京:古今書院,2011.

奥野隆史.計量地理学の基礎[M].東京:大明堂,1977.

奥野志伟.中国の高新技術産業と地域企業[M].周南:德山大学研究叢書,1999.

保柳睦美.解放後の中国における地理学研究の動向[J].地学雑誌,1974,83(6):372 - 387.

凑秀雄.地球人の環境[M].東京:東京大学出版会,1977.

村上诚.現代地理学[M].東京:朝倉書店,1983.

大岛裏二.文化地理学序說[M].東京:理想社,1976.

德田御稔.生物地理学[M].東京:築地書館.1969.

地理編集部.地理教育の国際比較研究[J].地理,1987,32(3):56 - 57.

浮田典良.人文地理学総論[M].東京:朝倉書店,1984.

富田芳郎.地理的決定論と可能論[J].地学雑誌,1961,70(5):207 - 208.

高橋伸夫，等.実践と応用[M].東京:古今書院,1991.

黑崎千晴.文明圏と破砕带[J].歴史地理学,1987:1-13.

横山秀司.景観生態学[M].東京:古今書院,1995.

講談社.現代世界百科大事典[M].東京:講談社.1967.

講談社出版研究所.世界科学大事典(11)[M].東京:講談社,1978.

京都大学文学部地理学教室.地理の思想[M].京都:地人書房,1982.

久武哲也.アメリヵ文化地理学の成立と発展:サウァーとバークしー学派の役割[J].人文地理,1987,39(4):47-75.

米倉二郎.集落地理学の展開[M].東京:大明堂,1987.

木村辰男.現代地理学の基礎[M].東京:大明堂,1977.

木内信藏.都市地理学研究[M].東京:古今書院,1968.

木内信藏.人文地理学[M].東京:至文堂,1974.

森川洋.中心地論(Ⅰ)(Ⅱ)[M].東京:大明堂,1980.

山口平四郎.海洋の地理[M].東京:大明堂,1969.

杉浦芳夫.立地と空間行動[M].東京:古今書院,1989.

上野登.人類史の原風土[M].東京:大明堂,1985.

市川建夫.日本のブナ帯文化[M].東京:朝倉書店,1984.

手塚章.フラソスにおけゐ農村地理学の動向[J].地学雑誌,1980,89(5):297-313.

水津一朗.近代地理学の開拓者たち[M].京都:地人書房.1974.3.

水津一朗.地域の構造[M].東京:大明堂,1982.

帷子二郎.世界の文化地域と宗教[M].東京:大明堂,1970.

西川治.地球時代の地理思想[M].東京:古今書院,1988.

西川治,河边宏,田边裕.地理学と世界:人文地理学とその周边[M].東京:古今書院,1971.

西川治,河边宏,田边裕.地理学と教养[M].東京:古今書院,1971.

西村嘉助.応用地形学[M].東京:大明堂,1969.

西村睦男.中心地研究の展開[M].東京:大明堂,1986.

岩田孝三.観光地理研究[M].東京:明玄書房,1978.

野間三郎.近代地理学の潮流[M].三版.東京:大明堂,1971.

野間三郎訳編.空間理論——地理科学のフロンテイア[M].東京:古今書院.1976.

垣内秀雄.疾病地理[M].京都:地人書房.1967.

齋藤功,野上道男,三上岳彦.環境と生態[M].東京:古今書院,1991.

齋藤光格.ドイツ社会地理の主要概念[J].地学雑誌,1973,82:1-9.

中村和郎.地域と景観[M].東京:古今書院,1991.

中村和郎,高橋伸夫.地理学への招待[M].東京:古今書院,1989.

竹内啓一.国際地理学会議と地理学研究の国際動向,1984IGCまめぐつて[J].地理,1985,30(1):9-15.

祖田修.西ドイツの地域計画[M].東京:大明堂,1984.

佐佐木高明.照叶樹林文化の道[M].東京:日本放送協会,1983.